Christopher Hibbert:
Rom
Biographie einer Stadt

Mit 32 Abbildungen
Aus dem Englischen von
Karl Heinz Siber

Deutscher
Taschenbuch
Verlag

Im Text ungekürzte Ausgabe
April 1992
Deutscher Taschenbuch Verlag GmbH & Co. KG, München
© 1985 Christopher Hibbert
Titel der englischen Originalausgabe:
Rome. The Biography of a City
Penguin Books Ltd., Harmondsworth, Middlesex, England
© der deutschsprachigen Ausgabe:
1987 C. H. Beck'sche Verlagsbuchhandlung (Oscar Beck),
München
ISBN 3-406-31881-9
Umschlaggestaltung: Celestino Piatti
Umschlagfoto Vorderseite: Archiv für Kunst und Geschichte, Berlin
(Erich Lessing: Forum Romanum)
Gesamtherstellung: C. H. Beck'sche Buchdruckerei, Nördlingen
Printed in Germany · ISBN 3-423-30303-4

# Inhalt

# Vorbemerkung des Autors

Wenn dieses Buch auch in erster Linie als Einführung in die Geschichte Roms und in die Lebensumstände seiner Einwohner von den Tagen der Etruskerkönige bis zum Zweiten Weltkrieg gedacht ist, so habe ich doch versucht, es so zu gestalten, daß es sich auch hinlänglich als Rom-Führer benutzen läßt. Ein umfassender Führer kann und will es nicht sein, doch bieten die Anmerkungen im dritten Teil Informationen über alle im Text erwähnten Gebäude und Sehenswürdigkeiten der Stadt; meines Wissens sind dabei alle einigermaßen bedeutsamen Bau- und Kunstwerke berücksichtigt. Es steht also zu hoffen, daß dieses Buch nicht nur dem Leser zu Hause einen Überblick über die bewegte Vergangenheit Roms und über die Persönlichkeit einiger der Personen, die diese Geschichte maßgeblich mitgestaltet haben, verschaffen, sondern auch all denen von praktischem Nutzen sein kann, die dieser wunderbarsten aller Städte einen kürzeren oder längeren Besuch abstatten wollen.

Das Buch hätte wohl kaum entstehen können ohne die Hilfe meines Freundes Edmund Howard, ehemals Botschaftsrat an der Britischen Gesandtschaft in Rom, der mir mit seinem fundierten Wissen über die Stadt und ihre Menschen in jedem Stadium der Arbeit Ratgeber und Wegweiser gewesen ist. Er hat erheblich an der Ausarbeitung der Anmerkungen mitgewirkt und mir zahlreiche Anregungen für Korrekturen und Verbesserungen im Text gegeben. Daß mir die Arbeit an diesem Buch so viel Spaß gemacht hat, verdanke ich auch dem Zuspruch meines Freundes John Guest, der meine Arbeit seit über fünfundzwanzig Jahren als kundiger und vertrauter Lektor begleitet und an meiner Seite Rom viele Male von einem Ende zum andern durchwandert hat.

Zu großer Dankbarkeit verpflichtet bin ich auch Tessa Street, die mit perfekter Präzision das Manuskript abgetippt und den Text sorgfältig durchgeprüft hat. Ferner gilt mein Dank einigen anderen Freunden, die mir in vielfältiger Weise geholfen haben: meinem Agenten Bruce Hunter, Peter Carson und Eleo Gordon vom Verlag Viking Penguin, Thomas Wallace von W. W. Norton, Peter Hebblethwaite und Pater Philip Caraman, Ben Weinreb und dem verstorbenen Professor Roberto Weiss, Maria Orsini und Thérèse Pollen, Valerie Goodier und Nonie Rae sowie der Direktion und den Mitarbeitern der London Library und dem Italienischen Kulturinstitut. Außerdem schulde ich meiner Frau Dank für die Zusammenstellung des umfangreichen Stichwortregisters.

# I. Mythen,
## Monarchen und Republikaner

Zur Zeit des Augustus, des ersten in der Reihe der römischen Kaiser, arbeitete ein junger Schriftsteller aus Padua namens Titus Livius an der Vollendung des ersten Teils einer epischen Darstellung der Geschichte der Stadt, die ihm zur Heimat geworden war. Der Beginn seiner Erzählung lag über siebenhundert Jahre zurück, in jener grauen Vorzeit, in der die von Schleiern romantischer Legenden umwobenen Ursprünge der Stadt Rom vermutet wurden. Schauplatz des Geschehens war eine hügelige Landschaft am Tiber, ungefähr 30 Kilometer stromaufwärts von der Stelle, an der der Fluß, eine salzige Schwemmebene durchfließend, das Meer erreichte. Die Hänge der Hügel hinab flossen Bäche und bildeten in den Senken Sümpfe und kleine Seen.[1] Ringsum dehnte sich weiträumig die römische Campagna aus, eine stille, hügelige Wald- und Graslandschaft, die sich bis zu den Bergen am Horizont erstreckte: den Albaner Bergen im Süden, den Apenninen im Osten und den Hügelbastionen des Etruskerreichs im Norden. Hier lag, knapp oberhalb einer Windung des Tiber, mitten im Strom, wie ein ankerndes Schiff, eine Insel; es war weit und breit die einzige Stelle, die einen bequemen Übergang über den Fluß bot. In unmittelbarer Nähe erhob sich ein Hügel, der den Namen Palatin erhalten sollte. Hier siedelte Titus Livius seine im 8. Jahrhundert v. Chr. spielende Erzählung an.

Er schrieb von Romulus und Remus, den Zwillingssöhnen von Rhea Silvia, der Tochter von Numitor, der in Alba Longa in den Albaner Bergen als König herrschte und von dem trojanischen Helden Aeneas abstammte. Im Dienst als Vestalische Jungfrau war Rhea Silvia von einem Mann vergewaltigt und geschwängert worden, von dem sie behauptete, es sei der Kriegsgott Mars gewesen. Die Diener des Königs hatten die neugeborenen Zwillinge auftragsgemäß im Tiber ausgesetzt, wo sie ertrinken sollten, aber eine Wölfin hatte die Säuglinge wimmern gehört, sich ihrer angenommen, sie gesäugt und behütet, bis ein Hirte sie fand und sie zu sich in seine Hütte nahm. Im Jahr 753 v. Chr. beschlossen die Knaben, mittlerweile herangewachsen, für sich und die Ihren auf den Hügeln über dem Fluß, aus dem sie gerettet worden waren, eine neue Wohnstätte zu errichten. Sie einigten sich darauf, die Götter darüber entscheiden zu lassen, wer über die zu erbauende Stadt herrschen sollte, und Romulus erstieg sodann den Palatin, während Remus auf dem Gipfel des nächstgelegenen Hügels, des Aventin, Stellung bezog. Dort harrten sie der glückbringenden Vögel, derer die Götter sich gemeinhin bedienten, um ihre Wünsche kundzutun. Nicht lange, und sechs Geier überflogen den Aventin; Remus sah darin ein Zeichen dafür, daß die göttliche Wahl auf ihn gefallen war. Allein, bald darauf zog ein Geschwader von zwölf Geiern über den Palatin hinweg, und Romulus deutete dies als Zeichen dafür, daß er in der Gunst der Götter an erster Stelle stand. Die Brüder gerieten in einen Streit, den ihre Gefolgsleute handgreiflich auszutragen begannen. Um Romulus zu verhöhnen, soll Remus dabei über eine von Romulus auf dem Palatin gebaute, erst halbfertige Mauer gesprungen sein, worauf Romulus ihn in einem Anfall von Jähzorn tötete.

In der Folgezeit wuchs und gedieh die Ansiedlung des Romulus. Während es kräftige und fähige Männer in genügender Zahl gab, mangelte es freilich an Frauen, denn die von anderen Stämmen Zugelaufenen, denen Romulus in der Absicht Asyl gewährte, seine Stadt zu vergrößern, waren fast ausschließlich männlichen Geschlechts. Romulus unterbreitete daher einigen benachbarten Stämmen durch ausgesandte Botschafter Bündnis- und Heiratsangebote. Diese wurden jedoch in einer die Römer kränkenden Weise verschmäht. Für Romulus stand damit fest, daß er sein Ziel nur mit Gewalt würde erreichen können, und er traf die entsprechenden Vorkehrungen mit Sorgfalt und Raffinesse. Seinen Ärger verbergend, gab er seine Absicht bekannt, unter der Bezeichnung Consualia in Rom festliche Ritterspiele, nach Ansicht des Livius zu Ehren des Wassergotts Neptun, zu veranstalten, und lud die Bewohner aller benachbarter Städte dazu ein. Einer der Stämme, die die Einladung annahmen und sich in Rom einfanden, um die Mauern und Häuser der schnell wachsenden Stadt zu begutachten, waren die Sabiner, deren Heimat die Berge im Norden Roms waren. Auf dem Höhepunkt der Festlichkeiten stürzten sich auf ein verabredetes Zeichen hin die Römer auf die Mädchen und jungen Frauen der Sabiner und schleppten sie in ihre Häuser; die älteren Sabiner flohen derweil in Angst und Schrecken aus der Stadt. Romulus beruhigte die verängstigten Sabinerinnen, indem er ihnen versicherte, sie würden als Römerfrauen gut behandelt werden und an den Privilegien der aufstrebenden Stadt sowie an ihrer zukünftigen Größe teilhaben; er forderte sie auf, ihre momentane Erbitterung zu überwinden und denjenigen ihr Herz zu schenken, die von ihrem Leib bereits Besitz ergriffen hätten.

Mit der Zeit gewöhnten sich die Sabinerinnen an das Zusammenleben mit ihren römischen Ehemännern. Ihre Familien freilich, denen man sie geraubt hatte, konnten die Demütigung nicht vergessen und trugen sich mit Racheplänen. Sie sahen ihre Chance gekommen, als die Tochter des Spurius Tarpeius, des Kommandanten der römischen Garnison, die befestigte Burg ihres Vaters verließ, um für ein Opferritual frisches Wasser zu holen, und dabei in einem Tal auf einen Trupp sabinischer Krieger stieß. Sie kokettierte mit ihnen und ließ sich überreden, sie heimlich in die Zitadelle einzulassen. Zum Lohn für ihren Verrat bedang sie sich aus, von den Kriegern alles zu bekommen, „was diese am linken Arm trugen" – die Sabiner pflegten diesen Arm mit „goldenen Armbändern und herrlichen Ringen mit Edelsteinen" zu schmücken. Nachdem jedoch das Mädchen die Sabiner eingelassen hatte, lösten diese ihr Versprechen auf ganz andere Weise ein: anstatt dem Mädchen ihren Armschmuck zu schenken, ‚steinigten' sie es mit den schweren Schilden, die sie mit der linken Hand führten, zu Tode, gerechte Strafe für eine Verräterin. In dem anschließenden Krieg gegen die Römer schienen die Sabiner zunächst die Oberhand zu gewinnen; dann aber sammelte Romulus seine Krieger und schien seinerseits drauf und dran zu sein, seine Widersacher zu vernichten, als die entführten Sabinerinnen sich mit wehenden Haaren und zerrissenen Kleidern in einem Pulk zwischen die Kombattanten drängten und ihre Männer auf der einen, ihre Väter und Brüder auf der anderen Seite anflehten, doch nicht verwandtes Blut zu vergießen. „Die Heere und ihre Führer waren gerührt", berichtete Livius. „Es erfolgte Stille und eine unerwartete Ruhe. Dann traten die Feldherren hervor, um einen Vertrag abzuschließen, und machten nicht nur Frieden, sondern auch aus beiden Staaten einen; sie vereinigten sich zu gemeinschaftlicher Regierung; zur gebietenden Hauptstadt erhoben sie Rom." In der Folge kam es zu kriegerischen Auseinandersetzungen mit weiteren rivalisierenden Stämmen, die allesamt von den Römern besiegt und unterworfen, aber nicht vernichtet wurden; sie durften sich vielmehr im Herrschaftsbereich der Sieger niederlassen. Auf diese Weise wuchs die heterogene Bevölkerung Roms ständig weiter, und der Einflußbereich der aufstrebenden neuen Macht dehnte sich allmählich nach allen Seiten aus: im Westen bis ans Meer, im Osten bis zu den Apenninen, im Süden bis an die Grenze des Wohngebiets der Volsker und im Norden bis an den Rand des Etruskerreichs.

Romulus, der Vater der römischen Triumphe, wurde eines Tages, als er gerade dabei war, inmitten eines Gewitters auf dem außerhalb der Mauern Roms gelegenen Marsfeld eine Parade seiner Krieger abzunehmen, von einer dunklen Wolke verschluckt.[2] Als diese sich davonhob und die Sonne wieder herauskam, war der königliche Thron leer. Manche meinten, Romulus sei von einem Wirbelwind erfaßt und in das Reich der

Götter, aus dem er einst gekommen, zurückgetragen worden. Andere behaupteten, er sei von einer Handvoll Männer aus den Reihen der hundert Senatoren, die er ernannt hatte und die ihm seine Macht neideten, ermordet und beiseite geschafft worden. Wie auch immer, nach einem einjährigen Interregnum, während dessen die Senatoren im Kollektiv regierten, wurde ein neuer König gewählt, dem fünf weitere folgten. Der erste dieser sechs Könige, die durchweg nach Konsultierung der obligaten göttlichen Wahrzeichen gewählt wurden, war Numa Pompilius, ein gelehrter Sabiner und Mann des Friedens. Er lehrte die Römer, die Götter zu fürchten. Er ernannte Priester, von denen jeder mit bestimmten religiösen Pflichten betraut wurde, und einen Hohenpriester mit weitgehenden Weisungsbefugnissen, den *Pontifex Maximus*; er bestimmte jungfräuliche Tempeldienerinnen dazu, im Heiligtum der Vesta, der Göttin des Herdes und des Feuers, Dienst zu tun und die heilige Flamme zu hüten; er rekrutierte für den Gottesdienst zu Ehren des Mars zwölf *salii* oder ‚Tanzpriester‘, die er mit bestickten Leibröcken und bronzenen Brustschilden sowie mit als heilig verehrten Schilden ausstattete, die sie mit sich führen mußten, wenn sie auf dem Gang durch die Stadt zum Dreitakt ihres rituellen Tanzes ihre Lieder sangen. Numa Pompilius unterteilte das Jahr in zwölf ‚Monde‘ oder Monate und legte bestimmte Tage fest, an denen keine öffentlichen Geschäfte verrichtet werden durften; er ließ zu Ehren des Janus, des Gottes der Tore und Türen, einen Tempel erbauen, der offenbleiben sollte, solange Rom sich im Kriege befand, und geschlossen werden sollte, wenn Friede herrschte.[3] Und er schaffte es, der Stadt den Frieden zu sichern, indem er mit den noch nicht an Rom gebundenen Nachbarstämmen Bündnisverträge schloß.

Nach dem Tod Numas brach jedoch dessen königlicher Nachfolger Tullus Hostilius den Frieden; in seiner zweiunddreißigjährigen Regierungszeit erwarb er sich großen militärischen Ruhm. Der nächste römische König, Ancus Marcius, ein Enkel des Numa Pompilius, war fest entschlossen, es seinem Großvater *in puncto* Frömmigkeit und religiöser Strenge gleichzutun; andererseits zeigte Ancus sich ebenso wie Tullus bereit, für die Ehre und Unabhängigkeit Roms Krieg zu führen, vorausgesetzt, die Kriegserklärungen und Friedensverhandlungen entsprachen jenen strikten gesetzlichen Regeln und unabänderlichen Ritualen, über deren Einhaltung in späterer Zeit die priesterlichen Vertreter des römischen Volkes, die Fetialen, wachten.

Während der Regierungszeit des Ancus ließ sich in Rom ein junger Mann aus Etrurien nieder, der ebenso schlau wie ehrgeizig war. Enkel eines Auswanderers aus Korinth, legte er sich den Namen Lucius Tarqui-

nius Priscus zu und erwarb sich binnen weniger Jahre in der Stadt ein
solches Ansehen, daß es ihm nach dem Tode des Ancus gelang, sich zum
König wählen zu lassen. Er ließ den Circus Maximus erbauen[4] und holte
aus Etrurien Pferde und Boxer, die bei prächtig inszenierten öffentlichen
Spielen das römische Volk unterhielten; er ließ die Stadt mit einer neuen,
mächtigen Mauer einfrieden und die Niederung, in der sich das Forum[5]
der Stadt befand, trockenlegen und vergab das Gelände um diesen
traditionellen Versammlungsplatz an Männer, die gewillt waren, dort
Häuser, Läden und Portiken zu errichten; und er legte den Grundstein
zu einem neuen, dem Jupiter geweihten Tempel auf dem Hügel, der
später nach dem Kapitol[6] benannt wurde.

Um das 579 v. Chr. herum fiel dieser erste etruskische König von Rom
einem Mordanschlag zum Opfer; dessen Anstifter waren die Söhne des
Ancus, die hofften, sich auf diese Weise die Thronfolge sichern zu
können. Der ihres Mannes beraubten Königin gelang es jedoch, das
andrängende Volk glauben zu machen, Tarquinius Priscus sei nur verwundet und habe seinen Schwiegersohn Servius Tullius als Regenten
eingesetzt; die Römer akzeptierten Servius Tullius schließlich als König,
mit allen Symbolen der königlichen Macht: dem weiß-purpurnen Kö-
nigsmantel und den Liktoren, jenen schon zur Tradition gewordenen
Männern der königlichen Leibeskorte, die dem Herrscher voranschritten
und deren jeder ein aus einer Axt und mehreren Ruten bestehendes
Bündel vor sich hertrug, das die Macht des Königs symbolisierte, wider-
spenstige Bürger ohne Prozeß züchtigen oder enthaupten zu lassen.

Servius Tullius leitete jenes große Reformwerk ein, mit dem sein Name
immer verbunden bleiben sollte: die Hierarchisierung der römischen
Gesellschaft, das heißt ihre Aufteilung in festgelegte Rang- und Vermögensklassen. Von nun an sollten in regelmäßigen Abständen Volkszählun-
gen durchgeführt und die Bevölkerung, die für Wahlvorgänge bereits in
sogenannte Kurien eingeteilt war, nach den vorgegebenen Kriterien den
verschiedenen Rangstufen zugeteilt werden, die jeweils mit bestimmten
Pflichten in Kriegszeiten beziehungsweise Privilegien in Friedenszeiten
verbunden waren. Die reichsten Bürger waren gehalten, im Krieg die
Kavallerie zu stellen, die *equites*, oder aber sich, ausgerüstet mit Schwert,
Speer und Rüstung, als Anführer der Infanterie zur Verfügung zu stellen.
Die übrige Infanterie wurde von den Bürgern der vier restlichen Rangstufen gestellt, von denen die ärmeren sich lediglich mit Schleudern und
Steinen bewaffnen mußten. Die allerärmsten Bürger waren vom Militärdienst völlig befreit, mußten aber dafür auch auf die politischen Rechte
verzichten, die den anderen Klassen nach Maßgabe ihres Ranges zuka-
men.

Nachdem Servius Tullius den Römern so eine nach Vermögensklassen
gestaffelte hierarchische Ordnung gegeben hatte, teilte er Rom in eine
Anzahl von Verwaltungsbezirken ein. Er erweiterte darüber hinaus die
Gemarkung der Stadt, indem er ihr zwei weitere Hügel einverleibte, den
Quirinal und den Viminal; er stattete beide mit einer Bastion aus und
verteilte das jenseits davon gelegene, in früheren Kriegen eroberte Land
an einfache Bürger. Diese Landverteilung mißfiel den Senatoren sehr; in
ihrer Unzufriedenheit erblickte ein Rivale des Servius, Tarquinius, Sohn
des ermordeten Lucius Tarquinius Priscus, seine Chance: angetrieben
von seiner bösen und ehrgeizigen Frau Tullia, vermehrte Tarquinius
durch Bestechung und Versprechungen seinen Rückhalt im Senat und
ließ, als er den richtigen Zeitpunkt gekommen sah, Servius ermorden.
Tullia überrollte triumphierend den Leichnam mit ihrer Karosse, wobei
sie ihr Kleid mit Blut bespritzte. So begann, um das Jahr 534 v. Chr., die
Tyrannis von Tarquinius dem Hochfahrenden.

Nach der Parole, ein müßiges Volk sei eine Last für den Staat, legte
Tarquinius ein umfangreiches Programm öffentlicher Arbeiten auf; die
Kriegsbeute, die bei einem erfolgreichen Feldzug gegen die Volsker
abfiel, verwendete er für die Vergrößerung und Verschönerung des
herrlichen, von seinem Vater begonnenen Jupitertempels. Er ließ bei
diesem Projekt nicht nur Baumeister und Handwerker aus ganz Etrurien
einsetzen, sondern auch Hunderte von Taglöhnern aus den Reihen des
römischen Proletariats. Begonnen wurde ferner auch mit baulichen Verbesserungen am Circus – dessen Sitzreihen neu errichtet wurden – und
mit der Aushebung der Cloaca Maxima, des großen Abwassersammel-
kanals.[7]

Wie Livius berichtete, ereignete sich um diese Zeit im königlichen
Palast auf dem Forum ein beunruhigender und ominöser Zwischenfall:
aus einem schmalen Spalt in einem hölzernen Pfeiler kroch eine riesige
Schlange. Es war Brauch, für die Deutung solcher Omen etruskische
Wahrsager zu Rate zu ziehen; Tarquinius hielt es jedoch in diesem Fall,
da das Zeichen sich in seinem eigenen Palast zugetragen hatte, für
angemessen, sich um Aufklärung nach Griechenland zu wenden, nach
Delphi nämlich, wo sich das berühmteste Orakel der Welt befand. Da er
eine so bedeutsame Mission nicht irgendeinem Sendboten anvertrauen
wollte, schickte er zwei seiner drei Söhne, Titus und Arruns, sowie
seinen Neffen Brutus nach Delphi.

Dort konnten es sich die drei Prinzen, nachdem sie das Orakel über die
Schlange befragt hatten, nicht versagen, eine weitere Frage zu stellen:
„Wer wird der nächste König von Rom sein?" Aus der Tiefe des
Gewölbes erscholl die Antwort: „Die höchste Herrschaft zu Rom wird

derjenige von euch Jünglingen haben, der zuerst die Mutter küßt." Titus und Arruns kamen überein, diesen Orakelspruch vor ihrem jüngsten Bruder Sextus Tarquinius, der in Rom zurückgeblieben war, geheimzuhalten; welcher von ihnen nach ihrer Rückkehr als erster ihre Mutter küssen würde, überließen sie dem Schicksal. Indessen hatte sich ihr Vetter Brutus, der wesentlich gescheiter und ehrgeiziger war, als er sich nach außen hin gab, eine andere Deutung des Orakelspruchs einfallen lassen: absichtlich stolpernd, ließ er sich zu Boden fallen und küßte dabei heimlich die Erde, die Mutter aller Lebewesen.

Nach Italien zurückgekehrt, beteiligten sich die jungen Prinzen sogleich an einem Feldzug, in dessen Verlauf sie eines Nachts bei einem Gelage mit Freunden auf die jeweiligen Vorzüge und die Treue ihrer Frauen zu sprechen kamen. Einer der Teilnehmer der Runde, Tarquinius Collatinus, stellte die Behauptung auf, seine Frau Lucrezia sei zweifellos unvergleichlich viel mehr wert als alle anderen Frauen Roms, was zu beweisen er bereit sei. Wenn man sie, so erklärte er, mit einem unerwarteten Besuch überrasche, werde man sie ganz bestimmt, anders als die Frauen seiner Gefährten, bei einer nützlichen und unschuldigen Tätigkeit antreffen. Um die Probe aufs Exempel zu machen, ritt die ganze Gesellschaft nach Rom, und siehe da, die Prophezeiung des Collatinus erwies sich als richtig: während die Gemahlinnen der anderen Männer sich bei einem üppigen Festmahl vergnügten, saß Lucrezia im Kreise ihrer Mägde zu Hause und spann im Lampenschein Wolle. Sie begrüßte ihren Mann und seine Freunde, die Prinzen; Collatinus, entzückt über seinen Triumph, lud seine Gefährten ein, seine Gäste zu sein.

Im Verlauf des Abendessens geriet der jüngste der Prinzen, Sextus Tarquinius, in den betörenden Bann der Schönheit und erwiesenen Keuschheit der Gastgeberin, und in seiner Begierde faßte er den Entschluß, sie zu verführen. Ein paar Tage später, als Lucrezia allein war, kehrte er in ihr Haus zurück, schlich sich in ihr Schlafzimmer, weckte sie auf und flüsterte ihr, seine Hand auf ihre Brust gelegt, um sie niederzuhalten, ins Ohr: "Still, Lucrezia, ich bin es, Sextus Tarquinius. Ich habe das Schwert in der Hand. Du bist des Todes, wenn du einen Laut von dir gibst." Indes, Lucrezia weigerte sich, seinen Drohungen und Liebesbitten nachzugeben; da erklärte er ihr, er werde sie, falls sie ihm nicht zu Willen sein wolle, in den Augen der Welt entehren, indem er sie zunächst töten und dann einen ihrer Sklaven erwürgen und ihn nackt an ihre Seite legen werde. "Wird nicht jedermann glauben", fragte er sie, "daß du beim Ehebruch ertappt und dafür bestraft worden bist?" Daraufhin gab Lucrezia nach; Sextus vergnügte sich mit ihr und ritt dann, stolz ob seines Erfolges, davon.

Am Tag darauf berichtete sie ihrem Vater und ihrem Gatten im Beisein des Brutus, der ein Freund ihres Mannes war, was geschehen war. Darauf zog sie unter ihrem Kleid ein Messer hervor und stach es sich durchs Herz. Brutus legte, nachdem er der Toten den Dolch aus der Wunde gezogen hatte, ein feierliches Gelübde ab: „Beim Blute dieses Mädchens und bei den Göttern schwöre ich, daß ich Tarquinius den Hochfahrenden samt seinem gottlosen Weibe und allen seinen Kindern mit Feuer und Schwert und aller mir hinfort möglichen Gewalt verfolgen und nicht zulassen will, daß sie oder irgend jemand sonst über Rom König sei!“

Von Brutus leidenschaftlich dazu aufgerufen, erhob sich das römische Volk mit Waffengewalt gegen den Despoten. Tarquinius und seine beiden älteren Söhne flohen nach Etrurien; sein jüngster Sohn, Sextus, fand den Tod. Mit dem römischen Königtum war es vorbei. Als um das Jahr 507 v. Chr. Brutus und Collatinus zu den beiden ersten Konsuln Roms bestimmt wurden, war dies die Geburtsstunde der römischen Republik.

So stellt sich die frühe Geschichte Roms in der legendären Überlieferung dar. Man erkennt in diesen Legenden sehr deutlich jene Charaktere und Verhaltensweisen wieder, denen die späteren Römer so viel Respekt und Bewunderung entgegenbrachten. Wenn diese schon die Größe besaßen, solche Legenden zu erfinden, so sollten wir, wie Goethe bemerkte, großmütig genug sein, sie zu glauben. In der Tat liegen diesen phantastisch ausgeschmückten Mythen – von denen viele griechischen Ursprungs sind – Elemente historischer Wahrheit zugrunde. Es gab tatsächlich seit der Eisenzeit Ansiedlungen auf mehreren der Hügel am Tiber, auf denen Rom erbaut werden sollte; eine Hütte, genannt das Haus des Romulus, stand noch zur Kaiserzeit auf einem der Hänge des Palatin und diente als Sehenswürdigkeit. Es gibt auch Anhaltspunkte dafür, daß die Menschen, die in diesen Siedlungen lebten, sich mit den Sabinern zusammentaten, daß ein König über sie regierte und daß bei ihnen jene Ranghierarchie und jene militärische Organisation herrschte, von der es mit guten historischen Gründen heißt, daß Servius Tullius sie in Rom einführte. Es gibt ferner Anhaltspunkte, die dafür sprechen, daß die Keramik der Römer ebenso wie die Methoden, die sie bei der Trockenlegung des Forums anwandten, von etruskischen Vorbildern beeinflußt waren; diese Einflüsse lassen sich in etwa von jener Zeit an nachweisen, in der der Legende zufolge jener Fremdling aus Etrurien in Rom auftauchte, der sich zum König Tarquinius Priscus aufschwang.

Die Etrusker waren ein geheimnisvolles Volk, das, wie es scheint, entweder vom Balkan aus übers Meer oder von Norden her auf dem Landweg nach Italien eingewandert war, die Poebene besiedelt und von dort aus die heute als Toskana bekannte Region entlang der tyrrhenischen

Küste in Besitz genommen hatte. Sie waren Meister in der Metallbearbeitung und in der Töpferei und außerdem ein rühriges Handelsvolk mit blühenden Geschäftsbeziehungen zu den griechischen Städten Süditaliens. Es war für die Etrusker daher nur natürlich, daß sie den Blick gen Rom richteten, dessen Hügel die dem Meer nächstgelegene Stelle beherrschten, an der der Tiber überschritten werden konnte, oder sich für die Salzbecken nahe der Tibermündung interessierten, von denen aus die Via Salaria, die Salzstraße, nach Perugia und den anderen etruskischen Städten im Norden führte.

Nachdem die Etrusker in Rom Fuß gefaßt hatten, begannen sie einen bestimmenden und dauerhaften Einfluß auf die römische Kultur auszuüben. Die Könige Roms übernahmen von den Etruskern Kleidung, Herrschaftssymbole und die *sella curulis*, den zeremoniellen Stuhl, der später zum Symbol der Autorität des römischen Magistrats werden sollte. Die Priester machten sich religiöse Praktiken der Etrusker zu eigen, beispielsweise auf dem Gebiet der Weissagung und der Deutung von Naturphänomenen. Die Bauern übernahmen etruskische Techniken der Trockenlegung und Urbarmachung von Land. Menschen- und Tieropfer etruskischer Provenienz, die der Versöhnung der ruhelosen Geister der Toten dienen sollten, blieben in den römischen Amphitheatern noch für lange Zeit ein gern inszeniertes und gern gesehenes Schauspiel, und schließlich kehrten die Axt- und Rutenbündel der etruskischen Liktoren im 20. Jahrhundert unserer Zeitrechnung als Requisiten des italienischen Faschismus wieder.

Die Vertreibung des Königshauses und die daraufhin ausbrechenden Kriege gegen rivalisierende Städte und Stämme bescherten den Römern schwere Zeiten. Der Handel stockte, die Landwirtschaft lag darnieder, Seuchen wüteten. Um die Götter zu besänftigen, errichteten die Römer in ihrer Stadt neue Tempel: für Apollo, den Gott der Heilkraft, für Ceres, die Göttin des Getreides, für Merkur, den Gott des Handels, für Saturn, dessen Gunst, so glaubte man, die Feldfrüchte vor dem Mehltau zu bewahren vermochte. Allein, die Trostlosigkeit und das Siechtum hielten an, und die Armen erkannten immer deutlicher, daß sie unter dem republikanischen Regime ebensowenig mitzureden hatten und ebenso wenige Rechte besaßen wie zuvor in der Monarchie.

Die zunehmende Unzufriedenheit der Plebejer entlud sich der Überlieferung zufolge im Jahr 494 v.Chr. in einem Aufbegehren gegen die patrizische Herrschaft des Magistrats und Senats. Im Verlauf dieser Revolte zogen die Plebejer einmal, als Rom von feindlichen Heerhaufen bedroht wurde, aus der Stadt, sammelten sich auf dem Aventin und drohten mit der Gründung eines eigenständigen Gemeinwesens. Verhandlungen mit den Patriziern führten schießlich dazu, daß das Volk zwei Tribunen als anerkannte Sachwalter seiner Interessen wählen durfte; später wurde die Institution eines Zehnerrats eingeführt, der Gesetze erließ, die auf zwölf bronzene Tafeln graviert und auf dem Forum ausgehängt wurden. Diese Gesetze stellten den ersten Markstein in der Entwicklung des römischen Rechtswesens dar; über Generationen hinweg mußte in Rom jeder Schuljunge ihre Bestimmungen auswendig lernen und hersagen; sie galten als einer der Grundpfeiler der Republik, deren stolze Verfassung durch das Emblem symbolisiert wurde, das die Legionen der Republik mit sich trugen: S.P.QU.R. – *Senatus Populusque Romanus* (der Senat und das Volk Roms). Die Zwölf Tafeln brachten nicht so sehr neues Recht, als daß in ihnen jene Rechtsnormen, die sich in einem im wesentlichen bäuerlichen, außerordentlich konservativen Gemeinwesen naturwüchsig herausgebildet hatten, in eine kodifizierte Form gegossen wurden. Viele der darin enthaltenen Bestimmungen waren nach heutigen Maßstäben außerordentlich streng; insgesamt verkörperten sie jedoch ein gutes Wegstück in Richtung auf das Prinzip der Gleichheit vor dem Gesetz für alle Bürger Roms. Die angedrohten Strafen waren hart: „Jeder, der durch Verbrennen ein Gebäude oder einen neben einem Haus gelagerten Kornhaufen vernichtet, soll gefesselt, ausgepeitscht und durch Verbrennen auf dem Scheiterhaufen getötet werden... Wenn jemand ein gegen eine andere Person gerichtetes Lied gesungen oder erdichtet hat, das verleumderisch oder beleidigend ist, soll er zu Tode geknüppelt werden... Wenn des Nachts ein Diebstahl begangen worden ist und der Eigentümer den Dieb tötet, soll dessen Tod als rechtmäßig gelten... Sklaven, die auf frischer Tat ertappt werden, sollen ausgepeitscht und vom [Tarpejischen] Felsen[8] gestürzt werden... Wer jemanden gegen das Gemeinwesen aufhetzt oder einen Bürger einem Feind des Staates ausliefert, muß hingerichtet werden." Einen Menschen ohne gerichtliches Urteil zu töten, war jedoch generell verboten, und auch zahlreiche andere Bestimmungen boten den Schwachen Schutz vor der Willkür der Mächtigen.

Bei allen Fortschritten, die die Zwölf Tafeln brachten, waren sie doch in keiner Weise geeignet, den Plebejern einen Anteil an der politischen Macht zu sichern, die nach wie vor in den Händen des Senats lag; was sie theoretisch an politischen Befugnissen besaßen – beispielsweise das ausschließliche Recht, per Volksversammlungs-Beschluß Kriegserklärungen auszusprechen –, bedeutete in der Praxis nicht allzuviel. Der Senat blieb der maßgebliche Träger der politischen Gewalt in Rom, und die Männer aus jenen – in aller Regel wohlhabenden – Familien, die das Gros der Senatoren stellten, besetzten wie selbstverständlich auch die höchsten

Ämter, welche die Republik zu vergeben hatte. Das ehrwürdigste dieser Ämter war das des Konsuls; zu seiner Amtstracht gehörten rote Sandalen mit sichelförmigen Schnallen und Lederriemen sowie eine besonders prächtige Toga mit breiter purpurner Schärpe. Wie vor ihnen die Könige, ließen sich auch die Konsuln von zwölf Liktoren begleiten, die als Herrschafts- und Staatsabzeichen die *fasces*, jene Bündel aus Axt und Ruten, mit sich führten.

Ebenfalls in der Hand von Angehörigen der Patrizierfamilien lagen in aller Regel nachgeordnete Staatsämter wie das der Quaestoren, die von 421 v. Chr. an für die Verwaltung und Kontrolle der Staatsfinanzen zuständig waren; der Zensoren, die ab 440 v. Chr. amtierten und unter anderem die Aufgabe hatten, die Unterlagen zu prüfen, aus denen sich die steuerlichen und militärischen Verpflichtungen der einzelnen Bürger ergaben; der Praetoren, die die Gerichtsverhandlungen leiteten, und der Aedilen, die für Straßen, Tempel, Marktplätze und Abwasserkanäle zuständig waren und darüber hinaus öffentliche Veranstaltungen wie Wettspiele oder Feste organisierten. In Krisenzeiten konnte ein mit allen Vollmachten ausgestatteter Diktator ernannt werden; er hatte Anspruch auf eine aus vierundzwanzig Liktoren bestehende Eskorte, jedoch nicht das Recht, innerhalb der Stadtmauern auf einem Pferd zu reiten – hätte man ihm dieses Vorrecht gewährt, so hätte dies bei ihm womöglich monarchische Ambitionen nähren können.

Neben den politischen gab es die religiösen Ämter; die Patrizier bemühten sich nach Kräften, auch diese von plebejischem Einfluß fernzuhalten. Alle diese Ämter waren mit erheblichem gesellschaftlichem Einfluß verbunden, allen voran das des Hohenpriesters, des *Pontifex Maximus*, der als Hüter des ‚Heiligen Gesetzes‘ den Vorsitz über das Kollegium der Priester führte. Zu den Obliegenheiten des *Pontifex Maximus* gehörten die kalendarischen Manipulationen, durch die das römische Mondjahr – das 355 Tage umfaßte – auf das astronomische Sonnenjahr abgestimmt werden mußte, die Aufsicht über zeremonielle Ereignisse wie Eheschließungen, Adoptionen und Begräbnisse, die Betreuung und Beaufsichtigung der Jungfrauen, die der Göttin des Herdes, Vesta, dienten, deren Rundtempel – einer der ältesten der Stadt – im Zentrum des Forums stand.[9] Diese Priesterinnen, die bereits im Kindesalter – zwischen dem 6. und 10. Lebensjahr – ausgewählt wurden und kein körperliches Gebrechen aufweisen durften, wurden im Haus der Vestalischen Jungfrauen[10] auf dem Forum von ihren Vätern dem *Pontifex Maximus* überantwortet, dem sie von da an bedingungslos untertan waren. Sie waren verpflichtet, dreißig Jahre lang unverheiratet zu bleiben und während dieser Zeit sich ausschließlich der Ausübung ihrer Amts-

pflichten zu widmen: dem Darbringen von Opfern, der Durchführung
ritueller Handlungen und dem Hüten des heiligen Feuers, das als Symbol
für den Fortbestand des Römischen Staats galt. „Schwere Strafen sind für
ihre Verfehlungen eingeführt worden", berichtete der griechische Historiker Dionysius von Halikarnassos. „Vestalinnen, die sich kleinerer
Vergehen schuldig gemacht haben, werden mit Ruten gezüchtigt; diejenigen dagegen, die sich durch Unkeuschheit beschmutzt haben, überantwortet man dem unrühmlichsten und elendsten Tode [indem man sie bei
lebendigem Leib verbrennt]... Wohl scheint es zahlreiche Anzeichen zu
geben, an denen sich erkennen läßt, wann eine Priesterin ihres heiligen
Amtes nicht mit reiner Hingabe waltet; doch das Schlimmste ist das
Erlöschenlassen des Feuers, das die Römer mehr fürchten als alles andere
Unheil, sehen sie darin doch, gleich aus welcher Ursache es geschieht, ein
Vorzeichen, das die Zerstörung der Stadt ankündigt."

Zusätzlich zu seinen anderen Pflichten oblag dem *Pontifex Maximus*
die Sorge dafür, daß niemand sich über die Götter lustig machte oder
anderweitig ihr Mißfallen erregte und daß ihre Wünsche öffentlich bekanntgemacht wurden. Bei der Entschlüsselung der Wünsche oder Befehle der Götter gingen ihm die Auguren zur Hand; sie waren Experten
in der Deutung der Zeichen, durch die, wie man glaubte, die Gottheiten
den Menschen ihren Willen kundtaten; als göttliche Zeichen galten
Donner und Blitz, Bewegungen in den Eingeweiden geopferter Tiere
oder das Flugverhalten von Vögeln.

Seit dem Tag, an dem Romulus den Flügelschlag von zwölf Geiern als
Zustimmung der Götter zu seiner Herrschaft über das zu gründende
Gemeinwesen interpretiert hatte, waren Vorzeichen dieser Art und ihre
richtige Ausdeutung für die Römer wichtig; wenn in Zeiten der Krise
und Gefahr Berichte über außergewöhnliche Ereignisse auftauchten –
über Mißgeburten, fremdartige Himmelserscheinungen, über steinerne
Statuen, die zu bluten begannen, sprechende Tiere, weinende Kornfel-
der, vom Himmel fallende Steine oder Fleischbrocken –, verbreiteten sie
sich stets in Windeseile und lösten große Unruhe aus. Da die Regeln für
die Deutung solcher göttlichen Zeichen von den Auguren streng geheimgehalten wurden und da solche Phänomene auf unterschiedlichste Weise
interpretiert und natürlich auch aus der Luft gegriffen werden konnten,
verfügte die Priesterkaste der Auguren über eine immense Macht. Wollten sie etwa eine anstehende Wahl verhindern, so brauchten sie nur zu
erklären, die Zeit sei dafür gerade nicht günstig; wollten sie die Verab-
schiedung eines Gesetzes blockieren, so genügte es, zu behaupten, der
Vogelflug oder andere Omen hätten gezeigt, daß die Götter das Vorhaben
nicht billigten. Cicero, der später eingestehen sollte, das Amt eines

Auguren sei der „einzige Köder", der ihn zu einer Rückkehr in die Politik verleiten könnte, ging so weit zu erklären:

> „Die höchste und wichtigste Autorität im Staate kommt den Auguren zu. Denn welche Befugnis verleiht größere Macht als die, Versammlungen und Sitzungen zu vertagen... oder die Beschlüsse dieser Versammlungen für null und nichtig zu erklären?... Was ist von größerer Tragweite, als daß jedwedes angefangene Unternehmen abgebrochen wird, wenn nur ein einziger Augur gesagt hat: ‚An einem anderen Tag'? Welche Macht ist eindrucksvoller als die desjenigen, der die Konsuln zwingen kann, ihr Amt niederzulegen? Welches Recht ist unantastbarer als das derjenigen, die über das Stattfinden oder Nichtstattfinden einer Volksversammlung entscheiden können?"

Daß das römische Volk bereit war, sich von Auguren Vorschriften machen zu lassen, steht wohl außer Zweifel; seine Ehrfurcht vor den Göttern war groß und echt; die rituellen Opfergaben und Verrichtungen wurden mit großer Gewissenhaftigkeit dargebracht – die genaueste Befolgung der vorgeschriebenen rituellen Formen galt in der römischen Religion als ebenso wichtig wie das Ritual als solches. Der Großgrundbesitzer und konservative Politiker Marcus Porcius Cato, ein rigoroser Verfechter der althergebrachten Bräuche, erteilte in seiner um 160 v. Chr. verfaßten Abhandlung über die Landwirtschaft – dem ältesten vollständig auf uns gekommenen lateinischen Prosatext – seinen Zunftgenossen die folgenden Ratschläge:

> „Bevor du die Ernte einbringst, solltest du vorsorglich eine Sau zum Opfer bringen, und zwar auf folgende Weise: bring das Schwein der Ceres dar, bevor du die folgenden Feldfrüchte einlagerst: Dinkel, Weizen, Gerste, Bohnen, Rübsamen. Wende dich zuerst mit Weihrauch und Wein an Janus, Jupiter und Juno, bevor du das Schwein opferst. Bring dem Janus mit diesen Worten einen Opferkuchen dar: ‚Vater Janus, indem ich dir diesen Opferkuchen darbringe, bete ich zu dir, daß du freundlich und wohlwollend seiest zu mir, meinen Kindern, meinem Haus und meinem Hausstand'... bring [auch] für jeden deiner Arbeitsochsen dem Mars Silvanus tagsüber ein Opfer im Wald. Drei [Pfund] Dinkelgrütze, viereinhalb [Pfund] Schmalz und ein halbes [Pfund] Fleisch, drei *sextarii* Wein... Keine Frau soll bei diesem Opfer zugegen sein oder zusehen, wie es dargebracht wird."

Es folgen dann noch genaue Anweisungen bezüglich der zu gebrauchenden Worte, der übrigen mit angemessenen Opfern zu bedenkenden Götter und der Art und Weise, wie diese angesprochen werden sollten.

Der Götter gab es in Rom in der Tat viele, und jedem von ihnen gebührte ein seinen jeweils spezifischen Machtbefugnissen angemessener Respekt. Es gab einen Gott, der sich um die noch nicht aufgegangene Saat, andere, die sich um die keimende und wachsende Pflanze, und wieder andere, die sich um das geerntete und eingelagerte Getreide kümmerten. Der Gott Nodutus sorgte für den Stengel, die Göttin Volutina für die Hülsen, Flora für das in der Blüte befindliche Getreide; Matuta war für das reifende, Runcina für das eingebrachte Korn zuständig.

Zwar gab es für jede einzelne Gottheit spezielle Priester, *flamines* genannt, doch waren deren Ämter nicht annähernd so begehrt wie die der Auguren, unterlagen doch die *flamines* zahlreichen Tabus. Dem *flamen* des Jupiter beispielsweise war es nicht gestattet, auf einem Pferd zu reiten, einen Blick auf das in Schlachtordnung aufgestellte Heer zu werfen, bestimmte Speisen zu essen oder sie auch nur beim Namen zu nennen, unter einem Rebstock hindurchzugehen oder sich im Freien ohne Mütze zu zeigen. Außerdem mußten, wie der Rechtsgelehrte Aulus Gellius berichtete, „die Füße der Liege, auf der er schläft, mit einer dünnen Lehmschicht beschmiert sein, und er darf nicht länger als drei aufeinanderfolgende Nächte in einem anderen als seinem eigenen Bett schlafen; auch darf in seinem Bett keine andere Person schlafen... Wenn er seine Ehefrau verliert, muß er sein Amt abtreten. Seine Ehe kann nicht aufgelöst werden, außer durch den Tod."

Im Jupitertempel auf dem Kapitol-Hügel, in dem diese *flamines* Dienst taten, wurden die ‚Sibyllinischen Bücher', auch Bücher der Vorsehung genannt, aufbewahrt, von denen es hieß, sie bärgen die geheimsten Enthüllungen über die Bestimmung Roms, und die daher mit gleicher Ehrfurcht behandelt wurden wie die Weissagungen der Auguren. Diese Bücher, in denen die Orakelsprüche der berühmten Sibylle von Cumae, einer griechischen Stadt in der Campagna, aufgezeichnet waren, waren der Überlieferung zufolge von Tarquinius Priscus erworben und nach Rom gebracht worden. Sie wurden im Jupitertempel als heilige Reliquien gehütet und immer dann zu Rate gezogen, wenn wichtige Entscheidungen anstanden. Die Texte, die sie enthielten, waren äußerst vage formuliert; aller konkreten zeitlichen und örtlichen Bezüge beraubt, eigneten sie sich, wie der Skeptiker Cicero bemerkte, vorzüglich dazu, für alle möglichen Prophezeiungen herangezogen zu werden, die der Hüter der Bücher zu machen beliebte. Sein Amt bescherte daher auch ihm erheblichen politischen Einfluß, und so verwundert es nicht, daß die Plebejer entschlossen waren, sich auch den Zugang zu diesem Amt zu verschaffen.

Von Zeit zu Zeit errangen die Plebejer in ihrem Kampf um mehr politische Macht den einen oder anderen Erfolg. So wurde beispielsweise nicht lange nach der Proklamierung der Zwölf Tafeln, 445 v. Chr., die bis dahin verbotene Eheschließung zwischen einem plebejischen und einem patrizischen Partner zugelassen. 348 v. Chr. einigte man sich darauf, daß

einer der beiden Konsuln stets ein Plebejer sein sollte; zehn Jahre später
erklärte der Senat sich bereit, alle von der Volksversammlung beschlossenen Maßnahmen automatisch zu ratifizieren. 287 v. Chr., während der
Amtszeit von Quintus Hortensius – die Römer hatten ihn in einer
Krisensituation für eine begrenzte Zeit zum Diktator gewählt –, wurde
festgelegt, daß die Beschlüsse des Plebejerrats auch ohne Zustimmung
des Senats Gesetzeskraft erlangen sollten. Dies mutete wie ein entscheidender politischer Sieg der Plebejer an; in der Praxis sah die Sache jedoch
anders aus: nicht nur daß die reicheren und tonangebenden Mitglieder
des Plebejerrats gleichzeitig das geringste Interesse an einer Umstülpung
des überkommenen Systems hatten, ließen sich auch die Volkstribunen,
die gewissermaßen die Steuerleute des Plebejerrats waren, den Schneid,
mit dem sie anfänglich für die Rechte der Plebejer eingetreten waren,
recht bald abkaufen – sie wurden durch die Gewährung von Senatoren-
Privilegien korrumpiert. Die Plebejer versäumten es somit, den einmal
errungenen Sieg konsequent zu nutzen; die Patrizier, die mit sozialer
Verachtung auf die Plebejer herabblickten, kontrollierten auch weiterhin
den Senat, und der Senat übte die Regierungsgewalt aus.

Parallel zu diesen innenpolitischen Machtkämpfen führte Rom zahlreiche
Kriege und dehnte seinen Herrschaftsbereich allmählich weiter aus. Zu
den Rivalen, die man besiegte, gehörten die Etrusker, deren nur zehn
Meilen von Rom entfernte Hauptstadt Veji dem Erdboden gleichgemacht
wurde. Einem Teil der Besiegten gewährten die Sieger das volle römische
Bürgerrecht, andere erhielten ein eingeschränktes Bürgerrecht; die Unbotmäßigen hielt man unter Kuratel, bis auch sie für würdig erachtet
wurden, zu Gliedern des aufstrebenden Staatswesens zu werden. Einen
Rückschlag erlitt die Entwicklung Roms allerdings am Ende des 4.
vorchristlichen Jahrhunderts, als gallische Nomadenstämme von jenseits
der Alpen über Italien hereinbrachen. „Geschreckt vom Getümmel ihres
vorüberziehenden Heeres, eilten die Städte zu den Waffen", berichtete
Livius. „Der wilde Gesang und das… Geschrei [der Gallier] erfüllte [die
ganze Gegend]… In Eilmärschen machten sie sich auf den Weg. Wohin
sie kamen, bedeckten sie mit Roß und Mann, in einem sich in die Länge
und Breite dehnenden Zuge, eine ungeheure Fläche… Den flüchtenden
Landleuten gaben sie mit lautem Geschrei zu verstehen, sie zögen auf
Rom los."

Das römische Verteidigungsheer wurde nördlich der Stadt überrannt,
und die gallischen Horden ergossen sich durch die geöffneten Tore nach
Rom hinein. Alle waffenfähigen Männer hatten sich, wie Livius mitteilt,
zusammen mit Frauen und Kindern sowie den noch rüstigen Senatoren in

die Burg auf dem Kapitol-Hügel zurückgezogen, während die Alten und
Schwachen unten in der Stadt zurückgeblieben waren. Unter diesen
befanden sich auch betagte Patrizier; sie hatten sich in die feierlichen
Roben der höchsten Ämter, die sie einst bekleidet hatten, gehüllt und
erwarteten so, in den Innenhöfen ihrer Häuser auf den elfenbeinge-
schmückten Stühlen des Magistrats sitzend, den Tod. So fanden die
Gallier sie vor.

„Als die Gallier so, zu ihnen wie zu Standbildern emporblickend, dastanden,
brachte einer der [römischen Patrizier], es heißt, es sei Marcus Papirius gewesen,
einen Gallier, der ihn am Bart zupfte – denn damals trugen alle lange Bärte –
dadurch in Zorn, daß er ihn mit seinem elfenbeinernen Stab auf den Kopf schlug;
so nahm das Gemetzel mit ihm seinen Anfang, und gleich ihm wurden auch die
übrigen auf ihren Stühlen erschlagen. Nach der Ermordung der Großen wurde
kein Mensch weiter geschont; die Häuser wurden geplündert und, wenn sie leer
waren, angezündet."

Historische Zeugnisse für diese Brandschatzung kann man heute noch
in Rom besichtigen: am Rande des Forums ist eine Schicht aus Brand-
schutt, zersplitterten Dachziegeln und verkohlten Holzstücken zu erkennen.

Das Kapitol konnte jedoch gegen den Ansturm der Gallier gehalten
werden. Diese hatten zunächst bei Tageslicht einen Angriff versucht und
waren in die Flucht geschlagen worden. Dann, in einer sternklaren
Nacht, unternahmen sie einen weiteren Anlauf. Sie stiegen lautlos den
steilen Hügel hinauf und reichten, eine geschlossene Kette bildend, ihre
Waffen von Mann zu Mann weiter. Die Wachen bemerkten nichts, und
nicht einmal die Hunde schlugen an.

„Nur den Gänsen entgingen sie nicht, an denen man sich auch in der größten
Hungersnot, weil sie der Juno heilig waren, nicht vergriffen hatte. Von ihrem
Geschrei und Flügelschlagen geweckt, ergriff Marcus Manlius – er war drei Jahre
zuvor Konsul gewesen und war ein im Kriege ausgezeichneter Mann – die Waffen,
alarmierte die übrigen und eilte herbei; und während die anderen zusammeneil-
ten, warf er einen Gallier, der bereits die Brüstung erstiegen hatte, durch einen
Stoß mit dem Buckel seines Schildes hinunter. In seinem Sturz riß er die nächsten
mit um; Manlius vermochte noch etliche andere, die in ihrer Bestürzung die
Waffen weggeworfen hatten und sich mit den Händen an die Klippen klammer-
ten, an denen sie hingen, zu erlegen. Nun sammelten sich schon mehrere [Römer
um Manlius] und trieben den Feind mit Pfeilen und Wurfsteinen fort, so daß die
ganze Schar Hals über Kopf davonstürzte."

Die Gallier waren zu diesem Zeitpunkt bereits stark dezimiert. Was sie
an Eßbarem erbeutet hatten, ging zur Neige, und in ihrem Lager, über
das Wolken von Asche und Staub aus dem brennenden Rom niedergin-

gen, wüteten Krankheiten. So viele Leichen fielen an, daß sie zu Haufen aufgeschichtet und verbrannt wurden – an einer Stelle, die später den Namen ‚Gallische Scheiterhaufen‘ erhielt. Schließlich wurde ein Waffenstillstand vereinbart; die am Leben gebliebenen Gallier, erpicht darauf, nach Hause zurückzukehren, um sich anderen, an ihre eigenen Grenzen pochenden Feinden zuzuwenden, akzeptierten eine Abstandszahlung und zogen von dannen.

Der Einfall der Gallier war für Rom eine ebenso verheerende wie demütigende Erfahrung, und daher wurden bald Maßnahmen ergriffen, die sicherstellen sollten, daß die Stadt künftig wirksamer verteidigt würde. Anstelle des von Servius Tullius aufgeführten Walls wurde nunmehr aus Vulkangestein eine neue, von griechischen Ingenieuren konzipierte Mauer errichtet, die ein Gelände von mehr als tausend Morgen Land umschloß, darunter alle sieben Hügel.[11] Durch die Tore dieser Mauer, von der große Teile heute noch zu sehen sind, marschierten die Legionen Roms, um ihre Feldzüge gegen die Aequer, die Herniker, die Volsker, die Samniten, die Umbrier und die Gallier zu führen. Alle diese Stämme wurden schließlich und endlich unterworfen und befriedet, und Tausende von Kriegsgefangenen wurden als Sklaven nach Rom gebracht; viele von ihnen ließ man später frei. Süditalien blieb vorläufig unter griechischem Einfluß; doch spätestens nach 265 v. Chr. war Rom auch in dieser Region die unumstrittene Vormacht und beherrschte nun die italienische Halbinsel von der Poebene bis zur Stiefelspitze.

Sizilien befand sich noch außerhalb der römischen Einflußsphäre; die Ansprüche, die Rom auf diese Insel anmeldete, brachten es in Konflikt mit Karthago, der nordafrikanischen Seemacht, die mit ihren Schiffen und Heeren den größten Teil des westlichen Mittelmeers kontrollierte. Der erste Krieg gegen die Karthager dauerte über zwanzig Jahre und kostete die Römer über 500 Schiffe, die in Stürmen oder in erbitterten Seeschlachten verlorengingen. Durch einen im Jahr 241 v. Chr. geschlossenen Vertrag errang Rom jedoch die Herrschaft über den größten Teil Siziliens; wenig später bemächtigte es sich auch Sardiniens und Korsikas. Ein zweiter Krieg gegen Karthago begann 218 v. Chr.; die römischen Heere erlitten in ihm furchtbare Verluste, vor allem weil sie es mit einem glänzenden Feldherrn als Gegner zu tun hatten: dem Karthager Hannibal, der mit seinen Truppen und Elefanten durch Spanien und über die Alpen marschierte und den römischen Legionen eine Niederlage nach der anderen beibrachte, vor allem in der Schlacht bei Cannae in Süditalien, bei der mehr als 30000 römische Soldaten fielen. Die Römer rächten das Debakel von Cannae am Metaurus-Fluß, wo Hannibals Bruder Hasdrubal vernichtend geschlagen wurde; Hannibal selbst blieb jedoch auf

italienischem Boden unbesiegt. Allerdings unternahm er, da es ihm an
Belagerungsgerät fehlte, keinen Versuch, die Stadt Rom zu erobern,
sondern beschränkte sich darauf, mit seiner hungrigen Heerschar das
Umland auszuplündern. Mehrere Male im Verlauf des Krieges kam er
dabei Rom so nahe, daß die Römer mit einem Angriff auf die Stadt
rechneten. Einmal schlug er sein Lager nur drei Meilen vor den Toren
Roms auf. Als just zu diesem Zeitpunkt in Rom das Gelände, auf dem
sich Hannibals Feldlager befand, versteigert wurde, erzielte es – ein
Zeichen für die trotzige Zuversicht der Römer – einen hohen Preis. Ein
andermal wurde die Furcht der Römer vor einem Angriff Hannibals
durch einige seltsame Vorzeichen und durch die Entdeckung genährt, daß
zwei Vestalinnen ihr Keuschheitsgelübde gebrochen hatten; eine von
ihnen wurde, dem Brauch gemäß, bei lebendigem Leibe verbrannt, die
andere tötete sich selbst. Man konsultierte die ‚Sibyllinischen Bücher'
und ließ sich durch sie dazu animieren, einen Gallier und eine Gallierin
sowie ein griechisches Paar bei lebendigem Leibe auf dem Marktplatz zu
begraben. Im Sommer des Jahres 204 v. Chr. schließlich setzte eine starke
römische Streitmacht unter der Führung eines glänzenden jungen Feldherrn namens Publius Cornelius Scipio nach Nordafrika über. Um dieser
Bedrohung Herr zu werden, beriefen die Karthager Hannibal zurück; in
der entscheidenden Schlacht, die zwei Jahre später bei Zama, südwestlich
von Karthago, stattfand, erlitt Hannibal eine vernichtende Niederlage.
Damit war die Macht Karthagos gebrochen; im Jahr 146 v. Chr. taten die
Römer ein übriges, um sicherzustellen, daß diese Macht nicht wiederaufleben könnte; sie machten die Stadt dem Erdboden gleich und brachten
ihre Bewohner um, ganz wie Cato es immer und immer wieder gefordert
hatte – er pflegte jede seiner Reden vor dem Senat, gleich über welches
Thema er sprach, mit dem Satz zu beenden: „Im übrigen bin ich der
Ansicht, daß Karthago zerstört werden muß."

Der Herrschaftsbereich Roms umfaßte inzwischen außer Italien, Sizilien und Nordafrika auch Illyrien jenseits des Adriatischen Meers sowie
Teile Spaniens und Syriens; auch Makedonien war eine römische Provinz
geworden, Vorspiel zur Einverleibung ganz Griechenlands – als Provinz
Achaea – in das Römische Reich.

Griechisches Denken und griechische Kultur beeinflußten die Entwicklung Roms tiefgreifend. Soldaten, die von Feldzügen zurückkehrten, Beamte, die als Gesandte, in diplomatischer oder administrativer
Mission die griechischen Provinzen kennengelernt hatten, machten aus
ihrer Bewunderung für griechische Architekten und Bildhauer, Töpfer
und Möbelschreiner, Lehrer, Philosophen und Schriftsteller keinen
Hehl. Nicht lange, und es gab im gesellschaftlichen Leben Roms fast

nichts mehr, was nicht in größerem oder geringerem Maß von griechischen Vorbildern geprägt gewesen wäre. Griechische Lehrer kamen nach Rom und unterrichteten junge Römer in allen Künsten und Fertigkeiten, von Sprache und Literatur über Rhetorik und Philosophie bis zu Ringen und Jagen; Unterrichtssprache war dabei stets das Griechische, das noch für lange Zeit die Sprache der höheren Bildung bleiben sollte, auch nachdem man dazu übergegangen war, den Grammatikunterricht in lateinischer Sprache abzuhalten. Auch griechische Künstler kamen, und die Häuser der wohlhabenden Römer füllten sich nach und nach mit griechischen Skulpturen, mit eigens für den römischen Markt angefertigten Kopien griechischer Statuen und mit von griechischen Sklaven und Freigelassenen gefertigten Kameen und anderen Edelsteinarbeiten. Beim Bau der Häuser selbst folgte man den Ratschlägen griechischer Architekten. Gewöhnlich waren die Bauten aus den in und um Rom vorkommenden Steinen errichtet, wiesen Stuckfassaden auf und waren mit einem vorkragenden Dach aus heimischen Tonziegeln gedeckt. Sie umfaßten eine Anzahl von Zimmern, die sich in der Regel um einen Innenhof gruppierten, das Atrium. Ein weiterer, kleinerer und ruhiger Hof, der oft als Garten gestaltet und von einem Säulengang eingefaßt war, schloß sich an die Rückseite des Hauses an; dieser Hof wurde, mit einem aus dem Griechischen abgeleiteten Wort, *peristylium* genannt.[12]

Damit nicht genug, nahmen die Römer auch griechische Götter in ihr Pantheon auf; bereits bestehende römische Gottheiten wurden mit ihren griechischen Entsprechungen identifiziert: Jupiter mit Zeus beispielsweise, Venus mit Aphrodite, Juno mit Hera, Diana mit Artemis und so weiter, und darüber hinaus wurden auch etliche neue Kulte übernommen. So verbreitete sich etwa von 186 v. Chr. an in Rom der Brauch, dem Dionysos oder Bacchus zu huldigen, dem griechischen Gott des Weins und der Verzückung; Berichte über die von den Anhängern dieses Kults veranstalteten Orgien alarmierten die römischen Behörden. „Der religiöse Gehalt wurde um die Freuden des Weins und des Prassens vermehrt, um mehr Leute anzulocken", berichtete Livius in seiner höchst farbigen Darstellung dieser Bacchanalien. „Sobald sie vom Wein erhitzt waren und angesichts der Dunkelheit der Nacht jede Zurückhaltung gewichen war, sich Männer und Frauen, Junge und Alte mischten, dann begannen Ausschweifungen aller Art, und für alle standen Vergnügungen bereit, mit denen sie die Begierden befriedigen konnten, die ihnen am meisten zusagten." Es kursierte auch die Behauptung, der Bacchus-Kult sei ein Deckmantel für die verschwörerischen Bestrebungen revolutionärer Gruppen; der Senat gab daraufhin einen Erlaß heraus, der besagte, daß die Bacchanalien nicht mehr ohne Genehmigung stattfinden und daß an ihnen jeweils nicht mehr als fünf Personen teilnehmen durften.

In den Augen der meisten Mitglieder des Senats, angesehener und konservativ denkender Männer, war die Republik schon gegen Ende des 2. Jahrhunderts v. Chr. im Niedergang begriffen. Ihre Vorfahren hatten dank ihrer Tugenden – Geduld und Findigkeit, Bescheidenheit und Fleiß, Loyalität, Selbstdisziplin und Verantwortungsgeist – Rom zur Unabhängigkeit geführt und ihm ein großes Reich erobert. Doch hatte Rom für seine Größe einen hohen Preis bezahlt. Durch Kriegsgewinne, Beutezüge und Kontributionen waren riesige Reichtümer in die Stadt geströmt – Gold und Silber aus Spanien, Luxusmöbel, wie man sie in Rom nie zuvor gesehen hatte, aus dem Osten. Es war Brauch geworden, nach jedem Feldzug dem Volk die Kriegsbeute in einer prachtvollen Prozession durch die Via Sacra vorzuführen. Der siegreiche Feldherr ging dem Zug voran, das Gesicht blutrot geschminkt, mit einer wertvollen Tunika bekleidet und einer goldenen Krone nicht auf, sondern über dem Haupt – sie war so schwer, daß sie von einer Eskorte getragen werden mußte. Ihm folgten seine Soldaten, die, stolz auf ihren Sieg, vulgäre, mit Ausfällen gegen ihre Anführer gewürzte Lieder grölten. Dann kamen in einem endlos langen Zug die Gefangenen, die man gemacht hatte; für die wichtigeren unter ihnen war der Einzug in Rom der letzte Gang, denn ihnen stand die Hinrichtung in den Kasematten des Kapitols bevor. Hinter den Gefangenen schließlich ratterten die Kampfwagen über das Pflaster, gefolgt von den mit dem Beutegut beladenen Pferdewagen. War die Kriegsbeute – wertvolle Kleidungsstücke, Gobelins, Gefäße aus Gold, juwelenbesetzte Schwertscheiden, Kunstwerke und so weiter – früher, mit Ausnahme eines kleinen an die Soldaten ausgeschütteten Anteils, für die Stadt und die Götter bestimmt gewesen, so rafften nunmehr die Soldaten so viel an sich, wie sie nur ergattern konnten; ein erfolgreicher Feldherr konnte es auf diese Weise zu erstaunlichen Reichtümern bringen.

Das Beutegut war nicht der einzige Gewinn, den ein siegreicher Feldzug einbrachte. Die Eroberung Siziliens hatte zur Folge, daß große Mengen von Weizen nach Rom geliefert wurden, genug, um die gesamte Bevölkerung der Stadt für einen beträchtlichen Teil des Jahrs zu ernähren. Von 167 v. Chr. an brauchten die Römer keine Steuern mehr zu zahlen. Es wurde allmählich selbstverständlich, sich das Brot beim Bäcker zu kaufen, während man es früher selbst gebacken hatte. Köche, von den Altvordern als die geringsten unter allen Sklaven verachtet, waren zunehmend gefragt; ihre Arbeit, zuvor als untergeordnete Tätigkeit abgetan, galt nunmehr als anspruchsvolle Kunst. Die Sklaven, die man zu Tausenden als Kriegsbeute heimgeführt hatte, wurden für alle erdenklichen Arbeiten eingesetzt, sowohl in den städtischen Werkstätten, wo sie den freien Tagelöhnern die Arbeit wegnahmen, als auch außerhalb der Stadt auf den Feldern und Viehweiden, in den Weinbergen und Olivenhainen der reichen Römer. In dem Maße, wie sich auf dem Land die Latifundienwirtschaft, das heißt die Bewirtschaftung von Großgütern mit Hilfe von Arbeitssklaven, durchsetzte, wurden die selbständigen Kleinbauern verdrängt oder verarmten, und es blieb ihnen nichts anderes übrig, als nach Rom zu gehen und sich dort nach einem Broterwerb umzusehen. So elend die Lage dieser deklassierten Kleinbauern war, so hatten sie es vergleichsweise doch noch besser als die meisten Sklaven. Denn diese waren praktisch völlig rechtlos. Ein Sklave, der seinen Besitzer mit der Waffe angriff, durfte, auch wenn sein Aufbegehren eine Reaktion auf Schikanen und Grausamkeiten von seiten seines Herrn war, straflos auf der Stelle getötet werden, und mit ihm gleich auch alle übrigen zum selben Haushalt gehörenden Sklaven. Cato riet seinen Sklavenhalterkollegen, alle Sklaven während der Arbeitssaison auf eine karge, fleischlose Kost zu setzen; Sklaven, die nicht mehr voll arbeitsfähig seien, sollten, so empfahl er, zu dem Preis, den sie eben noch erbrächten, verkauft werden. Von Zeit zu Zeit organisierten die Sklaven bewaffnete Aufstände, die aber jedesmal brutal niedergeschlagen wurden.

Neben den Sklaven und den verarmten Freien war nach Ende der Kriege gegen Karthago eine weitere neue Klasse in den Blickpunkt getreten: die wohlhabenden Geschäftsleute Roms, *equites* genannt, weil sie sich dank ihres Wohlstands Pferde leisten konnten und in der Vergangenheit die Kavallerie für die römischen Heere gestellt hatten. Die *equites* strebten in der Regel nicht nach politischen Ämtern. Der Eintritt in den Senat wäre für sie gleichbedeutend gewesen mit dem Verzicht auf ihre Haupteinkommensquelle; die Abkömmlichkeit und die politische Macht der Senatoren stützte sich in der Regel auf ihren Grundbesitz, das heißt auf ihre Landgüter – denen oft Nebenbetriebe wie Ziegeleien oder Steinbrüche angeschlossen waren – und die daraus erzielten Einkünfte. Auf andere wirtschaftliche Unternehmungen konnten Senatoren sich nicht einlassen, da es ihnen verboten war, sich um Staatsaufträge zu bewerben, Geld zu verleihen oder für den Seehandel taugliche Schiffe zu besitzen.

Indes vollzogen sich auch innerhalb der herrschenden Klasse, aus der sich die Senatoren rekrutierten, Veränderungen: eine neue Elite, die *optimates* genannt, begann sich herauszuschälen. Diese ,besten Männer' beriefen sich nicht so sehr auf die Altehrwürdigkeit und Länge ihres Familienstammbaums, als auf die Anzahl hoher Amts- und Würdenträger unter ihren Vorfahren. In ihren Häusern stellten sie die Totenmasken sowie Büsten und Statuen dieser mehr oder weniger prominenten und verdienten Ahnen auf, um sich selbst und ihren Gästen stets in Erinnerung zu rufen, welche Rolle ihre Familie beim Aufstieg Roms gespielt hatte. Bei feierlichen Anlässen und insbesondere bei Leichenbegängnissen führten Bedienstete diese Büsten mit, während die Totenmasken von Schauspielern getragen wurden, denen man auch die zu den hohen Ämtern der Verewigten gehörigen Trachten und Insignien anlegte; in Reden, die bei diesen Gelegenheiten gehalten wurden, wurde die stolze Geschichte der Familie erzählt, was aber oft mehr einer Wiedergabe von Legenden als einer gewissenhaften Darstellung gesicherter historischer Fakten glich. In der Regel konservativ, in vielen Fällen reaktionär, hielten die *optimates* sich an Cicero, der in seinem Werk ‚Über den Staat‘ den Scipio Aemilianus erklären ließ: „Unter allen Regierungsformen gibt es keine, die sich ihrer theoretischen oder praktischen Verfassung nach mit der vergleichen ließe, die unsere Vorväter uns hinterlassen haben und die ihnen ihrerseits zuvor von ihren Vorfahren hinterlassen worden ist." Sie verteidigten entschieden die Vormachtstellung des Senats und vertraten die Ansicht, die Volksversammlung solle in allen Dingen den Ratschlüssen des Senats folgen.

In Opposition zu den *optimates* standen die *populares*; es waren dies nicht etwa, wie man denken könnte, Leute aus dem einfachen Volk, sondern durchaus zumeist Männer aus alten Senatorenfamilien. Gleichwohl traten sie für Verfassungs-, Justiz- und Landreformen ein. Politisch unterstützt wurden sie von den *equites*, die sich für die Reformvorschläge des Tiberius Gracchus einsetzten, eines jungen Adligen, der 133 v.Chr. zum Volkstribun gewählt wurde. Die provokanten Pläne des Gracchus beunruhigten die *optimates* so sehr, daß sie ihn kurz nach seiner Wahl zum Tribun vor dem Jupitertempel ermorden ließen. Dreihundert seiner Anhänger wurden anschließend zu Tode geprügelt, ihre Leichen in den Tiber geworfen. Der Bruder des Ermordeten, Gaius Gracchus, versuchte die Reformpläne des Tiberius in dessen Sinn zu verwirklichen. Er war ein ausgezeichneter Redner, bei dem sich Subtilität mit Leidenschaft paarte; eine Zeitlang schien es, als würden sich seine Vorhaben durchsetzen lassen. Allein, seine Pläne gingen den meisten Bürgern Roms doch zu weit: so forderte er beispielsweise die Gewährung der vollen römischen Bürgerrechte für die Bewohner der meisten Regionen Italiens; dies hätte bedeutet, daß auch diese ‚Fremdlinge‘, wie die Einwohner Roms selbst, in den Genuß kostenloser circensischer Veranstaltungen, billigen Getreides und allfälliger Bestechungsgelder für die ‚richtige‘ Stimmabgabe in der Volksversammlung gekommen wären. Im Jahr 121 v.Chr. schlug auch für Gaius Gracchus die Stunde der Niederlage: gezwungen, sein Leben durch Flucht zu retten, erreichte er die Holzbrücke über den Tiber, wo seine Verfolger ihn stellten. Angesichts der nicht mehr abzuwendenden Gefangennahme ließ er sich von einem treuen Sklaven, der ihn begleitet hatte, die Kehle durchschneiden. Nicht weniger als 3000 seiner Anhänger wurden danach ohne Urteil hingerichtet.

Noch niemals waren in Rom politische Differenzen mit so blutiger Gewalt ausgetragen worden. Das gesellschaftliche Klima war vergiftet, der Haß der Armen auf die Reichen und Mächtigen erbitterter denn je, die Tage der Römischen Republik waren gezählt. In dieser Situation ging der politische Stern eines Mannes auf, der nicht der herrschenden Klasse entstammte. Es war ein Emporkömmling namens Gaius Marius, der sich weigerte, Griechisch zu lernen, weil es seiner Ansicht nach absurd war, sich einer Sprache zu bedienen, die man von einem unterworfenen Volk lernen mußte. Wohlhabend geworden war Marius als Geschäftsmann und Steuereintreiber. Militärischen Ruhm hatte er in Nordafrika bei der Unterwerfung eines aufbegehrenden Königs und an den Grenzen Norditaliens im Kampf gegen germanische Stämme erworben; er rekrutierte und organisierte seine Truppen unabhängig von den hergebrachten hierarchischen Auswahlkriterien und schuf so eine Armee neuer Art, die sich nicht mehr aus Staatsbürgern in Erfüllung ihrer Dienstpflicht zusammensetzte, sondern aus Freiwilligen, die keinen anderen Beruf hatten als das Kriegshandwerk und deren Loyalität im Zweifelsfall eher dem General, der ihr Brotgeber war, gehörte als dem Senat, der ihnen mißtraute.

Diese Verlagerung der Loyalität der Soldaten zog in der Folge tiefgreifende Konsequenzen nach sich; zunächst richteten sich die Befürchtungen der Senatoren nicht so sehr auf dieses Problem als auf einen Krieg auf italienischem Boden, den die enttäuschten und erbitterten italienischen Bündnispartner Roms vom Zaun brachen, denen trotz ihres nicht geringen Anteils an den römischen Siegen in Nordafrika und gegen die germanischen Stämme nach wie vor das römische Bürgerrecht verwehrt wurde, das Gaius Gracchus und seine Anhänger für sie zu erkämpfen versucht hatten. Dieser Krieg ist als der Bundesgenossenkrieg bekannt geworden; Rom hatte es in ihm nicht nur mit den Streitkräften seiner bisherigen Verbündeten zu tun, sondern auch mit Völkern wie den Samnitern, die ihre vor Generationen erlittenen Niederlagen noch immer nicht verwinden konnten und nicht das römische Bürgerrecht, sondern Unabhängigkeit von Rom verlangten. Der Krieg dauerte bis 87 v. Chr. und raffte nach Angaben des früheren römischen Offiziers Velleius Paterculus „über 300 000 Söhne Italiens dahin", ehe der Senat sich bereit fand, Zugeständnisse zu machen. Noch kehrte aber in Rom kein Friede ein. Marius hatte der Stadt grollend den Rücken gekehrt, nachdem der Senat sich geweigert hatte, ihn zum Oberbefehlshaber zu ernennen. Einer seiner Generäle, Lucius Cornelius Sulla, ein reicher, kluger und fähiger Patrizier, stieß in die Lücke und vermochte sich ein Ansehen zu erwerben, das dem des Marius nahezu gleichkam. Als in Kleinasien ein ehrgeiziger König namens Mithridates VI. sein Reich auf Kosten der westlichen Bundesgenossen, Provinzen und Vasallenstaaten Roms zu vergrößern begann, wurde Sulla dazu bestimmt, das römische Heer gegen ihn zu führen. Doch seine Ernennung zum Oberbefehlshaber wurde sogleich wieder rückgängig gemacht, und zwar auf Betreiben der Anhänger des Marius, die diesen als Oberbefehlshaber ausriefen. Sulla weigerte sich, seine Abberufung zu akzeptieren, und verließ Rom, bemächtigte sich der Legionen, die zur Überfahrt nach Kleinasien bereitstanden, marschierte an ihrer Spitze in die Stadt zurück, erklärte Marius für geächtet und zwang ihn zur Flucht nach Nordafrika. Dort blieb Marius freilich nicht lange. Sobald Sulla in See gestochen war, um in Griechenland gegen Mithridates anzutreten, kehrte Marius nach Italien zurück und stellte aus den ihm ergebenen Soldaten eine Streitmacht auf; zusammen mit einem anderen ehrgeizigen General namens Lucius Cornelius Cinna marschierte er in Rom ein, um mit den Anhängern Sullas abzurechnen. Seine Rache war äußerst blutrünstig: alle seine namhafteren Gegner ließ er massakrieren, und seine Soldaten und Sklaven mordeten, plünderten und schändeten nach Herzenslust. Im Jahr 86 v. Chr. jedoch, kurz nachdem er sich selbst zum Konsul hatte wählen lassen – es war seine siebente Amtszeit –, starb er in geistiger Verwirrung. Damit ging die alleinige Macht auf seinen Kumpan Cinna über, dessen Herrschaft jedoch nur zwei Jahre dauerte; er wurde 84 v. Chr. im Gefolge einer Meuterei ermordet, als er gerade dabei war, sich auf einen Feldzug gegen Sulla vorzubereiten, der immer noch in Griechenland weilte.

Im Jahr 83 v. Chr. tauchte Sulla wieder in Italien auf. Ein Heer, das der – mittlerweile von den *populares* beherrschte – Senat mit dem Auftrag losschickte, ihm den Einzug nach Rom zu verwehren, wurde niedergewalzt; Sullas Krieger fielen über Rom her und richteten unter seinen Gegnern ein noch größeres Gemetzel an als Marius und die Seinen fünf Jahre zuvor. Allein Sullas persönliche Leibgarde brachte an die zehntausend Bürger um, darunter vierzig Senatoren, tausendsechshundert *equites* und zahllose Bürger minderen Ranges. Die Besitztümer der Getöteten verteilten Sulla und seine Männer unter sich. Sulla ernannte sich sodann selbst zum Diktator und belohnte hunderttausend seiner Soldaten mit Grund und Boden aus dem Besitz der Getöteten.

Während der darauffolgenden zwei Jahre war dieser Mann mit seinem pockennarbigen Gesicht der unumschränkte Herrscher über Rom. Eindeutig die Interessen der *optimates* begünstigend, ließ er eine Reihe von Gesetzen verabschieden, die die Macht des oligarchischen Senats wiederherstellten und den politischen Einfluß der Volkstribunen beseitigten. Er setzte ferner in der Hauptstadt ein ehrgeiziges Bauprogramm in Gang: in Angriff genommen wurde die Errichtung eines neuen Senatsgebäudes[13] und eines Staatsarchivs, des sogenannten Tabulariums.[14] Er heiratete – es war seine fünfte Ehe – „eine sehr hübsche und vornehme Dame", die, wie er selbst, frisch geschieden war.

„Übrigens", berichtet Plutarch, „setzte er auch, als er Valeria im Hause hatte, seinen Verkehr mit Schauspielerinnen, Lautenspielerinnen und anderen Leuten von der Bühne fort und hielt vom frühen Morgen an, auf Sofas herumliegend, mit ihnen Gelage. Denn diese Leute waren es, die damals bei ihm den größten Einfluß hatten, der komische Schauspieler Roscius, der erste Mimenspieler Sorix und der Kabarettsänger Metrobios, in den er, obgleich er aus den Jahren der Blüte heraus war, bis an sein Ende verliebt war und auch kein Hehl daraus machte.

So brachte er die Krankheit, die er sich aus geringfügigem Anlaß zugezogen hatte, zu schneller Entwicklung und wußte lange Zeit nicht, daß er eine Entzündung in den Eingeweiden hatte, die dann alles Fleisch ansteckte und in Läuse verwandelte, so daß, obwohl viele sie ihm bei Tag und Nacht ablasen, die weggenommenen doch immer nur ein Bruchteil der neu hinzukommenden waren und jedes Kleidungsstück, das Bad, das Waschwasser, die Speisen sich mit diesem verdorbenen Sekret füllten; so massenhaft sonderte es sich ab. Daher stieg er oftmals am Tage ins Wasser, um sich den Körper abzuspülen und zu reinigen. Aber es nützte nichts; so schnell ging die Zersetzung vor sich, und die Menge der Ausscheidungen spottete jedes Reinigungsversuches."

Im Jahr 79 v. Chr. zog Sulla sich unvermittelt in die Campagna zurück, wo er ein Jahr später starb. Sein Leichnam wurde nach Rom gebracht und auf einen Scheiterhaufen gelegt.

„... da ein starker Wind in den Scheiterhaufen blies und eine mächtige Flamme entfachte, so konnten die Gebeine rechtzeitig gesammelt werden, und gerade erst, als der Scheiterhaufen zusammensank und das Feuer erlosch, fiel ein starker Regenguß und hielt an bis zur Nacht, so daß es schien, als bliebe sein Glück ihm bis zum Ende treu und hülfe noch bei der Bestattung des Leichnams mit.

Sein Grabdenkmal steht auf dem Marsfelde; die Grabinschrift soll er selbst noch verfaßt und hinterlassen haben. Ihr Hauptinhalt ist, daß weder einer seiner Freunde im Gutestun noch einer seiner Feinde im Bösestun ihn übertroffen habe."

Bald nach Sullas Tod brach eine weitere Welle kriegerischer Gewalt über Italien herein, der nochmals so viele Menschen zum Opfer zu fallen drohten wie in den jüngsten Kriegen. Die Unruhen begannen in einer Kaserne in Capua, in der Kriegsgefangene, zumeist Thraker und Gallier, unter erbärmlichen Bedingungen interniert und zu Gladiatoren ausgebildet wurden. Achtzig von ihnen brachen eines Tages aus, bewaffneten sich, zunächst mit Drahtspießen und Hackmessern aus dem Küchenhaus, sodann mit Gladiatorenwaffen, die sie bei einem Überfall auf einen Wagenzug erbeuteten. Im unwegsamen Lukanien, südöstlich von Neapel, schlugen sie ein kleines Kontingent von Legionären, das man ihnen aus Rom entgegengeschickt hatte. Sklaven schlossen sich den Gladiatoren an, außerdem zahlreiche unzufriedene Landarbeiter und Hirten; nicht lange, und der Anführer der Aufständischen, ein hochintelligenter und auch einigermaßen kultivierter Thraker namens Spartacus, hatte eine gut bewaffnete, schlagkräftige Truppe beisammen. Spartacus wollte die Männer nach Norden über die Alpen führen, wo ihnen die Freiheit winkte. Aber seine Leute hielten sich, nachdem sie vier römische Heere in die Flucht geschlagen hatten, für unbesiegbar und zogen es vor, im Lande zu bleiben und sich unredlich zu nähren. Im Jahr 71 v. Chr. wurden Spartacus und die Seinen schließlich in Apulien gestellt und besiegt; 6000 seiner Gefolgsleute wurden entlang der Via Appia gekreuzigt.

Der römische General, der den Sieg über Spartacus zuwege brachte, war Marcus Licinius Crassus, ein ungeheuer reicher, habgieriger und beflissener Mann; im Endstadium seines Feldzugs kam ihm ein anderer fähiger und ehrgeiziger Feldherr zu Hilfe, der stolze Gnaeus Pompejus, nachmals Pompejus der Große geheißen; er erntete den Löwenanteil des Ruhms für die Niederwerfung des Spartacus-Aufstands. Daß Pompejus und Crassus sich nicht in die Haare gerieten, lag wohl nur daran, daß beide die Vorzüge einer zeitweiligen Zusammenarbeit erkannten; sie kamen überein, sich für das Jahr 70 zu Konsuln wählen zu lassen, wohl wissend, daß sie als aktive Truppenbefehlshaber dieses Amt gar nicht hätten ausüben dürfen, ganz abgesehen davon, daß Pompejus noch zu jung war. Nach ihrer Wahl und Amtsübernahme blieb Crassus in Rom, um seinen Reichtum und seinen politischen Einfluß zu mehren, während Pompejus weiterem militärischen Ruhm nachjagte, zunächst im Mittelmeer, wo er mit einer Flotte von 500 Schiffen Jagd auf die Seeräuber machte, die mit ihren frechen Beutezügen die römischen Getreidetransporte störten, und anschließend im westlichen Asien; dort führte er dem Römischen Reich neue Provinzen und Vasallenstaaten zu, gründete neue Städte und sammelte nebenbei größere Reichtümer an, als Crassus sie besaß. Bei seiner Rückkehr nach Rom wurde er mit einem Triumphzug begrüßt, dem dritten, den die Römer ihm zuerkannten, und dem prächtigsten, den die Stadt bis dahin erlebt hatte. Zwei volle Tage wurden dafür angesetzt, und doch reichte die Zeit nicht für die Durchführung aller vorgesehenen Programmpunkte. Auf großen Tafeln, die an der Spitze des Triumphzugs getragen wurden, standen die Namen der Länder, die der

Triumphator für Rom erobert hatte, und auch die Höhe der Steuereinnahmen, die diese Länder der römischen Staatskasse voraussichtlich einbringen würden, waren vermerkt; andere Inschriften auf Bannern kündeten von den Siegen des Pompejus über die Piraten. Auf die Bannerträger folgten Priester und Musikanten, Tänzer und Spaßmacher; dann kamen, in langen Kolonnen, die niedergeschlagenen, abgerissenen, an den Händen gefesselten Kriegsgefangenen, nach ihnen die Piratenkapitäne. Weiter heißt es bei Plutarch: „... der Sohn des Armeniers Tigranes mit Frau und Tochter, eine Frau des Königs Tigranes selbst namens Zosime, Aristobulos, der König der Juden, eine Schwester des Mithridates, fünf Kinder von ihm und skythische Frauen, Geiseln der Albaner, der Iberer und des Königs von Kommagene, dazu zahlreiche Siegeszeichen, nämlich entsprechend der Zahl der Schlachten, die er selbst gewonnen hatte. Den höchsten Gipfel des Ruhmes aber, den noch niemals ein Römer erreicht hatte, bezeichnete es, daß er seinen dritten Triumph über den dritten Erdteil feierte. Denn Männer, die dreimal triumphierten, hatte es schon andere vor ihm gegeben. Er aber, der den ersten Triumph über Afrika, den zweiten über Europa und nun diesen letzten über Asien einherführte, schien mit seinen drei Triumphen gewissermaßen die ganze bewohnte Erde unter sein Joch gezwungen zu haben."

Viele Bewohner Roms befürchteten, der große Pompejus würde vielleicht eine unumschränkte Diktatur ähnlich derjenigen Sullas errichten; um dem einen Riegel vorzuschieben, hatten interessierte Gruppen der Patrizierschaft in seiner Abwesenheit gegen ihn intrigiert. Einer dieser Intriganten war ein ebenso charmanter wie korrupter und verschlagener Kandidat für das Konsulamt, Lucius Sergius Catilina. Das Mißtrauen gegen diesen zwielichtigen, opportunistischen Charakter war allerdings so groß und verbreitet, daß einer seiner Rivalen, dessen relativ bescheidene Herkunft sich wohl bei einem weniger begabten Bewerber als unüberwindliches Hindernis erwiesen hätte, unverhofft zu einem vielbeachteten Anwärter wurde.

Marcus Tullius Cicero war der Sohn eines zurückgezogen lebenden Landadligen; keiner seiner Vorfahren war je Konsul gewesen, so daß seine Ansprüche auf ein hohes Amt den *optimates* normalerweise unziemlich erschienen wären. Doch verfügte Cicero als Redner über außerordentliche Gaben; dadurch, daß er regelmäßig als Anwalt auf dem Forum in Erscheinung getreten und mit seinen in exquisitem Latein gehaltenen Plädoyers das Publikum immer wieder tief beeindruckt hatte, war ihm eine solche Popularität erwachsen, daß er mit neunundzwanzig Jahren zum Quaestor und, im Jahr 63 v. Chr., als Vierundvierzigjähriger zum Konsul gewählt wurde.

Sein enttäuschter und verbitterter Rivale Catilina versuchte im Jahr darauf, die Konsulswürde durch alle möglichen radikalen Reformversprechungen zu erlangen; aber er wurde ein weiteres Mal besiegt und begann nun, da er die so sehnlichst begehrte Macht auf legalem Weg nicht zu erreichen vermocht hatte, mit dem Gedanken zu spielen, einen Aufstand anzustacheln und die Macht durch einen Staatsstreich zu ergreifen. Als Cicero von diesen Plänen Wind bekam, ordnete er die sofortige Verhaftung der Verschwörer an. Catilina selbst floh aus Rom und wurde später bei Pistoia gestellt und getötet. Fünf seiner Komplizen konnten lebend ergriffen und dem Senat vorgeführt werden. Cicero forderte für sie in einem brillanten und überzeugenden Plädoyer die Todesstrafe; als er sie erwirkt hatte, trat er vor die draußen harrende Volksmenge und verkündete seinen jubelnden Anhängern: „Vixerunt!" („Sie waren bis jetzt am Leben!"). Kräftige Rückendeckung für seine Argumente hatte er von Marcus Portius Cato erhalten, der ein ebenso kompromißloser und rigoroser Verfechter der traditionellen Werte und Tugenden war wie sein Urgroßvater. Eine Gegenposition zu Cicero hatte ein junger, erst kürzlich gewählter Praetor bezogen: Gaius Julius Caesar.

## II. Rom als Kaiserreich

Caesar, ein hochgewachsener, gutaussehender Mann von unermüdlicher Tatkraft, entstammte einer alten, aber keineswegs besonders reichen Patrizierfamilie. Er kleidete sich mit extravaganter Eleganz, die man in einem späteren Zeitalter vielleicht als dandyhaft bezeichnet hätte, und verwendete viel Sorgfalt auf das Frisieren seines Haars, das sich mit zunehmendem Alter immer mehr lichtete. Politisch neigte er, wie es schien, der Partei der *populares* zu; ob aus Überzeugung, aus Opportunismus oder wegen familiärer Bindungen – eine seiner Tanten war mit Marius verheiratet gewesen, seine Frau war eine Tochter von Cinna –, wußte freilich niemand sicher zu sagen. Tatsache war, daß der Diktator Sulla Caesar weder gemocht noch ihm getraut hatte; dessen Familie hatte es daher für klug befunden, für Caesar fern von Rom, in Kleinasien, einen Posten zu besorgen. Sein unübersehbarer Ehrgeiz und der unheimlich durchdringende Blick seiner dunklen Augen würden dort, so stand zu hoffen, weniger Argwohn erregen. Sie erregten statt dessen die Aufmerksamkeit des homosexuellen Königs von Bithynien, in dessen Bett Caesar, so hieß es allenthalben, viele wollüstige Stunden verbrachte. Diese angebliche Affäre sollte ihm in der Folgezeit von seinen Feinden immer wieder vorgehalten werden.

Nach dem Tode Sullas nach Rom zurückgekehrt, erwarb Caesar sich bald durch Auftritte als Anwalt den Ruf, ein begabter Redner zu sein; zwar hatte er eine ziemlich hohe und schrille Stimme, doch glich er dies durch eine ruhige, abgeklärte und eloquente Gestik aus. Um seine rednerischen Gaben zu schulen, hatte er auf Rhodos Unterricht bei einem berühmten griechischen Rhetoriker genommen. Außer durch seine Rednerkunst machte er auch durch seine Kaltblütigkeit von sich reden: auf der Reise nach Rhodos war sein Schiff von Seeräubern überfallen, er selbst als Geisel genommen worden. Die Piraten behandelten ihn nicht schlecht und ließen ihn nach Zahlung eines Lösegelds wieder frei. Er aber schwor, Vergeltung zu üben, und tatsächlich rekrutierte er, sobald er die Möglichkeit dazu hatte, eine Söldnertruppe und ging auf die Jagd nach seinen Entführern. Er fand sie, nahm sie gefangen und ließ sie allesamt kreuzigen; gnadenhalber schnitt man ihnen die Kehlen durch, bevor man sie ans Kreuz nagelte.

Nach seiner erneuten Rückkehr nach Rom plädierte Caesar wieder vor

den Gerichten. Daneben übernahm er eine aktive Rolle in dem Priester-
kollegium, in das er 81 v.Chr. gewählt worden war, und verbrachte
einige Zeit als Offizier im militärischen Dienst. Alles in allem präsentierte
er sich als ein junger Aristokrat, der sich zwar einerseits stolz eines bis zu
Romulus, ja sogar bis zur Göttin Venus zurückreichenden Stammbaums
brüstete, der aber andererseits mit dem starren Konservatismus der
herrschenden Kaste nichts zu tun haben wollte. Nach dem Tode seiner
ersten Frau heiratete er noch einmal und wählte sich diesmal sorgfältig
eine Partnerin, die ihm jenes Vermögen zubrachte, das ihm nicht nur die
Befriedigung seiner extravaganten Luxusbedürfnisse gestattete, sondern
das auch nach wie vor unerläßliche Qualifikation für den Bewerber um
ein hohes politisches Amt war.

Die großen Namen blieben in Rom einstweilen noch Crassus und
Pompejus; um seine eigenen Ambitionen zu fördern, war Caesar zunächst einmal bereit, sich den Interessen dieser beiden zu verschreiben.
So taten die drei sich zu gegenseitigem Nutzen zusammen. Im Jahr 65
v.Chr. wurde Caesar zum Aedil berufen; dieses Amt, zu dessen Zustän-
digkeit die Veranstaltung von Spielen für die römischen Volksmassen
sowie die Erhaltung der städtischen Bauten gehörten, bescherte seinem
Inhaber unvergleichliche Möglichkeiten, sich beim Volk beliebt zu machen. Die Chance ergreifend, veranstaltete Caesar spektakuläre Festlichkeiten, Raubtiervorführungen und Gladiatorenkämpfe, wie Rom sie
niemals zuvor erlebt hatte. Rasch vertauschte Caesar das Amt des Aedils
mit dem noch höheren des Pontifex Maximus und schließlich, 62 v.Chr.,
mit dem des Praetors. Dieses letztere Amt führte ihn nach Spanien, wo er
sich als ein ebenso befähigter General wie Redner erwies und wo er
zahlreichen unterworfenen Städten und Stämmen so viele Schätze abver-
langte, daß er nicht nur seinen eigenen Reichtum vermehren konnte,
sondern auch in der Lage war, sich durch großzügige Belohnungen die
Loyalität seiner Soldaten zu erkaufen und, indem er einen Teil der Beute
nach Rom schickte, dort wichtige Leute für sich zu gewinnen.

So vergrößerte Caesar nach und nach seine Macht; nach der Scheidung
von seiner zweiten Frau heiratete er Calpurnia, Tochter eines Senators
und designierten Konsuls. Für Caesar selbst war das Konsulamt mittlerweile schon beinahe greifbar nahe. Und nach zwei gnadenlos geführten
Feldzügen in Gallien und zwei militärischen Expeditionen nach Britannien, mit denen er seinen Ruhm und seinen Reichtum noch einmal
aufbesserte, war er so weit, daß er dem Pompejus die Rolle des mächtigsten Mannes von Rom streitig machen konnte.

Crassus, der dritte im Bunde, war unterdessen in Mesopotamien ums
Leben gekommen; Pompejus aus dem Weg zu räumen, der von 52 v.Chr.

an alleiniger Konsul war, erwies sich als weitaus schwieriger. Caesar hatte sich zunächst mit dem Gedanken an ein neues, vertieftes Zweckbündnis mit seinem Rivalen getragen; deshalb wollte er sich von Calpurnia scheiden lassen und eine Tochter des Pompejus heiraten, während letzterer ein Mädchen aus der Familie Caesars ehelichen sollte. Pompejus' Wahl fiel jedoch auf eine Frau aus einer der ältesten und angesehensten römischen Familien, deren Oberhaupt er dann auch das Angebot machte, das Konsulat mit ihm zu teilen. In Caesar reifte angesichts dessen jener Entschluß heran, den er schließlich im Jahr 49 v. Chr., im Alter von einundfünfzig Jahren, in die Tat umsetzte: er führte seine Truppen nach Süden über den Rubikon, das Flüßchen zwischen Ravenna und Rimini, das die Grenze zwischen dem cisalpinen Gallien und dem unmittelbar von Rom verwalteten Italien markierte; dies war ein offener Gesetzesbruch, war es doch dem Gouverneur einer römischen Provinz verboten, mit seinen Truppen die Grenzen seines Territoriums zu überschreiten. Als sie sich dem Rubikon näherten, sagte Caesar zu seinen Offizieren: „Noch könnten wir umkehren; sind wir aber erst einmal jenseits jener kleinen Brücke, dann muß die Sache mit dem Schwert entschieden werden."

So kam es dann auch. Anfänglich stieß Caesar bei seinem Marsch durch Italien auf wenig Widerstand. In Rimini gesellte sich der einflußreiche Volkstribun Gaius Scribonius Curio zu ihm, dessen Unterstützung Caesar sich dadurch erkauft hatte, daß er ihm bei der Bezahlung seiner Schulden behilflich gewesen war. Noch ein weiterer römischer Tribun, der intelligente und aufrechte Marc Anton, schloß sich ihm an. Gemeinsam marschierten sie gen Rom; Pompejus wich nach Süden aus, zunächst in die Campagna, dann nach Brindisi und schließlich über die Adria auf die Balkanhalbinsel, wo es später zur Entscheidungsschlacht zwischen ihm und Caesar kommen sollte.

Daß es Caesar nicht gelang, Cicero für sich zu gewinnen – dieser konnte Caesar nicht ausstehen und reiste ab, um sich Pompejus anzuschließen –, war für ihn ebenso enttäuschend wie der lauwarme Empfang, den der Senat ihm in Rom bereitete. Bei allem Argwohn gegenüber dem mächtigen Pompejus hegten die meisten maßgeblichen Senatoren ebensoviel Mißtrauen gegen Caesar, besonders nachdem dieser sich den im Tempel des Saturn aufbewahrten Staatsschatz angeeignet hatte. Caesar indessen war fest entschlossen, die Herrschaft in Rom zu übernehmen, mit oder ohne Zustimmung der alteingesessenen Aristokratie; allerdings konnte er nicht Konsul werden, schrieb doch das Gesetz vor, daß die Wahlen zu diesem Amt von den jeweils amtierenden Konsuln überwacht werden mußten; diese hatten aber beide die Stadt verlassen und bekann-

ten sich zu Pompejus. So ließ Caesar sich kurzerhand zum Diktator
ausrufen. Nach Ergreifung einiger Maßnahmen zur Bewältigung der
durch die politischen Turbulenzen ausgelösten Finanzkrise zog er los, um
seinen Rivalen im Kampf zu stellen.

Nachdem Caesar auf der Ebene bei Pharsalus das Heer des Pompejus
überrannt hatte, verfolgte er seinen Gegner nach Ägypten; dort wurde
Pompejus von Offizieren des minderjährigen Königs Ptolemäus XIII.
ermordet. Indem sie Caesar bei seiner Landung den Kopf des Getöteten
als Friedensgabe anboten, hofften sie, ihn milde zu stimmen. Caesar ließ
sich jedoch so billig nicht abspeisen. Er brauchte Geld und entschloß
sich, Ägypten nicht zu verlassen, ehe er nicht genug davon aufgetrieben
hatte. Bewog ihn anfangs die schiere Notwendigkeit zum Bleiben, so
wurde sein Aufenthalt ihm zum Vergnügen, nachdem er die einundzwan-
zigjährige Halbschwester von König Ptolemäus kennengelernt hatte, die
Mitregentin Kleopatra VII. Sie, die von den Ministern des Ptolemäus ins
Exil verbannt worden war, kehrte nun heimlich zurück. In eine Teppich-
rolle verpackt, schmuggelte man sie in den Palast in Alexandria, in dem
Caesar residierte. Vom ersten Moment an war Caesar von ihr fasziniert,
ebenso wie sie von ihm. Sie gingen ein Liebesverhältnis ein, aus dem ein
Kind hervorging, das auf den Namen Caesarion getauft wurde. Diese
Beziehung zu der jungen, betörenden Kleopatra, deren Stimme einem
„Instrument mit vielen Saiten" glich, brachte Caesar in Konflikt mit dem
ägyptischen Heer, das hinter Ptolemäus XIII. stand. Doch die Ägypter
wurden besiegt, Ptolemäus kam ums Leben, und Ägypten wurde römischer Vasallenstaat; Kleopatra wurde zur Königin gekürt, an der Seite
ihres anderen Halbbruders, mit dem sie sich der Form halber die Krone
teilen mußte. Caesar kehrte, nach weiteren Siegen in Kleinasien und
Afrika, nach Rom zurück, wo er seine Heldentaten mit vier Triumphen
feierte, die an Prachtentfaltung selbst diejenigen seines toten Rivalen
Pompejus in den Schatten stellten.

Die spektakulären Triumphveranstaltungen Caesars, die auf den
Wandteppichen von Mantegna verewigt sind, hätten die Finanzkraft der
meisten anderen Feldherrn überfordert. Doch Caesars Geld reichte auch
noch für die Schaffung dauerhafterer Zeugnisse seiner Siege: er entschloß sich zu einer Vergrößerung und völligen Neugestaltung des Forums,[1] des traditionellen Zentrums des öffentlichen Lebens in Rom, wo
Reden gehalten, Toten- und Opferfeiern veranstaltet, Wahlen, Triumphe
und religiöse Prozessionen abgehalten wurden und wo manchmal auch
Hinrichtungen und Gladiatorenkämpfe oder – häufiger – große Feste
stattfanden, wie etwa das Bankett, das Caesar hier im Jahr 45 v.Chr. für
22000 Gäste gab. Große Geldsummen wendete Caesar ferner für die

Erneuerung der Versammlungsstätte des Senats, der Curia,[2] für den Bau einer neuen Rostra[3] (Rednertribüne) am Rande des Forums und schließlich für die Errichtung der Basilica Julia[4] an der Südseite der Via Sacra[5] auf.

Die Außenverkleidung dieses prachtvollen Bauwerks bestand ausschließlich aus Marmor. Ihr zentraler Innenraum war von einer auf sechsunddreißig Säulen ruhenden Galerie umgrenzt. Hier trugen die Anwälte ihre Rechtsstreitigkeiten aus, und die *Centumviri* versammelten sich hier, um in wichtigen Zivilprozessen Recht zu sprechen. Diese Prozesse zogen stets eine große Menge Zuschauer an, die mit leidenschaftlichem Interesse den Debattenbeiträgen und Plädoyers folgten. Die schlechte Akustik der Basilica Julia war ein stadtbekanntes Ärgernis: wenn die vier ‚Kammern‘, in welche die *Centumviri* aufgeteilt waren, vier verschiedene Fälle zur selben Zeit behandelten, herrschte in der Halle ein dröhnendes Chaos, zumal manche Advokaten Claqueure engagierten, die den Auftrag hatten, die betreffende Prozeßpartei in geeigneten Augenblicken anzufeuern. Manchmal kam es vor, daß das Plädoyer eines mit einer besonders durchdringenden Stimme gesegneten Anwalts so laut durch den Saal hallte, daß kein anderer Redner sich mehr verständlich machen konnte; der Advokat Galerius Trachalus erhielt einmal für ein mit Donnerstimme vorgetragenes, bewegendes Plädoyer tosenden Applaus nicht nur von den seine eigene Kammer umlagernden Zuschauern, sondern auch von denen der drei anderen Kammern.

Nördlich der Basilica Julia entstand als integraler Bestandteil des caesarischen Forums der Tempel der Venus (Venus genetrix),[6] die die Familie Caesars als ihre Stammutter betrachtete. Auf dem Vorplatz des Tempels stand ein Reiterstandbild Caesars; das Pferd stammte von einem Denkmal Alexanders des Großen von der Hand des Lysippos. Im Innern des Tempels befand sich, von Arkesilaus modelliert, eine Statue der Venus mit perlengeschmücktem Busen, daneben eine aus Gold und Bronze gefertigte Statue der Kleopatra.

Die ägyptische Königin hatte mit ihrem Sohn Caesarion Rom besucht, um, wie es offiziell hieß, einen Bündnisvertrag zu ratifizieren, in Wirklichkeit aber, um ihren Geliebten wiederzusehen. Caesar brachte sie in einem luxuriös eingerichteten Haus am Ostufer des Tiber, nahe dem Aventinus, unter. Die ‚Keckheit‘, die sie während ihres Aufenthalts in Rom an den Tag legte, ärgerte Cicero; er verabscheute Kleopatra, wie er seinem Freund Atticus anvertraute. Cicero war nicht der einzige, der die Ägypterin nicht mochte und dem Mann, unter dessen Schutz sie stand, wachsendes Mißtrauen entgegenbrachte. Es lag nahe, anzunehmen, daß der Plan Caesars, in Rom nach ägyptischem Vorbild öffentliche Bibliotheken einzurichten und den ungenauen römischen Kalender von einem ägyptischen Astronomen generalüberholen zu lassen, auf Anregungen Kleopatras zurückging; der Vorwurf, sie übe einen unheilvollen Einfluß auf Caesar aus, ließ sich damit sicherlich nicht begründen. Aus einigen anderen offensichtlich ägyptisch inspirierten Neuerungen, die Caesar favorisierte – gewisse religiöse Riten beispielsweise, wie sie in Alexandria praktiziert wurden, wo man traditionell Herrscher als Götter verehrte –, schlossen viele seiner Kritiker, er lege es darauf an, sich selbst zu einem gottgleichen Herrscher zu erheben.

Die positiven Leistungen Caesars ließen sich nicht leugnen. Wenn er etwa arbeitslose römische Proletarier sowie Exlegionäre in neugegründeten Kolonien im Ausland ansiedelte, tat er viel für den Abbau der sozialen Probleme und Problemgruppen der Stadt; und dadurch, daß er die Zahl der Senatoren erhöhte und einer größeren Zahl italienischer Provinzen das Recht verlieh, Senatoren nach Rom zu entsenden, machte er den Senat zu einer weitaus repräsentativeren Körperschaft, als er es bis dahin gewesen war. Gleichzeitig vergrößerte er jedoch seine persönliche Macht in einem für seine Gegner alarmierenden Maß. Er ließ ein Gesetz verabschieden, das ihm die Befugnis gab, Kandidaten für hohe Staatsämter vorzuschlagen; er nahm den Titel *Imperator* an, Symbol seiner unumschränkten Kommandogewalt über die Streitkräfte Roms. Wenig später ließ er sich zum Diktator auf Lebenszeit ernennen; die Initialen dieser seiner neuen Amtsbezeichnung erschienen postwendend auf den mit seinem Profil geschmückten römischen Münzen – das erste Mal in der Geschichte Roms, daß Münzen mit dem Bildnis einer noch lebenden Persönlichkeit geprägt wurden. Überhaupt war Caesars markantes Antlitz sowohl in der Hauptstadt als auch in den umliegenden Provinzen allgegenwärtig, namentlich in Gestalt zahlloser Porträtbüsten, schöner Beispiele einer Kunstform, die man in Rom meisterlich zu beherrschen gelernt hatte. Angesichts des Personenkults um Caesar ging allenthalben das Gerücht, er werde bald wieder die Monarchie einführen; zusätzliche Nahrung erhielten diese Gerüchte, als auf Anordnung zweier entschieden republikanisch gesinnter Volkstribunen ein Diadem vom Kopf eines Caesarstandbilds entfernt und die Anführer einer Volksmenge verhaftet wurden, die mit Hochrufen auf den ‚König Caesar‘ durch die Stadt gezogen waren; und als daraufhin der dem Caesar ergebene Senat die beiden Tribunen absetzte.

In der Hoffnung, den Gerüchten über seine angeblichen monarchischen Ambitionen ein Ende machen zu können, verabredete Caesar mit Marc Anton, auf dem Forum eine öffentliche Demonstration seiner Loyalität zur Republik zu geben. Den Rahmen dazu lieferte, wie Plutarch berichtet, das Lupercalia-Fest, das alljährlich im Februar zu Ehren des Fruchtbarkeitsgotts Faunus gefeiert wurde:

„Viele junge Patrizier, ja selbst Magistratspersonen laufen dabei nackt durch die Straßen der Stadt, und unter Scherz und Gelächter schlagen sie mit ihren zottigen Fellen nach allen, welche ihnen in den Weg kommen. Auch viele vornehme Frauen treten ihnen dann absichtlich entgegen und strecken den Schlägen wie ein Schulkind beide Hände hin, im zuversichtlichen Glauben, daß der Streich den Schwangeren leichte Geburt, den Kinderlosen Fruchtbarkeit verleihe."

Auf einem goldenen Thron oberhalb der Rostra sitzend, besah Caesar sich, in eine Triumphrobe gekleidet, dieses Schauspiel, während Marc Anton, Caesars Mit-Konsul, an den rituellen Laufspielen teilnahm, da er dem Kollegium der Priester der Lupercalia angehörte. Als er auf dem Forum eintraf, machte die Menge Platz für ihn. Er hatte ein mit Lorbeer umwundenes Diadem bei sich und streckte dieses Caesar hin, der es zweimal demonstrativ zurückwies.

Die auf dem Forum versammelten Massen bejubelten diese Geste Caesars, doch die Gerüchte über seine monarchischen Ambitionen hielten an, und als bekannt wurde, daß er im Begriff stand, einen Feldzug gegen die Parther zu unternehmen, und daß er seine engsten politischen Gefolgsleute mit umfassenden Vollmachten ausgestattet hatte, damit sie ihn während seiner Abwesenheit vertreten konnten, war dies für seine Gegner das Signal zu einem organisierten Widerstand. Die Protagonisten der gegen ihn gerichteten Verschwörung waren Gaius Cassius Longinus, ein stolzer und heißblütiger General, der zutiefst enttäuscht war, nicht mit der Leitung des Parther-Feldzugs betraut worden zu sein, Publius Casca, ein mittelloser Freund und Anhänger des Cassius, und Marcus Brutus, ein Schwager von Cassius. Brutus hatte sich während seiner Kindheit und Jugend der besonderen Gunst Caesars erfreut – manche hielten ihn für Caesars unehelichen Sohn. In jedem Fall war er überzeugter Republikaner und außerordentlich stolz auf seine angebliche Abstammung von jenem Brutus, der das etruskische Königshaus aus Rom verjagt hatte.

Caesar wußte sehr wohl, daß er bei weitem nicht von allen Römern bewundert und geliebt wurde; dennoch schlug er alle Warnungen vor möglichen Anschlägen auf sein Leben in den Wind. Er forderte im Gegenteil Ungemach geradezu heraus. Als ihn einmal eine Delegation des Senats aufsuchte, um ihm einige Ehrenerklärungen zu überbringen, blieb er hochmütig sitzen. Seine persönliche Leibgarde löste er auf.

Am 15. März des Jahres 44 v.Chr., kurz vor seiner geplanten Abreise zum Feldzug gegen die Parther, wohnte er in der Curia Pompeja, einer an

das Theater des Pompejus[7] angebauten Versammlungshalle, einer Senats-
sitzung bei. Auf dem Weg dorthin drückte ein Mann Caesar einen Zettel
mit einer Warnung in die Hand, doch der Konsul machte sich nicht die
Mühe, einen Blick darauf zu werfen. Er betrat das Gebäude allein und
schutzlos, nachdem Marc Anton, der bis zum Eingang an seiner Seite
gewesen war, dort von einem der Verschwörer aufgehalten und in ein
Gespräch verwickelt worden war. Die anderen Verschwörer umringten
den auf seinen Stuhl zugehenden Caesar, unter dem Vorwand, sich bei
ihm für eine Bittschrift zu verwenden, die ein gewisser Tullius Cimber
zugunsten eines verbannten Bruders aufgesetzt hatte. Dieser Tullius
packte plötzlich Caesars Toga und riß sie ihm vom Leib; das war das
verabredete Zeichen zum Angriff. Der erste Dolchstoß kam von Casca;
er verfehlte sein Ziel und fügte Caesar nur einen blutenden Kratzer
unterhalb der Kehle zu. Caesar riß sich von Tullius los, packte mit einer
Hand den Arm, in dem Casca das Messer hielt, und rammte ihm mit der
anderen Hand die Spitze seiner metallenen Schreibfeder in den Arm.

So begann die Meuchelei. Während die Verschwörer ihre Dolche zogen
und auf Caesar einstachen, standen die nicht in die Verschwörung
Eingeweihten, vor Schreck wie gelähmt, dabei und sahen tatenlos zu, wie
das Opfer, eingekreist und hin und her getrieben, einen Dolchstoß nach
dem andern erhielt, bis seine weiße Tunika durch und durch mit Blut
getränkt war.

„Einige Berichte fügen bei, Caesar habe sich eine Zeitlang gegen die Angreifer
gewehrt und sich schreiend hin- und hergeworfen, um den Stößen zu entgehen.
Aber als er Brutus mit gezogenem Schwert unter den Gegnern erblickte, zog er
die Toga übers Haupt und leistete keinen Widerstand mehr. Er brach am Sockel,
auf welchem die Pompejusstatue stand, zusammen – aus Zufall oder weil die
Mörder ihn dorthin gedrängt hatten. Sein Blut spritzte über das Standbild, es sah
aus, als leite Pompejus selber die Rache an seinem Feinde, welcher, zu seinen
Füßen hingesunken, aus vielen Wunden blutend, mit dem Tode rang."

Brutus trat vor, als wolle er zu einer Ansprache ansetzen. Doch die
Senatoren flohen von der Szene des Verbrechens und eilten nach Hause.
Ihr Schrecken und ihre Erregung teilten sich der Bevölkerung Roms mit;
während etliche Leute sich in ihren Häusern verbarrikadierten, ließen
andere alles stehen und liegen, um zur Curia Pompeja zu eilen und einen
Blick auf den Tatort zu werfen.

Brutus und seine Mittäter marschierten, „blutverschmiert, wie sie
waren", mit hocherhobenen Dolchen zum Kapitol; sie riefen dem Volk
zu, die Freiheit sei nun wiederhergestellt, und forderten die namhaferen
unter denen, die ihnen begegneten, auf, sich ihrem Zug anzuschließen.
Brutus hielt am folgenden Tag eine Rede, die mit eisigem Schweigen

aufgenommen wurde, was nach Ansicht Plutarchs zeigte, daß die Römer sowohl um Caesar trauerten als auch Brutus respektierten. Während der Senat, vielleicht als Zugeständnis an die allgemeine Stimmung, beschloß, daß keine der von Caesar angeordneten Maßnahmen revidiert werden sollte, wurden zu gleicher Zeit Brutus und seine Freunde mit Ehrungen und Belohnungen überhäuft. „So gaben sich alle dem Glauben hin, die Lage habe sich beruhigt, der Ausgleich im Staate sei in schönster Weise verwirklicht."

Das war jedoch eine arge Täuschung. „Die Lage ist absolut erschrek- kend", meinte einer der Gefolgsleute Caesars. „Ein Ausweg aus dem Chaos ist nicht zu erblicken. Denn wo ein Mann vom Genie Caesars scheiterte, wer könnte da hoffen, sich durchzusetzen?" Der Diktator war tot, aber damit war die Republik nicht wiederhergestellt; die Macht verblieb vielmehr in den Händen derjenigen, die auf die Unterstützung der Legionäre zählen konnten. Das bedeutete, daß jeder, der sich dieser Unterstützung sicher war, den Senat zwingen konnte, ihn als Alleinherr- scher anzuerkennen.

Marc Anton, der nach der Mordtat zunächst untergetaucht war, hielt sich für den Mann, der das Zeug hierzu hatte, zumal er ja noch Konsul war. Nach der Überführung der Leiche des Ermordeten zum Forum hielt Marc Anton dort eine bewegende Rede, der die Dichtkunst Shakespeares ein unvergeßliches Denkmal gesetzt hat. Diese Ansprache, der Anblick des zerfleischten Leichnams und die kursierenden Gerüchte über das Testament Caesars, der angeblich jedem Bürger Roms etwas vermacht hatte, all dies wirkte zusammen und versetzte die Masse in einen Rausch der Erregung. Aus niedergerissenen Holzbrüstungen und Geländern und aus zerschmetterten Bänken und Tischen errichteten sie einen Scheiter- haufen, legten den Leichnam Caesars darauf und verbrannten ihn. Dann strömten sie mit brennenden Fackeln durch die Stadt und setzten die Häuser seiner Mörder in Brand. Brutus und Cassius konnten unversehrt aus Rom entkommen; Marc Anton gestand ihnen später militärische Kommandos im Osten zu.

Überhaupt verfolgte Marc Anton eine Politik der inneren Befriedung. Er erließ, nachdem er sich der hinterlassenen Papiere Caesars bemächtigt hatte, Anordnungen in dessen Namen und befahl die Errichtung eines dem „Ruhmvollen Landesvater" Caesar gewidmeten Denkmals auf dem Forum. Auf der anderen Seite erstickte er Bestrebungen, einen Caesar- kult zu begründen und aus Caesar nachträglich einen Gott zu machen, im Keim und schaffte das Amt und den Titel ‚Diktator' ab. Die Bemühun- gen Marc Antons, die Zügel der Staatsmacht in die Hand zu bekommen, standen freilich im Zeichen einer großen Erschwernis: Caesar hatte zu

seinem persönlichen Erben seinen Großneffen und Adoptivsohn eingesetzt, einen militärisch ausgebildeten jungen Mann mit hoher Intelligenz
und kluger Berechnungsgabe, der sich nach dem Tod Caesars, noch keine
neunzehn Jahre alt, den Namen Gaius Julius Caesar Octavianus gab.
Eine Zeitlang regierte Marc Anton gemeinsam mit dem jungen Octavianus und Marcus Aemilius Lepidus, der einmal Stellvertreter Caesars
gewesen war und dessen Ernennung zum Diktator vorgeschlagen hatte.
Die Bataillone dieser drei Männer besiegten in der Schlacht bei Philippi
ein republikanisches Heer, woraufhin Brutus und Cassius sich selbst den
Tod gaben. Cicero wurde ermordet. Caesar wurde, gegen den erklärten
Willen Marc Antons, nun doch zum Gott erklärt, wodurch Octavian der
Nimbus zufiel, Sohn eines Gottes zu sein.

Octavian schlug großen Nutzen aus diesem Nimbus; nachdem er und
Marc Anton sich des Lepidus entledigt und das Römische Reich zwischen sich aufgeteilt hatten, kennzeichneten die Inschriften der im westlichen Teil des Reiches – dessen Hauptstadt Rom war – geprägten Münzen
Octavian als den „Sohn des Göttlichen Julius". In der östlichen Reichs-
hälfte, die Marc Anton zugefallen war, erneuerte Kleopatra, jetzt die
Geliebte Marc Antons, die Ansprüche ihres Sohns Caesarion auf das
Erbe Caesars. Zur unvermeidlichen Entscheidungsschlacht zwischen den
beiden rivalisierenden Parteien kam es im Jahr 31 v. Chr. bei Aktium,
unweit des Ambrakischen Golfs. Die Flotte Octavians, kommandiert
von seinem Freund Marcus Vipsanius Agrippa, behielt die Oberhand;
Marc Anton und Kleopatra flohen nach Ägypten, wo sie sich im folgenden Jahr das Leben nahmen.

Nachdem Octavian sich den Schatz der Kleopatra angeeignet hatte,
kehrte er, wesentlich reicher als zuvor, nach Rom zurück. Es gelang ihm,
durch eine behutsame, die republikanischen Gesinnungen schonende und
nach und nach einschläfernde Politik und indem er sich die Friedenssehn-
sucht der des Bürgerkriegs und der Machtkämpfe überdrüssigen Bevölkerung zunutze machte, sich eine gefestigte Position als Alleinherrscher
zu sichern. Von kleinem Wuchs, hatte Octavian, der oft krank war und
sich noch öfter einbildete, es zu sein, nicht die magnetische Ausstrahlung
eines Julius Caesar, und auch seine Fähigkeiten als Feldherr reichten an
die seines Vorgängers nicht heran; doch bewies er ein gutes Urteil bei der
Auswahl seiner politischen und militärischen Führungskräfte, sorgte
dafür, daß in den Legionen strenge Disziplin gewahrt blieb, und erhielt
sich die Loyalität seiner Freunde sowie nicht zuletzt auch die Sympathie
einiger der bedeutendsten Dichter und Schriftsteller seiner Zeit. Der
Moralverächter und Lebenskünstler Ovid fiel wegen eines den Octavian
beleidigenden Gedichts in Ungnade und wurde nach Rumänien ver-

bannt; Livius mit seinen Vorbehalten gegen Julius Caesar und seiner unverhohlenen Sympathie für die Feinde Caesars war in den Augen Octavians ein ‚Pompejaner'. Vergil jedoch erklärte sich für Octavian, desgleichen Horaz, der mit ihm persönliche Freundschaft schloß, obgleich er bei Philippi unter Brutus und Cassius gegen ihn gekämpft hatte.

Octavian konnte hart und mitleidlos sein, nicht nur gegenüber seinen Gegnern, sondern auch gegen Freunde und Verwandte, die gegen seine Vorstellungen von einem einfachen und geregelten Leben verstießen: er verbannte seine Tochter und später auch seine Enkelin, als sie nicht aufhören wollten, in – wie er es sah – schlechter Gesellschaft zu verkehren. Seine Herrschaft artete indes zu keiner Zeit in Tyrannei aus; indem er sich den seriösen und erhabenen Namen Augustus gab, stilisierte er sich selbst zu einem Herrscher, dem es von den Göttern bestimmt war, daß alles, was er anfaßte, unter einem glücklichen Stern stand. Die Römer akzeptierten diesen Namen ebenso wie den Titel eines ‚*Pater Patriae*', den er sich später zulegte. Sie wußten sein ausgeprägtes Pflichtgefühl zu schätzen und waren dankbar für seine Reformen und für den dauerhaften Frieden, der während seiner Regierungszeit herrschte. Diesen Aspekt seiner Herrschaft würdigten die Römer mit einem herrlichen Denkmal aus weißem Marmor, der *Ara Pacis Augustae* (Altar des Augusteischen Friedens). Die Einweihung dieses Monuments fand im Jahr 13 v. Chr. statt; der Zeremonie wohnten, wie der Fries zeigt, neben Augustus selbst und seiner Familie die hohen Würdenträger des Staates bei, begleitet von den Liktoren mit ihren Rutenbündeln, von Priestern und von den *flamines* mit ihren merkwürdigen ‚Pickelhauben'.[8]

Der *Pater Patriae* hielt das römische Volk mit einer großzügigen Lebensmittelversorgung und mit einem üppigen Unterhaltungsangebot bei Laune. Er baute eine leistungsfähige Polizeitruppe und eine Feuerwehr auf und schuf sich in der Praetorianergarde eine starke ständige Schutztruppe. Er legte ein Bauprogramm auf, das noch wesentlich ehrgeiziger war als das von Julius Caesar geplante und das, wie er stolz erklärte, aus einer Ziegelstein- eine Marmorstadt machen sollte. Mit Hilfe einer Gruppe von Architekten, in der Mehrzahl zweifellos Griechen, ließ er ein neues Forum errichten, das nördlich und rechtwinklig an dasjenige seines Adoptivvaters anschloß. Er faßte es mit gewaltigen Säulenstellungen und zwei großen Apsiden ein. Im Zentrum befand sich ein mit Schätzen gefüllter und dem rächenden Mars (Mars Ultor) geweihter Tempel[9] – zum Gedenken an den Sieg bei Philippi, wo Octavian die Ermordung Caesars gerächt hatte. Einen weiteren neuen Tempel ließ Augustus zu Ehren seines ‚göttlichen' Adoptivvaters errichten.[10] Er ordnete ferner den Wiederaufbau der niedergebrannten Basilica Julia an,

ebenso die Wiederherstellung der alten Kultstätten der *Lares* und *Pena-*
*tes*, altrömischer Hausgötter, und der alten Basilica Aemilia, die generationenlang als Versammlungsstätte und als Geschäftszentrum der Geldwechsler gedient hatte. Überreste von Kupfermünzen, die bei einem
späteren Brand durch die Hitze des Feuers mit dem steinernen Boden
verschmolzen, erkennt man heute noch in Gestalt grüner Flecken auf den
Pflastersteinen der Basilica.[11] Neben Augustus selbst erteilten auch andere Mitglieder seiner Familie sowie einige seiner Freunde Bauaufträge, so
etwa für den Wiederaufbau des Saturntempels,[12] des Aufbewahrungsorts
des römischen Staatsschatzes, des Concordia-Tempels,[13] des Tempels von
Castor und Pollux[14] und des Amtsgebäudes des Pontifex Maximus.[15]

Augustus selbst ließ auf dem Kapitol mit, wie er nicht ohne Stolz
erklärte, „großen Kosten" den schönen Tempel des Jupiter wieder errichten; und in Erfüllung eines Gelübdes, das er getan hatte, nachdem er in
Spanien einen Blitzschlag überlebt hatte, gab er den Bau eines neuen,
dem Jupiter Donans gewidmeten Tempels[16] in Auftrag. Auf dem Palatin
ließ er einen großen neuen Apollotempel mit schönen Portiken und
angeschlossenen Bibliotheken erbauen.[17] Den Lupercal, die Höhle, in
der der Überlieferung zufolge Romulus und Remus von der Wölfin
gesäugt worden waren, ließ er in eine verzierte Grotte verwandeln.[18]
Auf dem Quirinal wurde der Tempel des Quirinus wiedererrichtet, wo
Romulus als Sohn des Mars verehrt wurde;[19] auf dem Aventin erstanden
die alten Tempel der Diana[20] und der Juno Regina[21] wieder. Unterhalb
davon ließ Augustus ein großes kreisrundes etruskisches Mausoleum
mit einem steilen, konischen, mit Erde bedeckten und mit Zypressen
bepflanzten Dach aufführen.[22] Weiter stromabwärts, gegenüber der
durch den Ponte Fabrizio mit dem Ufer verbundenen Tiberinsel, ließ er
das nach seinem Neffen benannte Theater des Marcellus fertigstellen,
das später zu einem der großen Renaissancepalais der Stakdt umgebaut
werden sollte.[23]

Nach dem Tod des Augustus im Jahre 14 n. Chr. verlegte seine
selbstbewußte und zielstrebige Witwe Livia ihren Wohnsitz endgültig in
ihre Prachtvilla in Prima Porta, einem der Außenbezirke Roms. Einige
der kunstvoll gestalteten Stuckwände aus diesem Haus, bemalt mit
Blumen- und Vogelmotiven (teilweise in einer *Trompe-l'œil*-Manier, die
beispielsweise einen kleinen Vogelkäfig erstaunlich plastisch zur Wirkung
bringt), sind erhalten geblieben und im Museo delle Terme zu besichtigen.[24] Livia besaß außerdem noch ein kleineres Haus auf dem Palatin –
möglicherweise das heute als Casa di Livia bezeichnete Gebäude;[25] auch
in diesem Haus gab es wunderschön bemalte Wände, auf denen neben
Pflanzenmotiven auch mythische Szenen, in eine Kulisse aus Tempeln

und Portiken eingebettet, dargestellt waren. Hier auf dem Palatin ließ
sich Livias Sohn, der mißtrauische und äußerst sarkastische Tiberius, der
Nachfolger des Augustus, den als Domus Tiberiana bekannten Palast
erbauen, den ersten jener großen Kaiserpaläste, mit denen bald der ganze
Hügel übersät sein sollte.[26] So prachtvoll dieser Palast gewesen sein muß,
dessen Fundamente im 16. Jahrhundert unter den Farnesischen Gärten[27]
verschwanden, muß er doch im Vergleich mit dem sagenhaften Goldenen
Haus des Kaisers Nero von eher bescheidenem Zuschnitt gewesen sein.

Nero war ein Urenkel von Julia, einer Tochter des Augustus, die
zunächst mit Agrippa, dem Befehlshaber der in der Schlacht von Aktium
siegreich gebliebenen römischen Flotte, und später mit Tiberius verheiratet war. Dem Agrippa hatte Julia fünf Kinder geboren, deren jüngstes –
Agrippina – später einen Knaben namens Caligula zur Welt brachte, der
dem Tiberius als Kaiser nachfolgte. Caligula hatte den größeren Teil
seiner Kindheit und Jugend auf Capri verbracht, wohin sich Tiberius in
seinen letzten Lebensjahren zurückgezogen hatte; er war erst vierundzwanzig Jahre alt, als er den Kaiserthron bestieg. Hochmütig, verdorben
und psychisch gestört, fand Caligula keinen Geschmack an den Staatsge-
schäften und überließ das Regieren seinen Sekretären, wie auch schon
Tiberius mit Hilfe von Stellvertretern wie Sejanus regiert hatte, der seinen
politischen Ehrgeiz so wenig zu zähmen vermochte, daß er den Haß des
Volkes und des Senats auf sich zog und nach kurzem Prozeß hingerichtet
wurde – in der uralten Zisterne, die in späterer Zeit als Kerker des
Mamertin-Gefängnisses genutzt wurde.[28] Doch Caligula sollte nicht
lange Kaiser bleiben. Anfang des Jahres 41 wurde er, zusammen mit
seiner Frau und Tochter, von Offizieren der Praetorianergarde ermordet.
Diese ihren politischen Einfluß zunehmend vergrößernde Elitetruppe,
die Caligula keine vier Jahre zuvor zur Macht verholfen hatte, sorgte
nunmehr dafür, daß der Thron an dessen gutmütigen, wenn auch exzentrischen und wahrscheinlich debilen Onkel Claudius überging.

Claudius war mit Messalina verheiratet, einer lasziven und lasterhaften
Frau, die umbringen zu lassen er sich überreden ließ, nachdem sie mit
ihrem Liebhaber an einer Art öffentlicher Hochzeitszeremonie teilge-
nommen hatte. Er heiratete dann seine Nichte Agrippina, eine Urenkelin
des Augustus, die, als Claudius kurz danach verstarb, allgemein verdäch-
tigt wurde, ihn mit einem vergifteten Pilzgericht umgebracht zu haben.
Agrippina hatte aus ihrer ersten Ehe mit einem sehr reichen Mann einen
Sohn: Nero.

Nero war sechzehn Jahre alt, als er Kaiser wurde; er bot allen Anlaß zu
der Hoffnung, er werde zu einem großmütigen und weisen Herrscher
heranwachsen. Die Zeitgenossen schilderten ihn als gutaussehend und

waren von seinem Auftreten beeindruckt; allerdings stand er ganz und
gar unter der Fuchtel seiner herrischen Mutter, die er liebte und zugleich
fürchtete. Es dauerte nicht lange, bis die häßlichen Züge seines Wesens
zutage traten, über die Tacitus und Sueton sich in ihren Schriften
ausführlich ausgelassen haben: seine monströse Grausamkeit, seine zü-
gellose Lasterhaftigkeit und seine wahnhafte Eitelkeit. „... sein Körper
war mit Flecken bedeckt und übelriechend; seine Augen bläulich und
schwach, sein Hals dick, sein Bauch hervortretend, seine Beine sehr
dünn, seine Gesundheit gut; trotzdem er nämlich ungeheuer ausschwei-
fend lebte, war er während seiner vierzehnjährigen Regierungszeit nur
dreimal krank gewesen, und auch dann hatte er sich weder des Weines
enthalten noch seine sonstigen Gewohnheiten aufgeben müssen.

Und am berühmtesten war durch den Ruf seiner Üppigkeit das von Tigellinus
[Nero] gegebene Festmahl. Von ihm will ich beispielshalber berichten, um nicht
zum Überdruß das Gleiche erzählen zu müssen. Auf dem Teich des Agrippa ließ
er also ein Floß bauen, auf dem die Tafel stand und durch den Zug anderer Schiffe
bewegt werden konnte. Die Schiffe waren mit Gold und Elfenbein gezeichnet,
und als Ruderer waren Lustknaben nach dem Alter und der Erfahrung in den
Lüsten eingeteilt. Geflügel und Wildbret hatte er aus den verschiedensten Ländern, Seetiere bis vom Ozean her kommen lassen. An den Rändern des Teiches
standen Lusthäuser voller vornehmer Frauen, und daneben konnte man Dirnen
nackten Leibes sehen. Schon kam es zu unzüchtigen Gesten und Gebärden; und
als die Dunkelheit eingetreten war, da tönten der umgebende Park und die
umliegenden Häuser von Gesang und strahlten im Lichterglanz.

Er selbst hatte sich auf erlaubten und unerlaubten Wegen prostituiert und war
in der Lasterhaftigkeit so weit gegangen, daß er nicht mehr verderbter werden
konnte."

Nachdem Nero die Ermordung seiner Mutter veranlaßt hatte – sie
wurde von einer Horde von Matrosen zu Tode geprügelt, nachdem ein
erster Versuch, sie zu ertränken, fehlgeschlagen war –, entledigte er sich
auch seiner neunzehnjährigen Frau: man fand sie tot in einer gefüllten
Badewanne, mit Seilen gefesselt und mit durchgeschnittenen Venen.
Nero heiratete danach seine Geliebte; sie starb an den Folgen eines
schweren Tritts, den er ihr, als sie schwanger war, versetzte. Bei all seiner
Verderbtheit und Grausamkeit verfügte Nero über künstlerische Talente
und gab sich redliche Mühe, etwas daraus zu machen. Er schrieb
Gedichte und Lieder und übte stundenlang auf der Harfe; er versuchte,
seine Stimme dadurch zu verbessern, daß er sich, auf dem Rücken
liegend, Bleigewichte auf Brust und Bauch legte, um so seine Zwerchfell-
muskeln zu stärken; er studierte griechische Literatur und bemühte sich,
Spiele und Wettbewerbe nach griechischer Art in die Kunstszene einzu-
führen; er scheute sich nicht einmal, selbst öffentlich aufzutreten, nicht

nur als Musiker, Poet und Schauspieler, sondern auch als Wagenlenker, all dies zum Entsetzen der besseren römischen Gesellschaft. Auch auf architektonischem Gebiet entwickelte Nero Ehrgeiz und ein gewisses Talent: allem Anschein nach kümmerte er sich im Jahr 61 intensiv um die Gestaltung der im Bau befindlichen *Thermae Neroniae*,[29] eines Sport- und Badezentrums.

Neros Chancen, ein berühmter Bauherr zu werden, erhöhten sich schlagartig, als in der mondhellen Nacht zum 19. Juli 64 in einer Ladenzeile beim Palatin ein Feuer ausbrach, das, vom Wind angefacht, bald außer Kontrolle geriet und sich über die ganze Stadt verbreitete.

„Im Sturm durchraste der Brand die Ebene, stieg dann die Höhen hinauf, verwüstete wieder die tiefer gelegenen Stadtteile und kam durch die Schnelligkeit des Unheils den Abwehrmaßnahmen zuvor. Dabei war ihm die Stadt günstig durch die Enge und Gewundenheit ihrer Gassen und die Unregelmäßigkeit der Straßenzüge. So war ja das alte Rom. Dazu kam der Jammer der verängstigten Frauen, Greise und Kinder. Und diejenigen, die an sich selbst oder an andere dachten, indem sie Kraftlose mit sich schleppten oder auf sie warteten, behinderten teils durch ihre Eile, teils durch ihre Langsamkeit das Ganze."

Nero weilte in Antium, als das Feuer ausbrach. Er eilte nach Rom zurück, um die Bekämpfung des Feuers zu leiten und Vorkehrungen für die Unterbringung der Obdachlosen zu treffen. Allein, was er dadurch an Achtung und Popularität hätte gewinnen können, wurde durch ein wohlbezeugtes Gerücht zunichte gemacht, das besagte, er sei, als die Feuersbrunst auf ihrem Höhepunkt war, in seinem Palast auf eine Bühne gestiegen und habe, eigenwillig historische Bezüge herstellend, den Untergang Trojas besungen.

Das Feuer wütete sechs Tage lang und legte den größten Teil Roms in Schutt und Asche. Von den vierzehn Stadtbezirken blieben nur vier unversehrt; von dreien war nichts mehr, von den restlichen sieben nur noch wenig übrig. Der Palast des Kaisers, die *Domus Transitoria*, war nur noch ein rauchender Trümmerhaufen. Nero ging energisch ans Werk: er plante den Wiederaufbau der Stadt auf einem regelmäßigeren Grundriß, als das historisch gewachsene Stadtbild ihn vorher zugelassen hatte. Die Straßen sollten verbreitert, freie Räume sollten geschaffen werden; für die Arbeiter, die ihre Wohnungen verloren hatten, sollten moderne Mietshäuser entstehen. Den Löwenanteil seiner kreativen Energie verwendete der Kaiser jedoch darauf, mit seinen Architekten Severus und Celer die Baupläne für das sogenannte ‚Goldene Haus' zu entwerfen, einen prachtvollen Palast, der sich, umrahmt von Portiken, Pavillons, Bädern, Tempeln, Brunnen und Gärten, über eine Fläche von 80 Hektar vom Palatin bis zum Esquilin erstrecken und auch noch einen Teil des

Caelius-Hügels umfassen sollte. In der Senke wurde ein künstlicher See
angelegt, umgeben von Aussichtsplattformen, Säulen und künstlichen
Grotten. Über dem zum Palast mit seiner vergoldeten Fassade hinführen-
den Säulengang erhob sich eine kolossale, 40 Meter hohe vergoldete
Bronzestatue des Initiators und Bauherrn Nero selbst.

Im Palast gab es Zimmer mit beweglichen Gitterdecken aus Elfenbein,
durch die manchmal Blumen auf die Besucher herabregneten; die Wände
waren mit Mosaiken aus Perlmutt und wertvollen Steinen geschmückt;
aus Düsen, die versteckt in Ritzen und Winkeln angebracht waren,
konnten Schwaden duftenden Rosenwassers und andere Wohlgerüche in
die Zimmer gesprüht werden; die Bäder des Palasts wurden mit Meer-
wasser und schwefelhaltigem Wasser aus Tivoli gespeist. An allen Ecken
und Enden standen Skulpturen aus Griechenland herum, darunter möglicherweise die Laokoon-Gruppe.[30]

Heute ist von diesem Goldenen Haus (*Domus Aurea*), das, nachdem
die Nachfolger Neros es zu einem öffentlichen Gebäude umfunktioniert
hatten, im Jahr 104 einer Feuersbrunst zum Opfer fiel, so gut wie nichts
mehr zu sehen. Im 15. Jahrhundert allerdings wurden einige seiner
Zimmer, dekoriert mit kunstvoll bemalten Stuckreliefs von der Hand des
Fabullus, bei Ausgrabungen unter den Bädern des Trajan freigelegt;
etliche Künstler ließen sich an Tauen in diese Gelasse abseilen, um die
Werke ihres großen antiken Vorgängers zu studieren, unter anderen
Raffael und Giovanni da Udine – sie holten sich dort die Inspiration für
die Fresken, mit denen sie die Loggien im Palast Nikolaus' V. im Vatikan
ausschmückten.[31]

Als der Palast fertig war, erklärte Nero: „Gut! Endlich kann ich
beginnen, wie ein Mensch zu leben!" Aber es blieb ihm nicht mehr viel
Zeit, sich an der phantastischen Umgebung, die er sich hatte schaffen
lassen, zu erfreuen. Nicht nur beim Volk hatte er sich verhaßt gemacht,
auch der Senat, der politisch entmachtet war und dessen Mitglieder nicht
mehr in hohe Ämter berufen wurden, seit Nero seine Vorliebe für
Griechen und Orientalen entdeckt hatte, verabscheute den Kaiser, zumal
die Senatoren beständig in der Gefahr schwebten, wegen Hochverrats
angeklagt zu werden. Einige von ihnen taten sich zusammen und heckten
ein Komplott zur Beseitigung Neros aus. Die Verschwörung wurde
jedoch aufgedeckt, die Beteiligten wurden aufgegriffen und hingerichtet.
Nero wurde nun endgültig zum größenwahnsinnigen Tyrannen: er identifizierte sich mit mehreren Göttern, unter anderem mit Apollo, dem
Gott der Sonne und der Künste, und behauptete, über den Naturgeset-
zen zu stehen, denen die normalen Sterblichen unterworfen waren. Wenn
ihm Nachrichten über neue Verschwörungen zugetragen wurden, lachte

er bloß, ließ ein neues Bankett veranstalten, komponierte neue Lieder und erklärte, er brauche nur zu singen, und schon werde ihm die Welt zu Füßen liegen.

Dann, im Jahr 68, erwachte der Kaiser eines Nachts aus einem Alptraum und stellte, als er aufstand, fest, daß im Palast eine merkwürdige Stille herrschte. Seine Gäste hatten das Weite gesucht, und auch seine Leibwächter waren fort. Er lief durch die menschenleeren Zimmerfluchten und entdeckte, in sein Schlafzimmer zurückkehrend, daß ein goldenes Kästchen mit Giften, das er dort aufbewahrte, nicht mehr an seinem Platz stand. Er rief nach dem Gladiator Spiculus, mit dem abgemacht war, daß er ihn, wenn die Umstände es erforderten, mit einem einzigen schmerzlosen Schwertstreich ins Jenseits befördern sollte. Doch Spiculus war mit den anderen geflohen. Endlich stieß Nero auf einen Diener, der ihm anbot, ihm in seinem Haus außerhalb der Stadtmauern Unterschlupf zu gewähren.

„Nero [warf] sich, so wie er war – barfuß und nur in der Tunika –, einen verschossenen Mantel über, bedeckte sein Haupt, hielt sich ein Taschentuch vors Gesicht und bestieg ein Pferd", berichtet Sueton. „Im gleichen Augenblick wurde er durch einen Erdstoß und einen vor ihm niederfahrenden Blitz erschreckt. Er hörte auch aus dem nahen Lager die Rufe der Soldaten, die ihm Unglück und Galba Glück wünschten, sowie einen der ihnen begegnenden Reisenden, der sagte: ,Diese verfolgen Nero.'" Sein Pferd bekam es mit der Angst und scheute, wodurch sich das Tuch von seinem Kopf löste. Ein Veteran der Praetorianergarde erkannte ihn und salutierte aus alter Gewohnheit.

In der Nähe des Hauses des Bediensteten hielt Nero sich verborgen, während ein Tunnel gegraben wurde, damit er ungesehen ins Innere gelangen konnte. Aus einer Pfütze schöpfte er etwas Wasser und murmelte dabei: „Das ist jetzt Neros Erfrischung." Auf allen Vieren kroch er durch den Tunnel in das Haus; als Nachtlager diente ihm eine dünne Matratze, auf die er seinen alten Mantel legte. Man bot ihm ein Stück groben braunen Brots an, das er, obwohl er Hunger hatte, ausschlug. Aller Hoffnung entsagend, befahl er seinen Gastgebern, eine Grube auszuheben, gerade groß genug, um seinen fülligen Körper aufzunehmen; außerdem sollten Holz und Wasser herbeigeholt werden, damit die Sterbesakramente ordnungsgemäß durchgeführt werden konnten. Als die Vorkehrungen hierzu getroffen wurden, brach er in Tränen aus und schluchzte immer wieder: „Was für ein Künstler geht mit mir zugrunde!"

Eine Nachricht traf im Haus ein: der Kaiser war vom Senat zum Staatsfeind erklärt worden; sobald er gefaßt war, sollte er hingerichtet werden, und zwar auf dieselbe Art, wie man es zur Zeit seiner Vorfahren mit Verbrechern gemacht hatte. Er erkundigte sich, was für eine Art von Todesstrafe dies sein werde, und erfuhr, daß man ihn nackt auszuziehen, an einen Pfahl binden und mit Knüppeln totschlagen werde. Er ergriff einen Dolch und prüfte seine Schärfe, brachte aber nicht den Mut auf, sich den Todesstoß zu geben. Er fragte, ob nicht jemand ihm vormachen könne, wie man sich das Leben nimmt, und machte sich Vorwürfe wegen mangelnder Entschlußkraft. „Mein Betragen ist entehrend und schimpflich", dann auf griechisch: „Das ziemt sich nicht für Nero, es ziemt sich nicht." Aber erst als er vor dem Haus das Getrappel von Pferdehufen hörte, faßte er den Mut, Hand an sich zu legen. Während er mit zitternder Stimme eine Zeile von Homer rezitierte – „Schnell hertrabender Rosse Gestampf umtönt mir die Ohren" –, faßte er sich ein Herz und stieß sich, nicht ohne fremde Mithilfe, den Dolch in den Hals.

Nach dem Tod Neros, des letzten Kaisers aus der Familie des Augustus, sank das Reich, das trotz aller verwerflicher Dinge, die sich am Kaiserhof abgespielt hatten, während Neros Amtszeit gut regiert worden war, in eine Phase des Bürgerkriegs. Die Kaiser wechselten schneller als die Jahreszeiten. Der erste war Galba, der reiche Statthalter der spanischen Provinz, der von seinen Soldaten zum neuen Herrscher ausgerufen wurde und nach Rom marschierte, wo er alsbald ermordet wurde. Sein Nachfolger Otho wurde zum Selbstmord getrieben. Und Vitellius, der nach Otho den Thron bestieg, wurde in Rom auf offener Straße gelyncht. Derweil wartete hinter den Kulissen ein sechzig Jahre alter Mann still auf seine Chance; er war bei Nero einmal in Ungade gefallen, weil er während einer der kaiserlichen Gesangsdarbietungen eingeschlafen war, und hatte danach Gelegenheit bekommen, sich durch die Niederschlagung eines Aufstands in der Provinz Judäa zu rehabilitieren. Dieser Mann, ein fleißiger Arbeiter, argwöhnisch, autoritär und dabei doch liebenswürdig, in seinen Ansprüchen bescheiden, wie es sich für den Sohn eines ehrlichen sabinischen Steuereinnehmers gebührte, war Vespasian. In Ägypten nach Erledigung seiner Mission in Judäa zum Kaiser proklamiert, weigerte Vespasian sich, die Reise nach Rom anzutreten, bevor er das Orakel befragt hatte. Erst als er von diesem günstige Auskunft erhalten hatte, zog er in die Hauptstadt ein. Unter seiner Regierung, die im Jahr 69 begann und zehn Jahre währte, erholte Rom sich nach und nach von den Verheerungen, die es während der monatelangen Anarchie und unter der Willkürherrschaft von Nero und Vitellius erlitten hatte. Die Finanzpolitik Vespasians war unkonventionell, aber wirksam; seine Solidität und Umgänglichkeit, seine unaffektierte Vorliebe für das einfache Landleben, das er seit seinen Kinderjahren in einem Dorf in den sabinischen Bergen gewöhnt war, und sein warmherzigderber Humor verschafften ihm die Zuneigung der Römer. Vespasian hielt sich an einen streng geregelten Tagesablauf: er stand früh auf, empfing, während er sich ankleidete, Freunde und Abordnungen, erledigte dann gewissenhaft die Staatsgeschäfte, unternahm anschließend eine Ausfahrt in seiner Kutsche, zog sich sodann mit einer seiner Gespielinnen ins Bett zurück, nahm danach ein Bad und erfreute sich schließlich an einem reichhaltigen, wenn auch nie extravaganten Abendessen; er liebte es, während des Essens vulgäre Witze zu reißen. Seine Witze waren oft Tagesgespräch, und einer erlangte besondere Berühmtheit. Das Tischgespräch drehte sich um eine von Vespasian eingeführte Steuer auf den Urin, den die römischen Walker seines Ammoniaks wegen aus den öffentlichen Klosetts der Stadt abholten, um ihn als Textilfärbemittel zu verwenden. Ein Sohn Vespasians fand diese Steuer unangebracht und sprach sich für ihre Abschaffung aus. Daraufhin hielt Vespasian ihm eine Münze unter die Nase und forderte ihn auf, sich davon zu überzeugen, daß Geld nicht stinkt.

Mit den Geldern, die Vespasian eintrieb, konnte er den Wiederaufbau der unter dem Regime seiner Vorgänger beschädigten oder abgebrannten Gebäude finanzieren und darüber hinaus so viele neue Bauten ausführen lassen, daß er sich berechtigt fühlte, die in seiner Regierungszeit geprägten Münzen mit der Inschrift ‚Roma Resurgens‘ versehen zu lassen. Gelegentlich brachte er sein persönliches Engagement für die Restaurierung des Kapitols und des Forums dadurch zum Ausdruck, daß er mit einem Korb voller Mauersteine auf einer Baustelle erschien. Mit großem Aufwand ließ er einen dem Claudius gewidmeten Tempel[32] wiederaufbauen; in einem neu angelegten Forum[33] entstand der spurlos untergegangene Tempel des Friedens, in dem geraubte Schätze aus Jerusalem aufbewahrt wurden[34]; und an der Stelle, wo man Neros künstlichen See trockengelegt hatte, begannen die Bauarbeiten für das heutzutage berühmteste aller antiken Bauwerke Roms: das Kolosseum.

# III. Brot und Spiele

„Rom hat wieder zu sich selbst gefunden", schrieb der spanische Dichter Martial, als das „weithin sichtbare Amphitheater" sich der Fertigstellung näherte. „Wo sich früher ein Tyrann vergnügte, vergnügt sich nun das Volk." Die Riesensäule, die das Standbild des Tyrannen getragen hatte, stand noch an ihrem alten Platz (nur daß sie jetzt von einer Statue des Sonnengotts gekrönt war), und sie war es vermutlich, auf die sich die Bezeichnung, ,Kolosseum' ursprünglich bezog, bevor sie auf das nahegelegene neue Amphitheater überging. Auch diesem war der Name freilich durchaus angemessen: es bedeckte eine ovale Grundfläche von 188 Metern Länge und 156 Metern Breite und umschloß eine Arena, die 86 auf 54 Meter maß. Die in vier Stockwerke gegliederte Fassade, die die Zuschauerränge nach außen abschloß, erreichte eine Höhe von 57 Metern. Das oberste Geschoß, eine überdachte Säulengalerie, war den Frauen und den Armen vorbehalten und mit hölzernen Sitzbänken ausgestattet; in dem darunterliegenden, ebenfalls überdachten Stockwerk befanden sich die Plätze für Sklaven und Fremde; dann folgten, nicht überdacht, Sitzreihen aus Marmorblöcken, die höheren für Normalbürger, die weiter unten gelegenen für die ,besseren Leute'. Am tiefsten und der Arena am nächsten lagen die Logen für die Senatoren, Magistratsbeamten, für die Priester, die Vestalinnen und für die Mitglieder der kaiserlichen Familien. Hoch oben, auf dem Dach der obersten Galerie, kauerten Matrosen, die im Umgang mit Segeltuch geübt waren; ihre Aufgabe war es, bei Regen oder bei zu stechendem Sonnenschein ein schützendes Dach aufzuspannen.

Insgesamt fanden im Kolosseum rund 50000 Zuschauer Platz. Sie konnten von allen Seiten anmarschieren, wobei sie zunächst einen mit Lavasteinen gepflasterten und dann einen sandigen, mit Bordsteinen eingefaßten Streifen zu überqueren hatten. Die vor ihnen aufragende Fassade des Gebäudes bestand aus einheimischem Kalkstein, Travertin genannt. In den bogenförmigen ,Fenstern' der Fassade stand jeweils eine Statue. Die Zuschauer konnten das Kolosseum durch 76 numerierte Eingänge betreten; die Nummer des zu benutzenden Eingangs war, ebenso wie die Sitznummer, auf den Eintrittskarten vermerkt. Daneben gab es vier nicht numerierte Eingänge, zwei für den Kaiser und seinen Anhang, zwei für die Gladiatoren; durch einen der letzteren, die Porta

Sanivivaria, kehrten die siegreichen, das heißt am Leben gebliebenen Matadoren in ihre Kasernen zurück; durch die andere, die nach der Todesgöttin Libitina benannt war, wurden die Leichen der Besiegten hinausgetragen.[1]

Die Gladiatorenkämpfe, ein ursprünglich von den Etruskern übernommenes Spektakel, hatten mit der Zeit ihre religiöse und sakrale Bedeutung weitgehend eingebüßt. Sie waren nun teil der ‚Sozialpolitik‘ geworden, mit der die Behörden die Bevölkerung Roms, von der immer ein erheblicher Teil erwerbslos war, bei Laune hielt; die wichtigsten Elemente dieser Politik waren kostenlose Lebensmittelverteilungen und ein regelmäßiges Unterhaltungsangebot, ‚Brot und Spiele‘. Allerdings hielten sich in diesen Spielen gewisse Spuren ihrer religiösen Ursprünge; darauf weist beispielsweise der Begriff *munera* hin, mit dem sie bezeichnet wurden und der soviel wie ‚Opfergaben‘ bedeutete; der Mann, der die grausige Aufgabe hatte, den im Kampf unterlegenen Gladiatoren den Gnadenstoß zu geben, um jeden Zweifel an ihrem Tod auszuschließen, trat gewöhnlich im Kostüm des Charon auf, des Fährmanns, der die Seelen der Toten über den Fluß Styx in den Hades transportierte. Aber das war bloße Dekoration. Wenn die großen Männer Roms miteinander in der Veranstaltung immer aufwendigerer und sensationellerer Spiele wetteiferten, so ging es ihnen dabei weniger um die Erfüllung religiöser Verpflichtungen als um die Mehrung ihres eigenen Ruhms und ihrer Popularität; für die Herrschenden waren die Spiele ein wichtiges Mittel bei ihren Bemühungen um ein ‚familiäres‘ Klima zwischen Volk und Kaiserhaus.

Die Spiele begannen gewöhnlich frühmorgens mit einem Aufmarsch der Gladiatoren, die, in purpurfarbene, goldbesetzte Roben gewandet, in der Arena einige Ehrenrunden drehten. Hinter ihnen marschierten Sklaven, die die Waffen, Schilde und Federhelme der Gladiatoren trugen. Der Aufmarsch endete vor der kaiserlichen Loge, wo die Gladiatoren, den rechten Arm zum Gruß vorgestreckt, einen Hochruf auf den Kaiser ausbrachten: „Heil dir, Kaiser. Im Angesicht des Todes grüßen wir dich!" Dann traten sie ab, um in den Kulissen zu warten, bis sie zum Kampf aufgerufen wurden. Im allgemeinen waren es nicht die Gladiatoren, die das Spektakel eröffneten, sondern allerlei Spaßmacher, Krüppel, Zwerge und dicke Frauen, die mit Holzschwertern Schaukämpfe ausfochten und sich nach simulierten tödlichen Treffern in grotesk übertriebenen Todeszuckungen wanden.

Irgendwann kehrten dann, von Fanfarenstößen angekündigt und von der Menge jubelnd begrüßt, die Gladiatoren zurück. Manche waren mit schweren Schwertern oder Lanzen bewaffnet und hatten um Arme und

Beine Panzerplatten geschnallt. Andere schützten ihren Körper mit wenig mehr als einem Schulterblech und waren dafür zusätzlich mit einem Netz bewaffnet, in das sie ihren Gegner einwickeln zu können hofften, um ihm dann mit dem Speer den Rest zu geben. Wenn die Männer sich zum Kampf anschickten, geriet das Publikum in Erregung, und aus der Menge erschollen Rufe wie: „Auf ihn!" „Töte ihn!" *„Habet* (‚er hat ihn')!" „Gib ihm die Peitsche, damit er besser kämpft!" „Warum hat er Angst vor dem Schwert?" „Warum stirbt er nicht wie ein Mann?" Einzelne Rufe gingen jedoch bald in einem wilden und ohrenbetäubenden Getöse unter. Ein verwundet am Boden liegender Gladiator konnte um Gnade flehen, indem er seinen Schild wegwarf und die linke Hand emporstreckte. Seinem siegreichen Kontrahenten stand es, wenn der Kaiser nicht zugegen war, frei, ihn zu töten oder ihm das Leben zu schenken. War der Kaiser anwesend, traf er die Entscheidung. Unter dem Geschrei der Zuschauer, die natürlich ebenfalls ihre Meinung kundtaten, zeigte der Kaiser an, wie er sich entschieden hatte, indem er seinen Daumen entweder nach oben, was Begnadigung bedeutete, oder nach unten hielt.

Als erfolgreicher Gladiator konnte man es in Rom zum Volkshelden bringen; neben den zwangsweise rekrutierten Verbrechern, Kriegsgefangenen und Sklaven gab es auch Männer, die sich aus freien Stücken für diesen riskanten Beruf entschieden, in der Hoffnung, Ruhm und Reichtum, in jedem Fall aber die Herzen der Frauen zu gewinnen. Es war freilich ein harter Beruf: die Ausbildung dauerte lange und war eine Tortur; und wenn auch die medizinische Versorgung und die Verpflegung in den Gladiatorenschulen in Ordnung waren, so mußten die Männer dort doch in der Regel in überfüllten und verdreckten Quartieren hausen.

Gladiatorenkämpfe waren nur eines der Spektakel, die das Kolosseum den Römern zu bieten hatte. Es wurden auch Boxkämpfe, Wettbewerbe im Bogenschießen, Frauen-Schwertkämpfe oder Wagenrennen veranstaltet; oft wurden diese Ereignisse von der Musik einer Blaskapelle oder einer Hydraulis (Wasserorgel) untermalt und hatten Volksfestcharakter. Eine große Rolle spielten auch Wildtiervorführungen, bei denen Tausende von Tieren getötet wurden. Für ein solches Spektakel wurde die Arena gewöhnlich mit Hilfe von Bäumen und Felsbrocken zu einem Wildgehege umgestaltet. Aus dem Labyrinth von Zellen unter dem Boden der Arena wurden dann Hunderte von brüllenden, knurrenden, fauchenden wilden Tieren nach oben geschafft – Leoparden und Bären, Löwen und Tiger, Kamele, Giraffen, Strauße, Krokodile, Hirsche und Gemsen. Verwirrt und aufgeregt durch die Arena laufend, wurden die Tiere von den *venatores*, professionellen Wildtierschlächtern – die durch beständi-

ge Übung gelernt hatten, ohne großes Risiko für sich selbst ein Tier
rasend zu machen –, aufgereizt, verletzt und schließlich mit fachmänni-
scher *crudelitas* getötet, zum Ergötzen der blutrünstigen Menge. Die
Erfahrung, die ein junger Jurastudent namens Alypius machte, zeigt
exemplarisch, wie selbst ein feinfühliger und gutartiger Mensch in den
Bann der allgemeinen Hysterie geraten konnte. Alypius wurde eines
Tages gegen seinen Willen von einigen Kommilitonen, mit denen er nach
einem Essen auf dem Heimweg war, ins Amphitheater geschleppt. Zuerst
hielt er die Augen geschlossen, doch dann veranlaßten ihn die tobende
Erregung, die um ihn herum herrschte, die wilden Anfeuerungsrufe und
Verwünschungen dazu, einen Blick auf die Szenerie des Blutvergießens
zu werfen – und was er sah, faszinierte ihn so sehr, daß er die Augen
nicht mehr abzuwenden vermochte. Ein wildes Lustgefühl stieg in ihm
auf, und er ertappte sich dabei, wie er, gleich allen anderen, aufsprang
und laute Schreie ausstieß. Von da an ließ er sich nie wieder eine *venatio*
entgehen und überredete andere zum Mitkommen, die zunächst ebensowenig Lust dazu hatten wie einst er selbst.

Einige wenige verurteilten diese grausamen Spektakel. Seneca, der
Erzieher Neros, brachte, nachdem er einmal das Amphitheater um die
Mittagszeit besucht hatte – wo die Vorführungen immer besonders
grausig waren –, seinen Abscheu zu Papier. Er hatte, wie er schrieb,
„etwas Lustiges und Witziges" erwartet, erlebte jedoch „das glatte Gegenteil davon":

„Es ist schlicht Mord. Die Männer haben keinen Schutz. Ihre Körper waren
voll und ganz den Schlägen ausgesetzt, und nie wurde ein Schlag ohne zu treffen
geführt. Die Zuschauer fordern, der Totschläger solle seinerseits denen vorgeworfen werden, die nun wiederum, ihn erschlügen. Wer als Sieger hervorgeht, soll für
das nächste Abschlachten aufgespart werden. Die einzige Aussicht der Kämpfen-
den ist der Tod; sie treten gegeneinander an mit Feuer und Schwert... Gibt es in
diesem Spektakel eine Pause, so rufen sie: ›Wir wollen inzwischen Hinrichtungen
sehen! Es muß doch etwas geschehen!‹

Indes, solche kritischen Stimmen waren rar. Weder Horaz noch Plinius
äußerten sich negativ über das Amphitheater. Die meisten führenden
Köpfe Roms fanden im Gegenteil, daß die Gladiatorenkämpfe genau jene
Qualitäten zur Geltung brachten, die die Römer traditionell am meisten
bewunderten: Mut im Angesicht des Todes, Ausdauer, Achtung vor den
überlieferten Bräuchen. Cicero, der die grausame Abschlachtung wilder
Tiere verurteilte, verteidigte die Gladiatorenkämpfe als praktische Lek-
tionen in Sachen Disziplin und Aufopferungsbereitschaft." „Man sieht,
wie die Männer darauf gedrillt sind, lieber einen Hieb zu empfangen als
ihn völlig abzuwehren", schrieb er. „Wie häufig zeigt es sich, daß sie

nichts höher schätzen, als ihren Besitzer oder die Zuschauer zufriedenzustellen... Welcher gewöhnliche Gladiator murrt jemals oder fährt aus der
Haut?"

Ebenso gefeiert wie die besten Gladiatoren wurden die Wagenlenker,
die ihre Rennen in den *circi* vor einem Publikum austrugen, das dem im
Kolosseum versammelten zwar an Zahl, nicht aber an Begeisterung
nachstand. Es gab in Rom mehrere *circi*: den Circus Flaminius, der schon
seit den Zeiten der Republik bestand[2], den von Caligula eingeweihten
Circus Gaius[3] und, größer und prächtiger als alle anderen, den Circus
Maximus, der, womöglich schon seit den Zeiten der Könige in Ge-
brauch, von Julius Caesar restauriert und vergrößert worden war und
über 150000 Zuschauer faßte.[4] In seiner riesigen, nach der Vergrößerung
550 auf 183 Meter messenden Arena, die gesäumt war von Läden und
Imbißstuben, von Tavernen und von Zelten, in denen Dirnen und
Wahrsagerinnen ihre Dienste feilboten, fanden, in einer von lärmender
Erregung, Wettfieber und erotischer Spannung geprägten Atmosphäre,
Pferde- und Wagenrennen statt. Ovid beschrieb in seiner ‚Kunst der
Liebe', welche Kontaktmöglichkeiten eine solche Veranstaltung dem
liebeshungrigen Jüngling bot:

„So bietet guten Boden der Zirkus für keimende Liebe,
Wessen Pferde jetzt laufen, zum Beispiel frage beflissen,
    und einerlei, wer es ist – ihr Favorit sei auch dein.
Neben die Dame ganz dicht – wer soll dich dran hindern? – da setz dich,
    rück ihr, so nah du nur kannst Seite an Seite heran.
Zwingt doch, selbst wenn sie nicht mag, der Grenzstrich euch beide zusammen,
    daß du die Dame berührst, ist ja des Ortes Gesetz.
Wenn dabei, wie es so kommt, vielleicht in den Schoß deiner Dame
    fällt etwas Staub, gewandt klopf mit den Fingern ihn ab.
Findest du keinen Staub, so klopf eben keinen, doch klopfe!
    suche nur stets einen Grund, daß du dich dienstfertig zeigst.
So, wenn ihr Mantel gerutscht und ein Zipfel berührt schon die Erde,
    greif ihn, vom schmutzigen Grund hebe ihn eifrig ihr auf.
Gleich als des Dienstes Entgelt muß schon sie gefallen sichs lassen,
    daß ihr dein Blick gar geschickt dabei die Schenkelchen streift."

Den Startschuß für die Rennveranstaltungen gab ein staatlich bestellter
Zeremonienmeister, der mit einer purpurnen Robe bekleidet war, einen
vergoldeten Lorbeerkranz auf dem Kopf trug und einen mit einem Adler
geschmückten Elfenbeinstab in der Hand hielt. Er schwenkte ein weißes
Tüchlein und ließ es dann auf den frischgeglätteten gelben Sandboden der
Arena fallen. Den Anfang machten zumeist Kunstreiter, die ihre artisti-
schen Tricks vorführten: sie ritten stets ohne Sattel und Zaumzeug, legten
sich flach auf den Rücken des Pferdes oder vollführten darauf Kopf- oder

Handstände, sprangen in vollem Galopp von einem Pferd zum anderen, pflückten im Vorbeireiten Trophäen von einer Stange oder vom Boden oder zeigten fingierte Schwertkämpfe. Anschließend folgten Pferderennen, und schließlich donnerten die Pferdewagen um die Bahn. Bis zu zwölf Wagen gleichzeitig kamen aus den Remisen herausgeschossen, sobald das zwischen den beiden *vis-à-vis* aufgestellten Merkur-Standbildern gespannte Seil weggezogen wurde. Manchmal waren die Wagen mit zwei, häufiger mit vier Pferden bespannt (Quadriga), gelegentlich mit bis zu zehn. Eingehüllt in eine von den Hufen der Pferde und von den Rädern aufgewirbelte Staubwolke, mußten die Konkurrenten sieben Bahnrunden absolvieren; die Zahl der gelaufenen Runden wurde dem Publikum erst mit Hilfe großer, auf einem Podest in der Mitte des Ovals montierter hölzerner, eiförmiger Aufsätze, nach Zurücklegen der vollen Distanz durch Delphinzeichen angezeigt. Die Wagen waren mit den Farben – rot, weiß, blau oder grün – der *factiones* oder Ställe bemalt, denen sie angehörten. Die Mähnen der Pferde waren mit Perlen, ihre Brustplatten mit Glücksbringern und Medaillen geschmückt; um den Hals und am geflochtenen Schweif trugen sie Bänder in den Farben ihrer *factio*. Die Wagenlenker standen, die Peitschen in der Hand, den Helm auf dem Kopf, die Zügel um den Leib geschlungen, weit zurückgelehnt auf dem schräg nach hinten geneigten Wagen, an dessen Boden ihre Füße mit Riemen angeschnallt waren. In einer um den Oberschenkel gebundenen Scheide trugen sie einen Dolch, für den Fall, daß sie sich losschneiden mußten. Ihre Tunika war ebenfalls in den Farben ihrer *factio* gehalten. Wenn der Wagenpulk sich einer der beiden engen Kehren der ovalen Bahn näherte, bedurfte es großen Geschicks, das eigene Gefährt in die richtige Position zu bringen, denn ging man die Wende zu eng an, konnte es passieren, daß der Wagen gegen die innere Bahnbegrenzung prallte und zerschellte; fuhr man die Kurve dagegen zu weit außen, lief man Gefahr, von einem oder mehreren Kontrahenten überholt zu werden und alle Siegchancen einzubüßen.

Die Großereignisse im Circus Maximus und im Kolosseum zogen weit größere Zuschauermassen an als die Theater der Stadt, obwohl in diesen häufig genausoviel Brutalität und weit mehr schlüpfrige Unterhaltung geboten wurde als in den großen Arenen. Es gab in Rom zu jener Zeit drei große Theater; keines davon bot annähernd so vielen Menschen Platz wie das Kolosseum und der Circus Maximus, doch waren sie nach heutigen Maßstäben allesamt von enormer Größe. Das Theater des Pompejus bot rund 27000, das des Marcellus etwa 10000 und das Theater des Balbus, das im Jahr 13 v.Chr. eröffnet worden war, etwa 8000 Menschen Platz.[5] Freilich waren die Zeiten längst vorbei, in denen Stücke von Theaterdichtern wie Livius Andronicus, einem der Begründer des römischen Dramas, oder Plautus und Terenz, die die klassischen griechischen Vorbilder für die Bühnen Roms umgedichtet hatten, diese großen Theater zu füllen vermochten. Sprechstücke wurden mittlerweile kaum noch für die öffentliche Vorführung im Theater, sondern eher für Aufführungen im privaten Kreis geschrieben; die Theater hatten sich statt dessen auf Vorführungen verlegt, bei denen es mehr auf den spektakulären Effekt ankam als auf die Schönheit der Sprache, die Dramatik der Handlung oder die Skizzierung der handelnden Personen. Den architektonischen Gegebenheiten der großen Theater Tribut zollend, trugen die Schauspieler leicht erkennbare Masken und grellbunte Kostüme und begnügten sich oft mit stilisierten Gebärden oder Tanzfiguren, während der zugehörige Text von einem Chor in angemessener Lautstärke gesprochen oder gesungen wurde. Das Publikum, durch die in den Amphitheatern gebotenen Spektakel geschmacklich verroht, war nur mit gröbster Kost zufriedenzustellen: Gewalttätigkeit, Folter, Kannibalismus, Inzest, Vergewaltigung, Raub – von all dem wurde möglichst viel in jedes Stück hineingepackt. Man zeigte, wie Leda es mit dem Schwan, Pasiphaë es mit dem weißen Stier des Minos trieb. Bei Schlägereien und Kampfszenen floß wirkliches Blut; gegen Ende des 1. Jahrhunderts ging man dazu über, in der Schlußszene verurteilte Schwerverbrecher als Doubles für die Schauspieler einzusetzen und sie tatsächlich sterben zu lassen. So konnten Banditen ‚echt‘ ans Kreuz genagelt werden. Einmal wurde ein Sträfling, den man zwang, die Rolle des Hercules zu übernehmen, in der Schlußszene bei lebendigem Leib auf einem Scheiterhaufen verbrannt.

Die schlimmsten Exzesse kamen sicherlich unter der Regierung der ‚barbarischen‘ Kaiser vor; aber auch während der Amtszeit der ‚kultivierteren‘ Herrscher ging es wild genug zu. So wurden beispielsweise zur Zeit des Kaisers Titus im gerade eingeweihten Kolosseum nach Feststellungen von Sueton an einem einzigen Tag nicht weniger als 5000 Tiere niedergemetzelt.

Titus war im Jahr 79, nach dem Tod seines Vaters Vespasian, Kaiser geworden. Vespasian hatte, als er den Herzanfall herannahen fühlte, der ihn das Leben kosten sollte, den letzten seiner berühmten lockeren Sprüche von sich gegeben – in Anspielung auf die vermeintliche olympische Bestimmung der römischen Kaiser: „Meine Güte! Ich glaube, ich werde ein Gott.“

Titus schlug mit brutaler Gewalt einen Aufstand in Judäa nieder; nach der Eroberung Jerusalems ließ er Gefangene zu Tausenden hinschlachten oder sie wilden Tieren vorwerfen. Die geheiligten Schätze aus dem Tempel des Herodes ließ er, nachdem er im Allerheiligsten den römischen Adler aufgepflanzt hatte, nach Rom abtransportieren. Unter diesen Reliquien waren, wie eines der Reliefbilder auf dem im Jahr 81 am Ende der Via Sacra errichteten Triumphbogen zeigt, die silbernen Trompeten und die Menorah, der siebenflammige Leuchter.[6] Titus stand bei den Römern in dem Ruf, ein lasterhafter, ausschweifender Mensch zu sein; man sprach über die Orgien, die er veranstaltete, über seine Vorliebe für homosexuelle Jünglinge und, nach seinem Feldzug gegen Judäa, über seine erotische Beziehung zu der jüdischen Fürstin Berenike. Allein, nachdem er sich in Rom als Kaiser etabliert hatte, schickte er Berenike zu ihrem Volk zurück, und er verzichtete von da an auch auf den Umgang mit seinen Jünglingen. In der Tat entpuppte er sich als großmütiger, liebenswürdiger und charmanter Herrscher, der sich, als die Stadt zuerst von der Pest und dann von einem weiteren Großbrand heimgesucht wurde, mit aufrichtiger Hingabe um die Geschicke seiner Untertanen kümmerte. Es war ihm jedoch nur eine kurze Regierungszeit vergönnt. Als er im Jahr 81 starb, folgte ihm sein Bruder Domitian auf den Thron, ein introvertierter Einzelgänger, der seinen Bruder stets um dessen Erfolg beneidet und vorgegeben hatte, sich mehr für Poesie und Musik zu interessieren als für Politik. Wenn man Sueton glauben will, verbrachte Domitian, der bei seiner Thronbesteigung neunundzwanzig Jahre alt war, zu Beginn seiner Amtszeit einen Großteil des Tages damit, Fliegen zu fangen und sie sorgfältig mit der Spitze seiner Schreibfeder aufzuspießen. Als seine Frau sich in einen Schauspieler verliebte und aus dem kaiserlichen Hauswesen verbannt werden mußte, war er noch einsamer als zuvor, und es dauerte nicht lange, bis er einen Vorwand fand, sie zurückzuholen. Mit zunehmendem Alter wurde er immer eigenbrötlerischer und mißtrauischer. Nicht daß er keinen Grund gehabt hätte, sich vor dem Dolch eines gedungenen Meuchelmörders zu fürchten: er hatte den Senat dadurch vor den Kopf gestoßen, daß er sich selbst zum Censor auf Lebenszeit ernannte und sich so dauerhaft die Kontrolle über die Besetzung dieser Körperschaft gesichert hatte, ferner dadurch, daß er sich mit grandiosen Titeln wie *Dominus et Deus* schmückte, die bisher nicht üblich gewesen waren und die auf den Wunsch nach absoluter Alleinherrschaft hinzudeuten schienen. In Rom ging das Gerücht, Domitian wähne sich so sehr in Gefahr, daß er beim Auf- und Abgehen auf dem großen Innenhof seines Palastes auf dem Palatin den Blick stets auf den spiegelnden Boden aus poliertem kappadokischen Marmor gerichtet hielt, um jede verräterische Bewegung eines eventuell im angrenzenden Garten lauernden Attentäters zu entdecken.

Domitians riesige Palastanlage, die weitgehend aus dem eingezogenen Vermögen unliebsamer, des Hochverrats bezichtigter Senatoren finan-

ziert war, stand an Großartigkeit der *Domus Aurea* Neros kaum nach.
Von dem Architekten Caius Rabirius gestaltet, umfaßte sie Domitians
amtliche Residenz, die *Domus Flavia*, seinen Privatpalast, die *Domus
Augustana*, und ein weitläufiges, von einer doppelten Arkade umfriede-
tes Stadion, in dem vermutlich Pferderennen stattfanden. Um den Bau-
grund für dieses architektonische Großvorhaben zu gewinnen und einzu-
ebnen, mußten ganze Häuserreihen niedergerissen und Tonnen von
Erdaushub fortgeschafft werden. Es dauerte fünfzehn Jahre, bis das
ganze Ensemble aus Kreuzgängen und Portiken, Brunnen und Teichen,
Gärten und Kolonnaden, Tempeln und luxuriös ausgestatteten Wohn-
trakten fertiggestellt war. Die erhaltenen Überreste des Speisesaals zeugen heute noch von der untergegangenen Herrlichkeit des Palastes und
von den Genüssen, die den Gästen des Kaisers hier geboten wurden,
während sie, zu Füßen rosaroter Marmorwände auf weichgepolsterte
Sofas hingestreckt, durch die großen Fenster auf die Parkanlagen hinaus-
blickten, in denen Brunnen plätscherten und buntgefiederte Vögel in
ihren Käfigen umherflatterten.[7] Der wahnhaft mißtrauische Domitian
selbst konnte sich, wie es scheint, an der Pracht seiner Residenz nicht
recht freuen. In der Tat ereilte ihn im Jahr 96, kaum daß der Palast
fertiggestellt war, der langerwartete Tod: er wurde von einer Gruppe von
Attentätern, die von seiner Frau Domitia angestiftet worden war und der
neben verschiedenen Palastbediensteten einige hohe Offiziere der Praetorianergarde angehörten, überfallen und erstochen.

Marcus Cocceius Nerva, ein älterer Jurist mit schwach ausgeprägter
Persönlichkeit, der zweifellos in die Verschwörung zur Ermordung
Domitians eingeweiht war, wurde zu dessen Nachfolger bestimmt. Doch
hatten die Insurgenten nicht mit der zornigen Reaktion der Heerestrup-
pen, denen Domitian den Sold beträchtlich erhöht hatte, und des Fuß-
volks der Praetorianergarde gerechnet. Auf deren Drängen hin sah Nerva
sich gezwungen, einen nicht mehr ganz jungen, nicht mit ihm verwandten Mann als seinen Sohn und Erben zu adoptieren. So kam es, daß, als
Nerva im Jahr 98 starb, Marcus Ulpius Trajanus Kaiser wurde, der sich
des Wohlwollens sowohl der Soldaten als auch des Senats erfreute.

Trajan war 53 n. Chr. bei Sevilla als Sohn einer spanischen Mutter und
eines von römischen Siedlern abstammenden Vaters geboren worden.
Einen Namen hatte er sich unter anderem durch ausgezeichnete Leistungen als Provinzgouverneur im südlichen Germanien gemacht. Der Erfolg
blieb ihm auch auf dem Kaiserthron treu: nach zwei höchst ruhmreichen
Feldzügen im Königreich Dakia, dem heutigen Rumänien, einem reichen
Land, das für Rom immense Einnahmen abwarf, konnte Trajan in Rom
den Grundstein zu einem Bauprogramm von bis dahin ungekannter

Grandiosität legen. An der Stelle, wo Neros Goldenes Haus gestanden hatte, ließ er die schönsten Bäder der Stadt errichten.[8] Auch gab er ein neues Forum in Auftrag, das letzte seiner Art. Dieses von dem großen Architekten Apollodorus aus Damaskus entworfene Ensemble mit seinen Marmorkolonnaden, Tempeln und Bibliotheken, mit der großen Basilica Ulpia und dem ausladenden, mit Marmorstatuen und Bronzereliefs geschmückten zentralen Platz galt lange Zeit als eines der architektonischen Wunderwerke der antiken Welt.[9] An anderer Stelle entstanden die *Mercati Trajanei*[10], Marktplätze mit Ladengeschäften, die ursprünglich in drei terrassenförmig abgestuften Ebenen angelegt waren und deren Reste man heute unweit der Via IV. Novembre besichtigen kann. Westlich der *Mercati* ließ Trajan im Jahr 113 die berühmte monumentale Säule errichten, die seinen Namen trägt und deren den Erdboden um fast 43 Meter überragende Spitze die Höhe des abgetragenen Hügelkamms markiert, der einst das Forum vom Marsfeld trennte. Von Apollodorus entworfen und in ihrem runden Hauptteil aus siebzehn zylindrischen Marmorblöcken von jeweils 1,25 Meter Höhe und 3,70 Meter Durchmesser bestehend, ist die Säule an ihrer gesamten Außenseite mit kunstvoll ausgeführten Reliefbildern geschmückt, die sich in Form eines Spiralbandes um sie herumwinden. Rund 2500 naturgetreu modellierte Menschenfiguren finden sich auf den Reliefs der Trajansäule, die in ihrer Gesamtheit eine umfassende und einzigartig aufschlußreiche bildliche Darstellung der Dakia-Feldzüge Trajans geben. Auf die Spitze der Säule wurde ein Standbild des siegreichen Kaisers selbst montiert, und im Innern der Säule führte eine Wendeltreppe nach oben, zu einer Plattform, die einen weiten Rundblick über die Dächer der Stadt gewährte.[11]

Die Stadt Rom zählte um diese Zeit vermutlich rund eine Million Einwohner und bedeckte eine Fläche von knapp 20 Quadratkilometern. Da ein verhältnismäßig großer Teil dieser Fläche von großen öffentlichen Bauten wie Basiliken, Tempeln, *Circi*, Bädern, Theatern, herrschaftlichen Palästen und Gärten und so weiter eingenommen wurde und etliche brachliegende Flächen aus Angst vor dem Zorn der Götter nicht bebaut wurden, lebten die meisten Römer notgedrungen in mehrstöckigen, manchmal bis zu sechs Etagen hoch über die engen Gassen aufragenden Mietshäusern.[12]

In den solider und großzügiger gebauten unter diesen *insulae* genannten Wohnblocks beherbergte das Erdgeschoß in der Regel nur eine einzige Wohnung, die denn auch fast ebensoviel Wohnraum bot wie ein Haus; im ersten Stock drängten sich auf der gleichen Fläche schon zwei oder mehr Wohnungen, und je höher es hinaufging, desto geringer wurden Fläche und Wohnwert der einzelnen Behausungen; in den obersten und billigsten Stockwerken hausten in drangvoller Enge Mieter und Untermieter mit ihren mehr oder weniger vielköpfigen Familien. Von außen konnte eine solche *insula* durchaus etwas hermachen, wenn ihre Fassade, wie es üblich war, mit Mosaiken und Klinker, mit Erkern oder Balkonen aus Holz oder Stein geschmückt war, über deren Brüstung Grünpflanzen und Blumen lugten. Von innen besehen, waren die Wohnungen jedoch zumeist düster und spärlich eingerichtet. Die Pergament- oder Tuchvorhänge und die hölzernen Jalousien, die in den Fensteröffnungen hingen, taugten zwar zum Abhalten des Regens und der Sonnenglut, tauchten die Zimmer aber in ein von Kerzen oder rußenden Talgleuchten nur unzureichend erhelltes Dunkel. Möbel gab es kaum, abgesehen von ein paar Schemeln und Betten, wobei letztere häufig keine Möbelstücke waren, sondern ins Mauerwerk eingelassene Nischen oder an die Wände gemauerte Bänke. Eingeheizt wurde gewöhnlich mit Hilfe beweglicher Kohlebecken aus Metall, gekocht wurde auf offenen Feuerstellen. Daß eines dieser wenig standfest gebauten Mietshäuser abbrannte, war ungefähr ebenso wahrscheinlich, wie daß es in sich zusammenstürzte.

In der Technik der Wasserversorgung und der Abwasserentsorgung hatte sich seit den Zeiten der römischen Könige nicht viel geändert. In der Regierungszeit Trajans führten acht Aquädukte Tag für Tag mehr als neun Millionen Hektoliter Wasser in die Stadt; allerdings kam dieses Wasser kaum je den Bewohnern der *insulae* zugute, und wenn, dann allenfalls den Insassen der Erdgeschoßwohnungen. Alle anderen mußten sich ihr Wasser mit Eimern vom nächsten Brunnen holen oder es sich von einem der notorisch faulen und griesgrämigen Wasserträger bringen lassen. Ähnlich lagen die Dinge bei der Abwasserentsorgung. Zwar war die römische Kanalisation seit dem Bau des ersten Abwassersammlers 700 Jahre zuvor ständig verbessert und ausgebaut worden, doch waren die Wohnungen in den Obergeschossen der *insulae* nicht an das Kanalnetz angeschlossen. Ihre Bewohner mußten Abwasser und Fäkalien eimerweise forttragen und in eine Sickergrube im Keller oder in den nächsterreichbaren Abwassergraben schütten. Wer hierzu keine Lust hatte, wählte die bequemere Methode, Abwässer einfach aus dem Fenster zu gießen.

Die von Nero nach dem verheerenden Brand des Jahres 64 angeordnete Neugestaltung der Stadt hatte nicht viel daran geändert, daß die Straßen Roms ein Labyrinth schmaler, düsterer, verwinkelter Gassen waren. Eine Straßenbreite von sechs Metern war schon geradezu großzügig, doch erreichten die Via Sacra und die Via Nova, um nur zwei der Prachtstraßen in der Innenstadt zu nennen, nicht einmal diese Breite. Nicht alle Straßen und Gassen Roms waren gepflastert oder hatten

Gehwege; zwar war unter der Regierung Domitians ein Erlaß herausgekommen, demzufolge es Ladenbesitzern untersagt war, ihre Waren auf den Straßen auszulegen, aber offenbar fand dieses Dekret nur geringe Beachtung. In vielen *insulae* beherbergte das Erdgeschoß kleine Ladengeschäfte und Kioske, Tavernen und Warenlager; die Inhaber dieser Geschäfte lebten mit ihren Familien oft in winzigen, zumeist nur über eine Leiter zugänglichen Verschlägen und hatten daher verständlicherweise das Bedürfnis, ihr häusliches Leben, sooft das Wetter es gestattete, auf die Straße zu verlegen und dort auch ihre Waren zu präsentieren. Wie die Händler, gingen auch die Barbiere ihrem Geschäft draußen auf der Straße nach. Mit eisernen Scheren schnitten sie ihren Kunden das Haar nach dem Vorbild des amtierenden Kaisers oder eines gerade populären Wagenlenkers; die Technik, künstliche Locken zu legen, beherrschten sie ebenso wie die des Haarefärbens, und sie machten auch Rasuren, allerdings mit Rasiermessern, die trotz häufiger Verwendung des Wetzsteins oft von schmerzlicher Stumpfheit waren. Floß beim Rasieren Blut, was des öfteren vorkam, da der Barbier immer wieder von vorbeidrängenden Passanten angestoßen wurde, so wurde die Wunde mit in Essig und Öl getauchtem Spinnengewebe gestillt.

Auch die Handwerker hatten ihre Werkstätten im Freien, das heißt auf der Straße; dazu kamen fliegende Händler, die ihre Waren feilboten, Akrobaten aller Art, Schlangenbeschwörer, die ein Publikum um sich zu scharen versuchten, Bettler, die sich mit ihrer Schale oder Büchse durch die Menge drängten, und zu allem Überfluß auch noch Lehrer, die inmitten des Tohuwabohus ihre Schüler zu unterrichten versuchten. Fahrzeuge und Lasttiere durften laut einem unter Julius Caesar verabschiedeten Gesetz während der Tagesstunden die Straßen nicht benutzen; dieses Verbot galt jedoch nicht für Reiter, für von Sklaven getragene Sänften und Sessel sowie für die Fahrzeuge von Bau- und Abbruchfirmen; an Tagen, an denen öffentliche Spiele stattfanden – und das waren nicht wenige –, durften Kutschen, die auf dem Weg zum oder vom Amphitheater waren, die Straßen passieren, ebenso an religiösen Feiertagen die Kutschen der Priester und der Vestalinnen. *De facto* führte das allgemeine Fahrverbot daher keineswegs zu einer wirksamen Entlastung des Straßenverkehrs am Tage, und in der Nacht hallten die Gassen vom Lärm rasselnder Kutschen, vom Geschrei der Eseltreiber und der Wagenlenker und von den Rufen der Nachtwächter wider, die durch die unbeleuchtete Stadt patrouillierten. „Die meisten kranken Leute sterben hier an Schlaflosigkeit", schrieb Juvenal, der gegen Ende des 1. Jahrhunderts in Rom lebte, in einer seiner Satiren:

„Kleider, eben geflickt, sind zerrissen, denn schon naht ein Fuhrwerk,
ange Tannen schaukeln auf ihm, und andere Wagen
fahren Fichten, sie schwingen empor und bedrohn die Passanten.
Doch, wenn die Achse zerbricht, auf der ligustische Steine
werden geführt, und die Ladung umkippt, sich stürzt auf die Menge,
was von den Leibern bleibt da noch übrig? Wer findet die Glieder,
wer die Knochen zusammen? Zermalmt und verweht wie ein Lufthauch werden
die Leichen des Volkes.
Nur der Reiche vermag sich Ruhe erkaufen in Rom auch!
Das ist der Hauptgrund des Übels! Der Wagenverkehr in den engen
Winkeln der Straßen und lautes Gewieher sich stauender Herden
rauben den Bären und auch den Kälbern des Meeres den Schlaf bald.
Ruft ein Geschäft, rasch läßt sich der Reiche auf großem Liburner
tragen über die Köpfe des Pöbels hinweg, der zurückweicht,
wird dabei lesen, schreiben vielleicht oder schlafen darinnen;
denn es fördert den Schlaf das verhangene Fenster der Sänfte.
Trotzdem wird vor mir er kommen: denn, wenn ich auch noch so mich eile,
hindert das wogend' Gedränge des Volkes, das vorne und hinten
drückt in die Rippen; der stößt mit dem Arme, ein andrer mit harter
Latte, am Kopf ein Balken mich trifft, dann wieder ein Ölfaß.
Dick klebt der Lehm an den Beinen, bald treten mich rings große Füße,
auf die Zehen bekomm' ich den Nagelschuh eines Soldaten."

In krassem Gegensatz zum Alltag der Armen, die ihre Tage in diesen
düsteren, lauten und unhygienischen Gassen zubrachten, stand das Leben der Wohlhabenden. Die Häuser derjenigen Bevölkerungsklassen, aus
deren Reihen die Senatoren gewählt wurden, waren keineswegs mit
Möbeln und Einrichtungsgegenständen überladen, doch waren die wenigen Möbel, die sie enthielten, von erlesener Qualität und aus kostbaren,
kunstvoll bearbeiteten Materialien: Bronze und Ahornholz, Elfenbein
und Schildpatt, poliertes Pistazienholz und Porphyr mit Einlegearbeiten
aus Silber und Gold. In den relativ kleinen, ineinander übergehenden
Zimmern, die um einen von Bäumen beschatteten Innenhof gruppiert
waren, fanden sich ferner Statuen, Büsten, Wasseruhren und alle möglichen kuriosen und kostbaren Objekte, die der Hausherr von seinen
diversen amtlichen Missionen in die nahen und fernen Provinzen des
Reiches mitgebracht hatte. Die Innenhöfe waren gärtnerisch ausgestaltet:
sprudelnde Brunnen speisten künstliche Bächlein, Blumen und Singvögel
labten Augen und Ohren der Bewohner und Gäste.
   Der Hausherr pflegte früh aufzustehen, gewöhnlich bei Sonnenauf-
gang. Während die Haussklaven, bewaffnet mit Bürsten, Schwämmen
und Eimern voll Sand und Wasser, ihr tägliches Arbeitspensum in Angriff
nahmen, schlug ihr Herr und Meister die Bettdecke beiseite und begann
sich anzuziehen. Es war dies keine langwierige Prozedur, trug er doch in

der Regel keine besondere Schlafkleidung, sondern nächtigte in Unterwäsche, die er auch tagsüber anhatte: zuunterst einen Lenden-schurz, darüber eine gegürtete Tunika aus Leinen- oder Wollstoff – bei kaltem Wetter konnten es auch deren zwei oder gar drei sein. Als Obergewand diente die *synthesis* oder, bei feierlichen Anlässen, die weiße Toga, deren Falten ordnungsgemäß zu arrangieren sehr viel Übung oder die Hilfe eines erfahrenen Sklaven erforderte. Die Füße steckten in Sandalen oder in Stiefeln aus weichem Leder, die, wie die der Legionäre, bis zur Mitte der Waden hinaufreichten.

Die Dame des Hauses brauchte für ihre Toilette etwas länger. Nicht unbedingt für das Anziehen, denn wie ihr Gatte schlief auch sie in ihrer Unterwäsche und brauchte darüber nur die *stola* zu streifen, die bis zum Boden reichte und die Füße bedeckte, und sich die *palla* umzulegen, ein Schultertuch, das sie sich, wenn sie wollte, auch über den Kopf ziehen konnte. Kompliziert wurde es dann aber, wenn es ans Frisieren ging, ein Geschäft, das eine Bedienstete mit der Berufsbezeichnung *ornatrix* ver-richtete und das entweder die Herstellung einer raffinierten Frisur oder das Aufsetzen und Zurichten einer – gewöhnlich blonden – Perücke zum Gegenstand hatte. Ebensoviel Zeit nahm auch das Schminken in An-spruch: die Stirn wurde mit weißem Puder aufgehellt, die Lippen mit Rotstift nachgezogen, die Augenränder mit Antimon hervorgehoben, die Augenbrauen mit angefeuchteter Asche übermalt. Für die Pflege der Haut kam eine Salbe zur Anwendung, die vermutlich in etwa derjenigen entsprach, deren Rezeptur uns Ovid überliefert hat: Gerstenschrot und Weizenmehl, vermischt mit feingemahlenen Hülsenfrüchten und Ge-weihspitzen, geschlagenen Eiern, Narzissenknollen, Harz und Honig. Nun wurden noch die Haare mit juwelenbesetzten Nadeln und Spangen, die Ohren mit glitzernden Steinchen, der Hals mit einer Kette, die Finger mit Ringen, die Arme mit Bändern geschmückt und das Ganze mit Parfüm eingenebelt, und schon war die feine Römerin bereit, sich ihren farbenfrohen Umhang umlegen zu lassen und einen Spaziergang in der Morgensonne zu unternehmen, vielleicht mit einem gefiederten Fächer in der Hand und mit einem mit Sonnenschirm ausgerüsteten Diener im Gefolge.

In früherer Zeit war die Ehefrau ganz und gar von ihrem Mann abhängig gewesen; von ihren Eltern möglicherweise schon als Kind einem bestimmten Mann versprochen, war sie manchmal schon mit zwölf, häufiger mit vierzehn Jahren verheiratet worden. Auf der fünften der Zwölf Tafeln von 449 v. Chr. hatte es geheißen: „Frauen sollen unter Vormundschaft bleiben, auch wenn sie volljährig sind." In jenen Zeit hatte eine Frau keinerlei gesetzlich verbrieftes Recht, sich von ihr

Mann zu trennen, während es diesem ein leichtes war, sie unter dem
durchsichtigsten Vorwand loszuwerden. Ein Mann konnte seine Frau,
wenn sie ihm untreu war, ungestraft töten, auch wenn er selbst als
notorischer Ehebrecher bekannt war. Nach und nach gelang es den
Frauen jedoch, sich aus dieser totalen Abhängigkeit zu befreien und in
Bereichen, die bis dahin als männliche Domänen gegolten hatten, mitzu-
sprechen und Einfluß zu gewinnen – daß eine Frau einen regelrechten
Beruf ausübte, blieb allerdings die seltene Ausnahme. Natürlich war
diese Entwicklung vielen konservativ Eingestellten ein Dorn im Auge;
Frauen mit ,modernem' Selbstverständnis, die Empfängnisverhütung
praktizierten, ihren Geist und ihren Körper schulten und versuchten, bei
den Debatten, Spielen und sportlichen Wettkämpfen der Männer mitzu-
halten, hatten einen schweren Stand. „Wieviel Demut kann man von
einer Frau erwarten, die einen Helm trägt, ihrem eigenen Geschlecht
abschwört und an körperlichen Kraftakten Vergnügen findet?" fragte
Juvenal pikiert. „Die sich... mit dem Speer in der Hand und mit
entblößtem Busen der Schweinejagd widmet?" Ähnlich unsympathisch
waren Juvenal Frauen, die, anstatt im stillen Kämmerlein zu speisen, wie
es in der Vergangenheit üblich gewesen war, oder wenigstens demütig
ihrem Mann zu Füßen zu sitzen, nichts dabei fanden, sich mit auf jenes
dreisitzige Polstermöbel zu setzen, dem das römische Eßzimmer seine
Bezeichnung *triclinium* verdankte, und nicht nur mitzuessen und mitzu-
trinken, sondern sich auch an den dabei stattfindenden Männergesprä-
chen zu beteiligen.

In den meisten Häusern wurde die Hauptmahlzeit abends eingenommen, während Frühstück und Mittagessen kaum mehr waren als kleine
Imbisse. Die um einen niedrigen Tisch herum postierten *triclinia* waren
mit Kissen bestückt, auf die die barfüßigen Esser ihre Ellenbogen stützen
konnten. Wenn Kinder an der Mahlzeit teilnahmen, saßen sie auf Hok-
kern. Der Tisch war gewöhnlich mit einem Tuch bedeckt, auf dem
Messer und Löffel sowie Zahnstocher lagen. Gabeln waren unbekannt.
Alles, was sich nicht bequem mit dem Löffel zum Munde führen ließ,
wurde mit den Fingern angefaßt. Es mußten daher stets Diener mit
Schalen voll warmen, parfümierten Wassers und mit Servietten bereitste-
hen. Die Gerichte wurden von Sklaven aufgetragen; bei einem Festessen
wurden Delikatessen serviert, die seit alten Zeiten geschätzt wurden und
die in späteren Jahrhunderten nichts von ihrer Beliebtheit einbüßten:
Austern, Hummer, Seebarbe, Gänseleber, Kapaun, Spanferkel, Kalbs-
braten, Spargel, Trüffeln, Pilze, Obst und Kuchen. Der Wein, in be-
schrifteten Amphoren gelagert (die mit Holz- oder Korkpfropfen ver-
schlossen waren), wurde zunächst durch ein Filtertuch in Karaffen

gegossen, dort mit Eis oder warmem Wasser gemischt und erst dann in Trinkgläser eingeschenkt.

Ein Festessen war ein abendfüllendes Ereignis; man ließ sich Zeit. Üblich waren sieben Gänge, mit Zwischenpausen, in denen die Gäste von Musikern, Tänzern und Akrobaten unterhalten wurden. Bei bestimmten Gastgebern pflegten solche Essen regelmäßig in Orgien auszuarten, die sich über bis zu zehn Stunden hinziehen konnten. Die Gäste stopften sich mit Delikatessen voll und genossen nebenbei die Darbietungen nackter spanischer Tanzmädchen; sie hatten die Möglichkeit, sich von Zeit zu Zeit in einem eigens dafür vorgesehenen Raum zu übergeben. Manchmal tranken sie so viel, daß sie nicht mehr stehen konnten und, wie der von Martial beschriebene reiche und ordinäre Gastgeber, einen Sklaven mit einer Amphore herbeizitierten, in der sie die „Weinmenge, die sie getrunken hatten, nachmessen konnten, wobei der Sklave dem Strahl die richtige Richtung geben mußte". Ein so unappetitliches Benehmen war jedoch alles andere als die Regel. Hätte ein heutiger Zeitgenosse die Möglichkeit, im Kreise wohlhabender römischer Familien aus der Zeit Trajans zu tafeln, so würde er sicherlich in den meisten Fällen einen eher gezügelten Appetit und ein manierliches Betragen konstatieren, einmal abgesehen davon, daß es allgemein üblich war, auf den Boden zu spucken, und daß das Rülpsen als wohlgesittetes Signal des Wohlbefindens galt.

Vor dem Mahl pflegte der wohlhabende Römer ein Bad zu nehmen. Die besseren Häuser verfügten über eigene Badezimmer, in denen der Hausherr und seine Angehörigen sich von Sklaven abschrubben, waschen und massieren ließen. Allen Bürgern standen darüber hinaus die öffentlichen Bäder offen. Ebenso wie die öffentlichen Toiletten anerkannte Orte der Begegnung und des Austauschs von Klatsch und Neuigkeiten waren, galt dies auch für die Thermen, mit denen sich diverse Konsuln und Kaiser nach und nach in allen Vierteln der Hauptstadt ein Denkmal gesetzt hatten. Die meisten dieser Thermen waren Badeanstalten mit allem Drum und Dran, mit *apodyteria*, wo die Badegäste sich ausziehen konnten, *sudatoria*, wo sie sitzen und schwitzen konnten, *calidaria*, wo die Luft nicht ganz so heiß und dampfig war und wo man sich mit Wasser aus Wannen oder Springquellen benetzen und sich mit Schabern die Haut massieren und sauberreiben konnte; in den *tepidaria* konnte man sich abkühlen, bevor man sich schließlich in die mit kaltem Wasser gefüllten Becken der *frigidaria* gleiten ließ. In manchen eher anrüchigen Anstalten badeten Männer und Frauen gemeinsam; bei den meisten Bädern waren jedoch entweder die Öffnungszeiten oder die Badesäle nach Geschlechtern getrennt. In manchen Bädern trugen die

Männer lederne Hosen, in der Regel badeten sie jedoch nackt; die Frauen trugen zumeist einen Lendenschurz.

In vielen Bädern hatten die Besucher die Möglichkeit, zwischendurch eine Bibliothek oder einen Lesesaal, einen Ausstellungsraum oder eine mit Kunstwerken bestückte überdachte Promenade aufzusuchen oder sich in einem angeschlossenen *gymnasium*, das heißt in einer Art Turnhalle, sportlich zu betätigen. Neben Ballspielen aller Art wurden auch Kampfspiele ausgetragen, insbesondere Ringkämpfe, an denen sich Männer wie Frauen beteiligten. In den Frauenabteilungen der Bäder gab es Schönheitssalons, und im Außenbereich der Thermen befanden sich Cafés und kleine Ladengeschäfte.

Die Bäder schlossen bei Sonnenuntergang, doch gab es genügend Orte, wo die Römer sich auch nach Einbruch der Dunkelheit, wenn in den *circi* und Amphitheatern nichts mehr lief, noch vergnügen konnten. Da waren beispielsweise die Bordelle, vor denen sich die Dirnen auf Bänken zur Schau stellten. Viele dieser Mädchen, vielleicht die meisten, waren Ausländerinnen, oft aus Ägypten oder Syrien. Sie zogen sich viel greller an, als ehrbare Frauen es sich gestattet hätten; ihre Tuniken und Togen waren kürzer, ihre Fußgelenke mit Kettchen oder Bändern geschmückt. Dirnen mußten Steuern bezahlen, die von der Finanzbehörde nach Maßgaben der Honorare festgesetzt wurden, die sie von ihren Kunden verlangten. Dafür war es ihnen gestattet, ihre Dienste auf offener Straße feilzubieten. So waren die Prostituierten auf der Via Sacra und in der Subura, dem geschäftigsten und lautesten römischen Stadtviertel (Juvenal nannte es die „brodelnde Subura"), ein alltäglicher Anblick. Gelegentlich mit einer dieser Dirnen gesehen zu werden, war für einen jungen Mann aus guter Familie durchaus nicht anstößig. Geschlechtskrankheiten scheinen zwar vorgekommen zu sein, doch waren sie offenbar ziemlich selten.

Die Öffnungszeiten der Bordelle waren behördlich reglementiert; die Schenkenwirte unterlagen hingegen keinen strengen Vorschriften, so daß es in Rom jederzeit möglich war, ein kühlendes oder berauschendes Getränk zu bekommen. Auch dem Glücksspiel konnte der Interessierte jederzeit frönen; trotz der in regelmäßigen Abständen erneuerten Verbote waren die meisten Römer regelmäßige, viele sogar leidenschaftliche Glücksspieler. Man wettete auf den Ausgang von Schach-, Dame- und Tric-Trac-Partien, und auch bei den einfacheren Geschicklichkeits- und Glücksspielen, die mit Murmeln und Würfeln, Nüssen und Knochen gespielt wurden, ging es oft um hohe Einsätze; entsprechend groß war die Erregung. „Wann ist je so tollkühn gespielt worden?" fragte sich Juvenal. „Heute kommen die Leute nicht mehr mit der Geldbörse an den Spieltisch, sondern mit einer Schatztruhe." Für diejenigen, die sich lieber bei einer weniger tollkühnen und weniger aufregenden Beschäftigung erholen wollten, gab es die reizvollen Spazierwege jenseits der Stadtmauern, vorbei an Tempeln und Portiken und an den Statuen und Fresken der Saepta Julia[13] oder durch die schattigen Zypressen- und Olivenhaine des Marsfeldes.

Als Trajan starb, beweinten ihn die Römer, für deren Stadt er so viel getan hatte, als ihren *Optimus Princeps*, ihren besten Herrscher. Als Bauherr vielleicht noch bedeutender war sein Adoptivsohn, der ihm im Jahr 117 auf dem Thron nachfolgte, der rastlose, komplizierte, homosexuell veranlagte Hadrian. Spanischer Abkunft, scheint Hadrian doch den größten Teil seiner Kindheit und Jugend in Rom verbracht zu haben, wo er sich den Ruf eines jungen Mannes mit erlesenem Geschmack und höchst eigenwilligen – und häufig unvernünftigen – Ansichten erwarb. Er konnte es nicht ertragen, wenn andere sein künstlerisches Urteil in Zweifel zogen, und geriet mit Apollodorus wegen der Entwürfe für den Tempel der Venus und der Roma so heftig aneinander, daß er den Architekten schließlich aus der Stadt verbannte und ihn möglicherweise hinrichten ließ. Dieser von Hadrian persönlich entworfene und im Jahr 135 von ihm eingeweihte Tempel war nur eines von mehreren originell gestalteten und kunstvoll ausgeführten Bauwerken, für die der Kaiser verantwortlich zeichnete.[14] Seine Vorliebe für den griechischen Stil, für die seine schöne Villa in Tivoli Zeugnis ablegt,[15] schlug sich auch im Pantheon nieder, jenem so wunderbar erhalten gebliebenen Monument des antiken Rom, dem schon zu Hadrians Zeiten die Bewunderung der zivilisierten Welt galt.

Das Ur-Pantheon war zwischen 27 und 25 v.Chr. von Agrippa erbaut worden, dessen Name noch heute in der Inschrift über dem Portikus verewigt ist. Während jedoch das Pantheon Agrippas wegen seiner Außenansicht berühmt war, ist an der Schöpfung Hadrians vor allem das riesige Kuppelgewölbe bewundernswert, das sich an die auf acht Säulenpaaren aus grauem und rotem Granit ruhende Vorhalle anschließt. In dem Raum unter dieser mit vergoldeten Bronzeplatten ausgekleideten Kuppel, die bis in die Neuzeit hinein die größte der Welt blieb, befanden sich edelsteinbesetzte Statuen der Götter. Wie Plinius berichtet, waren die Ohrläppchen der Venus mit den beiden Hälften einer Perle geschmückt, die Marc Anton der Kleopatra weggenommen haben soll, nachdem sie das Gegenstück dazu, in Essig aufgelöst, getrunken hatte, um eine Wette zu gewinnen.[16]

Nach dem Wiederaufbau des Pantheons zu einem angemessen prachtvollen Tempel für alle Götter ging Hadrian an die Errichtung eines seiner eigenen Person gewidmeten Monuments: des Mausoleums, aus dem in späterer Zeit die Engelsburg hervorging, die als Festung und Staatsgefängnis diente.[17] Als Hadrian im Jahre 138 starb, war das Mausoleum noch nicht fertiggestellt; sein Adoptivsohn und Erbe Antoninus, der wegen der Selbstlosigkeit, mit der er seinem Vater, seinem Land und seinen Göttern diente, den Beinamen ‚der Fromme' erhielt, führte es zu Ende.

Über zwanzig Jahre lang regierte Antoninus ein weitgehend friedliches Reich; allmählich sah sich das Reich jedoch an seinen langen und verwundbaren Grenzen zunehmend beharrlicheren Angriffen ausgesetzt, so daß die auf Antoninus folgenden Herrscher sich immer mehr darauf konzentrieren mußten, das Imperium zu verteidigen und zusammenzuhalten. Antoninus' unmittelbarer Nachfolger, der idealistische und gewissenhafte Marc Aurel, mußte den größten Teil seiner Regierungszeit für die Bekämpfung germanischer Stämme im Norden aufwenden; die die Piazza Colonna beherrschende Säule zeugt von seinen Siegen.[18] Marc Aurel, dessen auf dem Kapitol zu bewunderndes, lebensechtes Reiterstandbild Michelangelo so beeindruckte,[19] war der letzte der vier ‚guten' Kaiser der Epoche, die als das Goldene Zeitalter des römischen Kaisertums bezeichnet wird. Sein grausamer und arroganter Sohn Commodus hatte eine so leidenschaftliche Schwäche für Gladiatorenkämpfe, daß er selbst fast tausend davon bestritt. Er pflegte das Amphitheater mit einer goldenen, juwelenbesetzten Krone auf dem Kopf zu betreten; vor ihm marschierte ein Herold, der die Keule und das Löwenfell des Hercules trug, mit dem Commodus sich identifizierte. Dem Hercules zu Ehren schlachtete Commodus in der Arena zunächst einmal mit sichtlicher Freude an der Sache diverse Tiere ab, um sich dann in seiner Gladiatorenrolle zu präsentieren. Die Senatoren sahen bei seinen Auftritten pflichtgemäß zu, feuerten ihn an und applaudierten ihm; freilich empfanden sie, wie einer von ihnen, Dio Cassius, der Nachwelt überliefert hat, in erster Linie Angst, ging doch das Gerücht, Commodus habe sich entschlossen, einen seiner Auftritte einmal mit der Massakrierung einiger Zuschauer zu krönen.

Einmal trug sich, wie Dio Cassius berichtet, folgendes zu: „Nachdem er [Commodus] einen Strauß getötet und enthauptet hatte, kam er zu der Stelle, wo wir Senatoren saßen, den Kopf [des Straußenvogels] in der linken, das blutige Schwert in der hocherhobenen rechten Hand; ohne ein Wort zu sagen, wiegte er grinsend den Kopf hin und her, als wolle er uns zu verstehen geben, er werde es mit uns einmal ebenso machen." Sosehr die Senatoren Commodus fürchteten, so konnten sie sich doch angesichts der aufgeblasenen Heldentaten, die ihr kindsköpfiger Herrscher vollführte, nur schwer das Lachen verbeißen; da sie jedoch wußten, daß jedes Anzeichen der Belustigung Commodus tödlich beleidigt und sie auf der Stelle den Kopf gekostet hätte, stopften sie sich in ihrer Not den Mund mit dafür mitgebrachten Lorbeerblättern voll.

Die Erdrosselung des wahnsinnigen Commodus auf Anordnung eines Befehlshabers der Praetorianergarde leitete eine Periode immer wieder aufflackernder innerer Unruhen und Bürgerkriege ein, in der die rasch aufeinanderfolgenden Kaiser nur kurze Amtszeiten erlebten und meist ein gewaltsames Ende fanden, bei dem gewöhnlich irgendwelche grauen Eminenzen aus den Reihen der Praetorianer die Hände im Spiel hatten. Der Nachfolger des Commodus, Pertinax, Sohn eines freigelassenen Sklaven, der sich durch ausgezeichnete Leistungen im Militärdienst zum Präfekten der Stadt Rom emporgearbeitet hatte, wurde drei Monate nach seiner Thronbesteigung ermordet. Der nächste Kaiser, Didius Julianus, ein reicher Senator, der den Thron bei einer von der Praetorianergarde organisierten Auktion ersteigert hatte, blieb nach seiner Amtsübernahme ganze neun Wochen am Leben, ehe er auf Anordnung des mächtigen und ehrgeizigen Nordafrikaners Septimius Severus beseitigt wurde. Dieser ließ sich von seinen an der Donau stationierten Legionen zum Kaiser ausrufen. Er starb in Britannien eines natürlichen Todes; vorher gab er der Überlieferung zufolge seinen Söhnen den Rat, sich untereinander zu vertragen, die Soldaten großzügig zu entlohnen und sich ansonsten mit niemandem abzugeben. Gleichwohl ließ einer seiner Söhne, der gewalttätige und aufbrausende Caracalla, seinen Bruder durch Mord aus dem Weg räumen. Im Jahr 217 ereilte ihn selbst das gleiche Schicksal; sein Mörder und Nachfolger war Macrinus, der wiederum nach kurzer Zeit im Gefolge eines von der syrischen Schwägerin des Septimius Severus, Julia Maesa, inszenierten Aufstands den Tod fand. Julia Maesa ließ ihren Enkel zum neuen Kaiser ausrufen – einen vierzehnjährigen Jungen, der in seiner syrischen Heimatstadt als geweihter Hoherpriester des dortigen Sonnengottes El-Gabal amtierte; die rituelle Verehrung dieses Gottes konzentrierte sich auf einen kegelförmigen schwarzen Stein, der nach Überzeugung der Gläubigen vom Himmel gefallen war. Der kindliche Kaiser wurde Heliogabal genannt, nach dieser Sonnengottheit, deren Kult er in Rom einführte, ohne das geringste Bemühen, ihn an römische Einrichtungen und Gegebenheiten anzupassen.

„Da die nichtigsten Vergnügungen die Aufmerksamkeit des neuen Kaisers fesselten", schrieb Edward Gibbon in einer charakteristischen Passage seines berühmten Werks über die römische Geschichte, „vergeudete er mehrere Monate auf seiner üppigen Reise von Syrien nach Italien… und verschob seinen Triumphzug in der Hauptstadt bis zum folgenden Sommer. Ein getreues Abbild indessen, das seiner Ankunft vorausging und auf seinen unmittelbaren Befehl über dem Altare des Sieges im Senat aufgehangen wurde, gab den Römern das richtige, aber unwürdige Conterfei seiner Person und Sitten. Er war in sein Priestergewand von golddurchwirkter Seide [gekleidet]…, sein Haupt von einer hohen Tiara bedeckt, seine zahlreichen Hals- und Armbänder mit Edelsteinen von unschätzbarem Werthe geschmückt. Seine Augenbrauen waren schwarz gefärbt und die Wangen mit künstlichem Weiß und Roth belegt. Die ernsten Senatoren bekannten seufzend, daß, nachdem sie lange die harte Tyrannei ihrer eigenen Vaterlandsgenossen erduldet, Rom endlich unter die weibische Üppigkeit des orientalen Despotismus erniedrigt worden sei…

Auf einem feierlichen Zuge durch die Straßen Roms war der Weg mit Goldsand bestreut; der schwarze Stein, in kostbare Juwelen gefaßt, stand auf einem Wagen, der von vier milchweißen Pferden in reichem Geschirr gezogen wurde. Der fromme Kaiser hielt die Zügel und bewegte sich, von seinen Ministern unterstützt, langsam vorwärts, um der Seligkeit der göttlichen Gegenwart beständig theilhaftig zu sein. In einem prächtigen, auf dem palatinischen Berge erbauten Tempel wurde der Dienst des Gottes Heliogabal mit unbeschreiblicher Herrlichkeit und Kostspieligkeit gefeiert. Die reichsten Weine, die außerordentlichsten Opfer und die auserlesensten Wohlgerüche wurden beständig auf seinem Altar verbraucht. Um den Altar führten syrische Frauen ihre üppigen Tänze zum Klange barbarischer Musik auf, während die höchsten Beamten des Staates und Heeres, in lange phönizische Tuniken angethan, die geringsten Funktionen mit äußerlichem Eifer und innerlicher Entrüstung verrichteten."

In den Tempel seines Gottes ließ Heliogabal die heiligsten Reliquien Roms bringen, darunter auch das Palladium, ein kleines Standbild der Pallas Athene, das der Legende zufolge Aeneas aus Troja mitgebracht hatte. Die ob dieses eklatanten Sakrilegs empörten Senatoren mußten zu ihrem noch größeren Entsetzen erleben, daß der kaiserliche Palast nunmehr zum Schauplatz ausschweifender Orgien wurde: abgesehen davon, daß zu allen Tages- und Nachtstunden die exotischsten und ausgefallensten Speisen serviert wurden, vergnügten sich die Angehörigen des Hofstaats auf mit Krokusblättern gefüllten Kissen mit Konkubinen und Lustknaben. Der Kaiser selbst, der in Frauenkleidern aufzutreten pflegte, verhöhnte den Staat, indem er die höchsten Ämter, die dieser zu vergeben hatte, an seine diversen Liebhaber vergab; außerdem brach er eines der geheiligten Gesetze Roms, indem er sich an einer Vestalin verging.

Seine Großmutter, fürchtend, sein skandalöses Gebaren werde sie selbst zugrunde richten, beschloß, sich seiner zu entledigen. Es fiel ihr nicht schwer, die Praetorianergarde dafür zu gewinnen, daß sie ihn zusammen mit seiner Mutter ermordete. Anschließend ließ sie einen anderen Enkel namens Severus Alexander zum Kaiser ausrufen. Er und seine Mutter regierten das Reich dreizehn Jahre lang, bis sie im Jahr 235 von meuternden Truppen getötet wurden.

Nun folgten die Kaiser mit beängstigender Schnelligkeit aufeinander –
allein im Jahr 238 waren es deren sechs. Viele waren Usurpatoren, und
von diesen wiederum die meisten Heeresoffiziere; fast alle starben eines
gewaltsamen Todes, und ihre Mörder waren gewöhnlich Soldaten, die die
Thronansprüche eines Rivalen unterstützten. Philipp der Araber, der, als
Sohn eines Wüstenhäuptlings geboren, von 244 bis 249 als römischer
Kaiser amtierte, feierte den tausendsten Jahrestag der Gründung Roms
mit einer Reihe außergewöhnlich barbarischer Wildtier‚jagden‘ im Kolosseum, mit Umzügen und Aufführungen, die „das Auge der Menge
blendeten", mit mystischen Opfergottesdiensten und mit Musik- und
Tanzdarbietungen auf dem Marsfeld, das zu diesem Zweck „von unzähligen Lampen und Fackeln erleuchtet" war. Aber solche Feiern konnten
nicht vergessen machen, daß es um Rom traurig bestellt war, daß der
Senat einen Großteil seiner einstigen politischen Macht an die Streitkräfte
verloren hatte, daß die Grenzen des Reichs allmählich abbröckelten und
daß die Stadt selbst von einer Finanzkrise nach der anderen geschüttelt
wurde.

Wenig Nennenswertes war in Rom seit der Regierungszeit des Septimius Severus gebaut worden; Severus hatte den Portico d'Ottavia[20] und
den Tempel der Vesta wiederherrichten, die schöne Aussichtsterrasse auf
dem Palatin (heute Belvedere genannt)[21] anlegen lassen, und ihm zu
Ehren waren sowohl der Arco degli Argentari[22] in der Nähe des Circus
Maximus als auch der große Severus-Triumphbogen im Forum[23] errichtet
worden. Unter Septimius Severus begannen auch die Arbeiten an der
riesigen und prachtvollen Bäderanlage, die sein Sohn Caracalla vollendete
und 217 n. Chr. einweihte. Die Thermen des Caracalla waren die luxuriösesten der Stadt, wie noch heute die Überreste bezeugen, die man auf der
Piazza Farnese (am Brunnen), im Salon d'Hercule des Palazzo Farnese
und im Baptisterium der Kirche San Giovanni in Laterano besichtigen
kann.[24] Mit einer Kapazität von 1600 Personen waren diese Thermen
auch die größte Badeanstalt Roms; erst in der Regierungszeit Diocletians
wurde eine größere gebaut.[25]

Diocletian, der aus Dalmatien kam und aus einfachen Verhältnissen
stammte, gelangte im Jahr 284 auf den Thron. Unter seinen unmittelbaren Vorgängern hatte sich der Niedergang Roms zumindest verlangsamt.
Valerian, der 253 Kaiser geworden war, und sein Sohn und Nachfolger
Gallienus hatten starke Truppenkontingente gegen die Perser und die
Germanen geführt. Gallienus hatte nach einer gründlichen Reform der
Heeresstruktur auf dem Boden des heutigen Jugoslawien einen vernich-
tenden Sieg über die Goten erfochten – in einer Schlacht, bei der allein
auf gotischer Seite 50000 Mann fielen. Auf Gallienus folgte Claudius

Gothicus, auf diesen dann Aurelian, der mit siegreichen Feldzügen gegen die Feinde Roms in Norditalien an die Erfolge des Gallienus anknüpfte. Aurelian ließ in Rom neue Verteidigungsmauern aufführen, die auch die weit über die alte Stadtmauer aus der Zeit der Republik hinausgewachsenen Teile der Stadt umfaßten.[26] Als es auf die Wende zum 4. Jahrhundert zuging, schien somit die Gefahr, daß das Reich zerfallen könnte, erst einmal gebannt; die Finanzen des Reichs waren aber nach wie vor in chaotischer Unordnung. Zum Glück war Diocletian ein außerordentlich fähiger Administrator; er regierte Rom mit der festen Hand, derer es bedurfte. Er vergrößerte das stehende Heer, reformierte die Verfahren, mit denen die Steuern eingezogen wurden (mit dem Inkrafttreten der *Constitutio Antoniana* im Jahr 213 hatte sich die Zahl der vollberechtigten römischen Bürger und damit auch die Zahl der Steuerpflichtigen schlagartig vervielfacht), erhöhte die Zahl der Reichsprovinzen, entlastete deren Gouverneure von ihren militärischen Kommandoaufgaben und setzte, um die Regierungsverantwortung auf mehrere Schultern zu verteilen, drei weitere, ihm formell gleichgestellte Herrscher ein, zu deren Hauptstädten Mailand, Trier und Saloniki erkoren wurden. Er selbst machte Izmir (Smyrna) an der kleinasiatischen Ägäisküste zu seiner Hauptstadt. Der Senat hatte seinen Sitz nach wie vor in Rom, das weiterhin als das Herz des Reiches angesehen und wie ein göttliches Wesen verehrt wurde.

Die Reformen Diocletians erfüllten ihren Zweck: im Reich herrschten Ordnung und Eintracht wie schon seit Generationen nicht mehr. Allein, der Kaiser sah die Einheit des Reichs und die kultische Verehrung Roms durch eine fremde, unpatriotische Religion bedroht, die sich zunehmend breitmachte: das Christentum. Mit diesem Kult mußte, so beschloß er, ein für allemal Schluß gemacht werden.

# IV. Christen und Katakomben

Um die Mitte des 4. Jahrhunderts unternahm an einem Sonntagnachmittag eine Gruppe römischer Schuljungen einen Ausflug. Sie verließen die Stadt durch ein Tor in der Aurelianischen Mauer und gingen die Via Appia entlang. „Wir stiegen in die Katakomben hinab", heißt es in dem Bericht eines der Beteiligten, eines gewissen Eusebius Hieronymus. „Das sind tief in die Erde vorgetriebene Stollen, die zu beiden Seiten in Wandnischen die sterblichen Überreste der hier Begrabenen enthalten. Alles ist dort so dunkel... Nur hin und wieder fällt ein Lichtstrahl herein und nimmt der Finsternis etwas von ihrem Schrecken – freilich durch eine Öffnung, die weniger einem Fenster als einem Loch gleicht. Man läßt bei jedem Schritt tastende Vorsicht walten, wie in der tiefen Nacht."

Seit Generationen wurden diese unheimlichen und unterirdischen Gänge und Kammern von einer religiösen Sekte benutzt, deren Anhänger, wie Tacitus schrieb, „ihrer Schändlichkeit wegen verachtet wurden und allgemein unter der Bezeichnung Christen bekannt waren, nach einem gewissen Christus, der in der Regierungszeit des Tiberius vom Prokurator Pontius Pilatus zum Tode verurteilt wurde". Die Christen hatten ihre Toten anfänglich in sowohl ober- als auch unterirdischen Gräbern beigesetzt, doch in dem Maße, wie der dafür benötigte Grund und Boden knapper und teurer wurde, gingen sie dazu über, unterirdische Friedhöfe auszuheben; angesichts der Tatsache, daß die Christen eine verfolgte Minderheit waren, boten die Katakomben zusätzlich den Vorteil, daß die Bestattungen dort nicht die Aufmerksamkeit der Polizeibehörden erregten und auch nicht durch aufgebrachte ‚Heiden' gestört wurden. Die größte Katakombenanlage wurde unter einem Stück Land angelegt, das den Adoptivsöhnen (aus dem Geschlecht der Flavier) des Kaisers Domitian gehörte, die ihren christlichen Glaubensbrüdern auch ihre Villen für Versammlungen und Gottesdienste zur Verfügung stellten. So entstanden unter einem Zypressenwald nahe der Via Appia und auch an anderen Ausfallstraßen labyrinthische Tunnelanlagen, die manchmal, wie im Fall der Katakomben von S. Callisto, bis zu vier ‚Stockwerke' tief in das weiche Tuffgestein hineingegraben wurden (Calixtus war übrigens ein freigelassener Sklave, der nach Verbüßung einer Zwangsarbeits-Strafe in den Steinbrüchen Sardiniens zum Aufseher über diese Katakomben eingesetzt wurde und später zum Vorsteher der dazugehörigen Christengemeinde aufstieg). Die Wände der Grabkammern waren mit christlichen Symbolen – dem Fisch, dem Lamm, dem guten Hirten – und mit Szenen aus der Bibel bemalt; die Nischen bargen nicht nur die in kalkgetränkte Leichentücher gewickelten sterblichen Überreste der Bestatteten, sondern auch wertvolle Gegenstände wie Lampen und Gefäße aus vergoldetem Glas sowie Reliquien von Heiligen und Märtyrern.[1]

Es heißt, daß auch einige Heilige in den Katakomben beerdigt wurden, beispielsweise der heilige Sebastian, von dem die frühchristliche Überlieferung behauptet, er habe der persönlichen Leibwache Diocletians angehört und sei, als herauskam, daß er sich zum Christentum bekannte, einer Gruppe von Bogenschützen als lebendige Zielscheibe vorgesetzt worden. Ebenso Paulus, der bedeutende jüdische Missionar aus der griechischen Stadt Tarsos, und der Jünger Simon, der Fischer vom See Genezareth, dessen aramäischer Beiname *Kepha* (das heißt der Fels, lateinisch Petrus) ihm nach dem Matthäus-Evangelium von Christus mit folgenden Worten verliehen wurde: „Auf diesen Felsen will ich meine Kirche bauen, und die Mächte des Todes werden ihr nicht widerstehen. Ich werde dir die Schlüssel des Himmelreichs geben." In Erfüllung dieser ihm übertragenen Mission soll Petrus nach Rom gekommen und, ebenso wie Paulus, im Zuge der von Nero angestifteten Christenverfolgung umgebracht worden sein.

Diese Verfolgung setzte nach dem großen Brand des Jahres 64 ein, von dem das Gerücht umging, der Kaiser selbst habe ihn legen lassen, und für den folglich Sündenböcke gebraucht wurden.

„Um ihm [dem Gerücht] ein Ende zu machen", berichtet Tacitus, „schob er daher die Schuld auf andere und strafte mit ausgesuchten Martern die wegen ihrer Verbrechen verhaßten Leute, die das Volk Christen nennt... Man faßte also zuerst Leute, die sich offen als Christen bekannten, und auf ihre Anzeige hin dann eine riesige Menge Menschen... Man machte aus ihrer Hinrichtung ein lustiges Fest: In Tierhäuten steckend, wurden sie entweder von Hunden zerfleischt oder ans Kreuz geschlagen oder angezündet, um nach Eintritt der Dunkelheit als Fackeln zu dienen. Nero hatte seine eigenen Parkanlagen für dieses Schauspiel hergegeben."

Ähnlich wie unter Nero erging es den Christen in der Regierungszeit der Kaiser Domitian, Marc Aurel, Decius und Valerian. Andere Kaiser waren nachsichtiger. Trajan beispielsweise erließ die folgende Anordnung: „Christen sollen nicht fortgejagt werden. Solche, die angeklagt und verurteilt worden sind, müssen bestraft werden. Wenn ein Mann jedoch leugnet, ein Christ zu sein, und seine Leugnung durch Taten bekräftigt, indem er beispielsweise unseren Göttern huldigt, soll ihm vergeben werden, so sehr er sich auch in der Vergangenheit verdächtig gemacht haben mag." Während des 2. und 3. Jahrhunderts wurden die Christen jedoch fast überall verfolgt; selbst wo die Behörden bereit waren, sie in Ruhe zu lassen, konnte es zu Exzessen gegen sie kommen, denn in den Augen großer Teile der Bevölkerung waren sie – wegen des geheimbündlerischen Charakters ihrer ,Organisation', wegen ihrer fremdartigen Riten und ihrer angeblichen Abartigkeit (es hieß, sie huldigten dem Kannibalismus) – verdächtige Unruhestifter und Revolutionäre, durch ihre bloße Existenz eine Gefahr für den Staat und eine Beleidigung für die altehrwürdigen römischen Gottheiten. Christen im Amphitheater zu Tode zu martern, gehörte daher zu den erregendsten Attraktionen, die diese Vergnügungsstätten zu bieten hatten. Man ließ ausgehungerte Löwen auf gefangene Christen los, verbrannte sie bei lebendigem Leibe vor Bildnissen des Sonnengottes, erlegte sie mit Pfeil und Bogen, hackte sie mit Äxten und Schwertern in Stücke. In der Regierungszeit Diocletians, in der christliche Versammlungen verboten waren und christliche Geistliche ins Gefängnis geworfen wurden, wenn sie nicht bereit waren, den anerkannten Göttern zu opfern, und in der ihre Gotteshäuser, Heiligtümer, Reliquien und Bücher zerstört wurden, starben vermutlich 3000 Christen den Märtyrertod. Dennoch war diese Religion nicht unterzukriegen; während diejenigen, die man eingefangen hatte, im Kolosseum in Stücke gerissen wurden, strömten den Überlebenden immer neue Bekehrte zu, so daß es beim Tode Diocletians in Rom möglicherweise bereits 30000 Christen gab, die sich regelmäßig zum Gottesdienst trafen, gelegentlich in Räumen, die eigens dieser Bestimmung dienten, gewöhnlich aber in den Villen und Häusern von Privatleuten.

Mittlerweile amtierte in Rom bereits der dreiunddreißigste Bischof, auch *papa* genannt; unter allen Bischöfen der Christenheit genoß der römische die unumstritten höchste Autorität, eine Autorität, die, so die christliche Überzeugung, dem ersten Bischof Roms, dem heiligen Petrus, von Christus selbst verliehen worden war. Weniger als die Hälfte der bislang 33 römischen Bischöfe waren gebürtige Römer gewesen; einige waren aus dem Osten gekommen, mindestens einer aus Afrika. Manche waren von bescheidener Herkunft gewesen, andere von adliger Geburt. Die offenkundige Tatsache, daß das Christentum in der Lage war, Konvertiten aus allen Völkerschaften und allen Gesellschaftsschichten des Reiches anzuziehen, war einer der Hauptgründe dafür, daß ein Mann Gefallen an dieser Religion fand, der sich in der durch die Abdankung Diocletians verursachten Verwirrung als stärkster Bewerber um den Kaiserthron entpuppte.

Dieser Mann war Konstantin. Um 285 im heutigen Jugoslawien als Sohn eines Heeresoffiziers geboren, verbrachte Konstantin den größten

Teil seiner Jugend im östlichen Teil des von Diocletian aus Rücksicht auf einen besseren Schutz der Grenzen geteilten Reichs. Seine Mutter Helena, ein ehemaliges Dienstmädchen aus Kleinasien, war zu einem nicht mehr feststellbaren Zeitpunkt zum Christentum übergetreten und entdeckte auf einer Reise ins Heilige Land angeblich das Kreuz, an dem Jesus Christus gestorben war. Ihr Sohn ließ, so die Legende weiter, die Nägel einschmelzen und daraus ein Pferdegebiß für sein Zaumzeug schmieden. Nach der Heirat mit einer Stieftochter von Maximian, einem der drei Mit-Kaiser Diocletians, war Konstantin im Jahr 312, mittlerweile zum erfahrenen Offizier herangereift, in Italien eingefallen und hatte in der Schlacht an der Milvischen Brücke unweit Roms seinen Schwager und Konkurrenten Maxentius, den Sohn Maximians, besiegt. Dieser Sieg machte ihn zum unbestrittenen Beherrscher des Westreichs. Er hatte die Schlacht, so behauptet die Überlieferung, unter einem Banner geschlagen, das mit den Symbolen jenes Glaubens verziert war, dem er, der bis dahin den Sonnengott verehrt hatte, sich nunmehr zuwandte, in erster Linie aus politischen Erwägungen, aber auch weil ihm die Vorstellung eines persönlichen Gottes mehr zusagte. Jedenfalls bestritt er in der Folge die Schlachten, mit denen er die Herrschaft über die Gesamtheit des Römischen Reiches errang und befestigte, ausdrücklich im Namen Jesu und stellte sich als Schutzpatron des christlichen Glaubens im Kampf gegen die Kräfte des Bösen hin. Durch kaiserliche Verordnung garantierte er allen Christen die ungehinderte Ausübung ihrer Religion und gewährte ihnen Anspruch auf Rückerstattung aller persönlichen und gemeindeeigenen Vermögenswerte, die ihnen im Zuge der Verfolgungen genommen worden waren.

Was die christlichen Gemeinden der Hauptstadt betraf, so versuchte Konstantin ihnen die neuen Freiheiten auf so diskrete Weise zu gewähren, daß die wohlhabenden und einflußreichen Klassen, die überwiegend noch dem heidnischen Glauben anhingen, sich nicht herausgefordert fühlten. Er stellte den Christen Gebäude zur Verfügung, in denen sie sich versammeln und ihre Gottesdienste abhalten, ihre Toten beweinen und begraben und ihren Heiligen und Märtyrern Denkmäler setzen konnten. Er sorgte jedoch dafür, daß diese Gotteshäuser weit außerhalb des Stadtzentrums lagen und daß sie, so prächtig sie im Innern ausgestattet sein mochten, von außen unscheinbar wirkten.

Südwestlich der Porta Maggiore[2] stand ein Palast, der einmal der reichen Laterani-Familie gehört hatte und der Konstantin als Teil der Mitgift seiner Frau zugefallen war.[3] Dieses Gebäude überließ er dem Bischof von Rom, der darin eine bis heute erhaltene Privatkapelle einrichten ließ, die Sancta Sanctorum,[4] zu der heute die Scala Santa hinaufführt, die heilige Treppe, die nach christlicher Überlieferung von Konstantins Mutter Helena aus dem Palast des Pontius Pilatus zu Jerusalem nach Rom geholt wurde[5] (und über die demzufolge Jesus Christus geführt worden sein muß, als er zu Pilatus gebracht wurde). Helena, die Kaisermutter, bewohnte ein Haus in der Nähe des Lateran-Palasts, das Palatium Sessorianum. Dieses Gebäude wurde zu einer Basilika umgebaut, aus der die Kirche S. Croce in Gerusalemme hervorging, benannt nach dem Heiligen Kreuz, der kostbarsten der dort aufbewahrten Reliquien.[6] Nördlich von S. Croce in Gerusalemme ließ sich, so nimmt man jedenfalls an, Konstantin selbst eine Basilika errichten, die später zur Basilica di S. Lorenzo fuori le mura umgebaut wurde.[7] Errichtet wurde diese Kirche direkt über den Katakomben, in denen die Gebeine des heiligen Laurentius lagen. Laurentius soll im Jahr 258 bei lebendigem Leibe geröstet worden sein, nachdem er auf den Befehl der Behörden hin, ihnen das Vermögen seiner Gemeinde auszuliefern, Arme und Kranke aus der ganzen Stadt zusammengetrommelt und sie den Beamten mit den Worten vorgeführt hatte: „Das hier ist der Reichtum der Kirche." Neben dem Lateran-Palast, an der Stelle, wo heute die Kirche S. Giovanni in Laterano steht, ließ Konstantin die Konstantinische Basilika erbauen, die, da sie die *cathedra* enthielt, den offiziellen Bischofsstuhl, zur Kathedrale Roms wurde und es seither geblieben ist.[8] Ihr großes, im Grundriß rechteckiges Mittelschiff war von je zwei Seitenschiffen flankiert und mündete in eine Apsis; es scheint, daß Konstantin mit dieser zumindest im Inneren prachtvoll gestalteten Basilika ein christliches Gegenstück zu den monumentalen öffentlichen Versammlungspalästen der Kaiserstadt schaffen wollte.

Der gleiche Leitgedanke stand auch hinter dem Bau der anderen großen Basilika, die Konstantin auf einem im Besitz der Krone befindlichen Gelände auf der anderen Tiberseite, am Vatikanischen Hügel, errichten ließ. Sie war architektonisch ähnlich konzipiert wie die Kathedrale, nur daß zwischen das Mittelschiff – das zahlreiche Grabplatten enthielt – und die Apsis ein Querschiff eingeschoben war, wodurch der Grundriß die Form eines Kreuzes erhielt. Am Schnittpunkt der sich kreuzenden Schiffe befand sich ein auf gewundenen Marmorsäulen ruhender Baldachin; darunter verbarg sich der Schrein des heiligen Petrus, dessen sterbliche Überreste aus den Katakomben in diese Basilika umgebettet wurden, die von da an seinen Namen tragen sollte – die Peterskirche.[9] Zugleich entstand an anderer Stelle über einer Katakombenanlage eine weitere große Basilika, die im Grunde zunächst nichts anderes als ein umbauter und überdachter Friedhof war: ihr Boden war, wie der der Peterskirche, mit Grabplatten bedeckt. Den Aposteln gewidmet, wurde diese Basilika später dem heiligen Sebastian zugeeignet, dem christlichen Armeehauptmann, der, weil er sich weigerte, seinem Glauben abzuschwören, zu Tode geprügelt wurde, nachdem er einen ersten, von Bogenschützen durchgeführten Hinrichtungsversuch überlebt hatte.[10]

Basiliken, Kirchen, überdachte Friedhöfe und Mausoleen waren nicht die einzigen architektonischen Schmuckstücke, die in der Regierungszeit Konstantins in Rom entstanden. Auf dem Forum wurde eine unter Maxentius begonnene weltliche Basilika nach modifizierten Plänen vollendet: die Basilica Nova, letztes der großen Gerichts- und Versammlungsgebäude des alten Rom; drei der wuchtigen Tonnengewölbe dieses Bauwerks sind erhalten geblieben.[11] In einer der Apsen ließ Konstantin ein riesiges Denkmal seiner selbst aufstellen; die Sitzfigur war aus Holz, die Robe aus vergoldeter Bronze, der Kopf aus Marmor. Diesen Kopf, der über 1,80 Meter hoch ist und über 8 Tonnen wiegt, kann man heute im Hof des Palazzo dei Conservatori auf dem Kapitolinischen Hügel besichtigen – über der mächtigen Hakennase starren den Betrachter zwei große, durchdringende Augen mit tief ausgehöhlten Pupillen an, wie die Augen eines unduldsamen Gottes.

Wie viele seiner bedeutenden Vorgänger ließ auch Kaiser Konstantin Bäder für die Bürger der Stadt erbauen. Möglicherweise war er darüber hinaus der Auftraggeber für den Bau des Janus-Quadrifons-Bogens[12] auf dem Forum Boarium, dem alten Viehmarkt am Ufer des Tiber.[13] Sicher gab er den Anstoß zur Errichtung des Konstantinsbogens, den der Senat und das Volk von Rom zum Gedenken an den Sieg des Kaisers über Maxentius bei der Milvischen Brücke errichten ließen und der im Jahr 315 fertiggestellt wurde.[14]

So beeindruckt Konstantin von der Schönheit Roms war und so herrlich die Bauwerke waren, die er der Stadt schenkte, so mußte er sich doch der Einsicht Diocletians anschließen, daß sie als Hauptstadt nicht mehr zweckmäßig war; sie war von den nördlichen und östlichen Grenzen des Reiches einfach zu weit entfernt. Er mußte auch erkennen, daß es ihm nicht gelungen war, Rom vollständig zu christianisieren, daß vielmehr die meisten Römer unvermindert an ihrem tiefverwurzelten heidnischen Glauben festhielten. So verlegte der Kaiser seinen Hof nach Byzanz am Bosporus und gründete dort die neue, christliche Hauptstadt des Reiches, Konstantinopel.

Nun war Rom zwar nicht mehr Sitz des Kaisers, aber es blieb gleichwohl die ‚Hauptstadt der Welt‘ (‚*caput mundi*‘). „*Invicta Roma Aeterna*" lautete die Aufschrift auf den römischen Münzen. Rund 800 000 Menschen lebten um diese Zeit in Rom, darunter nach wie vor jene unermeßlich reichen Familien, die im Senat weiterhin maßgeblichen politischen Einfluß besaßen, deren Mitglieder noch immer viele der wichtigsten Ämter und Stellungen in Italien und darüber hinaus im ganzen Reich bekleideten, deren Geschäfte nach wie vor von Rom aus dirigiert wurden, deren Villen noch immer in der Umgebung Roms standen und deren Familiengrüfte mit den Gräbern berühmter Vorfahren wie eh und je die Ausfallstraßen der Stadt säumten. Besucher, die nach Rom kamen, verharrten nach wie vor in ehrfürchtiger Bewunderung, wenn sie den Blick über das Forum auf das Kolosseum richteten oder vor den mit vergoldeter Bronze verkleideten Tempeln auf dem Kapitolinischen Hügel standen oder sich über die Zahl und die Größe der Basiliken und Triumphbögen, der Statuen, Obelisken und Brunnen, der Bäder und Bibliotheken, der *Circi* und Theater verwunderten.

Acht Brücken überspannten den Tiber.[15] Neunzehn Aquädukte brachten, oft auf mehrstöckigen Bogenkonstruktionen geführt, die sich scheinbar endlos durch die Landschaft zogen, Wasser in die Stadt.[16] Der römische Dichter Rutilius Namatianus kleidete seinen Stolz auf den unauslöschlichen Ruhm seiner Stadt in die Zeilen:

„Kein Mensch wird je Ruhe haben, wenn er dich vergißt; darf ich dich noch preisen, selbst wenn die Sonne erlischt. Die Glanzlichter Roms aufzuzählen ist so, wie die Sterne am Himmel zu zählen."

Es gab in Rom noch immer viele mächtige Männer, die der Überzeugung waren, dieser Ruhm könne nur durch eine Rückkehr zu den alten Traditionen und zu den alten Göttern bewahrt werden, mithin durch die Zurückdrängung des neu aufgekommenen Christentums mit seinem fremdartigen, plebejischen Charakter, seinen inneren Fehden und seiner unorthodoxen Kunst. Es gab Männer wie Quintus Aurelius Symmachus, den ebenso reichen wie edlen, aufrechten und kultivierten Senator, der, obwohl er viele Christen zu seinen Freunden zählte, unbeirrt an seiner Überzeugung festhielt, die traditionsreichen heidnischen Kulte seien wertvoller als das Christentum, und der sich sogar für Gladiatorenkämpfe stark machte, anläßlich der Ernennung seines Sohns zum Praetor aufwendige Spiele organisierte und aus seiner Enttäuschung keinen Hehl machte, als die Gefangenen, die er sich aus Germanien hatte kommen lassen, sich lieber wechselseitig mit Hilfe ihrer Ketten erdrosselten, als zur Unterhaltung des römischen Publikums um ihr Leben zu kämpfen. Symmachus konnte es nur als empörend empfinden, als aus Konstantinopel ein kaiserlicher Befehl kam, der besagte, die geflügelte Siegesstatue solle aus dem Haus des Senats entfernt werden. „Laßt uns das Symbol, auf das wir so viele Generationen lang unseren Treueeid geschworen

haben", protestierte er im Namen seiner Senatskollegen. „Laßt uns das
System, durch welches der Staat zu Wohlstand gelangt ist." Doch sein
Protest fruchtete nichts; im Jahr 382 wurde die Statue fortgebracht. Und
zehn Jahre später, kurz vor Symmachus' Tod, kam ein kaiserlicher Erlaß
heraus, der, strenger und wirksamer als alle früheren Edikte, heidnische
Opferrituale jeder Art ebenso untersagte wie die Praxis, die Altäre der
Hausgötter mit Blumen zu schmücken und mit Weihrauch zu bestäuben.
„Sie, die einst die Götter des Volkes waren", schrieb der heilige Hieronymus, „hocken jetzt zusammen mit den Eulen und Fledermäusen unter
ihren einsamen Dächern." Im Jahr 408 verfügte der Kaiser in einem
weiteren Erlaß, daß alle Tempel nicht-religiösen Verwendungen zugeführt werden sollten. Die Gladiatorenspiele waren schon 404 durch
kaiserliche Verordnung verboten worden, nachdem ein christlicher
Mönch namens Telemachus in der Arena des Kolosseums von wütenden
Zuschauern zu Tode gesteinigt worden war, als er versucht hatte, zwei
kämpfende Gladiatoren zu trennen. Bis zum Ende des 4. Jahrhunderts
waren neben den christlichen auch heidnische Kultstätten in Ordnung
gehalten worden und in Gebrauch gewesen. Noch Jahre nach dem Tod
Konstantins, im Jahr 337, waren entlang der Via Sacra neue heidnische
Statuen aufgestellt, noch später der Tempel der Vesta renoviert worden.
Aber nun war es damit vorbei. Das Christentum hatte gesiegt, christliche
Bauwerke sollten von nun an die Stadt beherrschen. Vorbei die Zeit, da
die christlichen Kirchen in die Außenbezirke Roms verbannt und äußerlich so unscheinbar wie möglich gestaltet worden waren. Von nun an
würden sie als auffällige, monumentale Zeugnisse des christlichen Glaubens in Erscheinung treten. Einige dieser Neubauten wurden mitten ins
Herz der Stadt gesetzt, und die meisten erhielten, einen zunehmenden
Einfluß klassischer Vorbilder verratend, ein hohes Mittelschiff, in das
man durch eine Säulenvorhalle eintrat und das von Seitenschiffen gesäumt war und in eine halbrunde Apsis mündete.

Als machtvoller Fürsprecher dieses neuen Kirchenbaustils erwies sich
der heilige Damasus, ein vermögender Kirchenführer von vornehmer
Herkunft, der große Stücke auf Rom hielt und, nachdem er im Jahr 366
zum Papst gewählt worden war, alles daransetzte, eine engere Verbindung zwischen der christlichen Kirche und der klassischen Vergangenheit
Roms zu stiften. Er und seine unmittelbaren Nachfolger, darunter viele
gebürtige Römer aus der Oberschicht, schätzten das klassische Erbe der
Stadt, verehrten die großen lateinischen Schriftsteller, bewunderten die
alte und neue Monumentalarchitektur und sahen im weltlichen Reich
Gottes den legitimen Erben des römischen Kaiserreichs. Die neuen
Sakralbauten, die in dieser Epoche in Rom entstanden, atmeten eindeutig

den Geist dieser neuen Philosophie, ebenso wie sie vom wachsenden Ansehen der Kirche zeugten. Zu den bemerkenswertesten unter diesen Bauwerken – in die Säulen und andere Teile klassischer Bauten integriert wurden – gehörten die Kirchen S. Paolo fuori le mura (begonnen 384 an der Stelle der bescheidenen Basilika, die Konstantin über dem Grab des heiligen Paulus hatte errichten lassen),[17] S. Lorenzo in Damaso (heute ein Teil des Palazzo della Cancelleria)[18] und S. Pudenziana;[19] letztere ist der Tochter eines römischen Senators geweiht, der der Überlieferung zufolge einer der ersten von Petrus zum Christentum bekehrten Römer war; das herrliche Mosaik in der Apsis dieser Kirche zeigt Christus im Kreis der mit den Togen römischer Senatoren bekleideten Apostel. Um 400 begannen nördlich des Kolosseums die Bauarbeiten für die Kirche S. Pietro in Vincoli, die als Schrein für die Ketten diente, mit denen der heilige Petrus gefesselt war.[20] Bald darauf entstand südlich des Kolosseums die Basilika S. Giovanni e Paolo; sie war den beiden christlichen Märtyrern geweiht, die im Jahr 361 enthauptet worden waren, weil sie sich geweigert hatten, heidnischen Göttern zu opfern.[21]

Während in der Stadt alle diese Bauwerke emporwuchsen, zerbröckelte jenseits ihrer Mauern das Römische Reich. Invasion folgte auf Invasion, Niederlage auf Niederlage. Die Westgoten, ein germanischer Volksstamm, schlugen im Jahr 378 bei Adrianopel (heute Edirne) ein römisches Heer; 408 fielen sie in Italien ein und drangen nach Süden, in Richtung Rom, vor. Ihr Anführer war Alarich, ein Mann vornehmen Geblüts, der einst die gotischen Legionen des kaiserlichen Heers kommandiert hatte. Als die Westgoten vor der Aurelianischen Mauer aufmarschierten, die erst unlängst verstärkt und auf nahezu das Doppelte ihrer ursprünglichen Höhe aufgestockt worden war, gelang es der Stadt zunächst, sie durch Geldzahlungen zum Abzug zu bewegen. Als sie jedoch 410 erneut vor Rom auftauchten, öffneten Verräter ihnen die Tore von innen; zum erstenmal seit 800 Jahren sah Rom sich wieder von fremden Eroberern besetzt.

Viele Römer hatten, als das furchteinflößende Dröhnen der gotischen Kriegsfanfaren erklang, mit dem Schlimmsten gerechnet; doch die hochgewachsenen, urwüchsig anmutenden Krieger Alarichs, in ihrer Mehrzahl arianische Christen wie ihr Fürst, erwiesen sich als verhältnismäßig gutmütig. Gewiß, sie brannten etliche Bauwerke nieder, darunter den Palast des Sallust,[22] plünderten zahlreiche Häuser und Kirchen, schikanierten und mißhandelten einige wenige Römer und verwüsteten mit außerordentlicher Zerstörungslust diverse heidnische Tempel. Aber nach drei Tagen zogen sie ab, ohne die heiligen Stätten des Christentums angetastet zu haben. Während die Stadt im wesentlichen unversehrt geblieben war, hatten die Römer einen schweren emotionalen Schock davongetragen. „Das ist das Ende der Welt", klagte der heilige Hieronymus. „Mir fehlen die Worte. Ein Schluchzen überkommt mich... Die Stadt, die sich die ganze Welt untertan gemacht hatte, ist jetzt selbst zur Gefangenen geworden." Die Christen unter den Römern beschuldigten die Heiden, diese Demütigung und Schande heraufbeschworen zu haben, während die Heiden den Christen die Schuld gaben, weil sie den Göttern untreu geworden waren, die in der Vergangenheit die Stadt beschützt hatten.

Bald jedoch kehrte wieder Zuversicht ein. Als Papst amtierte zu dieser Zeit Innozenz I., ein willensstarker und fähiger Prälat, der bei jeder Gelegenheit den Anspruch des Papsttums auf unbedingte Autorität und seine Bedeutung als politische und geistige Kraft herausstrich. Ein Mann von ähnlicher Tatkraft und Entschlossenheit wurde im Jahr 440 zum Papst gewählt: Leo I., ein gebürtiger Römer. Er vertrat die Überzeugung, die ihm mit der Übernahme dieses Amtes zugefallenen Machtbefugnisse seien, über die Kette seiner Vorgänger vermittelt, ein direktes Vermächtnis des heiligen Petrus, und ausschließlich diesem seien sie von Jesus Christus verliehen worden.

Von der Kraft des Glaubens gestärkt, warf Leo, als sich die nächste Bedrohung Roms ankündigte, sich selbst in die Bresche: er reiste nach Norden, um sich dort den eingefallenen Barbaren entgegenzustellen. Dieses Mal waren die Invasoren die Hunnen mit ihrem Führer Attila, dem braunhäutigen, untersetzten Energie- und Temperamentsbündel, dem „Magier Gottes", wie er sich stolz selbst nannte. 452 überschritt er mit seinen Kriegern die Alpen und überfiel und plünderte nacheinander etliche norditalienische Städte, darunter Mailand, Padua und Verona. Als Attila sich anschickte, nach Süden weiterzuziehen, tauchte nahe seinem Hauptquartier Papst Leo auf und ersuchte Attila um eine Unterredung, die ihm auch gewährt wurde. Niemand hat je erfahren, was zwischen den beiden gesprochen wurde, doch Tatsache ist, daß die Hunnen sich anschließend zurückzogen; möglicherweise hatten sie sich von Leo davon überzeugen lassen, daß, sollten sie weiter nach Süden ziehen, Hunger und Pest auf sie warten und sie verderben würden.

Ein paar Jahre später sah Leo sich mit einer neuen Bedrohung konfrontiert, die dieses Mal von den Vandalen ausging, kriegerischen Germanen, die in der Nacht anzugreifen pflegten, und zwar mit geschwärzten Gesichtern und Schilden. Im Jahr 455 fielen sie, nachdem sie zuvor plündernd durch Spanien und Nordafrika gezogen waren, in Italien ein und näherten sich, geführt von Geiserich, einem fähigen Strategen, zielstrebig den Mauern Roms. Leo konnte nicht verhindern, daß sie über die Stadt herfielen und sie weit gründlicher verheerten, als Alarich und seine Krieger es getan hatten. In den zwei Wochen, die sie in Rom zubrachten, beraubten sie den Jupitertempel auf dem Kapitol der meisten seiner vergoldeten Dachziegel, plünderten die Häuser der Reichen, drangen in die christlichen Kirchen ein, und als sie schließlich zu ihren vor Ostia liegenden Schiffen zurückmarschierten, nahmen sie Tausende von Gefangenen sowie zahllose, mit der Ausbeute aus ihren Plünderungen beladene Kutschen und Karren mit. Unter ihren Beutestücken waren die Menorah und andere Reliquien, die Kaiser Titus aus Jerusalem nach Rom gebracht hatte.

So brutal und raubgierig sich die Vandalen auch aufführten, die Schäden, die sie in Rom anrichteten, waren nicht so gravierend, wie sie es gewesen wären, wenn nicht Papst Leo energisch zugunsten der Stadt und ihrer Bürger interveniert und wenn er nicht Geiserich das Versprechen abgerungen hätte, dafür zu sorgen, daß seine Krieger nicht wahllos mordeten, vergewaltigten, raubten und brandschatzten. Geiserich machte nicht alle seine Zusagen wahr, doch immerhin blieben die antiken Basiliken unversehrt, und bald nachdem die Vandalen abgezogen waren, ging das Leben in Rom wieder seinen normalen Gang. In der Zeit, die seit dem ersten Barbareneinfall in die Stadt verstrichen war, hatte das Christentum erstaunlicherweise an moralischer Kraft und Glaubwürdigkeit gewonnen. Die Kirche war nach wie vor reich, und das Papsttum war zu einem anerkannten und entscheidenden Faktor der europäischen Machtpolitik geworden. Rom war, so das stolze Fazit Leos, „dank dem Heiligen Stuhl von St. Peter [wieder] die Hauptstadt der Welt".

Gelegentlich zwar durch Feindeinwirkung unterbrochen, schritt die kirchliche Bautätigkeit in Rom doch stetig fort, während Tausende von Bekehrten in die christlichen Gemeinden aufgenommen wurden. Der Bau der schönsten aller frühen christlichen Kirchen Roms, eines Bauwerks, das wie kein anderes seiner Art die anhaltende, für das 4. Jahrhundert so bestimmende Vorliebe für klassische Formen veranschaulichte, wurde kurz nach der Invasion Alarichs in Angriff genommen und im Jahre 432 vollendet. Diese Kirche, S. Sabina auf dem Aventin, ist weitgehend in ihrer ursprünglichen Form erhalten geblieben.[23] Im Jahr ihrer Fertigstellung begann auf dem Esquilin der Bau der Kirche S. Maria Maggiore, deren Inneres mit einigen der schönsten Mosaiken des 5. Jahrhunderts ausgestattet wurde, die auf uns gekommen sind.[24] Bald danach ging Papst Sixtus III., dem die bauliche Entwicklung der Stadt sehr am Herzen lag, an die Umgestaltung des Lateran-Baptisteriums und der Kirche S. Lorenzo fuori le mura. Und Papst Simplicius, 468 ins Amt gekommen, ließ auf dem Caelius die reizende Kirche S. Stefano Rotondo erbauen, zu deren außergewöhnlichem Rundbau möglicherweise die Heilige Grabeskirche in Jerusalem das Vorbild geliefert hat.[25]

Während des Pontifikats von Simplicius trat der Westteil des Römischen Reiches – während im Osten erbitterte theologische Konflikte die Christenheit entzweiten – in die Phase seines endgültigen Zerfalls ein. Als der minderjährige Kaiser Romulus Augustulus im Jahr 476 von dem germanischen Feldherrn Odoaker abgesetzt wurde, ohne daß ein Nachfolger benannt worden wäre, fiel die Herrschaft über Italien an Odoaker. Allein, die Bautätigkeit in Rom ging weiter, als seien diese politischen Entwicklungen kaum von Bedeutung für eine Stadt, die als Sitz der Päpste längst ein neues Prestige gewonnen hatte, das durch den Niedergang des Kaisertums im Westreich eher gesteigert als geschmälert wurde. Weiterhin wurden alte Bauwerke erneuert und erweitert, und neue – Klöster, Mausoleen, Kapellen, Schreine und Taufkapellen – entstanden, nicht nur innerhalb der Stadtmauern, sondern auch jenseits davon, wo in der Nachbarschaft der Grabstätten der Märtyrer Vorstädte aus dem Boden wuchsen, deren Herbergen, Läden und Schenken sich der Pilger annahmen, die in stetig zunehmender Zahl aus allen Ländern der christlichen Welt nach Rom strömten.

Wer in diesen Jahren als Pilger nach Rom kam, fand eine Stadt vor, die ihr Antlitz trotz der turbulenten Ereignisse ihrer jüngsten Vergangenheit kaum verändert hatte. In einem 467 entstandenen Reisebericht schilderte der Bischof der Auvergne die Fröhlichkeit der friedfertigen Besuchermassen, die sich in den *Circi* und auf den Märkten drängten. Die Reichen bewirteten ihre Gäste mit traditioneller römischer Gastfreundschaft in ihren Privathäusern; auf dem Forum übten sich, wie eh und je, Redner in ihrer Kunst; im Kolosseum fanden noch Ringkämpfe und bluttriefende ‚Spiele‘ mit wilden Tieren statt (in späterer Zeit mißbrauchten Bauunternehmer das Kolosseum als Steinbruch; ohne sich freilich an seine massigen Außenmauern heranzuwagen); im Circus Maximus wurden noch immer vor einem tobenden Publikum Wagenrennen ausgetragen, und nach wie vor fanden sich in allen Stadtvierteln zahlreiche Statuen und Skulpturen, so daß der Nachfolger Odoakers als König von Italien, der Ostgote Theoderich, einmal erklärte, die Zahl der bronzenen und marmornen Einwohner Roms sei fast so groß wie die seiner natürlichen Bewohner. Das war sicherlich leicht übertrieben, doch nach einer zehn Jahre nach Theoderichs Tod angestellten Schätzung gab es zu diesem Zeitpunkt in der Stadt immerhin 3785 Statuen. In dem Bemühen, diese „auf Straßen und offenen Plätzen Roms verbliebenen kostbaren Monumente" zu erhalten, wies Theoderich, der im übrigen ein überzeugter Verfechter der Völkerverständigung war, seine Statthalter in Rom an,

diese Kunstschätze aufmerksam zu bewachen und insbesondere bei
Nacht auf klirrende Geräusche zu achten, die möglicherweise entstanden, wenn ein Dieb versuchte, sich an den Armen oder Beinen einer
Statue zu vergreifen. Theoderich ordnete auch die Wiederherrichtung des
Kolosseums an, nachdem es im Jahr 508 bei einem Erdbeben beschädigt
worden war, und ließ die Kaiserpaläste auf dem Palatin restaurieren,
wofür er die Einkünfte aus der Weinsteuer heranzog.

Nach dem Tode Theoderichs im Jahr 526 brachen jedoch erneut
schlimme Katastrophen über Italien herein, die zu einem beschleunigten
Zerfall des antiken Rom führten. Der byzantinische Kaiser Justinian I.
beschloß, die dem arianischen Bekenntnis angehörenden Ostgoten von
der italienischen Halbinsel zu vertreiben und neben dem wahren Glauben
auch die direkte Hoheit des Kaisertums wieder zur Geltung zu bringen.
Im Verlauf des Krieges, der darob ausbrach, besetzte Justinians General
Belisarius Rom, das in der Folge dreimal belagert wurde. Bei einer dieser
Belagerungen wußten sich die Verteidiger der Stadt, die sich ins Hadrian-
Mausoleum zurückgezogen hatten, nur dadurch zu helfen, daß sie die
vielen das Bauwerk schmückenden Statuen zerschlugen und ihre Einzel-
teile als Wurf- und Katapultgeschosse gegen die Angreifer einsetzten.
Schließlich fiel die Stadt doch in die Hände der von Totila geführten
Ostgoten. Totila ließ große Teile der Aurelianischen Mauer abreißen, das
Stadtviertel Trastevere niederbrennen und drohte, den Rest der Stadt dem
Erdboden gleichzumachen und an ihrer Stelle eine große Viehweide
anzulegen. Belisarius gemahnte ihn in einem leidenschaftlichen Appell
daran, daß ein solcher „Übergriff auf die Größe Roms mit Recht als ein
Verbrechen betrachtet würde":

„Gegenüber allen Städten der Erde ist Rom die großartigste und wunderbarste.
Denn weder ist sie durch die Kraft eines einzelnen Mannes erbaut worden, noch
hat sie so viel Größe und Schönheit in einer kurzen Zeitspanne erworben. Im
Gegenteil bedurfte es einer langen Reihe von Kaisern, vieler gemeinsamen Anstrengungen hervorragender Männer, zahlloser Jahre und Reichtümer..., um all
die Schätze, die sie birgt, zusammenzutragen. Sie bleibt ein Denkmal für die
Tugenden der Welt... Wenn Ihr Rom zerstört, werdet Ihr nicht die Stadt eines
anderen verlieren, sondern Eure eigene. Laßt Ihr sie bestehen, so werden die
herrlichsten Besitztümer der Erde Euch gehören."

Von solchen Appellen nicht unbeeindruckt, übte Totila Nachsicht mit
der Stadt, deren Einwohnerzahl infolge der Belagerungen und Besetzun-
gen auf vielleicht nur noch 30000 zurückgegangen war. Aber Rom sollte
nicht lange Totilas Hauptstadt bleiben. Im Jahr 552 wurde er in einer
Schlacht in den Apenninen von dem Eunuchen Narses, der früher die
kaiserliche Leibgarde befehligt hatte und nun in der Nachfolge von

Belisarius die byzantinischen Streitkräfte anführte, besiegt und fand den Tod.

Kaum waren die Ostgoten geschlagen und vertrieben, tauchten allerdings neue Invasoren in Italien auf. Die Langobarden, ein germanischer Volksstamm, begannen von 568 an von Norden her in Richtung Rom vorzudringen. Sie zogen eine Spur der Verwüstung und trieben die einheimische Landbevölkerung vor sich her. Bauern, Hirten, Mönche, Geistliche, alle suchten Zuflucht in der Hauptstadt; doch eine Serie von Widrigkeiten – Brände, Überschwemmungen, Hungersnöte und Epidemien – machte das Leben innerhalb der Stadtmauer zur Qual.

Als das 6. Jahrhundert sich seinem Ende näherte, befand Rom sich in einem fortgeschrittenen Stadium des Niedergangs. Zeitgenossen zeichneten das Bild einer Stadt, in der zahlreiche Gebäude verwaist waren und verfielen, einer Stadt, deren Äquadukte und Abwasserkanäle in äußerst reparaturbedürftigem Zustand waren, deren Kornspeicher längst nicht mehr genutzt wurden, deren Baudenkmäler ausgeschlachtet wurden – mit behördlicher Genehmigung, wenn das betreffende Gebäude als „nicht mehr restaurierbar" eingestuft wurde. Was nicht niet- und nagelfest war, Statuen beispielsweise, wurde gestohlen oder verstümmelt; in den gelben Fluten des Hochwasser führenden Tiber trieben tote Rinder und Schlangen; in den Straßen verhungerten die Menschen zu Hunderten, und unter den Einwohnern ging die Angst vor Seuchen um. Wer über genug Geld verfügte, hatte der Stadt den Rücken gekehrt und war in die relative Geborgenheit von Konstantinopel geflüchtet. Die großen Landvillen waren verwaist und dienten nur noch als Steinbrüche oder als Unterkunft für Bettelmönche. Die nicht mehr entwässerten Felder hatten sich zu Sümpfen zurückentwickelt; in der Campagna herrschte eine Moskitoplage.

An einem Tag des Jahres 590 bewegte sich ein langer Zug von Bittstellern und Bußfertigen, dem sich fast die gesamte Einwohnerschaft Roms anschloß, mit gesenkten Köpfen durch die Straßen der Stadt. Einige, die bereits vom Tode gezeichnet waren, sanken nieder und starben am Wegrand. Die anderen marschierten langsam weiter, bis sie zum Hadrian-Mausoleum kamen, wo, so berichtet die religiöse Überlieferung, der Erzengel Michael, der Anführer der himmlischen Heerscharen und Schutzengel der Kranken, am Himmel erschien und sein Schwert in die Scheide steckte, als Zeichen dafür, daß die Pest bald vorüber sein würde. Zum Dank für diese himmlische frohe Botschaft wurde wenig später über dem Mausoleum eine Kapelle errichtet und dem heiligen Michael geweiht. Von da an hieß das Mausoleum, das seit langem als Festungsbauwerk diente, Castel Sant'Angelo, Engelsburg.

An der Spitze jener Büßerprozession des Jahres 590 marschierte ein Mann aus einer reichen römischen Patrizierfamilie; er war rund fünfzig Jahre vorher in Rom geboren worden und war ein Urenkel von Papst Felix III. Seine starke Affinität zum Mönchstum hatte ihn dazu veranlaßt, sein Amt als Stadtpräfekt niederzulegen, den Palast seiner Familie auf dem Caelius in ein Kloster, das Kloster des heiligen Andreas, umzuwandeln und den Rest seines Grundbesitzes zu verkaufen, um mit dem Erlös auch anderswo Klöster zu stiften, die allesamt nach Regeln geführt wurden, die sich an die vom heiligen Benedikt aufgestellten Grundsätze anlehnten. Nach seiner Priesterweihe war er als päpstlicher Gesandter nach Konstantinopel gegangen und schließlich, wenige Wochen vor der Prozession der Bußfertigen, zum Papst gewählt worden. Er, der glaubhaft beteuerte, daß er dieses ehrenvolle Amt nie angestrebt hatte, erwies sich nicht nur als einer der frömmsten Päpste in der Geschichte der Christenheit, sondern auch als Administrator, Staatsmann und Diplomat von hohen Gnaden. Dieser Papst, Gregor I., war der eigentliche Begründer des mittelalterlichen Papsttums. Da er, wie er erklärte, nicht die Absicht hatte, „die Schätze der Kirche durch ungehörigen Gewinn zu beschmutzen", widmete er sich ganz der Hilfe für die Armen. Er reorganisierte das System der Lebensmittelverteilung, das der Heilige Stuhl von den kaiserlichen Behörden übernommen hatte, und ließ eine Reihe von Hilfsstationen einrichten beziehungsweise vorhandene Einrichtungen dieser Art ausbauen; diese sogenannten *diaconiae* wurden in vielen Fällen später zu Kirchen ausgebaut, so etwa im Fall von S. Giorgio in Velabro[26] und S. Maria in Via Lata[27]. Gregor nahm sich auch der Bedürftigen unter den Rom-Pilgern an, deren Zahl im Verlauf seines Pontifikats stetig anwuchs.

Papst Gregor, der großen Wert auf die Bekehrung der Ungläubigen legte, schickte nach allen Richtungen Missionare aus: in die Lombardei – die nach den Langobarden, die sich dort festgesetzt hatten, benannte Region Norditaliens –, nach Spanien und England, später auch nach Germanien, in die Niederlande und ins nördliche Gallien. Nicht lange, und aus allen diesen Ländern trafen christliche Pilger in Rom ein, manche mit reichgefüllter Reisekasse, andere ohne einen Heller, etliche mit eisernen Bändern um Hals und Arme, als Zeichen dafür, daß sie Straftäter waren, denen als Sühne für ihr Vergehen eine Pilgerfahrt nach Rom verordnet worden war. Sie alle drängten sich in den Basiliken, defilierten durch die Katakomben, beteten vor den Schreinen, stifteten der Kirche kleine und große Geschenke, warfen Münzen in die Schalen der Bettler oder strömten in die *diaconiae*, um eine Mahlzeit und ein Dach über dem Kopf zu bekommen. Bald gab es für Rom-Pilger handgeschriebene

Reiseführer mit Wegbeschreibungen und Erläuterungen zu den wichtigsten Sehenswürdigkeiten. Man konnte diesen Büchlein entnehmen, wo der Rost zu finden sei, auf dem der heilige Laurentius verbrannt worden war, oder die Pfeile, die den Leib des heiligen Sebastian durchbohrt hatten, oder die Ketten, mit denen der heilige Petrus gefesselt worden war. Papst Gregor fand die sich entwickelnde Geschäftemacherei mit Reliquien geschmacklos und absurd. Er hatte einmal griechische Mönche dabei erwischt, wie sie auf einem Friedhof, auf dem fast nur Heiden begraben waren, nach ‚Märtyrerknochen' gruben; und an die Adresse derjenigen gerichtet, die Reliquien zu kaufen trachteten – wie die Kaiserin von Byzanz, die sich nach dem Schädel des heiligen Paulus erkundigt hatte –, machte er deutlich, daß er es für eine höchst gefährliche Unsitte hielt, geheiligte Gegenstände als Andenken mitzunehmen und in der Erde ruhende Skelette aufzustöbern. Er unterstrich seine Warnung mit dem Hinweis, daß ein paar Arbeiter, die bei Bauarbeiten versehentlich das Grab des heiligen Laurentius beschädigt hatten, allesamt innerhalb weniger Tage gestorben waren.

Während der Amtszeit Gregors I. wurden trotz des wachsenden Pilgerzustroms und der Zunahme der ansässigen Bevölkerung keine neuen Kirchen erbaut. Dafür wurden aber mehrere bereits bestehende Gebäude für christliche Zwecke umgestaltet und andere so ausgebaut, daß sie eine größere Zahl von Gläubigen aufnehmen konnten; ferner sorgte Gregor mit gewissen städtebaulichen Maßnahmen dafür, daß die Pilgermassen reibungsloser an den heiligen Stätten vorbeigeschleust und in sicherer Entfernung von kostbaren Reliquien gehalten werden konnten. Schon unter Papst Felix IV. (526–530) war aus dem Audienzsaal des Stadtpräfekten an der Via Sacra die Kirche SS. Cosma e Damiano mit ihren bekannten Mosaiken geworden;[28] ein rundes halbes Jahrhundert später, wahrscheinlich unter Benedikt I. (575–579), wurde am Fuß des Palatin eine ehemalige Profan-Basilika zur Kirche S. Maria Antiqua umgebaut;[29] unter Bonifaz IV. (608–615) wurde erstmals ein heidnischer Tempel den Christen übereignet: aus dem Pantheon wurde die Kirche S. Maria ad Martyres;[30] und im Jahr 625 ließ Papst Honorius I. das Haus des Senats auf dem Forum zur Kirche S. Adriano umbauen.[31] Gregors Vorgänger, Pelagius I. (556–561), hatte die Kirche S. Lorenzo fuori le mura so umgestalten lassen, daß die Pilger das Grabmal des Märtyrers besichtigen konnten. Und in der Amtszeit Gregors wurde, vielleicht auf dessen persönliche Anregung hin, in der Peterskirche eine ringförmige Krypta angelegt, eine der ersten ihrer Art, der noch viele folgen sollten; diese Neuerung erlaubte eine bessere Kanalisierung des Pilgerstroms, so daß die Gläubigen die Reliquien bequem besichtigen konnten, ohne ihnen aber nahe genug zu kommen, um sie berühren oder beschädigen zu können.

Zusätzlich zu den Pilgern aus Europa, Kleinasien und Nordafrika kamen nach Rom bald auch Tausende von Flüchtlingen. Der Grund dafür waren die Araber, die das Banner einer neuen, aggressiven Religion, des Islam, weit über die Grenzen ihres Heimatgebiets hinaus nach Norden und Westen trugen: nach Syrien, Palästina, Ägypten, Mesopotamien und Persien, ins östliche Europa hinein sowie entlang der Südküste des Mittelmeers bis nach Spanien. Viele von denen, die vor den islamischen Eroberern flohen, ließen sich in Rom nieder und gründeten dort regelrechte Kolonien: die Griechen beispielsweise in dem Gebiet zwischen dem Circus Maximus und dem Tiber; sie erbauten dort eine Kirche, die ursprünglich S. Maria in Scuola [das heißt Kolonie] Graeca hieß und später in S. Maria in Cosmedin umbenannt wurde.[32]

Die Flüchtlinge aus dem Osten und ihre Nachkommen erlangten in der Folgezeit in der römischen Kirche beträchtlichen Einfluß; Griechen und Syrer stellten sogar eine ganze Reihe von Päpsten. In und um Rom gründeten sie klösterliche Gemeinschaften; im Jahr 680 gab es deren nicht weniger als vierundzwanzig. Und sie brachten ihre heiligsten Reliquien nach Rom mit, beispielsweise den Schädel des persischen Märtyrers Anastasius und die Krippe des Jesuskinds, die vom Pontifikat des aus Palästina stammenden Papstes Theodor an in der Kirche S. Maria Maggiore zu sehen war. Dem Einfluß der Griechen und Syrer ist es zuzuschreiben, daß Ikonen in Rom zu einem allgegenwärtigen Anblick wurden, daß viele römische Kirchen nach östlichen Vorbildern ausgestattet und möbliert wurden und daß der im Osten allgemein geübte, von Gregor I. so bekämpfte Brauch, Märtyrerknochen auszugraben und an einen anderen Aufbewahrungsort zu bringen, auch in Rom Schule machte.

Papst Gregor starb 604. Er hinterließ als Vermächtnis ein innerlich gefestigtes, straff verwaltetes Papsttum, das bestens in der Lage war, seine kirchlichen und weltlichen Aufgaben zu bewältigen, und das über ein so großes Vermögen verfügte, daß es in der Lage war, nicht nur seinen immensen Immobilienbesitz instandzuhalten, die Lebensbedürfnisse seiner Geistlichen zu decken und etwas für die Armen zu tun, sondern auch einen Beamtenapparat für die Führung der weltlichen Regierungsgeschäfte und Truppen für die Verteidigung des Kirchenstaats zu unterhalten und die Interessen Roms gegenüber Byzanz zu vertreten, unter dessen Oberhoheit es theoretisch nach wie vor stand.

Der Einfluß und die Autorität Kontantinopels und der hellenistischen Welt waren in Rom noch lange nach dem Tod Gregors spürbar. Im Jahr

667 stattete der streitbare byzantinische Kaiser Constans II. der Stadt einen Staatsbesuch ab. Der amtierende Papst Vitalian, die Geistlichkeit und die Würdenträger der Stadt bereiteten ihm einen ehrenvollen zeremoniellen Empfang, wofür Constans sich dadurch revanchierte, daß er sich gebärdete, als sei Rom sein persönliches Eigentum. Er ließ zahlreiche Bronzestatuen abmontieren, beraubte das Dach des Pantheons seiner vergoldeten Bronzeziegel und ließ auf dem Janus-Quadrifons und im Innern der Trajanssäule seinen Namen eingravieren.

Constans nahm während seines Aufenthalts in einem der alten Kaiserpaläste auf dem Palatin Wohnung; die meisten der dortigen Bauwerke waren verfallen, hatten keine Dächer mehr und waren von Gras und Unkraut überwuchert, das aus Ritzen in Wänden und Böden herauswuchs. Ein großer Teil des antiken Stadtzentrums unterhalb des Palatins befand sich in ähnlich traurigem Zustand. Das neue, christliche Rom hatte jedoch seit der Zeit Gregors I. beträchtlich an Schönheit gewonnen. Honorius I., der von 625 bis 638 als Papst amtierte und einer seit langem in der Campagna heimischen Adelsfamilie entstammte, hatte sehr viel Geld für die Restaurierung und den Umbau alter sowie für die Errichtung neuer Bauten ausgegeben. Der Neubau der Kirche SS. Vincenzo e Anastasio südlich des Stadtkerns wird ihm zugeschrieben;[33] der Ausbau der prächtig ausgestatteten Kirche S. Pancrazio nahe der Porta S. Pancrazio auf dem Janiculum ging auf seine Initiative zurück;[34] und an der Stelle, wo sich das Grab der Märtyrerin Agnes befand, gab er einen völligen Neubau der Basilica S. Agnese fuori le mura in Auftrag,[35] die ursprünglich von einer Enkelin Konstantins des Großen zu Ehren der heiligen Agnes gestiftet worden war, die im Alter von nur zwölf Jahren zur Märtyrerin geworden war, weil sie Jesus Christus die Treue bewahrt hatte.

Als Kaiser Constans mit allem, was er in Rom zusammengeklaubt hatte, nach Sizilien in See stach, hatte er nur noch wenige Monate zu leben. Im September 668 wurde er in Syrakus von einem Sklaven ermordet. Nach seinem Tod machte Rom sich zunehmend von seiner Abhängigkeit von Byzanz frei, als letzteres sich selbst von den Arabern und später von den Langobarden bedroht sah. Auch in der christlichen Kunst ging der Einfluß des Ostens zurück; zwar legte noch der eine oder andere Papst eine Vorliebe für östliche Kunstformen an den Tag, doch wurden diese Formen mit der Zeit von der genuin römischen Kunst aufgesogen, die ein Produkt abendländischer Kultur war und blieb.

Das Ausmaß der Unabhängigkeit, die Rom erlangt hatte, zeigte sich schlaglichtartig, als zu Beginn des 8. Jahrhunderts eine leidenschaftliche Kontroverse über Bilderverehrung und Bilderstürmerei ausbrach. Der bzyantinische Kaiser Leo III., ein Syrer, erklärte die Verehrung religiöser Bildnisse und Reliquien zum Sakrileg und ordnete die Entfernung und Zerstörung aller dieser Objekte an. Ohne Zögern bliesen die Römer, unter Führung Gregors II. und danach Gregors III., zu entschlossenem Widerstand. Gregor II., den byzantinische Agenten in Rom zu ermorden versuchten, warnte den Kaiser: „Der ganze Westen blickt auf uns... und auf St. Peter..., den alle Königreiche des Westens hochachten... Wir begeben uns in die fernsten Winkel des Abendlands, um jene zu finden, die getauft werden wollen..., und sie und ihre Fürsten begehren [die Taufe] von uns allein."

Als im Jahr 753 die Langobarden, nachdem sie zunächst Ravenna eingenommen hatten – den Amtssitz des byzantinischen Statthalters in Italien –, Rom belagerten, trat Papst Stephan II. entgegen den Anweisungen und Ratschlägen aus Byzanz in Verhandlungen mit den Belagerern ein. Als es ihm gelungen war, sie zum Abzug zu bewegen, begab er sich auf eine weite Reise, die ihn nordwärts über die Alpen und weiter bis nach Saint-Denis bei Paris führte. Dort suchte er den christlichen König der Franken auf, eines germanischen Volksstamms, der im 5. Jahrhundert in die nördlichen Provinzen des weströmischen Reichs eingedrungen war und mittlerweile ein großes Gebiet zwischen den Pyrenäen und dem Rhein beherrschte. Der König der Franken war Pippin der Kurze, Sprößling einer Dynastie erblicher Hofbeamter, die schon seit Generationen die eigentlichen starken Männer des Frankenreichs gestellt hatte. Während die Vorfahren Pippins sich mit der tatsächlichen Macht begnügt und die korrupten und degenerierten Könige aus der Dynastie der Merowinger auf dem Thron belassen hatten, hatte Pippin den schwachen und kränklichen Merowingerkönig Childerich III. abgesetzt und mit päpstlicher Zustimmung in ein Kloster geschickt, nicht ohne ihm zuvor sein langes wallendes Haupthaar abschneiden zu lassen, das bei den Franken seit jeher als Symbol der Königswürde galt. Papst Stephan bekräftigte nun in Saint-Denis die bereits von seinem Vorgänger ausgesprochene Anerkennung des von Pippin vollzogenen ‚Staatsstreichs' und salbte ihn zum König der Franken und ‚Schutzherrn der Römer' – als Gegenleistung hatte Pippin dem Papst seine Unterstützung gegen die Langobarden zugesagt. Bald darauf wurden die Langobarden tatsächlich besiegt und zur Rückerstattung des Patrimoniums von St. Peter an das römische Papsttum gezwungen. Dieses Patrimonium bestand im wesentlichen aus umfangreichen Ländereien im mittleren Italien, die die Kirche im Lauf der Zeit an sich gebracht hatte; zusammen mit ehemals byzantinischen Gebieten bildeten diese Ländereien den Grundstock dessen, was in der Folge der Kirchenstaat hieß.

Im Jahr 774 kam der Sohn und Nachfolger Pippins, Karl, nach Rom. Der imposante blonde junge Mann wurde vor der Stadt von einer von Papst Hadrian I. ausgesandten Abordnung von Würdenträgern und Adligen empfangen. Die Via Flaminia, auf der sie ihn in feierlichem Zug in die Stadt geleiteten, war von waffentragenden jungen Römern und von Kindern gesäumt, die mit Palmwedeln und Olivenzweigen winkten und Lobgesänge auf den Beschützer Roms anstimmten. Auch Vertreter der verschiedenen Ausländerkolonien waren, jede unter ihrem Banner, angetreten, darunter die Sachsen, deren *schola* den Namen ‚*Burgus Saxonum*‘ trug, der in der heutigen Bezeichnung des an die Engelsburg angrenzenden Stadtviertels, des Borgo, fortlebt. Beim Anblick der Reste des ‚heiligen Kreuzes‘ und der Reliquien der Märtyrer stieg Karl vom Pferd und legte die restliche Strecke bis zur Peterskirche zu Fuß zurück; bevor er die Basilika betrat, küßte er den Boden.

Karl, der bereits über ein Reich herrschte, das weite Teile der heutigen Länder Frankreich, Belgien und Holland sowie Teile Deutschlands und der Schweiz umfaßte, ließ sich von seinem Besuch in Rom zu dem Traum von einem noch größeren Reich inspirieren, einem christlichen Reich, das das Erbe des Römischen Kaiserreichs antreten würde – ein Reich, das sich über den Rhein hinaus bis an die Weichsel erstrecken und südlich der Alpen die gesamte italienische Halbinsel einschließen sollte.

Während des folgenden Vierteljahrhunderts kämpfte Karl in ständigen Feldzügen um die Verwirklichung dieses Traums. Gekrönt wurden seine Anstrengungen und Erfolge bei einem erneuten, seinem zweiten Besuch in Rom. Noch voller Trauer über den Verlust der letzten seiner fünf Frauen, der schönen Liutgard, die unterwegs gestorben war, traf er im November 800 in der Stadt am Tiber ein. Bei der Weihnachtsmesse in der Peterskirche setzte Papst Leo III. dem Frankenkönig, der sich mittlerweile die Ehrennamen ‚*Rex Pater Europae*‘ und Karl der Große erworben hatte, die Kaiserkrone auf das ergraute Haupt; die Versammelten erhoben sich und feierten den Kaiser mit dem Hochruf: „Ein langes und siegreiches Leben für Carolus Augustus, den von Gott Gekrönten, den großen und friedliebenden Kaiser der Römer!" Das Römische Westreich war wieder auferstanden.

# V. Niedergang und Anarchie

Bei den Einfällen der Langobarden waren Aquädukte zu Bruch gegangen, Kirchen und Katakomben geplündert, Gebeine und andere geheiligte Reliquien geraubt worden. Auch war mehrere Male der Tiber über die Ufer getreten und hatte mit seinen reißenden Fluten die Felder und die Straßen der Stadt überschwemmt. Papst Hadrian I., der einer römischen Adelsfamilie entstammte, hatte auf dem Land ein Heer von Arbeitskräften ausheben lassen und war darangegangen, die Schäden auszubessern, die Wasserversorgung Roms wiederherzustellen, die öffentliche Wohlfahrtspflege zu verbessern, die Aurelianische Stadtmauer mit ihren befestigten Türmen wiederaufzubauen, auf den jenseits davon gelegenen großen Kirchengütern wieder eine funktionierende landwirtschaftliche Produktion in Gang zu setzen und die Katakomben von dem Schutt zu räumen, der sich darin angesammelt hatte: ganze Wagenladungen voller Knochen und Reliquien wurden nach Rom gekarrt, um in geweihtem Boden zur Ruhe gebettet zu werden. Zahlreiche Kirchen wurden renoviert, mehrere mit kostbaren Möbeln, Vorhängen und Kandelabern ausgestattet; die Peterskirche erhielt silberne Fliesen und einen Kronleuchter mit über tausend Kerzen.

Begünstigt durch großzügige Schenkungen Karls des Großen und zunehmenden Grundbesitz der Kirche, konnte Papst Leo III., ein Römer von bescheidener Herkunft, die von seinem Vorgänger in Gang gesetzte Entwicklung fortführen und der Stadt, die nun wieder Hauptstadt eines Kaiserreichs war, zu neuem Glanz verhelfen. Im Lateran-Palast entstand ein großer Speisesaal, der dem Vergleich mit der Halle der Neunzehn Diwane im großen Kaiserpalast zu Konstantinopel standhielt. Eine Schutzmauer für das gesamte Gelände des Vatikans, später die Leoninische Mauer genannt,[1] wurde unter Leo III. in Angriff genommen und 854 von Leo IV., ebenfalls einem gebürtigen Römer, unter dem Gesang barfüßiger Priester mit Gebeten und Weihwasser eingeweiht. Daß die römische Kirchenbaupolitik das Ziel verfolgte, die neue kaiserliche Hauptstadt zu einem prächtigen Spiegel sowohl des frühchristlichen Rom Kaiser Konstantins als auch des klassischen, antiken Rom zu machen, wurde unter Papst Paschalis I., einem weiteren gebürtigen Römer, deutlicher als je zuvor; Beispiele dafür sind die Kirche S. Prassede[2] und die ihr angeschlossene Kapelle des heiligen Zeno,[3] die

beide herrliche Mosaike aufweisen, weniger evident die ebenfalls prächtig
ausgestatteten Kirchen SS. Quattro Coronati,[4] S. Martino ai Monti,[5] S.
Maria Nova (heute S. Francesca Romana),[6] S. Maria in Domnica[7] und die
wiederaufgebaute Kirche S. Cecilia in Trastevere;[8] in ihr befinden sich die
aus den Katakomben geborgenen Gebeine der jungfräulichen Märtyrerin
Cecilia, von der es heißt, sie sei dazu verurteilt worden, in ihrem eigenen
Dampfbad zu Tode gebracht zu werden, habe aber diese Tortur ebenso
überlebt wie die Versuche eines Soldaten, sie zu enthaupten, sei dann
noch drei Tage lang am Leben und bei Bewußtsein geblieben und habe
mit brechender Stimme Loblieder auf den christlichen Gott gesungen
und durch ihr Beispiel viele zum Christentum bekehrt.

Allein, als Papst Leo IV. 855 starb, war diese kurze, von den fränkischen Kaisern geförderte Zwischenblüte bereits wieder zu Ende. Karl der
Große selbst war schon vierzig Jahre vorher gestorben; seine Nachfolger
empfanden ihre Beziehungen zu Rom als ebenso kompliziert und häufig
unerfreulich, wie umgekehrt die Päpste und die Römer ihre Abhängigkeit
vom Kaiserhaus als störend empfanden. Es kam zu Auseinandersetzungen über die Verteilung der Machtbefugnisse zwischen Papst und Kaiser,
Auseinandersetzungen, die verschärft wurden zum einen durch Einmischungen und Eigenmächtigkeiten einflußreicher römischer Familien und
zum anderen durch die Tatsache, daß sich die kaiserlichen Schutztruppen
als unfähig erwiesen, Rom vor den Übergriffen sarazenischer Piraten zu
bewahren, die im Jahr 846 den Tiber heraufgesegelt kamen und die
Peterskirche und die Kirche S. Paolo fuori le mura plünderten. In dem
Maße, wie das Bündnis zwischen den Karolingern und dem Papsttum
zerbröckelte, gewannen die besagten reichen Familien und ihre Anhänger
an Macht: sie setzten nach Belieben Päpste ein und ab und erhoben den
Anspruch, für Rom zu sprechen, wie es in der Antike die römischen
Patrizierfamilien getan hatten. Theophylactus, einer der reichsten und
herrischsten dieser Aristokraten, übernahm zu Beginn des 10. Jahrhun-
derts die unumschränkte Herrschaft über Rom; er ernannte sich zum
Senator und Konsul und betrachtete sich als Oberherr nicht nur der
Stadt, sondern auch des Kirchenstaats. Seine Tochter Marozia heiratete
den Fürsten Alberich von Spoleto; ihr Sohn Alberich der Jüngere regierte
Rom über zwanzig Jahre lang als *Princeps atque omnium Romanorum
Senator*. Auf dem Totenbett bestimmte er 954, daß sein achtzehnjähriger
Sohn Octavian, ein Taugenichts, dem er bewußt den Namen des berühm-
testen aller römischen Kaiser gegeben hatte, zum Papst gewählt werden
sollte.

Das Pontifikat dieses Papstes, der sich Johannes XII. nannte, erwies
sich als verhängnisvoll. Zunächst versicherte er sich für den Kampf gegen

Berengar, den Beherrscher Norditaliens, der Hilfe des fränkischen Königs Otto I., den er in der Peterskirche zum Kaiser krönen ließ; kaum war der Gekrönte abgereist, bereute Johannes seinen Schritt und trat in Verhandlungen mit Berengar ein. Daraufhin kehrte Otto nach Rom zurück, setzte Johannes XII. ab und ernannte einen Mann seiner Wahl, einen Nicht-Geistlichen, zum Papst, Leo VIII. Er gab den Römern klar zu verstehen, daß er sowohl die Stadt als auch den Kirchenstaat als Domäne seiner Herrschaft betrachtete. Die darob zutiefst empörte römische Aristokratie, die das Papsttum seit langem als ihre Domäne betrachtete, weigerte sich, dies anzuerkennen, und stachelte das Volk in regelmäßigen Abständen zu Revolten gegen die kaiserliche Macht auf.

Der erste dieser Aufstände brach im Januar 964 aus: auf das Läuten der Sturmglocken hin griffen die Römer zu den Waffen und überfielen die im Borgo, dem am jenseitigen Tiberufer liegenden, von der Leoninischen Mauer umschlossenen Viertel, stationierten Truppen von Kaiser Otto. Von diesen zurückgeschlagen, flohen sie in die Engelsburg, doch die Kaiserlichen folgten ihnen, erstürmten die Barrikaden und hätten alle Flüchtlinge niedergemacht, hätte nicht Otto höchstpersönlich eingegriffen. Am nächsten Tag erschienen die Rädelsführer der Rebellen vor dem Kaiser und baten um Gnade. Otto zwang sie, sowohl ihm als auch Papst Leo einen Treueeid zu leisten. Hundert von ihnen wurden als Geiseln einbehalten; die übrigen zogen gedemütigt ab. Otto „ließ die Stadt in Erbitterung, den Papst wie ein Lamm unter Wölfen zurück", schrieb Ferdinand Gregorovius. „Das Blut, welches am 3. Januar geflossen war, trocknete in Rom nicht mehr; der Haß gegen die Fremdlinge sog daraus Nahrung, und die gewaltsam niedergedrückten Römer sahen kaum ihre Gefangenen frei und den Kaiser entfernt, als sie ihrer Rachlust Luft zu machen eilten."

Sie riefen den abgesetzten Papst Johannes XII. zurück; er kam mit einem Troß von Freunden und Vasallen und schickte sich an, seinen Rivalen vom Heiligen Stuhl zu stoßen. Nachdem er Leo VIII. zunächst exkommuniziert hatte, nahm er barbarische Rache an denjenigen Geistlichen, die Leo gedient hatten: einen ließ er auspeitschen, einem anderen die Hand abhacken, einem dritten zwei Finger und die Nase abschneiden und die Zunge herausreißen. Zweifellos hätte er noch weitere Strafen dieser Art verhängt, wäre er nicht am 14. Mai ums Leben gekommen – getötet, so hieß es, vom erzürnten Gatten seiner Geliebten.

An seiner Stelle wählten die Römer, ohne sich um den Kaiser zu scheren, dem sie immerhin Gehorsam geschworen hatten, den gelehrten Benedikt V. zum Papst. Diese Anmaßung erregte den Zorn Ottos I., der ein weiteres Mal nach Rom zog, um für die Wiedereinsetzung ‚seines'

Papstes Leo VIII. zu sorgen. Die Kaiserlichen tauchten Anfang Juni vor
der Stadt auf und verlangten kategorisch die Abdankung Benedikts. Als
die Römer dies rundheraus ablehnten, wurde der erste Sturmangriff auf
die Stadt vorgetragen. Anfänglich verteidigten sich die Römer mit großer
Zähigkeit; Benedikt ließ sich überreden, selbst auf die Befestigungsmauern zu steigen und den Verteidigern durch seine Anwesenheit Mut zu
machen. Dann jedoch brach in der Stadt die Pest aus, und die Nahrungs-
mittelvorräte wurden knapp. Am 23. Juni wurden die Tore geöffnet;
Benedikt wurde den Belagerern ausgeliefert. Leo VIII. riß ihm seine
Gewänder vom Leib; sein Pallium wurde in zwei Teile zerschnitten, seine
Ferula zerbrochen, er selbst in lebenslängliche Verbannung geschickt.
Am Grabe des heiligen Petrus gelobten die Anführer der Aufständischen
dem Kaiser ein weiteres Mal Gehorsam und versprachen, sich nie wieder
in eine Papstwahl einzumischen.

Weitergehende Bestrafungen blieben den Römern vorläufig erspart.
Indes, als Leo VIII. starb und der Kaiser Johannes XIII. zu Leos
Nachfolger ernannte, erhoben sie sich erneut, und dieses Mal kannte der
Kaiser keine Gnade mehr. Er verbannte mehrere führende Vertreter des
römischen Bürgertums, die sich mit dem Titel Konsul geschmückt
hatten, nach Deutschland, ließ zwölf *decarones*, Vertreter der Bezirke
oder *rioni*,[9] in die die Stadt in dieser frühmittelalterlichen Epoche geteilt
war, aufhängen oder blenden und lieferte den Stadtpräfekten an Papst
Johannes XIII. aus, der ihn einer entwürdigenden Behandlung unterwarf: zunächst ließ er ihn an seinem Haupthaar am Reiterstandbild Marc
Aurels aufhängen, dann nackt ausziehen und verkehrt herum auf einen
Esel setzen, dessen mit einer Glocke behängten Schwanz er als Zügel in
die Hand nehmen mußte; so wurde er durch die Straßen der Stadt
getrieben – mit einem Sack voll Federn auf dem Kopf und weiteren
Säcken an den Beinen. Anschließend wurde er über die Alpen in die
Verbannung geschickt. Die Leichname zweier anderer Rebellen, die
gefallen waren, wurden ausgegraben und über die Stadtmauer geschleudert.

Diese Demütigungen wirkten auf die Römer eher aufputschend als
einschüchternd. Die Folge war, daß es bis weit ins nächste Jahrhundert
hinein immer wieder zu Unruhen und gewalttätigen Umtrieben kam,
währenddessen das Papsttum von wiederholten Skandalen und von
Machtkämpfen zwischen Päpsten und Gegenpäpsten erschüttert wurde.
Bereits Papst Stephan VI. war so weit gegangen, den Leichnam eines
seiner Vorgänger, des Papstes Formosus, von dem er sich posthum
beleidigt fühlte, ausgraben, in päpstliche Gewänder kleiden, auf einen
Thron setzen und ihm den Prozeß machen zu lassen. Nachdem der Tote

aller Vergehen, die man ihm vorwarf, für schuldig erklärt worden war, hatte man ihn seiner Amtstracht beraubt und ihm die drei Finger der rechten Hand ausgerissen, mit denen die Päpste ihren Segen zu spenden pflegten; dann hatte man den Leichnam in den Tiber geworfen. Der Papst, der dieses makabre Tribunal veranstaltet hatte, wurde wenige Monate später ins Gefängnis geworfen und erdrosselt. Der nächste Papst wurde gewaltsam abgesetzt, der darauffolgende ermordet; als im Jahr 904 Papst Christophorus hingerichtet wurde – nachdem er seinerseits seinen Vorgänger Leo V. ermordet hatte –, hatte Rom binnen acht Jahren ebensoviele Päpste gesehen. Seit längerer Zeit schon war es üblich geworden, daß nach dem Tod oder nach der Absetzung eines Papstes seine Dienerschaft seine Privatgemächer und die öffentlichen Amtsräume im Lateran-Palast stürmte – in ihrem Schlepptau so viel Volk, wie sich nur mit hineindrängen konnte – und alles mitnahm, was ihr in die Hände fiel: Kleider und Geld, Möbel und Wandbehänge, Gemälde, Gold und Silber. Doch dauerte es nie lange, und der Lateran war wieder mit Schätzen angefüllt, denn ein Papst, der es nicht verstand, sich Reichtümer zu verschaffen, war eine Seltenheit. Auch unter den Kardinälen und den anderen höheren kirchlichen Würdenträgern fanden sich nur wenige, die Reichtum und weltliche Genüsse verabscheuten. Die meisten führten, wie Gregorovius schrieb, ein vergnügungsreiches Leben:

„Sie wohnten in prachtvollen Gemächern, die von Gold, Purpur und Samt strahlten; sie speisten gleich Fürsten auf goldenem Geschirr; sie schlürften ihren Wein aus köstlichen Bechern oder Trinkhörnern. Ihre Basiliken starrten von Ruß, aber ihre dickbäuchigen Obbae oder Weingefäße glänzten von Malerei. Wie beim Gastmahl des Trimalchio ergötzte ihre Sinne der Anblick schöner Tänzerinnen und die „Symphonie" von Musikanten. Sie schlummerten in den Armen ihrer Beischläferinnen auf seidenen Kissen in künstlich mit Gold ausgelegten Bettgestellen, während ihre Vasallen, Kolonen und Sklaven ihren Hofstaat versorgten. Sie würfelten, jagten und schossen mit dem Bogen. Sie verließen ihren Altar, an dem sie, mit Sporen an den Füßen und ein Dolchmesser an der Seite, Messe gelesen, und ihre Kanzel, um auf goldgezäumte Pferde mit sächsischen Sätteln zu steigen und ihre Falken fliegen zu lassen. Wenn sie reisten, umgab sie der Schwarm ihrer Hofschranzen, und sie fuhren in kostbaren Wagen mit Rossen, deren sich kein König würde geschämt haben."

Der Tod Johannes' XIII. im Jahr 972 und seines Schutzherrn, Kaiser Ottos I., im Jahr darauf brachte kein Ende der Rivalität zwischen den römischen ,Nationalisten' und den Kaiserlichen. Der Nachfolger Johannes' XIII., der vom Kaiser eingesetzte Benedikt VI., wurde 974 im Zuge eines von der mächtigen römischen Familie der Crescenzi angeführten Aufstands in die Engelsburg verschleppt und dort erdrosselt; die Aufständischen riefen einen der ihren als Bonifaz VII. zum Papst aus. Der

neue Kaiser Otto II. vertrieb diesen Gegenpapst wenig später aus Rom
und ersetzte ihn durch Benedikt VII.; von da an kam es regelmäßig zu
Reibereien zwischen den von den Crescenzi geführten Römern und den
Inhabern des Kaiserthrons. Otto II. starb schon 983, und da sein Erbe,
Otto III., zu diesem Zeitpunkt erst drei Jahre alt war und seine Thron-
nachfolge gefährdet schien, sah Bonifaz VII. den Zeitpunkt gekommen,
um aus Konstantinopel, wohin er sich unter Mitnahme des Kirchenschat-
zes geflüchtet hatte, nach Rom zurückzukehren. Dort angekommen, ließ
er den Nachfolger von Papst Benedikt, Johannes XIV., festnehmen,
einkerkern und umbringen (entweder durch Gift oder durch Nahrungs-
entzug). Die launische Volksmasse fand dann jedoch Veranlassung, Bonifaz umzubringen und seine Leiche unter das Standbild von Marc Aurel
zu werfen. So ging es weiter. Bonifaz' Nachfolger, ein den Crescenzi
feindlich gesonnener Römer, mußte einem aus Deutschland stammenden
Papst Platz machen: Gregor V., den die Crescenzi und ihr Anhang aus
Rom vertrieben. Sie boten die päpstliche Tiara für eine große Geldsumme
einem reichen Griechen an, der sie akzeptierte und somit als Gegenpapst
Johannes XVI. den Stuhl Petri bestieg. Als Otto III., inzwischen siebzehn Jahre alt, von diesen Übergriffen auf seine kaiserliche Autorität
erfuhr, marschierte er mit einer großen Streitmacht gen Süden und
stöberte den Gegenpapst in seinem Versteck in der Campagna auf. Er ließ
ihm Nase, Zunge und Ohren abschneiden, ihm die Augen ausreißen und
ihn nach Rom zurückbringen, wo er sterbend in eine Mönchszelle eines
Klosters geworfen wurde. Dann rückte der Kaiser auf die Engelsburg
vor, in der die Römer sich verschanzt hielten, nahm sie am 29. April 998
im Sturm und bemächtigte sich des Oberhaupts der Crescenzi-Familie.
Der Unglückliche wurde, nachdem man ihm die Augen herausgerissen
und die Gliedmaßen abgehackt hatte, auf einer Kuhhaut durch die
Straßen der Stadt geschleppt, vor den Augen der Menge enthauptet und
schließlich zusammen mit den Leichen von zwölf weiteren führenden
Römern, die sich an der Revolte beteiligt hatten, an einem Galgen auf
dem Monte Mario zur Schau gestellt.

„Wehe Rom!" lamentierte ein Mönch und Chronist dieser Epoche.
„Unterdrückt und niedergetrampelt von so vielen Völkern! Du wirst als
Gefangene genommen; deine Menschen werden mit dem Schwert regiert.
Deine Stärke ist zunichte geworden… Du warst zu schön… Dein Gold
und dein Silber werden in den Säcken deiner Feinde fortgetragen. Was dir
gehörte, hast du verloren!"

Doch es sollte noch schlimmer kommen. Die Macht in Rom ging
nunmehr aus den Händen der Crescenzi in die einer anderen einflußreichen Familie über, deren Besitzungen oberhalb Roms auf den Hügeln

Tusculums lagen. Die Tuscolani, wie sie sich nannten, sorgten im Jahr 1032 dafür, daß einer der Ihren, obzwar noch ein Knabe, als Benedikt IX. zum Papst gewählt wurde (nachdem in früheren Jahren schon etliche andere Mitglieder dieser Familie das Papstamt innegehabt hatten). Unter Benedikt IX. erreichte das Papsttum den Tiefpunkt seines moralischen Niedergangs: der junge Pontifex residierte im Lateran-Palast in der Art eines türkischen Paschas, während sein Bruder als ‚Senator der Römer‘ die Stadt regierte. Die Markenzeichen des Regimes der Tuscolani waren Raub und Mord, wie Gregorovius berichtete, dessen haarsträubende Schilderung vermutlich nicht übertrieben war:

„Mit Benedikt IX. erreichte das Papsttum den äußersten Grad des sittlichen Verfalls... Doch nur ein ungewisser Schimmer fällt in jene Zeit, wo ein Papst... lasterhaft wie Heliogabalus, der Stellvertreter Christi war. Wir erblicken undeutlich die Kapitäne in Rom, verschworen, den jugendlichen Verbrecher beim Fest der Apostel am Altar zu erwürgen, während sich die Sonne verfinsterte, der dadurch verbreitete Schrecken vielleicht die Tat hinderte und Benedikt Zeit zur Flucht fand.“

Im Jahr 1044 zeitigte eine neuerliche Verschwörung gegen Benedikt IX. größeren Erfolg. Doch der Gegenpapst, der sich seinen Anspruch auf das Amt mit Schmiergeldern erkauft hatte und ihn in einer erbitterten, während eines Erdbebens ausgefochtenen Schlacht durchsetzte, war kaum besser als sein Vorgänger. Korrupt und von grober Sinnlichkeit, stand er, so die Volksmeinung, dem Satan näher als Christus; es hieß, er treffe sich in den Wäldern mit Teufeln, locke Frauen durch Zauberei in sein Bett und beschwöre mit Hilfe von Lehrbüchern der Magie – die später im Lateran-Palast gefunden wurden – Dämonen. Er bewohnte den Palast freilich nicht einmal zwei Monate. Von den Tuscolani vertrieben, suchte er Zuflucht im Sabinergebirge, woraufhin Benedikt IX. zurückkehrte, wenn auch nur, um sein heiliges Amt an seinen Patenonkel zu verkaufen.

Es hatte nunmehr den Anschein, als drohe dem Papsttum als Institution der Verfall. Allein, wie auch in anderen Augenblicken seiner Geschichte, in denen es in höchster Gefahr zu schweben schien, fand sich auch diesmal ein Retter. Es war ein unbekannter Mönch aus dem Benediktinerkloster S. Maria auf dem Aventin.

Hildebrand, Sohn eines Tagelöhners aus der Toskana, hatte sich von seinem Kloster beurlauben lassen, um sich an der dem Lateran angeschlossenen Schola Cantorum weiterzubilden. Hier erwarb er sich die Hochachtung eines seiner Lehrer, des nachmaligen Papstes Gregor VI., der ihn in seine Dienste nahm. Später war er als Berater für Leo IX. und

Alexander II. tätig, zweier um die Mitte des 11. Jahrhunderts amtierender Päpste, die sich um eine Reform der mittelalterlichen Kirche bemühten. Ausgegangen war die Reformbewegung von den Klöstern Norditaliens und Frankreichs; ihr Ausgangspunkt war die Kritik an verschiedenen Mißständen in der Kirche gewesen, von der Praxis des Ämterverkaufs bis zu der bei den Geistlichen verbreiteten Einrichtung des Konkubinats. Über diese ersten Reformpunkte hinaus hatten die Neuerer dann weitere Forderungen erhoben: daß die Kirche sich von politischen und ausländischen Einflüssen und Einmischungen freimachen und die Papstwahl und die Einsetzung von Bischöfen (Investitur) als ihr alleiniges Recht beanspruchen müsse.

Die Formulierung dieser kirchlichen Forderungen wurde allgemein dem päpstlichen Ratgeber Hildebrand zugeschrieben, der im Jahr 1073 per Akklamation zum Nachfolger Alexanders II. gewählt wurde und sich den Papstnamen Gregor VII. gab. Er versah sein Amt mit Ernst und autokratischer Strenge und war fest entschlossen, den Impuls der Reformbewegung zu unterstützen. Er machte deutlich, daß er eine organisatorische und geistliche Erneuerung der Kirche für unerläßlich hielt und sich jede Quertreiberei dagegen, ob von kaiserlicher Seite oder aus dem Lager der römischen Aristokratie, verbat. Nicht lange, und beide legten sich mit ihm an. Als Gregor am Weihnachtstag des Jahres 1075 in der Krypta von S. Maria Maggiore eine Mitternachtsmesse las, erscholl plötzlich von draußen Geschrei und Waffengeklirr, und wenig später drang ein Trupp Bewaffneter in die Kirche ein. Einer von ihnen packte den Papst bei den Haaren, schleppte den Verwundeten aus der Kirche, warf ihn auf ein Pferd und galoppierte mit ihm durch die nächtlichen Straßen zu einem befestigten Turm, der einem Adligen namens Cencius de Praefecto gehörte. Binnen weniger Stunden war die ganze Stadt in Aufruhr: Sturmglocken läuteten, Milizionäre riegelten die Stadttore ab, Bürger marschierten mit brennenden Fackeln durch die *rioni*, Priester verhüllten ihre Altäre. Als am nächsten Tag bekannt wurde, wo man den Papst festhielt, sammelte sich eine wütende Volksmenge vor dem Turm des Cencius und bombardierte ihn mit Steinen; daraufhin wurde der Gefangene auf freien Fuß gesetzt. Er kehrte umgehend in die Kirche S. Maria Maggiore zurück und führte die unterbrochene Messe zu Ende.

Papst Gregor ließ sich durch diesen Zwischenfall nicht im geringsten einschüchtern; er wiederholte im Gegenteil seine Forderungen nach mehr Macht und Autonomie für die Kirche in noch entschiedeneren Worten; er ging so weit, für den Papst nicht nur das Recht zur Absetzung von Bischöfen und zum Widerruf von Konzilsbeschlüssen, sondern auch das Recht zur Absetzung von Kaisern zu fordern; die Päpste sollten, so verlangte er, als Zeichen ihres überragenden Ranges eine rote Robe sowie als Symbol dafür, daß ihre weltliche Herrschaft auf dem Willen Gottes beruhte, eine hohe päpstliche Tiara tragen. Diese kirchlichen Machtansprüche provozierten naturgemäß einen erbitterten Konflikt mit dem deutschen Kaiser Heinrich IV., der sich selbst als Kaiser von Gottes Gnaden betrachtete und höhnisch erklärte, Gregor sei „nicht mehr Papst, sondern [nur noch] falscher Mönch". Gregor zögerte daraufhin nicht, Heinrich zu exkommunizieren und ihn für abgesetzt zu erklären. Die Maßnahme der Exkommunizierung erwies sich als so wirksam – auch nördlich der Alpen sah Heinrich sich eines wesentlichen Teils der Gefolgschaft beraubt –, daß der Kaiser sich genötigt sah, eine Bußreise nach Süden anzutreten, dem Papst Abbitte zu leisten und um Wiederaufnahme in die Kirche zu bitten. Als der Papst vom Aufbruch des Kaisers erfuhr, befand er sich selbst gerade auf einer Reise nach Augsburg; da er nicht wußte, mit welchen Absichten Heinrich sich trug, zog er sich vorsichtshalber in die befestigte Burg der Markgräfin von Tuszien in Canossa zurück (die Gräfin war seine Vertraute und zuverlässige Parteigängerin). Bald darauf traf der Kaiser in Canossa ein; in ein Büßerhemd gewandet, flehte er, außerhalb der gewaltigen Mauern der Burgfeste ausharrend, um Vergebung. Der Papst ließ ihn drei kalte Januartage lang warten. Dann gingen die Tore der Burg auf, und der Kaiser durfte vor den Papst treten und die Absolution entgegennehmen; er mußte freilich seine Krone dem Papst übergeben und sich damit einverstanden erklären, daß er so lange Privatperson bliebe, bis ein Konzil über sein weiteres Geschick entschieden hätte, und daß er, falls er die Kaiserwürde zurückerhielte, dem Papst Treue und Gehorsam schwöre.

Diese demütigende Unterwerfung bedeutete indes für Heinrich keine dauerhafte Niederlage. Mit der päpstlichen Absolution versehen, betrachtete er sich wieder als rechtmäßigen deutschen König mit ungeschmälertem Herrschaftsanspruch. Die Folge war, daß der Konflikt von neuem aufbrach. Heinrich sah sich zum zweitenmal exkommuniziert und abgesetzt, weigerte sich aber diesmal, sich dem päpstlichen Verdikt zu unterwerfen; statt dessen marschierte er gen Süden und belagerte Rom. Er brachte seine deutschen Bischöfe dazu, Gregor für abgesetzt und den Erzbischof von Ravenna zu seinem Nachfolger zu erklären (er wählte den Papstnamen Clemens III.). In seiner Not rief Gregor, der nicht nachzugeben gedachte, den normannischen Herzog von Apulien und Kalabrien, Robert Guiscard, zu Hilfe und traf Kriegsvorbereitungen.

Rom zahlte einen schrecklichen Preis: im Juni 1083 erstürmten die Krieger Heinrichs die Leoninische Mauer und eroberten nach erbittertem Kampf die Peterskirche. Gregor verschanzte sich in der Engelsburg und konnte von dieser strategisch wertvollen Bastion aus verhindern, daß die Deutschen den Tiber überquerten und die Stadt besetzten. Doch im Lauf der folgenden Monate verlor der Papst die Unterstützung eines großen Teils der römischen Einwohnerschaft – die Römer waren kriegsmüde und nicht bereit, als Leidtragende eines Krieges zwischen Papst und König Haus und Leben zu opfern; sie entschlossen sich schließlich, die Tore zu öffnen. So kam es, daß am 21. März 1084 mehrere deutsche Kriegshaufen durch die Porta S. Giovanni in die Stadt marschierten und den Lateran-Palast umstellten. Heinrich zog mit seinem Gegenpapst Clemens III. in Rom ein und ließ sich von ihm etwas später in der Peterskirche die Kaiserkrone aufsetzen. Gregor, noch immer in der Engelsburg verschanzt, weigerte sich, aufzugeben. In der Tat stand die überwiegende Mehrheit der römischen Aristokratie und ihrer Vasallen, darunter die Familien der Corsi und der Pierleoni, weiterhin auf seiten Gregors, der auch die Normannen unter Robert Guiscard hinter sich wußte. Zunächst behielten die Deutschen die Oberhand: die Stadtpaläste der Corsi und der Pierleoni wurden gestürmt und in Schutt und Asche gelegt; das säulenumstandene Septizonium des Septimius Severus auf dem Palatin,[10] in dem Gregors Neffe Rusticus tapfer die Stellung hielt, wurde durch die Wucht der deutschen Belagerungsgeschosse zertrümmert. Dann jedoch kamen die Normannen und in ihrem Gefolge Tausende von Sarazenen aus Sizilien sowie räuberische Horden kalabrischer Bauern, um den in der Engelsburg eingeschlossenen Gregor zu entsetzen. Bei der Nachricht von ihrem Anmarsch verzog sich der Kaiser mit seinen zahlenmäßig unterlegenen Truppen unter Mitnahme seines Gegenpapstes nach Norden. Eine Woche später zog die Vorhut der Streitmacht Robert Guiscards durch die Porta Flaminia ein und über das Marsfeld zur Engelsburg; diejenigen unter den Römern, die noch zum Kaiser hielten, vermochten der Übermacht nicht standzuhalten. Nachdem die Normannen den Papst befreit und ihn zum Lateran geleitet hatten, ergingen sie sich in einer wüsten, mehrere Tage andauernden Plünderung der Stadt.

Die Römer begruben für eine Zeitlang ihre Differenzen und versuchten mehrere Male, mit vereinten Kräften gegen ihre Peiniger vorzugehen; doch jedesmal wurden sie besiegt und ihre Anführer gnadenlos niedergemetzelt. Diejenigen, die ihr Heil in der Flucht suchten, wurden eingefangen und als Geiseln festgehalten; ihre Häuser wurden geplündert und anschließend in Brand gesetzt. Die mittelalterlichen Chronisten haben diese Tage der ungezügelten Barbarei, des Raubes, der Vergewaltigung und des Mordes, in deren Verlauf große Gebiete der Stadt verwüstet wurden, in den grellsten Farben geschildert. Auch wenn man eine gewisse Tendenz zur pathetischen Übertreibung in Rechnung stellt, muß man wohl annehmen, daß Rom in diesen Tagen tatsächlich unsäglich gelitten hat. Nicht nur, daß zahlreiche Kirchen geplündert und beschädigt und einige, wie etwa SS. Quattro Coronati, S. Clemente, S. Silvestro und S. Lorenzo in Lucina, bis auf die Grundmauern niedergebrannt wurden und daß zahlreiche andere kostbare Baudenkmäler irreparable Schäden davontrugen; es sanken auch, und zwar in den am dichtesten besiedelten Stadtvierteln, ganze Straßenzüge in Schutt und Asche, und ihre Bewohner, Männer, Frauen und Kinder, wurden, mit Stricken um den Hals, in die Gefangenschaft und Sklaverei abgeführt. Wenn die Plünderer sonst wenig erbeuteten, was sich für sie mitzunehmen gelohnt hätte, lag das nur daran, daß die Stadt in den zurückliegenden Jahrhunderten bereits von anderen Plünderern weitgehend ausgeraubt worden war.

Papst Gregor, der bei den Römern nunmehr verhaßt war, weil er in ihren Augen die Schuld an der Katastrophe trug, zog gebrochenen Herzens mit seinen Befreiern von dannen. Geistig noch voll auf der Höhe, erholte er sich gleichwohl nicht wieder von dem erlittenen Schock; am 25. März 1085 starb er in Salerno.

In dem Jahrhundert, das nun folgte, mußte Rom ein ums andere Mal als Schlachtfeld für die Auseinandersetzungen zwischen Päpsten und Gegenpäpsten, zwischen Anhängern des Papsttums und Gefolgsleuten des Kaisers herhalten; beide Parteien heuerten Söldner an und versuchten, die Vasallen und Parteigänger des Gegners durch Bestechung auf die eigene Seite zu ziehen. Päpste wurden entführt, nicht in die Stadt gelassen (wie Urban II.), davongejagt (wie Paschalis II. von Kaiser Heinrich IV.) oder mußten, wie Gelasius II., fliehen, um ihr Leben zu retten. Und währenddessen schwelte stetig der Konflikt über das Verhältnis zwischen weltlicher und kirchlicher Macht weiter; dabei verlagerten sich gelegentlich die Gewichte und die Fragestellungen, und einmal schien es sogar, als sei der Konflikt zumindest teilweise beigelegt: in einer Vereinbarung, die als das Wormser Konkordat bekannt ist, schlossen Papst Calixtus II. und Kaiser Heinrich V. einen Kompromiß im Hinblick auf die Investitur der Bischöfe und Äbte. In der Folge zeigte sich jedoch, daß keine Seite mit dieser Lösung leben konnte oder wollte, und so flammte der Kampf von neuem auf, ein Kampf, der um so erbitterter geführt wurde, als Rom nach wie vor als ‚Königin aller Städte‘ und als ‚Hauptstadt der Welt‘ galt, und der nicht zuletzt auch deshalb so lange unentschieden hin und her wogte, weil die Bewohner Roms weder den Papst noch den Kaiser als ihren Herrn anerkennen wollten.

Seit langem hatten in Rom mächtige Familien eine dominierende Rolle gespielt, Familien, deren festungsartig ausgebaute Stadthäuser – in vielen

Fällen auf den Grundmauern antiker Bauwerke oder in diese hineingebaut – über die Dächer der einzelnen *rioni* hinausragten. Alle diese
Familien, die Corsi, die Crescenzi, die Pierleoni, die Tuscolani, die
Frangipani, die Colonna, die Normanni, die Papareschi, die Tebaldi, die
Savelli, die Caetani, die Annibaldi und die Orsini, waren reich. Viele von
ihnen behaupteten, von dieser oder jener bedeutenden Familie des alten
kaiserlichen Rom abzustammen, und mehrere hatten in der Vergangenheit einen oder mehrere Päpste gestellt oder sollten dies in der Folge tun.
Innozenz II. beispielsweise war ein Papareschi, Anaklet II. ein Pierleoni,
Clemens III. ein Orsini. Freilich war die Herrschaft, die diese Familien
über die *rioni* ausübten, nicht mehr unumstritten, war doch im Schoß der
römischen Gesellschaft eine neue Kraft herangewachsen, eine Klasse von
in Zünften organisierten Handwerkern und Gewerbetreibenden, von
Unternehmern, Geldverleihern und Händlern, von Anwälten, niedrigen
Geistlichen und in der Kirchenverwaltung beschäftigten Beamten. Im
wesentlichen war es dem wachsenden Einfluß dieser Gruppen zuzuschreiben, daß im Jahr 1143, während der Amtszeit des Papareschi-
Papstes Innozenz II., die Bewohner Roms auf die Barrikaden stiegen,
ultimativ die Verbannung aller Adligen aus der Stadt forderten, deren
Paläste sowie diejenigen der Kardinäle plünderten und die Errichtung
einer römischen Republik, die Wiedergeburt des Senats und die Berufung
eines *Patricius* als Regierungschef einer republikanischen Regierung pro-
klamierten. Angesteckt von der revolutionären Leidenschaft Arnolds von
Brescia, des radikalen religiösen Reformers, der bald darauf nach Rom
kommen sollte, drängte der Senat im Namen des Volkes darauf, daß der
Papst seine weltliche Macht in die Hände des *Patricius* lege und daß seine
Einkünfte auf diejenigen Abgaben und Geschenke beschränkt würden,
mit denen sich die Priester im alten Rom hatten zufriedengeben müssen.

Auf dem Höhepunkt des Konflikts zwischen Senat und Papsttum starb
Innozenz II. Sein Nachfolger Zölestin II. starb fünf Monate später, ohne
eine Einigung mit den Republikanern erzielt zu haben. Ebenfalls ohne
Erfolg versuchte Lucius II., die republikanischen Kräfte gewaltsam zu
unterdrücken; als er mit seinen Bataillonen das Kapitol, in dem sie sich
verschanzt hatten, belagerte, wurde er verwundet, offenbar durch einen
Steinbrocken, der ihn am Kopf traf; wie seine Vorgänger starb er, ohne
eine Lösung des Konflikts erreicht zu haben. Nun war es an Eugen III.,
dem ersten Zisterzienserpapst, sich um die Beilegung der Krise zu
bemühen. Von Arnold von Brescia als „Mann des Blutes" gebrandmarkt,
dessen Kurie eine „Räuberhöhle" sei, sah Eugen sich, als er sich zur
Peterskirche begeben wollte, um seine Weihe zu empfangen, von einer
Phalanx republikanischer Senatoren am Betreten der Kirche gehindert.

Damit nicht genug, wurde er im Februar 1145 aus Rom verjagt, als er sich weigerte, auf die weltlichen Machtbefugnisse des Heiligen Stuhls zu verzichten. Er floh nach Viterbo und ging daran, zum Zwecke der Niederschlagung der Republikaner Truppen um sich zu sammeln. Es kam jedoch nicht zur Entscheidungsschlacht, da beide Seiten, des Kämpfens müde, bereit waren, einen Kompromiß zu akzeptieren; während die Rebellen auf ihren *Patricius* verzichteten, fand der Papst sich zur Anerkennung der Republik bereit.

Es handelte sich indes um einen für beide Seiten unbefriedigenden Kompromiß, dem keine Dauer beschieden war. Die Auseinandersetzungen flammten wieder auf und hielten, hin und wieder mit Waffengewalt geführt, jahrzehntelang an; beide Lager bedienten sich während dieser Zeit der Hilfe der Deutschen, deren Kaiser sich zwar dafür entschied, den Papst zu unterstützen, gleichwohl aber unmittelbar danach die alten Auseinandersetzungen wiederaufnahm, was ihn wiederum nicht daran hinderte, im schönen Gleichklang mit dem Papst die Forderungen der römischen Bürger zu verwerfen. Dem Papst Clemens III., einem gebürtigen Römer, blieb es schließlich vorbehalten, im Jahr 1188 eine tragfähige Lösung herbeizuführen. Er erkannte das Recht der Stadt Rom an, den Krieg zu erklären und Frieden zu schließen, sowie Senatoren und einen Präfekten zu ernennen. Er erklärte sich ferner bereit, einen bestimmten Teil der päpstlichen Einkünfte für die Instandhaltung der Stadtmauern und für die Entlohnung städtischer Beamten zur Verfügung zu stellen. Dafür leisteten die Senatoren, in deren Reihen sich neben Angehörigen der mächtigen Familien auch Männer von weniger vornehmer Abkunft befanden, den Treueeid auf den Papst, erkannten seine weltlichen Machtbefugnisse an und erstatteten ihm diejenigen kirchlichen Besitzungen und Vermögenswerte zurück, die ihm in den unruhigen Zeiten der jüngsten Vergangenheit abgejagt worden waren. Damit waren einerseits die Forderungen der Bürger weitgehend erfüllt, während andererseits den Päpsten die Möglichkeit gegeben war, den Einfluß, den sie in den Tagen Gregors des Großen ausgeübt hatten, allmählich wiederzugewinnen. Zwischen 1198 und 1227, unter den Päpsten Innozenz III. und Honorius III., war die katholische Kirche, nachdem sie vorübergehend die Herrschaftsansprüche des deutschen Kaiserhauses abgeschüttelt und ihre Angelegenheiten in die eigenen Hände genommen hatte, in Europa die unbestrittene geistliche Führungskraft, eine Kraft, die auch auf dem politischen und diplomatischen Felde von den europäischen Festlandsmächten respektiert werden mußte. Trotz wiederholter moralischer Krisen und der Tatsache, daß das Papsttum fast nie über nennenswerte Machtmittel verfügte, war die Kirche zu einem gewichtigen Machtfaktor im westlichen Europa geworden.

Nachdem in Rom wieder Ordnung und Stabilität eingekehrt waren, wandten sich die Päpste der baulichen Wiederherstellung und Verschönerung der Stadt zu. Während des zurückliegenden bewegten Jahrhunderts war die kirchliche Bautätigkeit nicht völlig zum Erliegen gekommen. Neu entstanden waren in dieser Zeit die prachtvollen Kirchen SS. Quattro Coronati, S. Clemente,[11] S. Maria in Trastevere,[12] S. Bartolomeo in Isola[13] und S. Crisogono;[14] andere Kirchen hatte man restauriert und teilweise mit hohen Glockentürmen, *campanili*, versehen, wie beispielsweise S. Maria in Cosmedin. Etwas später waren S. Giovanni a Porta Latina[15] und SS. Bonifacio ed Alessio[16] geweiht worden, und gegen Ende des Jahrhunderts hatten die Bauarbeiten für eine große neue Basilika namens S. Lorenzo fuori le mura begonnen. Innozenz III. richtete sein Augenmerk freilich weniger auf kirchliche als auf weltliche Bauten. Er ließ den Lateran-Palast renovieren, gab auf dem Gelände der heutigen Vatikanstadt ein großes, befestigtes päpstliches Wohn- und Amtsgebäude in Auftrag[17] und errichtete zusammen mit seinem Bruder Riccardo nahe dem Forum des Nerva als Teil des Befestigungswerks für diesen Teil der Stadt ein kolossales Turmbauwerk, die Tor de' Conti.[18] Und gleichsam als Gegengewicht zu diesem Symbol stolzen Macht- und Selbstbewußtseins ließ er jenseits des Flusses, zwischen St. Peter und der Engelsburg, also im Stadtviertel Borgo, die Kirche S. Spirito in Sassia erbauen.[19]

Der Borgo, das von der Leoninischen Mauer umschlossene Stadtviertel, war mittlerweile ebenso dicht bebaut wie die *rioni* auf dem anderen Tiberufer und beherbergte dementsprechend einen nicht unerheblichen Teil der vielleicht fünfunddreißigtausend Einwohner Roms. In der Umgebung der Peterskirche, des Nabels der christlichen Welt, drängten sich Klöster, Herbergen, Kapellen und Betstuben; dazu kamen Wohnhäuser, Tavernen, Hütten von Einsiedlern, ein Heim für Findelkinder, ein Waisenhaus, ein Armenhaus, ein Heim für reuige Dirnen sowie Läden und Geschäfte aller Art. Es war ein Gemeinwesen eigener Art, eine Art Stadt in der Stadt. Am Fuß der Außenmauern der Peterskirche drängten sich die Geldwechsler, mit lauten Rufen die Tauschkurse verkündend, während sie geräuschvoll mit den auf ihrem Tisch angehäuften Münzen klimperten. Händler boten, entweder an stationären Kiosken oder ambulant, ihre Waren an: Kerzen, Souvenirs, wie etwa Bruchstücke von Reliquien, Rosenkränze und Ikonen, Gläschen mit Öl oder Weihwasser, Streifen von Leinenstoff aus dem Grab des heiligen Laurentius oder getrocknete Blumen, die nahe dem Grab des heiligen Sebastian gewachsen waren. Andere fliegende Händler lebten davon, daß sie Stroh für die Bereitung von Nachtlagern verkauften. Es gab Schuster, die die durchgelaufenen Schuhe der von weither gewanderten Pilger neu besohlten,

Fisch- und Obsthändler, die ihre Ware lautstark anspriesen, und Bücher-
verkäufer, die sich als Untermieter des Kanonikus im Innern der Basilika
eingenistet hatten; dort lauerten auch Bettler und selbsternannte Fremdenführer auf Mildtätige, Neugierige und Leichtgläubige.

Unweit davon, am Ufer des Tiber unterhalb des zur Engelsburg
führenden Ponte S. Angelo, wimmelte es von Netzen, Fischerkörben,
Eimern und Töpfen. Im flachen Wasser in Ufernähe füllten, zwischen
alten Kornmühlen umherwatend, Wasserträger ihre Eimer. Die engen,
düsteren Straßen und Gassen des Borgo waren gesäumt von dicht an
dicht gebauten Häusern mit Außentreppen, überhängenden Balkonen
und die Gassen überspannenden gemauerten Bögen, die gerade so hoch
waren, daß eine Frau mit einem Bündel auf dem Kopf hindurchpaßte.
Hier wühlten sich die Römer durch das lebhafte Gedränge, so gut es
ging, den Lasttieren und den schwerbeladenen Trägern ausweichend.
Wer Wert auf Reinlichkeit legte, tat gut daran, aufzupassen, wohin er
trat, denn auf den teils mit Stampflehm, teils mit Plastersteinen befestigten Straßen sammelten sich die Abfälle und Fäkalien von Anwohnern
und Passanten, und Metzgereien und Gerbereien leiteten ihre Blut- und
Abwasserbäche, unbekümmert um behördliche Verbote, ins Freie. Die
Häuser waren aus Ziegelsteinen und anderen überwiegend aus den
Ruinen des antiken Rom ‚gewonnenen‘ Baumaterialien errichtet und
manchmal mit Tonziegeln oder Schindeln, häufiger jedoch mit Stroh
gedeckt. Ihre Bewohner verbrachten eine Großteil des Tages auf der
Straße, sei es, daß sie, vor der Tür oder auf den unteren Stufen der
Außentreppen sitzend, kochten, Wäsche wuschen oder sich mit Nachbarn oder Passanten unterhielten, sei es, daß sie im Freien ihr Handwerk
ausübten. Hoch über ihren Köpfen ragten die zahlreichen *campanili* und
die aus gebrannten Ziegeln errichteten Festungstürme der Stadtpaläste
der reichen Familien auf. In jedem *rione* gab es diese burgartigen Anlagen; besonders eng drängten sie sich in den höheren Lagen des Esquilin,
des Caelius und des Aventin. Im Zentrum der Stadt befanden sich die
Märkte – der Fleischmarkt beim Theater des Marcellus, der Fischmarkt
bei der Kirche S. Angelo in Pescheria[20] und der allgemeine Markt auf dem
Kapitol. Jenseits des Zentrums erstreckten sich in nördlicher, östlicher
und südlicher Richtung die *disabitati*, die weitläufigen unbewohnten
Flächen zwischen dem bebauten Stadtkern und der Aurelianischen Mauer, die teils als Äcker, Weingärten und Viehweiden genutzt wurden, teils
eine wüste, partienweise überwucherte Ruinenlandschaft waren. Dort,
wo die Stadt in den *disabitato* überging, standen geräumigere, schönere
Häuser mit Gärten, in denen Feigenbäume und Rebstöcke willkommenen Schatten spendeten – ein Paradies im Vergleich zu dem Schmutz und

Gewimmel, den düsteren, verwinkelten Gassen und Häusern des Borgo und des Trastevere; und weiter gen Westen lagen nahe der Stelle, wo heute die Porta S. Giovanni steht, im Schatten des wiederaufgebauten Lateranpalastes die Gebäudegruppen.

Viele der Baudenkmäler des antiken Rom befanden sich in einem mehr oder weniger weit fortgeschrittenen Stadium des Zerfalls, ohne daß irgend jemand daran Anteil zu nehmen schien. Daher war die Versuchung für ausländische Fürsten, Bischöfe und andere vermögende Besucher groß, sich aus dem noch Vorhandenen die interessanteren Stücke herauszusuchen und sie kurzerhand mitzunehmen, wie es etwa der Bruder König Heinrichs IV. von England tat, als er 1430 in seiner Eigenschaft als Bischof von Winchester Rom besuchte. Etliche der antiken Monumente waren dadurch dem Verfall und der Zerstörung entgangen, daß man sie in Kirchen verwandelt oder zu Privatresidenzen umgebaut hatte. Der Triumphbogen des Septimius Severus blieb erhalten, weil er durch eine päpstliche Schenkung in den Mitbesitz der Kirche SS. Sergio e Bacco überging, deren Priester ihn mit Anbauten versahen.[21] Den Titus- und den Konstantinsbogen hatte sich die Familie Frangipani angeeignet und, nachdem sie sich ihren Besitzanspruch hatte bestätigen lassen, zu Festungsbauwerken umgebaut, wodurch die beiden Monumente immerhin vor der möglichen Zerstörung bewahrt wurden. Die Frangipani waren es auch, die den Circus Maximus mit einem Ring protziger Türme versahen.

Trotz des gleichgültigen Umgangs der Römer mit dem ihnen anvertrauten baulichen Erbe konnte keinem Besucher der Stadt verborgen bleiben, wie sehr das antike dem mittelalterlichen Rom doch seinen Stempel aufgeprägt hatte und wie viele Baudenkmäler aus der Kaiserzeit trotz aller Verwüstung und Nachlässigkeit erhalten geblieben waren. Ein berühmter Rom-Führer aus jener Zeit, die ‚*Mirabilia*‘ aus der Feder eines Kanonikus der Peterskirche, lenkte das Augenmerk des Besuchers nicht nur auf die christlichen Schmuckstücke der Stadt, sondern auch auf die erstaunlichen Baudenkmäler und Kunstwerke aus ihrer heidnischen Epoche. Einige dieser Kunstwerke waren vor dem Lateran-Palast aufgestellt; neben einer Reihe nicht mehr identifizierbarer Bronzeplastiken fanden sich dort auch das Reiterstandbild Marc Aurels, der Kopf und die Hand der Kolossalstatue Kaiser Konstantins, auf hohen Säulen[22], eine Bronzetafel mit einer Inschrift, die Teil eines Dekrets war, mit dem das Volk von Rom die kaiserlichen Machtbefugnisse des Augustus auf Vespasian übertragen hatte,[23] die Bronzefigur eines Knaben, der sich einen Dorn aus dem Fuß zieht,[24] und die *lupa*, die Wölfin, das Wappentier Roms – in diese Skulptur hatte im Jahr 65 v.Chr., als sie noch auf dem Kapitol

stand, der Blitz eingeschlagen.[25] Von den Baudenkmälern aus antiker Zeit
waren die meisten für die Gewinnung von Baumaterialien ausgeschlachtet worden; zahlreiche Quader und Säulen und selbst etliche Statuen
waren darüber hinaus in den Kalkbrennereien gelandet. Andererseits
hatten jedoch der Senat und die Kirche nicht wenige bauliche und
künstlerische Zeugnisse der Antike gerettet und wenigstens vor weiterer
Zerstörung bewahrt. Der Senat hatte beispielsweise die Trajansäule mit
einem Dekret unter seinen Schutz gestellt, in dem es hieß, sie dürfe
„niemals beschädigt oder zerstört werden, sondern [müsse] zu Ehren des
römischen Volkes erhalten bleiben, solange die Welt besteht. Jeder, der es
wagt, sie anzutasten, wird mit dem Tode bestraft werden, und sein
Eigentum wird der Staatskasse anheimfallen." Analog gaben die Mönche
von S. Silvestro in Capite,[26] die die Säule Marc Aurels in ihren Gewahrsam genommen hatten, öffentlich bekannt, daß „jeder, der die Säule mit
Gewalt aus unserem Stift fortnimmt, als Tempelschänder in alle Ewigkeit
verdammt sein und dem immerwährenden Kirchenbann unterliegen soll.
So sei es."

Andere beschädigte oder eingestürzte Monumente waren instand gesetzt beziehungsweise wiederaufgerichtet worden, wie etwa der Obelisk,
der heute auf dem Gelände der Villa Mattei auf dem Caelius steht.[27] Er
wurde nach seiner Wiederherstellung zunächst vor dem Palazzo del
Senatore[28] auf dem Kapitol aufgestellt, der ebenso wie die ältere Casa di
Crescenzio[29] zwar erst im Mittelalter erbaut wurde, aber den tiefen
Respekt seiner Erbauer vor der Architektur der klassischen Antike
bezeugte. Die für die Rettung und Wiederherstellung dieser Monumente
verantwortlichen Männer waren auf ihr Werk immerhin so stolz, daß sie
nach dem Vorbild ihrer antiken Vorgänger der Nachwelt durch eine
Inschrift Rechenschaft über ihr Rettungswerk gaben. So finden sich auf
etlichen Mauern und Brücken Roms noch heute Inschriften wie jene auf
dem Pons Cestius: „Benedictus [Carushomo], Obersenator der Erhabenen Stadt, hat diese fast ganz zerstörte Brücke [in den Jahren 1191–1193]
wiederaufgebaut."

Als Honorius III. 1227 starb und Gregor IX., ein Freund von Franz von
Assisi, seine Nachfolge antrat, kam der Machtkampf zwischen dem
Papsttum und dem deutschen Kaiserthron, auf dem inzwischen Friedrich
II. saß, erneut zum Ausbruch; beim Tode des Kaisers im Jahr 1250 war
noch keine Entscheidung gefallen. Zu dieser Zeit wurden auch die
Forderungen – namentlich die finanziellen –, die die Stadt Rom an den
Heiligen Stuhl stellte, immer aggressiver. Die Ernennung des aus Bolo-
gna stammenden Brancaleone di Andalò zum – hauptberuflichen und

hochbezahlten – Senator im Jahr 1252 führte dazu, daß diese Forderungen mit größerem Nachdruck und Erfolg vertreten wurden. Der zähe und tatkräftige Brancaleone schaffte es nicht nur, die Macht des Papsttums über die Stadt zu bannen, sondern verstand es auch, für friedliche Koexistenz zwischen den streitlustigen römischen Familien zu sorgen, indem er nicht weniger als 140 ihrer Festungstürme niederreißen und zwei Unruhestifter aus der Familie Annibaldi aufhängen ließ. Doch nach dem Tod Brancaleones – dessen Kopf in eine Vase gelegt und auf einer Marmorsäule auf dem Kapitol als kostbare Reliquie zur Schau gestellt wurde, bis die Kirche diesem Kult ein Ende machte – wurde Rom wieder einmal zum Schauplatz regelmäßiger innerer Machtkämpfe zwischen rivalisierenden Parteien. Mit größerer Erbitterung als je zuvor wurde um beziehungsweise gegen die weltlichen Herrschaftsansprüche des Papsttums gekämpft. Doch erst als Karl von Anjou, ein jüngerer Bruder des Königs von Frankreich und seit 1283 selbst König von Neapel und Sizilien, dem Papst Schutz und Unterstützung gewährte, kehrte wieder so etwas wie Ordnung ein. Die Kirche und letzten Endes auch Rom zahlten freilich für diese Ordnung einen hohen Preis. Denn nachdem das französische Königshaus erst einmal in Rom Fuß gefaßt hatte, versuchte Karl, der sich zum Senator hatte ernennen lassen, dafür zu sorgen, daß in der Folge nur noch Männer zu Päpsten gewählt wurden, die etwas für Frankreich übrig hatten oder, wie Innozenz V., gebürtige Franzosen waren. Die Folgen dieser Fremdbestimmung wurden jedoch nicht sofort sichtbar. 1277 wurde ein Italiener aus vornehmer Familie zum Papst gewählt: Giovanni Gaetano Orsini; auf ihn folgte zwar ein Franzose, doch dessen Nachfolger bis zu Bonifaz VIII. waren wieder durchwegs Italiener – Honorius IV. war ein Savelli, Nikolaus IV. ein Masci aus Ascoli und Bonifaz VIII. ein Caetani aus Anagni.

Unter diesen italienischen Päpsten vermochte die Kirche ihre Reichtümer erheblich zu vermehren: nicht nur Einnahmen aus dem Kirchenzehnten, Spenden, Schenkungen und der Kirche gesetzmäßig zufließende Abgaben füllten die Kassen, sondern auch Zahlungen für Ämter und besondere christliche Gefälligkeiten und nicht zuletzt die Münzen, die die zahlreichen Pilger an den heiligen Schreinen zurückließen. Auch Bankiers, Geldwechsler, Gastwirte und Händler hatten gute Konjunktur, besonders im Jahr 1300, das Bonifaz VIII. zum ersten Heiligen Jahr erklärte.

Wieviel Geld die Römer in diesem Jahr an den Pilgern verdienten, ist nicht zu ergründen; fest steht nur, daß es eine gewaltige Summe gewesen sein muß. Ein Besucher sah „am Heiligabend eine so große Masse von Pilgern…, daß niemand ihre Zahl zu schätzen vermochte. Die Römer nehmen an", so fuhr er fort, „daß [es] alles in allem zwei Millionen Männer und Frauen waren. Ich sah viele Male, wie Menschen beiderlei Geschlechts niedergetrampelt wurden, und entging manches Mal selbst dieser Gefahr nur mit knapper Not." Tag und Nacht drängten sich die Menschen in den Straßen und standen in langen Schlangen vor den Kirchen an, um die Schreine und die berühmtesten Reliquien zu besichtigen: etwa das Tuch, mit dem die heilige Veronika Christus auf seinem Weg zum Kalvarienberg den Schweiß vom Gesicht gewischt hatte und in dem sich noch die Gesichtszüge des Heilands abdrückten, oder den Altar von S. Paolo fuori le mura, an dem immer zwei Priester Dienst taten, deren Aufgabe es war, mit Rechen die hingeworfenen Spenden zusammenzuhäufeln.

Zu denen, die gut verdienten, gehörten in diesen ausgehenden Jahrzehnten des 13. Jahrhunderts auch die Handwerker und Künstler Roms, sowohl diejenigen, die die unzähligen ‚Reliquien‘, Amulette, Andenken und Heiligenbilder anfertigten, die von den Straßenhändlern mit so viel Gewinn an die Besucher verhökert wurden, als auch diejenigen, die für die Päpste und deren Familien arbeiteten, deren Bautätigkeit von dem Wunsch getragen war, Rom wieder ein seiner ruhmreichen Vergangenheit würdiges Antlitz zu geben, ein Antlitz, das es an Schönheit mit dem von Florenz und den anderen berühmten Städten der Toskana aufnehmen könnte oder sie gar überträfe. Bei all dem verharrten sie jedoch in einem von Traditionsbewußtsein gespeisten Konservatismus, der sie mit Skepsis gegenüber den neuen gotischen Elementen in der Architektur erfüllte, die sich, von jenseits der Alpen kommend, immer mehr nach Süden ausbreiteten. Zahlreiche Kirchen wurden um diese Zeit grundlegend umgestaltet, beispielsweise St. Peter, S. Paolo fuori le mura und S. Maria Maggiore, oder gänzlich durch Neubauten ersetzt, wie der Lateran-Palast und die zugehörige Basilika. Prächtige Grabstätten und Grabdenkmäler entstanden. Maler, Bildhauer, Edelsteinschneider und Goldschmiede, Steinmetze und Mosaikleger hatten alle Hände voll zu tun, um die extravaganten Wünsche kirchlicher und weltlicher Bauherren, die einander an Großartigkeit zu übertreffen versuchten, zu erfüllen. Cimabuë und Arnulf von Cambio wurden aus Florenz herbeigeholt. Giotto wurde für die Restaurierung der Peterskirche sowie für den Bau des aufwendigen neuen Vatikan-Palasts engagiert, der an die Stelle der schlichteren, von Innozenz III. erbauten Residenz treten sollte. Neben den aus anderen Städten geholten Meistern waren auch die einheimischen Architekten und Künstler voll beschäftigt. Pietro Cavallini arbeitete an den Kirchen St. Peter, S. Paolo fuori le mura, S. Cecilia, S. Giorgio in Velabro und S. Maria in Trastevere. Jacopo Torriti gestaltete die Mosai-

ken der Lateran-Basilika und der Kirche S. Maria Maggiore, letztere mit
Hilfe von Filippo Rusuti.

Aber dieser Aufschwung der künstlerischen Aktivität war nur von
kurzer Dauer, denn die finanzielle und politische Sicherheit, die Rom
erlangt zu haben meinte, erwies sich als trügerisch. Seit dem Tode Karls
von Anjou war der Einfluß seines Hauses auf Rom dahingeschwunden.
Gleichwohl war Frankreich nicht bereit, die von Bonifaz VIII. für den
Heiligen Stuhl geltend gemachten Forderungen zu erfüllen; unter Bezug
auf die schon von Innozenz III. erhobenen Ansprüche erklärte Bonifaz
in seiner Bulle ,*Unam Sanctam*': „... die geistliche Macht kann die
weltliche einsetzen und richtet über sie, wenn sie sündigt." Dadurch, daß
Bonifaz eine Exkommunizierung nach der anderen aussprach, um seine
Forderungen durchzusetzen, brachte er die Monarchen Westeuropas
gegen sich auf, insbesondere König Philipp IV. von Frankreich. Bonifaz
war drauf und dran, auch Philipp zu exkommunizieren, als der französische Gesandte in Italien, angestiftet von der Familie Colonna, deren
Grundbesitz der Papst eingezogen hatte, mit einer kleinen Streitmacht
den päpstlichen Palast in Anagni besetzte und den Papst als Gefangenen
fortführte. Nachdem man ihn gedemütigt und mißhandelt hatte, durfte
Bonifaz schließlich nach Rom zurückkehren, wo er bald darauf starb.
Nach ihm amtierte für kurze Zeit der schwache Benedikt XI., ein
Italiener; im Jahr 1305 bewerkstelligte es dann der französische König,
den Franzosen Bertrand de Got als Clemens V. zum Papst wählen zu
lassen und durch Ernennung einer großen Zahl französischer Kardinäle
eine französische Mehrheit im Konklave und damit eine französische
,Thronfolge' auf dem Stuhl Petri sicherzustellen. Unter dem Druck
Philipps IV. annullierte Clemens V. die von Bonifaz verkündete Bulle
,*Unam Sanctam*' und verlegte im Jahr 1308 den Sitz des Papstes von Rom
nach Avignon. Achtundsechzig Jahre lang sollten nun französische Päpste die Geschicke der Kirche von dieser ihrer neuen Residenz im Süden
Frankreichs aus lenken (diese Episode ist als die ,Babylonische Gefangenschaft' der Päpste in die Kirchengeschichte eingegangen).

Und Rom? Im Stich gelassen von vielen, auch von den Künstlern, die
ihre Auftraggeber verloren hatten, versank es einmal mehr in Anarchie.

# VI. Heilige,
## Tyrannen und Gegenpäpste

„Wie sehr ich mich danach sehne, Rom zu sehen, selbst jetzt, da die Stadt verwaist und nur noch ein Schatten ihrer selbst ist, ist kaum zu glauben", schrieb Francesco Petrarca ein paar Tage vor Weihnachten 1334 an einen Freund. „Seneca pries sich glücklich, diese Stadt gesehen zu haben. Und wenn ein Spanier solcher Gefühle fähig war, was meinst du, empfinde ich als Italiener? Rom hat nie seinesgleichen gehabt und wird nie seinesgleichen haben."

Petrarca lebte zu jener Zeit in Avignon, im Hause des Kardinals Giovanni Colonna. Sein Vater, ein Anwalt aus Florenz, war nach Avignon übersiedelt, um sich um eine Anstellung am päpstlichen Hof zu bemühen. Er hatte seinen Sohn zum Studium ins nahegelegene Montpellier geschickt, in der Hoffnung, er werde sich in Wahrung der Familientradition ebenfalls für den Anwaltsberuf entscheiden. Doch Petrarca fand wenig Gefallen an der Juristerei, und kaum war sein Vater gestorben, gab er sein Studium auf, um seinen, wie er sich ausdrückte, „unstillbaren Durst nach Literatur" zu löschen. Genährt von seinem leidenschaftlichen Interesse an den klassischen lateinischen Schriftstellern, nahm seine Sehnsucht nach Rom mit den Jahren immer mehr zu, bis sich im Jahr 1337, als er dreiunddreißig Jahre alt und bereits ein bekannter Dichter war, sein Wunsch endlich erfüllte.

Das Rom, das er zu sehen bekam, war, wie von ihm nicht anders erwartet, bloß noch ein Schatten der Hauptstadt der Caesaren – verwelkt und verfallen, „ein Kehrichthaufen der Geschichte". Nur wenige Wochen, nachdem die Kurie nach Avignon umgezogen war, hatte ein Großbrand die Lateran-Basilika in Schutt und Asche gelegt. In der Folge hatte es zwar eine zögernde Aufbautätigkeit gegeben, aber das besagte wenig in einer Zeit, die durch eine ununterbrochene Abfolge bewaffneter Auseinandersetzungen und Gewalttaten gekennzeichnet war. Nun, da keine ordnende Macht mehr sie in Schach hielt, bekämpften die römischen Patrizierfamilien einander hemmungslos. Die Colonna führten Krieg gegen die Orsini, die Conti gegen die Savelli; die Frangipani und die Annibaldi schlossen sich bald der einen, bald der anderen Seite an. Gefolgsleute und gedungene Söldner der kriegführenden Parteien lagerten inmitten verstaubter Ruinen oder quartierten sich in verwaisten

Häusern und Palazzi ein; auch Priester griffen auf seiten aller Bürger-
kriegsparteien in die Kämpfe ein und zogen, mit Dolchen und Schwertern bewaffnet, in Haufen durch die Straßen. Die Gesetzlosigkeit nahm
überhand: Häuser wurden von bewaffneten Banden überfallen und geplündert, Pilger und Reisende ausgeraubt, Nonnen in ihren Klöstern
vergewaltigt. Zahlreiche Horden von Flagellanten suchten die Stadt
heim: barfüßig, den Kopf mit einer Kapuze verhüllt, versammelten sie
sich vor den Kirchen, sangen furchteinflößende Lieder, züchtigten sich
selbst, indem sie sich mit der Peitsche auf den nackten Rücken schlugen,
und warfen sich weinend, flehend und blutend vor die Altäre. Von den
Bewohnern Roms verlangten sie kostenlose Unterkunft und Verpflegung.

Petrarca war gewarnt. Sein Gönner, Kardinal Colonna, hatte ihm
gesagt, was ihn in Rom erwartete, hatte ihm aber gleichwohl geraten, die
Reise zu unternehmen, und sei es nur, damit die trostlose Wirklichkeit
seine romantischen Illusionen zerstreute. Als der Dichter dann jedoch in
Begleitung mehrerer Mitglieder der Familie Colonna durch die Stadt
spazierte und sich von ihnen erklären ließ, wie sie zur Zeit ihrer Vorväter
ausgesehen hatte, machte dieses Erlebnis einen tiefen und unauslöschlichen Eindruck auf ihn. Er beklagte den allerorten sichtbaren Verfall und
registrierte deprimiert, wie wenig die meisten Römer von der heroischen
Vergangenheit ihrer Stadt wußten, ja wie wenig sie sich dafür interessierten. Trotz alledem fand Petrarca, wie er Kardinal Colonna berichtete, die
Stadt noch schöner, als er sie sich ausgemalt hatte. Er bat den amtierenden Papst Benedikt XII., aus Avignon nach Rom zurückzukehren, damit
die Ewige Stadt wieder zur ‚Hauptstadt der Welt' würde. Er beschloß,
ein episches Gedicht im Stil Vergils zu schreiben, in dessen Mittelpunkt
er eine der großen Heldengestalten des antiken Rom stellte: Scipio
Africanus. Und es keimte in ihm die Wunschvorstellung, sich auf dem
Kapitol zum *poeta laureatus* krönen zu lassen, mit einem Zeremoniell,
wie es, nach dem Vorbild der griechischen Antike, in der Kaiserzeit
üblich war.

Drei Jahre später, im September 1340, wurde ihm der ersehnte Lorbeerkranz tatsächlich angeboten, und zwar gleich von zwei Seiten: vom
Kanzler der Universität von Paris und vom römischen Senat. Petrarca traf
seine Wahl ohne langes Zögern. Paris hatte sich zur Gelehrtenhauptstadt
Europas entwickelt; Rom aber war zu einer Zeit, da Paris allenfalls aus
ein paar primitiven Hütten an einem Flußufer bestanden hatte, bereits
das Zentrum einer Hochkultur und einer bemerkenswerten Zivilisation
gewesen. Petrarca reiste also nach Rom; am 8. April 1341 wurde er im
großen Saal des Senatspalastes auf dem Kapitol von einem Herold

aufgerufen, vor das Volk zu treten. Er hielt eine Rede in lateinischer Sprache und kniete dann nieder, um sich den Lorbeerkranz aufsetzen zu lassen. Anschließend zog er an der Spitze einer Prozession zur Peterskirche, wo er den Lorbeerkranz auf dem Grab des Petrus niederlegte. Bald darauf verließ er Rom. Daß freilich auch gekrönte Dichter nicht gegen die trivialen Gefahren des Alltags gefeit sind, mußte er kurz nach seiner Abreise erleben: er wurde überfallen und beraubt und sah sich gezwungen, nach Rom zurückzukehren und sich eine bewaffnete Eskorte zu besorgen.

Unter denen, die an jenem Tag auf dem Kapitol Zeugen der Krönung Petrarcas wurden und ihm zujubelten, war ein gutaussehender junger Notar namens Cola (Niccolò) di Rienzo. Er war ein ebenso schwärmerischer Anbeter des antiken Rom wie Petrarca selbst, ein begeisterungsfähiger Träumer, der später behauptete, ein leiblicher Sohn Kaiser Heinrichs VIII. zu sein – in Wirklichkeit war er das Kind eines Schankwirts und einer Wäscherin. Redegewandt, gefühlsbetont und temperamentvoll, war Cola in Rom als Experte für antike Baudenkmäler und Inschriften bekannt, über die er mit großer Leidenschaft und beträchtlicher Gelehrsamkeit Vortrag zu halten pflegte. Er profilierte sich darüber hinaus auch als politischer Demagoge, indem er vehement für die Rechte des Volkes eintrat und scharfe Kritik an den Patrizierfamilien übte, die sich nach wie vor auf das heftigste befehdeten (bei einer dieser Fehden war Colas Bruder getötet worden). Als daher im Jahr 1343 eine Abordnung römischer Bürger nach Avignon reiste, um den kürzlich gewählten Papst Clemens VI. zu bitten, nach Rom zurückzukehren und die ungebärdige Stadt kraft seiner Autorität zu befrieden, war es nur logisch, daß Cola, obwohl noch keine dreißig Jahre alt, der Delegation angehörte. In der Tat erwies er sich in Avignon als Wortführer der Abordnung: seine lebhafte und bewegende Darstellung der traurigen Lage Roms und seiner Bewohner, denen die Aristokraten das Leben so schwer machten, beeindruckte den Papst. Clemens VI. versprach, Rom bei nächster Gelegenheit zumindest einmal zu besuchen; ferner proklamierte er das Jahr 1350 zum Heiligen Jahr und legte in einer Bulle fest, künftig solle alle fünfzig Jahre ein solches Heiliges Jahr begangen werden. Cola hatte nichts Eiligeres zu tun, als seinen römischen Mitbürgern in einem Brief zu verkünden, daß die Gesandtschaft einen durchschlagenden Erfolg errungen habe und daß dies sein Verdienst gewesen sei. Der Größenwahn, der später zu einem beherrschenden Zug seines unberechenbaren Charakters werden sollte, kündigte sich in diesem Brief bereits an.

Nach seiner Heimkehr schlug Cola die Errichtung eines prächtigen

Denkmals für Papst Clemens VI. im Kolosseum oder auf dem Kapitol vor. In der Folge gefiel er, der immer mehr in die Rolle des Volkstribunen hineinwuchs, sich zunehmend in der Vorstellung, er sei zum Befreier des römischen Volkes vom Joch der Aristokraten auserkoren und müsse eine Revolution inszenieren, durch die Ruhm und Größe des antiken Rom wiederhergestellt würde. Die Patrizier sahen in ihm eher eine Witzfigur als eine Bedrohung; sie luden ihn gern zu ihren Banketten ein, um sich über seine weltbewegenden Reden und seine Untergangsprophezeiungen zu amüsieren. Wenn er freilich öffentliche Ansprachen hielt, wie er es einmal in der Lateran-Basilika tat – mit einer Art Toga bekleidet und einem weißen, mit seltsamen Insignien wie goldenen Kronen und Schwertern geschmückten Hut auf dem Kopf –, hörte das Volk aufmerksam und nachdenklich zu.

Um diese Zeit tauchten auf den Mauern der Stadt Wandmalereien auf, die allegorische Darstellungen von Schiffsuntergängen, Bränden und ähnlichen Katastrophen zeigten. Die Kirchentüren wurden mit Parolen wie der folgenden bemalt, die das Portal von S. Giorgio in Velabro zierte: „Bald werden die Römer zu ihrer guten alten Regierungsform zurückkehren." Der Rückhalt, den Cola bei der Bevölkerungsmasse und bei den Zünften fand, wuchs Tag für Tag; es zeichnete sich ab, daß es ihm mit Hilfe seines Verbündeten, des Papstes, womöglich gelingen würde, die Macht der selbstherrlichen Aristokraten zu brechen, die den Senat wie eh und je nach Belieben beherrschten. Im Mai 1347 war es dann so weit.

Am Morgen des Pfingstsonntags schritt Cola im Anschluß an einen Gottesdienst in der Kirche S. Angelo in Pescheria inmitten seiner Anhänger und in Begleitung eines offenbar nervösen päpstlichen Stellvertreters zum Kapitol, um dort ein Parlament einzuberufen. Er war barhäuptig, sonst aber in voller Rüstung. In Abständen waren entlang der Strecke bewaffnete Trupps postiert. Das Läuten der Kirchenglocken und die über den Köpfen der Teilnehmer flatternden Banner verliehen dem Zug einen eher feierlichen als verschwörerischen Charakter. Auf dem Kapitol angekommen, hielt Cola eine zündende Rede; er versicherte den Tausenden, die sich zusammengeschart hatten, er sei bereit, aus Liebe zum Papst und für die Erlösung des Volkes zu sterben. Einer seiner Adjutanten verlas dann ein revolutionäres, gegen die Aristokratie gerichtetes Reformprogramm. Alle vorgeschlagenen Erlasse wurden per Akklamation gutgeheißen, und zu guter Letzt wurden Cola Machtbefugnisse eines Diktators übertragen. Er erklärte, er werde diese Machtbefugnisse in enger Abstimmung mit dem päpstlichen Gesandten anwenden. Später wählte Cola für sich den Titel: „Niccolò, im Auftrag unseres allergnädigsten Herrn Jesus Christus, der Strenge und Milde, der Tribun von Freiheit, Frieden und

Gerechtigkeit und der Erlauchte Erlöser der Heiligen Römischen Republik."

Der plötzliche und unerwartete Aufstieg des Tribunen von eigenen Gnaden stürzte die Aristokratie in Verwirrung. Zunächst verurteilten sie Colas ungesetzliche Amtsanmaßung. Stefano Colonna, Befehlshaber der Miliz, ging so weit zu erklären, er werde „den jungen Narren aus den Fenstern des Kapitols werfen". Aber diese Töne vergingen ihm und seinesgleichen sehr bald: vor dem Palast der Colonna erschien eine Schar Bewaffneter, woraufhin der Hausherr nach Palestrina floh. Alle anderen Adligen wurden in ihren Villen oder Burgen unter Hausarrest gestellt und dann zur Huldigung auf das Kapitol zitiert. Ihre Angst war so groß, daß sie gehorchten. Die Colonna und Orsini, die Savelli, Annibaldi und Conti legten, Seite an Seite mit dem Kollegium der Richter und der Notare sowie mit den anderen Zünften Roms, den Treueeid auf die neue Republik und den „Erlauchten Erlöser" ab.

Cola und seine Mit-Putschisten, die sich eine starke militärische Schutztruppe, bestehend sowohl aus Kavallerie als auch aus Infanterie, zugelegt hatten, erließen eine Reihe von Verordnungen, die alle möglichen politischen, rechtlichen und finanziellen Fragen betrafen: Verbannte wurden nach Rom zurückgerufen, die Armen erhielten großzügige Unterstützung, die Adelsfamilien wurden angewiesen, die Befestigungsanlagen ihrer Paläste abzutragen und ihre Wappen von deren Außenmauern zu entfernen. Gegner des neuen Regimes wurden ebenso schwer bestraft wie Ehebrecher, Glücksspieler und Übeltäter aller Art. Bestechliche Richter wurden an den Pranger gestellt, ihre Vergehen per Inschrift auf einer Mütze, die man ihnen aufsetzte, bekanntgemacht. Ein Mönch, der sich als Verbrecher entpuppte, wurde enthauptet; ebenso erging es einem widerspenstigen Adligen aus der Dynastie der Annibaldi. Ein Ex-Senator namens Jacopo Stefaneschi wurde der Ausbeutung für schuldig befunden und auf dem Kapitol gehenkt.

Mit der Wiedererrichtung einer strengen, aber gerechten Republik in Rom ließ es Cola indes nicht bewenden. Ihm schwebte als Vision ein italienischer Bundesstaat mit Rom als Hauptstadt vor, ein das ganze ‚Heilige Italien' umfassender Bund, der in der Lage wäre, der Welt Frieden und Ordnung aufzuzwingen. Er schickte Sendboten zu allen wichtigen Städten und Herrschern der italienischen Halbinsel und ließ sie auffordern, ihre Vertreter in ein nationales Parlament in Rom zu entsenden. Und in der Tat war die Hoffnung auf eine Besserung der beklagenswerten politischen und geistlichen Verfassung Italiens so groß und flößte der bloße Name Roms noch so viel Ehrfurcht ein, daß Colas Plan ernst genommen und von vielen der Angesprochenen sogar mit Begeisterung gutgeheißen wurde. Respektvolle Antworten gingen aus Mailand und Venedig, aus Florenz und Siena, aus Genua, Lucca, Spoleto und Assisi ein. Fünfundzwanzig Städte erklärten sich bereit, Abordnungen in das römische Parlament zu entsenden. Der Papst schickte ein silbernes Kästchen, das mit drei Wappen geschmückt war: dem des Papstes, dem der Stadt Rom und dem des neuen Tribunen. Aus Avignon sandte auch Petrarca eine ermunternde Grußbotschaft: „Klugheit und Mut seien mit dir… Jedermann muß Rom ein gutes Geschick wünschen. Eine so gerechte Sache kann sich der Zustimmung Gottes und der Welt sicher sein."

Cola war überzeugt davon, unter dem persönlichen Schutz des Heiligen Geistes zu stehen. Er gebärdete sich immer exzentrischer. Beispielsweise gewöhnte er sich an, in einem golddurchwirkten Seidengewand auf einem Schimmel durch die Stadt zu reiten, wobei über seinem Haupt ein Wimpel mit dem Wappen, das er sich zugelegt hatte, flatterte. Am Peter- und Paulstag kleidete er sich in grünen und gelben Samt und ritt, ein stählernes Zepter in der Hand, zur Peterskirche. Fünfzig mit Lanzen bewaffnete Männer eskortierten ihn. Ein Herold trug ihm das Schwert der Justitia voran. Fanfarenstöße und Beckenschläge kündigten seine Ankunft an, und einer seiner Vertrauten warf Goldstücke und Münzen unter die Menge, die florentinische Meister für den Tribun graviert hatten. Auf den Stufen der Peterskirche wurde er vom römischen Klerus mit dem Choral ‚*Veni Creator Spiritus*‘ begrüßt.

Am 1. August, dem für die Eröffnung des nationalen Parlaments und für die feierliche Proklamierung der Einheit Italiens gewählten Tag, wurden außergewöhnliche Festlichkeiten veranstaltet. Seit jeher war es Tradition gewesen, daß an diesem Tag den Gläubigen die Ketten des Heiligen Petrus gezeigt wurden. Vor der feierlichen Enthüllung dieser Reliquien ließ Cola di Rienzo sich im Lateran zum Ritter schlagen; nachdem er zunächst in das uralte grüne Basaltbecken der Lateran-Taufkapelle gestiegen war, in dem sich der Sage nach Kaiser Konstantin sein Heidentum heruntergewaschen hatte, erschien er, solchermaßen gereinigt, vor seinen versammelten Anhängern. Am Tag darauf präsentierte er sich, diesmal scharlachrot gekleidet, dem Volk als „Kandidat des Heiligen Geistes, Ritter Nikolaus, der Strenge und Milde, Zelot für Italien, Freund der Welt, der Tribun Augustus". Per Dekret verkündete er, das römische Volk übe nunmehr die Gerichtshoheit über alle anderen Völker aus, wie es das in der antiken Vergangenheit getan hatte; Rom, die Grundfeste des Christentums, sei, so redete er weiter, wieder die Hauptstadt der Welt, alle anderen Städte Italiens seien freie Städte, deren Einwohnern das römische Bürgerrecht zustehe, und da er und der Papst nunmehr die Herren der Welt seien, müßten diejenigen Herrscher, die ebenfalls Anspruch auf das Erbe des Heiligen Römischen Reiches erhoben, vor ihm und dem päpstlichen Gesandten erscheinen und sich über ihr weiteres Schicksal ins Bild setzen lassen. Nachdem er all dies verkündet hatte, erhob er sein Schwert und deutete mit ihm in einer dramatischen Gebärde in drei verschiedene Richtungen. Dabei rief er: „Das gehört mir!" Obwohl niemand den genauen Sinn dieser Worte verstand, brach die Menge in lauten Jubel aus, als die Zeremonie mit einem Fanfarensignal zu Ende ging.

Die Begeisterung, die die Politik des Tribunen Cola zunächst entfacht hatte, schwand bald dahin. Der Papst brachte, irritiert über die Allmachtsphantasien seines Schützlings, sein Bedauern über die Unterstützung, die er ihm bislang gewährt hatte, zum Ausdruck. Die italienischen Städte, die um ihre Unabhängigkeit fürchteten, begannen sich zu überlegen, ob es wirklich in ihrem Interesse lag, unter einem so extravaganten und vielleicht geistig gestörten Führer in einen nationalen Bund einzutreten. Etliche von denen, die mit ihm zusammengearbeitet hatten und anfänglich von seinem messianischen Auftreten fasziniert gewesen waren, zweifelten jetzt daran, daß er imstande sei, seine visionären Ideen in die Tat umzusetzen. Dem römischen Volk wurde der Mann, den es als seinen Helden verehrt hatte, zunehmend unheimlicher, nachdem er sich auch noch mit Kränzen aus Pflanzen, die auf dem Konstantinsbogen wuchsen, hatte krönen lassen und sich an Mariä Himmelfahrt mit dem Sohn der Gottesmutter verglichen hatte. Ein Mönch, der bis dahin zu Colas leidenschaftlichsten Anhängern gehört hatte, erlitt aus diesem Anlaß einen Zusammenbruch; sein Schluchzen war ein symbolisches Beispiel für die allgemeine Enttäuschung und Ernüchterung.

Der römische Adel bereitete sich nun, ermuntert vom Papst, der einen Legaten nach Rom entsandte mit dem Auftrag, etwas gegen Cola zu unternehmen, auf einen Gegenschlag vor. Cola war jedoch auf der Hut. Er lud mehrere Mitglieder der Familien Colonna und Orsini zu einem großen Bankett auf dem Kapitol ein und ließ sie verhaften, nachdem einer von ihnen, Stefano Colonna, eine ironische Bemerkung über die prachtvolle Garderobe des Gastgebers gemacht hatte. Vor einer weiteren Bestrafung der Festgenommenen schreckte Cola jedoch zurück. Während draußen die Volksmenge auf die Nachricht von ihrer Hinrichtung wartete und die Glocken der *campanili* in Erwartung ihres Todes ihr Trauergeläut anstimmten, begnadigte Cola die Verhafteten unter der Bedingung, daß sie den Treueeid auf die Gesetze der Republik ablegten.

Auf freien Fuß gesetzt, brachen die Aristokraten ihren Eid unverzüglich; mit Söldnertruppen, die sie ausgehoben hatten, machten sie jenseits

der Stadtmauern das Land unsicher. In Rom war unterdessen der päpstliche Legat eingetroffen; er zitierte Cola zu sich in den Vatikanischen
Palast. Der wichtigtuerische Tribun hatte sich den neuerlichen Zorn des
Papstes dadurch zugezogen, daß er jüngst verkündet hatte, das gesamte
„Heilige Italien" müsse sich zu einem neuen Römischen Kaiserreich
zusammenschließen – den Kaiserthron beanspruchte Cola dabei offen-
sichtlich für sich selbst. Weder der (französische) Papst noch die (in ihrer
Mehrheit ebenfalls französischen) Kardinäle wünschten sich eine Wieder-
kehr des Römischen Reiches, hätte dies doch nur die Unabhängigkeit des
Papsttums gefährden und womöglich eine Rückkehr der Kurie aus
Avignon nach Rom nach sich ziehen können. Der päpstliche Gesandte
hatte daher den Auftrag, Cola nachdrücklich in die Schranken zu weisen.

Der aber ließ sich nicht so leicht einschüchtern. Er erschien im Vatikan
mit Panzerhemd und silberner Krone und mit einem Zepter in der Hand.
Zum Erstaunen des Legaten hatte er über sein Panzerzeug eine Dalmatica
gestreift, wie die Kaiser sie bei der Krönungszeremonie zu tragen pflegten.

„Ihr habt nach mir geschickt", herrschte er, so die Überlieferung, den
Legaten in brüskem Ton an. „Was wollt Ihr?"

„Ich habe eine Botschaft von unserem Herrn, dem Papst."

„Was für eine Botschaft?"

Die arrogante Kurzangebundenheit Colas konsternierte den päpstlichen Abgesandten so sehr, daß es ihm buchstäblich die Sprache verschlug
und er seinen Besucher nur stumm anstarrte. Dieser kehrte ihm daraufhin
„verächtlich den Rücken und verließ den Palast mit einem eigentümli-
chen Lächeln". Am Fuß der Treppen bestieg er sein Pferd und galoppierte davon, um gegen die Aristokraten zu kämpfen.

In der Morgenkälte des 20. November 1347 trafen die Truppen der
verfeindeten Parteien in strömendem Regen jenseits der Porta S. Lorenzo
aufeinander. Colas Streitmacht, die überwiegend aus Fußsoldaten bestand, die seiner Republik eisern die Treue hielten, wurde von jungen
Adeligen befehligt, die sich mit ihren Familien entzweit hatten. An der
Spitze des aus rund 4000 Infanteristen und 600 Berittenen bestehenden
Adelsheers standen der betagte Stefano Colonna, seine Söhne und Enkelsöhne sowie verschiedene Mitglieder der Familien Orsini, Caetani und
Frangipani, die in dieser Situation zu ungewohnter Eintracht gefunden
hatten. Der Waffengang war kurz und heftig. Zuerst sah es nach einem
Triumph der Aristokraten aus, die, aufgeputscht durch den Tod des
zwanzigjährigen Giovanni Colonna, dessen Pferd in eine Grube stürzte,
und seines Vaters, der aus dem Sattel geschleudert wurde, wütend auf
Colas Männer einstürmten. Cola geriet, als er sein Banner in den

Schlamm sinken sah, vor Angst ins Schlottern und rief verzweifelt: „O Gott! Hast du mich verlassen?" Aber seine Männer fingen und sammelten sich wieder und schlugen die Adelsstreitmacht wenig später in die Flucht. Auf dem Schlachtfeld zurück blieben nicht weniger als achtzig einst gefürchtete und geachtete Aristokraten. Man ließ ihre nackten Leichen bis zum Nachmittag liegen, damit der römische Pöbel sein Mütchen an ihnen kühlen konnte.

Mit wiedergekehrtem Selbstbewußtsein führte Cola seine Truppen im Triumphzug zum Kapitol. Dort hielt er, einen Kranz aus Olivenzweigen auf dem Kopf, eine Rede an seine siegreichen Soldaten. Am Tag darauf suchte er in Begleitung seines kleinen Sohns, die Stadt durch die Porta S. Lorenzo verlassend, die Stelle auf, an der Giovanni Colonna zu Tode gestürzt war; mit dem blutgeröteten Wasser, das in der Grube stand, taufte er den Knaben zum „Ritter des Sieges" und wies die Kommandeure seiner Kavallerie an, ihm mit ihren Schwertern den Ritterschlag zu geben.

Dieses lächerliche Ritual und die Feigheit, die er auf dem Schlachtfeld an den Tag gelegt hatte, kosteten Cola einen großen Teil des ihm noch verbliebenen Rückhalts. Die Leute erzählten sich, sein Charakter habe sich vollständig gewandelt, er gebe sich in seinem Palast den luxuriösesten Genüssen hin, werfe mit Geld um sich, als sei es Wasser, und umgebe sich mit Taugenichtsen, die ihm nach dem Mund redeten und seiner wahnhaften Eitelkeit schmeichelten. Sicher ist, daß er, um seine Truppen bezahlen zu können, die Steuern auf eine zuvor selten erreichte Höhe trieb. Doch dies alles wäre ihm vielleicht mit Rücksicht auf seine früheren Verdienste verziehen worden, wenn nicht der Papst eine Bulle gegen das römische Volk erlassen und darin Cola zahlreicher verbrecherischer und gottloser Handlungen bezichtigt hätte; die Bulle gipfelte in der Aufforderung an die Römer, Cola abzusetzen. Angesichts der Tatsache, daß das nächste Heilige Jahr kurz bevorstand, wollten sie nicht das Risiko eingehen, den Papst zu verstimmen und sich die Gewinne, die die Pilger ihnen bringen würden, zu verscherzen. Cola, seines Rückhalts bei der Bevölkerung beraubt und von Alpträumen, Ohnmachtsanfällen und Gleichgewichtsstörungen gequält, entschloß sich zum Rücktritt. Am 15. Dezember 1347 verließ er, in Tränen aufgelöst, das Kapitol. Einige von denen, die seinen Abgang beobachteten, weinten ebenfalls, doch niemand trat auf ihn zu, um ihn am Weggang zu hindern oder ihm auch nur gute Wünsche mitzugeben. Bald darauf hielt der päpstliche Legat seinen förmlichen Einzug in der Stadt, nahm sie im Namen der Kirche in Besitz und gab bekannt, daß das Heilige Jahr 1350 wie geplant stattfände.

In den Wochen vor Beginn des Heiligen Jahrs drängten sich auf den nach Rom führenden Straßen die Pilger. Mit ihnen kamen jene zahllosen Händler und Gauner, Bettler und Fremdenführer, Taschendiebe, Musiker und Gaukler, die sich in Rom immer einstellten, wenn Besucher mit Geld in der Tasche angesagt waren. Wie der Biograph von Papst Clemens VI. berichtete, strömten Tag für Tag bis zu fünftausend Menschen in die Stadt und fanden Unterkunft und Verpflegung. Die Klage über die Habgier ihrer römischen Gastgeber war allgegenwärtig, aber bemerkenswerterweise gab es für alle genug zu essen, vorausgesetzt, die Kasse stimmte. Der Papst selbst blieb in Avignon; im Gegensatz zu den Pilgern des Jahrs 1300 – unter ihnen waren der florentinische Chronist Giovanni Villani und vielleicht der Dichter Dante gewesen –, denen Papst Bonifaz VIII. von der Loggia des Lateran-Palasts aus den päpstlichen Segen erteilt hatten, kamen die Rom-Pilger von 1350 also nicht in den Genuß dieser Gunst. Nicht einmal den Lateran selbst konnten sie bewundern, denn er war zu dieser Zeit wieder einmal eine Ruine. In der Tat präsentierten sich neben den antiken Monumenten Roms auch die meisten seiner bedeutenden christlichen Baudenkmäler in einem beklagenswerten Zustand, sei es infolge von Vernachlässigung, Kriegseinwirkung oder Erdbebenschäden. Der Schwarze Tod, der zwei Jahre zuvor über Westeuropa hinweggezogen war und in Florenz mehr als die Hälfte aller Einwohner hinweggerafft hatte, hatte in Rom keinen so schrecklichen Tribut gefordert wie in anderen großen Städten Italiens. Zum Gedenken an dieses Wunder – denn als solches empfanden es die Römer – war die prächtige Marmortreppe errichtet worden, die zur Kirche S. Maria in Aracoeli hinaufführt.[1] Doch dafür hatten die Erdstöße vom 9. und 10. September 1348 die Stadt schwer in Mitleidenschaft gezogen. Die Kirche S. Paolo fuori le mura war ebenso in sich zusammengefallen wie die Basilika SS. Apostoli.[2] Mehrere Türme waren eingestürzt, desgleichen der Giebel des Lateran; im Kolosseum waren ganze Mauerblöcke aus den oberen Stockwerken herausgebrochen und in die Arena gestürzt. Alle diese Schäden waren nur zum geringsten Teil beseitigt und repariert worden. „Die Häuser sind zerstört", schrieb ein über den Anblick, den die Stadt bot, bestürzter Petrarca. „Die Mauern wälzen sich am Boden, die Tempel fallen zusammen, die Heiligtümer gehen zugrunde… Der Lateran liegt am Boden, und die Mutter aller Kirchen steht ohne Dach da und ist dem Wind und dem Regen preisgegeben. Die heiligen Stätten von St. Peter und St. Paul wanken, und was bis vor kurzem der Tempel der Apostel war, ist jetzt nur noch ein unförmiger Trümmerhaufen, geeignet, sogar ein Herz aus Stein zu erweichen."

Recht und Gesetz würden in Rom, so fügte Petrarca hinzu, „mit

Füßen getreten"; die Pilger bewegten sich wohlweislich in größeren
Gruppen, da Einzelgänger beständig in der Gefahr schwebten, beraubt
oder sogar ermordet zu werden. Ein Kardinal berichtete von einem
Erlebnis, das in jenen Tagen in Rom durchaus keine Seltenheit war: als er
auf dem Weg zur Paulskirche war, durchbohrte ein aus einem Fenster
abgeschossener Pfeil seinen Hut; von da an ging er nie wieder ohne Helm
und ohne ein schützendes Panzerhemd unter seinem Kardinalsgewand
auf die Straße. Nach Ende der Feierlichkeiten zum Heiligen Jahr nahm
die Gesetzlosigkeit ein unerhörtes Ausmaß an. Die Adelsfamilien hielten
sich aus angeheuerten Straßenräubern bestehende Söldnertruppen, mit
deren Hilfe sie sich die Herrschaft über ihre *rioni* zurückeroberten und
dort wie kleine Despoten regierten. Der Stellvertreter des Papstes wurde
aus der Stadt vertrieben, womit auch der letzte Anschein einer zentralen
Regierungsgewalt beseitigt war. Auf Anraten des Papstes versammelte
sich einen Tag nach dem Weihnachtsfest 1351 eine Gruppe römischer
Bürger in der Kirche S. Maria Maggiore und beschloß, die Ernennung
eines angesehenen Mannes aus ihrer Mitte zum *rector* der Stadt zu
fordern. Nachdem der Papst diese Forderung gutgeheißen hatte, wurde
Giovanni Gerroni zum *rector* bestimmt. Doch schon kurze Zeit, nachdem er sein mit weitreichenden Befugnissen ausgestattetes Amt angetreten hatte, sah er sich von Verschwörern umzingelt, die seinen Sturz
betrieben; angesichts dessen erklärte er, er sei der Aufgabe nicht gewachsen, und machte sich davon, nicht ohne das in der Staatskasse verbliebene
Geld mitzunehmen. Zum erneuten Mal übernahmen die großen Familien, allen voran die Orsini und die Colonna, die Herrschaft in Rom, und
zum erneuten Mal probte das Volk den Aufstand: ein Senator, Stefanello
Colonna, wurde aus der Stadt vertrieben, ein anderer, Berthold Orsini,
unter einem Haufen von Steinen begraben, die auf ihn hinabhagelten, als
er die Treppen des Kapitolhügels herabkam. Und wieder einmal erwählte
sich das Volk einen Führer, der die Republik retten sollte. Doch dieser
neue Diktator, Francesco Baroncello, machte seine Sache nicht besser als
vor ihm Giovanni Gerroni. Die Römer begannen den Sturz ihres Tribunen Cola di Rienzo zu bedauern, der bei allen seinen Fehlern doch für
geordnete Zustände gesorgt und eine wenn auch nur kurzlebige Hoffnung auf neue Größe entzündet hatte.

Cola hatte sich nach seiner Flucht aus Rom zwei Jahre lang in den
unzugänglichen Höhenzügen der Abruzzen östlich von Rom aufgehalten; in der Gesellschaft von Angehörigen einer asketischen und konservativen Sekte von Franziskanermönchen, die sich Fraticelli nannten, hatte
er dort das Leben eines bußfertigen Einsiedlers geführt. Danach war er
nordwärts gezogen, hatte die Alpen überquert und sich zum Hof des

böhmischen Königs Karls IV. durchgeschlagen; ihm versuchte er einzureden, er müsse nach Italien fahren und als Retter Roms in die Heilige Stadt einziehen; er selbst, Cola, wollte als kaiserlicher Sendbote vorauseilen und den Boden bereiten, ähnlich wie Johannes der Täufer den Boden für Christus bereitet hatte. Mit bewährter Überredungsgabe machte Cola dem König die Vorstellung schmackhaft, wie letzterer in Rom vom Papst zum Kaiser des Heiligen Römischen Reichs gekrönt und anschließend Cola zum Herzog von Rom erhoben würde; diese drei – Kaiser, Papst und Herzog – könnten sich dann als die irdischen Vertreter der Heiligen Dreifaltigkeit betrachten. König Karl, dem sein seltsamer Besucher und dessen „phantastische Träumereien" unheimlich wurden, ließ den Papst über die Anwesenheit Colas in Prag informieren; Clemens wies den Erzbischof von Prag an, Cola unter Bewachung zu stellen. Im Juli 1352 erklärte der Erzbischof Cola zum Ketzer und sorgte dafür, daß er dem päpstlichen Generalbevollmächtigten überstellt wurde. Einen Monat später traf Cola in Avignon ein; kurze Zeit später starb Papst Clemens.

Clemens' Nachfolger Innozenz VI., der zuvor an der Universität von Toulouse Zivilrecht gelehrt hatte, hielt von Cola mehr als sein Vorgänger. Er war der Ansicht, die Kirche könne von einer Rückkehr Colas nach Rom, wie Petrarca und mittlerweile auch die Römer selbst forderten, profitieren. Dank seinen Erfahrungen mit der römischen Politik mochte Cola vielleicht ein nützlicher Ratgeber für Kardinal Gil Alvarez Carrillo de Albornoz sein, einen kastilischen Granden, der unlängst zum Generalvikar für Italien ernannt worden war. Papst Innozenz ordnete daher die Freilassung Colas aus dem Gefängnis an, in dem er, exkommuniziert und zum Tode verurteilt, gesessen hatte. So kam es, daß sich am 1. August 1354 zahllose Menschen in den Straßen Roms drängten, um ihrem Ex-Tribun bei seiner Rückkehr einen jubelnden Empfang zu bereiten. Die Anwohner der Straßen, durch die ihn sein Triumphzug zum Kapitol führte, hatten ihre Fenster und Dächer mit Fahnen und Blumengirlanden geschmückt.

Allein, Cola di Rienzo war nicht mehr der gutaussehende Mann, als der er sieben Jahre zuvor aus Rom fortgezogen war. Abgesehen davon, daß er blaß und fett geworden war, hatte er auch seine begeisternde Rednergabe eingebüßt: an die Stelle eines feurigen Enthusiasmus war eine kontemplative Verträumtheit getreten, wobei sich allerdings unter seine melancholischen Betrachtungen gelegentlich hysterische Ausbrüche mischten, bei denen er abwechselnd von Lach- und Weinkrämpfen geschüttelt wurde. Einmal an der Macht, legte er wieder jenes exzessiv tyrannische Gebaren an den Tag, mit dem er sich in seinen letzten Monaten als Tribun im Jahr 1347 bei den Römern verhaßt gemacht hatte:

er erhob willkürlich Steuern und nutzte alle anderen sich bietenden Möglichkeiten, um Geld aufzutreiben; er schreckte nicht einmal davor zurück, Angehörige wohlhabender Familien verhaften zu lassen und für ihre Freigabe Lösegeld zu verlangen. Bald war nicht nur der Adel, sondern auch das Volk entschlossen, diesen Herrscher loszuwerden.

An einem Oktobermorgen drangen durch die der Piazza Mercato zugewandten Fenster seines Schlafzimmers laute Rufe an Colas Ohr: *„Popolo! Popolo!* Tod dem Verräter, der uns die Steuern auferlegt hat!" Als er feststellen mußte, daß seine Leibwächter und seine Diener allesamt geflohen waren, warf er sich rasch in seine Rüstung und die prächtigen Überkleider, die er als Tribun getragen hatte, ergriff das Banner Roms und trat auf den Balkon hinaus. Er versuchte, der wütenden Menge etwas zu sagen, aber seine Worte gingen in ihrem Geschrei unter. Er entrollte das Banner und wies auf die in goldenen Buchstaben eingestickten Worte *„Senatus Populusque Romanus."* Allein, die Rufe wurden lauter und eindringlicher: „Tod dem Verräter!" Es flogen Steine, und ein Pfeil durchbohrte Colas Hand. Dann steckte der Mob die hölzernen Palisaden, die den Palast schützten, in Brand. Während die Flammen sich vorwärtsfraßen, rasierte Cola sich in aller Eile den Bart ab. Dann streifte er einen alten Umhang über, schwärzte sein Gesicht und rannte durch den dichten Rauch die Treppe hinab und auf den Innenhof des Palastes hinaus. In den Ruf „Tod dem Verräter!" einstimmend, versuchte er unerkannt in der Menge unterzutauchen. Er hatte jedoch vergessen, seine Ringe und Armbänder abzustreifen; jemand erblickte diese funkelnden Schmuckstücke und ergriff den Fliehenden mit dem Ruf „Das ist der Tribun!" am Arm. Die Menge schleppte Cola zu der Stelle, wo Berthold Orsini gesteinigt worden war; dort stellte er sich, die Arme über der Brust gekreuzt, auf, während sich unter den Umstehenden Stillschweigen ausbreitete. Mit seinem geschwärzten Gesicht, dem abgerissenen Mantel, unter dem deutlich sichtbar Ränder und Zipfel seines grauseidenen, goldbedruckten Prachtgewandes hervorlugten, und seinen purpurnen Strümpfen gab er eine mitleiderweckende Figur ab. Während einer lähmenden Zeitspanne, die sich schier unendlich dehnte, so daß sein mittelalterlicher Biograph behauptete, es sei eine volle Stunde gewesen, rührte niemand eine Hand gegen ihn. Dann trat einer seiner einstigen Staatsdiener mit einem Schwert vor und stieß es ihm durch den Leib. Daraufhin stürzte sich die Menge auf den Sterbenden, hieb mit Stichwaffen auf seinen Körper ein und schlug ihm den Kopf ab. Sein Leichnam wurde schließlich durch die Straßen geschleift und vor einem Haus nahe der Kirche S. Marcello[3] im *rione* der Familie Colonna aufgehängt. Zwei

Tage baumelte er dort, steinewerfenden Straßenjungen als Zielscheibe
dienend.

Vor den Toren des Nonnenstifts von S. Lorenzo in Panisperna[4] konnte
man in jenen Jahren fast jeden Tag eine ältere hellhäutige Frau sitzen
sehen, die um milde Gaben für die Armen bettelte und alle Dinge, die ihr
gegeben wurden, dankbar mit den Lippen berührte. Birgitta Godmarsson, Tochter eines schwedischen Richters und Witwe eines schwedischen
Adligen, dem sie acht Kinder geboren hatte, war durch eine Vision
bewogen worden, nach Rom zu gehen: Christus war ihr erschienen und
hatte ihr befohlen, sich unverzüglich nach Rom zu begeben und in der
Stadt zu bleiben, bis sie dort sowohl den Papst als auch den Kaiser
gesehen hätte. Auf den Rundgängen durch Rom, die die Gründerin des
Birgittenordens in geistlicher und karitativer Mission unternahm und die
sie von einer verfallenden Kirche zur anderen, von einem verwahrlosten
Spital zum nächsten führten, hatte sie weitere Visionen: sowohl Jesus als
auch die Gottesmutter sprachen zu ihr und bestärkten sie in ihrem
Glauben an die Wiederkehr der Größe Roms und die Rückkehr des
Papstes. In der Umgebung des Hauses, in dem sie lebte, in der Gegend
der heutigen Piazza Farnese, erstreckten sich verkohlte Überreste ausge-
brannter Gebäude und verrottende Abfallhaufen; aus der morastigen
Trümmerlandschaft ragten die Ruinen von Palästen und Festungen auf,
die von ihren Besitzern aufgegeben worden waren; dazwischen fanden
sich von verhungernden Familien bewohnte Hütten und halbverfallene
Kirchen. Heimkehrende Pilger schilderten Rom als eine bedrückend
leblose Stadt, über der ein Schweigen lag, das nur vom Gebell streunen-
der Hunde und hin und wieder vom Gebrüll eines rasenden Mobs
unterbrochen wurde.

In Avignon verhallten die Rufe der Römer nach Rückkehr des Papstes
in ihre Stadt ebenso ungehört wie die vom gleichen Wunsch beseelten
Gebete der Birgitta Godmarsson und die brieflichen Aufforderungen, die
Petrarca bis in sein hohes Alter hinein an die Päpste schrieb. Im Jahr 1362
bestieg Guillaume de Grimoard als sechster der Avignon-Päpste unter
dem Namen Urban V. den Stuhl Petri. Ermuntert von Karl IV., der
inzwischen Kaiser geworden war und sich erbot, ihn zu begleiten,
entschloß sich Urban, nach Rom zu reisen, nicht nur der dem Verfall
preisgegebenen Stadt zuliebe, sondern auch im Interesse des Papsttums
selbst, dessen Sicherheit in Avignon bedroht war, seit das westliche
Europa zum Tummelplatz marodierender Banden geworden war und seit
Engländer und Franzosen begonnen hatten, sich einen Krieg zu liefern,
der hundert Jahre andauern sollte. Papst Urban hoffte darüber hinaus,

die Wiedervereinigung der östlichen und der westlichen Kirche erreichen zu können, und hielt es für günstiger, die Verhandlungen darüber mit dem Patriarchen von Konstantinopel von Rom aus zu führen. So kam es, daß im Jahr 1367 Papst Urban mit seinem Gefolge über die Alpen kam, zum Gebet vor dem Grab des heiligen Petrus niederkniete und in den dumpfen, kärglichen Gemächern Quartier nahm, die man im Vatikan für ihn hergerichtet hatte. Er sollte sich jedoch nicht lange in Rom aufhalten. Er fand die Stadt, die in einem trostloseren Zustand war, als er befürchtet hatte, bedrückend. Der Klerus hielt nicht viel von einer Verständigung mit Konstantinopel, und zudem fand Urban, daß er seine Vermittlerrolle zwischen England und Frankreich leichter von Avignon aus wahrnehmen könne. So machte er sich, nachdem er dafür gesorgt hatte, daß die Schädel der Apostel in den Lateran gebracht und in die von ihm zu Schreinen geweihten Silberbüsten eingeschlossen wurden, im Jahr 1370 wieder auf und kehrte nach Frankreich zurück, die Warnung der späteren heiligen Birgitta in den Wind schlagend, daß er sterben würde, wenn er Rom im Stich ließ. Ihre Prophezeiung sollte sich erfüllen: wenige Monate nach seiner Rückkehr nach Avignon war er tot.

Sechs Jahre später faßte sein Nachfolger Gregor XI., der fürchtete, das Papsttum könnte der italienischen Kirche und seiner Besitzungen in Italien verlustig gehen, wenn es Rom weiterhin links liegen ließ, den Entschluß, mit der Kurie endgültig und auf Dauer wieder in die Heilige Stadt zurückzukehren. Einen gewissen Anteil am Zustandekommen dieses Entschlusses hatte eine bemerkenswerte junge Frau, der es bestimmt war, zur Schutzheiligen Italiens zu werden.

Caterina Benincasa war das jüngste Kind eines Färbers aus Siena. Zur Überraschung und zum nicht geringen Kummer ihrer Eltern zeigte das ebenso gescheite wie hübsche Mädchen keine Neigung zum Heiraten und widerstand allen elterlichen Bemühungen – darunter auch Züchtigungen –, sie umzustimmen. Sie hatte sich in den Kopf gesetzt, Dominikanerin zu werden; wer Mitglied in diesem Orden werden wollte, mußte lediglich ein einfaches Gelübde ablegen und konnte zu Hause wohnen bleiben. Caterina verbrachte viele Stunden im Gebet, hatte dabei eine Reihe von Verzückungserlebnissen und schließlich auch schmerzende Wundmale. Ihre Frömmigkeit, ihre Entsagung und die langen Briefe und Gebete, die sie, des Schreibens nicht mächtig, diktierte, erregten weithin Aufmerksamkeit und bescherten ihr eine Gruppe gläubiger Anhänger, die sogenannten Caterinati, die sie bei ihren Reisen begleiteten. Die erste ihrer Pilgerfahrten führte sie nach Avignon, wo sie leidenschaftlich für die Sache des Friedens – insbesondere des innerkirchlichen und inneritalienischen Friedens – und für einen Kreuzzug gegen den Islam agitierte und Papst Gregor inständig aufforderte, seinen Vorsatz endlich wahrzumachen und nach Rom zurückzukehren. Gegen Ende 1376 faßte er den Entschluß, ihrem Rat und den Geboten seines eigenen Gewissens Folge zu leisten.

Am Morgen des 16. Januar 1377 legte Papst Gregor, mit dem Schiff von der Tibermündung herkommend, unter dem Jubel der versammelten Menge und unter Fanfarenstößen nahe der Basilika S. Paolo fuori le mura an. Wie die sein Grabmal in der Kirche S. Francesca Romana schmückenden Reliefs bezeugen, war er in Begleitung zahlreicher Kardinäle, die auf prächtig geschmückten Pferden ritten. Den Papst selbst zeigen diese Reliefs ebenfalls zu Pferd, unter einem Baldachin einherreitend, die spätere heilige Caterina an seiner Seite und, ihm entgegenkommend, um ihn zu begrüßen, Minerva als symbolische Personifizierung Roms. Über der Porta S. Paolo, die als verfallene Ruine dargestellt ist, schwebt der päpstliche Stuhl in den Wolken, und ein Engel hält die päpstliche Tiara und die Schlüssel von St. Peter bereit. Diese so bezaubernd dargestellte Szene markierte indes nicht nur das Ende einer traurigen Periode der Geschichte Roms, sondern auch den Beginn eines von noch größerer Zerrissenheit und noch schärferer Zwietracht gekennzeichneten Zeitalters. Papst Gregor war, obwohl noch nicht fünfzig Jahre alt, bereits ein greisenhaft aussehender, dem Tod geweihter Mann. Er lebte nur noch wenig mehr als ein Jahr, und nach seinem Tod kam es zu erbitterten Konflikten um die Wahl seines Nachfolgers.

Die Römer hatten durch Abordnungen, Petitionen und Volksversammlungen in den verschiedenen *rioni* keinen Zweifel daran gelassen, daß sie sich als nächsten Papst einen Italiener, wenn möglich sogar einen Römer wünschten; als die Kardinäle im Vatikan zum Konklave zusammentraten, erscholl aus der versammelten Menge drohend der Ruf: *„Romano o Italiano lo volemo!"* Zum Schutz der Kardinäle ließ man den Vatikan von Miliz abriegeln und den Durchgang durch den Borgo mit Barrikaden versperren. Zur Warnung an die Adresse potentieller Gewalttäter waren in der Peterskirche Henkerswerkzeuge, eine Axt und ein Block, bereitgestellt worden, und die Kirchenschätze hatte man vorsorglich in die Engelsburg überführt.

Diese Vorkehrungen erschienen den nervösen Kardinälen durchaus angebracht. Bevor sie sich in ihre mit Vorhängen abgeteilten ‚Zellen‘ innerhalb des Konklavesaals begaben, eröffnete man ihnen, daß in das Gebäude unlängst der Blitz eingeschlagen hatte. Jetzt verschafften sich die Senatoren der *rioni* gewaltsamen Zutritt und erinnerten die Kardinäle an die Wünsche der Römer. Einer der Prälaten, der mehr Mut besaß als seine Kollegen, erwiderte, das Konklave müsse ungestört zu seiner

Entscheidung gelangen. So, als ob die draußen drängende Menge dies gehört und sich dadurch provoziert gefühlt hätte, wurde ihr Geschrei lauter und bedrohlicher. Drinnen fühlten unterdessen die Kardinäle den Boden unter ihren Füßen splittern, und von unten durch das Parkett gestoßene Lanzen kamen zum Vorschein. Im Untergeschoß wurden Brennholz und Zunder angehäuft, damit das ganze Gebäude niedergebrannt werden konnte, falls die Kardinäle eine den Römern nicht genehme Wahl treffen sollten.

Der erste Wahlgang brachte eine Mehrheit für Bartolomeo di Prignano, den Erzbischof von Bari; der war zwar Italiener, stammte aber aus Neapel und war damit Untertan des Hauses Anjou, das in Neapel nach wie vor regierte; er war daher als Kandidat für die Franzosen nicht unakzeptabel. Draußen verbreitete sich indes das Gerücht, die Wahl sei auf den römischen Kardinal Francesco Tibaldeschi gefallen. Daraufhin drangen Hunderte von begeisterten Römern in das Konklave ein, um ihren vermeintlichen neuen Papst zu beglückwünschen. Dieser wurde von seinen Kollegen überredet, die ihm fälschlich zugewiesene Rolle zu spielen, um so die Kardinäle davor zu bewahren, aus den Fenstern geworfen zu werden. Während der greise Tibaldeschi zitternd auf dem Heiligen Stuhl saß und die Ovationen seiner Anhänger entgegennahm, entkamen die anderen Kardinäle in eine nahegelegene Kapelle und bestätigten in einer nochmaligen Abstimmung die Wahl des Erzbischofs von Bari. Als Tibaldeschi nach einiger Zeit den Irrtum richtigstellte, erreichte der Tumult in der Halle einen neuen Höhepunkt. Doch als sich herumsprach, daß der neue Papst – er wählte den Namen Urban VI. –, wenn nicht Römer, so doch zumindest Italiener war, verebbten die Proteste, und die Römer fanden sich mit dem neuen Kirchenvater ab.

Nicht aber die französischen Kardinäle. Enttäuscht von Urban, der ein so eigenwilliges und dabei so verworrenes Regiment an den Tag legte, daß manche zu der Überzeugung kamen, seine Wahl zum Papst habe ihn um den Verstand gebracht, erklärten sie dieselbe für ungültig, da sie unter äußerem Druck stattgefunden habe. Durch einen Mehrheitsbeschluß im Heiligen Kolleg wurde er für abgesetzt und an seiner Stelle Robert, Kardinal von Genf, zum Papst erklärt. Das war der Auftakt zum großen Schisma.

Der neue Gegenpapst, der lahme und schielende Clemens VII., nahm seinen Sitz wieder in Avignon. Urban VI., der rauhe und tatkräftige Neapolitaner, blieb in Rom. Caterina aus Siena starb, innerlich gebrochen, weil es ihr nicht gelungen war, die Spaltung der Kirche zu verhindern und für eine Erneuerung des verkommenen Klerus zu sorgen, im April 1380 in der Via S. Chiara und wurde in der Kirche S. Maria sopra Minerva begraben.[5]

Einer derjenigen, die um Caterina trauerten, tröstete sich mit dem Gedanken, daß es ihr auf diese Weise erspart blieb, mitzuerleben, wie es mit Rom und der Kirche weiter abwärts ging. Der Nachfolger Urbans, der schlaue und habgierige Bonifaz IX., ebenfalls ein Neapolitaner, setzte für das Jahr 1390 ein weiteres kirchliches Jubelfest an, das freilich eher finanziellen als religiösen Zielen diente. Finanziert wurde dieses Heilige Jahr, das wieder einmal Ströme von Pilgern nach Rom brachte, durch den Verkauf von Ablässen in einem bis dato nicht dagewesenen Ausmaß. Für die Frommen unter den Pilgern war der verkommene Zustand, in dem sie die römische Kirche vorfanden, nicht weniger bedrückend als der Anblick der Stadt, die jetzt mehr einer heruntergekommenen Provinzstadt glich als einer Metropole. Auf den von Unkraut und Sträuchern überwucherten Plätzen und den von Ratten bevölkerten Ruinen des Marsfeldes grasten Ziegen, und in dachlosen Kirchen tummelten sich weidende Rinder. In den engen Gassen lauerten Straßenräuber; bei Nacht kamen Wölfe in die Stadt, lieferten sich im Schatten der Peterskirche wilde Kämpfe mit streunenden Hunden und gruben mit ihren Klauen im nahegelegenen Campo Santo Leichen aus dem Boden. „O Gott, wie schlimm ist es um Rom bestellt!" klagte ein Besucher aus England. „Einst war es die Stadt der vornehmen Aristokraten und der Paläste, jetzt ist es eine Stadt der Hütten, der Diebe, der Wölfe, des Ungeziefers und der Einöden, und die Römer selbst reißen einander in Stücke."

Tatsächlich hatten die Römer resigniert ihre Bemühungen eingestellt, ein starkes und stabiles politisches Staatswesen zu errichten; statt dessen ließen sie zu, daß der machtgierige Bonifaz die unumstrittene Vorherrschaft an sich riß, den Vatikan zusammen mit der wiederhergestellten und vergrößerten Engelsburg zu einer Festung ausbaute, desgleichen aus dem Senatspalast eine Bastion des Papsttums machte und Machtpositionen und Pfründen an seine Verwandten und Freunde verteilte. Nach seinem Tod wählten die Kardinäle aus Angst vor dem König von Neapel wiederum einen Neapolitaner zum Papst, Innozenz VII.; gegen ihn erhoben sich die Römer in einem Aufstand, der für sie mit einer demütigenden Kapitulation endete. Als nach dem Tod von Innozenz VII. die Wahl auf den Venezianer Gregor XII. fiel, der Anstalten machte, sich mit dem in Avignon residierenden Papst zu verständigen, führte dies im Jahr 1413 zur Besetzung Roms durch die Truppen des Königs von Neapel, der entschlossen war, eine Schmälerung seines Einflusses, wie sie als Folge einer Überwindung des großen Schismas wohl eingetreten wäre, nicht zuzulassen.

Ungefähr um diese Zeit wurde auf einem Kirchenkonzil in Pisa ein neuer Anlauf zur Beilegung des Schismas genommen, das Europa in zwei Lager spaltete. Die salomonische Lösung, die auf dem Konzil gefunden wurde, bestand darin, daß man beide Päpste, sowohl in Avignon als auch in Rom, absetzte und an ihrer Stelle den Kreter Petros Philargos wählte, der sich den Namen Alexander V. gab. Er hatte nichts Eiligeres zu tun, als das Konzil für beendet zu erklären; dessen Beschlüsse wurden indes von keinem der beiden abgesetzten Päpste anerkannt, so daß es nun statt zweier gleich drei Päpste gab, von denen jeder die beiden anderen exkommunizierte.

Einen neuen Versuch, aus der Krise herauszukommen, unternahm bald darauf Kaiser Sigismund, indem er in Konstanz ein weiteres Kirchenkonzil zusammenrief. Zu diesem Zeitpunkt war ein neuer Papst auf der Bildfläche erschienen: Baldassare Cossa, als Johannes XXIII. Nachfolger des in Pisa gewählten Alexander V., bei dessen Tod er, wie viele argwöhnten, womöglich nachgeholfen hatte. Cossa, der einer alten neapolitanischen Familie entstammte und der eine Zeitlang Seeräuber und anschließend Söldnerführer gewesen war, war ein skrupelloser, sinnlicher und extrem abergläubischer Mensch, als Papst jedenfalls eine groteske Fehlbesetzung.

Im Bündnis mit dem König von Neapel etablierte sich Papst Johannes in Rom; sein Verbündeter hinterging ihn freilich sogleich, griff unter Bruch aller Abmachungen am 8. Juni 1413 Rom an und trieb Johannes aus der Stadt. Der Papst floh mit seinem Anhang über die Via Cassia; auf dem Marsch starben mehrere Prälaten an Erschöpfung, die übrigen wurden von ihren eigenen Söldnern ausgeraubt. Die Stadt, die sie hinter sich gelassen hatten, mußte wieder einmal eine Plünderung erdulden. Die neapolitanischen Soldaten setzten, von ihren Offizieren nicht in Schach gehalten, Häuser in Brand, plünderten die Sakristei der Peterskirche, funktionierten die Basilika selbst zum Pferdestall um, brandschatzten Heiligtümer und Kirchen und ließen sich mit ihren Dirnen inmitten ihrer Kriegsbeute zum Zechen nieder, den Wein aus geweihten Kelchen trinkend.

Papst Johannes XXIII., der nach Florenz geflohen war, reiste von dort aus gleich zum Konstanzer Konzil weiter, wo er zu seiner Überraschung erfuhr, daß er aller möglichen Verbrechen beschuldigt wurde, darunter der Ketzerei, der Simonie, der Tyrannei, des Mordes und der Verführung von 200 Bologneserinnen. Nachdem es ihm zunächst gelungen war, als Söldner verkleidet aus Konstanz zu entkommen, wurde er erkannt, verraten, verhaftet und vor das Konzil zurückgebracht, das ihn ebenso für abgesetzt erklärte wie den Avignon-Papst Benedikt XIII. und, nach-

dem sich die deutschen und englischen Kardinäle mit den Italienern
gegen die Franzosen zusammengetan hatten, einen Italiener zum neuen
Papst wählte.

Martin V. stammte aus der römischen Dynastie der Colonna, die seit
über drei Jahrhunderten zu den mächtigsten Familien Roms gehörte und
doch nie zuvor einen Papst hervorgebracht hatte. Martin V. entschied
sich dafür, seine Residenz in Rom aufzuschlagen; im Jahr 1420 hielt er
dort Einzug, unter einem purpurnen Baldachin und eskortiert von
turnenden Spaßmachern. Die Römer feierten die Rückkehr des Papstes
bis spät in die Nacht mit Hochrufen und Sprechchören und mit Fackel-
läufen durch die Straßen der Stadt. Martin amtierte über zehn Jahre, und
ihm folgten zwei weitere italienische Päpste von außergewöhnlichem
Format: der Venezianer Eugen IV. und der Ligurer Nikolaus V. Nun
dämmerte die Hoffnung auf, daß endlich bessere Zeiten kommen würden.

## VII. ‚Die Zuflucht aller Völker‘

Schirmherr und Sprachrohr einer neuen Blütezeit Roms zu sein, dazu fehlten Nikolaus V. auf den ersten Blick alle Voraussetzungen. Er war klein, bleich, runzelhäutig und nach vorn gebeugt und hatte dunkle, stets nervös umherwandernde Augen und einen großen Mund, den er mißmutig zu verziehen pflegte. Doch konnte niemand an seiner Großmut und Freundlichkeit zweifeln, und alle, die ihn kannten, rühmten seine Gelehrsamkeit und seine Entschlossenheit, die Kirche mit der weltlichen Kultur des anbrechenden Renaissance-Zeitalters zu versöhnen und Rom wieder eine Stellung zu verschaffen, die seiner Vergangenheit als ruhmreicher Mittelpunkt der antiken Welt und als Brennpunkt des Christentums würdig war. Sohn eines ligurischen Arztes, hatte er aus Geldmangel sein Studium an der Universität Bologna abbrechen müssen, um sich in Florenz als Lehrer zu verdingen. Mit seiner Liebenswürdigkeit und seinem Witz hatte er viele Freunde gewonnen, denen der Spielraum seines Wissens imponierte. „Was er nicht weiß“, sagte Aeneas Silvius Piccolomini, Humanist wie der Papst selbst, „liegt außerhalb der Domäne des menschlichen Begreifens.“ Nikolaus war im Jahr 1447 zum Papst gewählt worden.

Seine beiden Vorgänger Martin V. und Eugen IV. hatten getan, was sie konnten, um die heruntergekommene Stadt wiederaufzubauen. Martin hatte das alte Amt des Aufsehers über die öffentlichen Straßen wiederaufleben lassen, in der Absicht, die Beseitigung der Schutt- und Abfallhaufen in die Wege zu leiten, die sich auf den Straßen und Plätzen türmten und die Luft verpesteten. Er hatte mehrere Kirchen und andere öffentliche Bauten restaurieren lassen und den Wiederaufbau der Aquädukte in die Wege geleitet, die in einem so desolaten Zustand waren, daß viele Römer sich überhaupt nicht mehr vorstellen konnten, wozu sie einmal gedient hatten; nach Wiederherstellung der Acqua Vergine hatte er gegenüber der Piazza dei Crociferi einen Brunnen erbauen lassen, der im 18. Jahrhundert in neuer Gestalt erstehen und zu einer der berühmtesten Sehenswürdigkeiten Roms werden sollte: die Fontana di Trevi.[1] Aus der Toskana holte Martin den Künstler und Baumeister Masaccio nach Rom; aus Ostia ließ er die sterblichen Überreste der Mutter des heiligen Augustinus überführen, deren Grab man heute in der Kirche S. Agostino besichtigen kann.[2] Dies alles vermochte indes nichts daran zu ändern, daß bei der Rückkehr von Papst Eugen nach Rom im Jahre 1443 – nach einem Streit mit der Familie seines Vorgängers, den Colonna, war er für kurze Zeit aus der Stadt vertrieben worden – Rom im großen und ganzen noch immer einen traurigen Anblick bot. Zahlreiche Kirchen befanden sich in einem mehr oder minder fortgeschrittenen Stadium des Zerfalls: S. Maria in Domnica und S. Pancrazio waren so baufällig, daß ihr Einsturz nur noch eine Frage der Zeit schien; S. Stefano Rotondo hatte kein Dach mehr, um andere Kirchen war es ähnlich bestellt. Im Borgo gab es etliche Gassen und Straßen, durch die zu gehen vorsichtige Bürger sich hüteten, da jederzeit mit herabstürzenden Ziegeln und Mauersteinen zu rechnen war. Die Straßen waren verdreckt wie eh und je, und nach wie vor weideten auf ihnen Rinder, Schafe und Ziegen, beaufsichtigt von Hirten in langen Fellmänteln und kniehohen Stiefeln. Wären nicht die Überbleibsel einer stolzen Vergangenheit dagewesen, das Rom jener Jahre hätte mehr Ähnlichkeit mit einer verschlafenen Landgemeinde als mit einer Hauptstadt gehabt.

„Du wirst über den Zustand der Stadt von anderen ins Bild gesetzt worden sein", schrieb ein Rom-Besucher, Alberto de Alberti, im März 1444 in einem Brief, „so daß ich mich kurz fassen kann. Man findet viele herrliche Paläste, Häuser, Grabmäler und Tempel und andere Bauwerke in endloser Zahl, aber alle sind verfallen. Es ist viel Porphyr und Marmor vorhanden, der von antiken Bauwerken stammt, aber skandalöserweise wird Tag für Tag mehr von diesen wertvollen Steinen dadurch zerstört, daß man Kalk daraus brennt. Alles Moderne hier taugt nichts, also die neuen Gebäude; die Schönheit Roms haust in seinen Ruinen. Die heutigen Bewohner, die sich Römer nennen, unterscheiden sich in ihrem Äußeren und ihrem Verhalten sehr von den Römern der Antike. *Breviter loquendo*, sehen sie alle aus wie Kuhhirten."

Andere Rom-Reisende berichteten über moosbewachsene Statuen, verwitterte und nicht mehr entzifferbare Inschriften, Stellen innerhalb der Stadtmauern, wo man sich vorkam wie „in einem dichten Gehölz", über Höhlen, in denen Waldtiere hausten, über Hasen und Rehe, die in den Straßen auftauchten und eingefangen wurden, oder auch darüber, daß man in Rom Tag für Tag abgeschnittene Köpfe und Gliedmaßen von Menschen zu sehen bekam, die bei lebendigem Leibe geviertteilt worden waren und deren Überreste an Türen genagelt, auf Speere aufgespießt oder in Kisten ausgestellt wurden.

Eugen hatte das Wiederaufbauwerk Martins fortgeführt. Er hatte das Hospital zum Heiligen Geist und den Lateran-Palast wiederherrichten lassen, umfangreiche Umbauarbeiten an der Engelsburg in Auftrag gegeben und die Instandsetzung von Mauern, Brücken und zahlreichen Kirchen in die Wege geleitet. Er hatte dafür gesorgt, daß die Umgebung des Pantheons von Schutthalden, Holzverschlägen und sonstigen Verunzierungen geräumt wurde, hatte die Ausschlachtung des Kolosseums und anderer antiker Bauwerke unter Strafe gestellt, hatte Straßen pflastern und nahe der Peterskirche eine Münze erbauen lassen; und schließlich hatte er bei dem Florentiner Filarete jene imposanten Bronzetüren in Auftrag gegeben, die noch heute das Mittelportal des Petersdoms zieren und zu den frühesten Beispielen römischer Renaissance-Baukunst zählen.[3]

Ungeachtet aller dieser Aufbauleistungen seiner Vorgänger mußte Nikolaus V. feststellen, daß Rom in weiten Teilen noch immer eine marode, schmutzige, mittelalterliche Stadt war, im Winter oft bitterer Kälte preisgegeben, wenn der *tramontana* über die gefrorenen Sümpfe kam, und dumpf und ungesund im Sommer und Herbst, wenn die Malaria wütete. An Einwohnern zählte die Stadt zu dieser Zeit nicht mehr als rund 40000, weniger als ein Zwanzigstel der Einwohnerzahl zur Zeit Neros und 10000 weniger als das Florenz der Medici. Dazu kam, daß die Einwohnerschaft Roms zu einem beträchtlichen, wenn nicht überwiegenden Teil aus Ausländern und zugewanderten Italienern bestand. Wären nicht die Pilger gewesen, die jedes Jahr nach Rom kamen und die einzige lukrative Einnahmequelle, über die die Stadt noch verfügte, am Sprudeln hielten, so wäre die Einwohnerzahl sicherlich noch stärker geschrumpft.

Papst Nikolaus ging mit der für ihn kennzeichnenden Tatkraft daran, seine Pläne zu verwirklichen; er hielt sich dabei an die Erkenntnis, daß die Menschen, damit sie im Glauben fest blieben, sichtbare Zeugnisse der Allmacht Gottes vor Augen haben mußten, „majestätische Gebäude, unsterbliche Denkmäler, ... wie durch Gottes Hand auf die Erde gesetzt". Getreu diesem Motto, wurde die Instandsetzung mehrerer weiterer Kirchen in Angriff genommen, darunter S. Stefano Rotondo und S. Teodoro.[4] Der Senatspalast wurde erneut um- und wiederaufgebaut, ebenso der Vatikan-Palast, der in der Folge zur Hauptresidenz der Päpste wurde. Im Vatikan begannen auch die Arbeiten an einer neuen Basilika, die an die Stelle der alten Peterskirche treten sollte, deren südliche Wand mittlerweile um über einen Meter nach außen überhing und einzustürzen drohte. Nachdem er sich mit dem Architekten Leon Battista Alberti beraten hatte, den er aus Florenz kannte, entschied Nikolaus sich für ein Dombauwerk mit einem Hauptschiff und zwei doppelten Seitenschiffen; unter Mißachtung des von seinem Vorgänger ausgesprochenen Verbots ließ er vom Kolosseum nicht weniger als 2500 Wagenladungen voll Gesteinsmaterial herbeischaffen.

Als Papst Nikolaus den Wiederaufbau Roms und den Frieden innerhalb der Kirche für einigermaßen gewährleistet hielt, entschloß er sich Anfang 1449, das Jahr 1450 zum Heiligen Jahr auszurufen. Alle Gläubigen, die im Verlauf dieses Jahres nach Rom kämen und in einem festgelegten Zeitraum die vier wichtigsten Kirchen der Stadt – St. Peter, S. Paolo fuori le mura, die Lateran-Basilika und S. Maria Maggiore – aufsuchten, sollten dafür mit einem Generalablaß, das heißt mit strafloser Vergebung aller ihrer bisherigen Sünden, belohnt werden. Italiener mußten, um in den Genuß des Ablasses zu kommen, vierzehn Tage lang in Rom bleiben, Besucher von jenseits der Alpen acht Tage. Römer mußten die vier Kirchen einen Monat lang täglich aufsuchen.

Zehntausende von Pilgern aus ganz Europa machten sich daraufhin gen Rom auf. „Franzosen, Deutsche, Spanier, Portugiesen, Griechen, Armenier, Dalmatier und Italiener zuhauf sah man nach Rom eilen, als sei diese Stadt die Zuflucht aller Völker auf Erden", schrieb einer, der die Pilgerreise ebenfalls machte. „Sie waren voller Frömmigkeit und sangen Kirchenlieder in ihren verschiedenen Sprachen." Ein anderer Augenzeuge verglich die nach Rom strömenden Massen mit Schwärmen von Staren oder Ameisen. Allein aus Danzig brachen 2000 Männer, Frauen und Kinder mit Zielrichtung Rom auf.

„Eine größere Menge von Christen hat man nie zu einem Heiligen Jahr strömen sehen", vermerkte ein euphorischer Chronist aus Brescia. „Könige, Herzöge, Markgrafen, Grafen und Ritter, Menschen jeden Ranges... trafen tagtäglich in solchen Massen in Rom ein, daß sich Millionen in der Stadt aufhielten. Und das ging so das ganze Jahr über, abgesehen nur vom Sommer, in dem die Pest zahllose Opfer forderte. Doch kaum hatte sich die Epidemie bei Einsetzen der kalten Jahreszeit gelegt, da schwoll der Zustrom wieder an."

In den bei den Pilgern beliebtesten Kirchen drängten sich die Gläubigen dicht an dicht und versuchten, durch das Gewühl zu den Schreinen vorzudringen oder wenigstens einen Blick darauf zu erhaschen. Am schlimmsten ging es zu in den Katakomben von S. Sebastiano, in der Peterskirche, wo der Papst, der die Wege zwischen den Pilgerstationen viele Male selbst barfüßig zurücklegte, jeden Sonntag seinen Segen spendete, und in jenen heiligen Stätten, in denen die Schädel der Apostel, das Tuch der heiligen Veronika und die anderen kostbaren Reliquien Roms ausgestellt waren. Eine besondere Attraktion bildete im Rahmen dieses Heiligen Jahrs die Heiligsprechung Bernhards von Siena, des als ‚Volksprediger' bekanntgewordenen Franziskanermönchs. Sie fand am Pfingstsonntag in der Peterskirche statt, wo man für diesen Zweck für den Papst einen von 200 Wachskerzen erleuchteten hohen Thron errichtet hatte. Umringt von 14 Kardinälen und 24 Bischöfen, alle in prachtvoller und kostbarer Tracht, führte er das Ritual mit „größter Genauigkeit, Feierlichkeit und Vornehmheit" aus.

Das Heilige Jahr 1450 brachte der Kirche ungeheure Einnahmen – der Papst konnte 100000 Goldgulden allein in der Medici-Bank deponieren und unbesorgt an den weiteren Wiederaufbau der Stadt gehen. Viel Geld verdienten auch zahlreiche römische Bürger, insbesondere Geldwechsler, Apotheker, Gastwirte und Künstler, die Bilder des Schweißtuchs der Veronika und anderer Reliquien malten. Doch war die Zahl der Pilger viel zu groß, als daß die Behörden sie angemessen in den Griff bekommen hätten. Die zusätzlichen Nahrungsmittel, die aus den Gebieten des Kirchenstaats in die Stadt gebracht wurden, reichten bei weitem nicht aus, um die zahllosen Hungrigen zu verköstigen. Den Müllern ging das Korn, den Bäckern das Mehl aus; Wein und Käse, Obst, Gemüse und Pökelfleisch wurden zu Mangelwaren. Die Preise schnellten in die Höhe. Der Hunger zwang viele Pilger abzureisen, bevor sie ihr religiöses Pensum absolviert hatten. Giovanni Rucellai, ein Pilger aus Florenz, schätzte die Zahl der römischen Gasthöfe auf 1022 – noch im Jahr 1527 waren bei einer Bestandsaufnahme nicht mehr als 236 gezählt worden. Alle waren bald bis unters Dach voll, „und jedes Haus wurde zur Herberge".

„Den lieben Gott anrufend, flehten die Pilger um Aufnahme, aber obwohl sie einen guten Preis boten, war es nicht möglich. Sie mußten die Nächte im Freien verbringen. Viele gingen an der Kälte zugrunde, es war ein schrecklicher Anblick. Gleichwohl drängten sich solche Massen in der Stadt, daß tatsächlich Hungersnot herrschte. Jeden Sonntag zogen zahlreiche Pilger aus Rom fort, aber am folgenden Sonnabend waren alle Häuser wieder voll besetzt. Wollte man zur Peterskirche, so war dies wegen der Menschenmassen, die die Straßen verstopften, unmöglich. S. Paolo, S. Giovanni in Laterano und S. Maria Maggiore waren berstend voll mit Gläubigen. Ganz Rom war so überfüllt, daß niemand in den Straßen vorwärtskam. Wenn der Papst seinen feierlichen Segen erteilte, waren alle freien Plätze und Stellen in der Umgebung der Peterskirche, ja selbst die umliegenden Weinberge, von denen aus man die Loggia [von St. Peter] sehen konnte, mit Pilgern vollgepackt, doch waren diejenigen, die den segnenden Papst nicht sehen konnten, um vieles zahlreicher als die, die ihn sahen; das ging so bis Weihnachten. Nach Weihnachten entspannte sich die Lage ein wenig, aber dann im Frühjahr strömten die Pilger wieder in solchen Massen herbei, daß viele von ihnen draußen in Weinbergen kampieren mußten, da es für sie einfach keine anderen Schlafplätze mehr gab."

„In der Karwoche bewegten sich so große Menschenmassen zur Peterskirche hin oder von ihr fort, daß sie sich auf der Brücke über den Tiber bis zur zweiten oder dritten Nachtstunde drängten", schrieb der römische Chronist Paolo di Benedetto di Cola dello Mastro. „So dicht war hier die Menge, daß die Soldaten der Engelsburg im Verein mit anderen jungen Männern – ich selbst war oft dabei –

häufig [zu der Brücke] eilen und die Massen mit Stöcken auseinandertreiben mußten, damit nicht schwere Unfälle passierten. Des Nachts konnte man viele der ärmeren Pilger unter den Portiken schlafen sehen, während andere auf der Suche nach verlorengegangenen Vätern, Söhnen oder Gefährten umherstreiften; ihr Anblick war ein Jammer. Und dies ging so bis zum Himmelfahrtsfest, als die Pilgermassen wieder zu schrumpfen begannen, weil die Pest in Rom Einzug hielt. Damals starben viele, besonders in den Reihen dieser Pilger; alle Spitäler und Kirchen waren voll der Kranken und Sterbenden; in den verseuchten Straßen konnte man [die Sterbenden] wie Hunde in den Staub sinken sehen. Von denen, die unter großen Mühen, von der Hitze versengt und mit Staub bedeckt, Rom hinter sich ließen, fiel eine unermeßliche Zahl [unterwegs] der schrecklichen Pestilenz zum Opfer; überall waren entlang der Straßen ihre Gräber zu sehen, sogar noch in der Toskana und in der Lombardei."

Nachdem die Pest abgeebbt war, kam es am 19. Dezember zu einer weiteren verheerenden Katastrophe. Eine Menschenmenge, größer als je zuvor, hatte sich im Vatikan versammelt, um das Schweißtuch der Veronika zu besichtigen und sich den päpstlichen Segen geben zu lassen. Gegen vier Uhr nachmittags wurde bekanntgegeben, daß wegen der fortgeschrittenen Stunde der Segen an diesem Tag nicht mehr erteilt werden könne. Daraufhin beeilten sich die Leute, über die Engelsburg-Brücke in die Stadt zurückzukehren. Am jenseitigen Ende der Brücke, die durch Buden und Kioske verstellt war, scheuten einige Pferde und Maultiere, wodurch die sich stadteinwärts wälzende Masse ins Stocken geriet. Die Nachdrängenden, die nicht mitbekommen hatten, daß die Brücke vorübergehend unpassierbar war, erzeugten einen solchen Druck, daß auf der Brücke etliche Personen ohnmächtig zu Boden gingen und niedergetrampelt wurden. Eine Panik brach aus. Menschen wurden zu Tode gequetscht oder zwischen die Buden geschoben und über das Brückengeländer gestoßen. Viele sprangen in den Fluß. Eine ganze Stunde lang hielt das Chaos an, versuchten Tausende von schreienden Menschen, von der zur Todesfalle gewordenen Brücke herunterzukommen, während andere sich mühten, sich einen Weg auf die Brücke zu bahnen, um die Toten und Verletzten wegzubringen. Über 170 Leichen lagen später in der benachbarten Kirche SS. Celso e Giuliano[5] aufgebahrt, 30 weitere Tote wurden aus dem Tiber geborgen. Die Kleider derjenigen, die mit dem Schrecken davongekommen waren, hingen in Fetzen.

„Manche sah man in ihrer Leibwäsche davonrennen, manche im Hemd, andere fast nackt", berichtete ein Pilger aus Florenz einem Mitglied der Medici-Familie. „In dem schrecklichen Chaos hatten alle ihre Gefährten verloren, und in die Rufe derjenigen, die nach vermißten Freunden suchten, mischte sich das Wehklagen derer, die die Toten betrauerten. Die erschütterndsten Szenen konnte man, als die Nacht hereinbrach, in der Kirche S. Celso beobachten, die bis um elf Uhr voller

Menschen war; einer fand unter den Toten seinen Vater, einer seinen Bruder und ein anderer seinen Sohn. Wie ein Augenzeuge sagte, hätten selbst Männer, die den türkischen Krieg mitgemacht hatten, keinen grausigeren Anblick erlebt."

Eine positive Konsequenz hatte das Unglück: um derartige Katastrophen in Zukunft auszuschließen, ließ Papst Nikolaus eine quer zur Brücke stehende Häuserreihe sowie die verfallenen Triumphbogen von Gratian, Valentinian und Theodosius[6] dem Erdboden gleichmachen und einen geräumigen Platz anlegen, die Piazza di Ponte S. Angelo.

Wie bereits gesagt, wollte Papst Nikolaus Rom wieder zu einer seiner Rolle als Zentrum der Christenheit würdigen Stadt machen, und zwar nicht nur in architektonischer, sondern auch in künstlerischer Hinsicht. Durch entsprechende Aufträge sorgte er dafür, daß Rom sich zu einem Zentrum der Gold- und Silberschmiedekunst sowie der Gobelinweberei entwickelte; Renaud de Maincourt kam, von Nikolaus berufen, aus Paris und eröffnete in Rom eine Gobelinmanufaktur. Nikolaus verpflichtete auch Fra Angelico, den kleinen, frommen Mönch aus Florenz, der jeden Morgen, bevor er zu malen anfing, niederkniete und betete, der, als er Christus am Kreuz malte, so von seinen Gefühlen übermannt wurde, daß er in Tränen ausbrach, und der so bescheiden und weltfremd war, daß er, wenn Nikolaus ihn an seine Tafel bat, die Fleischgerichte verschmähte, weil sein Prior ihm deren Genuß nicht ausdrücklich erlaubt hatte – daß die Autorität des Papstes in dieser Frage genügen könnte, kam ihm gar nicht in den Sinn. Fra Angelico schmückte für Papst Nikolaus dessen herrliche Privatkapelle im Vatikan sowie die Cappella del Santissimo Sacramento aus; er malte außerdem das Altarbild für den Hochaltar der Kirche S. Maria sopra Minerva. In dieser Kirche wurde er nach seinem Tod im Jahr 1455 auch begraben.

Zur Kunst gehörte für Nikolaus auch die Literatur. Beauftragte des Papstes schwärmten durch ganz Europa, um Manuskripte und Bücher aufzutreiben, und humanistische Gelehrte kamen nach Rom, um für großzügigen Lohn antike Texte zu übersetzen und zu kopieren. Auf Wunsch des Papstes wurden Homer, Herodot, Thukydides, Xenophon, Polybios, Ptolemäus und Diodor ins Lateinische übersetzt. Bei seinem Tod hinterließ dieser Papst, der selbst ein begabter Kalligraph war und an dem ein Bibliothekar verlorengegangen war, der Vatikanischen Bibliothek, die er selbst gegründet hatte, über tausend Bände.[7]

Während des kurzen Pontifikats von Nikolaus' Nachfolger, dem Spanier Alfonso de Borgia, der 1455 als erster der Borgia-Päpste unter dem Namen Calixtus III. den Stuhl Petri bestieg, ging die künstlerische und literarische Tätigkeit in Rom dem Umfang nach zurück. Der ältliche, gichtkranke Calixtus, der als Kompromißkandidat gewählt worden war, nachdem zwei chancenreichere Kandidaten, die von den Colonna beziehungsweise den Orsini unterstützt wurden, einander gegenseitig blokkiert hatten, kritisierte, daß sein Vorgänger so viel Geld für den Wiederaufbau Roms, für Kunstwerke und für Bücher ausgegeben und sich nicht statt dessen auf einen Kreuzzug gegen die Sarazenen konzentriert hatte. Er selbst verkaufte Kunstwerke und versetzte sogar seine Mitra, um einen Beitrag zur Bekämpfung der Türken leisten zu können; er bot eine päpstliche Flotte auf, die in See stach, um verschiedene ägäische Inseln von der Türkenherrschaft zu befreien. Einen Großteil seiner Zeit verbrachte er jedoch, ans Bett gefesselt, im Vatikan, umgeben von Verwandten und Günstlingen, die in seinem von Kerzen erleuchteten Schlafzimmer aus- und eingingen und viele spanische Landsleute nach Rom holten, damit sie in Rom ebenfalls ihr Glück machen konnten. Schon drei Jahre nach seiner Wahl starb Papst Calixtus zur unverhohlenen Genugtuung der Römer, denen die Invasion der ,Katalanen', wie sie sie nannten, und das Überhandnehmen spanischer Moden und Akzente im öffentlichen Leben ihrer Stadt ganz und gar nicht behagte.

Wieder einmal versammelten sich Kardinäle aus ganz Europa in Rom, um ihres Amtes zu walten; und sie wählten einen Papst, auf den sowohl die Kirche als auch Rom, zwei Größen, die inzwischen wieder untrennbar zusammengehörten, stolz sein konnten.

Einer der Kardinäle, die sich in diesem heißen Sommer des Jahres 1458 in Rom einfanden, war Guillaume d'Estouteville, der reiche und schlaue Erzbischof von Rouen, der unbedingt Papst werden wollte und gleich nach seiner Ankunft Stimmen zu sammeln begann, indem er den richtigen Leuten die richtigen Pfründen versprach. In den Latrinen des Vatikans, die sie für den sichersten Platz zum Intrigieren hielten, trafen sich seine Anhänger und berieten darüber, wie sie ihrem Kandidaten zu der erforderlichen Zweidrittelmehrheit verhelfen konnten. Ihre anfängliche Siegeszuversicht schwand in dem Maße, wie deutlich wurde, daß die meisten der achtzehn anwesenden Kardinäle einen anderen Kandidaten favorisierten, den ebenso ehrgeizigen Bischof von Siena, der in seiner Autobiographie die dramatischen Szenen beschrieb, die sich im Konklave abspielten, als der zweite Wahlgang begann, nachdem der erste keine Entscheidung gebracht hatte. Die Kardinäle tagten in der Cappella di Niccolò V, auf deren Altar der goldene Pokal stand, in den sie ihre Stimmzettel werfen mußten. Drei Kardinäle bewachten den Pokal, darunter d'Estouteville, der vor Erregung zitterte. Nacheinander warfen die Kardinäle, der Älteste zuerst, der Jüngste zuletzt, ihre Zettel ein; dann wurde der Pokal geleert, die Zettel wurden entfaltet und die Namen vorgelesen. D'Estouteville verkündete sodann das Ergebnis. Der Bischof von Siena jedoch, der wohlweislich alle von den einzelnen Stimmzetteln abgelesenen Namen notiert hatte, merkte, daß sein Rivale eine falsche Stimmenzahl errechnet hatte, und erhob Einspruch. Die Nachprüfung ergab, daß er recht hatte. Gleichwohl hatte der Bischof von Siena nicht die erforderliche Mehrheit erreicht, und das Kollegium beschloß, auf das unter der Bezeichnung *per accessum* bekannte Verfahren zurückzugreifen; das bedeutete, daß durch eine Debatte ermittelt werden sollte, ob nicht der eine oder andere Stimmberechtigte bereit war, die Seite zu wechseln, damit eine Mehrheit zustande käme.

„Alle saßen auf ihrem Platz, schweigend, bleich, als wäre ihnen plötzlich der Verstand abhanden gekommen", schrieb der Bischof von Siena in seiner Schilderung des Konklaves. „Eine Zeitlang sagte niemand ein Wort, ja niemand bewegte auch nur einen Muskel, abgesehen von den Augen, die einmal hierhin, einmal dorthin wanderten. Das Schweigen war erstaunlich." Plötzlich erhob sich der junge Rodrigo Borgia, der von seinem Onkel, Calixtus III., als Fünfundzwanzigjähriger zum Kardinal ernannt worden war, und verkündete: „Ich gehe zum Bischof von Siena über." Nach dieser Erklärung versank alles wieder in tiefstem Schweigen. Zwei Kardinäle, die ein solches offenes Bekenntnis scheuten, verließen, „die Bedürfnisse der Natur vorschützend", überstürzt den Ort des Geschehens. Dann erhob sich ein weiterer Kardinal, um sich für den Bischof von Siena zu erklären. Doch auch damit war die Zweidrittelmehrheit noch nicht erreicht – es fehlte noch eine Stimme. Nach längerem Schweigen stand der betagte Prospero Colonna mühsam auf und „wollte seine Stimme feierlich [für den Bischof von Siena] abgeben, wurde jedoch [von d'Estouteville] an der Hüfte gepackt und scharf zurechtgewiesen. Als er auf seiner Absicht beharrte, versuchte d'Estouteville ihn aus dem Raum zu drängen. Über soviel Dreistigkeit empört, rief Colonna mit lauter Stimme: „Auch ich trete zu Siena über und mache ihn zum Papst!"

An jenem Abend feierte Rom, weil ein Italiener zum Papst gewählt worden war. „Überall Lachen, Freude, Stimmen, die ausriefen: ,Siena! Siena! O glücklicher Siena!'... Freudenfeuer brannten auf jeder Kreuzung... Nachbarn luden einander ein. Es gab keine Stelle, an der man nicht Hörner und Trompeten ertönen hörte, kein Stadtviertel, in dem nicht die Freude brodelte. Die älteren Leute sagten, sie hätten in Rom niemals einen solchen Volksjubel erlebt."

Die Freude des neuen Papstes, der den Namen Pius II. wählte, wurde nur dadurch getrübt, daß der römische Pöbel nach hergebrachtem Gewohnheitsrecht seine Wohnung geplündert hatte. Einige der Plünderer hatten sich, als der Name des siegreichen Kandidaten aus einem hohen Fenster des Palastes gerufen wurde, verhört und waren irrtümlich zum Haus des reichen Erzbischofs von Genua gezogen, wo sie zu ihrer Freude reiche Beute machten. Diejenigen, die in die Räumlichkeiten des Erzbischofs von Siena einbrachen, fanden dagegen wenig Wertvolles, aber sie nahmen alles mit, was sie tragen konnten, selbst marmorne Statuen.

Pius II. stammte aus einer armen Familie. Sein Vater war ein verarmter Adliger, der in dem kleinen Dorf Corsignano in der Toskana seine Felder mit eigener Hand bestellte. Der spätere Papst war sein erstes Kind, dem noch siebzehn weitere folgen sollten. Die Mutter hatte vor der Geburt ihres Ältesten einen merkwürdigen Traum: daß sie ein Kind mit einer Mitra auf dem Kopf zur Welt bringen würde. Da es zu jener Zeit üblich war, straffällig gewordenen Geistlichen bei der Vollstreckung ihrer Folter- oder Todesstrafe eine papierene Mitra aufzusetzen, und man daher diejenigen, die für ein solches Los in Frage kamen, mit dem Schimpfnamen *miterino* (‚einer Mitra würdig') zu belegen pflegte, war es nur natürlich, daß die Mutter fürchtete, ihr Sohn werde ein schändliches Ende nehmen. Tatsächlich entwickelte er sich aber zu einem gutartigen Kind, das seinem Vater bereitwillig bei der Bestellung des grauen, steinigen Bodens im Umkreis der gelben Steinmauern von Corsignano half, und später zu einem gewissenhaften, allerdings auch der Liebe nicht abgeneigten Studenten. Doch erst als er Bischof von Triest wurde, fühlte seine Mutter sich berechtigt, ihrem Traum eine erfreulichere Deutung zu geben. Gewinnend, klug, witzig und beredt, machte ihr Sohn zügig Karriere. Zum Zeitpunkt seines Eintritts in den Kirchendienst bereits als Redner, Dichter und Disputant sowie als Diplomat mit außergewöhnlicher Überredungsgabe bekannt, war er schon zwei Jahre nach seiner Priesterweihe zum Bischof ernannt worden. Im Konklave hatte er sich mit der stillen Zuversicht eingefunden, daß die Wahl auf ihn fallen werde; und während er einerseits durchaus bereit war, nach dem unrühmlichen Vorbild vieler seiner Vorgänger das Fortkommen seiner Freunde und Verwandten zu fördern und ihren Launen gefällig zu sein, war er andererseits doch entschlossen, sich seines heiligen Amtes als würdig zu erweisen und stets zu beherzigen, was er anläßlich seiner Weihe zum Diakon einem Freund über seine für die Zukunft gelobte Keuschheit und seinen bisherigen ausschweifenden Lebenswandel gesagt hatte: „Ich leugne meine Vergangenheit nicht. Ich bin ein eifriger Wanderer abseits des rechten Weges gewesen, aber ich bin mir dessen wenigstens bewußt und hoffe, daß die Erkenntnis nicht zu spät gekommen ist."

Seine intime Vertrautheit mit der klassischen Literatur und sein ausgeprägter Sinn für Schönheit sowohl in der Architektur als auch in der

Natur gaben Pius ein starkes und dauerhaftes Interesse an den Baudenkmälern des antiken Rom ein, die er häufig besichtigte und mit Enthusiasmus beschrieb. Noch als Kardinal hatte er das bekannte Epigramm
gedichtet:

> „O Rom! Sogar noch deine Ruinen sind eine Augenweide;
> Dahin ist deine Pracht, doch ohnegleichen war sie einst!
> Aus deinen alten Mauern reißen gierige Sklaven des Mammons
> Dir deine edlen Blöcke und brennen sie zu Kalk.
> Schurken! Ließe man solche wie euch gewähren,
> Drei Menschenalter noch, und die Herrlichkeit Roms wäre zu Ende."

Er tat sein möglichstes, um die Monumente der Stadt vor weiterer
Ausschlachtung zu bewahren; im April 1462 untersagte er per Bulle das
Abtragen antiker Bauwerke in Rom und in der Campagna, auch wenn es
sich um Bauwerke in Privatbesitz handelte. In seinen ‚Kommentaren'
schildert er, wie ihn die Wut überkam, als er einmal einen Mann beim
Herausreißen von Pflastersteinen aus der Via Appia ertappte. „[Er zer-
hackte die] zu großen Blöcke in kleine Brocken, aus denen er sich in
Genzano ein Haus bauen wollte." Pius wies den Mann scharf zurecht
und ordnete an, die Straße dürfe künftig nicht mehr auf diese Weise als
Steinbruch benutzt werden. Wenn Pius allerdings für seine eigenen
Bauten hochwertige Steinblöcke benötigte, schreckte auch er vor einer
Ausschlachtung eines antiken Bauwerks nicht zurück. So ließ er für die
Verkleidung der Stufen, die zu der neuerrichteten Segnungsplattform der
Peterskirche hinaufführten, Marmortafeln vom Kolosseum und vom
Forum heranschaffen.

Diese Stufen und die Plattform gehörten zu den wenigen ehrgeizigen
Bauprojekten, die Papst Pius in Rom verwirklichte; er hatte nämlich
einen großen Kreuzzug vor, und die Mittel der Kirche waren trotz des
vielen Geldes, das Pilger und Heilige Jahre ihr einbrachten, begrenzt. Die
Existenz des Kirchenstaats machte den Papst zu einem souveränen
Fürsten, doch große Einkünfte warf dieser Staat nicht ab, noch viel
weniger die Stadt Rom selbst. Die Steuern, die der Kirche aus ihren
außerhalb Italiens gelegenen Besitzungen zuflossen, und die sogenannten
Annaten, Abgaben, die Inhaber von Pfründen seit dem Anfang des 14.
Jahrhunderts an den Heiligen Stuhl abführen mußten, waren durch die
sogenannte Pragmatische Sanktion von Bourges beträchtlich beschnitten
worden. Dieses im Jahr 1438 von der französischen Geistlichkeit einseitig
verkündete Manifest unterstrich das Recht der französischen Kirche,
ihren weltlichen Besitz unabhängig von Rom zu verwalten, und setzte die
Annaten auf ein Fünftel des bis dahin gültigen Satzes herab. Es verlor
seine Gültigkeit erst, als der Papst und der französische König im Jahr

1516 das Konkordat von Bologna beschlossen. Pius II. hatte daher seine ganze Amtszeit über mit finanziellen Schwierigkeiten zu kämpfen. Allein der Unterhalt der Kurie, die die Archive der Kirche verwaltete, die innerkirchliche Justiz ausübte, die Oberaufsicht über die Politik, die Diplomatie und die Finanzen der Kirche führte und in Glaubensdingen als höchste und letzte kirchliche Berufungsinstanz fungierte, war eine äußerst kostspielige Angelegenheit, auch wenn die Kurie einen Teil ihres Etats durch Erhebung von Gebühren, Bußgeldern und ähnlichem bestritt. Allein verantwortlich war der Papst für die Entlohnung der Beamten und für die viel Geld verschlingende Verwaltung Roms, über das er nun mit Hilfe eines Statthalters wie ein Monarch herrschte. Es gab zwar auch noch einen Senator, der in einem scharlachroten Brokatmantel und mit einem Elfenbeinzepter durch die Stadt paradierte, eskortiert von vier Dienern, aber er hatte eine überwiegend dekorative Funktion.

Nach wie vor kam es zu gelegentlichen Aufständen gegen die päpstliche Herrschaft. Einen hatte es im Jahr 1436 gegeben; Papst Eugen hatte damals aus Rom fliehen müssen und hatte danach auf recht brutale Weise die Ordnung wiederhergestellt, zunächst mit Hilfe seines listigen und skrupellosen Vertreters Giovanni Vitelleschi, des Bischofs von Recanati, danach durch den ebenfalls höchst weltlichen und despotischen Kardinal Lodovico Scarampo, unter dessen Ägide es einmal vorkam, daß einige des Diebstahls überführte Priester mehrere Tage lang auf dem Marsfeld in einem Käfig zur Schau gestellt wurden. Der Rädelsführer, ein Kanonikus, wurde auf einem Esel durch die Stadt getrieben und mit einer teufelsbesetzten Mitra auf dem Kopf auf der Piazza S. Giovanni an einem Baum aufgeknüpft; zwei seiner Mittäter wurden bei lebendigem Leibe verbrannt. Auch unter Nikolaus V. war es zu Unruhen gekommen, nachdem ein überheblicher Römer namens Stefano Porcari, dem Vorbild Cola di Rienzos nacheifernd, die päpstliche Herrschaft zu Fall zu bringen und eine Republik zu errichten versucht hatte; man hatte ihn zusammen mit seinem Schwager Angelo de Maso und dessen ältestem Sohn hingerichtet. Und als nun, unter dem Pontifikat Pius' II., der Papst und die meisten Mitglieder der Kurie bei einem Kongreß in Mantua weilten, nutzten die beiden jüngeren Söhne Angelo de Masos, Tiburzio und Valeriano, die Gelegenheit, einen Aufstand gegen das päpstliche Regime vom Zaun zu brechen; sie brachten rund 300 junge Männer auf die Beine, in der Mehrzahl Söhne adliger Familien. Diese Horde zog lärmend durch die Stadt und schüchterte den Senator so ein, daß er aus seinem Palast auf dem Marsfeld in den sicheren Vatikan flüchtete. Die Rebellen nahmen willkürlich Bürger in Gewahrsam und forderten für ihre Freilassung Lösegeld; sie vergewaltigten Frauen und ertränkten sie anschließend, und sie brandschatzten die Häuser von Anhängern des Papstes. Einer von ihnen entführte und vergewaltigte eine Braut, die auf dem Weg zur Eheschließung war. Dies empörte die Bevölkerung so, daß der Statthalter sich zu strengem Durchgreifen bemüßigt sah. Tiburzio de Maso sah sich alsbald gezwungen, die Stadt zu verlassen, und zog sich auf eine der Burgen seiner Verwandten, der Savelli, zurück; vor seiner Abreise „stolzierte er wie ein großer Fürst durch die Straßen" und verabschiedete sich winkend von der zusammengeströmten Menge.

Nachdem Papst Pius nach Rom zurückgekehrt war, zettelten die Gebrüder de Maso, von der Familie Colonna und dem *condottiere* Giacomo Piccinino ermuntert, weitere Unruhen an. Pius wußte, daß die Ordnung und die unangefochtene päpstliche Herrschaft in der Stadt nicht wiederhergestellt werden konnten, ehe nicht diese Rebellen ausgeschaltet waren. Als erster wurde Tiburzio, der sich durch eine Lücke in der Stadtmauer in der Nähe der Thermen des Diokletian in die Stadt zurückgeschlichen hatte, verhaftet und mit mehreren seiner Gefährten zum Tode verurteilt. Der Senator, Kardinal Tebaldo, war der Ansicht, Männer, die sich „solcher gräßlichen Verbrechen" schuldig gemacht hätten, sollten vor ihrer Hinrichtung gefoltert werden. Doch der Papst schaltete sich ein: die Hinrichtung sei Strafe genug; er wünsche ferner, daß die Verurteilten von Priestern zum Schafott geleitet würden. Als sie gehenkt wurden, weinte Pius vor Mitgefühl.

Er war jetzt fünfundfünfzig Jahre alt. Die Gicht, Gallensteine und ein chronischer Husten hatten ihn frühzeitig altern lassen. Sein Haar war fast weiß, sein Körper gebeugt und eingeschrumpft; er neigte zu jähzornigen Ausbrüchen, bekam sich jedoch stets schnell wieder in den Griff. Er war nach wie vor ein fleißiger Arbeiter, stand bei Tagesanbruch auf und las oder hörte eine Messe, bevor er sich an seinen Schreibtisch setzte. Audienzen und Gespräche mit Kardinälen und Beamten der Kurie füllten seinen Vormittag; einem kargen Mittagsmahl folgte eine kurze Mittagsruhe. Der Nachmittag verging mit Diktaten, Lektüre und weiteren Audienzen. Nach dem Abendessen hielt er nochmals eine Andacht und zog sich dann ins Schlafzimmer zurück. In der Regel rief er seine Sekretäre noch ans Bett, um ihnen zu diktieren, bevor er einschlief, um nach fünf oder sechs Stunden wieder aufzustehen.

Das Problem, das Pius am meisten beschäftigte, war die Bedrohung der Christenheit durch die Türken, die im Jahr 1453 Konstantinopel erobert, die Grenzen ihres Herrschaftsbereichs dann bis zur Donau vorgeschoben hatten und 1480 durch die Besetzung der Hafenstadt Otranto sogar einen Brückenkopf in Süditalien bilden sollten. Es war für den Papst eine bittere Enttäuschung gewesen, daß bei dem Konzil von Mantua, das er mit dem Ziel einberufen hatte, einen großen Kreuzzug gegen die Türken anzuberaumen, nichts herausgekommen war. Nach Rom zurückgekehrt, hatte er, auf den Stufen der Peterskirche stehend, den versammelten Massen Stücke vom Schädel des Apostels Andreas gezeigt und dabei gelobt, die christliche Welt von ihren Feinden zu erlösen. Im Sommer 1464 war er, von Gicht und Fieber geschüttelt, nach Ancona aufgebrochen, wo sich seinem Wunsche nach die vereinigten Streitkräfte der Christenheit sammeln sollten, um in einen Heiligen Krieg zu ziehen. Doch auch dieses Mal sollten seine Hoffnungen enttäuscht werden: Als er in Ancona eintraf, lagen nur zwei Schiffe im Hafen; und als endlich aus Venedig noch einige weitere kriegstaugliche Galeeren eintrafen, hatte er nur noch wenige Stunden zu leben. Kaum war sein Leichnam kalt, da nahmen die venezianischen Schiffe wieder Kurs auf ihre Heimat, und die Kardinäle kehrten, überaus erleichtert, daß ihnen die Strapazen eines Kreuzzugs erspart blieben, nach Rom zurück, um den nächsten Papst zu wählen.

## VIII. Renaissance und Dekadenz

Von der Loggia seines neuen Palastes mit dem Blick auf die Via Lata beobachtete der Papst die Wettläufe, die zu den Höhepunkten des römischen Karnevals zählten. Auf der Rennstrecke, die vom Palast bis zum Triumphbogen des Domitian reichte, traten zuerst Juden gegeneinander an; dann folgten Wettläufe zwischen jungen Christen, zwischen Männern mittleren Alters, zwischen alten Männern und schließlich zwischen Eseln und Büffeln; am Ende stand dann das mit Spannung erwartete Wettrennen der *barberi*, der reiterlosen arabischen Vollblüter. Die Sättel der in weiße Schmucktücher gehüllten Tiere waren mit Nägeln gespickt, Garantie dafür, daß sie „wie wilde Geschöpfe" losstürmten. Ein riesiges, über die Straße gespanntes weißes Tuch fing die in vollem Galopp heransprengenden Pferde ab. Die Menschen, die in Phantasiekostümen aller Art gingen – als Nymphen oder Götter, als Zauberer oder Elfen oder in der Gewandung bekannter klassischer Helden –, flanierten im Schatten der festlich geschmückten Gebäude, von deren Fassaden Girlanden, Bänder und Zöpfe aus aneinandergeflochtenen Blumen auf die aufgestellten Podien und Bankreihen hinabhingen. Am Abend bewirtete der Papst die Bürger vor seinem Palast mit köstlichen Speisen, und anschließend streute er mit beiden Händen Geld unter die Menge, die sich nach hergebrachtem Gewohnheitsrecht über die Reste des Banketts hermachte.

Der Palast stand neben der Basilica di S. Marco,[1] die der Papst sorgfältig hatte restaurieren lassen. Von dem Gebäude, das zu jener Zeit den Namen Palazzo S. Marco trug, sind heute noch einige Fenster zu sehen, die in die Fassade des Palazzo Venezia integriert wurden, in dem der kleinere Palazzo S. Marco später aufging.[2] Nachdem der Papst 1466 in den Palast eingezogen war, hatte er entschieden, daß der Karneval künftig in der hier vorbeiführenden Via Lata stattfinden sollte anstatt, wie bis dahin, auf dem Kapitol oder auf dem Monte Testaccio; dieser Beschluß war die Geburtsstunde des Corso, der großen Prachtstraße Roms, deren Name auf jene Karnevals-Wettläufe, italienisch *corse*, zurückgeht.

Der Papst, der sich nach seiner Wahl zum Nachfolger Pius' II. im Jahr 1464 für den Namen Paul II. entschied, war ein charmanter und freigiebiger, zugleich eitler und sinnlicher Venezianer. Er wußte Vergnügungen und spektakuläre Darbietungen zu schätzen, was ihn jedoch nicht daran hinderte, ein Mann von großer Durchsetzungskraft zu sein. Er reformierte das römische Recht und ging entschlossen gegen die *brigosi* vor, die Protagonisten jener gnadenlos ausgefochtenen Familienfehden, die noch immer eine Geißel Roms wie auch so vieler anderer italienischer Städte waren; er drohte diesen Unverbesserlichen mit der Aberkennung ihrer Bürgerrechte, ja sogar mit dem Abbruch ihrer Häuser. Während ihm von weiten Teilen der frömmeren Geistlichkeit der Vorwurf gemacht wurde, er habe das Eindringen heidnischer Elemente in den Karneval gefördert, ergriff er strenge Maßnahmen gegen die Römische Akademie, eine quasi geheime Gesellschaft, die sich die Wiederbelebung klassischer Ideale und altrömischer Riten auf die Fahnen geschrieben hatte und sich antiquarischen und archäologischen Studien widmete. Paul II. ließ führende Mitglieder dieser Gesellschaft, darunter ihren Gründer Julius Pomponius Laetus, verhaften und verschiedener Vergehen anklagen; einer von ihnen, Bartolomeo Platina, wurde gefoltert.

Dabei war Paul II., seinem Selbstverständnis nach christlicher Humanist, selbst ein Förderer der Wissenschaften wie auch ein unersättlicher Sammler von Kunstgegenständen, Juwelen, Gemmen, Kameen, Vasen, edelsteinbesetzten Pokalen, Gold- und Silbertellern und dergleichen; die Wände des Palazzo S. Marco schmückten zahlreiche kostbare Gobelins und Brokatstoffe. Pauls Extravaganz, von manchen seiner Zeitgenossen aufs heftigste verurteilt, erschien später in einem relativ harmlosen Licht, verglichen etwa mit dem Nepotismus seines Nachfolgers Sixtus IV., der in seinem ständigen Bemühen, die Interessen seiner Familie zu fördern, den Heiligen Stuhl in die tückischen Untiefen der italienischen Machtpolitik hineinmanövrierte.

Sixtus, als Francesco della Rovere in einem ärmlichen ligurischen Fischerdorf zur Welt gekommen, war ein grobschlächtiger Mann mit bulligem Kopf, gedrungener Nase, stattlicher Figur und respekteinflößendem Auftreten. Er besaß großen Ehrgeiz und machte es sich, als es erst einmal in seiner Macht stand, zur Gewohnheit, sich durch die gezielte Vergabe von Ämtern, Geld und lukrativen Pfründen im Kirchenstaat loyale Parteigänger zu schaffen. Er ernannte sechs jüngere Mitglieder seiner Familie, darunter Neffen und uneheliche Söhne, zu Kardinälen. Darunter war Pietro Riario, der, nachdem er es zum Bischof von Treviso, zum Patriarchen von Konstantinopel und zum Erzbischof von Florenz, Sevilla und Mende gebracht hatte, noch vor Erreichen seines dreißigsten Lebensjahrs an den Folgen seines ausschweifenden Lebenswandels zugrunde ging – unter Hinterlassung einer riesigen Schuldenlast, nachdem er allein während seines kurzen Daseins als Kardinal 200 000

Goldflorins verschwendet hatte. Sein Vetter Giuliano della Rovere, Bischof von Carpentras, wurde mit achtundzwanzig Jahren ebenfalls zum Kardinal ernannt; Raffaele Riario, dem Sohn einer Nichte des Papstes, widerfuhr dasselbe Glück gar schon im jugendlichen Alter von siebzehn Jahren. Giulianos Neffe, Lionardo della Rovere, wurde zum Präfekten von Rom ernannt, während für Pietro Riarios Bruder, den fettleibigen, lauten und vulgären Girolamo Riario, immerhin noch eine mittelgroße Grundherrschaft abfiel: Imola, eine Kleinstadt zwischen Bologna und Forlì; für ihren Erwerb bemühte sich der Papst um einen Kredit der Medici-Bank.

Dieser Kreditwunsch führte zu einer heftigen Auseinandersetzung mit den Medici, war doch der Chef der Medici-Bank und des florentinischen Staates, Lorenzo de' Medici, selbst am Erwerb des strategisch wichtigen Städtchens Imola interessiert und entschlossen, es jedenfalls um keinen Preis in die Hände des Papstes fallen zu lassen. Daher ließ er sich alle erdenklichen Vorwände einfallen, um den erwünschten Kredit nicht zu gewähren. Der Papst wandte sich daraufhin an eine andere in Rom präsente florentinische Bank, die der Pazzi; sie ergriff nur allzu gern die Gelegenheit, dem größeren Konkurrenten Medici die Führung des lukrativen Kontos der Kurie wegzuschnappen. Durch diesen Coup auf den Geschmack gekommen, legte sich Francesco de' Pazzi, der Juniorchef des Hauses und Geschäftsführer der römischen Niederlassung, einen Plan zurecht, wie er den Medici die Herrschaft über Florenz entreißen wollte. Er bemühte sich um die Mithilfe Girolamo Riarios, dessen Ehrgeiz sich bei weitem nicht darin erschöpfte, Herr über Imola zu sein, und eines *condottiere* namens Gian Battista Montesecco, der schon früher Aufträge für den Heiligen Stuhl erledigt hatte. Montesecco sagte seine Unterstützung zu, stellte jedoch die Bedingung, der Papst selbst müsse ihm zusichern, daß das Unternehmen sich des uneingeschränkten päpstlichen Segens erfreute. Man kam daraufhin überein, daß ihm eine Audienz gewährt werden solle. Begleitet wurde er, als er den Papst aufsuchte, von Girolamo Riario und Francesco Salviati, dem verärgerten Erzbischof von Pisa, dem auf Betreiben Lorenzo de' Medicis der Zugang zur Toskana verwehrt worden war.

„Heiliger Vater, diese Sache könnte ohne den Tod von Lorenzo und [seinem Bruder] Giuliano und vielleicht noch von einigen anderen übel ausgehen", sagte Montesecco, wenn man seinem eigenen Bericht über die Audienz Glauben schenken darf.

„Ich wünsche unter keinen Umständen, daß irgend jemandes Tod in Kauf genommen wird, da es sich nicht mit unserem Amt verträgt, uns auf so etwas einzulassen. Lorenzo ist zwar ein Schurke und benimmt sich uns gegenüber unschön, doch wünschen wir unter keinen Umständen seinen Tod, sondern lediglich einen Wechsel in der Regierung."

„Es soll alles getan werden, was wir tun können, [um sicherzustellen,] daß Lorenzo nicht umkommt", sagte Girolamo. „Doch falls er den Tod finden sollte, werden Eure Heiligkeit demjenigen, der es getan hat, vergeben?"

„Du bist ein Tölpel. Ich sage dir doch, ich möchte nicht, daß jemand getötet wird, nur einen Wechsel in der Regierung. Laß dir noch einmal gesagt sein, Gian Battista, daß ich diesen Wechsel unbedingt wünsche und daß Lorenzo, der ein Schurke ist und ein _furfante_ [Schuft], uns nicht respektiert. Wäre er erst einmal aus Florenz verjagt, dann könnten wir mit der Republik tun, was uns beliebt, und das wäre für uns sehr erfreulich."

„Wie wahr, Eure Heiligkeit. Ist es Euch also recht, daß wir alle Möglichkeiten ausschöpfen, um das zu bewerkstelligen?"

„Geht und tut, was euch als das Beste erscheint, nur daß mir niemand umgebracht wird."

„Heiliger Vater, haben wir Euer Vertrauen, daß wir dieses Schiff werden steuern können? Und daß wir es gut steuern werden?" fragte Salviati.

„Ihr habt mein Vertrauen."

Der Papst erhob sich, sicherte ihnen „jede Unterstützung _in puncto_ Soldaten oder was sonst noch nötig werden sollte", zu und entließ sie.

Die drei Männer verließen die Audienz in derselben Überzeugung, in der sie gekommen waren: daß sie sowohl Lorenzo als auch Giuliano de' Medici töten mußten, wenn ihr Plan von Erfolg gekrönt sein sollte, und daß der Papst ungeachtet dessen, was er ihnen eingeschärft hatte, das Mittel des Mordes billigen würde, falls es sich als unausweichlich erweisen sollte, es anzuwenden.

Angewandt wurde es tatsächlich, aber der Papst billigte es nicht. Der Mordanschlag fand am Sonntag, den 26. April 1478, statt, während der Messe in der Kathedrale von Florenz. Während Giuliano de' Medici vor dem Hochaltar mit durchschnittener Kehle starb, entkam sein Bruder Lorenzo mit einer blutenden Wunde am Hals. Die Bevölkerung von Florenz stellte sich empört auf die Seite der Medici und jagte die Mörder. Francesco de' Pazzi wurde ergriffen, nackt ausgezogen und an einem langen Strick, der von der Bastei des Palazzo della Signoria herabgelassen wurde, aufgeknüpft.

Die grausame Rache, die die Florentiner nach dem gescheiterten Anschlag übten, brachte in Rom die Volksseele zum Brodeln: Girolamo Riario stürmte an der Spitze von 300 Bewaffneten los, um den florentinischen Botschafter zu verhaften, und er hätte ihn sicherlich in den Kerker der Engelsburg geworfen, wären nicht die Botschafter Venedigs und Mailands energisch dieser Verletzung der diplomatischen Immunität entgegengetreten. Riarios Onkel, der Papst, ordnete die Verhaftung aller in Rom ansässigen florentinischen Bankiers und Kaufleute an, sah sich jedoch veranlaßt, sie wieder auf freien Fuß zu setzen, als man ihm klarmachte, daß sein Großneffe, Kardinal Raffaele Riario, der an der Universität von Pisa studierte, zum Zeitpunkt des Anschlags auf die Medici gerade in Florenz geweilt hatte und daß die Florentiner ihn, obgleich er an der Verschwörung nicht beteiligt war, festgesetzt hatten und ihm die Hinrichtung drohte.

Nachdem der Papst „diesen Sohn der Niedertracht und dieses Ziehkind der Verderbtheit, Lorenzo de' Medici, und jene anderen Bürger von Florenz, die seine Komplizen und Helfershelfer sind", exkommuniziert hatte, erklärte er ihnen den Krieg und brachte den König von Neapel sowie die Städte Siena und Lucca dazu, dasselbe zu tun. Fürs erste gelang es Lorenzo de' Medici dank seines großen diplomatischen Geschicks, einen Waffengang zu vermeiden. In späteren Jahren jedoch führten die fortgesetzten Versuche des Papstes, Italien in Händel zu verstricken, aus denen seine hab- und machtgierige Familie möglicherweise Kapital schlagen konnte, tatsächlich zu kriegerischen Konflikten; auch in Rom selbst kam es infolge der Rivalität zwischen Graf Riario und den Colonna zu einer weiteren Neuauflage der Kämpfe zwischen diesen und den Orsini, die sich der Partei Riarios angeschlossen hatten.

Bei all seinem notorischen Nepotismus und dessen teuren und blutigen Konsequenzen war Sixtus IV. doch ein großer Wohltäter Roms und des römischen Volkes, dem er 1471 die antiken Bronzeskulpturen ‚zurückgab', die generationenlang vor dem Lateran gestanden hatten und sich heute im Kapitolinischen Museum befinden. Indirekt konnte der Papst sich als Schöpfer des majestätischsten aller Paläste Roms fühlen, des Palazzo della Cancelleria, den sein Neffe Raffaele Riario von dem riesigen Gewinn erbauen ließ, den er in einer einzigen Nacht beim Glücksspiel eingestrichen hatte.[3] Sixtus selbst konnte mit Hilfe von Einkünften, die zum großen Teil aus der starken Besteuerung der Auslandskirchen und aus dem Verkauf kirchlicher Ämter stammten, zahlreiche Baumaßnahmen durchführen. Er ließ wichtige Straßen pflastern und verbreitern, darunter die Via Papale, die Via dei Coronari und die Via del Pellegrino. Der Wiederaufbau und die Erneuerung von Kirchen wurde verstärkt fortgesetzt, was vor allem den Kirchen SS. Nereo e Achilleo,[4] S. Maria del Popolo[5] und S. Maria della Pace[6] zugute kam. Sixtus gründete ferner ein Heim für Findelkinder und legte im Vorfeld des Heiligen Jahrs

1475 den Grundstein zum Ponte Sisto,[7] indem er, in einem Boot stehend, eine Handvoll Goldmünzen ins Wasser warf. Das schönste Vermächtnis jedoch, das er Rom hinterließ, war die nach ihm benannte Sixtinische Kapelle, die in seinem Auftrag von Giovannino de'Dolci erbaut und von einigen der bedeutendsten zeitgenössischen Künstler ausgeschmückt wurde, darunter Botticelli und Ghirlandaio, Pinturicchio, Signorelli und Perugino.[8]

Mit der Reform der Universität von Rom, der Sapienza,[9] unterstrich Papst Sixtus sein Selbstverständnis als Förderer von Wissenschaft, Kunst und Architektur. Die Universität war im Jahr 1265 von Karl von Anjou als ‚Universalschule' für das Studium der Rechte und der freien Künste gegründet worden; Thomas von Aquin hatte, von Urban IV. nach Rom berufen, eine Zeitlang dort gelehrt. Er hatte jedoch, wie andere vor und nach ihm, die Erfahrung gemacht, daß die Römer – Leute mit einem praktischen Sinn und einer Neigung zur Paragraphenreiterei – für die Scholastik und ihre philosophischen Abstraktionen nicht viel übrig hatten. In Paris hatte er sich besser aufgehoben gefühlt, ebenso wie der mittelalterliche Theologe Bonaventura. So war es kein Wunder, daß die römische ‚Universalschule' keine gedeihliche Entwicklung nahm; um die 1303 von Bonifaz VIII. gegründete Sapienza war es nicht viel besser bestellt. Immerhin erwies sie sich, nachdem Eugen IV. ihr neues Leben eingehaucht und Sixtus IV. sie reformiert hatte, als dauerhaft lebensfähig, wenngleich es mehr als einmal vorkam, daß die Gehaltszahlungen für die Professoren eingestellt wurden, wenn ein Papst die Finanzierung militärischer Unternehmungen für vordringlicher hielt. Einer dieser Professoren war Julius Pomponius Laetus, der Begründer der Römischen Akademie, der, unter Sixtus IV. in der päpstlichen Gunst wieder gestiegen, mit dem Sammeln altrömischer Inschriften fortfuhr.

Der Papst selbst sammelte derweil Bücher und Manuskripte für die Vatikanische Bibliothek. Er ließ ein neues Gebäude aufführen, in dem diese Bücher Platz fanden und dem gelehrten Studium zugänglich gemacht werden konnten. Von Melozzo da Forlì ließ er ein Porträt von sich anfertigen, das ihn mit seinem Bibliothekar Bartolomeo Platina zeigt, der unter Paul II. als Mitglied der Römischen Akademie gefoltert worden war. Wie selbstverständlich sind auf dem Bild auch drei seiner Neffen zu sehen, Girolamo Riario und Giovanni und Giuliano della Rovere.

Das Wohlergehen dieser jungen Männer, für die er sich nicht nur mit Florenz, sondern auch mit einigen anderen italienischen Stadtstaaten zerstritten hatte, lag dem Papst noch immer brennend am Herzen. 1483 ging er so weit, Venedig mit dem Kirchenbann zu belegen; und als er erfuhr, daß der Krieg, von dem er gehofft hatte, er werde seiner Familie zugute kommen, an den Venezianern so gut wie spurlos vorübergegangen war, machte ihn dies so wütend, daß es ihm zunächst einmal die Stimme verschlug; dann stieß er zornig hervor, er werde sich mit diesem Zustand niemals abfinden. Am Tag darauf erlitt er einen Zusammenbruch und war wenige Stunden später tot.

Die unmittelbare Reaktion der Römer war Jubel darüber, daß es mit der Macht der habgierigen Sippe dieses Papstes nun zu Ende sein würde. Der Pöbel plünderte den Palazzo Riario[10] und, damit sich die Sache rentierte, gleich auch noch die Kornspeicher und die Bankhäuser der genovesischen Geldverleiher. Girolamo Riario setzte sich gen Rom in Marsch, um die Besitzungen und die politische Stellung der Familie zu verteidigen. Doch die Colonna waren entschlossen, sich ihm mit ihren Bataillonen entgegenzustellen, wofür ihnen sowohl Florenz als auch Siena Unterstützung zusagten. Schon wurden in den Straßen Roms Barrikaden errichtet, die Bürger auf dem Kapitol zusammengetrommelt; ein Bürgerkrieg schien unausweichlich. Die rasche Wahl eines neuen Papstes, des leutseligen und naiven Innozenz VIII., zögerte den Ausbruch der Kampfhandlungen hinaus, konnte ihn jedoch nicht verhindern. Einer der Agenten Lorenzos de' Medici verlieh dem neuen Papst den Beinamen „das Kaninchen", und tatsächlich lag in seinem treuherzigen Augenaufschlag und seinem nervös-unsicheren Auftreten etwas unbestreitbar Hasenhaftes. Er blieb nach seiner Wahl, die er wesentlich der Unterstützung Giulianos della Rovere, des Neffen von Sixtus IV., zu verdanken hatte, unter dessen Einfluß und galt darüber hinaus auch als willfähriges Werkzeug Lorenzos de' Medici, dessen Tochter Maddalena einen der unehelich gezeugten, aber nichtsdestoweniger anerkannten Söhne des Papstes heiratete.

Innozenz erlitt mit seiner oft skrupellosen Politik fast in jeder Beziehung Schiffbruch, auf welche Ratgeber er auch immer hörte. Während seiner Amtszeit versank Rom wieder in jene Art von Anarchie, die ein Jahrhundert zuvor an der Tagesordnung gewesen war: bei Nacht zogen bewaffnete Horden durch die Stadt, und am Morgen fand man ihre Opfer tot oder sterbend auf den Straßen; außerhalb der Stadttore waren Überfälle auf Pilger, ja selbst auf Gesandte ein alltägliches Ereignis; die Paläste rivalisierender Kardinäle wurden zu Festungen, von Armbrustschützen oder gar Kanonieren verteidigt. Die Rechtsprechung wurde käuflich. Ein Mann, der seine beiden Töchter umgebracht hatte, durfte sich für 800 Dukaten seine Freiheit erkaufen. Andere Mörder erwarben sich durch Zahlungen an die Kurie nicht nur Straflosigkeit, sondern auch ein Anrecht auf bewaffneten Begleitschutz, so daß sie auf den Straßen vor Überfällen Rachedürstender sicher waren. Als der Vize-

Kämmerer des Vatikan einmal gefragt wurde, weshalb so viele Missetäter der Strafe entgingen, antwortete er mit einem Lächeln: „Der Herr will nicht den Tod eines Sünders, sondern daß er am Leben bleibt – und zahlt."

Als Innozenz im Sterben lag, unfähig, noch etwas anderes zu sich zu nehmen als menschliche Muttermilch, setzte sich das Heilige Kolleg zusammen, um über einen passenden Nachfolger zu beratschlagen. Was jetzt not tat, war nicht ein Gelehrter und noch weniger ein Heiliger, sondern vielmehr ein Mann, der das Zeug dazu hatte, Rom wieder zur Ordnung zu rufen und den Kirchenstaat gegenüber seinen Rivalen und Feinden zu verteidigen. Gefragt war, kurz gesagt, ein fähiger Verwalter und Diplomat, ein Mann von Durchsetzungskraft und nicht bloß von moralischer Glaubwürdigkeit. Ein solcher Mann fand sich. Am frühen Morgen des 11. August 1492 öffnete sich das Fenster des Konklavesaals, das Kreuz erschien in der Fensteröffnung, und die geglückte Wahl Rodrigo Borgias aus Valencia zum neuen Papst Alexander VI. wurde verkündet.

Rodrigo Borgia lebte zu diesem Zeitpunkt bereits seit mehreren Jahren in Rom. Er residierte in dem Palast, der heute den Namen Palazzo Sforza-Cesarini[11] trägt. Als in Rom die Ankunft der Gebeine des heiligen Andreas gefeiert wurde, hatte der Hausherr wertvolle Gobelins aus den Fenstern des Palastes hängen und Kunstgegenstände aus der Sammlung der Borgias in der Loggia ausstellen lassen. Jedermann wußte, daß Rodrigo Borgia außerordentlich reich war. Er hatte sowohl von seinem Bruder als auch von seinem Onkel, Papst Calixtus III., große Vermögen geerbt und sich den Anspruch auf die Einkünfte verschiedener Klöster in Spanien und Italien sowie dreier Bistümer gesichert. Ebenso bekannt war, daß er zahlreiche Konkubinen und mindestens sechs uneheliche Söhne hatte, drei allein von Vanozza Cattanei, die auch die Mutter seiner vergötterten Tochter Lukrezia und in der römischen Gesellschaft eine durchaus hochgeachtete Frau war. Papst Alexander wurde von seinen Zeitgenossen denn auch nicht etwa als besonders verkommen oder lasterhaft angesehen, lebte man doch in einem Zeitalter, das, wie der florentinische Staatsmann Francesco Guicciardini es ausdrückte, „einen Papst als guten Papst einstufte, wenn er nicht schlimmer war als andere Sterbliche". Er war charmant, energisch und frönte körperlichen Genüssen mit stürmischer Ungeniertheit; offensichtlich besaß er die Fähigkeit, Frauen dazu zu bringen, daß sie über die Roheit seiner Gesichtszüge und seine plumpe Korpulenz hinwegsahen. Mit seinem scharfen Verstand beeindruckte er Männer wie Frauen gleichermaßen. „Er ist ein Mann von sprühendem Ehrgeiz", schrieb ein Zeitgenosse, „ein geistesgegenwärtiger und kraftvoller Redner und schlau, vor allem aber von bewundernswerter Intelligenz, wenn Taten gefragt sind."

Die Römer jubelten sicherlich über seine Wahl, hofften sie doch, sein guter Geschmack und seine Jovialität könne ihnen zugute kommen. Unter Hochrufen und Trompetenklängen wurde er durch die Straßen zum Lateran-Palast getragen, wo er – die Aufregung wurde wohl zuviel für ihn – ohnmächtig dem Kardinal Riario in die Arme sank. Anfänglich schien es, als sei die allgemeine Begeisterung berechtigt; zwar war der neue Papst finanziell nicht so großzügig, wie die Römer es erhofft hatten, aber die gröbsten Mißstände in Verwaltung und Justiz wurden abgestellt, die Preise auf den Märkten wurden vernünftiger und stabiler, und auf den Straßen floß nicht mehr allnächtlich das Blut von Mordopfern. Die weitsichtigeren unter den Römern sahen jedoch Anlaß zu der Befürchtung, aus der leidenschaftlichen Zuneigung, mit der der Papst an seinen Kindern und insbesondere an seinem Sohn Cesare hing, könnten eines Tages unheilvolle Konsequenzen erwachsen.

Am selben Tag, an dem sein Vater sein päpstliches Amt antrat, wurde Cesare, gerade siebenundzwanzig Jahre alt, zum Erzbischof von Valencia ernannt. Wenig später wurde er, obgleich seine Interessen rein weltlicher Natur waren, Kardinal. Das war der Anfang der politischen Karriere jenes berüchtigten, ebenso finsteren wie faszinierenden Cesare Borgia, der auf dem Gipfel seiner von Bestechung, Aggression und Mord markierten Karriere Herzog der Romagna und Oberbefehlshaber der Streitkräfte des Kirchenstaats war. Die ehrgeizigen Pläne, die Papst Alexander für diesen seinen Sohn hegte, drohten in der Anfangsphase seines Pontifikats durch den abenteuerlustigen König Karl VIII. von Frankreich durchkreuzt zu werden, der ähnlich hochgesteckte Ziele verfolgte. 1494 gab Karl den Anspruch auf das Königreich Neapel bekannt, den er als Erbe der Rechte des Hauses Anjou zu besitzen glaubte; im September desselben Jahres führte er eine große Streitmacht über die Alpen und fiel in die Lombardei ein.

Als die Franzosen Florenz eingenommen hatten und sich Rom näherten, mußte der Papst erkennen, daß seine Weigerung, ihnen freien Durchzug durch das Territorium des Kirchenstaats zu gestatten, schlicht und einfach ignoriert werden würde. Zum erstenmal in seinem Leben zeigte er sich ratlos und unschlüssig. Er rief neapolitanische Truppen zu Hilfe, nur um sie gleich wieder fortzuschicken; er ließ seine wertvollsten Habseligkeiten zusammen mit Waffen und Munition in die Engelsburg bringen, erwog aber gleichzeitig die Flucht. Er bekräftigte seine Weigerung, den Franzosen freien Durchzug zu erlauben, widerrief sie aber bald danach.

Die Vorhut des französischen Heers marschierte am letzten Dezember-
tag des Jahres 1494 gegen drei Uhr nachmittags in Rom ein. Als die
letzten Truppenteile durch die Porta del Popolo einzogen, war längst die
Nacht hereingebrochen. Beim flackernden Schein von Fackeln und Laternen marschierten Soldaten und fuhren Pferdegespanne durch die
engen Gassen – schweizerische und deutsche Infanteristen in bunten
Uniformen, bewaffnet mit Schwertern oder Hellebarden, gascognische
Bogenschützen, französische Reiter, Artilleristen mit bronzenen Kanonen und Mörsern sowie, umringt von seiner Leibwache, der König
selbst, ein kleinwüchsiger, unansehnlicher junger Mann mit großer Hakennase, fleischigen Lippen und einem stets offenstehenden Mund. Er
stieg vor dem Palazzo S. Marco ab, aus dem Lorenzo Cibò, Erzbischof
von Benevento, herausgeeilt kam, um ihn zu begrüßen und hineinzufüh-
ren. Karl betrat den Speisesaal und setzte sich vor den Kamin; ein Diener
kämmte ihm das Haar und die Strähnen seines lichten rötlichen Barts.
Dann wurde aufgetragen; ein Kammerdiener probierte von jedem Gang,
bevor der König zugriff. Was übrigblieb, wurde in einen silbernen Eimer
geworfen. Der Wein wurde von vier Ärzten vorgekostet, und bevor Seine
Majestät ein Glas davon an die Lippen führte, tauchte der Kammerdiener
einen an einer Goldkette befestigten Talisman darin ein, das Horn eines
Einhorns.

Die folgenden Tage vergingen damit, daß der König die Kirchen der
Stadt besichtigte, der Papst sich in der Engelsburg verschanzt hielt und
drei seiner Kardinäle in Verhandlungen mit einer französischen Delegation eintraten; währenddessen wüteten die Besatzungstruppen in der
Stadt: Häuser wurden beschlagnahmt, Banken überfallen, Paläste, darunter der der Vanozza Cattanei an der Piazza Branca, geplündert.
Endlich kam ein Vertrag zustande, und am 28. Januar 1495 zog Karl VIII.
aus Rom ab. Er hatte zwar Alexander als Papst anerkannt, *de facto* aber
sich selbst zum momentanen Beherrscher des Kirchenstaats aufge-
schwungen. Nicht lange, und er hatte sich auch Neapel untertan gemacht. Zwar schlossen sich in der Folge mehrere italienische Staaten zu
einem Heiligen Bund zusammen und versuchten ihn von der Halbinsel
zu vertreiben, aber als die Söldnertruppen des Bundes die Franzosen auf
ihrem Rückweg stellten und ihnen am Ufer des Taro eine Schlacht
lieferten, erwiesen sie sich als zu schwach, um verhindern zu können,
daß Karl mit einem Großteil dessen, was er in Italien zusammengeraubt
hatte, einen geordneten Rückzug nach Frankreich antrat. Der Befehlshaber der Italiener, der Marchese von Mantua, erklärte sich zwar, da er das
Schlachtfeld behauptete und der Troß der Franzosen ihm in die Hände
fiel – worin sich ein Stück vom Heiligen Kreuz, ein geweihter Dorn, ein

Knochen des heiligen Dionysius, das Kleid der Muttergottes und ein
Buch mit obszönen Bildern, „Darstellungen unzüchtiger und wollüstiger
Handlungen in allen Städten", fanden –, zum Sieger der Schlacht. Das
französische Heer war jedoch, obwohl angeschlagen und erschöpft, nach
wie vor eine ernstzunehmende Streitmacht, die, ohne auf nennenswerten
Widerstand zu stoßen, nordwärts zog, die Alpen überquerte und unbehelligt Frankreich erreichte, zahllose mit Beuteschätzen beladene Maultiere mit sich führend. Es war für die Italiener schmerzhaft, erkennen zu
müssen, daß sie ungeachtet aller Tugenden und Talente, die sie sich
zugute hielten, ungeachtet ihrer Reichtümer, ihrer ruhmreichen Vergangenheit und ihrer Erfahrung, nicht in der Lage gewesen waren, den
ruchlosen Eroberern aus dem Norden zu widerstehen. Und ebensowenig
hatte Papst Alexander, der doch so stolz auf sein Stehvermögen war und
seine Kraft so gern mit der des Stiers in seinem Familienwappen verglich,
dem Anblick des jungen französischen Königs standzuhalten vermocht:
als ihm in Gestalt dieses kleinen, kurzsichtigen Mannes, der mit zucken-
den Händen und zuckendem Kopf auf ihn zukam, die Macht und Größe
Frankreichs entgegentrat, war Alexander ohnmächtig zu Boden gesunken.

Als hätten sie unter den Demütigungen, die Rom und Italien zuteil
geworden waren, nicht genug zu leiden, mußten die Römer sich jetzt
auch noch mit anderen Widrigkeiten herumschlagen. Die Syphilis, die
wahrscheinlich im Jahr 1494 nach Europa eingeschleppt worden war,
entweder aus Afrika oder, von den Seeleuten des Christoph Kolumbus,
aus Amerika, breitete sich schnell aus. Die französischen Soldaten hatten
sie sich in Neapel geholt und nannten sie daher die neapolitanische
Krankheit; für die Italiener war es der *morbo gallico*. In Rom grassierte
die Syphilis so stark, daß innerhalb von nur zwei Monaten siebzehn
Mitglieder der päpstlichen Familie und des päpstlichen Hofstaats, darunter Cesare Borgia, daran erkrankten. Gleichzeitig erlebte Rom die
schwerste Überschwemmung seit vielen Jahren. Im Dezember 1495
wälzten sich die schlammigen Fluten des Tiber durch die Straßen,
drangen in Kirchen ein, unterspülten die Wände von Palästen und
brachten sie zum Einsturz. Etliche Menschen ertranken, darunter die im
Tor di Nona[12] eingekerkerten Gefangenen. Die angerichteten Schäden
waren unermeßlich.

Viele sahen in dieser Katastrophe eine göttliche Strafe für die Ausschweifungen und die Korruption, gegen die der asketische Dominikanermönch Girolamo Savonarola von Florenz aus so leidenschaftlich
anpredigte. Noch schlimmere Katastrophen prophezeiend, warf er der

Kirche vor, sie sei zu einer Einrichtung des Teufels verkommen und habe sich der Förderung der Hurerei und des Lasters verschrieben. In seinen Visionen beschwor er Seuchen und verheerende Stürme, Hungersnöte und andere Katastrophen herauf und sprach von einem schwarzen Kreuz, das sich über Rom erheben und auf dem die Worte „Das Kreuz des göttlichen Zorns" prangen würden. Der Papst untersagte Savonarola, weiter zu predigen, und bot ihm, als dies nichts fruchtete, einen Kardinalshut an, den der Mönch mit den Worten zurückwies, ein roter Hut anderer Art würde ihm besser passen – „ein von Blut geröteter". Schließlich griff der Papst zum Mittel der Exkommunizierung. Doch Savonarola wetterte weiter, bis die Florentiner selbst des unbequemen Fanatikers überdrüssig wurden und ihn zuerst der Folter überantworteten, um ihn sodann aufzuhängen und zu verbrennen.

Danach erreichte die Korruption im Vatikan und in den Reihen eines großen Teils der Kardinäle, die ihren Hut dem Papst verdankten, erst ihren Höhepunkt. „Der Papst ist siebzig Jahre alt", schrieb Paolo Capello im September 1500. „[Aber] er wird jeden Tag jünger; seine Sorgen halten nie bis zum nächsten Morgen an; er hat ein frohsinniges Naturell und tut nur, was ihm beliebt; wichtiger als alles andere ist ihm das Fortkommen seiner Kinder; sonst sorgt er sich um nichts." Seiner vergötterten Tochter Lukrezia, die mit Alfonso aus dem stolzen Geblüt derer von Este verheiratet war, übertrug er die Verwaltung des Vatikan-Palasts sowie die Erledigung der päpstlichen Regierungsgeschäfte und der Korrespondenz in Zeiten seiner Abwesenheit. Für seinen Sohn Cesare war ihm nichts zu teuer; er stattete ihn mit Titeln und mit immensen Geldsummen aus, die er durch den Verkauf von Ämtern – bis hinauf zum Kardinalsamt – an seine Verwandten und Freunde aufbrachte – Freunde wie Adriano Castellesi da Corneto, der den schönen Palast im Borgo erbaute, der später den Namen Palazzo Giraud-Torlonia erhielt.[13] Kein Wunsch wurde Cesare abgeschlagen, dessen Wort in Rom Gesetz war; wer sich ihm in den Weg stellte, wurde erdrosselt, vergiftet, in den Tiber oder in den Kerker der Engelsburg geworfen oder auf irgendeine andere Weise ausgeschaltet oder zumindest bestraft; einem kecken Verfasser von Schmähschriften über Cesare Borgia wurden eine Hand und die Zunge abgeschnitten.

Als Cesares Bruder Giovanni, seines Zeichens Herzog von Gandia, Fürst von Tricario, Graf von Claromonte Lauria und Carinola und Herzog von Benevento, in Rom spurlos verschwand, kam sogleich der Verdacht auf, Cesare habe ihn aus dem Weg räumen lassen. Ein Holzkohlenhändler, der nahe der Ripetta[14] wohnte, wurde festgenommen und verhört.

„Gegen ein Uhr", sagte er aus, „sah ich zwei Männer aus der Straße kommen, die links vom Slawischen Spital zum Tiber hinführt; [es war] in der Nähe des Brunnens, wo die Leute ihren Abfall in den Fluß werfen. Sie sahen sich um und kamen dann zurück. Bald darauf kamen zwei andere dazu, sahen sich ebenfalls um und machten ein Zeichen. Dann kam ein Mann auf einem weißen Pferd, mit einem leblosen Körper hinter sich, dessen Kopf und Arme auf der einen Seite und dessen Füße auf der anderen herunterhingen. Er ritt zu besagter Stelle, wo seine Helfer die Leiche mit aller Kraft in den Fluß beförderten. Der Reiter fragte: ‚Habt ihr ihn weit hineingeworfen?' Sie antworteten: ‚Ja, mein Herr.' Er starrte in den Fluß, und die Helfer warfen, als sie den Mantel des Toten an der Oberfläche treiben sahen, Steine nach ihm, um ihn zum Sinken zu bringen."

Gefragt, warum er diese Beobachtungen nicht den Behörden gemeldet habe, erklärte der Holzkohlenhändler: „Ich habe in meinem Leben wahrscheinlich hundertmal miterlebt, wie nachts eine Leiche in den Fluß geworfen wurde, und nie hat sich jemand um [diese Toten] geschert."

Dutzende von Fischern wurden eingesetzt, um den Fluß abzusuchen; die Leiche wurde gefunden und ans Ufer gezogen. Sie war an den Handgelenken gefesselt und wies eine tiefe Wunde am Hals und weitere Wunden am Kopf und an den Schenkeln auf. Der Papst war außer sich vor Schmerz und Trauer. „Ich kenne den Mörder", sagte er weinend. „Hätte ich sieben Papsttümer, ich würde sie alle hingeben für das Leben meines Sohnes." Er erklärte, er werde hinfort nur noch an die Reform der Kirche denken, und berief eine aus sechs Kardinälen bestehende Kommission, die ihm Empfehlungen dazu unterbreiten sollte. Als sie dies dann tat, hatte der Papst sich jedoch eines anderen besonnen. Er erklärte, man dürfe nichts tun, was der Autorität des Papstes Abbruch täte. Die Ermittlungen über Giovannis Ermordung wurden bald in aller Stille eingestellt. Die kostbaren Möbel und Juwelen des Herzogs von Gandia wurden dem von Cesare Borgia für den minderjährigen Erben des Toten verwalteten Treuhandvermögen zugeschlagen.

Ob Cesare seinen Bruder ermordet hat, wissen wir nicht; fest steht dagegen, daß er seinen Schwager, den Herzog von Bisceglie, den zweiten Ehemann seiner Schwester Lukrezia, umbringen ließ, da er für sie eine lukrativere Heirat vorgesehen hatte. Der Herzog wurde, als er sich auf dem Nachhauseweg vom Vatikan befand, auf der Treppe der Peterskirche überfallen und durch Messerstiche schwer verletzt; auf dem Krankenlager, wo er sich von seinen Wunden erholte, ereilte ihn dann sein Mörder und erdrosselte ihn. Das geschah im September des Jahres 1500, eines weiteren Heiligen Jahres.

Den Pilgern, die in diesem Jahr nach Rom kamen, brauchte niemand die Geschichten zu erzählen, die sich um diesen Mord rankten, und ebensowenig die Geschichten um den Tod des Herzogs von Gandia und

um die Erdolchung des päpstlichen Kämmerers durch Cesare Borgia in
Gegenwart des Papstes, dessen Gesicht dabei einen Blutspritzer abbe-
kam; sie merkten auch so, wie recht Savonarola gehabt hatte, Rom eine
„Kloake der Verdorbenheit" zu nennen. An allen Ecken und Enden
konnten sie sich mit eigenen Augen davon überzeugen. Die Kardinäle
trugen ihre Reichtümer auf Straßen und Plätzen ebenso offen zur Schau
wie in ihren Palästen, wo sie Bankette veranstalteten, deren Üppigkeit
selbst am Hofe des Lukullus als außergewöhnlich erachtet worden wäre.
Die Tochter des Papstes ritt, kostbar gekleidet und von Dutzenden
ebenso prachtvoll ausstaffierter Damen begleitet, auf ihrem edelsteinge-
schmückten Pferd durch die Straßen des Vatikans. Der Sohn des Papstes
schleuderte zur Feier des Johannistages, auf der Treppe der Peterskirche
zu Pferde sitzend, Lanzen auf Stiere, die ihm in einem zu diesem Zweck
errichteten Gatter waidgerecht zugeführt wurden. Er krönte das Schauspiel damit, daß er einem der Tiere mit einem einzigen Schwertstreich
den Kopf abschlug. Der Arzt des Lateran-Spitals, der es sich seit langem
angewöhnt hatte, nach Einbruch der Dunkelheit Passanten mit Pfeilen zu
beschießen und sie anschließend auszurauben sowie reiche Patienten zu
vergiften, die die Tatsache ihres Wohlstandes dem Beichtvater der Klinik
anvertraut hatten, wurde zum Tode durch den Strang verurteilt, seine
Leiche Seite an Seite mit denen anderer Gehenkter an den Zinnen der
Engelsburg aufgehängt.

Gleichwohl ließen die Pilger sich nicht davon abhalten, ihr Geld an den
heiligen Schreinen liegen zu lassen und gläubig und hoffnungsfroh Ablässe
se zu kaufen. Und noch immer drängten sich die Massen kniend und
betend vor der Peterskirche – am Ostersonntag waren es geschätzte
200000 –, um den Segen des Papstes zu empfangen. Soviel Anlaß zu
Kritik und Entrüstung Alexander bot, leistete er andererseits doch auch
Dankenswertes: Andrea Bregnos herrlicher Altar, der heute in der
Sakristei von S. Maria del Popolo zu bewundern ist, wurde von ihm in
Auftrag gegeben; die unmittelbare Umgebung der Engelsburg erhielt ihre
moderne Gestalt durch ihn – den Vorplatz der Burg ließ er vergrößern
und pflastern –, und in seinem Auftrag wurde eine Verbindungsstraße
zwischen Engelsburg und Vatikan angelegt, die Via Alexandrina, die
heute Borgo Nuovo heißt. Die Festung selbst wurde innen umgebaut und
renoviert und erhielt eine weitaus ansprechendere Fassade. Auch der
Vatikanische Palast wurde durch Arbeiten, die Papst Alexander in Auftrag gab, auf lange Sicht verschönert; einen neuen Anbau, die Torre
Borgia, statteten Bernardino Pinturricchio und seine Werkstatt mit herrlichen Fresken aus, namentlich die Sala del Credo und die Sala della
Sibille im ‚Appartamento Borgia'.[15]

Ein Jahr vor Fertigstellung dieser Arbeiten, 1494, ließ sich ein genialer Künstler in Rom nieder. Obgleich er bereits das fünfzigste Lebensjahr überschritten und in Mailand, wo er mit Leonardo da Vinci zusammengearbeitet hatte, schon etliche ausgereifte architektonische Entwürfe verwirklicht hatte, brachte er seine ersten vier Jahre in der Stadt, in der er den Rest seines Lebens verbringen sollte, ausschließlich mit Studien zu: unermüdlich untersuchte und vermaß er die klassischen Bauwerke der Stadt und eignete sich auf diese Weise das Rüstzeug für seine späteren Leistungen an, die ihm Weltruhm einbrachten. Es war Donato Bramante, der Vorkämpfer und Meister des Hochrenaissance-Baustils, der von Rom aus seinen Siegeszug durch ganz Europa antreten sollte.

# IX. Mäzene und Schmarotzer

Knappe drei Jahre nach jenem Augusttag, an dem der Leichnam Alexanders VI. – er war wegen der Sommerhitze bereits in Verwesung übergegangen – aus dem Vatikan getragen worden war, schritt Giuliano della Rovere, der jetzt selbst Papst war und für seinen Vorgänger, den „Spanier verfluchten Angedenkens", nur Verachtung übrig hatte, an der Spitze einer Prozession zur Peterskirche. Eskortiert von Kardinälen, Bischöfen und Würdenträgern der Kurie, strebte Julius II., dem Kreuz folgend, einem großen, runden, fast acht Meter tiefen Loch in der Erde zu, um dort den weißen Marmor-Grundstein für das neue Bauwerk zu legen, das sich über den altersschwachen Mauern der Peterskirche erheben sollte. Nachdem er in die Baugrube hinuntergestiegen war, drängten sich die Zuschauer an deren Rand und traten dort Erdklumpen los, von denen einige den knienden Papst trafen, so daß er den Leuten ungehalten zurief, sie sollten zurücktreten. Man reichte ihm eine irdene Vase, die goldene und bronzene Medaillen enthielt, auf deren eine Seite sein eigenes Konterfei aufgeprägt war, während die Rückseite ein Miniatur-Abbild der geplanten Kirche mit ihren Kuppeln, Türmen und Säulengängen zeigte. Die Vase kam in einen kleinen Hohlraum unter der Marmorplatte, die die Inschrift trug: „Papst Julius II. aus Ligurien restaurierte im Jahr 1506 diese baufällig gewordene Basilika." Der Papst stieg nun, den Grundstein in leichter Schräglage zurücklassend, hastig aus dem Loch, offenbar in der Furcht, dessen Ränder könnten einbrechen und ihn begraben, falls er sich nicht schleunigst in Sicherheit brächte.

Nur selten zeigte Julius II. solche Anflüge von Furcht. Er war hochgewachsen, schlank, gutaussehend, ein rauher und aufbrausender, gesprächiger, unruhiger und herrischer Mensch. Er hatte eine äußerst gebieterische Art und war sehr unbeherrscht. Er trug stets einen Stock bei sich, um Untergebene, die ihn ärgerten, schlagen zu können, und wenn er eine unangenehme Nachricht erhielt, pflegte er irgendwelche Dinge, die er gerade zur Hand hatte, notfalls seine Augengläser, nach dem Überbringer der Botschaft zu schleudern. In der Vergangenheit hatte er viele Liebschaften gehabt und sich die Syphilis zugezogen; als Kardinal hatte er drei Töchter gezeugt. Unterdessen konzentrierten sich jedoch seine sinnlichen Gelüste mehr auf griechischen und korsischen Wein und auf Delikatessen wie Kaviar, Krabben und Spanferkel. „Niemand hat auch nur den geringsten Einfluß auf ihn, und er bespricht sich nur mit wenigen oder gar keinen Ratgebern", berichtete der venezianische Botschafter. „Alles, was er sich während der Nacht ausgedacht hat, muß unverzüglich ausgeführt werden... Es ist fast unmöglich, zu schildern, wie erdrückend und heftig und schwierig zu nehmen er ist... Alles an ihm hat überdimensionale Ausmaße, sowohl seine Unternehmungen als auch seine Leidenschaften."

Er war der Enkel eines armen Fischers und wurde nicht müde, von der Armut seiner Kindertage zu erzählen; er war stolz darauf, kein ‚Gebildeter' zu sein. Gelegentlich äußerte er sein Bedauern darüber, daß er nicht Soldat geworden war; tatsächlich legte er, wann immer er persönlich an der Spitze der päpstlichen Truppen ins Feld zog, um eine aufbegehrende Stadt in die Schranken zu weisen oder verlorene Gebiete für die Kirche zurückzugewinnen, weit mehr Zähigkeit und Einsatzbereitschaft an den Tag, als es den weniger robusten Kardinälen, die mit ihm ziehen mußten, lieb war. Da es ihm widerstrebte, sich auf gedungene Söldner zu verlassen, die Ansprüche stellten und oft nur widerwillig kämpften, beschloß er, ein eigenes päpstliches Berufsheer aufzubauen; aus diesem Entschluß heraus gründete er 1506 die Schweizergarde, die bis 1825 eine kämpfende Truppe blieb und von da an, unter Beibehaltung ihrer traditionellen Uniform mit dem geschlitzten Wams, der gestreiften Kniehose und dem schnittigen Käppchen sowie ihrer Piken und Hellebarden, auf den Status einer Schutztruppe mit im wesentlichen dekorativen Funktionen herabsank.

Mit derselben kühnen Entschlossenheit, mit der Papst Julius daranging, die unumschränkte Herrschaft des Heiligen Stuhls im Kirchenstaat wiederherzustellen und die weltliche Macht des Papsttums zu stärken – in der er ein wesentliches Element der päpstlichen Autorität als solcher sah –, widmete er sich auch der Verwirklichung seiner Idee, in Rom ein Bauwerk zu errichten, das dem unvergänglichen Ruhm der Kirche Ehre machen sollte. Dieses Denkmal päpstlicher Größe sollte die neue Peterskirche werden, zu der er an jenem Sonntag im Jahr 1506 den Grundstein gelegt hatte.

Seine unmittelbaren Amtsvorgänger hatten an der alten Peterskirche nur herumgepfuscht. Nikolaus V. hatte zunächst einen großen Teil des verfallenden Baukörpers restaurieren lassen, um so der akuten Einsturzgefahr vorzubeugen, vor der ihn Leon Battista Alberti gewarnt hatte; er hatte freilich am Ende erkennen müssen, daß dem Gebäude mit Reparaturen nicht mehr aufzuhelfen war. Bei dem florentinischen Bildhauer Bernardo Rossellino hatte er Entwürfe für einen Neubau in Auftrag gegeben (an deren Gestaltung vermutlich Alberti beratend mitwirkte).

Doch war die Sache beim Tod von Papst Nikolaus noch nicht sehr weit gediehen, und Calixtus III. hatte sich mehr um die Abwehr der türkischen Bedrohung gekümmert als um Neubaupläne. Pius II., Paul II. und auch Sixtus IV. hatten sich mit Flickschusterei und kleinen Ausbesserungsreparaturen begnügt; sie alle waren vor dem Riesenvorhaben eines Neubaus zurückgeschreckt, im Gegensatz zu Julius II., mit dessen Vorliebe für das Großartige und Unwiderrufliche ein solches Vorhaben in bestem Einklang stand.

Sein Entschluß rief in Rom, gleichermaßen bei den Kardinälen wie bei den Bürgern der Stadt, großes Unbehagen hervor. In ihren Augen war es ein Sakrileg, ein mehr als tausend Jahre altes Gotteshaus abzureißen, eine heilige Stätte, die praktisch seit den Uranfängen des Christentums ein Zentrum des Glaubens gewesen war und als Wallfahrtsstätte für so viele Generationen von Christen gedient hatte. Auf dem Sockel der verstümmelten antiken Statue des Menelaos, von den Römern Pasquino genannt,[1] wurden zahllose Proteste gegen die Entscheidung des Papstes abgelegt, doch Julius ließ sich nicht beirren. Er hatte seinen Entschluß gefaßt, und es gab nichts, was ihn umstimmen konnte. Er studierte die Entwürfe Rossellinos und verwarf sie als zu altmodisch; besser gefiel ihm ein von Giuliano da Sangallo vorgelegter Bauplan, aber auch diesen hielt er für nicht grandios genug. Ihm schwebte ein Bauwerk vor, das, wie er es ausdrückte, „die Größe der Gegenwart und der Zukunft verkörpern" sollte, und um es zu bekommen, wandte er sich an Bramante, der seine außerordentlichen Gaben bereits bei der Gestaltung des entzückenden Tempietto im Kloster S. Pietro in Montorio unter Beweis gestellt hatte.[2]

Der vollen Rückendeckung des Papstes sicher, ging Bramante daran, seine Vorstellungen konsequent zu verwirklichen. Hunderte von Arbeitern trugen unter seiner Leitung die baufälligen Mauern der konstantinischen Basilika ab. Alles, wofür er keine Verwendung hatte, Statuen und Mosaiken, Leuchter und Ikonen, Gräber und Altäre, wurde fortgebracht, was Bramante den Spottnamen *„il ruinante"* einbrachte. Dafür trafen auf der Baustelle in endloser Folge Lastkarren ein, die Carrara-Marmor, die *pozzolana* genannte Vulkanasche, Travertin aus Tivoli und Kalk aus Montecelio brachten. Als der Papst einmal einem ausländischen Gesandten das entstehende Bauwerk zeigte und ihm bei der Gelegenheit den Architekten vorstellte, bemerkte er stolz: „Bramante sagt mir, er hat hier 2500 Männer eingesetzt. Man könnte ein solches Heer zur Parade antreten lassen."

Die Baukosten kletterten Monat um Monat in die Höhe. Anfang 1513 waren schon weit über 70000 Golddukaten ausgegeben. Aber Geld war kein drückendes Problem, auch wenn die Kirche nach wie vor die römische Stadtverwaltung unterstützen, für die Bedürftigen der Stadt sorgen, die Streitkräfte des Kirchenstaats unterhalten und die architektonischen Schätze der Kirche pflegen mußte. Dem Vatikan floß ein nicht unbeträchtlicher Anteil an den dem neuentdeckten amerikanischen Kontinent entrissenen Reichtümern zu, nach wie vor wurden gegen bares Geld zahllose Ablässe gewährt, und natürlich war es für den Papst auch kein Problem, Kredite zu erhalten, unter anderem von dem erstaunlich reichen Bankier Agostino Chigi, der sich als Sicherheit die päpstliche Tiara geben ließ, die er in seinem Kontor hinter dem Arco dei Banchi[3] in der Via del Banco di S. Spirito[4] aufbewahrte. In ganz Europa ergingen überdies Aufrufe zu Spenden für den Neubau. Der König von England schickte Zinn für das Dach und erhielt zum Dank Wein und Parmesankäse.

Nicht nur für die neue Peterskirche wurde Geld gebraucht. Papst Julius verwendete auch große Geldsummen für den Vatikanischen Palast; in dessen Schatten wurde ein wunderschöner großer Garten angelegt, der erste Lustgarten dieser Größe, der seit den Zeiten Caesars in Rom entstand; der bis dahin isoliert dastehende Palazzetto del Belvedere wurde durch die Anlage eines prachtvollen Innenhofs, des Cortile del Belvedere, in das Ensemble der vatikanischen Amtsgebäude einbezogen, der Palazzetto selbst in eine Galerie für Werke der Bildhauerkunst umgewandelt.[5] Zwei klassische Meisterwerke aus dem Besitz des Heiligen Stuhls fanden in dieser Galerie Aufstellung: der Apoll von Belvedere,[6] der bis dahin im Garten einer Stadtvilla von Julius II. nahe der Kirche S. Pietro in Vincoli gestanden hatte, und die Laokoon-Gruppe, die im Januar 1506 bei Erdarbeiten in einem Weingarten in der Nähe der Thermen Trajans gefunden worden war.[7] Der Papst hatte damals sogleich Giuliano da Sangallo zum Fundort geschickt. Der damals neunjährige Sohn des Künstlers schilderte in einem später entstandenen Bericht die Begebenheit so: „Wir machten uns zusammen auf den Weg, ich auf meines Vaters Schultern. Sobald mein Vater die Statue erblickte, rief er aus: ‚Das ist ja der Laokoon, von dem Plinius spricht.' Das Erdloch mußte vergrößert werden, damit die Statue geborgen werden konnte." Natürlich traten viele reiche Sammler auf den Plan, die alles daransetzten, das Kunstwerk zu erwerben. Doch schließlich machte Papst Julius das Rennen, indem er dem Finder und seinem Sohn eine hohe Jahresrente versprach. In einem feierlichen Zug wurde die Statue zum Klang der Kirchenglocken und zum Gesang des Chors der Cappella Giulia – die der Papst, der nicht nur die bildenden Künste, sondern auch die Musik liebte, selbst gegründet hatte – durch die blumengeschmückten Straßen der Stadt in den Vatikan überführt.

Neben diesen beiden großen und kostspieligen Neubauprojekten stellte Papst Julius auch Mittel für die Verbreiterung und Verbesserung der römischen Straßen zur Verfügung. Die Via delle Botteghe Oscure (Straße der dunklen Läden), die Via S. Celso, die Via della Lungara und das Judaeorum wurden neu angelegt, ebenso die Via Magistralis, die in Via Giulia umbenannt wurde und bis heute eine der schönsten Durchgangsstraßen Roms geblieben ist. Sehr viel Geld ließ der Papst sich auch die Restaurierung und Verschönerung der Kirche S. Maria del Popolo kosten, in der er, nach Entwürfen von Andrea Sansovino, die herrlichen Grabmäler der Kardinäle Girolamo Basso della Rovere und Ascanio Sforza errichten ließ. Noch weitere namhafte Künstler, die das Mäzenatentum des Papstes nach Rom gelockt hatte, wirkten an der Ausschmückung dieser Kirche mit.[8]

Ein schönes marmornes Grabmal für sich selbst anfertigen zu lassen, war seit langem einer der sehnlichsten Wünsche des Papstes gewesen. Einen ersten Schritt in Richtung auf die Erfüllung dieses Wunsches tat er dadurch, daß er aus Florenz einen jungen Bildhauer nach Rom holte. Michelangelo Buonarroti war Sohn eines armen toskanischen Beamten adliger Herkunft. Bei seiner Ankunft im Rom 29 Jahre alt, war Michelangelo ein schwermütig wirkender, wortkarger und in sich gekehrter Mensch, dabei aber durchaus empfindlich, streitbar und schnell beleidigt. Der Papst mußte die Erfahrung machen, daß er mit diesem jungen Mann weitaus schlechter zurechtkam als mit dem liebenswürdigen Bramante und dem bezaubernden, ausgesucht höflichen und bescheidenen Raffaello Sanzio, der im Vatikan mit dem Ausmalen der Räume beschäftigt war, die unter dem Namen ‚Stanzen des Raffael‘[9] bekanntgeworden sind. Wichtiger war jedoch, daß Michelangelo sich bereits den Ruf eines genialen Künstlers von erstaunlicher Ausdruckskraft und Vielseitigkeit erworben hatte; es war unvorstellbar, daß Papst Julius, einer der aufgeklärtesten und sachverständigsten Kunstmäzene, die in Rom je gewirkt hatten, sich dieses Talent entgehen ließ.

Zuerst ging alles gut. Michelangelo erhielt 100 Goldkronen als Entschädigung für die Kosten seiner Reise nach Rom, und der Papst war begeistert von den Entwürfen, die er zu sehen bekam. Er beauftragte den Künstler, zu den Steinbrüchen in den Bergen von Carrara zu fahren. Michelangelo verbrachte dort acht Monate damit, die Marmorblöcke für ein Monument, das „jedes andere jemals errichtete antike oder kaiserliche Grabmal" in den Schatten zu stellen versprach, auszuwählen und bei ihrer Bergung mit Hand anzulegen; es kamen Steinblöcke in einem Gesamtgewicht von über 100 Tonnen zusammen.

„Nachdem er allen Marmor, den er benötigte, ausgesucht hatte", berichtet sein toskanischer Landsmann und Zeitgenosse Giorgio Vasari, „ließ er ihn auf ein Schiff verladen und nach Rom bringen, wo die Blöcke die halbe Fläche des Petersplatzes einnahmen... In der [Engelsburg] hatte Michelangelo sich die Werkstatt eingerichtet, in der er an den Figuren und den anderen Bestandteilen des Grabmals arbeiten konnte; der Papst ließ, damit er jederzeit ohne Umstände hinkommen und ihm bei der Arbeit zusehen konnte, eine Zugbrücke vom Korridor zur Werkstatt bauen. Dies begünstigte die Entstehung eines sehr vertrauten Verhältnisses zwischen ihnen, wobei allerdings die Vergünstigungen, die Michelangelo zuteil wurden, ... mit der Zeit bei seinen Zunftkollegen viel Mißgunst erregten."

Das herzliche Vertrauensverhältnis zwischen dem Papst und Michelangelo hielt nicht lange vor. Der Künstler mochte es nicht, wenn man ihm bei der Arbeit zusah, und gewöhnte es sich an, die Tür seiner Werkstatt abzuschließen. Ebensowenig konnte er es leiden, wenn er gefragt wurde, wie lange er noch für dieses oder jenes Stück brauche. Dem sensiblen und reizbaren Künstler begann die Einmischung seines Auftraggebers – als solche empfand er dessen rege Anteilnahme am Fortgang seiner Arbeit – auf die Nerven zu gehen, und in der Folge kränkte es ihn, daß etliche seiner Gesuche um Gesprächstermine und Geld von Offiziellen des Vatikans ziemlich unwirsch abgelehnt wurden. Nach einer dieser Zurückweisungen verlor Michelangelo die Geduld: er befahl seinen Gehilfen, die gesamte Ausstattung seiner Werkstatt zu verkaufen, und machte sich auf den Weg nach Florenz. Erst nach einiger Zeit ließ er sich zur Rückkehr in die Dienste des Papstes überreden, doch konnte er nicht, wie erhofft, an dem begonnenen Grabmal weiterarbeiten. Zunächst einmal mußte er, obwohl er sich zunächst mit dem Argument, dies sei „nicht seine Art von Kunst", dagegen wehrte, eine vier Meter hohe Bronzestatue von Julius anfertigen, die vor der Kirche S. Petronio in Bologna aufgestellt wurde (und die schon wenige Jahre später, nach einer Revolution, auf Befehl des päpstlichen Gegenspielers, der Herzogs von Ferrara, eingeschmolzen und zu Kanonen umgegossen wurde). Anschließend erhielt er einen Auftrag, für den er sich noch weniger geeignet fühlte: die Decke der Sixtinischen Kapelle auszumalen. „Er versuchte mit allen Mitteln, diese Bürde von sich abzuschütteln", berichtet Vasari. „Doch je länger er sich weigerte, desto entschiedener beharrte der Papst, der von Natur aus sehr willensstark war, auf diesem Auftrag... Schließlich war er, da er nun einmal von aufbrausendem Naturell war, drauf und dran, seinem Zorn freien Lauf zu lassen. Michelangelo aber, als er sah, wie unnachgiebig Seine Heiligkeit war, gab klein bei und tat, was von ihm verlangt wurde." Er erhielt einen Vorschuß von 500 Dukaten und begann am 10. Mai 1508 mit der Arbeit.

Sehr bald bereute er, sich darauf eingelassen zu haben. Es gab Probleme mit dem Gerüst, das Bramante für ihn angefertigt hatte; ursprünglich hing es, mit Seilen befestigt, von der Decke herab, doch Michelangelo wollte ein mit Streben am Boden verankertes Gerüst. Ärger gab es auch mit seinen Gehilfen, die er aus Florenz hatte kommen lassen; sie erwiesen sich – in seinen Augen – als so unfähig, daß er alles, was sie schon gemalt hatten, abkratzte und beschloß, die gesamte, fast tausend Quadratmeter messende Fläche selbst auszumalen. Er verriegelte die Tür der Kapelle und weigerte sich, irgend jemanden hereinzulassen, auch nicht seine Künstlerkollegen. Damit handelte er sich neuen Streit mit dem Papst ein, der selbst einmal vergeblich Einlaß in die Kapelle begehrte. Dann tauchten Probleme mit einem salzigen Mauerschimmel auf, der bei Nordwind an Teilen der Decke zum Vorschein kam und Flecken bildete, die Michelangelo so sehr verdrossen, daß er am liebsten das ganze Unternehmen aufgegeben hätte; erst als Giuliano da Sangallo ihm zeigte, wie diesem Moderpilz beizukommen war, ging er wieder ans Werk.

Es war eine sowohl körperlich als auch psychisch anstrengende Arbeit. Michelangelo mußte im Stehen malen, wobei er den Kopf für lange Zeiträume nach oben gedreht hielt; sein Hals wurde davon mit der Zeit steif und schwoll an, so daß er, wenn er vom Gerüst herabstieg, den Kopf gar nicht mehr gerade halten konnte und beispielsweise Briefe nach oben strecken mußte, um sie lesen zu können. Im Hochsommer war es stickig heiß, und der Staub, der sich vom Putz löste, reizte seine Haut; bei jedem Wetter tropfte ihm die Farbe ins Gesicht, auf die Hände und in den Bart. „Der Ort ist verkehrt, und ich bin kein Maler", klagte er in einem Sonett, in dem er seine entbehrungsreiche Arbeit schilderte. „Mein tägliches Gemale hinterläßt auf meinem Gesicht ein reiches Mosaik." An seinen Bruder schrieb er: „Mein Leben ist eine Plackerei, die den Körper auslaugt. Ich habe keine Freunde und will auch keine, habe nicht einmal die Zeit, das Nötigste zu essen."

Er litt unter den häufigen Besuchen seines Auftraggebers, der darauf beharrte, sich das, wofür er bezahlte, jederzeit ansehen zu dürfen. Mit dem Stock in der Hand, erklomm der Papst ein ums andere Mal das Gerüst und fragte: „Wie lange wird es noch dauern?" Es war sein größter Wunsch, die Kapelle noch wiedereröffnen zu können, bevor er starb.

Einmal entgegnete Michelangelo auf die stereotype Frage: „Es wird fertig sein, wenn es mich als Künstler zufriedenstellt." Worauf Julius ärgerlich versetzte: „Wir aber wollen, daß du *uns* zufriedenstellst, indem du bald fertig wirst."

Michelangelo lehnte es ab, sich auf einen Termin festlegen zu lassen; er versprach lediglich, das Werk zu beenden, so schnell er konnte. „So

schnell ich kann! So schnell ich kann!" schrie der Papst einmal wütend
zurück. „Was soll das heißen, ‚so schnell ich kann'? Ich werde dich bald
zwingen, dich zu beeilen!" Er schlug Michelangelo mit dem Stock und
drohte, ihn vom Gerüst zu werfen, wenn er nicht schneller arbeitete. Auf
diese Ausbrüche folgten regelmäßig Entschuldigungen. Ein Vertrauter
des Papstes tauchte dann bei Michelangelo zu Hause auf, brachte Geldge-
schenke, bat im Namen des Papstes um Verzeihung und erklärte, solche
Wutanfälle des Papstes bedeuteten eine „Gunst und einen Beweis der
Zuneigung".

Endlich, nach fast vierjähriger Arbeit, wurde das Gerüst abgebaut.
Doch der Künstler war noch nicht zufrieden; er wünschte, hier und da
noch einen Tupfer anzubringen, Hintergründe und Kleidungsstücke mit
Ultramarin anzureichern, dieses oder jenes Detail mit Goldfarbe auszuschmücken. Doch die Geduld des Papstes war jetzt endgültig zu Ende.
Noch bevor sich nach der Entfernung des Gerüsts der Staub gesetzt
hatte, eilte er in die Kapelle, um sich das erstaunliche Werk anzusehen:
mehr als 300 menschliche Figuren, viele davon in drei- oder vierfacher
Lebensgröße gemalt. Am Morgen des 31. Oktober 1512 hielt der Papst in
der Kapelle eine Messe; danach kam, um Vasari zu zitieren, „ganz Rom
gelaufen, um zu sehen, was Michelangelo gemacht hatte; und es war in
der Tat so, daß jedermann sprachlos vor Erstaunen davorstand".

Für den Papst, der mittlerweile über siebzig war und in seinem letzten
Lebensjahr stand, trat nun wieder der Gedanke an sein nicht fertiggestell-
tes Grabmal in den Vordergrund, an dessen Vollendung Michelangelo
„mit großem Eifer" ging. Zwar kam der grandiose ursprüngliche Entwurf nie zur Ausführung, aber er schuf doch ein Meisterwerk, das noch
heute in Rom zu bewundern ist: die lebensvolle Moses-Statue, die in der
Kirche S. Pietro in Vincoli steht.[10]

Als sich am 20. Februar 1513 die Nachricht vom Tode Julius' II.
verbreitete, stürzte sie ganz Rom in tiefe Trauer. Frauen liefen weinend
durch die Straßen und reihten sich in die Schlange derjenigen ein, die
darauf warteten, die Füße des toten Papstes küssen zu dürfen, die über
den Rand des Katafalks hinausragten. Die Menschen versicherten einander, einen Mann, der zugleich ein so aufrechter Patriot und ein so
großzügiger Mäzen sei, würden sie auf dem Papstthron zu ihren Lebzeiten bestimmt nicht mehr erleben. In den Straßen Roms drängten sich
solche Massen von Trauernden, daß der Zeremonienmeister des Verblichenen eingestehen mußte, daß er derartiges in den vierzig Jahren seines
Lebens in Rom nicht gesehen hatte. „Alle wußten, daß er ein wahrhaft
römischer Pontifex gewesen ist", erklärte der florentinische Staatsmann

und Historiker Francesco Guicciardini. „Obwohl er ein zorniger Mann mit ausgefallenen Ideen war, wurde er mehr als alle seine Vorgänger betrauert und... in erhabenem Andenken gehalten."

Freilich, so sehr die Römer in diesem Winter Trauer trugen, so löste doch die Wahl Giovannis de'Medici, eines Sohns des großen Lorenzo, zum neuen Papst eine Begeisterung aus, die ebenso grenzenlos war wie der vorausgegangene Kummer. Der neue Pontifex, Leo X., hatte eine Schwäche für rauschende Feste und gab sich dementsprechend alle Mühe, dafür zu sorgen, daß das *Sacro Possesso*, der offizielle Einzug des neuen Papstes in den Vatikan, mit allem Pomp begangen wurde, den die päpstlichen Kassen zuließen und die Zeremonienmeister des Vatikans sich auszudenken vermochten. Jedes Haus an der Prozessionsstrecke war mit Lorbeerkränzen und Stechpalmenzweigen, mit kostbaren Brokatstoffen und Samtbehängen geschmückt, die Straßen mit Buchsbaum- und Myrtenzweigen bestreut; auf Schildern mit verschnörkelten lateinischen Inschriften wurde der neue Papst – Sohn einer römischen Mutter, der Clarissa Orsini – willkommen geheißen und als „Vorbild der Kirche" und „Botschafter des Himmels" gepriesen. An mehreren Straßenecken waren Altäre aufgebaut, und von Dächern und Türbalken grüßten Wimpel und Plaketten mit den Wappen der Medici und der Orsini. Aus den Brunnen floß Wein anstelle von Wasser. Triumphbögen, errichtet von reichen Kaufleuten und Bankiers, die einander an Prachtentfaltung und Erfindungsreichtum übertreffen zu wollen schienen, überspannten die Straßen; in ihren Nischen enthielten sie Bildnisse christlicher Märtyrer, die sehr an die heidnischen Götterbilder der Antike erinnerten; den von Agostino Chigi errichteten Bogen schmückten lebende, als Götter verkleidete Menschen.

Die Prozession nahm ihren Ausgang an der dem Vatikan vorgelagerten Piazza. An eine bewaffnete Vorhut, die die Spitze bildete, schlossen sich, scharlachrot gekleidet, Mitglieder des Kardinalskollegiums und der anderen vatikanischen Würdenträger an; ihnen folgten die berittenen Senatoren der *rioni* mit ihren Fahnenträgern, eine Kolonne milchweißer Maultiere aus allen Teilen des Kirchenstaats, Hofbeamte in roten, hermelinbesetzten Roben, die päpstliche Kronen und juwelengeschmückte Mitren trugen, römische Adlige, eskortiert von ihrer livrierten Dienerschaft – die Oberhäupter der Orsini und der Colonna gingen Seite an Seite und Hand in Hand –, Kaufmannsfürsten aus Florenz, einige von ihnen Verwandte des Papstes, ausländische Botschafter mit ihrem Gefolge, Pagen mit silbernen Hoheitszeichen, in ihrer Mitte ein Pferd mit dem Heiligen Sakrament darauf, beschirmt von einem Baldachin aus golddurchwirktem Tuch. Schließlich folgten Priester, Schreiber und Anwälte in schwar-

zer und violetter Tracht, Bischöfe und Kardinäle auf Pferden mit weißer
Schleppe und zuletzt die farbenfroh uniformierten Soldaten der Schweizer Garde mit ihren Hellebarden und in ihrer Mitte Seine Heiligkeit auf
einem weißen Araber-Hengst, vor der Sonne geschützt durch einen
Baldachin aus kostbarem Seidengewebe, der von acht römischen Bürgern
aus der Patrizierschicht getragen wurde.

Die Figur, die der neue Papst abgab, paßte nicht recht zu der prachtvollen Prozession, die ihm vorauszog: fettleibig und aufgedunsen, wirkte
er wesentlich älter, als er es mit seinen siebenunddreißig Jahren war. Sein
Mund stand offen, weil der Unterkiefer schlaff herabhing, sein Gesicht
hatte in der Sommerhitze eine fast purpurne Farbe angenommen; an
seinem kurzen Hals und seinen Kinnfalten hinab rannen Schweißtropfen.
Er schien unter dem Gewicht seines juwelenbesetzten Mantels und seiner
dreifachen Tiara zusammenzusinken. Immerhin brachte er die Kraft auf,
den Menschen, die den Weg säumten, wohlwollend zuzulächeln, gnädig
zu nicken, wenn ein Diener ihm eine der ihn preisenden Inschriften
vorlas, die seine halbblinden Augen nicht zu entziffern vermochten, und
gelegentlich seine in parfümierten, perlenverzierten Handschuhen steckenden Hände zu heben, um den päpstlichen Segen zu erteilen. Wenn
seine Kammerdiener aus ihren prallen Geldsäcken handvollweise Silbermünzen unter das Volk warfen, murmelte er zufrieden ein paar zustimmende Worte. Seine entspannte Heiterkeit, seine offenkundige Freude an
dem Spektakel, sein Stolz und seine selbstgefällige Zufriedenheit wirkten
unschuldig und entwaffnend, und immer wieder fühlte sich die Menge zu
Hochrufen bemüßigt: „Leone! Leone! Leone!"

Am Ponte S. Angelo hatten sich, einer alten Tradition gemäß, die
Juden versammelt, um den Papst zu bitten, sie weiterhin in Rom zu
dulden, und ihm durch ihren Rabbi ein Exemplar ihres Gesetzbuchs
überreichen zu lassen. Der Papst ließ zu, daß ihm das Buch vor die Füße
geworfen wurde, während er mit den vorgeschriebenen Worten den
jüdischen Glauben verwarf. Es wurde registriert, daß sich, als er den
Juden ihre Privilegien bestätigte, seine huldvolle Miene nur unmerklich
verfinsterte.

Nachdem er die Via Papale durchmessen und die Marc-Aurel-Statue
erreicht hatte, die damals noch vor dem Lateran stand, stieg der Papst
vom Pferd und betrat, erschöpft, aber offenkundig in bester Verfassung,
zu einem üppigen Festmahl den Lateran-Palast.

„Als ich über all den Pomp und die erhabene Pracht, die sich soeben
vor meinen Augen entfaltet hatten, nachdachte", schrieb ein florentinischer Arzt, der das Spektakel dieser *Possesso* in allen seinen Details
festhielt, „stieg in mir ein so brennendes Verlangen auf, einmal selbst

Papst zu werden, daß es mir in jener Nacht nicht gelang, auch nur einen Augenblick lang Schlaf oder Ruhe zu finden. Nun wundere ich mich nicht mehr über die Prälaten, die so leidenschaftlich nach dieser Würde gieren. Ich glaube wirklich, daß jedermann lieber Papst wäre als Fürst."

Im Lateran tafelte derweil der Papst, wenn nicht mit dem gleichen unbändigen Appetit, so doch mit derselben Passion für gutes Essen und Trinken, die er an den Tag gelegt hatte, seit er im jugendlichen Alter von sechzehn Jahren auf Drängen seines Vaters zum Kardinal ernannt worden war. Es heißt, er habe bald nach seiner Wahl zum Papst seinem Bruder Giuliano zugeraunt: „Gott hat uns die Papstwürde gegeben. Genießen wir sie."

An dieses Motto hielt er sich, und er ließ es sich etwas kosten. Man schätzt, daß er es fertigbrachte, in nur einem Jahr nicht nur alle von seinem Vorgänger angehäuften Ersparnisse, sondern auch den Gegenwert seiner Einkünfte und derer seines Nachfolgers auszugeben, und dies obwohl er in dieser Zeit nicht weniger als 1200 Ämter zum Verkauf anbot und für teures Geld auch zahlreiche Bischofs-, Abts- und Kardinalswürden verkaufte. „Er war ebensowenig in der Lage, tausend Dukaten zu behalten", so meinte Francesco Vettori, ein Freund Macchiavellis, „wie ein Stein in der Lage ist, durch die Luft zu fliegen." Obwohl bei fast allen römischen Bankhäusern tief verschuldet – manche berechneten ihm Zinsen von 40 Prozent pro Jahr –, unternahm er nicht den geringsten Versuch, sparsamer zu wirtschaften. Unter seiner Ägide erhöhte sich die Zahl der Mitglieder des päpstlichen Haushalts auf 683; er ließ nicht davon ab, Besuchern, die mit ihm sangen, eine Börse voll Gold zu schenken und am Spieltisch Geld buchstäblich zu verschleudern: er bevorzugte das einfache Glücksspiel *primiero* und beglich seine Verluste mit völligem Gleichmut, während er seine Gewinne über die Schulter in den Saal warf. Er berappte ungeheure Summen für die Anschaffung französischer Jagdhunde und isländischer Falken und für den Schutz und die Pflege ganzer Landstriche in der Campagna, wo er sich seinen Steckenpferden, der Jagd und der Falknerei, widmete. Dabei schreckte er durchaus nicht davor zurück, Tiere zu erlegen, die seine Helfer ihm in einem Käfig oder einem Fangnetz vor die Nase setzten: während er mit der linken Hand ein Glas vor sein schwachsichtiges linkes Auge hielt, schleuderte er mit der rechten einen Speer auf das wehrlose Beutetier und nahm dann wohlwollend die Gratulation seiner Gehilfen entgegen.

Wagenladungen von ausgeweideten Tieren trafen Tag für Tag in Rom ein, wo Dutzende von Köchen bereitstanden, um aus ihnen Genüsse für die päpstliche Tafel zuzubereiten. Neben Deftigem kam auch Erlesenes auf den Tisch: Pfauenzunge und Neunauge, gedünstet mit Gewürznelken und Nüssen in einer mit kretischem Wein verfeinerten Soße, dazu Nachtigallenpastete. Die reichen Bankiers und Kaufleute, die Aristokraten und die kirchlichen Würdenträger Roms ließen sich natürlich nicht lumpen und wetteiferten mit dem Papst und untereinander in der Ausrichtung opulenter Bankette.

„Das Essen war exquisit", schrieb der venezianische Botschafter über ein typisches Festmahl im Palast des Kardinals Cornaro. „Eine endlose Folge von Gerichten kam auf den Tisch, denn es gab fünfundsechzig Gänge, von denen jeder aus drei verschiedenen Gerichten bestand, und alles kam mit bewundernswerter Schnelligkeit auf den Tisch. Kaum waren wir mit einer Delikatesse fertig, da stand schon ein neuer Teller vor uns, und dabei wurde alles auf bestem Silbergeschirr serviert, wovon Seine Eminenz ein unerschöpfliches Reservoir besitzt. Als das Mahl zu Ende war, erhoben wir uns nicht nur gesättigt…, sondern auch betäubt von der Musik, die ohne Pause sowohl im Saal wie auch von außerhalb erklungen war und an deren Erzeugung jedes Instrument mitgewirkt hatte, das in Rom aufzutreiben war – Querpfeifen, Cembali und viersaitige Lauten, dazu die Stimmen eines Chors."

Noch großartiger waren die Bankette, die Agostino Chigi in seinem Palast am Tiberufer gab, in dessen Baderäumen sämtliche Beschläge und Armaturen aus Silber und Gold waren. Von diesem unermeßlich reichen Bankier hieß es, er habe seinen Dienern Anweisung erteilt, die Silberteller, auf denen die einzelnen Gänge serviert wurden, nach Gebrauch in den Tiber zu werfen, damit alle Welt sehe, wie unbedeutend solche Dinge für ihn waren; man erzählte sich freilich auch, er habe unter der Wasseroberfläche vorsorglich ein großes Netz auslegen lassen, damit das Silber bei Nacht wieder an Land gezogen werden konnte. Chigi hatte einmal ein Festmahl gegeben, bei dem die Gerichte auf Tellern gereicht wurden, in die die Wappen der einzelnen Gäste eingraviert waren; ferner hatte er die Wände des Bankettsaals mit kostbarsten Gobelins behängen lassen. Am Ende des Mahls hatte der Papst als ranghöchster Ehrengast dem Gastgeber für die erlesenen Speisen und für das prachtvolle Ambiente gedankt. Daraufhin hatte Chigi ein Zeichen gegeben, auf welches hin die Seile, an denen der Wandschmuck aufgehängt war, gelöst wurden. Die Gobelins fielen zu Boden, und dahinter kamen leere Ställe und Futtertröge zum Vorschein. „Eure Heiligkeit", erklärte der Bankier, „das hier ist nicht mein Bankettsaal, es ist bloß mein Stall." Die Bankette des Papstes waren berühmt wegen der Unterhaltung, die dabei geboten wurde; für diese sorgten Spaßmacher, Zwerge und Possenreißer aller Art und der Dominikanermönch Fra Mariano Fetti, dessen humoristische Qualität darin bestand, daß er vierzig Eier oder zwanzig Brathühnchen auf einen Sitz verdrücken konnte, oder daß er mit einem Taschenspielertrick den

Eindruck erweckte, einen Raben mit Haut und Haaren, das heißt mit Gefieder, Schnabel und Krallen, aufzuessen. Zur Unterhaltung trugen unfreiwillig auch ausgewählte Kretins bei, die man zuvor einige Tage hatte hungern lassen und denen man nun mit einer scharfen Soße übergossene Aasstücke vorsetzte, die sie gierig verschlangen, in der Überzeugung, es handle sich um eine Delikatesse von der Tafel des Papstes.

Seinen nach überlieferter Ansicht gelungensten Streich spielte Papst Leo einem gewissen Baraballo, einem älteren Priester, der dilettantische Verse schmiedete; man flößte ihm die Überzeugung ein, seine Produkte brauchten den Vergleich mit den großen Gedichten Petrarcas nicht zu scheuen, und er habe sich das Anrecht erworben, wie Petrarca auf dem Kapitol mit dem Lorbeer des Dichterfürsten gekrönt zu werden; man stellte ihm die große Ehre in Aussicht, auf einem weißen Elefanten dorthin reiten zu dürfen, den der Papst unlängst vom König von Portugal geschenkt bekommen hatte und der jetzt im Belvedere untergebracht war. Am festgesetzten Tag drängten sich an den Fenstern des Vatikans schmunzelnde Gesichter, als der bedauernswerte genasführte Priester, gewandet in eine scharlachrote, goldgesäumte Toga, auf den weißen Elefanten zuschritt, um sich in den aufwendig geschmückten Sitz heben zu lassen. „Ich hätte nie für möglich gehalten, daß es so etwas gibt, hätte ich es nicht mit eigenen Augen gesehen und darüber gelacht", schrieb Paolo Giovio, der Biograph Leos X., „wie ein alter Mann von sechzig Jahren, der einen angesehenen Namen trug, eine stattliche und ehrwürdige Erscheinung mit weißem Haar, zum Klang der Trompeten auf einem Elefanten ritt."

Indes befaßte sich der Papst, der an deftigen Scherzen dieser Art so viel Gefallen fand, der gern bei Stierkämpfen zusah und mit seinen kurzsichtigen Augen stundenlang beobachten konnte, wie die Kardinäle auf ihren Maskenbällen mit ihren Damen tanzten, keineswegs ausschließlich mit Trivialitäten dieser Art. Gewiß zog er die launige Komödie und die mehr oder weniger obszöne Farce den ernsteren dramatischen Stücken vor, die in seinem Palast ebenfalls inszeniert wurden; und gewiß bewies er als Literatur- und Musikmäzen so viel Kritiklosigkeit, daß er sein Füllhorn ebensogern über die unwürdigsten Möchtegern-Dichter ausschüttete wie über ernstzunehmende Schriftsteller wie Ariost und Guicciardini, während er andererseits einen Erasmus nicht der Förderung für würdig befand. „Es ist schwer zu sagen", bemerkte einmal Pietro Aretino, der selbst zu den Nutznießern päpstlicher Freigebigkeit zählte, „ob die Verdienste der Gelehrten oder aber die Tricks der Narren Seiner Heiligkeit die größte Freude bereiteten."

Ungeachtet aller angebrachten Zweifel an seiner Urteilsfähigkeit in künstlerischen Dingen, war Papst Leo doch ein Mäzen von beachtlicher Bedeutung. Er holte die begabtesten europäischen Chorsänger in die Sixtinische Kapelle; er förderte mit beträchtlichen Geldmitteln die Sapienza, die damit das Spektrum ihrer Fakultäten verbreitern und ihr Lehrpersonal vermehren konnte; er nahm die Römische Akademie unter seine Fittiche und förderte das Studium des Lateinischen und Griechischen, schloß Freundschaft mit Marco Girolamo Vida und mit Ariost, holte Giano Ascaris nach Rom und regte ihn dazu an, die griechischen Manuskripte, die sich in seinem Besitz befanden, zu veröffentlichen; und er lud Markos Musuros ein, mit mindestens zehn jungen Männern nach Rom zu kommen und die Italiener in der griechischen Sprache zu unterweisen. Schließlich ließ er auch seine umfangreiche und wertvolle Familienbibliothek aus Florenz nach Rom überführen, wo sie, bis sein Vetter sie an die Biblioteca Laurenziana zurückgab, all jenen Gelehrten und Schriftstellern zur Verfügung stand, die der Verlockung guter Arbeitsmöglichkeiten gefolgt und in die Stadt gekommen waren, die nach dem Willen des Papstes wieder zur Hauptstadt der abendländischen Kultur werden sollte.

Papst Leo legte auch großen Wert darauf, Rom wieder zu einer schönen Stadt zu machen. Er bestellte bei Sansovino Pläne für den Bau der Kirche S. Giovanni dei Fiorentini[11] an der Piazza dell'Oro, die damals den Mittelpunkt der florentinischen Kolonie in Rom bildete. Er ließ, als neue Ausfallstraße aus der dichtbevölkerten Altstadt in Richtung zur Piazza del Popolo, die Via Ripetta anlegen.[12] Er restaurierte die Kirche S. Maria in Domnica, die mit einer prächtigen neuen, offenbar von Baldassare Peruzzi stammenden Vorhalle ausgestattet wurde. Er trieb auch die Mittel auf, um den Neubau der Peterskirche und die Ausschmückung des Vatikanischen Palasts durch Raffael fortführen zu lassen. Bei Raffael bestellte er außerdem Entwürfe für zehn für die Wände der Sixtinischen Kapelle bestimmte Gobelins.

Was er jedoch nicht über sich brachte, war, die Anwesenheit Michelangelos zu goutieren. Zwar versicherte er, eine tiefe Zuneigung zu dem Künstler zu hegen, und erzählte sogar mit Tränen in den Augen von ihren gemeinsamen Kindertagen im Palast der Medici zu Florenz, wo, wie Vasari überliefert hat, der junge Michelangelo, dessen Begabung der Vater des Papstes erkannt hatte, aufgenommen und wie ein Mitglied der Familie behandelt worden war. Doch der Papst kam, bei aller Anerkennung für den Künstler, mit dem schwierigen Menschen Michelangelo nicht zu Rande. „Er ist ein beunruhigender Mann", erklärte er, „mit dem nicht auszukommen ist." Er überredete Michelangelo, sich der Architektur zu widmen und nach Florenz zurückzukehren, wo eine neue Fassade für die von Brunelleschi erbaute Kirche S. Lorenzo gebraucht wurde.

In Florenz arbeitete Michelangelo für den Vetter des Papstes, Giulio de'Medici. Dieser gelangte nach dem Tod Leos und nach dem kurzen und ereignislosen Pontifikat des Flamen Hadrian VI. auf den Thron, eines unbedeutenden und knauserigen Asketen, der mehr Zeit mit Beten und privaten Studien verbrachte als damit, sich um die Probleme der Kirche zu kümmern. Der neue Papst, der den Namen Clemens VII. wählte, hatte als junger, wohlhabender Kardinal in Rom gelebt, im Palazzo della Cancelleria, den man dem Kardinal Raffaele Riario wegen seiner Verwicklung in eine Verschwörung gegen Papst Leo X. weggenommen hatte. Giulio de'Medici besaß keine Ähnlichkeit mit seinem Vetter; er war hochgewachsen, schlank und gutaussehend, hatte schwarzes Haar, eine bläßliche Haut und tiefbraune Augen, von denen eines leicht schielte. Seine kühle und hochfahrende Art gab keinen Anlaß zu der Hoffnung, daß er sich als großzügiger und gastfreundlicher Papst entpuppen könnte. Francesco Guicciardini beschrieb ihn in einer wenig schmeichelhaften, aber wohl nicht unfairen Charakterskizze als einen Menschen, der „eher mürrisch und unumgänglich [wirkte] als verbindlich und liebenswürdig; [er war] keinesfalls vertrauenswürdig und hegte eine natürliche Abneigung dagegen, jemandem einen freundlichen Dienst zu erweisen; [er war] sehr ernst und in allem, was er tat, sehr vorsichtig, [besaß eine] vollkommene Selbstbeherrschung und außerordentliche Fähigkeiten, wenngleich sein Urteil manchmal durch Furchtsamkeit getrübt wurde." Doch so schwerblütig er wirkte und so reserviert er zweifellos war, hatte er sich doch zeit seines Lebens als ein ebenso großzügiger wie geschmackssicherer Förderer der Kunst und der Musik erwiesen. Er gab großzügige Spenden für wohltätige Zwecke aller Art, wie sein Vetter es getan hatte, und seine Gastmähler waren zwar nicht spektakulär, aber doch üppig. Von Haus aus weder zu Geselligkeit noch zu großer Freigebigkeit neigend, war er sich sehr wohl der Tatsache bewußt, wie nützlich es sein konnte, demonstrative Gastfreundschaft und Spendabilität zu beweisen; nachdem er aus dem aller Wahrscheinlichkeit nach längsten Konklave aller Zeiten, in dessen Verlauf zahlreiche Bestechungsgelder hin- und hergeschoben wurden, als Sieger hervorgegangen war, behielt er die bewährte Praxis bei, die Einflußreichen mit Einladungen und die Talentierten mit reizvollen Aufträgen zu verwöhnen. Er brachte ein ehrgeiziges Projekt zum erfolgreichen Abschluß, das die Säuberung und Verbesserung des römischen Straßennetzes zum Ziel hatte, wobei sein besonderes Augenmerk der Via Trionfale, der Via Flaminia, der von der Piazza del Popolo zur Piazza Venezia führenden Via Lata und den

Straßen im Bereich der Piazza Navona galt.[13] Er sorgte dafür, daß Raffael in Rom blieb und beschäftigt wurde; er bestellte beispielsweise bei ihm Entwürfe für eine Villa am zypressenbestandenen Hang des Monte Mario oberhalb des den Tiber überspannenden Ponte Molle, die spätere Villa Madama.[14] Er ließ zwei Lieblingsschüler Raffaels, Giulio Romano und Gian Francesco Penni, im Vatikan arbeiten. Er förderte die Forschungstätigkeit des polnischen Astronomen Nikolaus Koppernigk, der sich Kopernikus nannte, besuchte, als dieser nach Rom kam, seine Vorträge und ermunterte ihn zur Veröffentlichung seiner Erkenntnisse. Und er kaufte dem eitlen und streitbaren Benvenuto Cellini mehrere Kunstwerke ab.

Allein, Clemens VII. blieb wenig Zeit für die Beschäftigung mit den von ihm erworbenen oder in Auftrag gegebenen Kunstwerken oder auch nur für die Musikabende und die theologischen und philosophischen Diskussionen, die er in seiner Zeit als Kardinal so genossen hatte; zu massiv beanspruchten außenpolitische Angelegenheiten und zunehmende Spaltungstendenzen innerhalb der Kirche seine wachen Stunden. Sein Vetter hatte versucht, sich über die aus Deutschland nach Rom dringenden Forderungen nach Reformen in der Kirche möglichst wenig Gedanken zu machen, in der Hoffnung, die Probleme würden sich letztlich irgendwie von selbst lösen oder im Sand theologischer Auseinandersetzungen zwischen irgendwelchen deutschen Mönchen verlaufen. Aber es gab da einen hartnäckigen Augustinermönch, der keineswegs Ruhe geben wollte.

# X. Der *Sacco di Roma*

Martin Luther hatte 1510 in Rom geweilt, um Aufträge seines Ordens zu besorgen. Was er dort sah, hatte ihn schockiert und ihn in seiner Überzeugung bestärkt, daß die Kirche einer radikalen Reform bedurfte. Von der Stadt selbst war er enttäuscht gewesen; es sei schwer, so meinte er, in ihr „die Fußspuren des antiken Rom [zu entdecken], da die alten Bauten jetzt unter den neuen begraben [sind und] der Schutt so hoch liegt, wie man es deutlich am Tiber sehen kann, an dessen Ufer sich der Schutt doppelt so hoch türmt, wie die Lanze eines Soldaten lang ist". Die Renaissance-Atmosphäre, die in der Stadt herrschte, war Luther zutiefst zuwider. Er verabscheute Aristoteles, dem man hier in Rom fast dieselbe Verehrung entgegenbrachte wie den Kirchenvätern; und Malereien wie jene in den Stanzen Raffaels, in denen sich christliche und heidnische Motive in empörender Harmonie miteinander verbanden, wurden hier ebenso hoch geschätzt und mit gleichviel Inbrunst studiert wie die Heilige Schrift. In Rom wurde das Schöne mit dem Guten gleichgesetzt; man ging davon aus, daß das Streben nach irdischem Glück sich mit der Hoffnung auf ewige Erlösung versöhnen ließ. Während der Papst „auf herausgeputzten Hengsten umherparadierte, schnatterten Priester die Messe herunter". „Als ich gerade beim Evangelium angelangt war", erzählte Luther, „war der Priester neben mir schon zu Ende und rief: ,Los, mach fertig, beeil dich!'" Luther war froh gewesen, als er wieder nach Deutschland zurückfahren konnte.

Papst Leo hatte den ungebärdigen Mönch schließlich exkommuniziert, in der Hoffnung, der mächtige Kaiser Karl V., der unter anderem König von Spanien und Neapel sowie Regent von Holland war, werde als guter Katholik den Ketzer vor Gericht stellen und hinrichten lassen. Der Kaiser war auch, obgleich ein solch drastisches Vorgehen gegen den Reformator in Deutschland auf heftigen Widerstand gestoßen wäre, nicht abgeneigt, Luther zu opfern, doch wollte er dafür eine Gegenleistung: die Unterstützung des Papstes für sein beabsichtigtes militärisches Vorgehen gegen die verbliebenen französischen Besitzungen in Italien, darunter Mailand, das König Franz I. sich 1515 angeeignet hatte. Man wurde handelseinig. Das kaiserliche Heer marschierte gegen die Streitkräfte Franz' I. auf, drängte sie über die Alpen zurück und besetzte Mailand. Allein, der französische König rechnete damit, daß er, solange auf dem

Heiligen Stuhl der mißtrauische und zögerliche Medici-Papst Clemens VII. saß, eine dauerhafte Allianz zwischen Papst und Kaiser nicht zu befürchten brauchte. Er behielt recht; nach mehreren politischen Kehrtwendungen entschloß sich der unstete Papst schließlich zu einem Bündnis mit Frankreich. Damit brachte er sich natürlich in Gegensatz zu Karl V., der, nachdem er die Franzosen ein weiteres Mal besiegt hatte, Anstalten traf, das sich abzeichnende antikaiserliche Bündnis zu verhindern.

Der erste Schritt, den er unternahm, bestand darin, daß er seinen Gesandten Hugo di Moncada anwies, sich mit dem aufmüpfigen Kardinal Pompeo Colonna in Verbindung zu setzen, der die Wahl Clemens' VII. mit allen Mitteln zu hintertreiben versucht hatte, in der Hoffnung, selbst Papst werden zu können. Colonna ließ sich gern dazu überreden, eine schlagkräftige Söldnertruppe aufzustellen und mit ihr durch den Borgo zu marschieren, um als selbsternannter Erlöser Roms von der päpstlichen Tyrannei den Papstpalast anzugreifen und zu plündern. Papst Clemens sah sich nicht nur gezwungen, in die Sicherheit der Engelsburg zu fliehen, sondern mußte auch einen demütigenden Vertrag unterschreiben, in dem er sich verpflichtete, aus dem antikaiserlichen Bündnis auszutreten und Colonna die Absolution zu erteilen. Bei erster Gelegenheit kündigte er diesen Vertrag allerdings auf, ließ die Besitzungen der Colonna von päpstlichen Truppen verwüsten, erklärte die ganze Familie für vogelfrei und zog alle ihre Titel ein. Darüber so wütend, daß er erbebte, wenn bloß der Name von Papst Clemens erwähnt wurde, bot Kardinal Colonna dem in Neapel residierenden Vizekönig Karl V. alle militärischen Kräfte an, die er auf die Beine zu stellen vermochte.

Das waren nicht die einzigen Feinde, die Clemens sich mit seiner treulosen und unentschlossenen Politik gemacht hatte. Ferdinand von Österreich, der Bruder des Kaisers, hatte ein großes Heer deutscher Landsknechte ausgehoben, das, überwiegend aus Anhängern Luthers bestehend, in der erklärten Absicht, den Antichristen in Rom abzustrafen, die Alpen überschritt. Wolkenbruchartigen Regenfällen und kräftezehrenden Schneestürmen trotzend, zogen die deutschen Söldner, geführt von dem fettleibigen alten Veteranen Georg von Frundsberg, durch die Lombardei. Eine von dem *condottiere* Giovanni delle Bande Nere, dem Oberhaupt einer Seitenlinie des Hauses Medici, befehligte Streitmacht wurde von den Deutschen geschlagen, Bande Nere getötet. Auf ihrem weiteren Weg nach Rom vereinigten sich die Landsknechte im Februar 1527 bei Piacenza mit der überwiegend aus spanischen und italienischen Söldnern bestehenden Hauptmacht der kaiserlichen Armee

und mit einer internationalen Ulanentruppe unter der Führung des
abtrünnigen Herzogs Karl von Bourbon.

Der Papst bemühte sich, von seinem Sekretär Gian-Matteo Giberti
darauf aufmerksam gemacht, daß die anrückenden Truppenführer „kurz
vor dem Zusammenbruch" standen, um eine gütliche Einigung mit
ihnen. Das Angebot einer beträchtlichen Abstandszahlung erschien ihnen durchaus interessant, aber die Masse ihrer Landsknechte – sie zählte
unterdessen über 20000 Mann – war entschlossen, sich die Gelegenheit
zu einer Plünderung der Schätze Roms nicht entgehen zu lassen. Die
Mannschaften stellten ihre Befehlshaber zur Rede und machten ihnen
lautstark klar, daß sie nicht eher umkehren würden, als bis sie sich an
Rom gütlich getan hätten. Während der tumultuarischen Vorgänge erlitt
Georg von Frundsberg einen Schlaganfall, mußte nach Ferrara gebracht
werden und fiel als Entscheidungsträger aus. Das Söldnerheer zog dann
unter der nervösen Führung des Herzogs von Bourbon weiter, der von
seiner bunt zusammengewürfelten, undisziplinierten Truppe eher gegän-
gelt wurde, als daß er sie befehligte. Angetrieben von der Aussicht auf
reiche Beute, zogen die halbverhungerten Landsknechte in ihren zer-
schlissenen, vom Regen und vom Hochwasser der Gebirgsbäche, die sie
hatten durchwaten müssen, aufgeweichten Uniformen in Marschkolon-
nen zu je dreißig Mann auf Rom zu.

Dieses Rom war für jede größere Bande von Marodeuren eine leicht zu
nehmende Beute. Der weitgespannte Kranz von Mauern, die zwar
beständig instand gehalten wurden, aber mittlerweile für einen Angreifer
kein ernstzunehmendes Hindernis mehr darstellten, umschloß nach wie
vor die Grundfläche der antiken Reichshauptstadt. Anders als in anderen
großen italienischen Städten des frühen 16. Jahrhunderts, lagen in Rom
innerhalb der Stadtumfriedung Weinberge und Gärten, weitläufige öde
Flächen und Dickichte, in denen Rehe, Wildschweine und andere Tiere
Unterschlupf fanden, ferner halbzerfallene Villen und gestaltlose Ruinen,
dicht überwuchert von Efeu und Heckenrosen, aus deren dichtem Blät-
terwerk das Gegurre von Hunderten von Tauben ertönte. Die bewalde-
ten Höhen des Palatin, des Caelius und des Aventin waren durchsetzt mit
Bauernhütten und Klöstern und mit den Überresten jener Baudenkmäler,
die so vielen Generationen als wohlfeile Steinbrüche gedient hatten.
Westlich des immer noch imposant in den Himmel ragenden Kolosseums
erstreckte sich der langgezogene, moorige, mit Gestrüpp bedeckte Campo Vaccino, und nur einige wenige antike Tempelsäulen deuteten darauf
hin, daß dieses als Viehweide dienende Gelände einst das Forum Romanum gewesen war. Die zahllosen Türme und Bastionen auf dem Kapitol

und die Festungsruinen im Tal darunter waren mahnende Zeugen der
Gesetzlosigkeit und Familienfehden der jüngsten mittelalterlichen Vergangenheit. Rom war in der Tat noch eine durch und durch mittelalterliche Stadt. Gewiß, sein Antlitz hatte sich dank zahlreicher sakraler
Neubauten verschönert: S. Maria del Popolo, S. Agostino, S. Giovanni
dei Fiorentini und S. Pietro in Montorio, um nur einige zu nennen. Auch
etliche prachtvolle neue Paläste und Villen waren entstanden, allen voran
die Palazzi Venezia, Farnese und della Cancelleria sowie die Villa Madama, dazu im Borgo der Palazzo Soderini, die Penitenzieri[1] und der
Palazzo Castelli (Giraud-Torlonia), im Rione di Ponte auf der anderen
Flußseite der Palazzo Lante ai Caprettari,[2] der Palazzo Cicciaporci[3] und
der Palazzo Cenci,[4] im angrenzenden Bezirk Parione die Palais der
Familie Massimi[5] und auf dem zu jener Zeit noch unbebauten Gelände
zwischen der in den Borgo führenden Porta S. Spirito und der Porta
Settimiana, dem Zugang zum Viertel Trastevere, die pompöse, von
Baldassare Peruzzi errichtete Villa von Agostino Chigi.[6] Geprägt jedoch
wurde das Gesicht Roms von dem Gebiet zwischen Corso und Tiber und
von Trastevere jenseits des Flusses, und dieses Rom, in dem nach wie vor
die meisten Bewohner der Stadt lebten und arbeiteten, war das Rom des
Mittelalters, das Rom der schmalen, verwinkelten und dunklen Gassen,
der zahllosen Höfe und Durchgänge und der hin und wieder aus dem
Gewirr von kleinen Häusern herausragenden Kirchen und Festungstürme, der provisorischen Hütten und der sich bis ans Ufer des Tiber
hindrängenden Häuser, die teilweise überhängend unmittelbar bis an das
schlammige Wasser gebaut waren und vom Boot aus betreten werden
konnten.

In diesen Vierteln Roms und im Rione di Ponte, wo sich die Häuser
der Bankiers und Kaufleute, der Juweliere und Silberschmiede, der
Buchhändler und Kurtisanen befanden, lebten und arbeiteten die meisten
der 50000 bis 60000 Einwohner der Stadt. Zu einem beträchtlichen Teil
handelte es sich um Ausländer; unter ihnen waren zahlreiche Juden; sie
lebten hauptsächlich in den *rioni* Regola, Ripa und S. Angelo; unter
ihnen waren siebentausend Juden spanischer Herkunft; geringer war die
Zahl der französischen Juden, von denen viele in den von der Piazza
Navona ausgehenden Straßen das Konditor- und Zuckerbäckergewerbe
ausübten. Es gab in Rom auch eine bedeutende deutsche Kolonie, deren
Mitglieder zumeist Gasthöfe oder Metzgereien betrieben oder in der
Druckindustrie beschäftigt waren, die ihre Landsleute im 15. Jahrhundert in Rom eingeführt und aufgebaut hatten.

Die Mehrheit der Zugezogenen wie auch der Einheimischen übte
Berufe aus, die der Befriedigung praktischer Lebensbedürfnisse dienten;

Kunsthandwerker gab es nur noch wenige. Viele Bewohner Roms, schätzungsweise drei von hundert, lebten von der Prostitution, sei es als Edelkurtisanen wie die liebreizende Clarissa Matrema-non-Vuole, die die Werke Petrarcas vollständig und die Dichtungen Vergils und Ovids nahezu komplett auswendig rezitieren konnte, sei es als Anbieter schlichterer Liebesdienste aller Art.

Die Tatsache, daß in Rom ein solch buntes Völkergemisch ansässig war, machte die Verteidigung der Stadt nicht leichter. Viele Römer meinten, es könne ihnen verhältnismäßig gleichgültig sein, ob sie nun von einem fremden Kaiser oder einem italienischen Papst regiert würden, zumal sich der amtierende Papst durch die finanziellen Maßnahmen, die zu ergreifen die Umstände ihn gezwungen hatten, äußerst unbeliebt gemacht hatte. Die *caporioni* taten sich so schwer, trommelschlagend die wehrfähigen Männer ihres Bezirks zum Waffendienst zu rekrutieren, daß nur sechs der dreizehn *rioni* überhaupt ein Aufgebot auf die Beine brachten. Von denen, die aufmarschierten, waren viele von zweifelhafter Kampftauglichkeit, da die Zuverlässigsten längst von reichen Grundbesitzern für die Bewachung privater Villen oder Paläste herangezogen worden waren. Selbst die Brücken unpassierbar zu machen, erwies sich als unmöglich: Renzo da Ceri, der mit dieser Aufgabe betraute altgediente *condottiere*, stieß, als er es versuchte, auf den erbitterten Widerstand von Bürgern, die im Interesse ihrer Geschäfte auf der Offenhaltung der Verkehrswege beharrten.

Der Papst schien in seiner Entschlußkraft ebenso gelähmt, wie die Römer gleichgültig gegenüber seinem Schicksal und dem ihrer Stadt waren. Die Kaiserlichen hatten sich Rom bereits nahezu auf Sichtweite genähert, bevor es Clemens einfiel, bei der Stadtregierung um einen Zuschuß zur Finanzierung des Abwehrkampfs einzukommen – man sagte ihm, er werde nur dann etwas bekommen, wenn er anderswo den doppelten Betrag auftreibe. Es dauerte dann eine Woche, bis er selbst einen größeren Geldbetrag aufgetan hatte – durch den Verkauf von sechs Kardinalswürden an reiche Männer, wovon er, wie seine rechte Hand Francesco Guicciardini berichtete, mehr Aufhebens machte, „als wenn dem Papsttum oder der ganzen Welt der Untergang drohte". Erst am 4. Mai, als der Feind bereits den Monte Mario erreicht und die dortige päpstliche Villa als Offiziersquartier mit Beschlag belegt hatte, brachte er eine Krisensitzung des Großen Rats der Stadt Rom in der Kirche S. Maria d'Aracoeli zustande. Er erklärte den Versammelten in einem wenig überzeugenden Auftritt, die Krise werde in wenigen Tagen vorüber sein, doch bis es so weit sei, müßten die Bürger alles in ihren Kräften Stehende tun, um sich selbst zu verteidigen.

Sein Truppenführer Renzo da Ceri hatte unterdessen bereits die anfälligsten Abschnitte der Leoninischen Mauer verstärkt und im Vatikan Abwehrbollwerke errichtet; allein, die Truppe, die er zur Verfügung hatte, war so klein, daß er sich wenig Hoffnungen machen konnte, den Ansturm der Kaiserlichen abzuwehren, zumal mit einer Bürgerschaft im Rücken, deren Vertreter nur allzugern bereit gewesen wären, auf Kosten des Papsttums einen Separatfrieden mit den Angreifern auszuhandeln, wenn Renzo sie aus der Stadt gelassen hätte. Mit nur 8000 Bewaffneten, darunter 2000 Schweizergardisten und 2000 Exmitgliedern von Giovanni de' Medicis Bande Nere, erwartete er, während auf dem Kapitol Tag und Nacht die Sturmglocke läutete, die Ankunft des Herolds aus dem Lager der kaiserlichen Truppen.

Die von dem Herold überbrachte Forderung nach Kapitulation und nach Zahlung einer außerordentlich hohen Kontributionssumme wurde von beiden Parteien als das gesehen, was sie war: lediglich als konventionelles Vorspiel zum Angriff der Belagerer, den zu unterlassen der Herzog von Bourbon seinen ausgehungerten, halbnackten Männern nicht hätte gebieten können, selbst wenn er dies gewollt hätte. Zwar hörten sie ihm zu, als er im Heerlager vor der Stadt zu ihnen sprach, aber wie einer seiner Offiziere festhielt, „war er noch nicht einmal bis ans Ende seiner Ansprache gelangt, als ein aufgeregtes und freudiges Raunen das Lager zu erfüllen begann, aus dem man schließen konnte, daß diese Truppe jede Stunde, die noch bis zum Ansturm verging, wie ein Jahrhundert empfinden würde".

Der unausbleibliche Angriff auf die Stadt begann am 6. Mai 1527 um 4 Uhr morgens mit einem Austausch von Arkebusensalven. Die Belagerer unternahmen einen Vorstoß auf die Stadtmauer zwischen der Porta del Torrione und der Porta S. Spirito, zusammen mit zwei gleichzeitigen Scheinangriffen auf das Belvedere und auf die Porta Pertusa. Dieser erste Einfallsversuch wurde unter schweren Verlusten abgeschlagen; dann aber stieg vom Tiber dichter Nebel auf, der den Verteidigern den gezielten Einsatz ihrer Artillerie unmöglich machte, so daß sie sich darauf verlegten, vorwitzige Angreifer mit Fels- und Steinbrocken zu bewerfen, ihre unsichtbaren Feinde, „Juden und Ungläubige, Mischlinge und Lutheraner", zu verfluchen und gelegentlich eine Geschützsalve loszulassen.

Einer dieser ungezielten Arkebusenschüsse traf den Herzog von Bourbon; der Sterbende wurde vom Prinzen von Oranien, einem im kaiserlichen Dienst stehenden Abenteurer, in eine nahegelegene Kapelle gebracht. Die Nachricht von seinem Tod ließ die Verteidiger Roms jubeln; sie verließen ihre Stellungen und liefen mit dem Ruf „Sieg! Sieg!" durch die Straßen des Borgo. In den Reihen der Belagerer machte sich momentan Niedergeschlagenheit breit, doch bald schöpften die Angreifer neuen Mut. Findige deutsche und spanische Brigadisten hatten aus Rebstangen Leitern gezimmert, mit deren Hilfe sie nun im Schutz des dichten Nebels an schlecht verteidigten Stellen die Mauer erkletterten und dank ihrer überlegenen Zahl die Verteidiger in die Flucht schlugen. Die Schweizergarde kämpfte tapfer, ebenso wie Teile der römischen Stadtmiliz, die Männer von Bande Nere und die Studenten des Collegio Capranicense,[7] die sich spontan zu den Waffen gemeldet hatten und bis auf den letzten Mann getötet wurden. Doch viele Soldaten des Papstes liefen zum Feind über oder schlossen sich den Massen an, die über den Tiber zu fliehen versuchten und zu diesem Zweck zu den Brücken strömten; Dutzende von Menschen wurden in dem Gedränge, das auf den Brücken entstand, zu Tode gedrückt oder getrampelt, andere ertranken, aus kenternden Booten geschleudert, im Fluß.

Der Papst floh aus dem Vatikan durch den zu diesem Zweck angelegten Geheimgang in die Engelsburg, nicht ohne sich unterwegs durch einen gelegentlichen Blick durch die Sehschlitze einen Eindruck von dem draußen tobenden Chaos zu verschaffen. Der Bischof von Nocera hielt mit dem Papst gleichen Schritt und half ihm beim Raffen seiner Robe, damit er schneller rennen konnte. „Ich schlang ihm meinen eigenen Purpurmantel um Haupt und Schultern", berichtete der Bischof später, „damit nicht irgendein barbarischer Bengel in der Menge den Papst, wenn er eines der Fenster passierte, an seinem weißen Umhang erkannte und auf gut Glück einen Schuß auf die fliehende Gestalt abgab." Außer dem Papst und seinem engsten Gefolge gelangten dreizehn Kardinäle und dreitausend weitere Flüchtlinge ins Innere der Burg; einige hatten das Pech, ein wenig zu spät zu kommen: sie befanden sich gerade auf der Zugbrücke, als diese hochgezogen wurde, und stürzten in den Graben.

Nun lag Rom den kaiserlichen Truppen wehrlos zu Füßen. Die spanischen Infanteristen des als grausam und arrogant verschrienen Gian d'Urbina, der über eine Gesichtsverletzung erbost war, die ihm ein Schweizergardist mit einer Pike zugefügt hatte, zogen durch der Borgo und töteten jeden, der ihnen in die Hände fiel. „Alle wurden in Stücke gehauen, auch wenn sie unbewaffnet waren", schrieb ein Augenzeuge, „selbst an Orten, vor denen in früheren Zeiten Attila und Geiserich, grausam wie sie waren, frommen Respekt bezeigt hatten." Das Spital von S. Spirito wurde verwüstet, fast alle Patienten massakriert oder lebend in den Tiber geworfen. Auch vor den Waisenkindern der Pietà machte die Mordlust der spanischen Landsknechte nicht halt. Die Gefängniszellen wurden geöffnet, damit die Insassen sich an den Massakern, Verwüstungen und Plündereien beteiligen konnten.

Über den Ponte Sisto drangen die Kaiserlichen in den Stadtkern vor und setzten dort ihr Zerstörungswerk fort. Die Tore von Kirchen und Klöstern, von Palästen, Villen und Werkstätten wurden aufgesprengt, Möbel und Inventar auf die Straßen geworfen. Gräber wurden aufgebrochen, darunter das von Papst Julius II., die einbalsamierten Leichname ihrer wertvollen Schmuckstücke und Totenkleider beraubt. Die Sancta Sanctorum wurde geplündert, die Hostie bespuckt und mit Füßen getreten, Reliquien und Kruzifixe verhöhnt oder von Artilleristen als Zielscheiben mißbraucht. Der Schädel des heiligen Andreas wurde zu Boden geworfen, der des heiligen Johannes wie ein Spielball durch die Straßen gekickt. Der heilige Speer, der dem gekreuzigten Jesus in die Seite gestoßen worden war und den Innozenz VIII. als Geschenk erhalten hatte, wurde von deutschen Söldnern durch die Straßen des Borgo geschleppt, das Schweißtuch der heiligen Veronika in einem Gasthaus zum Verkauf feilgeboten; das goldene Kreuz des Kaisers Konstantin wurde geraubt und tauchte nie wieder auf, ebenso die Tiara von Nikolaus I. und die Goldene Rose von Martin V. Römer und Römerinnen, die in einer Kirche Zuflucht gesucht hatten, wurden ohne Zögern umgebracht. „Sogar auf dem Hochaltar von St. Peter wurden", so berichtete ein Zeitgenosse, „500 Menschen massakriert."

Die Eroberer folterten nach Belieben Römer, die sie für wohlhabend hielten, um sie zur Preisgabe des Ortes, an dem sie ihre wirklichen oder vermeintlichen Reichtümer versteckt hatten, oder zur Zahlung eines Lösegeldes zu zwingen. Einem Kaufmann, den sie an einen Baum gefesselt hatten, rissen sie jeden Tag einen Fingernagel aus, weil er die verlangte Summe nicht bezahlen konnte oder wollte.

„Viele wurden stundenlang an den Armen aufgehängt", schrieb Francesco Guicciardinis Bruder Luigi; „viele wurden auf grausame Weise an den Genitalien angebunden; viele wurden an den Füßen hoch über der Straße oder dem Fluß aufgehängt, und dann drohten ihre Peiniger, das Seil zu kappen. Manche wurden in den Kellern halb begraben, andere in vernagelte Fässer gesperrt oder erbarmungslos geschlagen und verwundet; nicht wenige wurden am ganzen Körper mit rotglühenden Eisen traktiert. Manche folterte man, indem man sie an den Rand des Verdurstens brachte, andere, indem man sie unerträglichem Lärm aussetzte, viele dadurch, daß man ihnen auf brutale Weise die Zähne herausriß. Wieder andere wurden gezwungen, ihre eigenen abgeschnittenen Ohren aufzuessen, oder auch ihre Nase oder ihre gerösteten Hoden, und noch andere wurden weiteren unerhörten und perversen Martern ausgesetzt, an die auch nur zu denken, geschweige denn sie zu beschreiben, mich zu sehr mitnehmen würde."

Am brutalsten von allen waren, so der allgemeine Eindruck, die Spanier. „Die Zerstörungswut der Deutschen war schlimm genug, die der Italiener schlimmer, die der Spanier jedoch am schlimmsten." Sie wandten „unerhörte Foltermethoden an, um ihre Opfer zu zwingen, preiszugeben, wo sie ihre Schätze versteckt hatten". Was ihnen wohl nicht immer gelang: noch Jahre später wurden immer wieder vergrabene Fässer und Kisten voller Geld entdeckt, deren Besitzer offenbar auf diese Behandlung weder angesprochen noch sie überlebt hatten.

Denjenigen, die sich opportunistisch zur kaiserlichen Partei bekannten oder bekehren ließen, erging es nicht besser als den anderen – niemand war sicher vor Gefangennahme, Folter und Lösegeldforderungen. Weder die Kirche der spanischen Kolonie an der Piazza Navona, S. Giacomo,[8] noch die Kirche der Deutschen, S. Maria dell'Anima,[9] blieb verschont, ebensowenig das Palais des kaiserlichen Botschafters, wo zweihundert Flüchtlinge sich versteckt hielten, und auch nicht der Palazzo dei SS. Apostoli,[10] in dem die Mutter von Ferrante Gonzaga, einem der kaiserlichen Heerführer, residierte. Über 2000 Personen, die im Palazzo dei SS. Apostoli Zuflucht gefunden hatten, wurden zur Zahlung von Lösegeldern gezwungen. Die meisten Offiziere hatten wenig Macht über ihre Männer und mußten deren Ausschreitungen hilflos zusehen, wenn sie sie nicht ohnehin billigten oder sich daran beteiligten; ein deutscher Söldnerführer verkündete stolz seine Absicht, dem Papst die Eingeweide herauszureißen, sobald er ihn zu fassen bekomme.

Einige Priester wurden in der Tat auf diese Weise massakriert. Andere wurden nackt ausgezogen und unter Todesandrohung gezwungen, Gotteslästerungen auszustoßen oder an lästerlichen Gottesdienst-Parodien mitzuwirken. Ein Priester wurde von Lutheranern ermordet, als er sich weigerte, einem Esel das Heilige Abendmahl zu reichen. Kardinal Cajetan wurde in Ketten durch die Straßen geschleift, geschmäht und gefoltert; dem über achtzig Jahre alten Kardinal Ponzetti widerfuhr dasselbe; nachdem er 20000 Dukaten bezahlt hatte, starb er an den ihm zugefügten Verletzungen. Nonnen wurden, wie andere Frauen auch, vergewaltigt, auf offener Straße versteigert und bei Glücksspielen als Einsatz benutzt. Mütter und Väter wurden gezwungen, zuzusehen, wie ihre Töchter von ganzen Söldnerrudeln vergewaltigt wurden, und mußten dabei womöglich auch noch Hilfsdienste leisten. Frauen aus der besseren römischen Gesellschaft wurden in zu Bordellen umfunktionierte Nonnenstifte verschleppt. „Marquisen, Gräfinnen und Baroninnen", schrieb Sieur de Brantôme, „mußten sich von den ungebärdigen Truppen gebrauchen lassen, und noch lange Zeit danach nannte man die Patrizierfrauen der Stadt ,die Überlebenden des *Sacco di Roma*'."

Am 7. Mai, als die Eroberer ihrer eigenen Exzesse allmählich überdrüssig zu werden begannen, zog Kardinal Pompeo Colonna mit 2000 Getreuen in Rom ein. Von dem, was er sah und erfuhr, zu Tränen bewegt, machte er seinen Palast zu einem Ort der Zuflucht für die Geschundenen und tat, was er konnte, um seine Männer zu zügeln – aber auch sie erwiesen sich als nicht disziplinierbar. Sie hetzten durch die Stadt, gierig alles an sich reißend, was die Kaiserlichen verschmäht hatten. Sie nahmen „sogar die Eisenteile der Gebäude mit" und scheuten sich, wie man der Herzogin von Urbino berichtete, nicht, „die Habseligkeiten der Armen zusammenzuklauben". „Es waren Bauern, und sie waren am Verhungern", gab der Kardinal von Como zu bedenken. „Sie plünderten und raubten alles zusammen, was die anderen Söldner nicht für mitnehmenswert befunden hatten."

Wie viele Menschen während des *Sacco di Roma* getötet wurden, ist niemals festgestellt worden. „Wir nahmen Rom im Sturm", berichtete einer der deutschen Eroberer lakonisch, „gaben über 6000 Männern das Schwert, rafften alles zusammen, was wir in den Kirchen und anderswo finden konnten, brannten einen großen Teil der Stadt nieder, zerrissen und vernichteten alle Schriftstücke, alle Briefe, Register und Staatsakten." Ein spanischer Söldner behauptete, er sei dabei gewesen, wie am Nordufer des Tiber an die 10000 Leichen begraben wurden; weitere 2000 seien in den Fluß geworfen worden. Ein Franziskanermönch nannte ebenfalls eine Zahl von 12000 Getöteten und fügte hinzu, viele seien unbeerdigt liegengeblieben. Tatsächlich stapelten sich die Leichenberge an manchen Stellen so hoch, daß sie den Durchgang versperrten.

Anfang Juni bot Rom ein Bild des Jammers: die Peterskirche diente als Pferdestall, die Kirche der Florentiner als Kaserne, der Betsaal des Nonnenstifts von S. Cosimato[11] als Schlachthaus; zahlreiche Paläste waren leergefegt, die Villa Madama so gut wie zerstört, viele andere Häuser bis auf die Grundmauern niedergebrannt; die Sapienza war verwüstet, wertvolle Bibliotheken und Gemälde waren für immer verloren. Der warme Wind des Frühsommers wehte den fauligen Duft von Fäkalien und verwesendem Fleisch durch die Straßen, zu dem sich der widerliche Gestank aus offenen Abwasserkanälen und Senkgruben gesellte; Seuchen waren die unausbleibliche Folge.

„In Rom, der Hauptstadt der Christenheit", schrieb ein Spanier, „läuten keine Glocken, sind keine Kirchen geöffnet, werden keine Messen gelesen, gibt es keine Sonntage und Feiertage mehr. Viele Häuser sind bis auf die Grundmauern niedergebrannt, bei anderen sind Türen und Fenster eingeschlagen worden oder fehlen; die Straßen verwandeln sich in Dunghaufen. Der Leichengestank ist fürchterlich; Menschen und Tiere werden gemeinsam begraben, und in den

Kirchen habe ich gesehen, wie Hunde an Leichen herumnagten. In den öffentlichen Häusern sind Tische zusammengestellt, an denen um Stapel von Dukaten gespielt wird. Die Luft ist schwanger von Gotteslästerungen, die einen braven Mann – wenn sich einer finden sollte – wünschen machen, er wäre taub. Ich wüßte nichts, womit ich dies vergleichen könnte, es sei denn die Zerstörung Jerusalems. Ich glaube nicht, daß ich, wenn ich noch zweihundert Jahre zu leben hätte, etwas Derartiges noch einmal zu sehen bekäme.«

Von den Fenstern der Engelsburg aus, die Benvenuto Cellini, nach seiner eigenen phantasievollen Schilderung zu urteilen, mit „unvorstellbarer Kraft und Beharrlichkeit" praktisch allein verteidigte, hielt Papst Clemens immer wieder Ausschau nach Anzeichen dafür, daß die Streitmacht der antikaiserlichen Allianz, die er auf dem Weg nach Rom wähnte, am Horizont auftauchte. Seine Hoffnung wurde jedoch Tag für Tag enttäuscht, denn die vom Herzog von Urbino, einem Feldherrn von unübertroffener Vorsicht, kommandierten Truppen blieben in ihrem Heerlager in Isola Farnese, rund 16 Kilometer nördlich von Rom; am 7. Juni schickte der Papst sich in die Einsicht, daß er kapitulieren mußte. Man zwang ihn, auf große Gebiete des Kirchenstaats zu verzichten, und machte ihm klar, daß er die Engelsburg nicht verlassen durfte, ehe nicht ein Lösegeld von enormer Höhe bezahlt war. Monate vergingen mit aufreibenden Verhandlungen. Im Dezember kehrten die kaiserlichen Truppen, zwischendurch von Pest und Hunger aus der Stadt vertrieben, wieder zurück, nachdem sie auch die Campagna heimgesucht und ausgeplündert hatten. Sie drohten, ihre eigenen Hauptleute aufzuhängen und den Papst in Stücke zu schneiden, wenn sie nicht ihren rückständigen Sold erhielten. Als der Papst dies erfuhr, beschloß er, unverzüglich einen Fluchtversuch zu wagen; am 7. Dezember entkam er denn auch mit Duldung eines kaiserlichen Befehlshabers: mittels eines Mantels, einer Mütze, eines Tragkorbs und eines leeren, über die Schulter geschlagenen Sacks als Dienstbote verkleidet, schlug er sich zum bischöflichen Palast in Orvieto durch; ein Gesandter von König Heinrich VIII. von England, der nach Rom geschickt worden war, um den Segen des Papstes für die beabsichtigte Scheidung Heinrichs von Katharina von Aragon zu erbitten, fand den Heiligen Vater in Orvieto, „in einem alten, verfallenen und heruntergekommenen Palast der Bischöfe der Stadt…, [wo] alle Zimmer nackte, unbehangene Wände [hatten] und die Dachziegel herabgefallen [waren]".

Von Sorgen niedergedrückt, abgemagert und eingefallen, auf einem Auge fast blind, die blasse Haut seines bärtigen Gesichts gelb getönt – Folge einer kranken Leber –, verharrte der Papst in Orvieto, während die kaiserlichen Truppen weiterhin Rom besetzt hielten. Erst am 11. Februar

1528 zogen sie ab, nachdem sie endlich ihren ausstehenden Sold erhalten hatten. Und erst im Oktober kehrte der Papst in den Vatikan zurück.

Er bekam eine verwüstete Stadt zu sehen. „Rom ist am Ende", konstatierte Ferrante Gonzaga einen Tag nach der Rückkehr des Papstes. „Zu vier Fünfteln ist es praktisch unbewohnt." Nach Schätzungen waren mehr als 30000 Häuser – fast die Hälfte aller Gebäude Roms – in Schutt und Asche gesunken. Auf den Straßen häuften sich Schutt, Abfälle und Fäkalien, und die Luft war auch jetzt noch von Fäulnisgeruch erfüllt. Die Einwohnerzahl war auf die Hälfte geschrumpft, und die meisten von denen, die in der Stadt ausgeharrt hatten, fielen der öffentlichen Fürsorge zur Last. Das Wirtschaftsleben war zum Erliegen gekommen, die Läden waren verwaist. Von den mehr als hundert Apotheken und Kräuterhandlungen der Stadt waren nur noch drei geöffnet. Die erlittenen Verluste wurden auf 12 Millionen Golddukaten geschätzt. Vieles war zum Glück auch erhalten geblieben. Philip von Oranien, der während des *Sacco* im Vatikan Quartier bezogen hatte – und dort von Landsknechten ausgeraubt worden war –, sorgte durch die Aufstellung zuverlässiger Wachen dafür, daß die Vatikanische Bibliothek und die Stanzen Raffaels unversehrt blieben. Daß man den Leichnam des Herzogs von Bourbon in der Sixtinischen Kapelle aufbewahrte, trug mit dazu bei, daß die Fresken Michelangelos vor der Zerstörungswut der Söldner bewahrt blieben. Viele Reliquien entgingen dadurch der Vernichtung, daß man sie rechtzeitig an sicherer Stelle vergrub. Aber auch so war die Lektüre der Verlustliste, auf der unter anderem die vatikanischen Wandteppiche von Raffael und die Glasmosaik-Fenster von Guillaume de Marcillat in der Peterskirche standen, niederschmetternd genug.

Zahlreiche Gelehrte und Künstler hatten Rom den Rücken gekehrt. Parmigiano war nach Bologna geflohen, wohin ihm der Philosoph Lodovico Boccadifferro und der Kupferstecher Marcantonio Raimondi folgten. Giovanni da Udine, der Raffael bei der Gestaltung der Vatikanischen Loggien und der Villa Madama assistiert hatte, war nach Udine, Vicenzio da San Gimignano nach Florenz zurückgekehrt; Giovanni Battista Rosso Fiorentino war zunächst nach Perugia und von da aus nach Frankreich weitergewandert. Polidoro da Caravaggio war auf seiner Flucht in Messina ermordet worden. Jacopo Sansovino war nach Venedig gezogen, wo er zum Stadtarchitekten aufstieg. Der Übersetzer des Vitruvius, Fabio Calvo, der griechische Gelehrte Paolo Bombace, der Dichter Paolo Bombasi und der Schriftsteller Mariano Castellani waren während des Sacco umgekommen, der Grammatiker Julianus Camers hatte Selbstmord begangen. Der Dichter Marcantonio Casanova war als Bettler durch die Straßen gezogen und dann an der Pest gestorben. Peruzzi war gefoltert und gezwungen worden, den toten Herzog von Bourbon zu malen; dann hatte man ihn freigelassen, wieder gefangengenommen, noch einmal gefoltert und beraubt; schließlich war er nach Siena entkommen und dort zum Architekten der Republik ernannt worden.

Der Mann, den viele für diesen verheerenden Aderlaß verantwortlich machten und ihn darob verfluchten, fristete noch einige durch Krankheit und fast völlige Blindheit verdunkelte Lebensjahre im Vatikan, bis er sich im Spätsommer 1534 ein tödliches Fieber zuzog. Nur wenige betrauerten ihn. Er hatte sich, um mit Francesco Vettori zu sprechen, „eine Menge Probleme aufgeladen, um sich von einem großen und geachteten Kardinal zu einem kleinen und geringgeachteten Papst zu entwickeln". In der Tat löste sein Tod, wie der Herzog von Norfolk von einem römischen Briefpartner erfuhr, in der Stadt „Jubel aus". Unbekannte durchbohrten seinen in der Peterskirche aufgebahrten Leichnam mit einem Schwert, sein provisorisches Grab wurde mit Dreck beschmiert. Die darunter angebrachte Inschrift *„Clemens Pontifex Maximus"* wurde unleserlich gemacht und durch die Worte *„Inclemens Pontifex Minimus"* ersetzt. Wäre nicht sein Neffe, Kardinal Ippolito de' Medici eingeschritten, so hätte der Pöbel die Leiche des verblichenen Papstes an einem Fleischerhaken durch die Straßen geschleift. Es schien, als sei Rom einmal mehr in die Barbarei und Trostlosigkeit des tiefsten Mittelalters zurückgesunken.

# XI. Neubelebung und Neugestaltung

Weniger als zehn Jahre nach dem *Sacco di Roma* traf die Stadt Vorkehrungen für den feierlichen Empfang des Kaisers, unter dessen Banner die Eroberer damals eingezogen waren und ihre Greueltaten begangen hatten. Karl V., 1520 zum Kaiser des Heiligen Römischen Reiches gekrönt, hatte sich mittlerweile die Dankbarkeit und die Verehrung der Römer dadurch erworben, daß er den türkischen Freibeuteradmiral Cheireddin Barbarossa unschädlich gemacht hatte. Der Kaiser sollte durch die Porta S. Sebastiano einziehen, die zu diesem Zweck mit Fresken und Stukkaturen verschönert werden sollte. Sein weiterer Weg sollte an den Thermen Caracallas und am Septizonium vorbei, durch den Titusbogen hindurch und anschließend auf einer eigens angelegten Straße quer über das Forum zum Triumphbogen des Septimius Severus führen, dann durch die Via di Marforio zur Piazza di S. Marco und schließlich über den Fluß zum Platz vor der Peterskirche. Alle Gebäude und sonstigen Hindernisse, die dem Kaiser und seinem Troß auf dieser Route im Weg gestanden hätten, sollten abgerissen werden; sie sollten freie Bahn haben, die fünfhundert Reiter, die viertausend in Siebenerreihen marschierenden Fußsoldaten und die fünfzig jungen Männer aus den führenden Familien Roms, die, in violette Seidengewänder gekleidet, zusammen mit Kardinälen, Würdenträgern und extravagant uniformierten Leibgardisten den Kaiser auf seinem Zug durch die Stadt begleiten sollten. François Rabelais, der zu dieser Zeit als Leibarzt des Kardinals Jean du Bellay in Rom lebte, schätzte, daß über zweihundert Häuser und dazu drei oder vier Kirchen abgebrochen wurden. Die Verantwortung für die dekorative Gestaltung der gesamten Strecke trug Antonio da Sangallo der Jüngere; ihm standen Battista Franco, Raffaelo da Montelupo und Maerten van Heemskerck zur Seite.

Initiator und Schirmherr dieses großen Spektakels war der 1534 als Paul III. zum Papst gekrönte Alexander Farnese. Er hatte seinen Amtsantritt mit Turnieren und Festveranstaltungen aller Art feiern lassen, als ob er dem Volk zu verstehen geben wollte, daß die durch den *Sacco di Roma* eingeleitete trostlose Zeit endlich vorüber war. Kaum im Amt, hatte Paul III. den römischen Karneval wieder zum Leben erweckt; später hatte er persönlich jener traditionellen Volksbelustigung beigewohnt, die darin bestand, daß man eine Schweineherde über die Abbruchkante des Monte Testaccio hetzte und Reiter die Tiere, wenn sie dumpf auf dem Boden aufschlugen, mit Lanzen abstachen.

Papst Paul war listig und verschlagen, zugleich aber liebenswürdig und höflich. Er sprach ruhig und langsam und hatte die Gewohnheit, die Dinge ausführlich darzulegen. Dabei hatte jedoch der Blick seiner kleinen Augen etwas Lauerndes, eine Art aggressiver Unduldsamkeit, die seine Gesprächspartner beunruhigte und sie auf der Hut sein ließ. Er wurde ebensosehr gefürchtet wie geliebt. Sein Großvater, der ein höchst erfolgreicher *condottiere* gewesen war, hatte den vorher schon nicht unbeträchtlichen Grundbesitz der Familie in der Gegend des Bolsena-Sees um etliches vergrößert; sein Vater hatte eine Erbtochter der mächtigen Familie Caetani geheiratet; seine hübsche Schwester Giulia hatte einen Orsini geehelicht und war die Geliebte des Borgia-Papstes Alexander VI. gewesen. Aus dieser Verbindung Kapital schlagend, hatte Alexander Farnese es in der Kirche zu etwas gebracht: als Kardinal war er zu ihrem Schatzmeister ernannt worden; diese Stellung hatte er genutzt, um durch den Erwerb zahlreicher Pfründen sein Vermögen zu mehren. Mit der Zeit war er reich genug geworden, um mit dem Bau des herrlichsten aller römischen Hochrenaissance-Paläste zu beginnen, des Palazzo Farnese,[1] der so viel Geld verschlang, daß der Bauherr einmal sogar an die Grenzen seiner Zahlungsfähigkeit stieß und die Arbeiten für eine Weile einstellen lassen mußte. Dieses Mißgeschick wurde dem Volk durch die Aufstellung eines Plakats an der Via Giulia kundgetan, das mit der Aufforderung beschriftet war: „Almosen für den Bau des Farnese."

In jenen Jahren war Alexander als ein Mann mit ausgesprochen weltlichen Interessen bekannt und berüchtigt gewesen. Er hatte vier illegitime Kinder, deren Fortkommen er ebenso skrupellos förderte, wie alle seine Vorgänger es getan hatten: zwei seiner Enkelsöhne wurden noch als Jünglinge zu Kardinälen ernannt. Zu dem Zeitpunkt jedoch, als er Papst wurde, hatte er die fragwürdigsten seiner säkularen Neigungen und Gewohnheiten abgelegt. Einmal im Amt, bewies er ein großes und aufrichtiges Engagement für innerkirchliche Reformen, förderte neue Ordensbewegungen, namentlich den von Ignatius Loyola gegründeten Jesuitenorden, und berief das Konzil von Trient ein; kurz, er machte sich um die Gegenreformation verdient, die nach dem *Sacco di Roma* das Gebot der Stunde war. Eine Sache freilich, von der Paul III. zu keiner Zeit abließ, war sein Glaube an die Astrologen, die er jedesmal zu Rate zog, bevor er sich auf eine Reise oder auf ein Unternehmen geschäftlicher oder politischer Art einließ, und die er freigebig belohnte, wenn ihre Voraussagungen eintrafen.

Die Römer bekamen den Papst häufig zu Gesicht, denn er ging gern durch die Straßen, um die Bauprojekte zu inspizieren, mit denen die vom *Sacco* gerissenen Wunden der Verwüstung wieder geheilt werden sollten. Wenngleich seine Finanzkraft zeitweise so erschöpft war, daß er erneut auf den massenhaften Verkauf von Ablässen zurückgreifen und sogar Gelder in Anspruch nehmen mußte, die Spanien für einen Kreuzzug gegen die Türken gespendet hatte, hielt er Antonio da Sangallo und zahlreiche andere Architekten sowie Kunsthandwerker mit Aufträgen bei Laune; sie wirkten am Wiederaufbau des Belvedere und der Bauwerke auf dem Kapitolinischen Hügel, an der Erneuerung und Modernisierung der römischen Stadtbefestigungen, an der Gestaltung der Sala Regia[2] und der Cappella Paolina[3] im Vatikan sowie am Weiterbau des Petersdoms mit. Paul III. stellte ferner Geld für den Wiederaufbau der römischen Universität bereit und erhöhte die Subsidien für die Vatikanische Bibliothek. Er ließ sich dreimal von Tizian porträtieren und hatte so großes Interesse daran, Michelangelo als Mitarbeiter wiederzugewinnen, daß er zusammen mit zehn Kardinälen aufbrach, um dem großen Künstler in dessen Haus auf dem Macel' de' Corvi seine Aufwartung zu machen.

Michelangelo war als Neunundfünfzigjähriger nach Rom zurückgekehrt, dem Ruf Clemens' VII. folgend, der ihn gebeten hatte, die Altarwand der Sixtinischen Kapelle zu bemalen. Er hatte wenig Lust gehabt, diesen Auftrag zu übernehmen, da er sich sehnlichst wünschte, sich wieder der Arbeit am Grabmal Julius' II. widmen zu können. In der Tat war es ihm, solange er es mit dem kranken und hinfälligen Papst Clemens zu tun hatte, möglich gewesen, insgeheim an dem Grabmal weiterzuarbeiten, während er gemächlich Papierentwürfe für die Wand der Sixtinischen Kapelle produzierte. Dem energischen Paul III. konnte Michelangelo jedoch kein X für ein U vormachen. Solange es nach Paul ging, sollte Michelangelo nichts anderes tun als das, was der Papst für richtig hielt. „Seit dreißig Jahren trage ich dieses Verlangen mit mir herum", soll er dem Künstler ohne Umschweife erklärt haben. „Und jetzt, da ich Papst bin, werde ich es mir erfüllen. Ich werde den Vertrag über das Grabmal zerreißen. Ich habe mir in den Kopf gesetzt, mir deine Dienste zu sichern, komme was wolle." Einer der mit anwesenden Kardinäle befand bei einem Rundgang durch Michelangelos Bildhauerwerkstatt, die bereits fertiggestellte Statue des Moses allein sei schon Kunstwerk genug, um als Ehrenmal für Papst Julius zu dienen. Ein anderer meinte, die noch fehlenden Statuen sollten nach den Modellentwürfen des Meisters von seinen Gehilfen gefertigt werden. Als der Papst die Entwurfszeichnungen für die Wand der Sixtinischen Kapelle gesehen hatte, wurde er noch ungeduldiger. Michelangelo gab schließlich nach. Er ließ sich zum Ersten Architekten, Bildhauer und Maler des Vatikan ernennen und begann 1535 mit der Arbeit am ‚Letzten Gericht'.

Als das Werk am Vorabend des Allerheiligenfestes 1541 enthüllt wurde, „zeigte sich", so berichtete Vasari, „daß Michelangelo nicht nur die Meister übertroffen hatte, die zuvor in der Kapelle tätig gewesen waren, sondern es sogar geschafft hatte, seine eigenen so berühmten Fresken zu übertreffen. Das ‚Letzte Gericht' war bei weitem kunstvoller, da Michelangelo sich dabei in die ganzen Schrecknisse dieser furchtbaren Tage hineinversetzte."[4]

Der Papst selbst war von dem Anblick so überwältigt, daß er auf die Knie fiel und laut betete: „Herr, rechne mir meine Sünden nicht an, wenn du am Tag des Gerichts kommen wirst." So fasziniert war er vom Genie Michelangelos, daß er dem Künstler keinerlei Atempause gönnen wollte und ihm auftrug, sogleich mit der Arbeit an Fresken für die Cappella Paolina zu beginnen. Tatsächlich hatte er ihn schon zuvor gezwungen, die Arbeit am ‚Letzten Gericht' zu unterbrechen und sich Gedanken über ein städtebauliches Problem zu machen: nach Überzeugung des Papstes ermangelte es Rom an einem wahrhaft imposanten zentralen Platz, auf dem man einem so bedeutenden Staatsgast wie Karl V. einen würdigen Empfang bereiten konnte. Der gegebene Ort für einen solchen Platz war der Kapitolinische Hügel; auf ihm sollte Michelangelo einen Platz anlegen, ergänzt durch eine entsprechend aufwendig gestaltete Zufahrtsstraße, die Cordonata.

Michelangelo begann damit, daß er einen neuen Sockel für das Reiterstandbild Marc Aurels entwarf, das nach dem Willen des Papstes den Mittelpunkt des neuen Platzes, der Piazza del Campidoglio, bilden sollte. Er schlug vor, dem Platz eine ovale Form zu geben. Gegenüber der Mündung der Cordonata sollte sich ein wiederaufgebauter Palazzo del Senatore erheben; an seinen beiden Flanken sollten sich, ebenfalls an den ovalen Platz anstoßend und einander in leicht schrägem Winkel gegenüberstehend, der zu restaurierende Palazzo dei Conservatori und ein neues Bauwerk, der Palazzo Nuovo, in dem heute das Kapitol-Museum untergebracht ist, anschließen. Der ganze Entwurf war erst um die Mitte des darauffolgenden Jahrhunderts verwirklicht, doch nahmen alle Architekten, die sich nach Michelangelo mit der Gestaltung dieses Areals befaßten, gehörige Rücksicht auf die Pläne des Meisters.[5]

Wie das Kapitol, so war auch der Palazzo Farnese beim Tode seines Architekten, Antonio da Sangallo, noch unvollendet; Giacomo della Porta, der ihn fertigstellte, griff die Entwürfe Michelangelos für den Karnies und den oberen Innenhof auf. Die Porta Pia, von Michelangelo 1561 entworfen, wurde erst 1565 fertig, ein Jahr nach seinem Tod. Und auch der Petersdom, zu dessen Oberbaumeister Michelangelo als unwilliger Nachfolger des verstorbenen Sangallo wurde und dem er die letzten unglücklichen Jahre seines Lebens widmete, war bei seinem Tode unvollendet.

Michelangelo war auch als alter Mann noch sehr tatkräftig und fähig, fast mit der gleichen unbändigen Konzentration zu arbeiten, mit der er als junger Mann die Pietà geschaffen hatte, bis heute einer der kostbarsten Schätze von St. Peter.[6] Nach wie vor war er bis in die späte Nacht tätig, auf dem Kopf seine selbstentworfene Mütze aus grobem Wachspapier, die zugleich als Kerzenhalter diente. „Er kann aus einem harten Marmorblock in einer Viertelstunde mehr heraushämmern als drei junge Steinmetze in drei oder vier Stunden", konstatierte ein französischer Rom-Besucher. „Man muß es sehen, um es glauben zu können. Er ging so wütend und ungestüm ans Werk, daß ich glaubte, er werde das ganze Stück zersprengen. Er schlug mit einem Hieb Stücke von acht oder zehn Zentimetern Dicke heraus und setzte dabei so knapp an der Reißlinie an, daß nur eine Haaresbreite gefehlt hätte, und das ganze Werkstück wäre ruiniert gewesen."

Allein diese Anfälle einer berserkerhaften Arbeitswut wurden nun immer häufiger abgelöst von Phasen der Krankheit, in denen Michelangelo in Depressionen, Zanksucht und Bitterkeit verfiel und die Arbeit am Petersdom als eine ihm von Gott auferlegte Strafe empfand. Es gab Differenzen mit den Angehörigen der ‚*Congregazione della Fabbrica di San Pietro*‘, des Leitungsausschusses der Bauleute, in dem Michelangelo dank seines hohen Ansehens beim Papst und seines Amtes als *capomaestro* eine dominierende Rolle spielte. Es kam namentlich zu Auseinandersetzungen mit den Mitarbeitern und Anhängern Sangallos, die nach dem Tod ihres Meisters nach dessen Plänen weiterbauen zu können hofften. Michelangelo aber mißbilligte die Pläne. Er hatte Bramante nie gemocht, ihm aber gleichwohl in einem Brief an ein Mitglied der *Fabbrica* attestiert, daß er als Architekt den Vergleich mit den Besten seines Fachs „von den Zeiten der Alten an bis heute" nicht zu scheuen brauchte. Die Pläne Sangallos verurteilte er, weil sie ein Gebäude vorsahen, das dem von Bramante begonnenen „alles Licht wegnimmt". „Und das ist noch nicht alles", fügte er in einer Passage hinzu, die ein bezeichnendes Schlaglicht auf die Tücken des Alltaglebens im Rom des 16. Jahrhunderts wirft. „Es hat kein eigenes Licht. Die zahlreichen Verstecke, die es oben und unten bietet, dunkel allesamt, eignen sich für alle erdenklichen Schurkereien, so zum Beispiel als Schlupfwinkel für Banditen, zum Prägen falscher Münzen, zum Schänden von Nonnen und zu anderen Burschenstreichen, so daß man abends, wenn die Kirche geschlossen wird, fünfundzwanzig Männer bräuchte, um die aufzustöbern, die sich im Innern versteckt haben, und wegen der eigenartigen Bauweise wären sie schwer zu finden."

Michelangelo legte einen neuen Entwurf vor, der dem, was Bramante gewollt hatte, näher kam, wobei er für die Kuppel allerdings eine etwas andere Form vorsah und auf die Ecktürme verzichten wollte. Ein Holzmodell dieses Entwurfs bekam der Papst 1547 zu sehen, der sich davon höchst angetan zeigte. Somit ging die Arbeit nach den Anweisungen Michelangelos weiter. Aber sie ging schleppend voran, zum einen, weil es ständig an Geld fehlte, zum anderen wegen des gespannten Verhältnisses zwischen Michelangelo und vielen Angehörigen der *Fabbrica*; 1549 starb Paul III.; ihm folgte Julius III., der zwar ebenfalls viel von seinem *capomaestro* hielt, aber nicht bereit war, ihm so rückhaltlos die Stange zu halten, wie Paul es getan hatte. Dazu kam, daß Michelangelo allmählich ein hochbetagter Mann war und immer häufiger kränkelte; er litt an Harnsteinen, die ihm starke Schmerzen verursachten, so daß er die Baustelle im Vatikan nicht so oft besuchen konnte, wie es nötig gewesen wäre. Die *Fabbrica*, die des mürrischen Alten zunehmend überdrüssig wurde, ernannte einen seiner lautstärksten Kritiker, Nanni di Baccio Bigio, zum Superintendenten der Basilika. Dieser als Architekt und Künstler unbedeutende Mann wurde vom Papst seines Postens enthoben; von einem anderen Rivalen, Pirro Ligiorio, befreite der Papst Michelangelo, indem er ihn zum vatikanischen Palastarchitekten ernannte, in welcher Eigenschaft er das entzückende Casino di Pio IV in den Vatikanischen Gärten schuf.[7] Allein, Michelangelo, der sich den Neunzig näherte, war einfach zu alt, um mit den zahlreichen Problemen und Frustrationen fertig zu werden, die sich Tag für Tag einstellten. Man erzählte sich, er beginne kindisch zu werden, und in der Tat entdeckte er an sich selbst Zeichen der Senilität. „Ich habe meinen Verstand und mein Gedächtnis verloren", erzählte er Vasari, und seinem Neffen Lionardo schrieb er: „Mein Körper ist oft so krank, daß ich keine Treppen steigen kann, und das Schlimmste ist, daß ich voller Schmerzen bin... Ich habe den Empfang des *Trebbiano* [eines Weißweins] nicht bestätigt... Das Schreiben fällt mir, alt wie ich bin, sehr schwer... Aber vielen Dank... Es ist der beste, den du mir je geschickt hast... Es tut mir aber leid um das Geld, das du dafür ausgegeben hast, besonders da ich niemanden mehr habe, dem ich ihn schenken könnte, denn alle meine Freunde sind tot."

Michelangelo starb am 18. Februar 1564. Seinem Sarg folgte, wie Vasari berichtet, ein langer Zug von Künstlern. Beigesetzt wurde er „in Anwesenheit ganz Roms" in der Kirche SS. Apostoli.[8] Seine Vaterstadt Florenz erhob jedoch Anspruch auf seine sterblichen Überreste, und so wurde sein Leichnam „von einigen Kaufleuten aus Rom herausgeschmuggelt, in einem Stoffballen versteckt, damit es nicht zu einem Auflauf kam".

Die letzten Monate seines langen Lebens waren überschattet gewesen von der Enttäuschung darüber, daß der letzte Papst, dem er diente, Paul IV., die Kunst der Renaissance nicht zu schätzen wußte und namentlich die nackten Gestalten in Michelangelos ‚Letztem Gericht' so anstößig fand, daß er gerade noch davon abgebracht werden konnte, das ganze Fresko übertünchen zu lassen. Pauls Vorgänger Julius III. war zwar ebenfalls ein überzeugter Kirchenreformer gewesen – er hatte das Konzil von Trient wiedereröffnet und die Jesuiten unterstützt –, war aber von wesentlich aufgeklärterem Geist und für das Schöne weit empfänglicher gewesen. Er hatte die herrliche Villa Giulia⁹ erbauen lassen, für deren mit nahezu 40000 Bäumen – Zypressen, Granatapfelbäumen, Myrten und Lorbeerbäumen – bepflanzte Gärten Bartolommeo Ammanati einen seiner schönsten Brunnen schuf. Julius III. hatte die sogenannte ‚Statue des Pompejus' erworben,¹⁰ an der der Überlieferung zufolge Caesar sein Leben aushauchte und die in den fünfziger Jahren des 16. Jahrhunderts in der Via dei Leutari gefunden wurde. Er ließ sie im Palazzo Spada¹¹ aufstellen, der Residenz des Kardinals Capodiferro. Und er ernannte den bedeutendsten italienischen Komponisten der Renaissance, Giovanni Pierluigi da Palestrina, zum Direktor der Cappella Giulia.

Ganz anders Paul IV., der der aristokratischen neapolitanischen Dynastie der Carafa entstammte. Er war ein sittenstrenger Asket und in Glaubensdingen von rigoroser Orthodoxie. Er billigte und förderte uneingeschränkt die Tätigkeit der römischen Inquisition. Vorzugsweise befaßte er sich mit Problemen der innerkirchlichen Disziplin und der kirchlichen Außenpolitik, mit der verhaßten spanischen Monarchie, mit der Exkommunizierung von Königin Elisabeth von England, mit der türkischen Bedrohung und mit der Unterdrückung der niederländischen Ketzer. Er war der Ansicht, die Päpste hätten sich nicht um Schönheit, sondern um Tugend zu kümmern. So ließ er alle Statuen aus der Villa Giulia entfernen und hätte am liebsten auch den Hof des Belvedere leergeräumt, doch begnügte er sich auf Drängen seiner Berater schließlich damit, die Reliefbilder von den Wänden entfernen zu lassen und den Hof für die Öffentlichkeit zu schließen.

Wenn es allein nach dem Willen Pauls IV. gegangen wäre, hätten alle antiken Monumente in der Stadt zerstört werden müssen, einfach weil sie das Werk von Heiden waren. Während seines Pontifikats wurden sexuelle Verirrungen mit barbarischen Strafen geahndet – Sodomiten wurden bei lebendigem Leibe verbrannt. Juden wurden gezwungen, in einem Getto zu leben und eine Erkennungsmarke zu tragen; sie wurden von vielen

Berufen und von allen Ehrenämtern ausgeschlossen. Der Papst machte sich bei den Römern so verhaßt, daß sie nach seinem Tod seinem auf dem Kapitol aufgestellten Standbild den Kopf abschlugen, ihn durch die Straßen rollten und ihn in den Tiber warfen; das römische Dominikanerkloster, als Zentrale der Inquisition verschrien, wurde von einer wütenden Volksmenge gestürmt.

Der ehemalige Dominikanermönch, der 1566 als Pius V. auf den päpstlichen Thron gelangte, war ein ebenso sittenstrenger und asketischer Mensch und ein ebenso kompromißloser Reformer wie sein Vorgänger. Der Sohn armer Eltern, der selbst bis zu seinem vierzehnten Lebensjahr Schafhirte gewesen war, war in der Inquisition in hohe Ämter aufgestiegen; dabei hatte er bei seiner ersten Mission, die ihn nach Como geführt hatte, bei der Verfolgung und Bestrafung der Gottlosen so viel Übereifer an den Tag gelegt, daß man ihn zurückberufen hatte. Er war in der Folge zum Generalkommissar der römischen Inquisition und später zum Großinquisitor ernannt worden. Nach seiner Wahl zum Papst unterwarf er die Kurie, die Kirche und die Stadt Rom einem Disziplinarregime, das sicherlich nur den rigorosesten Verfechtern der Gegenreformation noch nicht streng genug war. Für kirchliche Würdenträger und für Angehörige religiöser Ordensgemeinschaften galten natürlich noch weit strengere Regeln; die Bischöfe wurden dazu vergattert, einen weit größeren Teil ihrer Zeit als bisher am Sitz ihres Bischofsstuhls zu verbringen. Der Nepotismus wurde bekämpft, der Verkauf von Ablässen und Dispensen eingeschränkt. Die Machtbefugnisse der Inquisition wurden ausgeweitet, so daß niemand mehr vor ihrem Zugriff sicher war. Die Index-Kongregation erstellte eine Liste verbotener Bücher und zwang mehrere Drucker, Rom zu verlassen. Zahlreiche Dirnen wurden aus der Stadt verwiesen oder mußten sich in bestimmten Sonderbezirken niederlassen. Juden wurden auf dem Territorium des Kirchenstaates generell nicht mehr geduldet; in Rom durften sie sich unter bestimmten Bedingungen aufhalten, aber ihre Situation war noch demütigender als unter Paul IV. Ihr traditioneller Wettlauf im Rahmen des Karnevals durfte nicht mehr auf der herkömmlichen Strecke zwischen S. Lucia[12] und St. Peter ausgetragen werden, sondern wurde „aus Respekt vor den Aposteln" auf den Corso verlegt.

Die beiden Nachfolger Pius' V., Gregor XIII. und Sixtus V., führten die Reformentwicklung, die nach dem *Sacco di Roma* eingesetzt hatte, weiter; beide zeigten gelegentlich ein Übermaß an gegenreformatorischem Eifer: Gregor, auf dessen Initiative hin im Jahr 1582 der Gregorianische Kalender eingeführt wurde und der die weltweite missionarische Tätigkeit der Kirche förderte, scheute sich nicht, die Massaker der

Bartholomäusnacht in Frankreich, denen Tausende von Hugenotten zum Opfer gefallen waren, mit einem Tedeum zu feiern; Sixtus, der als Papst die Kurie reformierte und die Anzahl der Mitglieder des Heiligen Kollegs auf siebzig begrenzte, mußte während seiner Amtszeit als Generalinquisitor wegen seiner übermäßigen Strenge aus Venedig zurückberufen werden. Beide Päpste waren aber leidenschaftliche Bauherren und taten viel für Rom. Papst Gregor gründete das Collegio Romano[13] und wandte große Geldbeträge für den Bau der Jesuitenkirche Il Gesù[14] und der Kirche S. Maria in Vallicella auf.[15] Letztere war die Kirche der Oratorianer, einer von dem heiligen Philipp Neri gegründeten Kongregation, die großen Wert auf ästhetische Formen des Gottesdienstes, namentlich auf gute Musik, legte und bildliche Darstellungen als Hilfsmittel des Glaubens propagierte und die sich mit diesem Programm nicht nur zu einer der bedeutendsten Ordensgemeinschaften der Gegenreformation entwikkelte, sondern auch das künstlerische Leben Roms tiefgreifend beeinflußte. Ihr Förderer Gregor XIII. ließ auch die Wasserleitungsrohre verlegen, denen die Via Condotti ihren Namen verdankt, und ließ überall in der Stadt, beispielsweise auf der Piazza Nicosia und auf der Piazza Colonna, Springbrunnen errichten.[16] Er gründete die Accademia di S. Luca[17] und legte 1574 den Grundstein zum Quirinalspalast, der als Sommerresidenz für die Päpste dienen sollte.[18]

Von allen Päpsten der Gegenreformation war es jedoch Sixtus V., ein ausgesprochener Mann der Tat, der Rom am nachhaltigsten seinen Stempel aufprägte. Dieser ehrgeizige, um nicht zu sagen hemmungslose Stadterneuerer brachte während seiner kurzen Amtszeit (1585–1590) so vieles zuwege, daß viele glaubten, er habe sich seine Pläne für die Umgestaltung Roms schon lange vor seiner Wahl zum Papst zurechtgelegt. Festzustehen scheint immerhin, daß der aus ärmlichsten Verhältnissen stammende Felice Peretti, der in seiner Kindheit in der kargen Bergwelt der Marken Schweine gehütet hatte, von jung auf davon überzeugt gewesen war, daß er eines Tages in das höchste Amt der Kirche aufsteigen werde. Zum Zeitpunkt seiner Wahl vierundsechzig Jahre alt, kränkelnd und an hartnäckiger Schlaflosigkeit leidend, ging er an die selbstgestellte Aufgabe heran, als ob er keinen Tag zu verlieren hätte. Zuerst verbesserte er die Wasserversorgung der Stadt, indem er den Aquädukt des Alexander Severus, die Acqua Alessandrina – später nach ihm Acqua Felice genannt – und die von Palestrina nach Rom führenden unterirdischen Rohre instandsetzen ließ und damit für reichlichen Wassernachschub für die Häuser und Gärten Roms und für seine siebenundzwanzig Brunnen sorgte. Danach wandte er sein Augenmerk dem Bau neuer Brücken über den Tiber sowie der Verbreiterung alter und dem Bau neuer Straßen zu – Rom sollte endlich über seine verstopfte und übervölkerte Altstadt hinauswachsen, im Norden und Osten bis zu S. Maria Maggiore und SS. Trinità dei Monti und darüber hinaus. Die beiden Kirchen selbst wurden durch eine neue Straße, die Via Sistina, miteinander verbunden. Andere Straßen wurden so an- oder umgelegt, daß sie S. Maria Maggiore in gerader Linie mit den anderen bedeutenden Kirchen der Stadt verbanden. An wichtigen Kreuzungen und anderen markanten Punkten wurden Obeliske aufgestellt, so beispielsweise in der Mitte der Piazza del Popolo der Obelisk, den Augustus aus Heliopolis mitgebracht hatte und der in früherer Zeit im Circus Maximus gestanden hatte.[19] „In drei Jahren", schrieb der venezianische Botschafter 1589 bewundernd, „werden alle diese Straßenzüge bewohnt sein."

So groß der Beifall für die stadtplanerischen Großtaten des Papstes war, so ließ sein Umgang mit antiken Bauwerken doch vielen Römern die Haare zu Berge stehen. Daß er auf die Trajan-Säule und die Säule Marc Aurels Statuen der Heiligen Petrus und Paulus setzen ließ, mochte noch angehen, aber daß er die Ruine des Septizoniums abreißen ließ und ernsthaft plante, das Kolosseum in eine Wollmanufaktur umzuwandeln – was zum Glück unterblieb –, wurde ihm ebenso verübelt wie der rücksichtslos durchgesetzte Abriß großer Teile des Lateran-Palastes. Proteste gegen diesen Kahlschlag quittierte er mit der Ankündigung, er werde mit anderen „häßlichen Antiquitäten" ebenso verfahren. Er lebte nicht lange genug, um diese Drohung wahrzumachen, selbst wenn sie ernst gemeint gewesen sein sollte. Immerhin aber waren, als er starb, etliche konstruktive Bau- und Umbauprojekte im Lateran, im Vatikan und auf dem Quirinal in Angriff genommen oder fertiggestellt worden. Im Vatikan hatte die Bibliothek Pius' V. einen Erweiterungsbau quer über den Cortile della Pigna[20] erhalten, der Cortile S. Damaso[21] war durch den Bau eines neuen Flügels der päpstlichen Wohnung geschlossen worden. Die Kirche S. Giovanni in Laterano hatte die Sixtinische Loggia,[22] die Kirche S. Maria Maggiore die Cappella Sistina[23] erhalten. Und, wichtiger als dies alles: die Kuppel des Petersdoms näherte sich endlich der Vollendung.

Nach dem Tode Michelangelos war es auf der Großbaustelle im Vatikan kaum vorwärtsgegangen. Sein Nachfolger als Chefarchitekt, Pirro Ligorio, hatte seinen Platz Vignola räumen müssen, und an dessen Stelle war 1573 Giacomo della Porta getreten. Dieser *capomaestro* hatte für seinen Förderer Gregor XIII. die Cappella Gregoriana fertiggestellt;[24] aber erst als Sixtus V. Papst wurde, erhielt della Porta die notwendige zuverlässige Rückendeckung und vor allem die Mittel, die er brauchte, um die Fertigstellung der Kuppel entschlossen vorantreiben zu können.

Dank finanzieller Reformen und dank dem Rückgriff auf traditionsreiche dubiose Praktiken konnte das Geld für die Beschäftigung von mehr als achthundert Bauarbeitern aufgebracht werden, die nicht nur tagsüber, sondern auch die Nacht hindurch arbeiteten, damit die Kuppel, der della Porta, abweichend von der von Michelangelo geplanten vollkommenen Halbkugelform, eine leicht ins Ellipsoide gedehnte Gestalt gab, noch zu Lebzeiten des Papstes fertig würde.

Sixtus hatte sich ferner die Lösung einer Aufgabe vorgenommen, vor der andere vor ihm zurückgeschreckt waren – die Aufstellung des großen ägyptischen Obelisken[25] an einem dieses Monuments würdigeren Platz. Seit Menschengedenken war es ein Wahrzeichen Roms, von dem man annahm, daß es in den Tagen Neros in dem Circus stand, in dem die christlichen Märtyrer massakriert wurden. Gegenwärtig stand der Obelisk südlich der Peterskirche in unmittelbarer Nähe der Cappella di S. Andrea.[26] Der Papst wollte ihn in der Mitte des Vorplatzes der Peterskirche haben. Nachdem er sich mittels einer hölzernen Nachbildung in Originalgröße, die er an dem vorgesehenen Standort aufstellen ließ, davon überzeugt hatte, daß der Obelisk sich dort gut machen würde, ließ er bekanntgeben, er suche einen Leonardo da Vinci für eine technische Meisterleistung, die Michelangelo für undurchführbar erklärt hatte. Hunderte von Plänen und Vorschlägen trafen daraufhin aus ganz Europa ein: von Mathematikern und Ingenieuren, von Naturwissenschaftlern und Maurermeistern, von Philosophen und Geisterbeschwörern sowie von angeblich mehr als 500 Architekten. Manche Vorschläge waren drollig, andere ingeniös, aber keiner, so schien es, wies einen gangbaren Weg, wie es gelingen sollte, ein massives Steingebilde von 24 Metern Länge und 500 Tonnen Gewicht durch dichtbebautes Stadtgebiet zu transportieren. Bartolommeo Ammanati erklärte, es falle ihm im Augenblick keine Lösung ein, doch wenn der Papst sich ein Jahr gedulden wolle, werde er sicherlich mit einer praktikablen Idee aufwarten – ein durchsichtiger Versuch, dem als äußerst ungeduldig bekannten Papst einen möglichst großen Zeitaufschub abzutrotzen. Da trat jedoch ein gewisser Domenico Fontana auf den Plan, seines Zeichens stellvertretender *capomaestro* der Bauleute von St. Peter, und behauptete, obgleich er sich seiner Sache durchaus nicht so sicher war, wie er vorgab, er könne das Vorhaben durchführen. Er demonstrierte seinen Plan an einem kleinen hölzernen Modell, mit dem sich ein Miniatur-Obelisk aus Blei ohne Schwierigkeiten hochheben ließ. Der Papst ließ sich die Sache vorführen, befand sie für gut und beauftragte Fontana, keine Zeit mehr zu verlieren und sofort ans Werk zu gehen.

Im Lauf seiner wochenlangen Vorbereitungen wurde Fontana zunehmend nervöser. Er war ein kleiner, selbstgerechter Mann, geschwätzig, belehrend, starrsinnig und pedantisch. Etliche seiner Kollegen fanden ihn so unausstehlich, daß sie ihm insgeheim einen katastrophalen Fehlschlag seines Unterfangens wünschten. Wenn er in die riesige Grube hinunterblickte, die rund um den Sockel des Obelisken ausgehoben worden war – der sich allein durch sein Eigengewicht im Lauf der Jahrhunderte tief in den Erdboden gebohrt hatte –, befürchtete auch er eine mögliche Katastrophe. Er dachte daran, eine Stafette von Postpferden für sich in Bereitschaft halten zu lassen für den Fall, daß er vor dem Zorn des Papstes Reißaus nehmen müßte. Doch wenn Fontana auch ein einfallsloser Architekt war, so war er doch ein äußerst penibler und methodisch vorgehender Ingenieur, der alle seine Berechnungen mit höchster Sorgfalt durchgeführt hatte.

Am 30. April 1586 um 2 Uhr nachmittags begann die Operation. Sämtliche Fenster und Dächer, von denen aus das Geschehen beobachtet werden konnte, waren dicht mit Neugierigen besetzt. Die achthundertköpfige Belegschaft der Bauhütte von St. Peter, die am frühen Morgen eine Messe gehört hatte, stand an den Seilen und Winden bereit und wartete darauf, daß Fontana, der auf einer erhöhten Plattform postiert war, das Zeichen gab, auf das hin der Obelisk aus der Grube gehoben werden sollte. In eine schützende Hülle aus Strohmatten und mit Eisenbändern zusammengehaltenen Holzplanken verpackt, stand er bewegungslos – und, wie manche in der Menge glaubten und sagten, unverrückbar inmitten eines pyramidenförmigen Gerüsts aus hölzernen Stützbalken und Querträgern. Dann hob Fontana die Hand, ein Trompetensignal ertönte, und die Arbeiter und 140 Zugpferde legten sich mit aller Kraft ins Zeug: die Taue spannten sich, die Seilwinden begannen sich quietschend zu drehen, und unter dem Jubel der Zuschauer, dem Donner der Kanonen der Engelsburg und dem Geläute der Glocken hob sich der riesige Monolith langsam aus dem Boden. Er wurde später auf die Seite gelegt und auf Rollen gehievt.

Eine noch größere Menschenmenge versammelte sich am Tag des Festes der Kreuzeserhöhung auf dem Vorplatz der Peterskirche, um Zeuge der Aufstellung des Obelisken an seinem neuen Standort zu werden. Dieses Mal herrschte jedoch atemlose Stille, denn der Papst hatte angeordnet, daß jeder, der auch nur den leisesten Laut von sich gab und damit das Gelingen des Unternehmens gefährdete, auf der Stelle hingerichtet werden sollte – ein auf dem Platz aufgestellter Galgen unterstrich die Ernsthaftigkeit dieser Strafandrohung. Trotzdem ertönte, als der Obelisk während des Hochziehens einen Augenblick lang auf den Boden zurückzufallen drohte, eine laute Männerstimme, die in genuesischem Dialekt rief: *„Aigua ae corde!"* („Wasser auf die Seile!") Ein Matrose aus Bordighera hatte gesehen, daß die Seile infolge der Reibungshitze zu glimmen begonnen hatten und in Brand zu geraten drohten. Sein mutiger Verstoß gegen das päpstliche Sprechverbot wurde belohnt: man forderte ihn auf, eine Gunst zu nennen, die Seine Heiligkeit ihm gewähren sollte. Es heißt, er habe sich ausbedungen, sein Heimatort solle das Recht erhalten, künftig jedes Jahr am Palmsonntag die Palmzweige für St. Peter zu liefern. Das Privileg wurde bereitwillig erteilt und blieb jahrhundertelang in Kraft.

Am Abend dieses Tages – der Obelisk ruhte sicher auf dem Rücken der vier zufrieden dreinblickenden Bronzelöwen, die auch heute noch seinen Sockel bilden – schien ganz Rom in einen Freudentaumel versetzt: die Menschen jubelten und tanzten und feierten das Ereignis mit Banketten und Feuerwerken. Die goldene Kugel auf der Spitze des Obelisken, von der man lange vermutet hatte, sie enthalte die Asche von Julius Caesar, war abmontiert worden und hatte sich als massives Gebilde erwiesen. Sie wurde durch ein bronzenes Kreuz ersetzt; in einem von dessen Schenkeln wurde später ein Stück des Heiligen Kreuzes deponiert, und in den Fuß des Obelisken wurden die Worte eingraviert: *„Ecce Crux Domini Fugite Partes Adversae"*, der Kampfruf der Gegenreformation.

Andere Teile vom Heiligen Kreuz wurden, mit Bleiplatten ummantelt, im Inneren des riesigen Kreuzes untergebracht, das die Kuppel des Petersdoms nach ihrer Fertigstellung krönte – sie wurde am 21. Mai 1590 eingeweiht. Zusammen mit diesen Fragmenten fanden in dem Kreuz noch etliche weitere Reliquien Platz: von den Heiligen Andreas und Jacobus dem Älteren und von den Päpsten Clemens I., Calixtus I. und Sixtus III., dazu sieben Agni Dei, Medaillons mit Bild vom Lamm Gottes, hergestellt aus dem Wachs von Osterkerzen und aus dem Knochenstaub von Märtyrern, vom Papst im ersten Jahr seines Pontifikats und danach alle sieben Jahre aufs neue gesegnet.

Papst Sixtus V. hatte die Fertigstellung der Kuppel noch erlebt; doch dem frommen Clemens VIII., einem Florentiner, blieb es vorbehalten, ihr ihre endgültige Gestalt zu verleihen, indem er sie mit Blei verkleiden und das Kreuz auf der Spitze der Laterne anbringen ließ. 1594 zelebrierte Papst Clemens die erste Messe vor dem neuen Hochaltar des Petersdoms, in dem della Porta gegenüber der Cappella Gregoriana, gleich neben dem Eingang zur Krypta, für ihn die Cappella Clementina[27] gebaut hatte. Als della Porta bald darauf starb, wurde Carlo Maderno, ein Neffe Fontanas, zu seinem Nachfolger berufen. Das Barockzeitalter war angebrochen.

# XII. Bernini und das Barock

„Nicht lange vor meiner Ankunft in der Stadt", schrieb der Engländer John Evelyn, als er 1644 Rom besuchte, in sein Tagebuch, „gab der Cavaliero Bernini, seines Zeichens Bildhauer, Architekt, Maler & Poet..., eine *Opera Publica* (denn so nennt man hier Vorführungen dieser Art), für die er selbst die Bühnenbilder malte, die Statuen anfertigte, die Maschinen erfand, die Musik komponierte, die Komödie schrieb und das Theater erbaute."

Gian Lorenzo Bernini, der zu diesem Zeitpunkt auf dem Gipfel seiner erstaunlichen Schaffenskraft stand, war als Kind mit seinem Vater, einem Bildhauer, der für Arbeiten an der Cappella Paolina[1] in der Kirche S. Maria Maggiore herangezogen worden war, aus Neapel nach Rom gekommen. Frühreif, vielseitig begabt und fleißig, hatte der Knabe Stunden um Stunden damit verbracht, die Bau- und Kunstwerke des Vatikan zu studieren, Bilder zu kopieren und, wie sein Sohn später berichten sollte, „so viele Skizzen [zu machen], daß man es gar nicht für möglich hält". Als Achtjähriger modellierte er bereits mit fachmännischem Geschick einen Menschenkopf in Marmor. Der Maler Annibale Carracci, für Dekorationsarbeiten am Palazzo Farnese nach Rom geholt, sagte über Bernini, er habe schon als Kind eine künstlerische Reife erreicht, auf die andere stolz wären, wenn sie sie im hohen Alter erlangen würden. Er war womöglich erst fünfzehn Jahre alt, als er sein ‚Martyrium des heiligen Laurentius' vollendete – um die Wirkung der Folter auf den menschlichen Körper realistisch studieren zu können, hatte er sein eigenes Bein ins Feuer gehalten. Ein oder zwei Jahre später stellte er das ‚Martyrium des heiligen Sebastian' fertig. Schon längst war der Papst auf ihn aufmerksam geworden; er bewunderte seine Kunst, ließ sich von ihm porträtieren und äußerte die Hoffnung, der junge Künstler werde „der Michelangelo dieses Jahrhunderts" werden.

Camillo Borghese war 1605 zum Papst gewählt worden und hatte sich für den Namen Paul V. entschieden. Er war groß, wirkte kräftig und gesund, trug einen zierlichen Schnurrbart und einen spitzen Kinnbart und hatte kurzsichtige Augen, die ihm einen beunruhigend stechenden Blick verliehen; er erinnerte in seinem Äußeren und seinem Auftreten an einen cleveren und erfolgreichen Kaufmann, und in der Tat trug er Sorge dafür, daß seine Familie, der er sich innig verbunden fühlte, alle Genüsse auskosten konnte, die mit Geld zu kaufen waren. Dabei war er durchaus ein gottergebener Mann und ausdauernder Beter: jeden Tag legte er die Beichte ab und las die Messe, und wenn er einen Gottesdienst zelebrierte, verkörperte er „den idealen Priester". Es hieß, er habe sich seine durch die Taufe erworbene Unschuld bewahrt. Er war ein großzügiger Wohltäter der Armen und ein kultivierter und zugleich unermüdlich fleißiger Papst. Wenn er hohe Geldsummen für Bau- und Kunstwerke ausgab und seinen Neffen jeden Wunsch erfüllte – Marcantonio Borghese machte er zum Prinzen von Vivaro, Scipione überhäufte er mit Kirchenämtern und Pfründen –, so herrschte allgemein die Ansicht vor, einem so gewissenhaften, frommen und keuschen Papst müsse man diese Extravaganzen nachsehen.

Hinter seinem Kunst-Mäzenatentum stand nicht zuletzt auch ein politisches Motiv. Die römisch-katholische Kirche, wie sie aus der Gegenreformation hervorgegangen war, konnte es sich nicht erlauben, nur selbstgefällig ihr Erbe zu verwalten. Unentwegt von ihren äußeren Feinden bedrängt, war sie nach wie vor verwundbar, mußte sie sich nach wie vor mit inneren und äußeren Problemen herumschlagen. Mit der Republik Venedig kam es zu Konflikten über die Rechtsbefugnisse des Papsttums und die kirchliche Immunität; Konflikte gab es auch mit England; dessen protestantischer König Jacob I. verlangte von den Katholiken unter seinen Untertanen einen für die Römische Kirche nicht akzeptablen Treueeid. Es gab Spannungen in Deutschland, wo die Konflikte zwischen Katholiken und Protestanten bald zum Ausbruch des Dreißigjährigen Krieges führen sollten. Wenn somit die Päpste keinen Anlaß zur Selbstzufriedenheit hatten, so konnte die Kirche es sich jetzt doch erlauben – und war nach Überzeugung ihrer Führer sogar geradezu verpflichtet –, der Welt ein weniger strenges und unduldsames Antlitz zu zeigen: Beglückung anzubieten anstelle von Unterdrückung, sich zu öffnen, anstatt sich abzuschotten, eine weniger asketische Kunst in den Dienst des Glaubens zu stellen, den kühlen Manierismus, zu dem der Klassizismus der Hochrenaissance verkümmert war, durch jenen Überschwang des Gefühls, jenen lebensfrohen Stil zu ersetzen, der später den Namen Barock erhielt.

Die zahlreichen monumentalen Brunnen, die Paul V. in Rom errichten ließ, waren Vorboten kommender Prachtbauten. In den Tagen des Kaisers Trajan hatte es in Rom, wie der Papst seinen Gästen gern auseinandersetzte, nicht weniger als 1300 Brunnen gegeben, die von sieben Aquädukten gespeist worden waren. So viele Brunnen brauchte das moderne Rom sicherlich nicht, aber doch wesentlich mehr als die paar Dutzend, die es besaß. Um die Wasserversorgung der neu zu errichtenden Brunnenbauwerke sicherzustellen, ließ der Papst den Aquädukt des Kaisers Trajan wieder herrichten, der, nunmehr Acqua Paola genannt, Wasser aus dem Bracciano-See nach Rom leitete und in Trastevere endete. Zur Feier der gelungenen Wiederherstellung dieser Wasserleitung ließ er im Jahr 1612 die grandiose Fontanone dell' Acqua Paola auf dem Janiculum bauen.[2] Weitere Brunnen wurden errichtet im Hof des Belvedere, auf der Piazza Scossa Cavalli, auf der Piazza di Castello – er fiel den Straßenkämpfen der Revolution von 1849 zum Opfer –, auf der Piazza di S. Maria Maggiore, auf dem Gelände des Lateran-Palasts, in der Via Cernaia – „für die durstigen Landleute und die staubbedeckten Träger" – und, für die Juden, auf dem Vorplatz der Synagoge. Drei herrliche Brunnen entstanden in den Vatikanischen Gärten: die Fontana degli Specchi, die Fontana delle Torri und die Fontana dello Scoglio, alle drei nach Plänen von Carlo Maderno, der auch für den schönen Brunnen an der Nordseite des Petersplatzes verantwortlich zeichnete, zu dem Bernini später auf der Südseite ein Gegenstück schuf.[3]

Während überall in Rom diese Brunnen errichtet wurden, verfolgte der Papst wachsam die Bauarbeiten an der Cappella Borghese in der Kirche S. Maria Maggiore; weitere wichtige Anliegen waren ihm die Verlegung des riesigen klassischen, ehemals wasserspeienden Pinienzapfens auf den Cortile della Pigna im Vatikan, die Restaurierung und Ausschmückung etlicher Kirchen und der Bau einer neuen Kirche: S. Maria della Vittoria.[4] Er kümmerte sich ferner um den Ausbau des Quirinalspalasts, die Verschönerung des Vatikans, die Pflasterung wichtiger Straßen und die Ausgestaltung der drei Paläste seiner eigenen Familie: da war zunächst einmal der für den Kardinal Adriano Castellesi da Corneto im Borgo erbaute Palast, der später unter dem Namen Palazzo Giraud-Torlonia bekannt wurde; sodann der Palazzo Borghese, von Martino Longhi dem Älteren für den spanischen Kardinal Deza erbaut und 1605 von Papst Paul V. erworben – er schenkte ihn kurz darauf seinem Neffen Marcantonio –;[5] und schließlich die von Giovanni Vasanzio und Carlo Maderno für den Papstneffen Scipione Borghese erbaute Residenz, die später den Namen Palazzo Pallavicini-Rospigliosi erhielt.[6]

Scipione, der ebenso extravagante und genußsüchtige wie liebenswürdige Kardinal, dessen ausdrucksstarke Züge Bernini in seiner bemerkenswerten, lebensechten Büste verewigt hat,[7] war ein ebenso großzügiger Mäzen wie sein Onkel. Er gab nicht nur Geld für die Restaurierung der Basilica S. Sebastiano und für die Fertigstellung der herrlichen, von Giovan Battista Soria kreierten Fassaden der Kirchen S. Gregorio Magno[8] und S. Maria della Vittoria, sondern trug auch eine der schönsten privaten Kunst- und Antiquitätensammlungen zusammen, die die Welt je gesehen hat. Sie umfaßte einige der bedeutendsten Frühwerke Berninis, unter anderem ‚Apollo und Daphne' und den ‚David'; zu bewundern waren sie – und sind sie heute noch – in der Villa, die der Kardinal als Vergnügungsstätte für sich und seine Freunde in den großen Park hineinbauen ließ, den er hinter der Kirche SS. Trinità dei Monti hatte anlegen lassen.⁹

John Evelyn besuchte diesen Park an einem Novembertag; es fiel ihm auf, daß die ihn umfassende Mauer mit ihren „zahlreichen kleinen Türmchen und Picknickpavillons" dem Betrachter den Eindruck vermittelte, er nähere sich „einem kleinen Städtchen".

„Im Innern bietet sich ein Elysium des Entzückens dar", so Evelyn in seiner Beschreibung weiter… „Die Gärten quellen über von köstlichsten Früchten aller Art und exotischen Heilpflanzen, erfindungsreich variierten Brunnen, Hainen & kleinen Wasserläufen. Angrenzend an sie findet sich ein Vivarium für Straußenvögel, Pfauen, Schwäne, Kraniche und so weiter und verschiedene fremdartige Wildarten & Hasen. Die Grotte ist höchst außergewöhnlich und unterhält den Besucher unter anderem mit künstlichem Regen und mannigfaltig geformten Gefäßen, Blumen, und das alles wird bewirkt durch Veränderung des Mundstücks der Fontänen. In den Hainen wachsen Zypressen und Lorbeerbäume, Pinien, Myrten, Olivenbäume und so weiter. Die vier Sphingen sind sehr antik und der Beachtung wert. Dazu kommt eine Voliere voller merkwürdiger Vögel… Die Sicht auf Rom & die umliegenden Hügel ist unvergleichlich, schneebedeckt wie sie waren – und wie sie gewöhnlich bis weit in den Sommer hinein bleiben –, wodurch sie zu einer angenehmen Erfrischung wurden. Um das Haus läuft eine stattliche Balustrade aus weißem Marmor, mit Wasserstrahlen an vielen Stellen & mit Statuen geschmückt, die… den Anstieg [zum Haus] zu einem reizvollen Erlebnis machen. Die Wände des Hauses sind mit antiken Inkrustationen bedeckt, die [geschichtliche Motive zeigen] wie die… Schändung Europas & Ledas. Die Gesimse über ihnen sind als… Girlandenreliefs modelliert, zwischen denen sich Nischen mit Statuen darin auftun, und diese Anordnung setzt sich fort bis unmittelbar zum Dach. Die Loggien im Erdgeschoß beherbergen verschiedene gute Standbilder von Konsuln und so weiter, dazu zwei Feldartillerie-Geschütze auf Kutschen – eine in Italien vor den Häusern großer Männer vielpraktizierte Mode –, auf denen sie mehr wie Prunkstücke als wie Waffen aussehen."

Im Innern der Villa bekam Evelyn eine wundervolle Sammlung von Kunstwerken und Kuriositäten, von antiken Statuen, orientalischen Urnen, „Tischen aus Pietra-Commessa" und Porphyrvasen, Spiegeln, Uhren, Musikinstrumenten und Bernini-Skulpturen zu sehen, die er „wegen der unvergleichlichen Qualität des Steins & der bildhauerischen Ausführung" als „einfach überwältigend" empfand; dazu eine „Welt von seltenen Gemälden von unendlichem Wert & von den besten Meistern". „In einem Wort: ohne Ausnahme nur Wunderbares [war] in diesem Paradies zu sehen." Unter den Kuriositäten war ein Spielzeugsatyr, „der so kunstfertig eine menschliche Stimme mit den dazugehörigen Bewegungen von Augen & Kopf [imitiert], daß man darüber ohne weiteres erschrecken würde, wenn man auf diese höchst extravagante Erscheinung nicht gefaßt wäre", und ein Sessel, „der jeden, der sich hineinsetzt, auf der Stelle festhält, so daß man sich nicht mehr aus ihm befreien kann, was durch bestimmte in den Armlehnen und in der Rückenlehne verborgene Federn geschieht, die sich um Arme & Beine legen, ein wahrhaft heimtückischer Scherz ganz italienischer Art".

Die Gärten hinter der Villa wurden dem Ruf, den Rom sich mittlerweile als Zentrum der Gartenbaukunst erworben hatte, vollauf gerecht. Es gab dort *giardini segreti*, in denen sich der Duft von Orangenblüten mit dem seltener Kräuter mischte, einen abgesenkten, mit Anemonen, Hyazinthen und Narzissen bepflanzten Garten, Rabatten mit Kräutern aller Art, Beete mit Nelken und Tuberosen, einen mit Rosen eingefaßten Tulpengarten, mit Jasminsträuchern eingehegte Erdbeerbeete. Und am Eingang zu allen diesen Köstlichkeiten wurde der Besucher mit den in eine große Marmortafel eingemeißelten Worten begrüßt: „Wer immer du sein magst, solange du ein freier Mensch bist, brauchst du hier die Fesseln des Gesetzes nicht zu fürchten! Geh, wohin du willst, frage, was immer du fragen willst, entferne dich, wann immer du es wünschst... Das Gebot, sich wohlzufühlen, soll für den Gast das einzige Gesetz sein..."

Anfänglich erhielten alle Besucher, ob Römer oder Fremde, ohne weiteres Zutritt zu diesem Elysium; doch als sich ein prüder Reisender über einige Bilder in einem Sommerhäuschen schockiert zeigte, ergriff der Papst, dem solche Aversionen gerade recht kamen, die Gelegenheit und ordnete an, daß Fremde den Park nicht mehr betreten durften. Von da an fand er, wenn er sich in die Villa zurückzog, dort die Abgeschiedenheit, die er suchte, und genug Muße, um den Blick über den grünen Park in die Campagna hinaus zu genießen, und überdies konnte sein Neffe, der die Geselligkeit sehr liebte, seine vielen Freunde ungestört unterhalten.

Solange Paul V. lebte, war und blieb das Verhältnis Berninis zum Papst und seinen Verwandten, die seine wichtigsten und großzügigsten Mäzene waren, ungetrübt. Als dann 1623 Kardinal Maffeo Barberini als Urban VIII. den päpstlichen Thron bestieg, mußte Bernini sich umstellen. Der neue Papst beanspruchte den großen Bildhauer exklusiv für sich und ließ ihm nicht die Zeit und Freiheit, für andere Auftraggeber zu arbeiten; eine Ausnahme machte er nur für Scipione Borghese, der ihm zur Mehrheit im Konklave verholfen hatte. Sonst war Bernini nun ein Angestellter des Barberini-Papstes, und als Kardinal Mazarin ihn nach Frankreich zu holen versuchte, zeigte sich der Papst absolut unzugänglich. „Bernini ist für Rom gemacht worden", erklärte er, „und Rom für ihn."

Maffeo Barberini war zum Zeitpunkt seiner Wahl fünfundfünfzig Jahre alt; er war ein gutaussehender, durch und durch gebildeter und hochintelligenter Mann, ein Gelehrter und Dichter von hohem Rang. Als Sohn eines reichen Florentiners verfügte er sowohl über genügend Mittel als auch über genügend Geschmack, um dafür zu sorgen, daß Rom voll in den Genuß der Früchte von Berninis Genie kam. Die beiden kannten sich seit langem. Es heißt, Barberini habe, während Bernini an seinem ‚David' arbeitete, dem Künstler einen Spiegel vorgehalten, damit er sich den Ausdruck vollster Konzentration abschauen konnte, den er für seine Figur brauchte. Kaum war Barberini Papst geworden, ließ er den damals dreiundzwanzigjährigen Bernini zu sich rufen und sagte zu ihm: „Es ist Ihr großes Glück, Cavaliere, daß Maffeo Barberini zum Papst gemacht worden ist; doch noch größer ist unser Glück, daß Bernini in unserer Amtszeit lebt."

In der Folge vertiefte sich die Freundschaft zwischen den beiden Männern. Der Papst behandelte den jungen Mann, als wäre er sein heißgeliebter Sohn. „Er ist ein außergewöhnlicher Mensch", sagte er über ihn, „ein begnadeter Künstler, von der göttlichen Vorsehung dafür geboren, zum Ruhme Roms das Jahrhundert zu erleuchten." Er gab Anweisung, Bernini jederzeit Zutritt zu den päpstlichen Gemächern zu gewähren, und bat ihn, in seiner Gegenwart nur ja keine Scheu oder Befangenheit zu zeigen, nur weil er, Barberini, jetzt Papst war. Er lud Bernini an seinen Abendtisch ein, um mit ihm zu plaudern, und behielt ihn oft bei sich, bis er zu Bett ging. Und Bernini, der klein und mager war und außer Obst wenig aß, fügte sich allen päpstlichen Wünschen. Während er im Umgang mit anderen eigenwillig war und aufbrausend sein konnte, zeigte er sich dem Papst gegenüber, der selbst zu jähzornigen Ausbrüchen neigte, stets von seiner geduldigsten, gleichmütigsten und zuvorkommendsten Seite.

Waren die ersten Arbeiten, die der junge Künstler unter dem neuen Papst in Angriff nahm, noch verhältnismäßig unbedeutend – eine neue Fassade für die Kirche S. Bibiana[10] beispielsweise und für dieselbe Kirche eine Statue der gleichnamigen Heiligen –, so hatte der Papst doch große Pläne mit ihm und für ihn. Im Sommer 1626 erhielt Bernini von ihm seinen bis dahin bedeutendsten Auftrag, eine Aufgabe, die ihn und mit ihm zahlreiche Gehilfen und Mitarbeiter, darunter sein eigener Vater, nahezu zehn Jahre lang beschäftigen sollte.

Das Gesicht des Petersdoms hatte sich seit dem Tod Michelangelos drastisch verändert. Der regellos aus Gebäuden unterschiedlichsten Alters und Stils zusammengestückelte Vorderteil, der seit langem in einem heruntergekommenen, teilweise gefährlich baufälligen Zustand gewesen war und noch zum Zeitpunkt der Fertigstellung der Kuppel im Jahr 1590 das Erscheinungsbild des Petersplatzes und der Basilika bestimmt hatte, war unterdessen vollständig abgerissen worden. Den Anstoß dazu hatte ein Unfall gegeben, der sich an einem stürmischen Tag des Jahres 1605 ereignet hatte: während der Messe war ein großer Marmorblock aus einem Gewölbeteil herabgestürzt und nur knapp neben den in der Nähe des Altars der Madonna della Colonna stehenden Gläubigen eingeschlagen, die daraufhin schreiend aus der Kirche gerannt waren. Die *Fabbrica* hatte einsehen müssen, daß nichts anderes übrigblieb, als die alten, hinfällig gewordenen Teile der Basilika radikal zu erneuern, das heißt, sie zunächst einmal abzureißen. Der Papst hatte dem widerstrebend zugestimmt, trotz zahlreicher Proteste aus dem Munde von Kardinälen und konservativen Römern, die in die gleiche Kerbe hieben wie hundert Jahre zuvor die Kritiker Julius' II. und Bramantes. Dieses Mal wurde allerdings den betroffenen Monumenten und Reliquien weit mehr Respekt bezeugt, als ,il ruinante' und Julius es seinerzeit in ihrem Eifer getan hatten. Gebeine wurden sorgfältig ausgegraben und unter allen Ehren andernorts wieder beigesetzt; Gegenstände von kulturellem oder historischem Wert wurden katalogisiert, eingepackt und anderswo untergebracht, oftmals in anderen Kirchen, die auf diese Weise in den Besitz wertbeständiger Schätze kamen.

Carlo Maderno als Nachfolger della Portas war von Paul V., der große Stücke auf ihn hielt, mit der Aufgabe betraut worden, das neue Langhaus für den Petersdom zu bauen. Der gutmütige und umgängliche Architekt war zu diesem Zeitpunkt einundfünfzig Jahre alt. In seiner Jugend hatte er seinem Onkel, Domenico Fontana, geholfen, für Sixtus V. Obeliske aufzustellen; danach hatte er für einen anderen Onkel gearbeitet, dessen Werkstätte sich auf die Planung und den Bau von Brunnen spezialisiert hatte. Er hatte selbst mehrere Brunnen entworfen, unter anderem den schon erwähnten auf dem Petersplatz, und hatte die neue Fassade der Kirche S. Susanna gestaltet.[11] Am 8. März 1607 gab er das Zeichen zum Beginn der Ausschachtungsarbeiten für das Fundament des neuen Langhauses von St. Peter, dessen Chefarchitekt er bis zu seinem Tode mehr als zwanzig Jahre später blieb. Das Bauwerk, das er schuf, ist seither von vielen Seiten kritisiert worden, weil es, vom Petersplatz aus gesehen, die Sicht auf die Kuppel beeinträchtigt und weil seine Fassade in Relation zu ihrer Höhe als zu breit empfunden wurde.[12]

Als Bernini zum Nachfolger Madernos ernannt wurde, schlug er vor, die Fassade durch aufgesetzte Türme an beiden Seiten zu verschönern, wie Maderno selbst es ursprünglich beabsichtigt hatte. Papst Urban gab seinen Segen dazu, und die Arbeiten begannen. Die beiden ersten Segmente des südlichen Turms waren bald fertig, ein Modell des dritten Segments, bestehend aus Holz und bemalter Leinwand, wurde auf sie aufgesetzt. Alle bis auf die erbittertsten Rivalen Berninis fanden diesen Zusatz zur Fassade der Basilika ausgesprochen schön. Doch dann begannen sich zum Schrecken des Architekten Mauerrisse aufzutun, nicht nur im Turm, sondern auch in der Fassade darunter. Berninis Turm, in aller Eile erbaut, während die unzuverlässigen *Fabbrica*-Leute noch über seinen Entwurf berieten, war offensichtlich viel zu schwer für die Fundamente, die Maderno der Basilika gegeben hatte. Sogleich wurde die Anordnung erteilt, den Turm wieder abzutragen, bevor er noch mehr Schaden anrichtete. Bernini, von der *Fabbrica* und auch vom Papst getadelt und verspottet, zog sich in sein Haus zurück, wo er, nach allem, was nach außen drang, krank das Bett hütete. Andere Architekten bemühten sich derweil im päpstlichen Auftrag um die Ausarbeitung von Alternativplänen für den so blamabel gescheiterten Verschönerungsversuch des *capomaestro*.

Für das Ansehen Berninis war es ein Glück, daß er unterdessen bereits mit der Arbeit an dem großen Tabernakel unter der Kuppel des Petersdoms begonnen hatte, einem riesigen, das Grabmal des heiligen Petrus überspannenden Bronze-Baldachin.[13] Dieses Meisterwerk sorgte, zusammen mit der bald danach geschaffenen Statue des Longinus[14] und der 1647 fertiggestellten Grabstätte für Papst Urban,[15] dafür, daß der Reinfall, den er mit den Türmen erlebt hatte, schließlich in Vergessenheit geriet. Mit einem Reinfall endete freilich beinahe auch die Aufstellung des Tabernakels, mußten doch für dieses massive Bronzegebilde, das immerhin so hoch war wie der Palazzo Farnese, eigens starke Fundamente angelegt werden; bei den hierfür erforderlichen Grabungsarbeiten wurden zwangsläufig zahlreiche heilige Gräber und Reliquien aus ihrer ewigen Ruhe gerissen, wogegen sich lautstarke Proteste erhoben. Als mehrere an den Ausgrabungsarbeiten beteiligte Männer unter rätselhaften Umständen starben und andere sich daraufhin weigerten, weiterzuarbeiten, da sie glaubten, auf dem ganzen Unternehmen laste ein Fluch, kam es zu wütenden Demonstrationen auf dem Petersplatz und auf d Straßen des Borgo. Der Papst war jedoch, obgleich selbst ern erkrankt – was als zusätzliches Zeichen für den Unwillen Gottes werden konnte – entschlossen, die Aufstellung des Tabernak ziehen. Er ordnete die Zahlung von Sonderprämien für an

Bauarbeiter an und billigte sogar, daß die bronzenen Deckenbalken aus dem Säulengang des Pantheons herausgebrochen und eingeschmolzen wurden, ein Akt der Denkmalsschändung, der einen anonymen Autor, möglicherweise den Leibarzt des Papstes, dazu veranlaßte, den berühmten Spottvers zu dichten:

> *„Quod non fecerunt barbari,*
> *Fecerunt Barberini."*
> „Was die Barbaren nicht getan haben,
> Haben die Barberini nachgeholt."

Solange der Barberini-Papst amtierte, blieb Berninis Stellung als anerkannter ‚künstlerischer Direktor' Roms unangetastet. Aber zu dem Zeitpunkt, als der Tabernakel fertiggestellt war, war er immerhin erst vierunddreißig Jahre alt, und die besondere Wertschätzung des Papstes, deren er sich erfreute, erregte den Unwillen und die Eifersucht seiner älteren Kollegen, eine Eifersucht, die zu dämpfen sein Auftreten kaum geeignet war; zunehmend launischer und unberechenbarer, zeigte er sich zeitweise von einer freundlichen und umgänglichen, dann wieder von einer arroganten und unnahbaren Seite. Sein sarkastischer Humor war für andere eine ständige Quelle der Verunsicherung. Man konnte bei ihm nie sicher sein, ob er eine Sache im Ernst oder nur im Scherz meinte. So behauptete er beispielsweise steif und fest und scheinbar allen Ernstes, der nur noch als Torso erhaltene hellenistische ‚Mastro Pasquino' sei die schönste aller antiken Statuen. Seine Kollegen hatten außerdem das Gefühl, daß er, obgleich er sich niemals abfällig über die Arbeiten anderer äußerte, ihre Werke doch entschieden schlechter fand als die seinen, für die er stets hohe Honorare verlangte und bekam. Da er auch sonst ein einnehmendes Wesen hatte, wurde er mit der Zeit steinreich. Bernini war sehr fromm, ging jeden Tag zur Abendandacht in die Kirche Il Gesù und beichtete gewissenhaft. Seine Gegner konnten sich nicht verkneifen, zu erklären, er habe schließlich auch viel zu beichten. Man glaubte allgemein, er habe sich den *morbo gallico* zugezogen; wenn dem so war, so könnte es der Grund dafür gewesen sein, daß der Papst, als er Bernini die Ehre erwies, ihn am Krankenlager zu besuchen, ihm riet, nach seiner Genesung ein ruhigeres Leben zu führen, zu heiraten und für Kinder zu sorgen. Der Künstler erwiderte, seine Statuen seien seine Kinder. Bald darauf heiratete er aber doch und setzte nicht weniger als elf Kinder in die Welt; es scheint, daß er eine sehr harmonische Ehe führte.

Beruflich erlitt Bernini jedoch einen schweren Rückschlag, als sein Gönner 1644 starb und Kardinal Giambattista Pamphilj als Innozenz X.

den päpstlichen Thron bestieg. Der neue Papst war ein düsterer, mißtrauischer Eigenbrötler, der keine engen Freunde hatte und unter dem bestimmenden Einfluß seiner listigen, habgierigen und intriganten Schwägerin Donna Olimpia Maidalchini stand. Der hochgewachsene und hagere Innozenz wirkte mit seiner zerfurchten Stirn, seiner Knollennase, seinem unschönen Kinn und seinem griesgrämigen Gesichtsausdruck ausgesprochen abstoßend. Als er das bemerkenswerte Porträt begutachtete, das Velásquez von ihm gemalt hatte und das heute in der Bildergalerie des Palazzo Doria hängt, sagte er seufzend: *„Troppo vero"* („Nur zu wahr").[16]

Wohl wissend, daß an ihm keine Spur von Schönheit zu entdecken war, verabscheute er jegliche Nacktheit in der bildenden Kunst. Und bei aller Sparsamkeit, die er sonst an den Tag legte, gab er nicht wenig Geld dafür aus, die Geschlechtsteile und Brüste zahlreicher Statuen in Rom mit bronzenen Feigenblättern und Tuniken zudecken zu lassen. Angeblich erteilte er sogar Pietro da Cortona den Auftrag, eine von Guercino geschaffene Jesuskind-Skulptur ‚einzukleiden'. Mit Bernini und mit Poussin, der zu einem der führenden Maler Roms aufgestiegen war, wollte der Papst so wenig wie möglich zu tun haben. „Seit der gegenwärtige Papst amtiert, haben sich in Rom viele Dinge gründlich geändert", schrieb Poussin einem Freund in Paris. „Wir stehen bei Hofe nicht mehr in irgendeiner besonderen Gunst." Innozenz mied diejenigen Künstler, die für seinen Geschmack zu eng mit der Familie seines Vorgängers verbunden waren, dessen Extravaganz und dessen großzügige Fürsorge für die eigene Sippschaft das Barvermögen der Kirche fast ganz aufgezehrt hatten, und hielt sich an andere Künstler, etwa den Bildhauer Alessandro Algardi, zu dessen ersten Arbeiten die Riesenstatue des heiligen Filippo Neri in der Kirche S. Maria in Vallicella gehörte, an Girolamo und Carlo Rainaldi und an einen Architekten, der ein paar Monate jünger war als Bernini: Francesco Borromini.

Borromini, ein melancholischer, häufig an Depressionen leidender Einzelgänger, meistens reizbar und immer schwierig, blieb sich stets schmerzlich seiner niedrigen Herkunft bewußt. Seine Lehrjahre als Steinmetz hatte er in der Werkstätte von Carlo Maderno verbracht, mit dem er verwandt war. Die spielerische Leichtigkeit, mit der dem Wunderkind Bernini der Erfolg in den Schoß gefallen war, erregte Borrominis Mißgunst und Eifersucht. Anders als der gewandte und selbstsichere Bernini, geriet er mit seinen Kunden immer wieder in Streit oder verdarb es sich ganz und gar mit ihnen; seinen Lehrlingen und Gehilfen war er ein unduldsamer und manchmal gewalttätiger Meister, der kaum je zufriedenzustellen war. Einmal ließ er einen Arbeiter, der einen Fehler gemacht hatte, so grausam prügeln, daß er an den ihm zugefügten Verletzungen starb. Borromini verachtete die eleganten Kleider, die Bernini zu tragen pflegte, und kleidete sich demonstrativ wie ein Arbeiter. Er mokierte sich über die Schwäche, die sein Rivale für Geld und die schönen Dinge des Lebens hatte, und konnte es nicht verwinden, daß zu einer Zeit, da noch niemand sein außerordentliches Talent erkannt hatte, Bernini längst als Genie gerühmt wurde. Als sich ihm nach der Amtsübernahme des neuen Papstes die Chance bot, Bernini zu überrunden, ließ Borromini keine Gelegenheit aus, seinen Rivalen herunterzumachen. Mit großem Eifer spürte er die Fehler auf, die beim Aufsetzen des Turms auf die Fassade des Petersdoms gemacht worden waren.

Innozenz war indes ein Mann von Geschmack und Urteilsfähigkeit. Sosehr er einerseits das außerordentliche Talent Borrominis erkannte, so wenig konnte er andererseits die Augen vor den ebenso außerordentlichen Fähigkeiten Berninis verschließen, wenn er diesen persönlich auch nicht mochte. Als 1647 das Grabmal Urbans VIII. enthüllt wurde, hörte man den Papst sagen: „Über Bernini werden schlimme Dinge erzählt, aber er ist ein großer und außergewöhnlicher Mann." Nicht lange, und er rang sich dazu durch, ihn in seine Dienste zu nehmen.

Die Pamphilj, die Familie des Papstes, stammten ursprünglich aus Umbrien; im 16. Jahrhundert hatten sie sich in Rom niedergelassen; sie besaßen ein bescheidenes Palais an der Piazza Navona. Innozenz war entschlossen, nicht nur dieses Palais zu einem großen und prachtvollen Palast auszubauen, sondern auch dessen Umgebung so umzugestalten, daß er damit seiner Familie und seinem Pontifikat ein ebenso unverwechselbares und imposantes Denkmal setzen konnte, wie es der Palazzo Barberini[17] für die Familie und das Pontifikat Urbans VIII. war. Er beauftragte Girolamo Rainaldi sowohl mit dem Bau des neuen Palastes[18] als auch, zusammen mit Carlo Rainaldi, mit der Errichtung einer neuen Kirche in unmittelbarer Nachbarschaft dazu: S. Agnese in Agone.[19] Borromini wurde später bei beiden Projekten mit hinzugezogen; schon vorher hatte er beratend an der Konzeption für einen Brunnen mitgewirkt, der auf der Piazza Navona einen Obelisken umgeben sollte, den der Papst stark beschädigt am Rande der Via Appia hatte liegen sehen.

Auch andere Künstler waren aufgefordert worden, Entwürfe für diesen Brunnen einzureichen; Bernini war nicht darunter gewesen, obgleich sein Triton-Brunnen[20] auf der Piazza Barberini als Meisterwerk anerkannt worden war und er auch beim Bau des Barcaccia-Brunnens[21] auf der Piazza di Spagna[22] bewiesen hatte, wie elegant er technische Probleme zu lösen verstand, wie sie etwa infolge eines nur geringen Wasserdrucks auftraten. Offenbar wurde Bernini jedoch von einem Freund, dem Prinzen Niccolò Ludovisi, der eine Nichte des Papstes geheiratet hatte, dazu überredet, ein Modell anzufertigen; der Prinz sorgte dann dafür, daß es in einem Raum aufgestellt wurde, wo Seine Heiligkeit darauf stoßen mußte. Einer anderen, vom Botschafter von Modena verbreiteten Version der Geschichte zufolge wurde ein silbernes Modell von Berninis Hand der herrischen und einflußreichen Schwägerin des Papstes angedient, worauf diese dem Papst erklärte, er brauche nicht mehr nach weiteren Entwürfen Ausschau zu halten. Wie dem auch gewesen sei, der Papst war von Berninis Modell begeistert. „Wir müssen in der Tat Bernini beauftragen", sagte er. „Das einzige Mittel, seinen Entwürfen zu widerstehen, ist, sie nicht anzuschauen." So kam die herrliche Fontana dei Fiumi zustande, mit der Bernini sich wieder ins rechte Licht setzte.[23]

Die päpstliche Gunst blieb ihm während der ganzen restlichen Amtszeit Innozenz' X. erhalten; er schuf zwei schöne Büsten des Papstes, entwarf für Gabriele Fonseca, den päpstlichen Leibarzt, die Fonseca-Kapelle in der Kirche S. Lorenzo in Lucina[24] und erbaute für die auf dem Quirinalshügel lebenden Novizen des Jesuitenordens die von Kardinal Camillo Pamphilj finanzierte Kirche S. Andrea al Quirinale.[25] Ausgezeichnet kam Bernini auch mit dem Nachfolger von Innozenz zurecht, dem 1655 gewählten Chigi-Papst Alexander VII., der den Künstler noch am Tage seiner Wahl zu sich kommen ließ und ihn bat, in seine Dienste zu treten. In der Amtszeit dieses frommen und intelligenten Papstes gestaltete Bernini durch seine berühmten Kolonnaden den Petersplatz zum markantesten öffentlichen Platz Europas um,[26] erbaute die Scala Regia, die wunderschöne Innentreppe, die den Vatikanischen Palast mit der Basilika verbindet,[27] und verschönerte das Innere des Doms selbst mit der Cathedra Petri, dem gewaltigen Gehäuse für den Thron des heiligen Petrus, das die Apsis des Doms erfüllt.[28]

Ebenfalls während des Pontifikats Alexanders VII. erlebte Rom die gefeierte Ankunft eines der bemerkenswertesten ‚politischen Flüchtlinge' aller Zeiten: der Ex-Königin von Schweden. Die lebhafte, witzige und unkonventionelle Christina hatte ihren Thron achtzehn Monate vorher im Alter von siebenundzwanzig Jahren aufgegeben und war zum Katholizismus übergetreten. Unbekümmert um die Reaktionen anderer, schien sie sich ein besonderes Vergnügen daraus zu machen, Leute zu schockieren. Einmal stellte sie dem biederen englischen Botschafter ihren vertrauten Freund Ebba Sparre als ihren ‚Bettgenossen' vor und versicherte ihm, der Geist ihres Freundes sei ebenso liebreizend wie ihr Körper. Sie trug oft Männerkleider, verschmähte, obwohl sie von kleinem Wuchs war, die bei den Frauen so beliebten hohen Absätze und trug statt dessen lieber flache Männerschuhe.

„Ihre Stimme und fast alle ihre Gesten und Handlungen sind männlich", schrieb der Duc de Guise, der sie ausgiebig kennengelernt hatte, als sie einmal Frankreich besuchte. „Sie hat eine üppige Figur mit einem breiten Hinterteil, schöne Arme, weiße Hände, die aber eher denen eines Mannes als denen einer Frau gleichen; eine Schulter ist höher als die andere [Folge eines Unfalls, den sie im Säuglingsalter erlitten hatte], aber sie verbirgt diesen Schönheitsfehler... mit ihrer bizarren Garderobe, ihrem Gang und ihren Bewegungen... Sie hat ein breites, aber nicht zu breites Gesicht; alles daran ist markant: die Nase schnabelförmig gebogen, der Mund groß, aber nicht unangenehm groß, die Zähne passabel, die Augen schön und voller Feuer; abgesehen von einigen Windpocken-Narben , ist ihre Gesichtshaut rein... Ihr Gesicht ist regelmäßig geformt, jedoch von der denkbar ungewöhnlichsten Frisur eingerahmt. Es ist eine Männerperükke, sehr üppig und vorn hoch aufgebauscht... Sie trägt ihr Kleid nur locker gegürtet, nicht sehr straff. Sie ist immer stark gepudert über einer dicken Schicht Gesichtscreme... Sie liebt es, ihre Reitkunst zu zeigen. ... Sie spricht acht Sprachen, zumeist aber französisch, und dies so, als ob sie in Paris geboren wäre. Sie weiß mehr als unsere ganze Akademie und die Sorbonne zusammen, versteht vom Malen so viel wie irgend jemand sonst und weiß mehr über unsere Hofintrigen als ich. Sie ist wirklich eine absolut bemerkenswerte Person."

Genauso beeindruckt von ihr war man auch in Rom. Anfänglich trat sie allerdings mit großer Diskretion auf, offensichtlich hocherfreut über die Achtung und die Ehrungen, die man ihr bezeigte. Papst Alexander empfing sie zu einer Privataudienz und trug Sorge dafür, daß sie dabei an seiner Seite sitzen konnte, was die Anfertigung eines besonderen, von Bernini für sie entworfenen Sessels erforderlich machte, da nur regierende Fürsten in Gegenwart Seiner Heiligkeit in einem Sessel mit Armlehnen sitzen durften und sich im Vatikan kein angemessen herrschaftlicher Sessel ohne Armlehnen finden ließ. Der Papst lud sie ein, eine Wohnung im Torre dei Venti über dem Hof des Belvedere zu beziehen, die eigens für sie erlesen eingerichtet und mit einer großen Feuerstelle und einem silbernen Bettwärmer ausgestattet worden war. An weiteren Geschenken erhielt sie eine prachtvolle Karosse mit sechs Pferden, eine Sänfte und zwei Maultiere, ein Reitpferd mit kostbarer Schabracke und eine weitere Sänfte mit Polsterbezügen aus himmelblauem Samt und silbernen Beschlägen. Der Entwurf für diese Sänfte, wie auch für ihr Bett, stammte von Bernini. Obgleich das höfische Protokoll es nicht vorsah, daß der Papst in Gegenwart einer Frau speiste, lud er sie zu einem Bankett ein, bei dem sich auf dem Tisch, von den Gehilfen Berninis gefertigt, alle möglichen Kreationen aus vergoldetem Zuckerwerk häuften, allegorische

Komplimente an die Persönlichkeit und die erstaunlichen Fähigkeiten der Königin. Ein Orchester spielte auf, der Chor von St. Peter sang, ein Jesuitenpriester hielt eine Predigt, und nach dem Essen wurde Königin Christina von einem Troß erlauchter Gäste zum Palazzo Farnese geleitet, den ein weniger hochgeschätzter Konvertit, Friedrich von Hessen-Darmstadt, für sie hatte räumen müssen.

Vom Palazzo Farnese aus, der für sie neu hergerichtet und möbliert worden war, startete die Königin, geführt von dem charmanten und amüsanten Kardinal Azzolino, zu Streifzügen durch Rom. Der Kardinal zeigte ihr alle Sehenswürdigkeiten, von S. Giovanni in Laterano bis zum Petersdom, von der Sapienza – wo sie über hundert Bücher geschenkt bekam – bis zum Sitz der Missionsorganisation Propaganda Fide,[29] wo sie in mehr als zwanzig Sprachen willkommen geheißen wurde, vom Collegio Romano, wo man ihr einen Apparat zur Herstellung von Gegengiften zeigte, bis zur Engelsburg, wo die Königin, die kaum Appetit und wenig für alkoholische Getränke übrig hatte, dem mit kostbarsten Weinen und kunstvoll arrangierten Bergen von gelierten Früchten, Nougatkugeln und gezuckerten Mandeln bestückten Imbißständen nichts abzugewinnen vermochte. Der Karneval wurde in jenem Jahr als ‚Karneval der Königin‘ gefeiert, und Ende Februar veranstalteten die Römer eigens ihr zu Ehren ein prachtvolles Fest, die *Giostra delle Caroselle*. Während man ihr in ihrer Loge Serenaden darbrachte, kämpften in der darunterliegenden Arena Kavaliere gegen Amazonen, und ein wilder Drache, aus dessen Nüstern Raketen und aus dessen Mund Flammen schossen, wurde symbolisch erlegt.

Indes sorgten die exzentrischen Gewohnheiten der Königin und die Unarten ihrer schlecht oder gar nicht entlohnten Diener – die so weit gingen, die Türen des Palazzo Farnese zu Brennholz zu zerhacken – dafür, daß die Römer sich über sie zu ärgern begannen. Nachdem sie sich vorübergehend entschlossen hatte, keine Männergarderobe mehr zu tragen, zeigte sie sich in den ausgefallensten und verwegensten Kleidern, selbst wenn sie Kardinäle empfing. Sie behängte die Wände des Palastes mit etlichen äußerst freizügigen Bildern und ließ die Feigenblätter von den Statuen entfernen. Schließlich sah der Papst sich genötigt, ihr deswegen und auch wegen ihrer Weigerung, ihren Übertritt zum Katholizismus öffentlich zu demonstrieren, Vorhaltungen zu machen, worauf sie erwiderte, Erwägungen, die allenfalls für Priester maßgeblich seien, interessierten sie nicht im geringsten. Es ging das Gerücht, sie habe sich in eine Nonne verliebt, die sie in einem Stift auf dem Marsfeld kennengelernt habe; und nicht ohne gute Gründe erzählte man sich auch etwas über eine Liebschaft mit dem Kardinal Azzolino. Die Nachricht, daß Königin

Christina Rom vorübergehend verlassen werde, wurde daher am päpstlichen Hof mit Erleichterung aufgenommen.

In der Erkenntnis, daß sie die Befriedigungen, die die Macht gewährt, doch vermißte, und in der Hoffnung, ihre finanziellen Probleme lösen zu können, hatte sie beschlossen, sich zur Königin von Neapel machen zu lassen. Aber ihre verschwörerischen Pläne scheiterten, und so kehrte sie, nachdem sie die Hinrichtung ihres Stallmeisters, des Marchese Monaldeschi, angeordnet hatte, den sie beschuldigte, jene Pläne verraten zu haben, nach Rom zurück, sehr zum Unwillen von Papst Alexander, der mittlerweile zu der Überzeugung gelangt war, daß sie „eine als Barbarin geborene, barbarisch erzogene Frau mit barbarischen Gedanken" sei. Er zeigte sich jedoch ein wenig besänftigt, als es Kardinal Azzolino gelang, sie für eine bescheidene Miete im Palazzo Riario unterzubringen – so wohnte sie wenigstens nicht so dicht in seiner Nähe wie zuletzt im Palazzo Farnese.

Bald war ihr neues Domizil mit Kostbarkeiten angefüllt, und dies trotz der Tatsache, daß sie nur unregelmäßige Einkünfte hatte. Es fanden sich Bilder und Möbel aus Stockholm ein, Bücher und wiederum Bilder aus Prag, Teppiche aus Persien, Musikinstrumente, Marmorfiguren, Skulpturen und ein außerordentlich vielfältiges Sortiment an Kunstwerken; so trug Christina beispielsweise eine der schönsten Sammlungen von Bildern der venezianischen Schule zusammen. Im Garten blühten und verblühten zu jeder Jahreszeit die schönsten exotischen und einheimischen Blumen und Sträucher; allein im Frühjahr 1663 kamen auf ihren Namen 275 Orangen- und Zitronenbäume sowie 200 Jasminpflanzen durch den römischen Zoll. An ihrem exzentrischen und unberechenbaren Wesen hatte sich nichts geändert. Einem vornehmen Besucher, der sich langatmig über sein einsames Dasein beklagte, gab sie die Antwort: „Lieber drei Tage allein als eine halbe Stunde mit Ihnen zusammen."

Nach dem Tode Alexanders VII. im Jahr 1667 trat Königin Christina jedoch in eine ruhigere und weniger extrovertierte Phase ihres Lebens ein. Der neue Papst Clemens IX., zu dessen Wahl ihr Freund, Kardinal Azzolino, entscheidend beigetragen hatte, war ein gutherziger, bescheidener Mensch, der für die hochintelligente Frau, die seine Liebe zu Bildern, zur Musik und zum Theater teilte, etwas übrig hatte. In dem Wunsch, ihr das Gefühl zu geben, daß sie in Rom willkommen und zu Hause sei, besuchte er sie im Palazzo Riario und gab ihr zu Ehren ein öffentliches Festessen, bei dem sie an seinem Tisch Platz nehmen durfte, ein Privileg, das seit Menschengedenken kein Papst einer Frau gewährt hatte. Nach dem Weihnachtsfest setzte er eine großzügige Pension für sie aus.

Nun, da sich ihre finanzielle Situation einigermaßen zufriedenstellend entwickelt hatte, vergrößerte sie ihre Kunstsammlungen, von denen sie Teile in einem zweiten angemieteten Palais, dem Palazzo Torlonia, unterbrachte. Sie wandte sich jetzt auch der Förderung der Archäologie zu, nachdem sie vom Papst die Genehmigung erlangt hatte, die Ruinen des Palastes von Decius nahe der Kirche S. Lorenzo in Panisperna auszugraben. Sie beschäftigte sich mit Alchimie und Astrologie und stellte den Palazzo Riario der von Giovanni Giustino Campini gegründeten Accademia di Esperienza als Versammlungslokal zur Verfügung. Sie wurde zur Mäzenin des Meereskundlers Marsigli und des Physikers Borelli und brachte eigene literarische Arbeiten heraus: Sammlungen von Lebensweisheiten und autobiographische Essays. Sie gründete ferner eine neue Akademie, die Accademia Reale, die Vorläuferin der berühmten Arcadia, an der namhafte Gelehrte Vorträge, Vorlesungen und Seminare hielten; und sie unterstützte engagiert das Theater, das auf dem Gelände des abgerissenen Gefängnisses Tor di Nona erbaut wurde.[30] In vielen der besten Aufführungen, die dort stattfanden, wirkten Schauspieler und Sänger mit, die in ihren Diensten standen, wie beispielsweise Antonio Rivani, bekannt unter dem Künstlernamen Cicciolino, der es einmal wagte, einem Ruf an den Hof des Herzogs von Savoyen zu folgen, woraufhin Christina in einem Brief an ihren französischen Agenten über ihn schrieb:

„Ich möchte klarstellen, daß [Cicciolino] in dieser Welt nur für mich da ist und daß er, wenn er nicht für mich singt, nicht mehr lange für irgend jemand anderen wird singen können, gleich für wen auch immer… Bringen Sie ihn um jeden Preis zurück. Man will mich glauben machen, er habe seine Stimme verloren. Das spielt keine Rolle. Was immer aus ihm geworden ist, er wird in meinen Diensten leben und sterben, oder es wird ihm übel ergehen!"

Cicciolino kehrte folgsam zurück und stand in der Tat noch in ihren Diensten, als er 1686 starb. Einige Jahre zuvor war auch Alessandro Scarlatti, dessen große Begabung die Königin als eine der ersten erkannt hatte, als *Maestro di Cappella* in ihre Dienste getreten. Arcangelo Corelli war der Direktor ihres Orchesters. Und natürlich nahm sie seit langem die Dienste Berninis in Anspruch; er hatte für sie unter anderem den wunderbaren Spiegel geschaffen, der hinter einem ihrer kostbarsten Besitztümer stand, dem um das Jahr 300 v. Chr. entstandenen bronzenen Kopf eines griechischen Athleten.

Ja, Bernini lebte noch und arbeitete nach wie vor mit Hochdruck. Er sah Clemens IX. kommen und gehen, wie schon etliche Päpste vor ihm, überwachte in seinem Auftrag die Aufstellung der Engel auf dem Ponte

Sant'Angelo, von denen er zwei eigenhändig modelliert hatte,[31] und er überlebte auch noch die Amtszeit von Emilio Altieri, dem gebürtigen Römer, der 1670 als Clemens X. den päpstlichen Thron bestieg; für den mit diesem Papst verschwägerten Kardinal Paluzzi degli Albertoni schmückte Bernini die Altieri-Kapelle in der Kirche S. Francesco a Ripa aus.[32]

Bernini war Mitte siebzig, als er mit der Arbeit an der für diese Kapelle bestimmten, den Betrachter tief bewegenden Skulptur ‚Der Tod der seligen Ludovica Albertoni' begann, doch seine Schaffenskräfte hatten kaum nachgelassen. Wenige Jahre vorher hatte er Frankreich bereist und auf Paul Fréart, Sieur de Chantelou, dabei folgenden Eindruck gemacht:

„Er ist von mäßiger Körpergröße, aber wohlproportioniert... von einem durch und durch feurigen Naturell. Seine Augenbrauen sind lang, seine Stirn [ist] hoch und über den Augen ein wenig gewölbt. Er ist kahlköpfig, das wenige verbliebene Haar ist gelockt und weiß... Er ist kräftig für sein Alter und möchte immer zu Fuß gehen, als wäre er dreißig oder vierzig. Man könnte sagen, daß seine Seele eine der schönsten ist, die die Natur je hervorgebracht hat, da er, ohne studiert zu haben, über die meisten der Vorzüge verfügt, die Bildung und Wissen einem Menschen gewähren können. Er besitzt außerdem ein ausgezeichnetes Gedächtnis, eine rasche und lebhafte Phantasie, und sein Urteil wirkt klar und präzise. Er ist ein sehr geistesgegenwärtiger Gesprächspartner und hat eine besondere Gabe, etwas mit Worten, mit dem Gesicht und mit Gesten so anschaulich auszudrücken und leicht verständlich zu machen, wie die größten Maler es mit ihrem Pinsel tun. Das ist zweifellos der Grund dafür, daß er mit so großem Erfolg seine eigenen Werke vorführen konnte..."

Mit zunehmendem Alter eher noch frommer geworden und sich der Nähe des Todes wohl bewußt, gab Bernini nicht mehr viel auf seine säkularen Werke wie etwa die Paläste, die er in Rom geschaffen hatte – den Palazzo di Montecitorio[33] und den Palazzo Chigi-Odescalchi[34] – oder den reizenden kleinen Elefanten auf der Piazza S. Maria sopra Minerva, der auf seinem Rücken einen Obelisken trug.[35] Als er einmal an seiner großartigen Fontana dei Fiumi vorbeifuhr, zog er die Jalousien seiner Kutsche herab und rief aus: „Wie ich mich schäme, so etwas Armseliges gemacht zu haben." Zufrieden war er dagegen mit seinen bedeutenderen sakralen Werken, seiner ‚Ekstase der heiligen Therese' in der Kirche S. Maria della Vittoria, die er für seine gelungenste Arbeit überhaupt hielt, und der von ihm entworfenen und erbauten Kirche S. Andrea al Quirinale. Sein Sohn entdeckte, als er einmal diese Kirche zum Gebet aufsuchte, seinen betagten Vater, der darin umherwanderte wie ein architektonisch interessierter Tourist. Domenico ging auf seinen Vater zu und fragte ihn, was er hier „ganz allein und still" tue. „Mein Sohn", antwortete Bernini, „ich fühle, daß dieses eine Bauwerk mein Herz mit tiefer Befriedigung erfüllt. Ich komme oft hierher, um mich von meinen Pflichten zu erholen und mich an meinem Werk zu trösten."

Er hörte bis an sein Ende nicht auf zu arbeiten. Noch in seinen letzten Lebensmonaten restaurierte er, rührig wie eh und je, den Palazzo della Cancelleria; auf diese Tätigkeit führten die Ärzte es zurück, daß er eines Tages seinen rechten Arm nicht mehr bewegen konnte. Bernini nahm es mit trauriger Gelassenheit hin und meinte, nach all der schweren Arbeit, die der Arm geleistet habe, verdiene er eine Ruhepause. Am 28. November 1680 starb Bernini, neun Tage vor seinem zweiundachtzigsten Geburtstag. Die letzte Arbeit, die er vollendet hatte, war eine überlebensgroße Christusbüste für Königin Christina.

Zur größten Enttäuschung der Königin war 1676 mit Innozenz XI. ein Papst gewählt worden, der ausgesprochen sparsam wirtschaftete und sich als strenger Kirchenvater und Reformer verstand. Er schränkte das festliche Karnevalstreiben stark ein, erteilte Bittstellern, die eine Gunst von ihm erbaten, mit solcher Regelmäßigkeit eine Absage, daß die Römer ihn *„Papa No"* nannten, ordnete die Verhüllung der Geschlechtsteile der von Innozenz X. noch nackt gelassenen Statuen mit Feigenblättern an und ließ den Busen der ‚Madonna' von Guido Reni übermalen. Er schloß die öffentlichen Theater und verbannte die Frauen von allen Bühnen. Königin Christinas Tor-di-Nona-Theater wurde zum Kornspeicher umfunktioniert. Die Königin aber blieb, so sehr sie auch den verlorenen Freuden der Vergangenheit nachtrauerte, so unterhaltsam wie eh und je und denjenigen gegenüber, die sie nicht langweilten, so dankbar und großzügig wie immer; Fremde durften ihre Sammlungen besichtigen, als wäre ihr Haus ein öffentliches Museum, und gelegentlich bat sie Besucher zu einem persönlichen Gespräch zu sich. Sie war nun schließlich selbst, wie sie gern sagte, ein antikes Denkmal, eine der Sehenswürdigkeiten Roms.

„Sie ist überaus fett", schrieb ein französischer Besucher 1688. „Ihre äußere Erscheinung, ihre Stimme und ihr Gesicht wirken maskulin… Sie hat ein Doppelkinn, aus dem eine Anzahl einsamer Barthaare sprießt, … lächelt stets und ist sehr liebenswürdig. Was ihre Garderobe betrifft, so stelle man sich einen knielangen, von oben bis unten geknöpften Männerrock aus schwarzem Satin… [und] Männerschuhe vor, anstelle einer Krawatte etliche zu einem großen Knoten geschürzte schwarze Bänder, einen Gürtel, der, in Hüfthöhe eng um den Leib geschnürt, dessen Rundlichkeit verrät."

Ein Jahr, nachdem diese Beschreibung von ihr erstellt worden war, starb sie. Vor ihrem Tod hatte sie den Wunsch geäußert, in aller Stille im Pantheon begraben zu werden, in S. Maria della Rotonda, wo die Gebeine Raffaels lagen. Allein, die Nachwelt war der Meinung, dies sei für sie nicht die passende Ruhestätte, und so wurde ihr Leichnam mit all dem „Pomp und eitlen Wahn", den sie zu vermeiden getrachtet hatte, in den Petersdom überführt und in der Krypta beigesetzt, in der vor ihr erst vier andere Frauen ihre letzte Ruhestätte gefunden hatten. Einige Jahre später, als schon beinahe das 18. Jahrhundert angebrochen war, erhielt Carlo Fontana den Auftrag, ein Denkmal für sie zu entwerfen.

Seit der Zeit, da der junge Michelangelo nach Rom berufen worden war, hatte sich das Antlitz der Stadt radikal verändert. Anstelle der trutzigen Wehrtürme der mittelalterlichen Adelsgeschlechter bestimmten nun die sanften Formen von Domen und Kuppeln, und über ihnen thronend die große Kuppel von St. Peter die Silhouette Roms. Die Erben und Nachfolger der Familien, die sich in Festungen mit dicken, abweisenden Mauern verschanzt hatten und deren Söhne und Vasallen in den Straßen mit Schwert und Lanze gegeneinander gekämpft hatten, wohnten nun in schönen Palästen und herrlichen Villen, umgeben von weitläufigen, blumenstrotzenden Gärten. Der von den Baumeistern des Barock bevorzugte Travertin hatte über den Marmor, den Baustein der Renaissance, die Oberhand gewonnen. Dies war das Rom, das die Italienreisenden des 18. Jahrhunderts sehen wollten und zu sehen bekamen.

# XIII. Das Settecento

„Ich würde lieber viermal das ganze übrige Italien beschreiben, als eine Darstellung Roms zu geben", schrieb der französische Staatsbeamte Charles de Brosses zu Beginn des 18. Jahrhunderts an einen daheim gebliebenen Freund. „Rom ist schön – so schön, daß mir das ganze übrige Italien im Vergleich dazu wenig bedeutet."

Er war vom ersten Augenblick an entzückt gewesen, bot doch keine andere Stadt, die er je gesehen hatte, dem Reisenden gleich bei der Ankunft ein so verheißungsvolles Bild. Nachdem er am Ponte Molle den Tiber überquert hatte, war er durch die Porta del Popolo gefahren, die

„den Eingang zu einem viereckigen Platz bildet, in dessen Zentrum sich ein Obelisk aus Granit erhebt, der früher im Circus Maximus stand. Am Fuße des Obelisken sprudelt ein Brunnen. Gegenüber dem Tor münden in den Platz drei lange, schmale Straßen, die wie Krähenfüße zusammenlaufen und deren Einmündungen voneinander durch die Säulenvorhallen zweier schöner, mit Kuppeln versehener Zwillingskirchen getrennt sind [S. Maria di Montesanto und S. Maria dei Miracoli]. Die linke dieser drei Straßen [die Via del Babuino] führt zur Piazza di Spagna, die rechte [die Via di Ripetta] zum Tiberhafen, der Ripetta genannt wird. Die mittlere und bei weitem längste [der Corso] führt, gerade wie mit dem Lineal gezogen, zum St.-Marcus-Palast [Palazzo Venezia] und damit beinahe bis ins Zentrum der Stadt... Nichts vermittelt eine bessere Vorstellung von der Großartigkeit Roms als dieser erste Anblick, den die Stadt dem Ankömmling bietet."

Spätere Rom-Besucher pflichteten ihm darin bei, sogar der querköpfige schottische Schriftsteller Tobias Smollett, der sonst an allem etwas auszusetzen hatte. Ganz besonders ärgerte er sich, als er die Stadt 1765 besuchte, über die beamteten Ganoven vom römischen Zollamt, das in der Halle des Antoninus Pius untergebracht war; sie öffneten sein Gepäck und verstreuten dessen Inhalt auf der Suche nach Schmuggelware auf dem Fußboden, bis er sich mit den ortsüblichen Schmiergeldern von ihren Schikanen freikaufte. Smollett fand seine Kutsche von „einer Anzahl von *servitori di piazza* umlagert, die mit widerwärtiger Aufdringlichkeit ihre Dienste anboten". Obwohl er ihnen mehr als einmal sagte, daß er „für keinen von ihnen eine Beschäftigung hätte, nahmen drei von ihnen die Kutsche in Besitz, indem sie einfach aufstiegen, einer vorn und zwei hinten". Als Smollett jedoch erst einmal dieses ärgerliche Erlebnis

verwunden hatte, mußte er Charles de Brosses darin beipflichten, daß die
‚noble' Piazza del Popolo dem Ankömmling einen so erhabenen Anblick
bot, daß sie ihn „wohl oder übel… mit einer hehren Vorstellung von
dieser verehrungswürdigen Stadt" erfüllte. Und dieser erste Eindruck
war nur ein Vorgeschmack der im Inneren der Stadt wartenden Herrlich-
keiten.

De Brosses befand den Corso für „viel zu schmal, gemessen an seiner
Länge", ein Eindruck, der durch die *„trottoirs* für die Fußgänger" noch
verstärkt wurde. Er mußte des weiteren bekennen, daß er den immerwährenden Kutschenverkehr auf dieser Straße nicht ertragen konnte und
die bei den Italienern übliche „Mode", in der „in Hitze und Staub
erstickenden" Stadtmitte in ihren Kutschen spazierenzufahren, als ärgerlich empfand. Doch versöhnten ihn die schönen Gebäude, die die Straße
zu beiden Seiten säumten und deren Schönheit zunahm, je mehr man sich
dem Herzen der Stadt näherte.

Nachdem der Reisende den Tiber überquert hatte, bot sich ihm „der
schönste Anblick im Universum… durch und durch schlicht, natürlich
und erhaben, also die Vollkommenheit selbst": St. Peter. „Man könnte
Tag für Tag dorthin gehen, ohne daß es langweilig würde. Es gibt dort
immer etwas Neues zu entdecken, und erst nach vielen Besuchen kennt
man alles… Je öfter man es sieht, desto frappierender ist es." Nichts
hatte de Brosses je so entzückt wie die beiden Springbrunnen auf dem
Petersplatz, „zwei Wasser-Feuerwerke, die Tag und Nacht ohne Unterlaß
sprudeln". Wie nach ihm Smollett, fand de Brosses die römischen
Brunnen – „diese Überfülle sprudelnden Wassers und rinnender Bäche" –
hinreißender als alle anderen Wunder, die Rom zu bieten hatte, hinreißender selbst als den Blick vom Janiculum bei Sonnenuntergang hinunter
auf „dieses überwältigende Panorama aus Kuppeln, Türmen, goldenen
Kuppelhauben, Kirchen, Palästen, grünen Bäumen und funkelnden Was-
serspielen".

Die Einwohner Roms erwiesen sich als nett und freundlich, „voll guter
Gesittung und zuvorkommender als [die Leute] in irgendeinem anderen
Teil Italiens". „Kurz, um Ihnen in einem Wort meinen Eindruck von
Rom zu schildern", schloß de Brosses, „es ist die schönste Stadt auf der
Welt… und die liebenswerteste und gemütlichste in Europa. Ich würde
hier sogar lieber leben als in Paris."

Rom hatte natürlich auch gewisse Schattenseiten. Da war vor allem die
außerordentliche Trägheit seiner Bewohner, von denen die meisten ihren
Lebensinhalt darin sahen, jeglicher Arbeit auszuweichen; diese Leute
taten „absolut nichts" und lebten von der Wohltätigkeit und dem Geld,
das aus dem gesamten christlichen Europa nach Rom strömte. Es gab

„keine Landwirtschaft, kein Gewerbe, keine Manufakturen", und es kam durchaus nicht selten vor, daß ein Ladeninhaber einem kaufwilligen Kunden erklärte, die gewünschte Ware sei zwar am Lager, aber im Augenblick nicht gut greifbar; der Herr möge doch bitte an einem anderen Tag wiederkommen.

Die Zahl der Einwohner Roms, die 1563 bei rund 80000 und 1621 bei 118356 gelegen hatte, stieg bis zum Jahr 1709, einer Volkszählung zufolge, auf rund 150000 und sollte im weiteren Verlauf des Jahrhunderts auf 167000 anwachsen. Doch fast größer als die Zahl der Bewohner war die der Reisenden und Pilger; nach einer Schätzung, der die Menge des in den Backöfen der Stadt gebackenen zusätzlichen Brotes zugrunde lag, hielten sich im Jahr 1700 etwa 100000 Besucher in Rom auf. Und aus den Unterlagen, die das große Hospiz von S. Trinità dei Pellegrini[1] führte, ging hervor, daß im Heiligen Jahr 1750 nicht weniger als 134603 Pilger allein in diesem Hospiz Unterkunft fanden. Unter den ständigen Einwohnern Roms waren viele Beamte und noch viel mehr Priester; bei der Volkszählung von 1709 wurden 2646 Priester und 5370 Mönche, Nonnen und Angehörige anderer religiöser Berufe erfaßt; dem reinen Augenschein nach hätten es freilich viel mehr sein müssen, galt es doch in Rom auch und gerade für Laien als schick, sich in ein religiöses Ordensgewand zu kleiden. „In Rom", so erzählte Casanova, „war jedermann entweder Priester oder versuchte, wie ein solcher auszusehen" – auch Casanova selbst schloß sich dieser Mode an.

So viele Priester und Ordensleute es in Rom geben mochte, angesichts der erstaunlichen Vielzahl christlicher Gotteshäuser und Einrichtungen, die es in der Stadt gab, schienen es nicht einmal zu viele zu sein: 240 Klöster, 73 Stifte, 23 Priesterseminare und nahezu 400 Kirchen zählte man in Rom, die Kirchen der Ausländerkolonien eingeschlossen – S. Maria dell'Anima (die Kirche der Deutschen). S. Stanislao[2] (der Polen), S. Maria di Monserrato[3] (der Spanier), S. Antonio[4] (der Portugiesen) und S. Luigi dei Francesi[5] (der Franzosen).

Die meisten Besucher registrierten mit Erstaunen, daß so viele von denen, die offenkundig nicht Priester waren, es anscheinend völlig in Ordnung fanden, ihr Leben in vollkommener Untätigkeit zu verbringen, was ihnen dank der amtlichen Wohlfahrtspflege und der von religiösen Stiftungen und wohlhabenden Familien gewährten Unterhaltsbeihilfen möglich war. Obdachlose konnten sich in die vatikanischen Werkstätten aufnehmen lassen, wo sie zwischen den Mahlzeiten „mit in den Schoß gelegten Händen herumsaßen", oder sie konnten in einer der zahlreichen öffentlichen Herbergen der Stadt Zuflucht suchen, wo man ihnen, vorausgesetzt, sie zogen nach einer Nacht wieder aus, ihre Kleider und ihre

Schuhe flickte. Wenn sie erkrankten, wurden sie von den Johannisbrü-
dern von S. Giovanni di Dio[6] besucht, gepflegt und mit Nahrung
versorgt, oder man wies ihnen ein Bett in einem der vielen römischen
Spitäler zu, vielleicht in dem großen Krankenhaus von S. Spirito, wo
Gemälde an den Wänden hingen und die Patienten mit Musikdarbietun-
gen unterhalten wurden. Um Leprakranke kümmerte man sich in S.
Gallicano in Trastevere,[7] um Geistesgestörte in S. Maria della Pietà.[8] Wer
zu jung oder zu alt war, um für sich selbst sorgen zu können, wurde im
Ospizio di S. Michele betreut, wo weibliche Waisen bei ihrer Entlassung
sogar eine Mitgift mitbekamen.[9] Verletzte Kinder wurden in S. Maria
della Consolazione,[10] schwangere Frauen in S. Rocco versorgt;[11] wenn
sie es wünschten, wurde ihr Name geheimgehalten.

Die Arbeitslosen hatten jederzeit die Möglichkeit, sich reichliche
Taschengelder zu verdienen – durch Betteln. Das beste Revier für Bettler
waren die Straßen um die Piazza di Spagna. Von den Schreibkundigen,
die man auf allen Plätzen Roms unter großen Schirmen hocken sah, mit
Bittbriefen und -schildern ausgerüstet, lauerten Bettler und ähnliche
Straßenexistenzen beständig vor den Toren der Paläste oder auf den
Stufen der Kirchen, bereit, sich dem Nächstbesten als unerbetener und
unkundiger Fremdenführer anzudienen. Sie drängten den Passanten alle
möglichen entbehrlichen Dienstleistungen auf – das Öffnen einer Tür,
das unnötige Abbürsten eines Mantels, das Vorantragen einer Laterne bei
Dunkelheit, die Mitteilung nicht erbeteter Informationen – und erwarteten dafür eine Belohnung. Wer es geschickt anstellte, konnte in Rom
allein von der *buona mancia*, die er weichherzigen Touristen entlockte,
von den Erträgen irgendwelcher Gaunereien oder von Honoraren für
Liebes- und Kupplerdienste gut leben.

Die in Privathäusern und Palästen beschäftigten Dienstboten scheuten
sich nicht, die Gäste ihres Herrn ebenso um Trinkgelder anzubetteln wie
irgendwelche Fremden auf der Straße. „Man besucht jemanden", beklagte sich Montesquieu, „und sofort kommen seine Diener und betteln um
Geld, oft schon bevor man den Hausherrn gesehen hat." Charles de
Brosses fand dies bis zu einem gewissen Grad verständlich, da die Paläste
mehr Ähnlichkeit mit Hotels oder Gemäldegalerien hatten als mit privaten Wohnstätten.

„Alle diese so großen und so herrlichen Wohnpaläste sind nur für die Fremden
da", schrieb er über den Palazzo Borghese. „Der Hausherr kann darin nicht
leben, da es in ihnen weder Toiletten noch Komfort noch hinreichende Möbel
gibt, letztere nicht einmal in den Wohnungen der oberen Geschosse, die bewohnt
sind... Die einzige Einrichtung der Zimmer besteht aus Bildern, mit denen die
vier Wände von oben bis unten vollgehängt sind, in solcher Vielzahl und mit so

wenig Zwischenraum, daß sie, um die Wahrheit zu sagen, das Auge eher ermüden als erfreuen."

Diejenigen Römer, die arbeiteten, strengten sich dabei nicht allzusehr an. Die mittägliche Siesta zog sich mehrere Stunden lang hin. Die einzigen Lebewesen, die man während dieser Zeit auf der Straße antraf, waren, wie Pater Labat sagte, Hunde, Verrückte und Franzosen. Auch außerhalb der Siesta-Stunden war von den 700 Werkstätten und Ateliers der römischen Steinmetzen und Schmiede, Maler und Kupferstecher, Holzschnitzer und Töpfer ständig ein mehr oder weniger großer Teil geschlossen. Feiertage und Feste gab es so viele, daß fast jeden zweiten Tag die Arbeit ruhte; zu Beginn des Jahrhunderts feierten die Römer pro Jahr 150 religiöse Festtage, im Jahr 1770 immerhin noch rund 120. Dazu kamen noch kurzfristig anberaumte Feierlichkeiten wie der *Sacro Possesso* des Jahres 1769, an dem der neugewählte Papst Clemens XIV., nachdem er von seinem Pferd gestürzt war, als Karossenpassagier teilnahm; oder jährlich wiederkehrende, aber nicht an einen bestimmten Tag gebundene Veranstaltungen wie traditionell im Dezember der Einmarsch von Bauern aus den Abruzzen, die in Schaffellmänteln und Schlapphüten durch die Straßen Roms paradierten und vor den Schreinen auf ihren Sackpfeifen spielten; Sommerfeste wie die *naumachia* – die Ritterspiele und ,Seeschlachten' auf der zu diesem Zweck unter Wasser gesetzten Piazza Navona; die in den einzelnen Stadtbezirken veranstalteten Prozessionen, Feste und Messen, bei denen jeder *rione* seinen Ehrgeiz daransetzte, prachtvollere Dekorationen, lärmendere Kapellen, originellere Festwagen, ausgefallenere Kostüme und spektakulärere Feuerwerke aufzubieten als die anderen; nicht zu vergessen schließlich, als Höhepunkt des St.-Peters-Tages, die weltberühmte Illumination des Petersdoms durch die 365 Techniker der *Fabbrica,* die sich mit wunderbarem Geschick an Seilen von Öffnung zu Öffnung schwangen, ohne für die Zuschauer je sichtbar zu werden, und die Umrisse und Strukturen des Gebäudes mit 6000 Papierlaternen und flackernden Lampen in ein herrliches Lichtgemälde verwandelten.

Unmittelbar vor Beginn der Fastenzeit fand jedes Jahr der achttägige römische Karneval statt, ein turbulentes, überschäumendes Fest, das am Aschermittwoch endete. Eingeläutet von einer Glocke auf dem Kapitol, die sonst nur beim Tod eines Papstes in Aktion trat, wurde der Karneval mit einer Zeremonie eröffnet, die darin bestand, daß die Juden Roms – die ihren traditionellen Wettlauf seit einem von Clemens IX. gewährten Dispens nicht mehr durchzuführen brauchten – einen Geldbetrag übergaben, mit dem die bei den Pferderennen zu gewinnenden Preise finan-

ziert wurden, was mit einem symbolisch angedeuteten Tritt in den
verlängerten Rücken des Oberrabbiners quittiert wurde. Anschließend
zogen die weltlichen und geistlichen Würdenträger Roms, eskortiert von
Hellebardenträgern in schwarz-violetten Uniformen, durch den Corso,
der mit Fahnen, Girlanden und Blumen geschmückt und von Menschen
in allen erdenklichen Masken und Verkleidungen bevölkert war. Man
kostümierte sich als Kosake, als englischer Matrose, als chinesischer
Mandarin, als Korsar, als Schotte, als Riese auf Stelzen oder als komische
Figur aus der *commedia dell'arte*. Männer verkleideten sich als Frauen,
Frauen sich als Knaben oder Offiziere. Der Einfallsreichtum kannte
keine Grenzen. Konfetti und Papierschlangen, aus Vulkanasche und Gips
gepreßte Pfeile und Kugeln wirbelten und flogen durch die Luft, Mehl
und Wasser, handvollweise ausgestreut, regneten auf die singenden und
tanzenden, schreienden und einander umarmenden Menschen nieder.
Auf die Trittbretter der Kutschen, die sich rücksichtslos ihren Weg durch
das Gedränge bahnten, sprangen immer wieder Kostümierte auf, um
einen Blick durch die Fenster zu erhaschen und den Insassen einen Gruß
zuzurufen.

Auf Umzügen wurden extravagant dekorierte Festwagen vorgeführt,
gezogen von prachtvoll mit Silberglöckchen, Blumen und Schabracken
geschmückten Pferden. Die gelungensten Kreationen brachten immer
wieder die einfallsreichen Studenten der Französischen Akademie zustande.[12] In den Höfen der Palazzi wurden Turniere veranstaltet, und jeden
Nachmittag fand das äußerst beliebte Rennen der Berberpferde statt, das
seinen Ausgang an der Piazza del Popolo nahm. Den aufgeregten Tieren,
denen man zuvor Hafer und oft auch aufreizende Mittel verabreicht
hatte, wurden mit spitzen Nägeln gespickte Gürtel um den Leib ge-
schwungen, die als Sporen fungierten. Oft konnten sie nur schwer davon
abgehalten werden, schon vor dem Startkommando über die Gatterstan-
gen zu springen. Wenn alles bereit war, ritt eine Abordnung von Dragonern den sandbedeckten Corso entlang und sorgte dafür, daß alle Kutschen in den Seitenstraßen verschwanden. Sodann fegte eine weitere
Reitertruppe mit halsbrecherischer Geschwindigkeit über den Kurs, ehe
man dann die reiterlosen Berberpferde losließ. Das Publikum, zu beiden
Seiten des Corso dicht an die Häuserfronten gedrängt, feuerte die
vorbeisprengenden Pferde, an deren Körpern das Blut herunterlief, mit
frenetischem Geschrei und durch das Werfen von Feuerwerkskörpern an.
Dem Besitzer des Siegers winkte als Preis ein Geldbetrag und ein *palio*,
ein mit dem Bild eines galoppierenden Pferdes besticktes, an einer mit
greller Farbe bemalten Stange befestigtes Banner aus Goldbrokat.

Am letzten Abend des Karnevals überfluteten die Feiernden, eine brennende Kerze in der Hand, die Straßen, und ein jeder versuchte, in dem Gedränge möglichst vielen anderen die Flamme auszupusten und dabei die eigene Kerze zu schützen; manche kletterten zu diesem Zweck auf Kutschendächer oder hielten ihre Kerze mittels einer langen Stange in unerreichbarer Höhe. Von allen Seiten ertönte der traditionelle Warnruf: „Möge jeder, der keine Kerze trägt, bewußtlos geschlagen werden!" Wie in jeder Karnevalsnacht wurde auch in dieser in den Palästen, Theatern und Versammlungssälen sowie auch auf offener Straße getanzt; Musik, Geschrei und Gelächter erfüllten die Stadt, bis die Sonne aufging.

Am Karnevalssonntag waren die Kirchen Roms von zahllosen Kerzen erleuchtet und mit Blumen und Samtbehängen ausgeschmückt, die Statuen und die allgegenwärtigen Madonnenbilder mit Ornamenten verziert. Von Orchesterklängen und vom aufgeregten Raunen der Gläubigen erfüllt, muteten sie weniger wie Gotteshäuser denn wie Theater an – und in einem gewissen Sinn waren sie dies auch.

In der Fastenzeit kehrte in die Kirchen wieder eine ehrfürchtigere Stimmung ein, wenn vor den Beichtstühlen scharenweise schwarzgekleidete Frauen warteten. An Ostern herrschte dann jedoch wieder eitel Fröhlichkeit: Feuerwerke erleuchteten den Himmel, auf den Straßen wurde getanzt. Für die Religiosität der Römer war in der Tat das ausgelassene mitternächtliche Treiben im Schatten des Porphyrobelisken auf dem Lateran-Platz am Johannistag sehr viel charakteristischer als etwa die Gottesdienste, die alljährlich zum Gedenken an das Martyrium des heiligen Stefan in der Kirche S. Stefano Rotondo inmitten von Bildnissen des Leidens abgehalten wurden. Viele der fröhlichen religiösen Feste, die sie feierten, waren heidnischen Ursprungs, so beispielsweise die *Rappresentazione dei Morti* an Allerheiligen, eine makabere Leichenschau, oder das Fest der Madonna des Schinkens, bei dem in den Schaufenstern der Lebensmittelläden Schinkenlaibe, Pasteten und Würste prangten, oft zu phantastischen oder schauerlichen Bildwerken arrangiert. Die meisten Feiertage hatten, gleich ob christlichen oder heidnischen Ursprungs, jedenfalls eher fröhlichen als besinnlichen oder gar büßerischen Charakter, und alle wurden so begangen, daß sie das Auge mindestens ebenso ergötzten, wie sie die Seele anrührten. Es entsprach ganz der Tradition des römischen Gottesdienstes, daß ein Priester eine Predigt über die Tugenden des Fastens mit einem Rezept für gegrillten Kabeljau beschloß.

Der römische Kalender wies zahlreiche den einzelnen Heiligen gewidmete Tage auf, Heiligen, denen die Gläubigen jeweils bestimmte Wunderkräfte zusprachen, ganz wie man sie früher den heidnischen Gottheiten zugeschrieben hatte. Wie man in der Antike Rumina als Schutzgöttin der

Bauernhöfe und Matuta als Patronin der Gebärenden angerufen hatte, beteten nun diejenigen, die an Kopfschmerzen litten, zur heiligen Bibiana, während für Halsschmerzen der heilige Biagio zuständig war. Auch auf gute und schlechte Omen achtete man mit derselben Ehrfurcht wie in den Tagen des Augustus; waren es damals die Statuen in den Tempeln gewesen, die man hatte Tränen und Blut vergießen sehen, so schrieb man dieselbe Erscheinung nun den Madonnenbildnissen und Kruzifixen des christlichen Rom zu.

Allein, so abergläubisch die Römer einerseits waren, so sehr sie den ‚bösen Blick' fürchteten und mit dem Schlimmsten rechneten, wenn etwa ein Fischer einen doppelköpfigen Stör aus dem Tiber zog, so waren sie andererseits doch ein optimistisches, lebenslustiges Völkchen, das sich nur allzugern an das Sprichwort *„chi si contenta gode"* („der Zufriedene freut sich des Lebens") hielt, offenbar ohne daß die Armen den Reichen, mit denen sie im übrigen auf herzlich vertrautem Fuß verkehrten, irgend etwas neideten. In den Palästen der Kardinäle und Aristokraten gingen Scharen von Bittstellern beständig und unbehelligt ein und aus. Fisch- und Obsthändler stellten ihre Verkaufsstände vor den Toren der Paläste auf, ohne irgend jemandes Erlaubnis dafür einholen zu müssen, und es stand jedermann frei, es sich in den Zimmern bequem zu machen, wo die Diener mit ihren Herren plauderten, als wären sie die vertrautesten Freunde, und wo es vorkommen konnte, daß ein Mönch dankbar eine Prise Schnupftabak annahm, die ihm ein Kardinal anbot. Überall, auch im Vatikan, war es üblich, Wäsche zum Trocknen aus den Fenstern zu hängen. Im Quirinalspalast fanden sich Verwandte und Freunde der zahlreichen päpstlichen Bedienten zum Essen ein, ja manche von ihnen ließen sich hier häuslich nieder, und Hausierer und Höker durchstreiften die bevölkerten Korridore und Säle. Diese Lässigkeit im Umgang miteinander hinderte die Römer indes nicht daran, sich bei bestimmten Gelegenheiten der ausgefeiltesten Etikette zu befleißigen. So galten beispielsweise für die Zeremonien am päpstlichen Hof strengste Regeln, und nur die wenigsten Kardinäle, so bescheiden sie persönlich sein mochten, verließen ihren Palast anders als in Begleitung einer Reitergruppe livrierter Diener, welche die schwarzgoldene, von edlen Pferden mit roten Seidenbändern in den Mähnen gezogene Kardinalskarosse eskortierte. Wenn ein Kardinal, der in der Kutsche unterwegs war, einem zu Fuß wandelnden Kollegen begegnete, war es üblich, daß er halten ließ, ausstieg und den Fußgänger in aller Form begrüßte. Ein Rom-Besucher, der einmal diese *ceremonia* beobachtete, schilderte sie wie folgt: „Nach vielen Verbeugungen, liebenswürdigen Lächeleien und Beteuerungen der Zuneigung verabschiedeten die Kardinäle sich voneinander. Indes mußte derjenige, der in der Kutsche gefahren war, eine gewisse Strecke zu Fuß zurücklegen, anstatt gleich wieder einzusteigen; dabei wandte er sich immer wieder unter Verbeugungen nach dem zu Fuß gekommenen Kollegen um. Dieser tat seinerseits das gleiche, und so ging es, bis jeder den anderen aus dem Blick verloren hatte."

Besonders imposant waren die Reitertrupps des Kardinals de Bernis, denn er war zugleich französischer Botschafter in Rom. Er trat in der Öffentlichkeit kaum einmal ohne einen umfänglichen Troß auf, zu dem 38 Leibdiener, 8 Kuriere, 8 Lakaien und 2 Kaplane gehörten. In seinem Palast fand jedes Jahr am 13. Dezember zum Gedenken an den Übertritt König Heinrichs IV. zum Katholizismus ein aufwendiges Bankett statt. Charles de Brosses wurde einmal dazu eingeladen und stellte fest, daß „Herren wie Diener" diesen Festschmaus nutzten, um „in schamlosester und erschreckendster Weise" zu prassen.

„Kaum wurden uns die Gerichte serviert", so berichtete de Brosses, „als eine Schar fremder Bedienter, leere Teller in der Hand, herbeistürzte und um dieses oder jenes Stück für ihre Herren bat. Namentlich einer von ihnen hielt sich besonders aufdringlich an mich als den wohl Ansprechbarsten aus unserer Gruppe. Ich gab ihm einen Truthahn, dann ein Hühnchen, ein Stück Stör, ein Rebhuhn, eine Scheibe Wildbret, etwas Zunge, etwas Schinken, und jedesmal kam er wieder. ‚Mein Freund', sagte ich zu ihm, ‚wir bekommen alle dasselbe. Warum ißt dein Herr nicht das, was ihm vorgesetzt wird?' Detroy, der nicht weit von mir saß, sagte: ‚Sei kein Narr. Alles, was er für seinen Herrn erbittet, behält er selbst.' Und tatsächlich wurde ich gewahr..., daß die Lakaien miteinander darum wetteiferten, wieviel sie sich in die Taschen stopfen konnten; das getrüffelte Huhn wickelten sie sogar in Servietten..., denn auch das Leinen war ihnen wertvoll genug, um es mitzunehmen. Die Dreistesten unter ihnen räumten das Geschirr weg. Man sah sie sich aus dem Raum stehlen, die [Teller und Schalen] unter ihren *ferriacuoli* verborgen, den weiten Umhängen, die sie tragen."

Manche der Diener hatten Frau und Kinder herbestellt, die draußen an den Treppen warteten und die Beute in ihre „elenden Behausungen" schleppten. Aber auch die Herren dieser feinen Diener pflegten gewohnheitsmäßig lange Finger zu machen, wie römische Freunde von Charles de Brosses „mit Bestimmtheit" wissen ließen. Wenn einem vornehmen Italiener bei einem Bankett etwas unterkam, das ihn besonders reizte, rief er einfach seinen Diener und befahl ihm, das Gericht samt Geschirr zu sich nach Hause zu tragen. Wie Botschafter de Bernis seinem französischen Gast anvertraute, büßte er auf diese Weise pro Jahr mindestens fünfundzwanzig bis dreißig wertvolle Stücke ein, darunter, was „besonders ärgerlich" war, auch geborgte Stücke.

Etliche reiche Leute in Rom ersparten sich diesen Ärger dadurch, daß sie auf das Ausrichten von Banketten ganz verzichteten und sich mit

*conversazioni* begnügten; bei den besseren Veranstaltungen dieser Art
konnten die Gäste sich nicht nur an guten Diskussionen über Themen
aller Art erfreuen, sondern auch an Orchester- und Gesangsdarbietungen
oder an Kartenspielen. An solchen Abenden wurden nur leichte Imbisse
gereicht, häufig nicht mehr als Schälchen mit Speiseeis, wie überhaupt Eis
von den Römern, ob arm oder reich, in ungeheueren Mengen und zu
allen Tages- und Nachtstunden vertilgt wurde, sogar beim Gottesdienst.

Von diesem Faible abgesehen, waren die Römer nicht gefräßig, obgleich sie ihre Lebensmittel billig kaufen konnten. Eine aus einem
Nudelgericht und Salat, Fisch, Käse und Obst bestehende Mahlzeit galt
an den Tischen derjenigen, die sich weit mehr hätten leisten können, als
völlig ausreichend und war für die Armen das höchste der Gefühle. Arme
Leute kochten selten zu Hause; sie holten sich, was sie brauchten, aus der
*cucina* oder der *pasticceria* oder suchten diejenigen Orte in und um Rom
auf, an denen unter freiem Himmel Mahlzeiten zubereitet wurden: die
Piazza Colonna, wo traditionell Kraut gedünstet wurde, die Stufen der
Kirche S. Marcello, wo in riesigen Bratpfannen Kutteln köchelten, den
großen Markt auf der Piazza Navona, wo Bauern, die mit ihren Produk-
ten vom Land hereingekommen waren, sich notfalls überreden ließen,
ein bißchen zu kochen, oder die Marc-Aurel-Säule auf der Piazza Colonna, wo Kaffeeverkäufer ihre Bohnen rösteten – was sie an keiner anderen
Stelle Roms tun durften, da der Geruch als störend empfunden wurde.

Überhaupt verbrachten die Armen Roms so wenig Zeit wie möglich zu
Hause, ausgenommen bei sehr kaltem Wetter, bei dem sie, die daheim
nur in den seltensten Fällen Feuerstellen oder auch nur Holzkohleöfen
hatten, dicht zusammengedrängt am Boden saßen, die Füße in einen
Muff gehüllt, und *caldini*, mit glühender Asche gefüllte Töpfchen, von
Hand zu Hand gehen ließen. Sonst aber zogen sie es vor, sich auf der
Straße aufzuhalten, wo getratscht und dem Glücksspiel gehuldigt, getanzt und eine Art Fußball gespielt wurde, ein rauhes Spiel mit bis zu
dreißigköpfigen Mannschaften, das unter lautstarken Anfeuerungsrufen
vonstatten ging und oft in Schlägereien ausartete. Oder man wanderte auf
den Monte Testaccio, um die in den tiefen Kellern dieses Hügels kühlge-
haltenen Castelli-Weine zu genießen. Abends ging, wer es sich leisten
konnte, ins Theater, sei es ins Teatro delle Dame[13] nahe der Piazza di
Spagna, ins Argentina,[14] in die *operette* an der Capranica,[15] in das
Komödientheater in der Tor di Nona oder zu den Marionettenspielern
auf der Piazza Navona. Die Vorführungen selbst waren freilich nicht die
einzige, ja vielleicht nicht einmal die Hauptattraktion; man ging auch ins
Theater, um Freunde zu treffen, Eis zu essen, einen Imbiß zu nehmen
oder ein Spielchen zu wagen. „Es ist hier Mode, das Theater als einen Ort

zu betrachten, an dem man Leute trifft und einander Besuche abstattet", schrieb ein englischer Besucher. „Anstatt der Musik zu lauschen, lachen und unterhalten sich alle, als wären sie zu Hause." Diese Gepflogenheit war natürlich nicht geeignet, für ein harmonisches Verhältnis zwischen dem Publikum – das sich für den Fall, daß die Vorstellung nicht gefiel, mit faulen Früchten eindeckte – und den Akteuren zu sorgen, die im übrigen stets gerüstet und bereit waren, mit gleicher Münze heimzuzahlen, wie die Schauspieler der Capranica es mehr als einmal taten, indem sie Ziegelscherben und Steine ins johlende Publikum schleuderten. In den Logen, in denen die Stühle meist um Spieltische herum gruppiert waren und in denen Kellner mit Wein und Erfrischungen ein- und ausgingen, herrschte oft unaufhörlich ein ebenso großer Lärm wie im Parterre, wo die Zuschauer auf Bänken saßen, sich dröhnend miteinander unterhielten, aßen, tranken und die Kerzen umstießen, bei deren Licht die wenigen, die der Vorstellung wegen gekommen waren, das Libretto mitzulesen versuchten. Wenn eine Arie begann und die Stimme eines der bekannten Sänger erscholl, konnte es jedoch vorkommen, daß es im ganzen Theater plötzlich still wurde. Die weiblichen Rollen wurden übrigens stets von *castrati* gesungen; Frauen hatten zwar auf der römischen Bühne zweimal ein kurzes Gastspiel gegeben, einmal um die Mitte des 16. Jahrhunderts und dann noch einmal unter der Ägide von Königin Christina, doch Innozenz XI. hatte dem wieder ein Ende gemacht. Die besten und populärsten *castrati* waren von Frauen kaum zu unterscheiden. „Sie haben ausladende Hüften, Hinterbacken, Brüste und dicke Hälse", schrieb ein französischer Rom-Besucher. „Man könnte sie für wirkliche Mädchen halten." Wenn man einer von Montesquieu erzählten Anekdote glauben will, passierte es tatsächlich einem Engländer, daß er einen *castrato* von der Capranica, einen Transvestiten, für ein Mädchen hielt und sich „unsterblich in ihn verliebte". Die *castrati*, die in der Regel schon im Kindesalter entmannt wurden – in chirurgischen Salons wie dem gleich neben dem Vatikan gelegenen, der seine Dienste mit dem auf eine Tafel gemalten Werbespruch anpries: „Sänger für die Kapelle des Papstes werden hier kastriert" –, waren tagsüber in etlichen vornehmen Cafés anzutreffen und hätten, so die Ansicht eines englischen Reisenden, „nicht hübscher und verführerischer aussehen können".

Für diejenigen, die sich das Theater nicht leisten konnten, bot sich auf den Straßen genug Aufregendes und Dramatisches. Auf der Piazza Navona präsentierten sich Marktschreier und Akrobaten, Astrologen, die die Zukunft weissagten, und zeigten Barbiere und Zähnereißer vor aller Augen ihre Handwerkskunst; auf dem Corso fuhren die Wohlhabenden in ihren Karossen spazieren, auf dem Quirinal lustwandelten sie in ihren Gärten, in den verwinkelten Straßen und Gassen des Marsfeldes, wo sich große *palazzi* über winzigen, in Baulücken hineingezwängten Häuschen erhoben, und im düsteren, drangvoll engen, knoblauchgeschwängerten Bezirk Trastevere ließ sich das römische Leben in seiner ganzen wunderbaren Vielfalt beobachten. Auf beiden Straßenseiten hingen dicht an dicht die Schilder der Geschäftsleute und Handwerker; auf eine Schneiderwerkstatt wies eine Schere oder ein roter Kardinalshut hin, auf einen Barbiersalon ein Rasierteller, auf einen Wundarzt ein blutender Arm oder Fuß, auf einen Tabakhändler gewöhnlich ein pfeiferauchender Türke. Es traf sich gut, daß sich die meisten Metiers in bestimmten Vierteln konzentrierten: so fanden sich beispielsweise die Uhrmacher in der Umgebung der Piazza Capranica, die Möbeltischler in dem Geviert zwischen der Via Arenula und der Piazza Campitelli, die Buchhändler im Umkreis der Chiesa Nuova, die Putzmacher in der Via dei Cappellari, die Rosenkranzmacher in der Via dei Coronari, die Stellmacher in der Via delle Carrozze und die Schlosser in der Via dei Chiavari; insofern war es halb so schlimm, daß es, zumindest bis 1744, in Rom weder Straßenschilder noch Hausnummern gab, und auch die Grenzen der *rioni* waren bis 1803, als man Marmortafeln aufstellte, nicht markiert.

Da im Freien gekocht wurde und da Ladeninhaber und Handwerker ebenfalls häufig unter freiem Himmel arbeiteten, da jedermann seine Abfälle an die nächstgelegene Mauer schüttete, wo sie in höchst unregelmäßigen Abständen von den Müllsammlern abgeholt wurden, und da Bürger jeden Standes nichts dabei fanden, sich des drückenden Inhalts von Blase oder Darm an der nächstbesten Straßenecke zu entledigen – oder auch in der relativen Ungestörtheit eines Treppenhauses eines Kardinalspalasts –, waren die im Sommer staubbedeckten, im Winter schlammstarrenden Straßen von einer so ekelhaften und ungesunden Schmutzigkeit, wie man es sich nicht vorstellen kann. Pater Labat beschrieb im Jahr 1715 die Straßen Roms als „schlecht gepflastert und äußerst dreckig". Abends rumpelte hin und wieder ein Karren durch die Straßen, hinter dem ein Mann schritt und einen an ein Wasserfaß angeschlossenen ledernen Schlauch hin und her schwenkte. Im übrigen galt jedoch, daß die Römer „nicht wußten, was Fegen bedeutet – sie überlassen es der Vorsehung. Wolkenbrüche ersetzen in Rom den Straßenkehrer." Dabei sollte es noch für lange Zeit bleiben, ein Punkt, der der Stadt Rom oftmals bitter oder spöttisch angekreidet wurde, beispielsweise von dem Engländer Hazlitt in seinen ‚*Notes of a Journey through France and Italy*‘:

„Es ist nicht der Kontrast zwischen Schweineställen und Palästen, über den ich mich beklage, nicht die Diskrepanz zwischen dem Alten und dem Neuen; was mir mißfällt, ist das Fehlen eines jeden solchen krassen Gegensatzes; [Rom besteht statt dessen] aus einer fast ununterbrochenen Abfolge schmaler, ungepflegt wirkender Straßen, in denen der Knoblauchgeruch den Hauch des Antiken übertönt. Ein Misthaufen, ein Klohäuschen, ein Unkrautgarten unter einem kaiserlichen Triumphbogen, dies alles beleidigte mich nicht; was aber hat ein Obststand, ein albernes Lagerhaus für englisches Porzellan, eine modrige Trattoria, ein Barbierschild, was haben Trödlerläden, was hat ein gotischer Palast mit zwei oder drei am Tor herumlungernden Lakaien in modernen Livreen mit dem alten Rom zu tun?"

Die meisten ausländischen Rom-Besucher des 18. Jahrhunderts klagten jedoch in ihren Briefen nicht so sehr über die Schmutzigkeit der Stadt, sondern schwärmten von ihren Schönheiten: von den herrlichen Ausblikken, die sich von bestimmten bekannten Aussichtspunkten aus ergaben – von der Piazza delle Quattro Fontane auf die Porta Pia und die Obeliske des Quirinals, vom Pincio und vom Esquilin –, von dem romantischen Eindruck, den die Stadt ihres teilweise ländlichen Charakters wegen machte, von den Tieren, die inmitten überwachsener Ruinen weideten, von den Ochsen, die Heuwagen über das Forum zogen, von den im Schatten von Ruinen ausruhenden Schafhirten, kurz von all jenen Szenerien, die Piranesi in seinen kontemplativen Kupferstichen verewigt hat.

Von Zeit zu Zeit wurde die Feierlichkeit dieser Szenerien durch Gewalttaten gestört. Die Römer waren nach wie vor ein höchst streitbares Volk, jähzornig und nachtragend. Morde wurden in Rom fast tagtäglich begangen, nicht nur aus Leidenschaft und im Affekt, sondern auch vorsätzlich und kaltblütig, sei es im Rahmen einer Blutrache oder auch nur, weil jemand sich berechtigt glaubte, der sehr schleppend und nach veralteten Gesetzen arbeitenden römischen Rechtsprechung vorgreifen zu müssen. „Was allen Fremden auffällt und was heute wieder die ganze Stadt reden, aber auch nur reden macht", schrieb Goethe am 24. November 1786, „sind die Totschläge, die gewöhnlich vorkommen. Viere sind schon in unserem Bezirk in diesen drei Wochen ermordet worden."

Die Täter kamen häufig ungestraft davon, gewöhnlich mit Hilfe wohlwollender Freunde oder Passanten, die ihnen halfen, eine der vielen sicheren Zufluchtsstätten zu erreichen, die es in der Stadt gab. Wenn einmal ein Mörder verurteilt wurde, so brachte ihm das Publikum, das seiner Hinrichtung beiwohnte, in der Regel mehr Mitleid als Abscheu entgegen. In manchen römischen Gefängniszellen gab es mechanische Kruzifixe, bei denen die Christusfigur die Arme einladend nach vorn strecken und so dem zum Tode Verurteilten Trost spenden konnte. Auf dem Schafott mußte er dann, so erwarteten es wenigstens die Römer, seine Rolle in der dramatischen Zeremonie der Enthauptung mit heldenhaftem Gleichmut spielen. Lord Byron beschrieb eine für Rom typische Hinrichtung wie folgt: „Die Zeremonie, zu der die *maskierten* Priester, der halbnackte Scharfrichter, die gefesselten Verbrecher [ebenso gehören wie] der schwarze Christus mit seinem Banner, das Schafott, die Soldaten, die langsame Prozession, das kurze Klappern und das schwere Niedersausen der Axt, das Spritzen des Blutes und der schauerliche Anblick der vorgezeigten Köpfe – ist in jeder Beziehung eindrucksvoller als die... hündische Gequältheit, mit der in England der Verurteilte die Vollstreckung des Urteils erleidet."

In der Karnevalszeit verwandelte sich das Drama der Hinrichtung in eine groteske Komödie, wenn der Scharfrichter in der Verkleidung der Pulcinella auftrat und auch von den Zuschauern erwartet wurde, daß sie einen wenigstens pantomimischen Beitrag zu dem Schauspiel leisteten. Die Hinrichtungen der Karnevalszeit fanden gewöhnlich auf der Piazza del Popolo statt; an diesem Ort wurde häufig auch die *cavalletto*-Strafe vollzogen, bei der der bäuchlings auf ein Gestell gebundene Missetäter mit dem Geschlechtsteil eines Stiers gezüchtigt wurde. Es gab auch eine Art Prangerstrafe, bei der man dem Betroffenen ein Schild auf den Rücken band, auf dem seine Vergehen geschrieben standen, und ihn zwang, so durch die Straßen zu gehen. Für Verbrechen besonders abscheulicher Art wurde gelegentlich noch die *martello*-Strafe verhängt: der Verurteilte mußte sich hinknien, woraufhin ihm mit einem Hammer die Schläfen zertrümmert und fast gleichzeitig die Kehle durchgeschnitten und der Bauch aufgeschlitzt wurde. Leute, die weniger schwere Verbrechen begangen hatten, wurden häufig auf die Galeeren verbannt – was, da die Stadt Rom keine Galeeren unterhielt, in der Praxis auf Zwangsarbeit als Kettensträfling hinauslief – oder zur Tortur des *strappado* verurteilt: „Letzteres besteht darin, daß der Verbrecher an seinen hinter dem Körper zusammengebundenen Armen aufgehängt, hoch hinaufgezogen und dann mit gewaltigem Schwung wieder fallengelassen wird, was, wenn es kraftvoll durchgeführt wird, zum Bruch von Rückgrat und Armen führt."

Wenn auch diese Straf- und Hinrichtungsarten ebenso wie die bei den zahlreichen Morden verwendeten Waffen, die noch heute in S. Maria in Trastevere und anderen Kirchen zu besichtigen sind, Zeugnis dafür ablegen, daß das Rom des 18. Jahrhunderts noch ein ziemlich barbarisches Pflaster war, brauchten ausländische Besucher in der Regel doch kaum um ihr Leben zu fürchten. Selbst in der tiefsten Nacht liefen sie kaum Gefahr, beraubt zu werden, nicht so sehr wegen der mit langen Hakenstangen bewaffneten Nachtwächter, die durch die Straßen patrouillierten, sondern weil es sich bei den Einheimischen längst herumgesprochen hatte, daß es nicht schwer war, ahnungslosen Touristen, vor allem den Engländern unter ihnen, ihr Geld auf weniger beschwerliche Weise aus der Tasche zu ziehen.

„Es wimmelt hier von Engländern", schrieb Charles de Brosses, „und sie sind auch diejenigen, die am meisten Geld ausgeben. Die Römer mögen sie wegen ihrer Freigiebigkeit, ziehen ihnen aber im Herzen die Deutschen vor, und das gilt für ganz Italien. Kein Volk wird meinem Eindruck nach hier so verabscheut wie das unsere; Schuld daran ist unsere törichte Gewohnheit, die Vorzüge unserer Lebensweise herauszustreichen und die der anderen Völker schlechtzumachen, indem wir an allem herumkritteln, was sie anders machen als die Franzosen.

Davon, daß die Engländer in Rom viel Geld ausgeben und die Reise dorthin als Teil ihrer geistigen Ausbildung betrachten, haben sie, wie mir scheint, nicht viel. Es gibt unter ihnen ein paar Klügere, die von ihrem Aufenthalt in Rom profitieren, aber sie sind die Ausnahme. Die meisten verfügen über eine Kutsche, die fertig bespannt an der Piazza d'Espagna bereitsteht und den ganzen Tag auf sie wartet, während sie Billard spielen oder ihre Zeit auf ähnliche Weise totschlagen. Es gibt unter ihnen viele, die aus Rom abreisen, ohne irgend etwas gesehen zu haben – außer ihren Landsleuten – und die nicht wissen, wo das Kolosseum steht."

Wahr war daran sicherlich, daß Rom zu jener Zeit eine Pflichtstation auf der *Grand Tour* war, die junge Engländer aus vornehmem oder reichem Haus in aller Regel mindestens einmal im Leben absolvierten, und daß unter ihnen, die von den Römern *„milordi spellabili clienti"* („ausnehmbare Kunden") genannt wurden, viele waren, die nur sehr wenig Interesse an den Bau- und Kunstwerken der Stadt hatten; so etwa der junge Engländer, den Dr. John Moore in Rom kennenlernte und der die Ansicht vertrat, es sei viel zu viel des Guten, zwei oder drei Stunden pro Tag auf eine Beschäftigung zu verwenden, „die ihm kein Vergnügen bereitete und von der er sich nur sehr geringen Nutzen versprach". Nach sechs Wochen Rom wollte sich der junge Mann freilich nicht nachsagen lassen, daß er weniger gesehen habe als seine Reisegefährten. So „bestellte er sich für den frühen Morgen eine Postkutsche und vier Pferde, ließ sich im höchstmöglichen Tempo zu den Kirchen, Palästen, Villen und Ruinen hinfahren und bekam auf diese Weise binnen zweier Tage so ziemlich alles zu sehen, was wir im Schneckentempo im Verlauf von sechs Wochen besichtigt hatten. Wie ich hernach aus der Liste, die er geführt hatte, ersehen konnte, hatten wir ihm nicht einmal ein einziges Gemälde, einen einzigen verstümmelten Rest einer Statue voraus."

Ein Tourist dieser ungeduldigen Sorte war der außerordentlich reiche Lord Baltimore, „Eigentümer von ganz Maryland und Virginia, Bezieher eines jährlichen Einkommens von 30000 Pfund". Er reiste mit einem Arzt, zwei schwarzen Eunuchen und acht Frauen. Als er von einem

Beamten gefragt wurde, welche der Damen seine Gattin sei, entgegnete
er, er habe als Engländer nicht die Gewohnheit, sich über die Organisation seines Intimlebens zu äußern; lieber wolle er die Sache mit den
Fäusten regeln. In Rom absolvierte er, wie sein Führer berichtete, „die
Villa Borghese in zehn Minuten... Nichts gefiel ihm außer St. Peter und
dem Apollo von Belvedere... Er hält sich für zu gescheit..., alles auf der
Welt langweilt ihn."

Ein anderer junger Brite, der sich um diese Zeit in Rom aufhielt, zeigte
sich für die Schönheiten der Stadt weitaus empfänglicher: James Boswell
traf im März 1765 in Rom ein und begab sich, geführt von Colin
Morison, einem aus politischen Gründen emigrierten schottischen
Landsmann, unverzüglich auf eine große Besichtigungstour; er studierte
„Antiquitäten, Bilder, Bauwerke und die anderen Kunstwerke, die sich
in Rom in so großer Vollkommenheit finden". Er wanderte durch das
Forum und empfand „erhabene und melancholische Anwandlungen" bei
dem Gedanken an all die bedeutungsvollen Szenen, die sich hier abgespielt hatten. Er „sah die Stelle – jetzt ganz zerfallen und mit den
armseligen Bauhütten von Zimmerleuten und anderen Handwerkern
zugestellt –, wo jene Tribüne stand, von der herab Cicero seiner erstaunlichen Rednergabe freien Lauf ließ". Vom Forum ging er zum Kolosseum, das, wie er schockiert feststellte, als Stallgebäude vermietet und ein
einziger Dunghaufen war; gleichwohl fand er es „schwer zu entscheiden,
was bewundernswerter ist: die erstaunliche Größe oder die exquisite
Schönheit dieses erhabenen Bauwerks". Er bestieg den Palatin, auf dem
die Zypressen den Verfall der Kaiserpaläste zu betrauern schienen, und
entdeckte dort eine Statue, die so sehr dem Cicero ähnelte, daß er anfing,
mit Morison lateinisch zu sprechen – die beiden unterhielten sich während der restlichen Zeit ihrer Reise dann nur noch in dieser Sprache. Tags
darauf begab er sich auf den Kapitolshügel, wo Morison ihm vom Dach
des Senatsgebäudes aus das antike Rom mit seinen sieben Hügeln erklärte
und ihm einen Abriß der baulichen Entwicklung der Stadt gab. Er
besuchte die Kirche S. Pietro in Carcere und besah sich in ihrem Inneren
die Überreste des „berühmten Tullia-Gefängnisses, von dem Sallust ein
so abstoßendes Bild gemalt hat". Er ging zu den Thermen des Diokletian,
studierte die antiken Ruinen auf dem Marsfeld, bewunderte die orientalischen Marmorsäulen in der Kirche S. Maria Maggiore, besichtigte das
Belvedere, den Palazzo Borghese und die Vatikanische Bibliothek. Den
Moses von Michelangelo fand er „superb", trotz des für seinen Geschmack zu lang geratenen Barts und der Hörner, die er, heilig, wie sie
sein mochten, als „lächerlich satyrhaft" auffaßte; der Laokoon schien
ihm „erhaben". Bemerkenswert fand er den Anblick eines „seltsamen

Burschen, der in der Sonne saß und einer Gruppe von Zuhörern, die wie er in Lumpen gehüllt waren, aus Tassos Werken vorlas", und eine Prozession römischer Mädchen, „deren jede eine Mitgift von einer öffentlichen Stiftung erhalten hatte, einige anläßlich ihrer Heirat, andere anläßlich ihres Eintritts in ein Kloster. Sie schritten in getrennten Gruppen, [vorneweg die Bräute, dahinter] die Novizinnen, die mit Kronen geschmückt waren. Nur wenige waren hübsch, und die meisten von denen, die hübsch waren, fanden sich in den Reihen der Nonnen."

Am Tage Mariae Verkündigung bekam Boswell in der Kirche S. Maria sopra Minerva den Papst zu sehen. Clemens XIII. wurde „auf einem prachtvollen, mit einem Abbild des Heiligen Geistes geschmückten Sessel" durch die Kirche getragen. Die Gemeinde ging geschlossen vor Seiner Heiligkeit in die Knie, um seinen Segen zu empfangen. Anschließend nahm er auf einer Art Thron Platz, so daß die Gläubigen seinen Pantoffel küssen konnten. Am Gründonnerstag wurde Boswell in St. Peter Zeuge einer anderen, berühmteren Zeremonie, des *mandatum*, das heißt der Fußwaschung. Es begann mit einer Messe in der Sixtinischen Kapelle; dann folgte eine Prozession zur Cappella Paolina, wobei der Papst das Sakrament trug; danach erteilte Seine Heiligkeit von der Loggia des Petersdoms aus den Segen, um dann schließlich zwölf Priestern aus verschiedenen Ländern die Füße zu waschen. Er absolvierte dieses traditionsreiche Ritual, wie Boswell fand, mit „großem Anstand", und als er später den Priestern die obligate Mahlzeit reichte, drückte seine Gestik „Vornehmheit und Bescheidenheit zugleich" aus. Er wirkte, als er den Priestern lächelnd Wein anbot, auf Boswell wie ein „gutmütiger Wirt".

Ungeachtet seines Besichtigungsprogramms und seiner Studien fand Boswell Zeit und Gelegenheit für „sinnliche Entspannung", wie er Jean Jacques Rousseau anvertraute. „Ich stürzte mich in einen Abend wie ein stolzer Löwe; ein kleiner französischer Maler, ein junger Akademiestudent, stets eitel, stets im Bilde, stets fröhlich, diente mir als Schakal. Ich erinnerte mich der ausschweifenden Abenteuer des Horaz und anderer liebeswütiger römischer Dichter und fand, daß man sich in einer Stadt, in der es Dirnen gibt, die ihre Lizenz vom Kardinalvikar haben, ruhig einmal ein Liebesvergnügen gönnen durfte."

Nachdem er sich zunächst mit einer *„fille charmante"*, der Schwester einer Nonne, für die bescheidene Summe von 14 *paoli* „ausgiebig vergnügt" hatte, beschloß Boswell, künftig jeden Abend mit einem solchen Mädchen zu verbringen; an diesen Vorsatz hielt er sich offenbar. Besonderen Gefallen fand er an den Mädchen, die ihren Dienst in einem kleinen, von drei Schwestern namens Cazenove geführten Bordell versahen. Er versuchte sich auch an älteren Frauen, darunter an einem ‚monströsen' Weib, bis er sich, wovor Rousseau ihn ausdrücklich gewarnt hatte, eine Geschlechtskrankheit zuzog.

Die meisten Touristen machten die Erfahrung, daß die römischen Frauen nicht nur sehr entgegenkommend waren, sondern im allgemeinen auch höchst anziehend. Goethe war fasziniert von einer Wirtstochter, die mit verschüttetem Rotwein ihren Namen auf die Tischplatte schrieb, ihn mit dem seinen verband und die Uhrzeit dazusetzte, zu der sie sich mit ihm treffen wollte. Diese römischen Mädchen waren bekannt für ihren Liebreiz, ihr glänzendes dunkles Haar, ihre strahlenden Augen und – eine Folge, so hieß es, des sauberen und kristallklaren römischen Wassers – ihre gesunden weißen Zähne. Sprichwörtlich war auch die Kühnheit ihres Blicks; der französische Schriftsteller Jean Baptiste Dupaty stellte fest, daß es unmöglich war, sie dazu zu bringen, „die Augen niederzuschlagen". Ein anderer Besucher aus Frankreich, Auguste Viesse de Marmont, schrieb in seinen Memoiren: „Welche Freiheit sich die Frauen herausnehmen, ist nicht zu glauben; und ihre Männer gestatten es ihnen und sprechen sogar fröhlich und ohne Verlegenheit von den Liebhabern ihrer Frauen. Ich habe mit angehört, wie Herr Falconniere über seine Frau ganz unglaubliche Dinge sagte... In meiner Eigenschaft als junger Mann und Ausländer bereitete es mir große Freude, die Früchte dieser Zustände zu ernten." Tatsächlich verlangten die römischen Ehemänner von ihren Frauen im allgemeinen nur, daß sie ihre Promiskuität nicht allzu offen zeigten und daß sie sich vor ihren *cicisbei* (‚Liebhabern') nicht entwürdigten.

Neben der Hurerei, dem Besichtigungsprogramm und dem Verfassen ausführlicher Berichte über seine Aktivitäten – durch das sein Ergötzen an letzteren erst vollkommen wurde –, fand Boswell auch noch Zeit, sich mit einigen der anderen Schotten und Engländer anzufreunden, denen man in Rom auf Schritt und Tritt begegnete. Er führte lange Gespräche mit Lord Mountstuart, dem Sohn und Erben des Earl von Buite – eines Freundes König Georgs III. –, und mit John Wilkes, dem unterhaltsamen Volksredner, der wegen Beleidigung des Königs aus England verbannt worden war. Er verliebte sich „ziemlich" in die „bescheidene und liebenswürdige" Schweizer Malerin Angelika Kauffmann und schloß nähere Bekanntschaft mit drei weiteren zu jener Zeit in Rom lebenden Malern: Nathaniel Dance, George Willison und Gavin Hamilton. Von Peter Grant, der am Schottischen Kolleg studierte,[16] ließ er sich durch St. Peter führen. Und obgleich er Wert darauf legte, nicht in den Verdacht zu geraten, er führe politische Gespräche mit Verrätern, ging er zum Palazzo Muti-Papazzurri,[17] dem Domizil des Titularkönigs Jakobs III., um den

Sekretär des alten Mannes, Andrew Lumisden, zu besuchen, der ihm in der Folge ein guter Freund wurde.

Mit keinem Wort erwähnte Boswell seinen britischen Landsmann Edmund Gibbon, der zu dieser Zeit ebenfalls in Rom weilte. „[Ich kann] die starken Empfindungen, die meine Seele aufwühlten, als ich mich zum erstenmal der Ewigen Stadt näherte und sie betrat, nicht vergessen und auch nicht beschreiben", schrieb Gibbon. Nach einer schlaflosen Nacht streifte er durch die Ruinen des Forums. „Jede denkwürdige Stelle, wo Romulus gestanden, Tullius gesprochen, Caesar sein Leben ausgehaucht hatte, stand mir sogleich vor Augen; und in meiner Berauschtheit verlor oder genoß ich mehrere Tage, ehe ich die innere Ruhe fand, um in eine kühle und eingehende Bestandsaufnahme einzutreten." In der Dämmerung eines Oktoberabends, als er gedankenversunken auf dem Kapitolshügel saß und dem Singsang barfüßiger Mönche lauschte, die in der Kirche S. Maria d'Aracoeli ihre Litaneien beteten, formte sich in seinem Geist „der erste Plan" zu seinem großen Geschichtswerk.

Nach dem Zeugnis von Charles de Brosses teilten nur die wenigsten englischen Herrensöhne den leidenschaftlichen Rom-Enthusiasmus eines Edmund Gibbon. Freilich behaupteten viele zeitgenössische Beobachter, unter den Rom-Besuchern jener Jahre seien es die jungen Franzosen gewesen, die das geringste Interesse an den Sehenswürdigkeiten bezeigten, deretwegen sie gekommen oder hergeschickt worden waren. Ob Franzosen oder Engländer, für die meisten galt jedenfalls, daß sie, nachdem sie einige Antiquitäten zum Mitnehmen gesammelt hatten – sei es, daß sie sie aus einer der Ruinen mitnahmen, sie im Laden erwarben oder sie einem der zahlreichen *cognoscenti* abkauften, die mit antiken Marmorbruchstücken und moderneren ,Meisterwerken' hausierten –, genug der alten Gemäuer gesehen zu haben meinten. Die anderen, die sich, mit Karten und Reiseführern, Vergrößerungsgläsern und Skizzenblöcken, Kompassen und Quadranten bewaffnet, auf den Weg machten, zeigten sich in den meisten Fällen enttäuscht über das, was sie fanden: die Arkaden des Theaters des Marcellus waren zugemauert und von armen Familien bewohnt; auf dem Palatin war alles von Unkraut und Sträuchern überwuchert; vom Triumphbogen des Septimius Severus ragte nur noch die obere Hälfte aus dem Boden, und diese beherbergte auch noch einen Friseursalon. Vom Tabularium war außer den Kapitellen dreier Säulen fast nichts zu sehen; die Thermen des Caracalla waren unter einem Gras- und Laubteppich verschwunden, und „ein paar zerlumpte Seiler, die im Schatten eines kurzen Stücks alter Stadtmauer arbeiteten", waren die einzigen Lebewesen, die man auf dem gottverlassenen Palatin antraf. Der Caelius sah aus wie ein aufgelassener Steinbruch. Auf dem Forum fand zweimal wöchentlich ein Markt statt, und Nutztiere waren auch im Kolosseum untergebracht, wo der Besucher, wenn er zu den efeubewachsenen Sitzreihen gelangen wollte, erst einmal die Räumlichkeiten einer Einsiedelei durchqueren mußte.

Aber auch so gab es viel Interessantes zu sehen für jene geschichtsbewußteren Touristen, die nicht auf die Scharlatane und selbsternannten Archäologen hereinfielen, vor denen John Northall in seinem Buch ‚Travels through Italy' seine Leser warnte, und sich die Mühe machten, sich einen sachkundigen Führer zu suchen – Johann Winckelmann zum Beispiel.

Der preußische Schuhmacherssohn, der sich zur führenden Kapazität für die Kunst des klassischen Altertums entwickeln sollte, war 1755 nach Rom gekommen und bald danach zum Bibliothekar des päpstlichen Staatssekretärs – mit Dienstwohnung im Palazzo della Cancelleria – ernannt worden. Später wurde er Bibliothekar bei Kardinal Albani und bezog eine Wohnung im Palazzo Albani, dem heutigen Palazzo del Drago;[18] unter seiner sachverständigen Leitung wurden die Kunstschätze seines Dienstherrn in der Villa Albani, der heutigen Villa Torlonia,[19] zusammengetragen und museumsmäßig arrangiert. 1763 wurde Winckelmann zum Oberaufseher für die Antiquitäten Roms und seiner Umgebung ernannt. John Wilkes beschrieb den Deutschen, der aus seiner Homosexualität keinen Hehl machte und im übrigen voll in seinem Beruf aufging, als einen „Gentleman mit exquisitem Geschmack und profundem Wissen". Er war darüber hinaus auch ein diskreter und taktvoller Mensch. Als bei einer Rom-Führung, die er einmal exklusiv für Wilkes und dessen hübsche Geliebte Gertrude Corradini veranstaltete, die beiden für einige Minuten verschwanden, um sich hinter einem Deckung gewährenden Mauerrest ihrer Lust hinzugeben, tat Winckelmann nachher so, als ob er ihre Abwesenheit nicht bemerkt hätte. „Das war ihm um so höher anzurechnen", erläuterte Wilkes, „als er während dieser Zeit mit der Mutter der Corradini allein bleiben mußte, die weder unterhaltsam noch schön war."

Viele junge Rom-Besucher verloren indes, selbst wenn sie von Winckelmann herumgeführt wurden, bald das Interesse an den römischen Ruinen und fanden es unterhaltsamer, etwa das Kapuzinerkloster zu besuchen, zu dessen Sehenswürdigkeiten ein angeblich vom Teufel gemachtes Kreuz, ein Gemälde des heiligen Lukas und makabre Grotten gehörten, die über und über mit grinsenden Knochenschädeln und anderen Skeletteilen ausgestattet waren.[20] In zahlreichen Nischen waren – und sind noch heute – aufrechtstehende Knochenmänner mit lederartig getrockneter Haut und hüftlangem Bart ausgestellt, gekleidet in die

Tracht der Kapuzinermönche und in ihren spindeldürren Fingern einen Rosenkranz haltend. Die Mönche, die die Besucher durch diese schauerlichen Grotten führten, zeigten ihnen die Skelette verstorbener Freunde und die Nischen, in denen zu gegebener Zeit ihre eigenen Knochen zu sehen sein würden.

Genüßlich schaudern ließ es sich auch in den Katakomben, in denen sich wenig verändert hatte seit dem Tag, an dem John Evelyn eine von ihnen, auf dem Bauch robbend, durch einen in einem Maisfeld gelegenen Zugang betreten hatte. „Geführt von zwei Fackeln", war er „ein gutes Stück in die Eingeweide der Erde [hinabgestiegen]" und hatte dort einen „seltsamen & unheimlichen Spaziergang von mehreren Meilen" unternommen.

„Was diese Örtlichkeiten so schreckenerregend macht", berichtete Evelyn, „sind die Skelette & Leichen, die seitlich untergebracht sind, übereinander wie in einem Regal, und von denen manche mit einer groben Steinplatte bedeckt sind, worauf ,Pro Christo' ... & Palmen eingemeißelt sind; es sollen angeblich alles Märtyrer gewesen sein... Wie ich so herumstöberte, fand ich ein Glasfläschchen, von dem es hieß, es wäre mit getrocknetem Blut gefüllt, ferner zwei Tränenkrüge. Viele dieser Leichen oder vielmehr Skelette – denn außer diesen schien von ihnen nichts übrig – waren so komplett, als hätte ein Chirurg sie kunstvoll zusammengesetzt, und zerfielen doch bei bloßer Berührung zu Staub. Nachdem wir so zwei oder drei Meilen weit in diesem unterirdischen Labyrinth gewandert waren, kehrten wir zu unserer Kutsche zurück, fast erblindend, als wir wieder ans Tageslicht kamen, & dazu noch [halb] erstickt vom Rauch. Ein französischer Bischof & sein Gefolge, die sich, wie es scheint, zu weit in diese Höhlen hineinwagten & denen die Lichter ausbrannten, wurden nie mehr gesehen."

Wie Rubens und so viele andere ausländische Rom-Besucher vor und nach ihm, hatte Evelyn den Rat befolgt, sich eine Unterkunft in der Umgebung der Piazza di Spagna zu suchen, die ihren Namen der Tatsache verdankt, daß sich dort vom Beginn des 17. Jahrhunderts an die spanische Botschaft befunden hatte. Bei einem französischen Hauswirt mietete er sich für eine nach längerem Feilschen ausgehandelte Monatsmiete von 20 Kronen ein (was nicht viel mehr war als der zehnte Teil eines englischen Pfundes). In derselben Gegend, in einem Zimmer im Palazzetto Zuccari,[21] wohnte auch Winckelmann nach seiner Ankunft in Rom. Salvator Rosa wohnte nicht weit davon in der Via Gregoriana, Piranesi in der Via Sistina. Der früh-neoklassizistische Maler Anton Raphael Mengs war in diesem Viertel ebenso zu Hause wie Carlo Goldoni, der in der Via Condotti wohnte, wo das Café Greco stand und noch heute steht;[22] zu seinen Gästen gehörten in jenen Jahren und später Casanova, Goethe, Leopardi, Schopenhauer, Bizet und Berlioz, Gogol und Keats – dessen Zimmer am Fuße der Spanischen Treppe erhalten geblieben sind[23] –,

Wagner, Liszt, Mendelssohn, Rossini, Stendhal, Balzac, Byron, Thackeray, Tennyson, Hans Christian Andersen und zahllose weitere Künstler und Schriftsteller, die Rom besuchten, um seine Bauten zu studieren, wie auch die schottischen Architekten Robert Adam und Robert Mylne, oder um zu arbeiten, wie Fragonard, Vernet, Claude Lorrain, Canova, Houdon und William Kent, dem als bis heute einzigen englischen Künstler die Ehre zuteil wurde, die Decke einer römischen Kirche bemalen zu dürfen; er schuf die Fresken für S. Giuliano dei Fiamminghi, die Kirche der belgischen Kolonie in Rom.[24] Es gab nur wenige gute Hotels wie das Albergo Londra oder das Monte d'Oro, wo Charles de Brosses wohnte und vom Personal übers Ohr gehauen wurde, was er jedoch nicht weiter übelnahm, weil der Pudding immer so köstlich schmeckte. Aber es gab immerhin eine Anzahl behaglicher Gasthöfe, beispielsweise den Goldenen Löwen, den Adler, den Falken oder den Gasthof zu den Fünf Monden. Die meisten Besucher zogen jedoch, sobald sie etwas Passendes fanden, in eine möblierte Wohnung um, wenn möglich in der eleganten Casa Guarneri. „Diese Wohnungen sind im allgemeinen geräumig und gut möbliert", schrieb Tobias Smollett, den man gleich nach seiner Ankunft zur „weitläufigen, luftigen und schön gelegenen" Piazza di Spagna dirigierte, die zu jener Zeit „das englische Getto" genannt wurde. „Und die Mieter werden mit Eßbarem und mit allem Lebensnotwendigen gut versorgt... Die *vitella mongana*... ist das köstlichste Kalbsgericht, das mir je unterkam... Es gibt hier die schweren Weine von Montepulciano, Montefiascone und Monte di Dragone, aber normalerweise trinken wir zu den Mahlzeiten Orvieto, einen einfachen Weißwein von angenehmem Geschmack."

Smollett, der sonst überall auf dem europäischen Festland die Preise überhöht fand, mußte zugeben, daß sie in Rom sehr mäßig waren. Für eine „anständige Erdgeschoßwohnung mit zwei Schlafzimmern im ersten Stock" zahlte er „nicht mehr als einen Scudo pro Tag", was etwa zwei englischen Shillings entsprach; zu einem ebenso günstigen Preis wurde er von seinem Hauswirt üppig verköstigt. Ein ganzes Haus konnte man für eine Monatsmiete von nur 6 Goldguineen bekommen, und Robert Adam konnte sich für etwas mehr als 4 Pfund die Woche eine schöne Wohnung nebst Koch, Hausdiener, Kutscher und Lakai leisten.

Hocherfreut über die niedrigen Preise, zu denen man in Rom gut wohnen und essen konnte, erlagen die meisten ausländischen Touristen der Versuchung, in erster Linie einmal zu prassen und sich zu amüsieren; es gab nur wenige, die sich dies versagten. Protestanten hatten in früheren Zeiten gut daran getan, sich nur im Tarnkleid des gläubigen Katholiken nach Rom zu wagen und die Stadt vor Ostern wieder zu verlassen, um nicht bei einer der von der Inquisition veranlaßten Durchsuchungen ganzer Straßenzüge nach nicht-kommunizierten Eindringlingen aufgestöbert zu werden. Sir Henry Wotton, der 1587 die erste seiner ausgedehnten Reisen unternahm, gab sich in Rom als deutscher Katholik aus. Er schmückte seinen schwarzen Hut mit einer „mächtigen blauen Feder" und erläuterte diesen Schachzug wie folgt: „Erstens erreichte ich damit, daß man mich nicht für einen Engländer hielt. Zum zweiten erweckte ich dadurch den Eindruck, im Geiste ebenso ein Bruder Leichtfuß zu sein wie in meiner äußeren Aufmachung, denn die so auftreten, sind nicht gefährlich. Und drittens kam so kein Mensch auf den Gedanken, daß ich unerkannt zu bleiben wünschte, da ich es doch durch das Tragen dieser Feder darauf anzulegen schien, binnen weniger Tage in Rom bekannt wie ein bunter Hund zu werden."

Im weiteren Verlauf des 17. Jahrhunderts verlor jedoch die Inquisition, obgleich Sir Thomas Nugent die Leser seines *Grand-Tour*-Reiseführers ermahnte, sich in acht zu nehmen bei dem, was sie in Gegenwart von Bediensteten sagten, ihren Schrecken für den Touristen, sofern dieser nicht gerade ein praktizierender Anhänger der Schwarzen Kunst war. Überhaupt waren die römischen Inquisitoren selbst auf dem Höhepunkt ihrer Macht niemals so streng und unnachsichtig gewesen wie ihre Kollegen in Spanien oder im Languedoc. Gewiß, der Philosoph, Astronom und Mathematiker Giordano Bruno war sieben Jahre lang in einem der Gefängnisse des Sant' Ufficio festgehalten und, als er sich standhaft weigerte, die ihm angelasteten Ketzereien zu widerrufen, im Frühjahr 1600 auf dem Campo dei Fiori mit geknebelter Zunge lebendig verbrannt worden.[25] Schon Galileo jedoch, dessen Schriften über die Gesetze des Universums in den Augen der Jesuiten für die Kirche gefährlicher waren als „Luther und Calvin zusammen", wurde während der Dauer seines Inquisitionsprozesses in Rom in einer verhältnismäßig luxuriösen Wohnung untergebracht, und als die Kongregation des Heiligen Offiziums entgegen dem Votum des toleranteren Ordensgenerals einen Schuldspruch fällte, wurde dieser von Papst Urban VIII. umgehend für unwirksam erklärt, und Galileo durfte auf sein Gut in Arcetri bei Florenz zurückkehren. Hundert Jahre nach seinem Tod saßen im Inquisitionsgefängnis in der Engelsburg nur vier Häftlinge, und das Risiko für einen auswärtigen Rom-Besucher, ihnen Gesellschaft leisten zu müssen, war verschwindend gering. Wer seine ketzerischen Überzeugungen für sich behielt, hatte von den Behörden ohnehin nichts zu befürchten, und selbst wer gegen bestimmte Erscheinungsformen des katholischen Lebens lautstarken Einspruch erhob, blieb in der Regel unbehelligt. Catharine Wilmot, die irische Reisegefährtin von Lady Mount Cashell, wurde in

Rom, zusammen mit vielen ihrer Landsleute, Zeuge einer jener Zeremonien, mit denen junge Mädchen zu Novizinnen geweiht wurden. „Nicht nur den Frauen", schrieb sie, „sondern auch vielen der jungen Engländer standen Tränen der Empörung in den Augen", als die Oberin einem Mädchen nach dem anderen Kleiderbesätze, Bänder und Haare abschnitt.

„Ein Engländer legte instinktiv die Hand ans Schwert und [verwünschte laut diese] abergläubischen Grausamkeiten, die auf dieser Welt nichts mehr zu suchen hätten. Im Nu wurde es totenstill, und jedermann mußte mit ansehen und anhören, wie die Schere klappernd ihre Arbeit tat und hundert buntglänzende Schleifen und Locken vom Kopf [des Mädchens] trennte... Mit unbeirrter Frömmigkeit fuhr [die Oberin] fort, [den Mädchen] alles Schmückende wegzuschnippeln; dann umwickelte sie ihre Schläfen mit Sackleinen und streifte ihnen die strenge schwarze Tracht ihres heiligen Ordens über, setzte ihnen eine Dornenkrone auf den Kopf, drückte ihnen einen Zweig von weißen Lilien in die Hand und legte ein großes Kruzifix und all die [anderen] Insignien eines himmlischen Amtes neben sie."

Indes war, wie ein anderer protestantischer Besucher zutreffend bemerkte, niemand gezwungen, sich solche quälenden Szenen anzusehen, und überhaupt wirkte der römische Papismus auf die meisten Besucher eher inspirierend als bedrückend. Ein schottischer Presbyterianer, der in den siebziger Jahren des 18. Jahrhunderts in der Absicht nach Rom kam, Papst Clemens XIV. zu bekehren, und sich auf sein Vorhaben dadurch einstimmte, daß er im Petersdom lautstarke Verwünschungen gegen den Papst ausstieß – er beschimpfte ihn unter anderem als siebenköpfiges Ungeheuer und als Zuhälter –, wurde von den Schweizergarden festgesetzt. Der Papst interveniert jedoch zugunsten des Mannes, der ja schließlich, so meinte er, in bester Absicht gehandelt habe; er ließ ihm Geld für die Rückreise nach Schottland überbringen und sprach ihm seine Anerkennung dafür aus, daß er um einer beabsichtigten guten Tat willen eine so lange Fahrt auf sich genommen hatte.

Wer in Rom während der Fastenzeit Fleisch essen wollte, konnte hierfür ohne Schwierigkeiten eine Genehmigung erlangen, ganz abgesehen davon, daß es genügend Tavernen und Metzgereien gab, die bereitwillig und, ohne nach einer Lizenz zu fragen, Fleisch verkauften oder servierten. Rom war, kurz gesagt, ein legeres, gastfreundliches Pflaster, eine Stadt, in der die Fremden sich nach kurzer Zeit zu Hause fühlten, einige so sehr, daß ihnen ihre eigene Heimat nach der Rückkehr irgendwie fremdartig vorkam. Goethe, der nach seinem Einzug in Rom das Gefühl hatte, „einen zweiten Geburtstag, eine wahre Wiedergeburt" zu erleben, bekannte noch fast drei Jahrzehnte nach seinem endgültigen Abschied von der Stadt: „Seit ich über den Ponte molle heimwärts fuhr, habe ich keinen glücklichen Tag mehr gehabt."

# XIV. Napoleonisches Zwischenspiel

Nach dem Tod von Papst Clemens XII. im Jahr 1740 ging Charles de Brosses zum Vatikanischen Palast, wo sich ihm „ein trauriges Bild menschlicher Größe" bot. Alle Zimmer im Palast standen offen und leer. Er durchwanderte die Zimmerfluchten, „ohne auch nur eine Katze zu sehen", und gelangte schließlich in den Raum, in dem der Leichnam des Papstes „auf einem Bett [aufgebahrt lag], bewacht von vier Jesuiten, die Gebete aufsagten [oder so taten, als ob]". Der Kardinal-Camerlengo, der in der Zeit zwischen dem Tod eines Papstes und der Wahl des Nachfolgers den Stuhl Petri verwaltet, kam

„um 9 Uhr, um pflichtgemäß mit einem Hämmerchen dem Verblichenen mehrere Male auf die Stirn zu klopfen und seinen Namen, Lorenzo Corsini, zu rufen. Als keine Antwort erfolgte, sagte er: ‚Deshalb bist du stumm', nahm dem Toten den… Ring vom Finger und brach ihn, der Tradition gemäß, entzwei… Da der Leichnam eines Papstes für längere Zeit öffentlich zur Schau gestellt werden muß, wurde das Gesicht glattrasiert und auf die Wangen eine rote Farbe aufgetragen, welche die Totenblässe überdeckte. Er sah auf jeden Fall besser aus als zu seinen Lebzeiten."

Der Papst, der dem florentinischen Hochadel entstammte, war in seinen letzten Lebensjahren blind gewesen und hatte sich vergebens gegen den Niedergang der politischen Macht des Papsttums gestemmt, die seit der Beendigung des Dreißigjährigen Krieges durch den Westfälischen Frieden von 1648 beständig geschrumpft war. Weder er noch seine unmittelbaren Vorgänger hatten das Zeug dazu gehabt, die Autorität des Heiligen Stuhls kraftvoll und überzeugend zur Geltung zu bringen. Clemens XI. hatte sich gleich zu Beginn seines Pontifikats mit einem Skandal herumschlagen müssen: im Jahr 1703 hatten ein Erdbeben und wenig später ein katastrophales Hochwasser des Tiber, das die Straßen Roms in reißende Flußläufe verwandelt hatte, viele Bewohner Roms obdachlos gemacht; die Kurie hatte daraufhin zahlreichen Mädchen und Witwen, die ihr Zuhause verloren hatten und Gefahr liefen, von Seuchen erfaßt zu werden, Unterkunft in den Palästen kirchlicher Würdenträger gewährt. Bald breitete sich das Gerücht aus, vielen dieser Frauen sei mehr gewährt oder angeboten worden als nur ein schützendes Dach; der Papst hatte daraufhin ihre Verlegung in andere Unterkünfte angeordnet, wo sie auf Kosten der römischen Behörden verpflegt wurden. In der Folge sah sich Clemens XI., ein gutmütiger und mildtätiger Mensch, mit einer Serie weiterer Rückschläge und Schwierigkeiten konfrontiert, was, so wird berichtet, dazu führte, daß er ständig mit den Tränen kämpfte.

Auch Benedikt XIII., der von 1724 bis 1730 amtierte, war nicht der Mann, die angeschlagene Autorität des Papsttums wiederherzustellen. Der mit einem schlichten Verstand begabte Dominikaner überließ die päpstlichen Staatsgeschäfte weitgehend dem ehrgeizigen Kardinal Niccolò Coscia, der die sich ihm bietenden Möglichkeiten, sich in den Vordergrund zu schieben, nach Kräften ausschöpfte. Nach dem Tode Benedikts und seines Nachfolgers Clemens XII. keimte eine Zeitlang die Hoffnung auf, Benedikt XIV. werde der Kirche jene straffe und zielstrebige Führung geben, die seine Vorgänger hatten vermissen lassen. Benedikt war ein gescheiter, geselliger und witziger, für seine Besonnenheit und seine gewinnende Art bekannter Papst. Als fähiger Administrator, gütiger Pontifex und großzügiger Mäzen war er ein Glücksfall für Rom. Unter seiner Verwaltung verwandelten sich die Schulden der Kirche, die er bei seinem Amtsantritt vorgefunden hatte, in ein Guthaben. Es machte ihm Freude, zu Fuß durch die Straßen der Stadt zu streifen, wenn er jemandem einen Besuch abstattete; manchmal machte er sich dabei mit Perücke und Dreispitz unkenntlich.

Benedikt XIV. gab Mosaiken für S. Maria Maggiore und Gemälde für den Petersdom in Auftrag und erwarb Manuskripte für die Vatikanische Bibliothek. Während seines Pontifikats wurden erstmals die Straßen Roms beschildert. Ebenso freilich, wie die Römer guten Grund hatten, ihm dankbar zu sein, konnten sich die Feinde der Kirche darüber freuen, daß ein so toleranter und nachsichtiger Mann auf dem päpstlichen Thron saß. Benedikt brachte es nicht fertig, die Kirche offensiv gegen die Angriffe der *philosophes* zu verteidigen, ebensowenig wie seine Nachfolger Clemens XIII. und Clemens XIV. in der Lage waren, die Jesuiten vor den Angriffen der Jansenisten einerseits, mächtiger konservativer Kräfte in der katholischen Kirche andererseits zu schützen. Clemens XIII. starb 1769 eines plötzlichen Todes – an Gift, wie ein in solchen Fällen nachgerade unvermeidliches Gerücht besagte. Kurz zuvor hatte er die Ausweisung der Jesuiten aus Frankreich mitansehen und sich mit internationalen Forderungen einer gänzlichen Auflösung dieses Ordens herumschlagen müssen. Sein Nachfolger Clemens XIV. fühlte sich bemüßigt, diesen Forderungen nachzugeben und der Gesellschaft Jesu das Leben schwerzumachen. Nachdem er widerwillig einen Erlaß unterzeichnet hatte, der die Auflösung des Ordens dekretierte – ohne daß sich hierdurch die Beziehungen des Heiligen Stuhls zu den europäischen Mächten verbessert hätten –, setzte bei ihm ein rapider körperlicher und psychischer Verfall ein, und er starb im Jahr darauf. Nun war es an Giannangelo Braschi, der 1775 als Pius VI. Papst wurde, das angeschlagene Schiff der Kirche aus den Untiefen, in die es geraten war, und durch die Stürme der bevorstehenden Französischen Revolution zu steuern.

Nach seinem Auftreten zu schließen, schien der neue Papst genau der richtige Mann für diese Aufgabe zu sein: hochgewachsen, vor Gesundheit strotzend und äußerst gutaussehend, bestach er durch seine natürliche Würde, seine gebieterische Ausstrahlung und seine außerordentliche Redegewandtheit. Trotz seiner ergrauten Haare wirkte er mit seiner frischen Gesichtsfarbe und seinen tiefdunklen Augen viel jünger, als er war. Seinen Mitmenschen erschien er, wie ein Zeitgenosse sagte, „wie ein geborener Herrscher". Fürst Heinrich zu Reuß schrieb über ihn: „Ich kenne keinen Monarchen mit so viel Noblesse wie Pius VI. Sein Auftreten ist beeindruckend, und in allen seinen Gebärden liegt etwas Edles… Alle Welt ist von seinen Manieren bezaubert."

Pius VI. war als ältestes von acht Kindern des Grafen Braschi in der Romagna geboren worden und hatte eine jesuitische Erziehung genossen. Eine juristische Laufbahn anstrebend, hatte er an der Universität von Ferrara studiert und war in der Folge in seinem Metier schnell vorwärtsgekommen. Als dem Sechsunddreißigjährigen eine Stelle als Chorherr in St. Peter angeboten wurde, schlug er sie zunächst aus, da er verlobt war und heiraten wollte. Doch dann trat er mit Zustimmung seiner Braut, die Nonne wurde, in den kirchlichen Dienst ein, wo er eine ebenso steile Karriere machte wie zuvor in seinem weltlichen Beruf. Er war sich seiner eigenen Vorzüge sehr wohl bewußt und legte großen Wert auf seine äußere Erscheinung. So pflegte er, wie Ludwig von Pastor schrieb, „mit besonderer Hingabe das schneeweiße Haar, das sein Gesicht umrahmte. Manche gingen so weit, zu behaupten, er benutze das galante Raffen seines langen Mantels bewußt dazu, seinen wohlgeformten Fuß zu zeigen. Dies deutete auf einen ernstzunehmenden Charaktermangel hin, der seinem Verlangen nach Ruhm und Größe schlecht zu Gesicht stand. Solche Schwächen wurden von den satirischen Römern übertrieben ausgemalt und kritisiert."

Kritisiert wurde Pius VI. von den Römern auch, weil er, ganz wie seine Vorgänger, danach strebte, die eigene Familie zu bereichern. Für einen seiner Neffen ließ er den großen Palazzo Braschi[1] errichten, der noch heute die Piazza S. Pantaleo beherrscht; es war der letzte Palast, der in Rom für die Familie eines Papstes erbaut wurde. Der Ehrgeiz des Papstes richtete sich jedoch nicht nur auf die Förderung seiner Familie und auf die Wiederherstellung der Autorität des Heiligen Stuhls, sondern auch auf die Verschönerung des römischen Stadtbildes. Carlo Marchionni, den Architekten der Villa Albani, beauftragte er mit dem Bau einer Sakristei für St. Peter,[2] ein Bauvorhaben, das sowohl Alexander VII. als auch Clemens XI. und Clemens XII. geplant, aber nicht durchgeführt hatten. Pius VI. legte im September 1776 eigenhändig den Grundstein zu der Sakristei und besuchte in der Folge häufig die Baustelle, an der zahlreiche verschüttete Antiquitäten gefunden wurden. Er stiftete für den Petersdom eine riesige, 13 Tonnen schwere Glocke, die sogenannte Campanone, und die beiden Uhren am Ende des *attico* im Vestibül. Er ließ ferner fünfundzwanzig Altäre des Doms mit Mosaiken ausschmük- ken und die Decke des Hauptschiffs neu vergolden, wobei er Anweisung gab, die Wappen Pauls V. durch seine eigenen zu ersetzen. Auf die gleiche Weise ließ er seine Urheberschaft an der Restaurierung der Decke der Lateran-Basilika verewigen.

Auf Initiative von Papst Pius entstanden auf dem Janiculum ein Waisenhaus mit Werkstätten und an der Piazza S. Salvatore in Lauro eine Armenschule. Das Krankenhaus von S. Spirito wurde ausgebaut, der Giardino della Pigna im Vatikan angelegt, die Vatikanischen Museen vergrößert, ihre Bestände aufgestockt;[3] der Musensaal im Museo Pio Clementino wurde ausgeschmückt und mit einer schönen Treppe sowie mit dem Gabinetto delle Maschere[4] ausgestattet. Bei der Kirche SS. Trinità dei Monti,[5] auf der Piazza di Montecitorio[6] und auf der Piazza del Quirinale,[7] neben den Kolossalstatuen der Pferdezureiter,[8] ließ Pius Obelisken aufrichten. Schließlich ließ er im Rahmen eines großangeleg- ten Meliorationsprogramms in den Pontinischen Sümpfen 600 Hektar Land kultivieren; die bei diesen Arbeiten freigelegte Via Appia wurde repariert und teilweise neu gepflastert.

Während Papst Pius als Mäzen und Sachwalter des Allgemeinwohls Tatkraft und Weitsicht an den Tag legte, war er alles andere als ein guter Politiker, was sich darin zeigte, daß er es nicht verstand, die Probleme, die der katholischen Kirche durch die Französische Revolution entstan- den, in den Griff zu bekommen. Als die französische National-Versamm- lung 1790 ein ,Staatsgesetz über die Geistlichkeit' verabschiedete, in dem dekretiert wurde, daß künftig sowohl Bischöfe als auch Gemeindeprie- ster vom Volk gewählt und daß die traditionellen Bindungen des franzö- sischen Klerus an Rom aufgelöst werden sollten, ersuchte die französi- sche Kirche den Papst, sie zur Annahme dieser Verfassung zu ermächti- gen, da bei einer Ablehnung eine Kirchenspaltung unvermeidlich würde. Noch ehe aus Rom eine Antwort kam, verlangte die Versammlung von allen französischen Geistlichen einen Treueeid auf die Verfassung. Wäh- rend manche dieser Forderung Folge leisteten, verweigerten andere den Eid; die Folge war, daß sich innerhalb der französischen Kirche eine

Kluft auftat zwischen ‚konstitutionellen' Priestern, die die Autorität der National-Versammlung anerkannten, und solchen, die ihr den Gehorsam verweigerten. Als schließlich der Papst seine Entscheidung bekanntgab, die Zivilverfassung nicht anzuerkennen, kam es in Paris zu gewaltsamen Ausschreitungen gegen Repräsentanten und Einrichtungen der Kirche. In Paris herrschte zu jener Zeit ohnehin eine heftige antiklerikale Stimmung, angeheizt von den diversen politischen Klubs (Vorläufern der Parteien) und von Theatern, in denen Stücke über die Schrecken der Inquisition, über die angeblichen perversen Auswüchse hinter der heuchlerischen Fassade der Mönchs- und Nonnenklöster und über die vermeintliche Habgier und Liederlichkeit der Würdenträger der römisch-katholischen Kirche aufgeführt wurden. Nun entlud sich der Volkszorn unter anderem darin, daß Strohpuppen, die den Papst darstellten, und Bilder des Papstes öffentlich verbrannt, Revolutionsparolen an Kirchentüren angeschlagen, Klöster erstürmt und ihre Insassen verhöhnt und belästigt wurden. Den päpstlichen Nuntius zu Paris erschreckten militante Kirchengegner, indem sie ihm durch das Fenster seiner Kutsche einen abgeschlagenen Kopf vor die Füße schleuderten. Einige Zeit später schlugen die Franzosen ihrem eigenen König den Kopf ab; der Papst verzichtete, als er davon erfuhr, auf Proteste. „Ich sehe schreckliches Unheil kommen", sagte er, „aber ich werde dazu nichts sagen. Worte aus meinem Mund können in so schweren und unruhigen Zeiten nur das Schlimme noch schlimmer machen."

Das römische Volk hatte zunächst dazu tendiert, die revolutionären Ereignisse in Paris mit Gleichgültigkeit oder Hohn zu registrieren. Als jedoch die Monate verflossen und die aus Frankreich geflohenen Exilanten, die in Rom Zuflucht gefunden hatten, die Hoffnung auf baldige Rückkehr mehr und mehr verloren, keimte bei den Römern ein zunehmender Unwille gegen die „Mörder von Paris" auf. Die Enteignung kirchlicher Vermögenswerte in Frankreich, die Einziehung der auf französischem Boden gelegenen Gebiete des Kirchenstaates, das zunehmende Ausbleiben der Kontributionen, Touristen und Pilger aus Frankreich, all dies trug zur Verschärfung dieses Ressentiments bei. Als der französische Nationalkonvent in dem Bemühen, der Republik internationale Anerkennung zu verschaffen, Gesandte nach Rom schickte, bekamen diese den brodelnden Volkszorn zu spüren.

Selbst diejenigen, die mit der Revolution sympathisierten, wie etwa die jakobinischen Studenten der Französischen Akademie, mußten zugeben, daß die Gesandten der Republik in Rom ein äußerst provozierendes Verhalten an den Tag legten. Sie trugen die Abzeichen der Revolution zur Schau, vor allem die dreifarbige Kokarde, mit der sie ihre Hüte und

Mützen schmückten, ließen in der Französischen Akademie die Porträts von Päpsten und Kardinälen von den Wänden nehmen und sie durch Bilder prominenter Republikaner ersetzen und holten am Nachmittag des 13. Januar 1793 von der Fassade der französischen Botschaft das Lilienbanner herunter, um es durch die Embleme des Konvents zu ersetzen; unmittelbar danach tauchten sie in ihrer Kutsche auf dem Corso auf. Das Gefährt, über dem die Trikolore flatterte, wurde von einer wütenden Menge bedrängt, aus der zuerst Schimpfwörter, dann Steine flogen; der Kutscher, der offenbar um sein Leben fürchtete, gab den Pferden die Peitsche, jagte über die Piazza Colonna und mit halsbrecherischer Geschwindigkeit durch den Vicolo dello Sdrucciolo und bog dann in den Hof des Palazzo Palombara ein, in dem ein französischer Bankier residierte. Bevor die Hoftore hinter der Kutsche geschlossen werden konnten, ergoß sich der nachdrängende Pöbel in den Hof. Während einem der französischen Gesandten die Flucht gelang, wurde der andere durch ein in seinen Magen dringendes Rasiermesser tödlich verwundet. Während er durch einen Regen von Steinen fortgeschafft wurde, begab sich der größere Teil des Mobs auf einen Streifzug durch die Stadt und warf bei zahlreichen Häusern, deren Bewohner als frankophil galten – darunter beim Haus des Bankiers Torlonia –, die Fensterscheiben ein; der Palazzo Palombara und das französische Postamt wurden verwüstet, das Tor der Französischen Akademie in Brand gesteckt. Die ganze Nacht hindurch erklangen auf der Straße Rufe wie „Lang lebe der Papst!" und „Lang lebe die katholische Religion!" Kutschen wurden angehalten, ihre Insassen aufgefordert, in die Jubelrufe einzustimmen. „Die Revolution, die in Rom angezettelt werden sollte, ist geplatzt", berichtete der venezianische Botschafter. „Nirgendwo fand sich jemand, der sie unterstützte."

So blieb das päpstliche Rom wenigstens vorläufig von revolutionärer Ansteckung verschont. Der französische Nationalkonvent, konfrontiert mit Problemen, wohin er auch blickte, begnügte sich mit Rachedrohungen und bejubelte den ermordeten Gesandten als Märtyrer der Republik. Dann jedoch, im Jahr 1796, wurde Napoleon Bonaparte vom Direktorium in Paris einstimmig zum Oberbefehlshaber des französischen Expeditionsheers in Oberitalien ernannt; die Direktoren hatten erkannt, daß er ein Mann war, der kein Mittel scheuen würde, um die leere französische Staatskasse mit den erbeuteten Schätzen besiegter Gegner wieder aufzufüllen. Nach seinen glänzenden Siegen über die Truppen des Königs von Sardinien und des österreichischen Kaisers zögerte Bonaparte in der Tat nicht, den besiegten Fürsten und den eroberten Städten außerordentlich drückende Kapitulationsbedingungen zu diktieren, ganz im Sinne der ihm vom Direktorium erteilten Anweisung, alles zu kassieren und nach Frankreich zu schicken, was beweglich war und irgendeinen Gebrauchswert hatte. Dem Kirchenstaat entriß er Ferrara, Bologna und die Hafenstadt Ancona; und als der Papst, durch vorübergehende Bodengewinne der österreichischen Truppen in Norditalien zu einer falschen Einschätzung der Lage verleitet, die Friedensbedingungen des Direktoriums ablehnte, erhielt Napoleon aus Paris Befehl, auf Rom zu marschieren.

„Wir sind die Freunde aller Nationen", erklärte Bonaparte, „besonders der Nachkommen des Brutus und der Scipionen. Unsere Absicht ist es, das Kapitol wieder aufzubauen, dort in Ehren die Statuen der Männer aufzurichten, die sich verdient gemacht haben, und das römische Volk von seiner langen Versklavung zu befreien." Tatsächlich paßte es ihm gar nicht in den Kram, den Papst abzusetzen, wie das Direktorium es wünschte. Denn war Pius erst einmal entmachtet, so war es sehr wohl möglich, daß Neapel sich in den Besitz ganz Mittelitaliens setzte; und Neapel, dessen neurotische Königin eine Schwester von Marie Antoinette war, würde für Frankreich eine größere Gefahr darstellen als Rom. Bonaparte beschloß daher, den Papst auf seinem Thron zu belassen und ihm lediglich die Bedingungen des Friedens von Tolentino aufzuzwingen. „Ich bin", berichtete Bonaparte nach Paris, „der Auffassung, daß ein Rom, dem man Bologna, Ferrara, die Romagna und 30 Millionen weggenommen hat, nicht mehr existenzfähig ist. Die alte Maschine wird von selbst in ihre Einzelteile zerfallen."

In Wirklichkeit verlor Rom weit mehr als 30 Millionen. Paläste, Galerien und Kirchen wurden ausgeplündert, antike Skulpturen, Renaissance-Gemälde, Gobelins, Edelsteine und wertvolle Metalle *en masse* verpackt und auf Wagen verladen. Unter den zahllosen Kunstwerken, die sich zum Versand nach Frankreich stapelten, waren der Laokoon, der Apoll vom Belvedere und Bilder und Skulpturen von Raffael, Caravaggio und Bernini. An einem einzigen Tag wurden Gold- und Silberbarren im Wert von 15 Millionen *scudi* fortgeschafft, an einem anderen Tag 386 Diamanten, 333 Smaragde, 692 Rubine, 208 Saphire und zahlreiche weitere Edelsteine und Perlen, zumeist aus päpstlichen Tiaras herausgebrochen. Ein paar Wochen später wurden über 400 wertvolle Manuskripte auf den Weg nach Paris gebracht. Ein von einem starken Truppenkontingent begleiteter Konvoi von über 500 Pferdewagen rumpelte über die Via Flaminia gen Norden. Wenig später führten die Franzosen 1600 Pferde dem Hauptquartier ihres Expeditionsheers zu.

Während alle diese Schätze aus Rom weggeführt wurden, zogen die Vertreter der französischen Regierung in die Stadt ein. Bonapartes Bruder

Joseph etablierte sich als Botschafter im Palazzo Corsini, wo er mit seinem Jahresgehalt von 60000 Francs einen großzügigen Hausstaat aufzog. Auf Urlaub befindliche französische Offiziere tauchten in Rom auf, ebenso französische Agenten und mit der Revolution sympathisierende Norditaliener, die mit vereinten Kräften die republikanischen Gruppen und Grüppchen, die es in Rom gab, unterstützten. Nach einem plötzlichen starken Anstieg der Lebensmittelpreise fanden sich diese Gruppen am Abend des 27. Dezember 1797 auf dem Pincio zu einer Demonstration gegen die Papstherrschaft zusammen. Päpstliche Truppen zerstreuten die Demonstranten und erschossen dabei zwei Männer; am Tag darauf erschien eine Gruppe von Jakobinern vor dem Palazzo Corsini und skandierte Parolen wie „Es lebe die Republik!" und „Es lebe die Freiheit!" Joseph Bonaparte empfing die Anführer der Demonstranten und tadelte sie, weil sie einen solchen Auflauf verursacht hatten. Er schickte sich gerade an, hinauszugehen und eine Ansprache an die vor dem Tor der Botschaft versammelte Menge zu richten, als ein päpstliches Wachkommando zu Pferde, das sich Zugang zum Botschaftsgelände verschafft hatte, eine Schußsalve abfeuerte. Die erschreckte Menge drängte daraufhin in den Hof und flutete die Treppen des Palazzo hinauf, während Bonaparte dem Wachkommando befahl, das Hoheitsgebiet der französischen Botschaft zu verlassen. Als sich die päpstlichen Reiter daraufhin zurückzogen, faßten die Demonstranten im Innern wieder Mut und setzten ihnen nach. Die Gardisten eröffneten erneut das Feuer und verwundeten mehrere Demonstranten. In dem nachfolgenden Scharmützel wurde ein junger französischer General namens Duphot, der mit dem Botschafter beim Mittagstisch gesessen hatte und den päpstlichen Soldaten mit gezogenem Schwert nachgestürmt war, durch den Hals geschossen.

Sein Tod lieferte dem Direktorium in Paris einen willkommenen Vorwand für die Entsendung von Besatzungstruppen nach Rom. Am 11. Februar 1798 marschierte General Berthier, der Nachfolger Bonapartes als Oberbefehlshaber für Italien, in der Stadt ein, ließ sich in der Engelsburg nieder und quartierte seine Offiziere in römischen Palazzi und seine Soldaten in Klöstern ein. Die Truppen des Papstes wurden entwaffnet, mehrere Kardinäle verhaftet und festgesetzt. Andere kirchliche Würdenträger wurden abgesetzt oder aus Rom ausgewiesen, und auch der Papst selbst erhielt am 17. Februar die lakonische Mitteilung, er müsse Rom innerhalb von drei Tagen verlassen. Pius VI. war zu diesem Zeitpunkt achtzig Jahre alt und schon so gebrechlich, daß sein Tod nur noch eine Frage von Tagen oder Wochen zu sein schien. Er bat darum, diesen kurzen Rest seines Lebens in der Stadt des heiligen Petrus verbringen zu dürfen, doch der Offizier, an den er dieses Ersuchen richtete, ein Schweizer Protestant, erwiderte: „Man stirbt, wo man stirbt."

In Begleitung zweier Priester und eines Arztes bestieg Pius, den die französischen Beamten als „Bürger Papst" titulierten, die Reisekarosse, die im Cortile di San Damaso auf ihn wartete. Das heilige Sakrament trug er in einer kleinen, an einem Halsgurt befestigten Kassette bei sich. Seine Augen füllten sich mit Tränen, als er in der Dunkelheit durch das Kutschenfenster zum Petersdom hinüberblickte. Eine Abordnung von Dragonern geleitete ihn zum Ponte Molle, wo sich eine Schar von Gläubigen, im Schnee kniend, von ihm zum Abschied noch einmal segnen ließ. Fünf Tage später traf er in Siena ein und bezog ein Zimmer in einem Kloster. Er starb am 29. August des darauffolgenden Jahres als Gefangener in Valence in Südfrankreich. Seine Amtszeit hatte 24 Jahre, 6 Monate und 2 Wochen gedauert und war damit die längste nach dem Pontifikat des heiligen Petrus selbst, das 25 Jahre gewährt haben soll.

In Rom habe, so hieß es in Frankreich, die Ausrufung einer Römischen Republik großen Jubel ausgelöst. Auf dem Forum und neben der Marc-Aurel-Statue auf dem Kapitol seien Freiheitsbäume aufgestellt worden, unter denen die Bürger, mit Trikolore-Kokarden auf den Mützen, tanzten. Allein, diejenigen Franzosen, die sich um diese Zeit ständig in Rom aufhielten, konnten keine Spur von öffentlicher Begeisterung entdecken. General Berthier war nach seinem festlichen Einzug in der Stadt zum Kapitol gegangen, wo tatsächlich ein Freiheitsbaum aufgestellt worden war. Er hatte in einer Rede den Geist der Helden der ersten Römischen Republik beschworen, hatte jedoch nach eigenem Bekunden um sich herum „nichts als tiefste Betretenheit" gespürt – „vom Geist der Freiheit überhaupt keine Spur".

Natürlich gab es in Rom etliche, die den Regierungswechsel begrüßten oder um des Friedens oder des Profits willen wenigstens so taten. Angehörige der Familien Borghese, Sforza und Santa Croce gaben in ihren Palazzi Empfänge für die Franzosen; Damen der französischen Gesellschaft promenierten mit französischen Offizieren in den Gärten oder unternahmen mit ihnen Kutschfahrten; etliche Bankiers und Kaufleute mehrten ihren Reichtum, indem sie Geschäfte mit den Besatzungstruppen machten; einige Kardinäle legten ihre Käppchen ab, und einer fand sich sogar bereit, sich selbst „Bürger Somaglia" zu titulieren.

Einige der Maßnahmen, die die neue Regierung auf Anweisung der drei vom Direktorium eingesetzten Zivilkommissare durchführte, wurden von den Römern begrüßt oder wenigstens als gerechtfertigt angesehen, beispielsweise die Vorschriften, mit denen eine bessere Beleuchtung der römischen Straßen erreicht werden sollte, die bislang nur von den kleinen *lampioncini* erhellt worden waren, die die Gläubigen vor Madonnenbildern aufzustellen pflegten. Andere Maßregeln der republikanischen Regierung kamen jedoch weit weniger gut an: die Römer beschwerten sich beispielsweise wütend über die Umbenennung ihrer Straßen und *rioni*, über die Einführung des republikanischen Kalenders, in dem es keinen Sonntag mehr und statt dessen nur noch alle zehn Tage einen freien Tag gab, darüber, daß vertraute Münzen aus dem Verkehr gezogen und durch ausländische Assignaten ersetzt wurden, was zu einer weiteren Steigerung der Lebenshaltungskosten führte. Die Versuche der Franzosen, den republikanischen Enthusiasmus der Römer anzuspornen – durch die Propagierung der *carmagnole*, eines im revolutionären Frankreich populären Tanzes, als Ersatz für die traditionellen Tänze des römischen Karnevals, durch das Ausstaffieren antiker Statuen mit Schleifen in den Farben der Revolution und durch den Versuch, religiöse durch politische Feste zu ersetzen, wie das ‚Bündnisfest‘ oder das ‚Fest der Unsterblichkeit der Republik‘, bei dem Aktivisten im Kostüm altrömischer Senatoren dem Gedenken früher Märtyrer der Sache der Freiheit huldigten –, stießen bei den Römern durchwegs auf sarkastische Kritik oder mißtrauische Skepsis.

Andere Maßnahmen der Franzosen riefen regelrechte Erbitterung hervor. Zu lautstarken Protesten kam es, als der Bronzeengel auf dem First der Engelsburg in den Farben der Revolution angemalt, mit einer Freiheitsmütze versehen und zum Symbol des französischen Freiheitsgeistes erklärt wurde. Empört reagierten die Römer auch, als die Behörden ihnen untersagten, am Festtag des heiligen Petrus die Statue des Apostels mit den traditionellen Emblemen zu schmücken.[9] Weitaus am meisten böses Blut erregte jedoch die willkürliche Beschlagnahme- und Enteignungspolitik der von der Besatzungsmacht gesteuerten Regierung: die zwangsweise Einziehung kirchlicher Vermögenswerte, die ‚Sondersteuern‘, die wohlhabenden Familien nach Maßgabe ihrer Zahlungsfähigkeit abgepreßt wurden, und die Art und Weise, wie die so eingetriebenen Gelder verwendet wurden – nämlich nicht etwa für Hilfsmaßnahmen zugunsten der Armen, sondern für den Unterhalt der französischen Besatzungstruppen und die Luxusbedürfnisse der Machthaber und ihrer Freunde.

Obgleich die Römische Republik beim Geldeintreiben also nicht zimperlich war, geriet sie bald an den Rand des Staatsbankrotts; während die Nutznießer des neuen Regimes, nämlich hohe Beamte, Geschäftemacher und Spekulanten, ihre Frauen und Mitläufer, ihren neuerworbenen Reichtum auf den Straßen zur Schau stellten, auf denen sie die neuesten

Pariser Moden spazierenführten – die Männer ihren Haarschnitt *à la Titus*, die Frauen jene frivolen und freizügigen Kleider, mit denen Madame Tallien so viel Aufsehen erregte –, mußten die Armen Roms Hunger leiden. Anfangs hielten sich die Proteste in Grenzen; die Römer zeigten ihre Unzufriedenheit, indem sie die Freiheitsbäume beschmutzten, oder indem sie sich diebisch freuten, wenn hin und wieder ein Esel eines dieser republikanischen Symbole umwarf – die Behörden sahen sich schließlich gezwungen, sie bewachen zu lassen. Im Februar 1798 kam es in Trastevere zu Unruhen, die mit drakonischer Härte unterdrückt wurden: 22 als Rädelsführer Beschuldigte wurden auf der Piazza del Popolo hingerichtet, woraufhin es auch anderswo zu Demonstrationen, gewalttätigen Ausschreitungen und Anschlägen auf Vertreter der Besatzungsmacht kam.

Ende November 1798 erschienen den Römern unerwünschte Helfer in Gestalt von Soldaten des Königs von Neapel, die sich die Tatsache zunutze machten, daß Napoleon Bonaparte einen Teil der französischen Besatzungstruppen aus Rom abgezogen hatte, da er sie für andere Unternehmungen benötigte. Die verbliebenen französischen Soldaten zogen sich, als die Neapolitaner mit weit überlegenen Kräften durch die Porta S. Giovanni am Südende der Stadt einmarschierten, durch die Porta del Popolo im Norden zurück und beließen lediglich eine Garnison in der Engelsburg, die die auf dem Petersplatz kampierenden Neapolitaner unter Geschützfeuer nahm. Die Kanonen verstummten jedoch bald. Im Lauf der folgenden Tage gewöhnten sich die Römer an den Anblick des stolzen Königs Ferdinand, der, eskortiert von prachtvoll uniformierten Dragonern, durch die Stadt ritt. Allein, die Befreier blieben nicht lange. In einer Schlacht nördlich von Rom von den Franzosen besiegt, mußten die Neapolitaner die Stadt wieder räumen, wobei sie so viel Beute mitnahmen, wie sie nur schleppen konnten, und weitere Schätze transportfertig in römischen Lagerhäusern zurückließen. Am 11. Dezember eilte König Ferdinand seinen abgezogenen Truppen nach, vier Tage später war Rom wieder von den Franzosen besetzt.

Die Römer durchlebten einen schweren Winter. Trotz des äußerst strengen Regimes, das der römische Zivilkommissar Bertolio übte – er regierte *de facto* wie ein Diktator –, kam es infolge der sich zuspitzenden Versorgungsmängel und der Woche für Woche steigenden Brennstoffkosten zu Unruhen. Fast täglich krachten auf der Piazza del Popolo die Schüsse der Exekutionskommandos, die Verbrecher und Unruhestifter hinrichteten; Räuberbanden, die die ländliche Umgebung der Stadt praktisch unangefochten kontrollierten, drangen ungeniert und ohne großes Risiko ins Innere der Stadt vor. Obwohl der 10. Jahrestag des Sturms auf die Bastille im Juli 1799 mit großem Aufwand auf dem Forum gefeiert wurde und die Regierenden aus diesem Anlaß eine baldige Besserung der Zustände versprachen, gingen Not und Kriminalität in den darauffolgenden Monaten nicht nennenswert zurück. Im September sah sich die französische Garnison in Rom, der Rückendeckung durch ihre Armee beraubt, deren größten Teil die Franzosen mittlerweile aus Italien abgezogen hatten, gezwungen, sich mit dem Gedanken an Kapitulation zu beschäftigen. Am letzten Tag des Monats marschierten die Soldaten, nachdem ihr Befehlshaber die Römer in einer Proklamation zu Ruhe und Besonnenheit aufgefordert hatte, aus der Stadt, woraufhin von Süden her prompt wieder die Neapolitaner erschienen.

Aber auch dieses Mal war ihnen kein langes Bleiben beschieden; nachdem Napoleon durch seinen Sieg über die Österreicher bei Marengo die Herrschaft über Italien zurückgewonnen hatte, wandte er sich mit seinen Truppen wieder gen Rom. Dieses Mal aber hatte er es mit einem neuen Gegner zu tun: Gregorio Barnaba Chiaramonti war im März 1800 aus einem langwierigen, in Venedig abgehaltenen Konklave als Wahlsieger hervorgegangen und im Juli als Papst Pius VII. in Rom eingezogen.

Ein kultivierter, belesener und gescheiter Mann mit einem erfrischend ironischen Humor, galt Papst Pius in den Augen der stramm konservativen unter den Kardinälen als einer, der an vielen Ideen der Aufklärung und der Revolution Gefallen fand. Als Erzbischof von Imola hatte er sich bereitgefunden, den Titel ‚Bürger Kardinal' anzunehmen und den Baldachin über seinem Thron in der Kathedrale entfernen zu lassen; sein Briefpapier war mit den Worten ‚Freiheit' und ‚Gleichheit' bedruckt gewesen. Diejenigen, die ihm nahestanden, wußten freilich, daß sein Wunsch, die Revolutionsbewegung mit der Kirche zu versöhnen, ihn nicht daran gehindert hatte, den weltlichen Behörden Paroli zu bieten, wann immer er das Gefühl hatte, daß der Kirche Gefahr drohte. Er verstand sich auf die Kunst, zu lavieren, Vergeßlichkeit vorzuschützen, eine ihm nicht genehme Anordnung zu ignorieren. Er arrangierte sich mit Napoleon, indem er mit ihm durch seinen Unterhändler Kardinal Consalvi das Konkordat von 1801 aushandelte; bei der Krönung Napoleons zum Kaiser im Jahr 1804 in Nôtre Dame fungierte er als Schirmherr. Als aber Napoleon sich entschloß, die weltliche Macht des Papsttums zu vernichten, und seinem General Miollis den Befehl erteilte, ein weiteres Mal Rom zu besetzen, erkannte der Papst, daß die Zeit der versöhnlichen Kompromisse vorbei war.

Von den französischen Dragonern, die im Morgengrauen des 2. Februar 1808 durch die Porta del Popolo nach Rom hineinritten, hatte es ursprünglich geheißen, sie seien unterwegs nach Neapel; als sie aber die

Engelsburg in Besitz nahmen und sich anschließend nacheinander verschiedener *rioni* bemächtigten und die päpstlichen Truppen weitgehend entwaffneten, wurde klar, daß sie nicht daran dachten, wieder abzuziehen. Napoleon, zu dessen liebster Bettlektüre die Kaiserbiographien Plutarchs gehörten, träumte davon, ein zweites Römisches Reich zu begründen. Entschlossen, zu verhindern, daß die Fehler, die die vorigen französischen Besatzungsbehörden in Rom begangen hatten, sich wiederholten, sah er darauf, daß dieses Mal die ausschlaggebenden Ämter und Posten nur mit besonders fähigen und gewissenhaften Beamten besetzt wurden.

General Miollis selbst war ein kultivierter, zuvorkommender und kompromißbereiter Mensch. In seinem Hauptquartier im Palazzo Doria veranstaltete er exquisite Abendgesellschaften, bei denen die weltlichen und kirchlichen Würdenträger Roms nicht nur mit köstlichen Speisen verwöhnt, sondern auch dazu bekehrt wurden, einzusehen, daß der Kaiser zwar an der religiösen Autorität des Papstes nicht zu rütteln gedachte, aber der Überzeugung war, daß ein mit weltlicher Macht ausgestattetes, ,fürstliches' Papsttum im neuen, nachrevolutionären Europa keinen Platz mehr hatte. Viele der Prälaten und Aristokraten schickten sich in diese Einsicht und erhoben keinen Widerspruch, als die päpstlichen Truppen vollends entwaffnet, die vatikanischen Druckereien geschlossen und der Verwaltungsapparat der Kirche zunehmend unter französische Kontrolle gebracht wurde. Die mittlere und niedere Geistlichkeit jedoch ließ sich nicht so schnell kleinkriegen; als bekannt wurde, daß der Papst die lukullischen Abende im Palazzo Doria verurteilte, formierte sich eine Bewegung, die dazu führte, daß immer mehr kirchliche Würdenträger die Einladungen des Generals ausschlugen. Die Masse der Bewohner Roms teilte das Mißtrauen des Papstes gegen die französischen Motive. Verärgert über die Abschaffung der Lotterie, empfanden sie es als eine zusätzliche Provokation, als die französischen Behörden unter Mißachtung der vom Papst verkündeten Überzeugung, der Karneval solle so lange nicht gefeiert werden, wie eine ausländische Garnison die Stadt besetzt hielt, die Requisiten und Dekorationen für die alljährlichen Karnevalsparaden kurzerhand requirierten und die Anweisung herausgaben, die Festlichkeiten sollten in der üblichen Form abgehalten werden. Daraufhin schlossen die Geschäftsleute und Gastwirte ihre Türen und ließen ihre Jalousien herunter, und die Römer begannen demonstrativ den Corso zu meiden.

In dem Maße, wie die Franzosen die Stadt Rom immer mehr unter Kuratel nahmen, wuchs der Widerstandswille des Papstes. „Der Papst ist nicht der Mann, den man durch hartnäckiges Argumentieren zu überreden hoffen könnte", berichtete der französische Geschäftsträger. „Er vertritt seine Überzeugungen fest und unerschütterlich. Wenn er sich erst einmal eine Meinung gebildet hat, läßt er sich durch nichts, was man ihm vorträgt, davon abbringen. Nicht, daß er einen nicht zu Wort kommen ließe; doch wenn man mit dem, was man zu sagen hat, zu Ende ist, senkt er einfach den Kopf auf die Brust und entläßt einen schweigend."

In der Hoffnung, der Papst werde vielleicht zugänglicher, wenn man ihn dem Einfluß seiner Berater entzöge, ordnete Miollis die Ausweisung des Dekans des Heiligen Kollegs und des römischen Progouverneurs aus der Stadt an und erteilte zwei Offizieren den Befehl, Kardinal Bartolommeo Pacca, den kompromißlosen päpstlichen Staatssekretär, festzunehmen. Pacca wurde jedoch vorgewarnt und richtete es so ein, daß der Papst bei ihm war, als die beiden Offiziere eintrafen. Der Papst stellte die beiden empört zur Rede. Sein Zorn war so groß, daß Pacca etwas zu sehen bekam, das er für unmöglich gehalten hätte: dem Papst standen in seiner Erregung regelrecht die Haare zu Berge. Seine Heiligkeit wies die Offiziere an, ihrem General zu sagen, daß die Schikanen sofort aufhören müßten, daß Kardinal Pacca unter seinem persönlichen Schutz stehe und daß die Franzosen, wenn sie seiner habhaft werden wollten, den Quirinalspalast nach ihm absuchen müßten. Nachdem er dies gesagt hatte, stürmte der Papst, gefolgt von Pacca, aus dem Zimmer. Bei seiner Rückkehr in seine Privatgemächer ließ er alle siebzehn Türen, die er und der Kardinal passiert hatten, hinter sich abschließen.

Napoleon war unterdessen zu der Überzeugung gekommen, daß es an der Zeit sei, einen Erlaß herauszugeben, der die förmliche Einverleibung des Kirchenstaates in das französische Kaiserreich besiegelte und Rom zur ‚freien Reichsstadt' erklärte. Der Erlaß wurde auf dem Kapitol von einem berittenen Herold verlesen; zum Klang von Fanfaren wurde anschließend die päpstliche Flagge vom Dachfirst der Engelsburg heruntergeholt und an ihrer Stelle die französische Trikolore gehißt. Der Papst, der das Schauspiel aus einem Fenster des Quirinalspalasts durch einen Vorhangspalt hindurch beobachtete, sagte zu Kardinal Pacca: *„Consummatum est!"* Dann ging er zu einem Tisch, auf dem ein Dokument mit dem Text einer Proklamation lag, mit deren Herausgabe er seit langem gedroht hatte. Nach einem Gebet und einigen ermunternden Worten Paccas ergriff er eine Feder und unterzeichnete das Dokument. Es war eine Bulle, die die Exkommunizierung Napoleons verfügte. Noch am selben Tag wurden Kopien des Dokuments, zusammen mit einem Aufruf an die Römer, dem neuen Regime alle Unterstützung zu entziehen, an den Toren des Petersdoms und der Kirchen S. Giovanni in Laterano und S. Maria Maggiore angeschlagen.

General Radet, der junge und ehrgeizige – französische – Polizeipräsident von Rom, sah jetzt die Gelegenheit gekommen, sich seinem Kaiser als Beamter mit Initiative und Wagemut zu empfehlen. Er bat General Miollis um die Vollmacht, Kardinal Pacca verhaften und den Papst unter Arrest stellen zu dürfen. Miollis stellte bereitwillig den Haftbefehl für Pacca aus, zögerte jedoch, was den Papst betraf; er glaubte nicht, daß die Instruktionen, die er vom Kaiser erhalten hatte, weitergehende Maßnahmen gegen das Oberhaupt der Kirche zuließen als die Bewachung des Quirinalspalasts. Allein, Radet war entschlossen zu handeln, mit oder ohne schriftliche Ermächtigung. In den frühen Morgenstunden des 6. Juli leitete er persönlich einen handstreichartigen Überfall auf die päpstliche Residenz. Sein Plan sah vor, die Außenmauern des Quirinalspalasts mit Hilfe von Strickleitern zu ersteigen und mit einem 40 Mann starken Kommando vom Dach her in die Papstgemächer einzudringen; zugleich sollte ein anderes Kommando sich durch die Gärten anschleichen und versuchen, sich durch die Fenster auf der Rückseite des Palasts Einlaß zu verschaffen. Der erste Teil des Plans ging schief, weil eine Strickleiter riß und das Geschrei der herabstürzenden Männer die Palastwachen alarmierte. Radet ergriff in dieser Situation die Flucht nach vorn. Unbekümmert darum, daß es im Innern des Palastes lebendig zu werden begann und die Palastglocke Sturm läutete, ging er mit einer Axt auf die Haupteingangstür los und hieb mit wütenden Schlägen auf das Schloß ein. Unvermittelt flog die Tür auf – Soldaten Radets, die vom Garten her in den Palast eingedrungen waren, hatten die Riegel gelöst. Radet eilte, seine mit Äxten und Brechstangen bewaffneten Männer im Gefolge, zur Treppe. Die Schweizergarden, die Befehl hatten, französischen Soldaten keinen Widerstand zu leisten, wurden entwaffnet. Dann bahnten die Eindringlinge sich mühsam ihren Weg durch eine lange Reihe verschlossener Türen, bis sie gegen halb vier Uhr nachmittags im Audienzsaal auf den Papst stießen. Er saß, mit Soutane, Stola und *mozzetta* bekleidet, zwischen zwei Kardinälen. Beim Anblick des Papstes hielt Radet, ein frommer Mensch, der schon Loblieder auf die Muttergottes komponiert hatte, inne und hieß seine Männer, sich zurückzuziehen. „Auf dem Dach und auf der Treppe erschien mir alles noch in bester Ordnung", gestand er später. „Doch als ich den Papst erblickte, fühlte ich mich momentan in die Situation meiner Erstkommunion zurückversetzt."

„Weshalb kommst du hierher?" fragte ihn der Papst.

„Um, Heiligster Vater, Eurer Heiligkeit im Namen der französischen Regierung noch einmal den Rat zu erteilen, daß Ihr auf Eure weltliche Macht verzichten solltet."

„Wir können nicht auf etwas verzichten, das uns nicht gehört. Die weltliche Macht gehört der Kirche."

„In diesem Fall habe ich Befehl, Euch fortzuführen."

„Für diesen Befehl wirst du, mein Sohn, sicherlich keinen göttlichen Segen ernten."

Der Papst sah freilich keinen anderen Weg, als sich dem Befehl zu fügen. Er erhielt eine halbe Stunde Zeit, um das Nötigste einzupacken, worauf er sich sein Ciborium, sein Brevier und seinen Rosenkranz bringen ließ; dann ließ er sich, ohne einen Pfennig Geld oder auch nur einen zweiten Anzug mitzunehmen, von Radet hinausführen und kletterte in die Kutsche, die im Hof auf ihn wartete. Die Tür wurde hinter ihm zugeschlossen, und die Kutsche setzte sich in Richtung zur Porta Salaria in Bewegung.

Die Stadt, aus der der Papst bis zum Sturz seines Gegenspielers verbannt blieb, wurde von der Besatzungsmacht zwar umsichtig verwaltet, doch mangelte es dieser an Verständnis für die Mentalität der Römer. In den Reihen des römischen Adels hatten die Franzosen eine Anzahl von Verbündeten, von denen etliche regelmäßig bei den Banketten des unterhaltsamen und gebildeten Präfekten von Rom, Baron de Tournon, in dessen prächtigem Palazzo di Montecitorio zu Gast waren. Aber auch diese Sympathisanten der französischen Republik waren ernüchtert, als ihre Söhne zum napoleonischen Heer eingezogen wurden. Wie andere Römer auch, rieten sie ihren betroffenen Kindern, sich nicht zur Musterung zu melden oder, wenn sie vorgeladen wurden, zu desertieren. Viele taten dies und fanden Zuflucht bei den in den Bergen um Rom hausenden Räuberbanden; die Franzosen brachten mit ihren Rekrutierungsbemühungen also den gesetzlosen Elementen im Einzugsbereich von Rom ebensoviel Zulauf wie ihren eigenen Streitkräften.

Im gleichen Maße wie die Zahl der Räuber außerhalb der Stadt, wuchs die Zahl der Armen in ihr. Daß die Statthalter Napoleons die religiösen Orden aufgelöst und ihre Besitztümer beschlagnahmt hatten, hatte zur Folge, daß Tausende von Mönchen und Nonnen, aus Klöstern und Stiften vertrieben, die Reihen jener Bedürftigen und Hilfesuchenden auffüllten, denen zu helfen bis dahin eine ihrer Aufgaben gewesen war. Die Zahl dieser Armen stieg von 12 000 im Jahr 1810 auf 30 000 im Jahr 1812 an.

Mit der Enteignung kirchlichen Grundbesitzes, mit drastischen Steuererhöhungen und mit der zunehmenden Anwendung von Zwangsmitteln gegen mißliebige Bürger, die deportiert und deren Besitztümer eingezogen wurden, machte sich das französische Besatzungsregime bei den Römern immer verhaßter. Die Niederlage Napoleons in der Völkerschlacht bei Leipzig im Oktober 1813 war der Anfang vom Ende der französischen Herrschaft in Rom. Ohne Aussicht auf Unterstützung aus Frankreich und konfrontiert mit von der britischen Marine entlang der Küste abgesetzten Kommandoeinheiten sowie mit den die Gegend um Rom unsicher machenden Räuberbanden, erkannten die Franzosen, daß es nur noch eine Frage der Zeit sein konnte, bis ihr gesamter Macht- und Verwaltungsapparat in sich zusammenstürzen würde. Seinen Todesstoß erhielt ihr Regime dann aber freilich auf eine ganz unerwartete Weise.

Seit fünf Jahren war Joachim Murat, der Gastwirtssohn, der unter Napoleon zum tollkühnen Kavalleriegeneral und in der Folge zu einem der glänzendsten Marschälle des Kaisers aufgestiegen war, dessen jüngste Schwester Caroline geheiratet und das Großherzogtum Kleve und Berg geschenkt bekommen hatte, zu all dem auch noch König von Neapel. In seinem schrankenlosen Ehrgeiz hatte er den Plan gefaßt, ganz Süd- und Mittelitalien zu einem Königreich zusammenzuschmieden – natürlich mit ihm als König. Nach der Völkerschlacht hatte er sich entschieden, mit Napoleon zu brechen und die Chancen für die Verwirklichung seines Plans durch ein Bündnis mit der antifranzösischen Koalition aufzubessern. Unter dem Vorwand, seine Truppen nach Norden verlegen zu wollen, um Italien gegen die Österreicher zu verteidigen, ließ er seine Bataillone nach Rom einströmen, wo sie zwar den Eindruck erweckten, Vorkehrungen für den Weitermarsch zu treffen, sich jedoch zu einem großen Teil häuslich einrichteten. Ende Januar 1814 befand die Stadt sich praktisch im Besitz der Neapolitaner. Nur über der Engelsburg, in der sich General Miollis, dem Kaiser auch in der Niederlage treu bleibend, verschanzt hielt, flatterte noch die Trikolore. Doch auch damit war es nach wenigen Wochen vorbei. Am 10. März 1814 marschierten die letzten französischen Truppen mit Trommelschlag und fliegenden Fahnen aus Rom ab, von den Römern, über die sie fast sechs Jahre lang geherrscht hatten, mit kühlem Schweigen verabschiedet.

Im April kehrte Papst Pius zurück. Seine Kutsche, gezogen von den Söhnen adliger Familien, rollte gemächlich den Corso hinab, unter zahlreichen improvisierten Triumphbögen hindurch. Er zog wieder in den Quirinalspalast ein, dessen Zimmer die Franzosen mit Empire-Möbeln und schmückenden Ornamenten ausgestattet und dessen Wände sie mit Abbildern antiker Götter und Göttinnen bemalt hatten. Der größte Teil des von den Franzosen installierten Zimmerschmucks wurde wieder entfernt, um Kruzifixen und religiösen Skulpturen Platz zu machen, die von ihnen ausgemustert worden waren, doch ließ der Papst nicht alle Göttinnenbilder übermalen; er bemerkte, daß diejenigen, deren Kleider nicht zu frivol oder zu durchsichtig waren, sich vielleicht zu sehr schönen Madonnenbildern umgestalten ließen. Überhaupt war der Papst darauf bedacht, nicht irgend etwas bloß deswegen wieder zu beseitigen, weil die Franzosen es eingeführt hatten. Er behielt viele der Reformmaß-nahmen bei, die die napoleonische Verwaltung durchgeführt hatte, und übernahm das von den Franzosen in Kraft gesetzte Bürgerliche Gesetz-buch, den Code Civil. Er bot der verwitweten Mutter Napoleons, Letizia Bonaparte, eine Heimstätte in Rom an; sie zog zu Kardinal Fesch, dessen Vater sie zu seiner zweiten Frau genommen hatte, in den Palazzo Falconieri.[10] Napoleons Bruder Lucien, der vom Kaiser zum Prinzen von Canino, einer kleinen Stadt nördlich von Rom, ernannt worden war, ließ sich in einem dortigen Palais nieder. Asyl auf dem Boden des Kirchen-staates erhielten auch Napoleons anderer Bruder Joseph, seine Schwester Elisa, Ex-Großherzogin der Toskana, und selbst Napoleons Generalin-spekteur der Gendarmerie, der Duc de Rovigo.

Als der Duc 1833 starb, waren in Rom die Jahre der französischen Besatzung schon fast in Vergessenheit geraten, zumal sie wenige sichtbare Zeugnisse hinterlassen hatten. Unter französischer Ägide waren die Museen und die Bibliothek des Vatikans auf eine neue organisatorische Grundlage gestellt, weitere Teile der Pontinischen Sümpfe trockengelegt, erstmals fachmännische archäologische Ausgrabungen am Forum des Trajan durchgeführt und der bezaubernde Park an dem der Piazza del Popolo zugeneigten Hang des Pincio-Hügels angelegt worden (unter der Leitung des römischen Landschaftsarchitekten Valadier). Verwegenere Pläne, wie der Bau eines grandiosen Kaiserpalastes, der sich von der Piazza Colonna bis zum Kolosseum hätte erstrecken sollen, waren jedoch nicht zur Durchführung gekommen, so daß ein Besucher, der in den dreißiger Jahren des 19. Jahrhunderts nach Rom reiste, eine ganz ähnliche Stadt zu sehen bekam wie Charles de Brosses hundert Jahre zuvor. Die Bevölkerungszahl lag nach wie vor bei rund 135000, und Stendhal stellte 1827 fest, daß das bewohnte Rom noch immer im Süden vom Kapitol, im Westen vom Tiber und im Osten von den Hügeln Pincio und Quirinal begrenzt wurde. Drei Viertel der von der Aurelianischen Mauer umschlossenen Stadtfläche, darunter vor allem die Hügel Viminal, Esquilin, Caelius und Aventin, erschienen Stendhal als leblose Einöden. *„La fièvre y règne"*, schrieb er, *„et on les cultive en vigne."* Er sah einen Engländer zu Pferde durch das Kolosseum reiten; und obzwar er den Corso für die schönste Straße hielt, die er je gesehen hatte, mißfiel ihm, wie vielen in den zurückliegenden Jahrhunderten, daß es dort unaufhör-lich nach Kohl stank.

Ein englischer Besucher bemerkte: „Man kann von einem Ende der Stadt zum anderen gehen, ohne auch nur irgend etwas zu erblicken, das einem verraten würde, daß man sich nicht mehr im 18. Jahrhundert befindet, oder... daß die Stadt einmal mehrere Jahre lang unter französischer Herrschaft stand." Die meisten der von den Franzosen und Neapolitanern entführten Kunstwerke waren zurückgekehrt, die Gebiete des Kirchenstaates von den Siegermächten dem unfrommen Murat vorenthalten und dem Papst zurückgegeben worden. Für Rom galt, was einer der beim Wiener Kongreß versammelten Diplomaten über Europa als Ganzes sagte: es war das alte, „als hätte sich die Tragödie der Revolution niemals ereignet". Allein, weder im übrigen Europa noch in Rom ließen sich die alten, vorrevolutionären Verhältnisse wiederherstellen oder konservieren. Eine Epoche der Erschütterungen stand bevor.

# XV. Das Risorgimento
## und die römische Frage

„Ein Sturm ist im Anzug", sagte Papst Gregor XVI. kurze Zeit vor seinem Tod im Jahr 1846 zu einem Freund. „Bald werden Revolutionen ausbrechen." Revolutionen lagen tatsächlich in der Luft, seit der Wiener Kongreß den Versuch unternommen hatte, die von Napoleon vollzogene Entwicklung zurückzudrehen und Italien wieder in die Kleinstaaten zu zerstückeln, aus denen es früher bestanden hatte, mit dem Hintergedanken, sie, wo immer möglich, ihren früheren Herrschern zurückzugeben. Das große Schlagwort auf dem Wiener Kongreß war ‚Legitimität' gewesen, in Umlauf gebracht von Talleyrand, der damit die Rückberufung der Bourbonen auf den wiedererrichteten französischen Königsthron rechtfertigen wollte. Unter dem Banner der ‚Legitimität' waren ferner die Bourbonen wieder als Könige von Neapel anerkannt, das Haus Savoyen wieder mit der Herrschaft über Piemont und Sardinien – und zusätzlich über Savoyen und Nizza sowie die ehemalige Republik Genua – belehnt und der Kirchenstaat an den Papst zurückgegeben worden. Die damit wiederhergestellte Zersplitterung Italiens paßte dem österreichischen Staatschef Metternich sehr gut ins Konzept. Für ihn war Italien nicht mehr als „ein geographischer Begriff"; solange es ein politischer Flickenteppich blieb, würde Österreich seinen beherrschenden Einfluß auf Venetien und die Lombardei behalten. Metternich gelang es auf dem Wiener Kongreß nicht nur, diese beiden wertvollen Provinzen für sein Land zu gewinnen, sondern auch zu bewerkstelligen, daß die Toskana an einen österreichischen Erzherzog und Parma an die Tochter des österreichischen Kaisers fiel. Dazu kam, daß die Frau des wiedereingesetzten Königs von Neapel, Ferdinands IV., Österreicherin war. Österreich hatte sich somit in Italien die dominierende Stellung, die es am Ende des 18. Jahrhunderts innegehabt hatte, noch einmal zurückerobert; über den weitläufigen Gebieten, die jetzt unter seiner Kontrolle standen, sammelten sich dunkle Wolken einer politischen Reaktion, ebenso in weiten Teilen des übrigen Italien, wo klerikale Privilegien, Pressezensur und Polizeispitzel zunehmend zur Alltagswirklichkeit gehörten.

Im Kirchenstaat wurden alle Beamten, die sich in den Dienst der Franzosen gestellt hatten, ihres Postens enthoben; die französischen Gesetzbücher wurden verbrannt, die Schulbildung eingeschränkt, die

Steuern dafür erhöht, und die Macht konzentrierte sich in den Händen des Kardinal-Staatssekretärs und der anderen kirchlichen Würdenträger, die an der Spitze der verschiedenen Ressorts der Kirchenverwaltung standen. In der Amtszeit Pius' VII. hatte dessen Staatssekretär Kardinal Consalvi einige Reformen durchgeführt, die jedoch von Pius' Nachfolger Leo XII. kassiert wurden; und Papst Gregor XVI., ein Fortschrittsfeind extremster Ausprägung, ging gar so weit, den Bau von Eisenbahnen – er nannte sie *„chemins d'enfer"* – im Kirchenstaat zu verbieten, da sie, so fürchtete er, der „Religion Schaden zufügen" und Scharen von Unzufriedenen aus unruhigen Provinzen jenseits der Apenninen nach Rom bringen würden. Er setzte einen konsequent antireformistischen Kurs. In Kardinal Lambruschini hatte er einen Berater, der zwar als Person sympathischer wirkte als der Papst, aber dessen kompromißlosen Konservatismus teilte. Ein publizistischer Gegenspieler erwuchs ihm in Giuseppe Gioacchino Belli, dem römischen Dialektdichter, dessen Sonette auf lebendige Weise Zeugnis von der Lebensweise und Sprache der Römer jener Zeit ablegen und der seinen Spaß daran hatte, den Papst zu karikieren. „Ich mochte Papst Gregor wirklich", schrieb Belli, „weil es mir so viel Spaß machte, ihm übel mitzuspielen."

Im Kirchenstaat kam es, wie in anderen Teilen Italiens auch, öfter einmal zu Demonstrationen, Unruhen und Revolten. Die Forderungen der Aufbegehrenden, deren Motiv zumeist die nackte wirtschaftliche Not war, richteten sich jedoch eher auf mehr Freiheit, eine Verfassung und Reformen als auf nationale Einheit. Was sie dem Vatikan vor allem übelnahmen, war, daß er nicht bereit war, angestammte lokale oder regionale Selbstverwaltungsrechte anzuerkennen und daß er maßgebliche Regierungs- und Verwaltungsposten praktisch ausschließlich mit Männern der Kirche besetzte.

Es gab jedoch im Lande diverse Geheimgesellschaften, deren Mitglieder, ohne daß sie genau wußten, in welcher Zeit und mit welchen Mitteln ihr Ziel zu erreichen sein würde, in freudiger Erwartung dem Tag entgegenfieberten, an dem Italien sich vom beherrschenden Einfluß fremder Mächte befreien und zur nationalen Einheit finden würde. Eine dieser Geheimgesellschaften waren die ‚Carbonari'; sie nannten sich nach der Kohle (italienisch *carbone*), zum einen wegen der symbolträchtigen Eigenschaft dieses Stoffs, zunächst schwarz und leblos zu erscheinen, um sich dann, einmal entzündet, in ein hell loderndes Feuer zu verwandeln, zum andern weil sie gern Köhlereien als Treffpunkte für ihre Versammlungen und Aktivitäten benutzten. Eine andere Gesellschaft nannte sich ‚Junges Italien'; ihr Wahlspruch ‚*Dio e popolo*' betonte den religiösen Aspekt der nationalen Einigungsbewegung, und ihr Zugehörigkeitseid verpflichtete jedes Mitglied dazu, sich „voll und ganz und für alle Zeiten für die Schaffung eines einigen, freien und unabhängigen Italien einzusetzen". Beide Organisationen schöpften Mut, als nach dem Tod Gregors XVI. der vierundfünfzigjährige Kardinal und Bischof von Imola, Mastai Ferretti, zum neuen Papst gewählt wurde; Ferretti, der sich Pius IX. nannte, war ein freundlicher, zuvorkommender und gutaussehender Mann, dem man ausgesprochen liberale Neigungen nachsagte. Auf jeden Fall war seine Wahl ein herber Schlag für den reaktionären Kardinal Lambruschini, der gehofft hatte, selbst Papst werden zu können, und für Kardinal Bernetti, Lambruschinis Vorgänger als päpstlicher Staatssekretär, der gegen Ende des Konklave, als der Bischof von Imola angesichts seiner sich abzeichnenden Wahl beinahe in Ohnmacht gefallen wäre, seinem Nebenmann ins Ohr raunte: „Soso, nach den Polizisten jetzt also die feinen Damen."

Dem neuen Papst schlug in Rom, wo er kaum bekannt war, zunächst ein gewisses Mißtrauen entgegen; aber schon bei seinem feierlichen Einzug beeindruckte er mit seinem ebenmäßigen Gesicht, seiner gleichmütigen Miene und seiner sanften Gestik alle, die ihn sahen. *„Ah! Che bello!"* sagten die Frauen. Die Berichte, die in der Folge aus dem Vatikan drangen, stellten Pius ein höchst günstiges Zeugnis aus: er sei charmant, intelligent und großzügig, dabei schlicht und demütig und mit einem einnehmenden selbstkritischen Humor begabt. Offenbar war er nicht gewillt, die rückwärtsgewandte Politik seiner Vorgänger fortzusetzen. Er berief ein leitendes Gremium, dem er die Aufgabe zuwies, alle Ressorts der Kirchenverwaltung zu kontrollieren und Vorschläge für Neuerungen und Reformen zu erarbeiten und zu prüfen. Außerdem setzte er eine Eisenbahn-Kommission und eine Kommission für Zivil- und Strafrecht ein; er verkündete eine Amnestie für politische Vergehen, plante die Einführung von Gaslaternen für die Straßenbeleuchtung und die Übernahme von Laien in Regierungsämter des Kirchenstaats. Metternich war entsetzt über diese Anzeichen für die Bereitschaft des Papstes, sich mit dem liberalen Europa zu arrangieren. „Auf alles waren wir gefaßt, nur nicht auf einen liberalen Papst", sagte er. „Jetzt, da wir einen haben, wer weiß, was noch daraus wird?" Es war in seinen Augen „das größte Unglück unseres Zeitalters".

Was Metternich besonders beunruhigte, waren Pius' offenbar aufrichtige Anteilnahme an den Geschicken Italiens und seine augenscheinliche Sympathie für den Gedanken, der Papst könne bei der nationalen Wiedergeburt des Landes eine wichtige Rolle spielen und einem italienischen Staatenbund womöglich als Oberhaupt vorsitzen. Indes war es falsch, anzunehmen, Papst Pius identifiziere sich mit den Motiven, die hinter dem Streben der liberalen Bewegung nach nationaler Einheit standen. Und er glaubte auch nicht allen Ernstes, daß eine demokratische Regierungsform sich mit dem Wesen der päpstlichen Autorität vereinbaren ließe. Er war sich ganz und gar nicht sicher, ob er das Zeug oder auch nur die Bereitschaft dazu besaß, sich an die Spitze einer nationalen Bewegung zu setzen und sie zum Ziel zu führen. Man wolle, so beklagte er sich einmal, einen Napoleon aus ihm machen – dabei sei er doch nur ein Priester. Es war zweifellos so, daß ihm bei aller Ausstrahlung und persönlichen Attraktivität, die er besaß, jene Willensstärke fehlte, die er gebraucht hätte, um die Hoffnungen der Massen erfüllen und zugleich den Enthusiasmus der vielen Tausend im Zaum halten zu können, die ihm jubelnd durch die Straßen Roms folgten, immer wieder in *„Evviva"*-Rufe ausbrachen und mit Hals- und Taschentüchern in den päpstlichen Farben winkten. Seine Feinde und Kritiker sagten, er genieße den Jubel, habe aber Angst vor den Konsequenzen. Tatsächlich war ihm klar, daß das Volk in ihm nicht so sehr den Reformpapst bejubelte, sondern den Papst, der sich „mit der Revolution gegen die Tradition verbündet hatte". Schon wurden Stimmen laut, die die vorsichtigen und vernünftigen Reformen seiner Amtsmonate als unzeitgemäß und nicht mehr ausreichend kritisierten; er wurde jetzt nicht mehr einmütig als Heiliger verehrt, sondern gelegentlich als Schildkröte karikiert.

Über ganz Italien breitete sich ein Gefühl der unerfüllten Hoffnungen, enttäuschten Erwartungen und verpaßten Gelegenheiten aus, die geweckten nationalen und liberalen Sehnsüchte entfalteten eine nicht mehr bezähmbare Eigendynamik. Anfang 1848 kam es, wie Papst Gregor prophezeit hatte, zu Akten revolutionären Aufbegehrens, zuerst in Sizilien, dann in Neapel, Florenz, Venedig und Mailand. Die Berichte über diese Aufstände und den mit ihnen Hand in Hand gehenden Befreiungskampf gegen Österreich versetzten ganz Rom in höchste Erregung. Pius hielt es für seine Pflicht als Papst, sich in dieser Situation eindeutig von den Nationalisten, ja vom Risorgimento als solchem – dem Streben nach einem vereinten Italien – zu distanzieren. Am 29. April 1848 trat er mit einer feierlichen Erklärung vor das italienische Volk: „Wir stellen in aller Klarheit und Offenheit fest, daß der Gedanke an einen Krieg gegen Österreich uns fernliegt, da wir, so unwürdig wir sein mögen, der Stellvertreter desjenigen sind, der den Frieden erschaffen und die Eintracht geliebt hat."

Diese unzweideutige Stellungnahme löste einen Proteststurm aus und führte dazu, daß vorübergehend der liberale Graf Terenzio Mamiani della Rovere zum Chef der Regierung ernannt wurde, die seit dem Inkrafttreten der vom Papst im März 1848 notgedrungen gewährten Verfassung die

Geschicke des Kirchenstaats leitete. Nachdem jedoch sowohl Mamiani als auch sein ebenfalls liberaler Nachfolger Graf Eduardo Fabbri zurückgetreten waren, da keiner von beiden sich in der Lage fühlte, die politische Lage unter Kontrolle zu halten und den extremen Forderungen der italienischen Nationalisten zu trotzen, legte der Papst Mitte September die Regierungsgewalt in die Hände des konservativ gewordenen Ex-Revolutionärs Graf Pellegrino Rossi, eines großen, mageren und bläßlichen Gelehrten, der eine starke Persönlichkeit war und über verschiedene nützliche Gaben verfügte. Die Bücher, die er geschrieben hatte, standen auf dem Index, und er hatte eine Protestantin geheiratet, so daß er bei der Kurie alles andere als beliebt war. Der Papst jedoch vertraute ihm, sah Rossi doch im Papsttum „das einzig Große, das Italien geblieben ist". Rossi war demgemäß entschlossen, die weltliche Macht des Papsttums zu retten, nicht durch Zugeständnisse an die Demokraten, sondern durch kluge wirtschaftliche Reformen und eine aufgeklärte Innenpolitik. Er stand sich dabei jedoch insofern selbst im Wege, als er ein von sich eingenommener, hochmütiger Mensch war, der sich nicht die Mühe nahm, die Verachtung zu verbergen, die er für seine Widersacher, ob Republikaner oder Konservative, empfand, und der sich durch seinen provokativen und rücksichtslosen Sarkasmus viele Feinde machte.

Wie erbittert seine Feinde ihn haßten, zeigte sich am 15. November, als Rossi vor dem Palazzo della Cancelleria seiner Kutsche entstieg, um einer Ratssitzung beizuwohnen. Als er sich der breiten Steintreppe des Palastes näherte, empfing ihn eine Gruppe von Demonstranten mit dem haßerfüllten Ruf: *„Abbasso Rossi! Abbasso Rossi! Morte a Rossi!"* Er nahm keine Notiz davon. Auf seiner Miene spiegelten sich Geringschätzung und Abscheu, akzentuiert durch ein leicht verachtungsvolles Lächeln, wie einige Anwesende bezeugten. Plötzlich schlug ein Mann auf ihn ein, und ein anderer stach ihm ein Messer in den Hals und verschwand, sein Gesicht mit dem Mantel verhüllend, in der Menge. Rossi sank mit durchtrennter Halsschlagader zu Boden.

Am nächsten Tag befand sich Rom im Aufruhr. Bewaffnete zogen in Gruppen durch die Straßen, skandierten Sprechchöre und sangen Loblieder auf die Mörder Rossis. Eine große Menschenmenge, in der neben Soldaten und Polizisten auch etliche prominente Bürger zu erkennen waren, versammelte sich vor dem Quirinalspalast und forderte demokratische Reformen; als sie den Eindruck gewannen, der Papst sei nicht zu Konzessionen bereit, versuchten sie den Palast zu stürmen: sie feuerten durch die Fenster, legten Feuer an die Türen und töteten den Lateinischen Sekretär. Der Papst kapitulierte vor der Übermacht und erklärte sich, freilich nur unter Protest, da gezwungenermaßen, zur Einsetzung eines den Demonstranten genehmen Kabinetts bereit. Pius, der nun praktisch ein Gefangener in seinem eigenen Palast war, ergriff die erste sich bietende Gelegenheit, um zu fliehen; als gewöhnlicher Priester verkleidet und mit einer Brille getarnt, verließ er Rom und reiste nach Gaeta im Königreich Neapel. Beraten von Kardinal Antonelli, einem ehrgeizigen, klugen und listigen Politiker, forderte er die Rebellen auf, sich zu ergeben. Als die Römer auf die Wahl einer verfassunggebenden Versammlung in demokratischer und geheimer Abstimmung drängten, brandmarkte Pius dies als einen „ungeheuerlichen Akt offenen Hochverrats" und drohte jedem, der sich an einer solchen Wahl beteiligen würde, die Exkommunizierung an. Er richtete damit jedoch wenig aus. Die revolutionäre Begeisterung, die das römische Volk erfaßt hatte, ließ sich mit einem so kompromißlosen Pochen auf die päpstliche Autorität nicht mehr abwürgen. Die Amerikanerin Margaret Fuller, ehemals Lehrerin in Boston und nun Lebensgefährtin des Marchese Ossoli, verlieh der allgemeinen Stimmung Ausdruck, als sie schrieb, sie habe sich nie vorstellen können, daß die Nachricht von einem Mord sie mit Genugtuung erfüllen könne; doch die Ermordung Rossis sei ihr als Vollzug einer „furchtbaren Gerechtigkeit" erschienen.

Allen päpstlichen Drohungen zum Trotz wählten die Römer ihre verfassunggebende Versammlung, und diese proklamierte am 9. Februar 1849 per Abstimmung das Ende des Kirchenstaates, an dessen Stelle die Römische Republik ausgerufen wurde. Das beflügelte die Hoffnungen der Liberalen im ganzen übrigen Italien, verdroß aber zugleich auch die katholischen Herrscherhäuser Europas, an die der Papst sich um Hilfe wandte. König Ferdinand von Neapel verlor keine Zeit und ließ an der Grenze zum römischen Hoheitsgebiet Truppen aufmarschieren; auch der österreichische Kaiser entsandte ein Heer, das, nachdem es eine piemontesische Armee besiegt hatte, gen Rom zog; am fatalsten für die junge Republik war jedoch, daß der Papst sich bei seiner Suche nach Waffenhilfe auch an Frankreich gewandt hatte, wo der Neffe Kaiser Napoleons, Louis Bonaparte, sich unlängst in einem Staatsstreich zum Präsidenten hatte küren lassen. Trotz seiner persönlichen Sympathie für die Sache der italienischen Nationalisten hatte Bonaparte, der sich Louis Napoleon nannte, gute Gründe, den Hilferuf des Papstes zu erhören: er brauchte die Unterstützung des französischen Klerus, um das visionäre Ziel zu erreichen, das er sich gesetzt hatte: ein zweites französisches Kaiserreich zu begründen. Er konnte nicht zulassen, daß Österreich seinen Einfluß in Italien vergrößerte, und er wollte sich auch nicht vom König von Neapel ausstechen lassen, nachdem die Tatsache, daß der Papst sich bei der Wahl seines Exilorts für Neapel entschieden hatte, bereits als diplo-

matische Niederlage für Frankreich gewertet worden war. Dazu kam,
daß bei einem großen Teil der öffentlichen Meinung Frankreichs die
Überzeugung vorherrschte, dem Papst sei schweres Unrecht geschehen;
ihm durch die Entsendung einer Armee wieder zu seinem rechtmäßigen
Thron zu verhelfen, war daher ein Vorhaben, das bei den Franzosen gut
ankommen würde. So kam es, daß auch eine französische Streitmacht
gegen die Römische Republik aufmarschierte, die sich für ihren Überle-
benskampf rüstete, indem sie am 29. März ein Triumvirat wählte, das
während der kritischen Tage und Wochen die Geschicke der Republik
leiten sollte. Dieses Triumvirat bestand aus Carlo Armellini, einem
angesehenen römischen Anwalt, Graf Aurelio Saffi, dem Kopf der
Liberalen aus der Romagna, und Giuseppe Mazzini, dem Mann, der
dank seines Charismas und seines Genies zur Seele des Selbstbehaup-
tungskampfs der Republik werden sollte.

Mazzini war 1805 als Sohn eines genuesischen Arztes geboren, der es
zum Anatomieprofessor an der Universität von Genua gebracht hatte. Er
hatte zunächst selbst die ärztliche Laufbahn eingeschlagen, war dann aber
bei der ersten Operation, der er beiwohnte, in Ohnmacht gefallen und
hatte sich daraufhin für das Jurastudium entschieden. Auch daran hatte er
wenig Gefallen gefunden, aber gleichwohl seine Prüfungen mit gutem
Erfolg abgelegt. Er war ein unbequemer und streitbarer Student, ruhelos,
ungeduldig, launisch, schwer zum Freund zu gewinnen und schnell
beleidigt. Ein schwieriger Mensch blieb er sein ganzes Leben lang. Wenn
er sich wohl und glücklich fühlte, konnte er großzügig, charmant und
lebhaft sein, aber in den Phasen mürrischer Weltverdrossenheit, die ihn
häufig überkamen, war er reizbar, überkritisch und für seine Mitmenschen schwer zu ertragen. Er kleidete sich stets in schwarz und erlaubte
sich keinerlei Luxus außer teurem Schreibpapier und ausgesuchten Duft-
wässern. Sein Speisezettel war von asketischer Schlichtheit und bestand
manchmal tagelang aus nicht viel mehr als trockenem Brot und Rosinen.
Er hatte eine äußerst wohlklingende Stimme und ein imposantes Gesicht,
zudem dunkle Augen, aus denen Funken sprühen konnten – einer, der
ihn kannte, schrieb, er sei außer Mazzini niemals einem Menschen
begegnet, dessen Augen „wie Flammen loderten“. Seine Haut war glatt
und dunkel, sein Haar schwarz und lang; er ging stets mit vorgestrecktem
Kopf, und seine Bewegungen strahlten dabei eine katzenhafte Anmut
aus.

Als Sechzehnjähriger war er durch die gewaltsame Niederschlagung
eines Aufstands in Genua auf die Carbonari aufmerksam geworden, hatte
seine Bewunderung für den revolutionären Geheimklub entdeckt und
war ihm später beigetreten. Die Einigung Italiens war ein Ziel, dem er

sich in der Folge mit Haut und Haaren verschrieb; er opferte sein ganzes Leben diesem mit fanatischer Verbohrtheit verfolgten Ziel. „Mein Anliegen ist eine Sache der tiefsten Überzeugung", pflegte er zu sagen. „Es ist mir unmöglich, daran etwas zu ändern oder Abstriche zu machen." Aber gerade in dieser dogmatischen Kompromißlosigkeit, in dieser blinden Hingabe an ein Ideal, die ihn alle der Verwirklichung seines Ziels im Wege stehenden Hindernisse ignorieren ließ, gerade in dieser Intoleranz gegenüber abweichenden Überzeugungen bestand der einzigartige und wesentliche Beitrag, den er zur Entstehung eines geeinten Italien leistete.

Als Hauptstadt kam für ihn einzig und allein Rom in Frage, „das natürliche Zentrum der italienischen Einigkeit"; Rom wurde für ihn, in den Worten der Gräfin Martinengo Cesaresco, „eine talismanische Obsession".

„Rom war der Traum meiner Jugendjahre, die Religion meiner Seele", schrieb Mazzini später. „Ich betrat die Stadt eines abends Anfang März [1849] mit einem tiefen Gefühl der Ehrfurcht, ja beinahe der Anbetung... Auf meiner Reise nach der Heiligen Stadt wurde mir das Herz sterbenskrank ob der... Zersplitterung unserer republikanischen Partei über ganz Italien. Doch als ich dann durch die Porta del Popolo fuhr, fühlte ich, wie ein elektrischer Schauer mich durchrieselte – ein Rausch neuen Lebens."

Beseelt von der Hoffnung, die Befreiung und Einigung Italiens lasse sich durch ein in Rom entzündetes Feuer, das sich über das ganze Land ausbreiten würde, herbeiführen, trat er vor die verfassunggebende Versammlung und setzte seine ganze glänzende Redekunst ein, um dieses Feuer entfachen zu helfen:

„Es gibt nicht fünf Italien, nicht vier oder drei Italien. Es gibt nur ein Italien. Gott, der es anlächelte, als er es schuf, hat ihm die beiden wunderbarsten Grenzen in Europa gegeben, Symbole ewiger Kraft und ewiger Bewegung – die Alpen und das Meer... Rom wird die heilige Arche eurer Erlösung sein, der Tempel eurer Nation... Rom ist nach dem Willen der Vorsehung und nach der Weissagung des Volkes die Ewige Stadt, der die Aufgabe anvertraut ist, die Botschaft zu verbreiten, die die Welt einigen wird... Gerade wie auf das Rom der Cäsaren, das durch Taten einen großen Teil Europas einigte, das Rom der Päpste folgte, das Europa und Amerika zu einer geistigen Sphäre vereinigte, wird auf beide das Rom des Volkes folgen und Europa, Amerika und alle anderen Teilen der Erdkugel in einem Glauben vereinigen, in dem der Geist und die Tat ineinander aufgehen werden... Die Zukunft Roms und Italiens ist die Zukunft der Welt."

Mazzini, der schnell zum führenden Kopf der Römischen Republik aufstieg, machte sich in Rom viele Feinde, weil er weder Kritik ertrug noch irgendwelche Rivalen duldete. „[Er] hält sich für den Papst und unfehlbar", schrieb einer seiner Gegner. Ein anderer, Luigi Carlo Farini, erklärte wenig später: „Er ist Papst, Fürst, Apostel, Priester. Wenn die Pfaffen fort sind, wird er sich in Rom wie zu Hause fühlen… Er hat mehr von einem Priester als von einem Staatsmann an sich. Er will die Welt an die Kette seiner persönlichen unwandelbaren Ideen legen."

Für die breite Masse der Römer war Mazzini jedoch eine charismatische Führerfigur, ein Mann, von dessen fiebernder, fast hysterischer Begeisterung sie sich bereitwillig anstecken ließen. Er bezog Quartier in einem kleinen Zimmer des Quirinalspalasts, von dem aus er jeden Morgen einen Spaziergang durch die Straßen der Stadt unternahm, stets „mit dem gleichen Lächeln und jeden mit freundlichem Handschlag begrüßend". Er strahlte eine unerschütterliche Zuversicht in die Zukunft der Republik und in die unvergleichliche Größe Roms aus, die Stadt, in deren Luft er „das Pulsieren eines immerwährenden Lebens" spürte und unter deren Ruinen sich „die Unsterblichkeit zweier Epochen, zweier Welten" regte. Daß die Stadt vielleicht fallen würde, wenn ihr niemand zu Hilfe kam, mußte er einräumen; doch noch in der Niederlage würden, so glaubte er, die Verteidiger der Stadt ihre „römische Religion" wiederfinden, und aus den Aschen ihrer Niederlage würde sich, erstarkt und geläutert, ein neuer Geist erheben.

Außenstehenden erschien der Sturz der Römischen Republik unvermeidlich. In einem Leitartikel in der ‚Times' war geringschätzig von den „degenerierten Überresten des römischen Volks" die Rede, die sich in dem Irrglauben, sie seien Helden, zum Kampf rüsteten; und in Rom ansässige Ausländer machten keinen Hehl aus ihrer Überzeugung, das Triumvirat werde bald in die Wüste geschickt, die Verteidiger Roms würden beim ersten Schuß davonlaufen und die Mehrheit der Römer warte ohnehin nur ungeduldig auf die Ankunft der Franzosen und auf das Ende der Republik. Tatsächlich boten die Truppen, die das Triumvirat für die Verteidigung der Stadt zusammengebracht hatte, wenig Anlaß zu der Hoffnung, daß es gelingen könnte, die Franzosen zurückzuschlagen. Die Nationalgarde umfaßte nur rund 1000 Mann und schien somit für die geschulten französischen Truppen kein ernsthafter Gegner zu sein. Zwar hatten sie, als Mazzini zu ihnen sprach, lautstark ihre Kampfbereitschaft beteuert; doch untereinander gaben sich die Offiziere, von denen einige mutlos und viele unsicher waren, ob es sich für die Republik zu sterben lohnte, weit weniger kriegerisch. Dann waren da noch die rund 2500 Mann starken regulären päpstlichen Truppen, die sich bereiterklärt hatten, die neue Regierung gegen die Verbündeten ihres Ex-Dienstherrn zu verteidigen; von den meisten glaubte man jedoch, daß nicht so sehr der Glaube an die Republik sie beseelte als die Eifersucht auf die Schweizergarde, die, so meinten sie, in der Vergangenheit stets der Päpste liebstes Kind gewesen war. Zu diesen mehr oder weniger regulären Truppen gesellte sich nun aber noch eine starke, erfahrene und hochmotivierte Streitmacht, die am 27. April in Rom einmarschiert war, geführt von einer bärtigen, messianisch wirkenden Gestalt mit einem auffälligen, mit Straußenfedern geschmückten schwarzen Filzhut auf dem Kopf, mit braunem, bis zu den breiten Schultern herabwallendem Haar, tiefliegenden Augen und einer imposanten Adlernase. Kühne Blicke nach rechts und links werfend, war dieser Mann auf einem Schimmel seiner Truppe vorangeritten.

„Ich werde diesen Tag nie vergessen", schrieb ein junger Künstler, der sein Atelier verließ, um an der Seite dieses beeindruckenden Ankömmlings zu kämpfen. „Er erinnerte uns, mehr als an alles andere, an die Bilder unseres Heilands in den Galerien. Alle sagten das. Ich konnte ihm nicht widerstehen. Ich lief ihm nach. Tausende taten es mit mir. Er brauchte sich nur zu zeigen. Wir alle verehrten ihn. Wir konnten nicht anders."

Der zweiundvierzigjährige Giuseppe Garibaldi war ein außerordentlich befähigter Guerillaführer. Er war als Sohn eines Seemanns in Nizza geboren, kurz nachdem Napoleon diese Stadt, die zuvor zum Königreich Piemont gehörte, für Frankreich annektiert hatte. Die Muttersprache, mit der er aufgewachsen war, war der ligurische Dialekt, seine zweite Muttersprache das Französische. Mit dem Italienischen tat er sich daher nicht ganz leicht; nie vermochte er den Akzent abzulegen, der seine Herkunft aus der Grenzprovinz verriet. Wie sein Vater war er auf dem Meer aufgewachsen; schon als Jugendlicher hatte er als Offiziersbursche zur See gedient. Als Achtzehnjähriger war er die Küste des Kirchenstaates hinabgesegelt und dann in einem kleinen, von Ochsen gezogenen Boot, das eine Ladung Wein an Bord hatte, den Tiber hinaufgeschippert. „Das Rom, das ich damals mit den Augen meiner jugendlichen Phantasie betrachtete", schrieb er, „war das Rom der Zukunft – das Rom, an dem ich nie irre wurde, auch nicht als Schiffbrüchiger, als Todkranker, als in die tiefsten Tiefen des amerikanischen Urwalds Verbannter – der Gedanke, der mein ganzes Leben beherrschte und inspirierte."

Er war nach Südamerika geflohen, nachdem er im Gefolge eines von der Bewegung Junges Italien angezettelten, mißglückten Aufstands zum Tode verurteilt worden war. Dort, in der Fremde, hatte er, wie er es ausdrückte, „der Sache der Nationen gedient", indem er sich kämpfend an mehreren Revolutionen beteiligte. 1848 nach Italien zurückgekehrt, stellte er fest, daß er rein zufällig einen Moment erwischt hatte, in dem das Land sich in einem Gärungsprozeß befand, einen Moment, in dem sein Traum von einem vereinigten Italien mit Rom als Hauptstadt plötzlich der Verwirklichung nahe schien. Rein äußerlich war die Truppe, die sich um Garibaldi scharte, freilich nicht geeignet, den Römern allzuviel Vertrauen einzuflößen. Mit ihren langen, ungepflegten Haaren, ihren struppigen Bärten und ihren staubbedeckten, hohen, mit schwarzen Federn geschmückten Hüten muteten sie mehr wie Banditen als wie Soldaten an. Manche waren mit Musketen, andere mit Lanzen bewaffnet, und alle hatten einen Dolch im Gürtel. Sie trugen eine Art Uniform: die einfachen Soldaten eine dunkelblaue Tunika, die Unteroffiziere und Offiziere rote Kittel ähnlich denen, die Garibaldi und seine italienischen Kampfgenossen in Südamerika getragen hatten, seit ihnen ein Vorrat davon in Montevideo in die Hände gefallen war (die Kittel hatten dort zum Export nach Argentinien bereitgelegen, wo sie als Arbeitskleidung in Schlachthäusern zum Einsatz hätten kommen sollen). „Sie ritten mit amerikanischen Sätteln", vermerkte ein regulärer italienischer Offizier geringschätzig, „und schienen stolz darauf zu sein, wie wenig Wert sie auf all die Formalitäten legten, die bei regulären Truppen strenge Beachtung finden." Sie waren in der Tat ein „Haufen von Briganten", wie ein in Rom ansässiger Engländer einem Besucher anvertraute, und sie waren nicht im mindesten geeignet, der Republik nach außen hin ein höheres Ansehen zu verschaffen. Doch so groß war die Begeisterung, die ihr Anführer versprühte, daß dieser abenteuerlichen Truppe im Handumdrehen Hunderte von Freiwilligen zuströmten: Künstler und Bürogehilfen, Schüler und Schiffer, Römer und Ausländer – Engländer, Holländer, Schweizer und Belgier. Studenten und jüngere Dozenten der Universität schlossen sich Garibaldi in so großer Zahl an, daß es zur Bildung eines eigenen Studentenkorps' reichte. Bald mußten selbst die konservativsten und skeptischsten Beobachter zugeben, daß die Überlebenschancen der Republik stiegen und daß an den Kernforderungen ihres politischen Programms wenig auszusetzen war: „Kein Klassenkampf, keine Mißgunst gegen bestehenden Reichtum; keine willkürliche oder ungerechte Verletzung von Privateigentum; statt dessen ein beständiges Bemühen um die Verbesserung der materiellen Lebensbedingungen der vom Schicksal am wenigsten begünstigten Klassen." Das Vermögen der Kirche sollte freilich verstaatlicht, die Amtsgebäude der Inquisition in Wohnhäuser umgewandelt, kirchlicher Grundbesitz in Parzellen aufgeteilt und zum Nominalzins verpachtet werden. Jedoch verfügte die Regierung, daß es keine Verfolgung von Priestern geben dürfe, auch nicht von denen, die gegen die Republik predigten. In der Tat kam es in Rom kaum zu antikirchlichen Ausschreitungen. Der Korrespondent der ‚Times', der selbst nicht vor Ort war, schenkte den haarsträubendsten Berichten

Glauben, die aus der Stadt drangen, und schilderte Fälle von Priestern, die, weil sie den Mut gehabt hatten, ihre Meinung öffentlich zu sagen, in Stücke gehauen und in den Tiber geworfen worden seien. In Wirklichkeit lebte man als Priester im Rom jener Tage, wie der englische Dichter Arthur Hugh Clough seinen Freunden mitteilte, ganz ungefährlich. „Das Schlimmste, was ich erlebt habe", schrieb Clough, „war, daß an zwei Stellen des Corso ein handgeschriebener Zettel angeklebt wurde, auf dem sieben oder acht Männer einem öffentlichen Scherbengericht anempfohlen wurden. Das geschah über Nacht. Noch vor dem nachfolgenden Abend hing in allen Straßen eine Proklamation von – dessen bin ich sicher – Mazzinis Hand, die derartige Anprangerungen scharf und zornig geißelte."

Gewiß, einige unschöne Dinge passierten: auf ein Gerücht hin, das besagte, in den Verliesen der Inquisition sei eine mit menschlichen Knochen und Haaren vollgestopfte Kammer entdeckt worden, kam es zu einem gewaltsamen Tumult; nach Beginn der Belagerung wurden etliche Priester ermordet, von denen einige zuvor auf römische Soldaten geschossen hatten; ermordet wurden auch drei Bauern, die man irrtümlich für Spione hielt; und ein fanatisch antiklerikaler Terrorist aus Forlì, dem man das Kommando über ein Freiwilligenregiment anvertraut hatte, ließ sich in Trastevere eine Anzahl bestialischer Verbrechen zuschulden kommen. Wenn jedoch der Papst erklärte, Rom sei „eine Höhle wilder Tiere [geworden], … die die persönliche Freiheit anständiger Menschen beschneiden und deren Leben den Dolchen von Halsabschneidern ausliefern", so war das nach allgemeiner Ansicht eine ungerechtfertigte Verteufelung. Tatsächlich wurde die Maxime der Republik: „Festigkeit im Prinzipiellen, Toleranz gegenüber Personen", weithin befolgt.

Trotz des Stimmungsaufschwungs, den die Ankunft der Garibaldini in Rom bewirkt hatte, waren die in Rom lebenden Ausländer nach wie vor eher skeptisch, ob es der Republik gelingen werde, sich der mächtigen Gegner zu erwehren, die sie gegen sich aufgebracht hatte. Der amerikanische Bildhauer und Schriftsteller William Wetmore Story sah beim Bau der Barrikaden an der Porta S. Giovanni zu und gewann den Eindruck, die Arbeiter seien „zu faul zum Leben". An einem anderen Tag besuchte er die Porta Cavalleggeri und die Porta Angelica,

„um die Barrikaden oder vielmehr Erdhügel, Wälle und Palisaden zu sehen, welche die Römer für den Fall eines französischen Angriffs aufbauen. Sie arbeiteten daran seit dreißig Stunden und hatten an manchen Stellen eine Höhe von weniger als einem Meter erreicht… Hier wird nichts richtig ernstgenommen. Die Arbeiter standen malerisch da, untätig auf ihre Spaten gestützt, und alles wurde so lässig gehandhabt, als befinde sich der Feind noch in Frankreich und nicht wenige Wegstunden vor der Stadt."

Am Tag danach wurde Story auf der Piazza SS. Apostoli Zeuge, wie der Befehlshaber der *Guardia Civica* seine Männer auf die Republik einschwor. Er fragte sie, ob sie bereit seien, für die Verteidigung Roms ihr Leben einzusetzen. Sie brüllten „*Si!*" und steckten dabei ihre Mützen auf ihre Bajonette. Der Platz „hallte wider von Hurrarufen, aber die Begeisterung schien mir nicht ganz von der richtigen Art zu sein – es war eher eine *festa*-Demonstration".

Emilio Dandolo, der mit einem Bataillon *bersaglieri* aus der Lombardei am 29. April in Rom einzog, gewann denselben Eindruck. Er hatte das Gefühl, der Beifall, der ihm und seinen Männern aus den Fenstern der Häuser zu beiden Seiten entgegenbrandete, könnte so auch zur Eröffnung des Schlußakts irgendeiner absurden Komödie erklingen.

„Es herrschte das gleiche Überangebot an Standarten, Kokarden, Parteiabzeichen... wie in den letzten Monaten der Freiheit Mailands [bevor die Österreicher wieder die Herrschaft übernahmen], dasselbe Klirren der Schwerter auf den öffentlichen Straßen, dieselbe Vielfalt der Offiziersuniformen, von denen nicht eine der anderen glich und die allesamt eher für den Fundus einer Bühne geeignet schienen als für den militärischen Einsatz... Dieses Aufgebot von Kriegern mit glitzernden Helmen und zweiläufigen Gewehren und mit Dolchen im Gürtel tröstete uns kaum über die geringe Zahl richtiger, gut ausgebildeter Soldaten hinweg."

Hinter dieser etwas bombastischen und unwirklichen Fassade ging jedoch die Arbeit an der Befestigung Roms zügig vonstatten, wie sarkastisch Story dies auch immer kommentieren mochte. Barrikaden wurden errichtet, Mauern mit Schießscharten versehen; die Bäume in den Gärten der Villa Borghese wurden gefällt, weil sie für den Barrikadenbau benötigt wurden; der ummauerte Gang zwischen dem Vatikan und der Engelsburg wurde abgetragen. In jedem *rione* wurden Männer ernannt, die das Kommando über die Bürgermilizen übernehmen sollten, sobald die Glocken des Kapitols und des Montecitorio den Beginn des Angriffs verkündeten. Auf verschiedenen Plätzen wurden Tribünen errichtet, damit die besten Redner der Republik gebührend auf das Volk einwirken konnten; Priester und Nonnen wurden aufgefordert, für den Sieg zu beten. All denen, die ihr Leben im Kampf einsetzen wollten, wurden Pensionen zugesagt; auf Initiative von Prinzessin Belgioso wurden Lazarette eingerichtet – nahezu 6000 Freiwillige meldeten sich, um hierbei behilflich zu sein.

Garibaldi tauchte überall auf. Man hatte sich entschlossen, ihn nicht zum Oberbefehlshaber zu ernennen, da der Vorwurf, die Stadt sei unter Kontrolle fremder Elemente geraten, ohnehin schon allenthalben erhoben wurde. Doch sahen die meisten in ihm ihren eigentlichen militärischen Führer, und überall, wo er mit seinem hünenhaften, exotisch gekleideten schwarzen Diener erschien, der mit ihm aus Südamerika gekommen war, wurde er mit lauten Jubelrufen begrüßt. Garibaldis eigene Truppe, verstärkt durch rund 1300 Freiwillige aus Rom und dem Kirchenstaat und unterstützt von Einheiten der päpstlichen Streitkräfte und der Nationalgarde, bekam vom Kriegsminister der Republik, General Avezzana, den Frontabschnitt zugewiesen, der aller Voraussicht nach am schwersten zu verteidigen sein würde: die Abhänge des Janiculus südlich des Vatikan, zwischen der Porta Cavalleggeri und der Porta Portese. Befestigt war die Stadt in diesem Abschnitt durch ein System von Mauern, das sich von der Engelsburg aus südwärts erstreckte und das unter Urban VIII. errichtet beziehungsweise ausgebaut worden war, nachdem die Erfindung des Schießpulvers den Belagerungskrieg revolutioniert hatte. Diese Mauern waren weit besser als die Aurelianische aus antiker Zeit geeignet, sowohl Schutz vor Artilleriefeuer zu gewähren als auch das davorliegende Gelände mit Geschützfeuer zu bestreichen. Sie hatten jedoch den schweren Nachteil, daß dieses vorgelagerte, unbebaute Gelände stadtauswärts anstieg und an einigen Punkten gleich hoch oder sogar noch höher war als die Befestigungsmauern. Es stand zu erwarten, daß die Franzosen sich auf diese Schwachstelle konzentrieren und versuchen würden, von der Anhöhe herab die zwischen der Porta Cavalleggeri und der Porta Portese gelegene Porta S. Pancrazio, die direkt in das Stadtviertel Trastevere führte, unter konzentriertes Geschützfeuer zu nehmen. Auf jenen Anhöhen jenseits der Stadtmauer befanden sich zwei von Gärten umgebene Villen, die Villa Corsini[1] und die Villa Pamphilj.[2] Es war die ungeschützt gelegene Villa Corsini, in der Garibaldi sein Hauptquartier aufschlug, derweil nur wenige Kilometer weiter nördlich, jenseits der sich an den Talhängen hinaufziehenden Weinberge, die französische Armee durch eine von ihren Bewohnern verlassene Landschaft marschierte.

Der französische Befehlshaber, General Oudinot, hatte seinen Soldaten versichert, die Römer würden sie als Befreier vom päpstlichen Joch willkommen heißen und ihnen keinen Widerstand leisten. So marschierten sie hoffnungsfroh im Schein der warmen Aprilsonne; auf Belagerungsmörser hatten sie ebenso verzichtet wie auf Steigleitern, und ihre Späher waren den farbenprächtig uniformierten Linientruppen nur eine kurze Wegstrecke voraus. Oudinot hatte vor, den Zugang zur Stadt entweder durch die Porta Angelica – zwischen dem Vatikan und der Engelsburg – oder durch die Porta Pertusa zu gewinnen, die jedoch von den Verteidigern zugemauert worden war. Als die Vorhut seiner Truppe, in ordentlicher Formation marschierend und mit weißen Uniformjacken und schweren Tschakos ausstaffiert, in Sichtweite der Porta Pertusa erschien, wurden aus zwei auf der Leoninischen Mauer postierten Kanonen Schüsse abgefeuert. Die Franzosen hielten dies zunächst für eine gewöhnliche Signalsalve, die die Mittagsstunde verkündete. Als aber weitere Schüsse fielen, zogen sie den Schluß, daß die Römer offenbar doch gewillt waren, zumindest symbolischen Widerstand zu leisten. Oudinot erteilte daher den Befehl, die Artillerie zu entladen und in Stellung zu bringen und einen Sturmangriff auf die Mauer zu unternehmen.

Es zeigte sich jedoch, daß dieser Angriff alles andere als ein Kinderspiel war, wie die Heißsporne unter den französischen Offizieren es sich gedacht hatten. Eine Reihe von Infanterie-Sturmläufen im Bereich des Vatikan und des Borgo scheiterte im schweren Artillerie- und Musketenfeuer, das den Angreifern entgegenschlug; die Mauern waren in diesem Bereich mit Männern aus den ärmsten Straßen von Trastevere besetzt, die teilweise nur mit Pistolen und Messern bewaffnet waren. Die zurückgeschlagenen französischen Einheiten suchten Deckung hinter den umliegenden Hügeln und den Erddämmen, die das Tal unterhalb des Vatikanhügels querten. Garibaldi, der diese ersten Gefechte von der Terrasse der Villa Corsini aus beobachtete, befand, daß nunmehr der richtige Augenblick für ein Eingreifen seiner Leute gekommen war. Noch war erst ein kleiner Teil der Franzosen aktiv geworden, und ihr Scheitern war eher ein kleiner Rückschlag als eine richtiggehende Niederlage; wenn er aber mit seinen Männern jetzt angriff, während der Feind sich wieder sammelte und über sein weiteres Vorgehen beriet, konnte man ihn überraschen und gleichsam auf dem falschen Fuß erwischen. So ließ er alle Vorkehrungen zum Abmarsch seiner Garibaldini treffen und schickte etwa 300 seiner jungen Freiwilligen als Vorhut voraus.

Die Freiwilligen wandten sich jenseits der Gärten der Villa Pamphilj hangabwärts und folgten, auf der Talsohle angekommen, einem Hohlweg, der Via Aurelia Antica, die von der Porta S. Pancrazio zur Straße nach Palo führte. Und hier, unter den Bögen des Paulinischen Aquädukts, trafen die Freiwilligen, größtenteils militärisch unausgebildete Studenten, unversehens auf acht Kompanien des 20. französischen Linienregiments, einer gut gedrillten und disziplinierten Truppe. Die Studenten stürmten ohne Rücksicht auf Verluste los, feuerten ihre Musketen ab, schwangen ihre Bajonette, brüllten patriotische Schlachtrufe und schlugen, zu ihrer eigenen freudigen Überraschung, die Franzosen in die Flucht. Aber diese gewannen bald wieder ihre Fassung, stellten sich und brachten den Ansturm der Studenten zum Stillstand. Dann bliesen die Franzosen wieder zum Vormarsch, und wenige Minuten später sahen sich sowohl die jungen Freiwilligen als auch die Männer der Garibaldi-Legion, die inzwischen zu ihrer Unterstützung eingetroffen waren, gegen die Stadtmauern zurückgedrängt.

Nun tauchte Garibaldi persönlich auf; im Poncho auf seinem Schimmel reitend, gab er eine imposante Figur ab. Er hatte aus Rom Reserven herbeigeholt, päpstliche Truppen und *bersaglieri*; mit Hilfe dieser Einheiten und den Männern seiner eigenen Legion, die noch nicht in den Kampf eingegriffen hatten, sammelte er seine Streitkräfte und rückte, sie lautstark anfeuernd, zum Gegenangriff vor. Seinem Ruf folgend, sprengten die Italiener quer durch die Gärten den Franzosen entgegen; wilde Schreie ausstoßend, rannten sie zwischen den Brunnen und Statuen hindurch, die bereits in Wolken von Pulverdampf gehüllt waren, stürzten sich auf die durch ihre schweren Uniformen im Nahkampf behinderten Gegner und stachen und schlugen auf sie ein, daß die Blumen und das Gras sich vom Blut röteten. Sie kämpften „wild wie Derwische", erinnerte sich ein französischer Offizier später, „und drangen sogar mit den bloßen Händen auf unsere Männer ein".

Die Franzosen, die diesem stürmischen Angriff nicht standzuhalten vermochten, zogen sich bald hinter den Aquädukt, dann hinter die Weinberge und schließlich über die Straße nach Palo bis nach Castel di Guido, 35 Kilometer von Rom entfernt, zurück. An die 500 tote und schwerverwundete Franzosen blieben auf dem Schlachtfeld liegen, fast ebensoviele wurden von den Römern gefangengenommen. Auf die Nachricht von diesem wunderbaren Sieg hin stürmten die Bürger Roms, „euphorisch und überrascht ob der eigenen Stärke", wie Story festhielt, auf die Straßen, um zu feiern. Bis weit in die Nacht hinein war die Stadt erhellt von dem Licht, das aus unzähligen unverhängten Fenstern und aus überfüllten Cafés und Restaurants auf die Straßen fiel. Überall drängten sich fröhliche Menschen und beglückwünschten einander zu dem Kampfesmut, den die Römer und ihre treuen Freunde bewiesen hatten. „Die Italiener kämpften wie Löwen", beobachtete Margaret Fuller. „Es ist ein wahrhaft heroischer Geist, der sie beseelt. Sie stehen hier ein für die Ehre und ihre Rechte…"

Garibaldi beschwor Mazzini, die durch die allgemeine Begeisterung und den Sieg vom 30. April erwirkte Gunst der Stunde auszunützen, dem Gegner nachzusetzen und ihn mit einem neuen Angriff zu überraschen. Doch Mazzini setzte seine Hoffnung auf eine gütliche Einigung mit Frankreich und wollte jedes Vorgehen vermeiden, das eine Verständigung mit Paris erschweren konnte. „Die Republik ist nicht im Kriegszustand mit Frankreich", erklärte er kategorisch, „sondern lediglich im Zustand der Verteidigung." Die französischen Kriegsgefangenen sollten, so bestimmte er es, wie geladene Gäste der Stadt behandelt, gut verköstigt und mit Wein und Zigarren versorgt werden. Die Verwundeten unter ihnen sollten mit der gleichen Sorgfalt gepflegt werden, wie etwa ein italienischer Offizier sie erwarten durfte. Diese Maßregeln machten jedoch wenig Eindruck auf den französischen Präsidenten Louis Napoleon; in seinen Augen war es eine Schande, daß seine Armee zurückgeschlagen worden war. „Unsere militärische Ehre ist bedroht", teilte er General Oudinot mit. „Ich werde nicht zulassen, daß sie geschändet wird. Sie können sicher sein, Verstärkung zu erhalten." Um die dafür benötigte Zeit zu gewinnen, schickte er Ferdinand de Lesseps nach Rom; dieser sollte in Verhandlungen über eine friedliche Regelung eintreten und die Römer hinhalten, bis General Vaillant, Frankreichs fähigster Militärtechniker, zu Oudinots Armee gestoßen war.

Garibaldi verzieh Mazzini niemals die in seinen Augen haarsträubende Fehleinschätzung der sich in dieser Situation bietenden Optionen. „Wenn Mazzini willens gewesen wäre, zu begreifen, daß ich möglicherweise etwas vom Kriegführen verstand..., wie anders hätte alles ausgehen können", schrieb er Jahre später. Mazzini habe sich, so Garibaldi, immer „zum General berufen gefühlt, aber ihm fehlten dafür die Grundvoraussetzungen".

Garibaldis eigene Schwächen als General zeigten sich, ebenso wie seine herausragenden Fähigkeiten als Guerillaführer, in den Operationen, die die Verteidiger der Römischen Republik jetzt gegen die Neapolitaner von König Ferdinand unternehmen mußten. Bei Palestrina wiesen die Römer diesen Gegner gehörig in die Schranken; doch bald, nachdem Garibaldi von dort aus nach Rom zurückgekehrt war, trafen die französischen Verstärkungen vor der Stadt ein, und nun hatte man es mit einem weitaus gefährlicheren Feind zu tun.

„Die Befehle meiner Regierung sind eindeutig", teilte General Oudinot der Römischen Republik mit. „Sie besagen, daß ich in Rom so bald wie möglich einmarschieren soll... Ich habe den mündlichen Waffenstillstand aufgehoben, den ich auf Drängen von Herrn von Lesseps einstweilen gewährt hatte. Ich habe Ihre Außenposten darauf hingewiesen, daß jede der beiden Armeen das Recht hat, die Kampfhandlungen wieder zu eröffnen. Nur um unseren in Rom ansässigen Landsleuten Zeit zum Verlassen der Stadt zu geben..., verschiebe ich den Angriff auf den Ort bis Montagmorgen."

Die römischen Generäle, die glaubten, mit ‚Ort' meine Oudinot nicht nur die Stadt selbst, sondern auch alle ihre militärischen Außenposten, wie etwa die für die Verteidigung Roms so wichtigen Villen Corsini und Pamphilj, hielten es für angebracht, daraufhin für den Sonntag Entwarnung zu geben und ihren Männern zu sagen, sie könnten diesen Tag zur Erholung nützen. Indes, später behauptete Oudinot, er habe mit ,Ort' nur die Stadt selbst gemeint. Nachdem er den Gedanken eines Sturmangriffs auf der gegenüberliegenden Seite Roms verworfen hatte, da er fürchtete, dies werde zu langwierigen Straßenkämpfen führen, traf er die nötigen Vorkehrungen, um die beiden strategisch wichtigen Villen zu erobern und so die Voraussetzungen für einen Angriff von Westen her zu schaffen. Der Angriff auf die Villen begann am Sonntag, den 3. Juni, in den frühen Morgenstunden. Da die Verteidiger Roms zu diesem Zeitpunkt schlafend in ihren Biwaks lagen, konnten die Franzosen beide Gebäude, und dazu noch ein anderes, kleineres Haus, die am Fuße des Hangs gelegene Villa Medici del Vascello,[3] ohne große Schwierigkeiten besetzen.

In Rom war wenig später die Hölle los. In der ganzen Stadt läuteten die Glocken der *campanili*, die Trommeln dröhnten, und die Massen liefen auf den Plätzen zusammen. Soldaten rannten kreuz und quer durch die Stadt zu ihren Einsatzorten, Droschken rasten in vollem Galopp durch die engen Straßen von Trastevere, um Hilfe für die Verwundeten zu bringen, die in Schubkarren durch die Porta S. Pancrazio hereingebracht wurden. Ein Bote kam in die Gemächer in der Via delle Carrozze nahe der Piazza di Spagna gestürzt, wo Garibaldi rheumakrank und mit einer bereits einen Monat alten eiternden Wunde darniederlag. Als er erfuhr, was geschehen war, sprang er aus dem Bett, schnallte sich seinen Schwertgürtel um und beeilte sich, zur Porta S. Pancrazio zu kommen. Von außerhalb des Tors konnte er zu der viergeschossigen Villa Corsini hinaufblicken, in der sich jetzt die Franzosen mit einer starken Besatzung verschanzt hatten; ihre Scharfschützen konnten, aus der Deckung einer niedrigen Mauer heraus, die mit zahlreichen in große Tontöpfe gepflanzten Orangenbäumchen vollgestellt war, das gesamte zur Stadt hin abfallende Gelände zwischen der Villa und der Porta S. Pancrazio bestreichen. Auf der der Stadt zugewandten Seite der Villa führte ein schmaler, von hohen Buchsbaumhecken flankierter Fahrweg von einer Außentreppe zu einem Tor in der Gartenmauer. Das Gebäude hätte nicht besser zur Abwehr eines Angriffs von der Stadtseite her geeignet sein können. Und selbst wenn seine Rückeroberung gelingen sollte, bot das dahinterliegende Gelände der Villa Pamphilj dem Gegner genügend Platz und Deckung, daß sie sich zu einem auf breiter Front vorgetragenen, von Artillerie unterstützten Gegenangriff sammeln konnten. Obwohl Garibaldi sich über alle diese Probleme im klaren war, sah er keine andere Möglichkeit, als einen frontalen Sturmangriff auf die Villa Corsini zu versuchen. Das Unternehmen würde unweigerlich einen schrecklichen

Blutzoll unter seinen Männern fordern, die aus der engen Porta S. Pancrazio hervorbrechen, ungeschützt über offenes Gelände zur Gartenmauer der Villa rennen, das Nadelöhr des Gartentors passieren und schließlich noch den von den vielen Fenstern der Villa gut einsehbaren heckengesäumten Fahrweg entlanglaufen mußten und dabei die ganze Zeit den sicher verschanzten französischen Scharfschützen ein bequemes Ziel bieten würden.

Wieder und wieder trieb General Garibaldi seine Leute zum Angriff, und jedesmal wurden sie unter großen Verlusten zurückgetrieben. Mit dem Ruf „Lang lebe die Römische Republik!" stürmten die Soldaten und Freiwilligen los, nur um von den Gewehrsalven der Franzosen niedergemäht zu werden und tot oder verwundet in der warmen Frühlingssonne liegenzubleiben. Die ganze Zeit über spielte im Schutz der Stadtmauer eine Kapelle, so laut sie konnte, die Marseillaise, in der vergeblichen Hoffnung, die Franzosen, die ja schließlich Republikaner waren, dazu bewegen zu können, daß sie beschämt ihre Waffen niederlegten. Ein- oder zweimal schaffte es eine Gruppe der todesmutigen Italiener, im Schutz der Staub- und Rauchwolken die Treppe zu erreichen, in die Villa einzudringen und ein paar Gegner aus dem Fenster zu stürzen; doch jedesmal wurden sie von den Franzosen in einem prompten Gegenangriff überwältigt, bevor eine größere Zahl von Italienern die Villa erreicht hatte. Über einen dieser couragierten Angriffsversuche, unternommen von etwa 400 *bersaglieri*, berichtete später einer der beteiligten Offiziere: links und rechts, vor und hinter ihm fielen Getroffene zu Boden; die anderen aber kehrten nicht um, sondern knieten sich hin, um zu feuern, als hätten sie ein Schutz gewährendes Mäuerchen erreicht. Viele starben noch, bevor der Hornist Befehl erhielt, zum Rückzug zu blasen. Beim Zurücklaufen stürzten so viele zu Boden, daß der Offizier glaubte, sie seien „in ihrer Hast über die Wurzeln der Rebstöcke gestolpert. Aber ihre reglosen Leiber verrieten mir die Wahrheit."

Nach stundenlangem Beschuß durch die römischen Geschützbatterien begann die bereits an mehreren Stellen brennende Villa Corsini in sich zusammenzustürzen. Von der Stadtmauer aus konnte man sehen, wie die Mauern und Zwischenböden einbrachen und die französischen Besetzer sich an den Enden geborstener Balken festhielten. Garibaldi, der den ganzen Vormittag über zur Stelle gewesen war und mit lauten Anfeuerungsrufen ein Kommando nach dem anderen zum Angriff vorgeschickt hatte, war selbst unverwundet geblieben, obwohl zahlreiche Musketenkugeln und Metallsplitter seinen Poncho und seinen ausladenden Hut zerfetzt hatten. Nun beschloß er, einen letzten Angriff auf die Villa zu wagen und daran selbst teilzunehmen. Fast wäre das Vorhaben gelungen:

die zertrümmerte Villa wurde genommen, die Franzosen auf das Gelände der Villa Pamphilj zurückgetrieben. Angesichts dessen ergossen sich scharenweise Zivilisten, die das Geschehen verfolgten, aus der Porta S. Pancrazio und rannten die Anhöhe hinauf, um den Siegern zu gratulieren. Doch ihr Jubel war verfrüht. Die Franzosen bliesen wiederum zum Gegenangriff und eroberten die Villa zurück; wieder fanden zahlreiche Italiener den Tod.

In den Reihen der überlebenden Offiziere war der Mißmut über Garibaldi groß, der ihrer Ansicht nach seine Truppen verheizt hatte. „[Er] hatte sich", wie einer von ihnen, Emilio Dandolo, schrieb, „als Divisionsgeneral als genauso unfähig erwiesen, wie er sich in den Scharmützeln gegen die Neapolitaner als fähiger und souveräner Anführer bewährt hatte." In Rom wurden an diesem Abend jedoch nur wenige kritische Stimmen gegen ihn laut. Die Gespräche drehten sich vielmehr um den schmählichen Wortbruch der Franzosen, um den Heroismus der italienischen Soldaten und Freiwilligen und um die vielen jungen Männer, die mutig ihr Leben hingegeben hatten, getreu dem Motto *Roma o morte!"*

„Römer!" erklärte Mazzini in einer Proklamation an das römische Volk, „ihr habt die Ehre Roms hochgehalten, die Ehre Italiens… Möge Gott euch segnen, Treuhänder der Ehre eurer Vorväter, ebenso wie wir, in stolzer Anerkennung eurer Größe, euch im Namen Italiens segnen.

Römer! Der heutige Tag ist ein Tag der Helden, ein Blatt im Buch der Geschichte. Gestern sagten wir euch: Zeigt Größe. Heute sagen wir euch: Ihr habt Größe gezeigt… Wir sagen in vollster Überzeugung…, daß Rom unbesiegbar ist. Wacht heute nacht gut über die Mauern eurer Stadt. In diesen Mauern ruht die Zukunft der Nation… Lang lebe die Republik!"

Diese bewegenden Worte weckten in den Verteidigern Roms einen Kampfgeist, der den Franzosen unerschöpflich schien. Ihre Kanonen feuerten ohne Unterbrechung; wann immer die Franzosen einen Angriff auf einen exponierten Teil der Verteidigungslinien unternahmen, konterten die Römer – *bersaglieri*, Garibaldini, päpstliche Truppen und Freiwillige – mit einem Ausfall und stürzten sich mit gezücktem Bajonett auf die Angreifer. Andere rackerten unter den Kugeln der Franzosen, um Befestigungen instandzusetzen und neue Wälle aufzuschütten. Arthur Hugh Clough besuchte im Lazarett von Monte Cavallo verwundete italienische Kämpfer und gewann den Eindruck, daß sie bereit waren, „bis zum letzten zu kämpfen". Die Zivilbevölkerung reagierte auf die Tatsache, daß die Granateneinschläge häufiger wurden und sich dem Herzen der Stadt näherten, „ziemlich gelassen". In Trastevere, dem am unmittelbarsten gefährdeten Stadtteil, schienen die Menschen, wie Clough registrierte, von ganzem Herzen hinter Mazzini zu stehen. „Vor kurzem noch so katholisch", verfluchten sie jetzt den Papst und die Kirche, „auf deren Rechnung sie dieses Blutvergießen und diese Schrecknisse setzten". *„Ecco un Pio nono!"* pflegten sie zu rufen, wenn eine Granate angeflogen kam; und wenn eine einschlug und nicht explodierte, eilten sie hin, hoben sie auf und warfen sie in den Fluß. Auch als gegen Ende Juni viele von ihnen ihre zerbombten Häuser verlassen mußten, schien ihr Widerstandswille ungebrochen.

Clough gewann jedoch den Eindruck, daß das gutbürgerliche Rom die Republik nicht mit derselben Leidenschaft verteidigte. Diese Bürger betrachteten den Abwehrkampf, so mutmaßte Clough, als „ziemlich nutzlosen Kraftakt", doch ging ihnen „diese Sache nicht so sehr unter die Haut, daß sie aktive Schritte gegen eine Regierung unternommen hätten, die sich durch ihr ebenso gemäßigtes wie tatkräftiges Handeln ihren Respekt erworben" hatte. Mit zunehmender Zeit griff das Gefühl, daß die Republik dem Untergang geweiht sei, immer mehr um sich. Es fiel den Kommandeuren zusehends schwerer, die Wachsamkeit und Disziplin der römischen Truppen aufrechtzuerhalten. Immer mehr Kanoniere begannen damit, Schüsse aufs Geratewohl abzugeben, als sei es ihnen ziemlich egal, wo die Kugeln einschlugen; und unter den Zivilisten breitete sich so viel Überdruß aus, daß einmal eine zum Befestigungsbau eingeteilte Gruppe mit gezogenem Bajonett zur Arbeit gezwungen werden mußte.

General Vaillant und seine Ingenieure verlegten, kaltblütig und systematisch jeden Vorteil nutzend, ihre Belagerungsbatterien näher und näher zur Stadtmauer. Vom Monte Verde und vom Gelände der Villa Corsini aus bombardierten sie ohne Unterlaß die Befestigungswerke um die Porta S. Pancrazio; zugleich sorgten die Franzosen mit nächtlichen Kommandoeinsätzen dafür, daß die Verteidiger auch nachts keine ruhige Minute hatten. Immer noch gingen die Römer davon aus, daß der Angriff von Westen her erfolgen werde, und Garibaldi forderte Verstärkungen für die im Bereich des Janiculus stationierten Kräfte. Doch Pietro Roselli, der Berufsoffizier, dem die Römer das Oberkommando übertragen hatten, glaubte die anderen Abschnitte der Verteidigungsfront nicht entblößen zu dürfen, namentlich im Süden, wo die Franzosen starke Kräfte in der Umgebung von S. Paolo fuori le mura zusammengezogen, und im Norden, wo sie den Ponte Molle in Besitz genommen hatten. Garibaldi machte sich daraufhin noch selbständiger, als er es bis dahin gewesen war. Er rekrutierte kurzerhand Soldaten, die mit anderen Aufgaben betraut waren, und als die Franzosen nach einem massiven Artilleriebombardement bei S. Pietro in Montorio eine strategisch bedeutsame

Stellung zu gewinnen drohten, verweigerte er den Befehl zum Gegenangriff, weil er es für besser hielt, die Verteidigungslinie zur Aurelianischen Mauer zurückzunehmen und weil seine Männer, wie er glaubte, ohnehin nicht in der Verfassung waren, einen Angriff durchführen zu können.

Im Gefolge seiner Meinungsverschiedenheiten mit dem römischen Oberkommando verschlechterte sich auch Garibaldis Verhältnis zu Mazzini. Viele hatten es ohnehin von Anfang an für unwahrscheinlich gehalten, daß zwei so willensstarke und eigensinnige Männer reibungslos würden zusammenarbeiten können. Sie waren, so hört man und liest man oft, eifersüchtig aufeinander. Garibaldi neidete Mazzini dessen anerkannte intellektuelle Überlegenheit; er nannte ihn einen „Doktrinär" und seine Anhänger „gelehrte Akademiker, die es gewöhnt sind, von ihrem Studierzimmer aus die Welt zu maßregeln". Mazzini, der nicht so großen Einfluß auf die Massen besaß wie Garibaldi und schon gar nicht dessen Nimbus als Mann der Tat, hielt seinen Rivalen für „unvorstellbar schwach", für den „lenkbarsten aller Menschen". „[Wenn] Garibaldi zwischen zwei Vorschlägen wählen muß", beklagte sich Mazzini, „entscheidet er sich mit Sicherheit für den, der nicht von mir stammt." „Weißt du, wie das Gesicht eines Löwen aussieht?" fragte er einmal einen Freund. „Sieht es nicht dumm aus? Ist es nicht das Gesicht Garibaldis?"

Mazzini war zu der Überzeugung gelangt, daß Rom bereits verloren war; wenn jedoch der Untergang der Republik irgendeine Signalwirkung für die Zukunft haben sollte, dann mußte sie in einem leidvollen, mit Opferbereitschaft geführten Kampf zugrunde gehen, damit sie späteren Generationen als Vorbild und Ansporn dienen konnte. Er selbst war bereit, in der Verteidigung der Stadt sein Leben zu lassen, und er rief die Römer dazu auf, ihm am Tage der Entscheidung an die Front zu folgen und den Feind mit bloßen Händen zurückzuwerfen. „Gebe Gott, daß sie angreifen", sagte er, „dann könnten wir einen edlen Verteidigungskampf des Volkes an den Barrikaden organisieren. Meine Seele ist überwältigt von Trauer darüber, daß so viel Tapferkeit, so viel Heroismus umsonst gewesen sein sollen."

Der Angriff, den Mazzini herbeisehnte, kam in der Nacht zum 1. Juli gegen 1 Uhr. Am Tag zuvor hatten die Römer, wie seit eh und je, den Feiertag von Peter und Paul begangen. Am Abend waren, mit Billigung der Regierung, die darin eine Demonstration des Siegeswillens der Stadt sah, Feuerwerkskörper und Raketen in den Himmel geschossen und in den Straßen farbige Laternen aufgehängt worden. Noch vor Mitternacht hatte ein schweres Sommergewitter die Stadt mit wolkenbruchartigen Regenfällen überschüttet, so daß, als das Bombardement begann, überall hohe Schlammfontänen aufspritzten. Der Kampf, der unter einem mondlosen Himmel entbrannte, wurde mit großer Erbitterung geführt, aber er war nur von kurzer Dauer. Die Franzosen hatten ihren Angriff sorgfältig geplant und führten ihn zügig und entschlossen durch. Während eine Kompanie durch eine Bresche in der von Urban VIII. erbauten Mauer stieß, erstürmte eine andere die Aurelianische Mauer und fächerte sich dann auf – nach links, um die Batterie bei der Porta S. Pancrazio anzugreifen, und nach rechts, um die Villa Spada zu umzingeln, in der Garibaldi nach seinem erzwungenen Rückzug aus der Villa Savorelli sein Hauptquartier aufgeschlagen hatte.

Zu einer Notsitzung der republikanischen Versammlung zitiert, machte Garibaldi sich in der Überzeugung auf den Weg zum Kapitol, daß die Regierung nun keine andere Wahl mehr hätte, als auf die Lösung einzugehen, auf die er schon seit längerer Zeit drängte – gegen die Franzosen einen Guerillakrieg außerhalb der Stadtmauern zu führen. Sein schwarzer Adjutant war tot, sein Stabschef lag im Sterben, er selbst war viele Male nur knapp dem Tod entronnen. Er bot einen mitgenommenen Anblick, als er das Kapitol betrat: sein Gesicht war schweißüberströmt, seine Kleider mit Schlamm und angetrocknetem Blut verkrustet; sein abgeknicktes Schwert ragte schräg aus der Scheide. Die Abgeordneten erhoben sich und applaudierten ihm. Er schärfte ihnen zum erneuten Mal ein, daß der Kampf jetzt außerhalb der Stadt weitergeführt werden müßte. *„Ovunque noi saremo“*, sagte er, *„sarà Roma“* – „wo immer wir hingehen, wird Rom sein“.

„Ich verlasse Rom“, rief er später, auf seinem Pferd sitzend, der Menge zu, die sich am Obelisken auf dem Petersplatz versammelt hatte. „Wer bereit ist, mir zu folgen, wird unter meinen Leuten aufgenommen. Ich verlange von niemandem mehr als ein von Liebe zu unserem Vaterland erfülltes Herz. Es wird keinen Sold, keine Verpflegung und keine Ruhepausen geben. Was ich zu bieten habe, sind Hunger, Kälte, Gewaltmärsche, Schlachten und der Tod. Wem die Aussicht auf ein solches Leben nicht zusagt, der muß hierbleiben. Derjenige aber, der den Namen Italiens nicht bloß im Munde führt, sondern auch im Herzen trägt, möge mir folgen.“ Wer dazu bereit war, sollte sich am gleichen Abend vor dem Lateran einfinden, gerüstet, Rom durch die Porta S. Giovanni zu verlassen.

Rund 4000 Freiwillige versammelten sich zu der bekanntgegebenen Stunde auf dem Lateran: Soldaten und Zivilisten, Männer und Knaben, Patrioten, Politiker und auch etliche Kriminelle, die Rom in der Hoffnung auf Beute oder in dem Bestreben, dem Gesetz zu entrinnen, den Rücken kehren wollten. Auch Garibaldis schwangere Frau war zugegen, eine kleine, dunkelhäutige, männlich wirkende Südamerikanerin portugiesisch-indianischer Abstammung, die mit ihm nach Rom gekommen war, um die Gefahr mit ihm zu teilen. Der ganze Haufe zog, teilweise in Zivilkleidung, teilweise in Uniformen aller Art gewandet und mit einer einzigen Kanone im Troß, zum Tor hinaus.

Mazzini hatte nie daran gedacht, mit ihnen zu ziehen; er war noch nie der Mann gewesen, willig einem anderen zu folgen, und gar Garibaldi zu folgen, wäre ihm unerträglich gewesen. Am Morgen hatte er der Versammlung aus Protest gegen ihren Beschluß, vor den Franzosen zu kapitulieren, sein Amt als Triumvir zurückgegeben. Danach war er durch die Straßen Roms gewandert, in der Absicht, so erzählte man sich, entweder den Dolch eines Mörders auf sich zu ziehen oder, wenn er ungeschoren blieb, damit unter Beweis zu stellen, daß die katholische Presse log, wenn sie behauptete, die Römer wünschten ihm den Tod, weil er ihnen eine Tyrannis aufgezwungen hatte. „Im Verlauf zweier kurzer Monate war er ein alter Mann geworden", schrieb Margaret Fuller, die ihm an jenem Abend begegnete. „Alle Lebenssäfte in ihm schienen ausgetrocknet. Er hatte alle diese Nächte schlaflos verbracht; seine Augen waren ganz blutunterlaufen, seine Haut orangefarben. Er war erschreckend mager; sein Haar war von weißen Strähnen durchzogen. Jede Berührung seiner Hand bereitete ihm Schmerzen." Er hielt sich noch in Rom auf, als die Franzosen am 3. Juli offiziell ihren Einzug in der Stadt hielten. A. H. Clough schilderte ihre Ankunft so:

„Ich stand in einer Gruppe von etwa dreißig Menschen am Corso und sah sie vorbeimarschieren. Gute Arbeitssoldaten, routiniert und ein bißchen verbissen wirkend, schauten sie doch ein wenig verunsichert drein, als die Leute ringsum grölten und buhten und *„Viva la Repubblica Romana"* und so weiter riefen. Während sie an uns vorbeizogen, warf ein törichter junger Hitzkopf einen Eimer nach ihnen; vier oder fünf von ihnen kamen mit gezücktem Bajonett angelaufen, während mein junger Freund in doppeltem Tempo den Corso hinauf enteilte. Der Zug ging weiter. In diesem Augenblick sagte jemand, meinem Eindruck nach ein römischer Bürger, vielleicht aber auch ein Ausländer, etwas, mit dem er entweder seine Ansicht über die Sinnlosigkeit des Ganzen oder seine Sympathie für die Eroberer zum Ausdruck brachte. Er war sogleich von anderen umringt, und ich sah, wie sie ihm ganz schön mit Hieben zusetzten... Ich hörte, er sei davongekommen. Ein Priester jedoch, der... sich auf der Piazza Colonna öffentlich mit einem Franzosen unterhielt, wurde ohne Zweifel umgebracht... Armer Kerl, er war, wie man mir erzählte, für einen Kirchenmann ziemlich liberal, aber sicherlich nicht sehr klug. Um auf meine eigenen Wahrnehmungen zurückzukommen: nach dem Zwischenfall... wurde die Menge mit vorgehaltenem Bajonett auseinandergetrieben... Wie ein englischer Bekannter mir erzählte, sah Oudinot beim Vorbeireiten am Café Nuovo eine italienische Trikolore aus dem Fenster hängen, zog daran und befahl ihre Entfernung. Die Franzosen schickten sich an, sie einzurollen, doch die Römer gingen dazwischen. Der Barrikadenkommissar

Cernuschi holte die Fahne eigenhändig herunter und küßte sie. Ich selbst sah, wie er sie triumphierend und unter Jubelrufen zur Piazza trug. Ich ging nicht mit, kann aber unter Berufung auf meinen mutigeren Freund berichten, daß die Franzosen sich mit ihren Bajonetten den Weg zu Cernuschi bahnten, ihm die Fahne wegnahmen und ihn dazu noch seines dreifarbigen Schals beraubten.

P.S. Der Priester ist nicht tot und wird vielleicht davonkommen. Aber ein anderer soll in Stücke gehauen worden sein, weil er gerufen hatte: „*Viva Pio IX, a basso la repubblica!*… Die französischen Soldaten bewiesen eine ausgezeichnete Haltung. Andererseits habe ich in ihren Reihen einige Gesichter gesehen, die mir viel brutaler erschienen als die der schlimmsten Garibaldini, und was das weibliche Geschlecht betrifft, so sind die *vivandières* unappetitlicher als alles, was man in dieser Beziehung bisher gesehen hat."

Wie der ‚Times'-Korrespondent konstatierte, verhielten sich die Besatzungstruppen korrekt, obwohl sie besonders beim Vorbeimarsch am Café Nuovo, „einer der Hochburgen der Ultraliberalen",[4] und am Café delle Belle Arti ausgepfiffen und ausgebuht und wiederholt mit Parolen wie „Tod Pius IV.! Tod den Priestern! Es lebe die Römische Republik! Tod dem Kardinal Oudinot!" konfrontiert wurden. Die Stabsoffiziere des Generals, „die die ersten dieser Kampfrufe mit dem gutmütigen Humor französischer Soldaten hingenommen hatten, gerieten in Wut, als sie hörten, wie ihr Oberbefehlshaber persönlich verunglimpft wurde, und drangen, ohne einen Moment zu zögern, auf die Menge ein."

Es kam indes nur selten vor, daß die Besatzer auf solche Weise provoziert wurden. In den ersten Tagen wurden die Cafés und Restaurants, in denen sie verkehrten, von den Römern boykottiert; einige Lokale, wie das große Café Nuovo, in dem „unmißverständliche Parolen des Abscheus umgingen", wurden auf Anordnung Oudinots geschlossen. Im allgemeinen wurden die Franzosen jedoch in den römischen Gaststätten mit „höflicher Gleichgültigkeit" aufgenommen und bedient, und die Proteste und Beschimpfungen verebbten allmählich. Die Franzosen schickten Kommandos los, die den Auftrag hatten, die führenden Köpfe der zerschlagenen Republik ausfindig zu machen, aber die Suche wurde so oberflächlich durchgeführt, daß der Eindruck entstand, es handle sich um eine bloße Formsache. Die meisten der sogenannten ‚Revolutionäre' ließ man entkommen, wobei ausländische Diplomaten, die der Republik freundlich gesonnen gewesen waren, tatkräftig Mithilfe leisteten. Der britische Konsul in Rom beispielsweise stellte so viele Hunderte von Diplomatenpässen aus, daß Lord Palmerston sich gezwungen sah, ihm einen Verweis zu erteilen. Mazzini entkam mit Hilfe des amerikanischen Geschäftsträgers nach Civitavecchia und später nach England, ohne daß irgendwelche Behörden sich für ihn interessierten.

Neun Monate nach dem Abtritt Mazzinis kehrte Papst Pius nach Rom zurück; von französischen Truppen geleitet, zog er durch das Lateran-Tor ein. Er hatte beschlossen, seine Residenz nicht mehr im Quirinalspalast, sondern im Vatikan aufzuschlagen; von dort aus dirigierte er die Wiedererrichtung seiner autoritären und paternalistischen Herrschaft. Bald füllten sich die Hotels und Pensionen der Stadt wieder mit ausländischen Gästen und die Bücher der römischen Handwerker wieder mit Aufträgen.

Eine Reisende, die sich fast zwanzig Jahre vorher drei Monate lang in Rom aufgehalten hatte, stellte „kaum eine Veränderung" fest: in ihrem Lieblingsrestaurant fand sie noch denselben Besitzer, dieselben Köche und dieselben Kellner vor. Die Römer, mit denen sie in Berührung kam, waren freundlich wie eh und je. Sie bemerkte nichts von jener Unterdrückung, über die sich die Gegner des Regimes später beklagten. Den gleichen Eindruck gewann auch Jean-Jacques Ampère, der französische Historiker und Philologe, der sich zur selben Zeit in Rom aufhielt und fand, daß hier größere Freiheit herrschte als überall sonst in Italien – daß beispielsweise die Priester außerhalb ihrer ‚beruflichen' Interessensphäre durchaus bereit waren, eine Politik des *laissez-faire* zu tolerieren.

In einer Beziehung hatte Rom sich jedoch verändert: es war nicht mehr der Mittelpunkt der künstlerischen Welt; Paris war dabei, ihm diesbezüglich den Rang abzulaufen. Jacques-Louis David, der mit dem Grafen Joseph Marie Vien, einem Pionier des neoklassizistischen Stils, nach Rom gekommen war, als Vien zum Direktor der dortigen Französischen Akademie ernannt wurde, war längst wieder nach Paris zurückgekehrt. Antonio Canova, der Bildhauer, dessen Atelier sich im Palazzo Venezia befunden hatte und von dessen Werken man im heutigen Rom noch etliche finden kann, unter anderem das Denkmal der Stuarts in St. Peter[5] und die Skulptur der Pauline Bonaparte in der Galerie Borghese,[6] war nach Venedig zurückgegangen. Der isländische Bildhauer Bertel Thorwaldsen, in dessen römischem Atelier zeitweise nicht weniger als 40 Assistenten beschäftigt waren, hatte Rom 1838 den Rücken gekehrt und war nach Dänemark gegangen. Und die Nazarener, die zu den ersten naiven Künstlern des 19. Jahrhunderts gehörten und sich, aus Deutschland zugewandert, in einem verlassenen römischen Kloster einrichteten, zerfielen als Gruppe schon wieder, noch ehe sie die Fresken für das Casino Massimo fertiggestellt hatten.[7]

Wenn Rom auch nicht mehr der Brennpunkt des aktuellen künstlerischen Schaffens war, der es einst gewesen, so war doch das Interesse an seinen klassischen Baudenkmälern und Kunstwerken wie auch an der frühchristlichen Kunst jetzt größer als je zuvor. Dies war weitgehend den

Archäologen Luigi Canina und Giovanni Battista de Rossi zu verdanken. Canina machte bedeutsame Funde bei Ausgrabungen an der Via Appia und hielt in seinen Radierungen Hunderte von rekonstruierten römischen Antiquitäten fest; de Rossi grub im Kolosseum, auf dem Forum und in den ältesten Kirchen Roms und entdeckte die Katakomben von S. Calixtus und S. Agnese.

Papst Pius nahm regen Anteil an der Arbeit de Rossis; seine Augen füllten sich mit Tränen, als der Archäologe ihn in die Katakomben von S. Calixtus mitnahm und ihm die Fragmente der Inschriften zeigte, die er dort, in der Krypta der Päpste, entdeckt hatte. „Sind das wirklich", fragte er ungläubig, „die Gräber meiner Vorgänger, die hier ruhen?" Sehr interessiert war der Papst aber auch an den modernen Erfindungen, die in den Jahren nach 1850 und 1860 das Leben in Rom und im Kirchenstaat zu verändern begannen: Hydraulik und Telegraph, Dampfkraft, Maschinen und Eisenbahnen. Besonders stolz war er auf seinen eigenen Sonderzug mit seinen weiß und goldfarben lackierten Waggons, deren einer eine Kapelle auf Rädern enthielt. Er ging oft aus, um die Fortschritte beim Bau oder bei der Installierung dieser Wunder der Technik zu begutachten und sie zu segnen, wenn sie fertiggestellt waren. Er segnete den ersten Zug, der 1860 von Rom nach Frascati abfuhr und dort, als er nach gemütlicher Fahrt – seine Höchstgeschwindigkeit lag bei 50 km/h – eintraf, von einer Kapelle begrüßt wurde, die mit ihren Instrumenten das Schnaufen, Mahlen, Zischen und Pfeifen einer fahrenden Lokomotive nachahmte. 1863 wohnte der Papst der Einweihung der stählernen Zugbrücke über den Tiber nahe der Porta Portese bei. Der bei dieser Gelegenheit ebenfalls anwesende britische Industrieminister Lord John Manners wurde zu seiner Überraschung dem Papst vorgestellt, was ihm sehr peinlich war, da jener einen alten Strohhut auf dem Kopf und einen Regenschirm in der Hand hatte. Aber der Papst nahm ihm seine Befangenheit, indem er zu ihm sagte: „Es freut mich sehr, Sie zu treffen, besonders in diesem Augenblick. Sie werden, wenn Sie nach London zurückkehren, [Ihren Landsleuten] sagen können, daß der Pontifex von Rom nicht immer nur betet und sich mit Weihrauch und Mönchen umgibt. Und Sie werden der Königin sagen können, daß der Industrieminister Ihrer Majestät eines Tages den alten Papst angetroffen hat, wie er inmitten aller am Bau Beteiligten die Einweihung einer neuen Brücke über den Tiber miterlebte und den technischen Mechanismus der neuen Erfindung höchstpersönlich ziemlich gut erklären konnte."

So offen der Papst für allen wissenschaftlichen und technischen Fortschritt war, so taub stellte er sich gegenüber allen Forderungen nach einem geeinten Italien mit Rom als Hauptstadt, in dem die Hoheitsgebiete der Kirche, dem Papst von Gott anvertraut und seit Jahrhunderten ein Instrument zur Bewahrung der geistlichen Unabhängigkeit des Papsttums, wohl oder übel würden aufgehen müssen. Doch die Einigungsbewegung gewann eine Dynamik, die den Widerstand des Papstes unerheblich werden ließ. Cavour, der brillante und skrupellose leitende Minister des Königs von Sardinien, stand als *spiritus rector* hinter jener gekonnten Machtpolitik, die seinem königlichen Herrn die Möglichkeit eröffnete, sein Herrschaftsgebiet von Piemont aus in die Lombardei und weiter nach Süden über Parma und Modena bis in die Toskana hinein zu erweitern. Parallel dazu stellte Garibaldi die Streitkräfte auf, die den Bourbonen Sizilien und Neapel entreißen sollten. Im September 1860 drang die piemontesische Armee in den Kirchenstaat ein, und schon am Ende des Jahres hatte König Viktor Emanuel II. es geschafft, mit einer Reihe geschickt arrangierter Volksabstimmungen die Herrschaft über ganz Italien, mit Ausnahme Roms und des Veneto, zu erringen.

Am 17. März wurde durch einstimmigen Beschluß des Parlaments in Turin Viktor Emanuel zum König von Italien ausgerufen; zehn Tage später wurde Rom, obwohl es sich noch in der Gewalt des Papstes befand, zur Hauptstadt des neuen Königreichs erklärt. Der französische Botschafter in Rom, der Duc de Grammont, versicherte dem Papst, Frankreich werde jedem Angriff auf Rom „mit Waffengewalt" entgegentreten. Der Papst verließ sich auf diese Zusage, eingenommen von den Beteuerungen des Botschafters, der nach Ansicht seines britischen Amtskollegen Odo Russell „ein liebenswürdiger Schwätzer" war, der, „wie alle französischen Diplomaten in Italien, die größte Verachtung für italienische Vereinigungsbestrebungen hegt und am liebsten Cavour aufhängen und Garibaldi erschießen würde". Somit lehnte der Papst, beraten von seinem Staatssekretär Kardinal Antonelli, jedwedes Zugeständnis in der ‚römischen Frage' ab. Er erklärte Odo Russell, die Krise werde vorübergehen und die Kirche werde bald über ihre Feinde triumphieren; inzwischen hatten sich in Rom 6000 französische Soldaten und dazu eine vom Papst unterhaltene internationale Freiwilligentruppe eingefunden. 1864 veröffentlichte der Papst, wie um seinen Feinden die Zähne zu zeigen, einen *Syllabus Errorum*, in dem er die Ansicht als Irrtum brandmarkte, „der römische Pontifex könne und solle sich mit Fortschritt, Liberalismus und der modernen Zivilisation abfinden und anfreunden"; und am 18. Dezember 1869, an dem das Fest der Unbefleckten Empfängnis gefeiert wurde, eröffnete er das Vatikanische Konzil, auf dem das Dogma der päpstlichen Unfehlbarkeit verkündet werden sollte.

Die Gewichte verschoben sich, als 1870 der Deutsch-Französische Krieg ausbrach; zum Zeitpunkt der Schlacht von Sedan, die Louis

Napoleon sein Reich kostete, hatten die Franzosen schon fast alle ihre Soldaten aus Rom abgezogen, in dem vergeblichen Versuch, ihre katastrophale Niederlage noch abzuwenden. Sogleich trafen die Truppen Viktor Emanuels Anstalten, in das von den Franzosen hinterlassene Vakuum einzurücken. Am 16. September besuchte der Papst die Kirche S. Maria d'Aracoeli, um vor dem Santo Bambino zu beten, der von den gläubigen Römern so sehr verehrten Figur, die der Überlieferung zufolge aus dem Holz eines Olivenbaums aus dem Garten von Gethsemane geschnitzt ist. Drei Tage später fuhr er zum letzten Mal in seiner Kutsche vom Vatikan zur Kirche S. Giovanni in Laterano, um eine Parade seiner auf dem Vorplatz des Laterans versammelten Truppen abzunehmen. Langsam erklomm der weißhaarige achtundsiebzigjährige Greis auf den Knien die Scala Santa; oben angekommen, sprach er ein lautes Gebet und stand dann auf, um die Soldaten zu segnen.

In den frühen Morgenstunden des 20. September eröffnete die Artillerie des Königs das Feuer auf die Stadttore. Im Vatikan erzitterten die Fenster. Der Papst hatte angeordnet, daß lediglich symbolischer Widerstand geleistet werden sollte, gerade genug, um zu demonstrieren, daß er Rom nicht kampflos preisgab, sondern der überlegenen Gewalt wich. Bald erstarb das Geschützfeuer, als auf der Kuppel des Petersdoms eine weiße Fahne gehißt wurde.

Im Jahr darauf richtete sich der italienische Staat in seiner neuen Hauptstadt Rom ein; der König bezog den Quirinalspalast, der Papst mußte sich in den Vatikan zurückziehen, wo er, in selbstgewählter Gefangenschaft, 1878 starb, nach einem Pontifikat, das das längste in der Geschichte des Papsttums war. Auch der König starb 1878. Er war in Rom nie richtig heimisch geworden und hatte sich offenbar nur in der Villa Ludovisi[8] wohlgefühlt, die er vom Herzog von Sora für seine morganatische Frau Rosina Vercellina gemietet hatte. Er hatte Heimweh nach Turin und konnte den düsteren Quirinalspalast nicht leiden, in dem über Nacht zu bleiben sich königliche Staatsgäste, ob katholisch oder protestantisch, jahrelang weigerten, um nur ja nicht den Papst zu kränken. Tatsächlich blieb das Verhältnis zwischen dem neuen Regime und dem Vatikan viele Jahre lang getrübt, und die römische Gesellschaft sah sich zwischen zwei Loyalitäten hin- und hergerissen.

„Rom hat sich kaum verändert, seit wir beide vor vierzig Jahren zusammen hier waren", schrieb Henry W. Longfellow wenige Monate vor dem Einmarsch der Piemonteser an einen Freund. „Ich erwähnte das neulich im Gespräch mit Kardinal Antonelli, und er antwortete, wobei er eine Prise Tabak schnupfte: ‚Ja Gott sei Dank.'" Die neuen technischen Errungenschaften, von denen Pius IX. so sehr fasziniert gewesen war, hatten wenig am ländlichen Charakter der Stadt und des Lebens ihrer Bewohner geändert. Es gab noch immer keine Industriebetriebe, erst recht keine Börse; der beherrschende Wirtschaftszweig war nach wie vor die Landwirtschaft. Dem französischen Reiseschriftsteller Edmond About erschien Rom wie ein riesiges Gehöft inmitten einer ausgedehnten Getreideebene. Jahr für Jahr wurde, bevor die Malariasaison die Campagna praktisch unbetretbar machte, dieses Getreide, Weizen vor allem, in die Lagerhäuser Roms gebracht. Noch in den sechziger Jahren des 19. Jahrhunderts waren Kühe, Schafe und Ziegen, die in Herden durch die Straßen getrieben wurden, ein alltäglicher Anblick. 1865 kamen beim Brand eines Viehstalls in der Via delle Vite, mitten im Herzen der Stadt, zwölf Kühe ums Leben.

Diese ländlichen Elemente verschwanden nur ganz allmählich aus der Stadt, doch andere Aspekte ihres Erscheinungsbildes und ihrer Atmosphäre änderten sich vermutlich schneller, als es Kardinal Antonelli lieb war. An die Stelle der päpstlichen Zuaventruppe waren *bersaglieri*-Regimenter getreten, die in theatralisch wirkenden Uniformen mit breitkrempigen, mit dunkelgrünen Federn versehenen Hüten in charakteristischem Sturmschritt durch die Straßen marschierten. Es gab viel mehr Zeitungs- und Bücherkioske als früher, in denen der Käufer neben den altvertrauten, päpstlich approbierten Journalen ‚*Osservatore Romano*' und ‚*Voce della Verità*' auch zwischen einer Reihe anderer italienischer und ausländischer Zeitungen und Zeitschriften wählen konnte. Kirchliche Würdenträger prägten nicht mehr so auffällig wie früher das Stadtbild; es war üblich geworden, daß die Kardinäle in schwarzen Kutschen fuhren, deren Schmuck wie Trauerflor wirkte; und auch Mönche und Nonnen, einst mit ihren pittoresken Kutten, Hauben und Kapuzen ein auffälliges Element des römischen Stadtbilds, waren nun bei weitem nicht mehr so häufig zu sehen.

Auf diese Veränderungen, die er bedauerte und verurteilte, wies der in Rom geborene Augustus Hare in seinem 1871 herausgekommenen Buch ,Walks in Rome' hin:

„Der Umstand, daß Kardinäle, Mönche und der Papst nicht präsent sind; die Schließung der Klöster und Stifte; der Wegfall der Zeremonien; die durch die schrecklichen Steuern und die Wehrpflicht verursachte Not; das freiwillige Exil der Borghese und vieler anderer Adelsfamilien; der Totalabriß der prachtvollen Villa Negroni[1] und die Zerstörung so vieler anderer Sehenswürdigkeiten; die häßlichen neuen Straßen nach dem Vorbild von Paris und New York, all dies sind Kratzer auf dem bisherigen Rom-Bild. Und dem steht auf der Habenseite so wenig gegenüber – ein freundlicherer Pincio, ein lebender Wolf auf dem Kapitol, kleine Anfänge archäologischer Grabungen auf dem Forum, das ist auch schon alles."

Auch Henry James registrierte die Veränderungen, die Rom seit der Machtübernahme der Männer aus dem Norden durchmachte. James hatte Rom erstmals 1869 besucht und nach seiner ersten Wanderung durch die Stadt hatte er, wie vor ihm Goethe, das Gefühl gehabt, zum erstenmal richtig zu leben; als er 1872 wiederkam, stellte er zu seinem großen Bedauern fest, daß die Kardinäle sich nicht mehr auf dem Pincio ergingen und nur noch hin und wieder in der Umgebung des Lateran zu sehen waren, wenn sie aus ihren unansehnlichen Kutschen stiegen, um sich die Beine zu vertreten. Letztere allein kündeten noch von der einst so selbstverständlichen Grandeur der Kirchenfürsten: „Denn wenn sie dahinschreiten, blitzt unter dem sich hebenden Gehrock ein Schimmer scharlachroter Strümpfe hervor und läßt den Betrachter seufzend den Sieg der Zivilisation über die Farbe betrauern." Die elegant gekleideten jungen Herren, die hordenweise durch die Straßen zogen, trösteten James nicht über das Verschwinden „der Monsignori [hinweg], die durch die Straßen geschritten waren, … gefolgt von andächtigen Dienern, die im Namen ihres Herrn die Verbeugungen zweitrangiger Art erwiderten". Wenig abgewinnen konnte James

„dem Trauerflor der Kardinalskarossen, die früher in tiefem Rot erglitzerten und vom Gewicht der hinten mitfahrenden Lakaien schaukelten; der Gewißheit, daß man selbst als vom Glück begünstigter Reisender nicht mehr die Chance hatte, den Papst tief im dunklen Inneren seiner Staatskarosse sitzen zu sehen, mit erhobenen Fingern, wie ein unnahbarer Götze in seinem Schrein. Statt dessen kann es einem passieren, daß man dem König begegnet, der häßlich ist, beeindruckend häßlich wie so manche Götzen auch."

Über den Weg laufen konnten dem Rom-Besucher auch diverse Angehörige der königlichen Familie, wie es James selbst passierte, ohne daß er im mindesten beeindruckt gewesen wäre:

„Gestern zeigte sich Prinz Umbertos kleiner *primogenito* [der spätere König
Viktor Emanuel III.] mit seiner Gouvernante in einem offenen Landauer auf dem
Pincio. Er ist ein stämmiger kleiner Blonder und das Ebenbild des Königs. Sie
hatten angehalten, um der Musik zu lauschen, und die Menge baute sich vor den
Rädern der Kutsche auf, starrte hinein und gab direkt vor dem Stupsnäschen des
Kindes kritische Bemerkungen von sich. Sie taten es mit unverschämt schamloser
Wißbegierde, ohne die geringste Spur von ‚Loyalität‘, was mir einen tiefen
Einblick in das Absacken Roms in die Vulgarität unter dem neuen Regime
verschaffte. Wenn der Papst zu einer Reise aufbrach, so war das früher ein
feierliches Schauspiel, selbst für den, der weder in die Knie sank noch sein Haupt
entblößte, ein eindrucksvolles Erlebnis. Aber der Papst ließ nie anhalten, um sich
einen Straßentenor anzuhören, und er hatte keine kleinen Päpstlein bei sich,
beaufsichtigt von gehobenen Kindermädchen, denen gegenüber man sich Freiheiten hätte herausnehmen können.“

Aber auch James mußte einräumen, daß Rom seinen Grundcharakter
bewahrt hatte, daß es das „Paradies der Exilanten“ geblieben war, als das
Shelley es bezeichnet hatte. Noch konnte er sich dem ungetrübten Genuß
des herrlichen Blicks auf die Stadt vom höchsten Punkt des Lateran
hingeben, noch konnte er von dort den von Bäumen gesäumten Weg zur
Kirche S. Maria Maggiore hinabreiten, durch die Korkeichen-Wälder am
Monte Mario oder über die Felder zur Kirche S. Paolo fuori le mura
wandern. Zwar gehörten die an der Spanischen Treppe lungernden
Modelle der Vergangenheit an – den eigenen Körper dort als Modell
feilzubieten, war verboten worden –, aber das änderte nichts daran, daß
sich in den Cafés in der Umgebung der Piazza di Spagna nach wie vor
Künstler aus dem In- und Ausland drängten. Das Café Greco in der Via
Condotti war überlaufener denn je, und gute preiswerte Restaurants wie
die Trattoria Lepri, wo Herman Melville fünfzehn Jahre zuvor für ein
Abendessen fünfzehn *cents* bezahlt hatte, gab es nach wie vor. Ein
alltäglicher Anblick waren auch noch die von einem Paar Ochsen gezogenen
Karren, die Obst und Fässer voll Wein aus der Campagna brachten; vor
der Porta Flaminia konnte man sich noch am Anblick freilaufender Schweine
ergötzen, die nach Eicheln stöberten, und wie eh und je führten die
Fremdenführer ihre Touristengruppen zu den vertrauten Sehenswürdigkeiten, zu denen mittlerweile der Evangelische Friedhof gekommen war,[2]
der Shelley, als sein kleiner Sohn dort beerdigt wurde, so schön erschien,
daß er sich versucht fühlte, sich „in den Tod zu verlieben“, und vielleicht
auch das Haus an der Spanischen Treppe, in dem Keats in den Armen
seines Freundes Joseph Severn gestorben war. Noch immer mußte der
Besucher, wie George Gissing verdrossen feststellte, an allen Ecken und
Enden Trinkgelder geben, „zuweilen im Laufe eines einzigen vormittäglichen Spaziergangs durch die Räumlichkeiten [des Vatikans] fünf Mal“.

George Gissing war von Neapel nach Rom gekommen, in einem Zug, bei dem der Fahrkartenkontrolleur sich „an der Außenseite von Tür zu Tür hangelte"; die anderen Fahrgäste in seinem Abteil hatten einander während der gesamten Fahrt aufgeregt die Worte „A Roma! A Roma!" zugeraunt. Für sie hatte Rom nichts von seiner Faszination verloren, ebensowenig wie für Gissing. Er sah die Stadt 1897 wieder und fand ein weiteres Mal, daß sie sowohl Neapel als auch Florenz ausstach: „Florenz ist die Stadt der Renaissance, aber die Renaissance war schließlich nur das Schattenbild einer großen Zeit, und wie ein Schattenbild ist sie dahingegangen. Es gibt [in Florenz] nichts, das mich stärker beeindruckte als die geringsten unter den antiken Denkmälern Roms."

Nur wenigen von denen, die sich längere Zeit in Rom aufhielten, konnten jedoch die Probleme entgehen, die aus den Unstimmigkeiten zwischen den führenden Familien erwuchsen, den Konflikten zwischen denen, die bereit waren, den König als ihren Herrscher anzuerkennen, und denen, die erklärten, ihre Loyalität zum Papst verbiete ihnen dies. Es gab unter diesen Familien einige, wie die Massimo, deren Ursprung sehr weit zurückreichte, andere, wie die Orsini, die Colonna und die Caetani, die im Mittelalter emporgekommen waren, und wieder andere, wie die Farnese, die Boncompagni, die Borghese, die Barberini und die Doria, deren Stammväter Päpste oder Verwandte und Günstlinge von Päpsten aus dem Zeitalter der Renaissance und der Gegenreformation waren, und schließlich auch einige, die ihr Vermögen und ihren Nimbus erst in jüngerer Zeit durch wirtschaftliche Tüchtigkeit erworben hatten, wie die Torlonia, Nachkommen eines fahrenden Händlers, die es im Bankgeschäft zu Reichtum gebracht hatten. Im Jahr 1870 ließ Fürst Torlonia, das damalige Familienoberhaupt, seine Diener in neue Livreen kleiden, die nicht mehr in den königlichen Farben gehalten waren; später entschloß er sich allerdings zu einer unverfänglich neutralen Haltung zwischen Papst- und Königtum. Ein anderer Torlonia, Herzog Leopold, der als Bürgermeister von Rom amtierte, bat Kardinal Parocchi, in seinem Namen Papst Leo XIII. zum fünfzigsten Jahrestag seiner Priesterweihe zu gratulieren, und wurde dafür prompt vom Premierminister seines Amtes enthoben.

Manche Familien unterstützten das neue Regime rückhaltlos und offen. Dazu gehörten die Doria, die Boncompagni-Ludovisi, die Ruspoli und, als prominenteste Familie des königlichen Lagers, die Caetani, deren Oberhaupt, der liberal eingestellte Michelangelo Caetani, seines Zeichens Herzog von Sermoneta und gelehrter Dante-Kenner, Bildhauer und Kunsthandwerker, als Abgeordneter für das Arbeiterviertel Trastevere ins Parlament gewählt wurde. Er büßte sein Augenlicht ein, als er es

ablehnte, seinen grauen Star von einem auswärtigen Spezialisten operieren zu lassen, und sich statt dessen seinem heimischen Augenarzt anvertraute. Im Palazzo Caetani in Rom[3] waren die Minister der neuen
Regierung ebenso willkommene Gäste wie Künstler, Schriftsteller und
namhafte ausländische Rom-Besucher. Wer freilich den Wunsch äußerte,
den Stammsitz der Familie in den Pontinischen Sümpfen, die Burg
Sermoneta, zu besuchen, erhielt eine Auskunft, die eines Massimo
würdig gewesen wäre: „Bitte fahren Sie auf alle Fälle hin. Aber ich
fürchte, ich kann Ihnen dort keine Mahlzeit anbieten. Unser Koch in
Sermoneta ist gegen Ende des 16. Jahrhunderts gestorben."

Obwohl Michelangelo Caetani ein entschiedener Gefolgsmann des
neuen Regimes war, pflegte er freundliche Beziehungen zu mehreren
Kardinälen. Dagegen gab es in den Reihen der ‚schwarzen' guelfischen
Aristokratie etliche Familien, die absolut nichts mit der königlichen
Regierung zu tun haben wollten. Die Barberini und die Chigi, die
Borghese und die Aldobrandini, die Sacchetti und die Salviati, sie alle
zeigten dem Hause Savoy die kalte Schulter, und die Lancellotti weigerten sich, die Haupttore ihres Palasts zu öffnen, nachdem die königliche
Familie ihre Residenz im Quirinal aufgeschlagen hatte. Erst 1896 ging
Papst Leo XIII. – und auch da nur wegen seines hohen Alters von
sechsundachtzig Jahren – von der bis dahin geübten Praxis ab, den
‚schwarzen' Familien Roms exklusive Audienzen zu gewähren; sie wurden freilich für den Widerruf dieses Privilegs dadurch entschädigt, daß
der Papst sie einmal im Jahr zu einem großen Empfang lud. Als Oscar
Wilde im Jahr 1900 Rom besuchte, war die Spaltung der römischen
Gesellschaft in diese zwei Parteien noch genauso ausgeprägt wie zehn
oder zwanzig Jahre zuvor. Nachdem Wilde mit Hilfe seines Hotelportiers eine Eintrittskarte für die Ostermesse des Papstes ergattert hatte,
gelang es ihm, einen Blick auf „Seine übernatürliche Häßlichkeit" zu
werfen. Doch als der Papst dann auf seinem Thronsessel an ihm vorbeigetragen wurde, hatte Wilde das Gefühl, eine „Märchengestalt" vor sich
zu sehen, keinen Menschen „aus Fleisch und Blut, sondern eine weiße
Seele in weißem Gewand". Nie hatte Wilde etwas gesehen, das sich mit
der „außerordentlichen Anmut seiner Gebärden [messen konnte], wie er
sich ein ums andere Mal erhob, um seinen Segen zu spenden – möglicherweise den Pilgern, ganz gewiß aber mir". Später, als der Dichter im Café
Nazionale beim Kaffee saß, sah er den Nachfolger Viktor Emanuels II.,
König Umberto I., in seiner Kutsche vorbeifahren. „Ich stand sofort auf
und machte, mit abgenommenem Hut, eine tiefe Verbeugung – was
einige Offiziere am Nebentisch mir mit bewundernden Blicken vergalten. Erst als der König vorbei war, fiel mir ein, daß ich ja ein *Papista* und

*Nerissimo* war. Ich war ganz außer mir. Ich hoffe jedoch, daß der Vatikan nichts davon erfährt.«

Im Gegensatz zu der uneinheitlichen Haltung, die die reichen und alteingesessenen römischen Familien gegenüber dem neuen Regime einnahmen, erfreute dieses sich beim Volk breiter Anerkennung. Viktor Emanuel war bei seiner Ankunft in der Stadt mit Jubel empfangen worden; König Umberto und Königin Margherita waren außerordentlich populär. Wie eine von der neuen Regierung veranstaltete Umfrage ergab, erklärten sich 133 681 Stimmberechtigte für und nur 1507 gegen die Einverleibung Roms in das Königreich Italien. Dem Einmarsch der Soldaten folgte allerdings die Invasion der Bürokraten; und für diese hatten die Römer genausowenig übrig wie umgekehrt die Beamten für Rom – die meisten von ihnen wären lieber in der provisorischen Hauptstadt Florenz geblieben.

Um den Regierungs- und Verwaltungsapparat unterbringen zu können, requirierten die neuen Machthaber mehrere große Klöster im römischen Stadtgebiet, darunter S. Silvestro in Capite,[4] in dem zunächst das Innenministerium und später das Zentralpostamt untergebracht wurde, und das Minerva-Kloster, in das das Finanzministerium einzog. Die Regierung übernahm ferner etliche Palazzi: den Palazzo Montecitorio für die Abgeordnetenkammer, den Palazzo Braschi für das Landwirtschaftsministerium und den Palazzo Madama[5] für den Senat. Die Villa Madama wurde zum Gästehaus für Staatsbesucher umgebaut.

Die Umwandlung einiger der bestehenden Großbauten in Verwaltungsgebäude reichte jedoch bei weitem nicht aus, um den aus dem Norden nach Rom drängenden Beamtentroß unterzubringen. Die römische Stadtverwaltung wurde ersucht, für die Regierung 40 180 zusätzliche Zimmer bereitzustellen; der Bürgermeister sah sich nicht in der Lage, mehr als 500 Räume anzubieten, wovon ein nicht unbeträchtlicher Teil auf ausgebaute Dach- und Heuböden entfiel. Pius IX. hatte nämlich im Lauf seines langen Pontifikats zwar zahlreiche Kirchen instandsetzen, aber nur sehr wenige Neubauten errichten lassen, sieht man einmal von einigen Bau- und Sanierungsmaßnahmen im Umkreis des Ospizio di S. Michele in Trastevere[6] und vom Bahnhof Roma Termini ab.[7] Der tüchtige Kriegsminister des Papstes, Monsignore François-Xavier de Mérode, ein Belgier, hatte jedoch vorausgesehen, daß das unbebaute Gelände zwischen dem Termini-Bahnhof und dem Quirinal ein neubauträchtiges Areal zu werden versprach. Er hatte große Teile davon aufgekauft und in der Folge in dem Gebiet mehrere große Gebäude errichten lassen. Von den Restflächen verkaufte er jetzt einen großen Teil an Grundstücks- und

Bauspekulanten und strich dabei einen schönen Gewinn ein. Die breit angelegte Straße, die dieses Gebiet durchquert, hieß zunächst Via Mérode und wurde dann in Via Nazionale umbenannt.

Nach diesem Gebiet wurden in rascher Folge mehrere weitere ungenutzte Areale baulich erschlossen; zwischen 1870 und 1880 konzentrierte sich die Bautätigkeit auf das Gebiet zwischen dem Kolosseum und der Via XX Settembre, während der darauffolgenden sieben Jahre auf das sich anschließende Gelände zwischen der Via XX Settembre und der Villa Medici. 1887 kam es infolge einer überhitzten Baukonjunktur und einer zu kreditlastigen Finanzierungspraxis zu einer plötzlichen spektakulären Krise, die zahlreiche Bankrotte nach sich zog. Die Folge war, daß die Zahl der fertiggestellten Wohnungen in den Jahren 1888 bis 1889 fünfzehnmal geringer war als in den beiden Jahren davor. Doch in den Augen vieler Auswärtiger war ohnehin schon zuviel des Guten oder, genauer gesagt, des Schlechten getan worden. In ihren Augen hatten die neuerrichteten Häuser und Verwaltungsgebäude, die Konsulate und Botschaften, die Mietshäuser, Hotels und Pensionen das Erscheinungsbild Roms verschandelt. „Zwölf Jahre sardinischer Herrschaft haben der Schönheit Roms... mehr Schaden zugefügt als die Einfälle der Goten und Vandalen", schrieb Augustus Hare. „Das ganze Antlitz der Stadt hat sich verändert; die malerischen Anblicke, die sie früher zuhauf bot, muß man heute in abgelegenen Winkeln suchen, die dem Zugriff der Verderber entgangen sind."

George Gissing pflichtete ihm bei, als er die Bautätigkeit in der Umgebung der Engelsburg begutachtete, wo „große häßliche kasernenartige Häuser" hochgezogen wurden, eines schneller und plumper als das andere. „Wahrlich, das moderne Rom ist extrem häßlich..., seine Straßen sind unglaublich monoton und ermüdend."

Was die Bautätigkeit der öffentlichen Hand betraf, so bewirkte die Krise von 1887 nur einen vorübergehenden Rückschlag. Mit dem Bau des ebenso ornamentalen wie massiven Justizpalasts[8] wurde 1889 begonnen, bald nach der Fertigstellung des Kriegs- und Finanzministeriums in der Via XX Settembre.[9] Der große Komplex der Poliklinik[10] entstand in den Jahren 1887 bis 1889, das protzige Kolossaldenkmal von Viktor Emanuel II.[11] 1885 bis 1911; etwa um die Jahrhundertwende waren die Tiberufer vermauert und die Kais, Promenaden und Uferstraßen fertiggestellt; aus den weiten Wiesen am rechten Flußufer zwischen der Engelsburg und dem Monte Mario wuchs um diese Zeit der neue Stadtteil Prati del Castello empor. Hinter diesem ganzen Baugeschehen stand keine durchdachte städtebauliche Planung, keine ordnende Hand; so kam es, daß der sich hemmungslos durch die Stadt fressende, Klötze aus Backsteinen,

Tuffstein und Mörtel ausspeiende Moloch zahlreiche reizvolle Villen mitsamt ihren Parks und Gärten niederwalzte. Die Villa Borghese und die Villa Doria blieben verschont, aber die Villa Ludovisi, die Henry James als die schönste von ganz Rom empfunden hatte, verschwand, ebenso die Villen Giustiniani-Massimo,[12] Montalto,[13] Albani, Altieri[14] und Negroni.

Wenig Weitsicht und Vorsorge zeigten die Behörden auch im Hinblick auf die große Zahl verarmter Bauern, die durch den in Rom ausgebrochenen Bauboom in die Stadt gezogen wurden und die zusammen mit den Staatsbeamten und deren Familien bewirkten, daß sich die Bevölkerungszahl Roms von 200000 im Jahr 1870 auf über 460000 zum Zeitpunkt der Jahrhundertwende erhöhte. Diese Bau-Tagelöhner nächtigten mit ihren Familien auf den Treppen der Kirchen, unter Bögen und Brücken oder in Behelfsunterkünften; hier entstanden die ersten jener Baracken- und Budenviertel, die in den folgenden Jahrzehnten so viele italienische Städte verunzieren sollten. Die Armseligkeit ihres Daseins stand in krassem Kontrast zum Leben der vergleichsweise gutsituierten Beamten und Offiziere, die mit ihren Frauen in den Cafés an der Via Nazionale und am Corso die *ora del vermouth* genossen, in den eleganten neuen Läden einkauften und in den wie Pilze aus dem Boden schießenden *trattorie* speisten, die abends ins repräsentative Teatro Costanzi, das heutige Teatro dell'Opera,[15] gingen, um sich eine Oper anzuschauen, und sich unter die ausländischen Besucher mischten, deren Hochburg nach wie vor die Piazza di Spagna war.

Die Zahl der Fremden, die nach Rom strömten, wuchs von Jahr zu Jahr; trotz der vielen häßlichen Neubauten, die den geschichtsbewußten unter den Touristen ein Dorn im Auge waren, hatte Rom offenbar nichts von seiner Anziehungskraft eingebüßt. Manche der Auswärtigen, wie der mittellose junge Schriftsteller James Joyce, der für wenig Lohn in einer österreichischen Bank arbeitete und in der Via Frattina wohnte, fühlten sich in der Stadt nicht wohl; dem jungen Dichter kam Rom vor wie jemand, der sich seinen Lebensunterhalt damit verdient, daß er „Fremden die Leiche seiner Großmutter vorführt". Er sehnte sich nach jemandem, mit dem er sich über Dublin hätte unterhalten können. Aber solche Gefühle waren eher die Ausnahme. Die meisten Besucher reagierten auf Rom etwa so wie Henry James' Bruder William, der begeistert feststellte, die Stadt sei „ein Augenschmaus von dem Augenblick an, da man aus der Hoteltür geht, bis zum Moment der Rückkehr", oder wie Sigmund Freud, der jeden Tag in die Kirche S. Pietro in Vincoli ging, um Michelangelos Moses zu studieren, den er für das gelungenste Kunstwerk auf der Welt hielt; einem Freund vertraute Freud an, Rom sei für ihn „ein überwältigendes Erlebnis" gewesen, „einer der Höhepunkte" seines Lebens. Denn Rom, so schrieb Hilaire Belloc 1914 nach seinem Wiedersehen mit der Stadt, die er bei einem früheren Aufenthalt gründlich erwandert hatte, Rom „bleibt sich", trotz Grundstücksspekulanten und Baulöwen, „auf eine erstaunliche Weise gleich".

„Entweder man vertraut uns die Regierungsgewalt an, oder wir werden sie uns nehmen, indem wir nach Rom marschieren!" Diese tollkühne Drohung wurde auf einem Parteitag der italienischen Faschisten ausgestoßen, der gegen Ende 1922 in Neapel stattfand, und von den 40000 Besuchern und Delegierten mit dem vielstimmigen Schrei „Roma! Roma! Roma!" beantwortet. Der Redner war Benito Mussolini, ein neunundzwanzigjähriger Ex-Sozialist, der aus seiner Partei ausgestoßen worden war, weil er als Redakteur einer einflußreichen sozialistischen Zeitung vehement für ein Eingreifen Italiens in den Ersten Weltkrieg eingetreten war. Er hatte nach dem Kriegseintritt Italiens in den Reihen der *bersaglieri* gekämpft, war verwundet worden und danach zum Journalismus zurückgekehrt. Vom Februar 1918 an hatte er die Einsetzung eines Diktators über Italien gefordert, eines Mannes, „der rücksichtslos und tatkräftig genug ist, um klar Schiff zu machen". Drei Monate später deutete er in einer weithin publizierten Rede, die er in Bologna hielt, an, daß er sich selbst für fähig hielt, diese Rolle zu spielen.

Seine Anhängerschaft war ein seltsames Konglomerat aus abtrünnig gewordenen Sozialisten und Syndikalisten, Republikanern und Anarchisten, revolutionären Wirrköpfen, konservativen Monarchisten und aufmüpfigen Soldaten, darunter vielen ehemaligen Angehörigen der *arditi*, der wagemutigen Sondereinheiten der italienischen Streitkräfte, und schließlich fanden sich unter ihnen auch etliche polizeilich Gesuchte. Sie organisierten sich zu sogenannten *fascii di combattimenti*, Kampfgruppen, die durch ebenso straffe Bande zusammengehalten wurden wie die Bündel der Liktoren, die Symbole der altrömischen Staatsmacht. An den Wahlurnen waren die Faschisten anfänglich erfolglos gewesen: 1919 hatten sie bei den Wahlen zur Abgeordnetenkammer nicht mehr als 4795 Stimmen bekommen. Aber als es in der Folge mehreren einander ablösenden Regierungen nicht gelang, die zahlreichen wirtschaftlichen und sozialen Probleme Italiens in den Griff zu bekommen, gab dies den Faschisten Gelegenheit, sich als Erretter ihres Landes darzustellen, als die einzige Kraft, die in der Lage war, den Bolschewismus in Schach zu halten und niederzukämpfen. Getreu ihrer Parole, daß man gegen Gewalt nur mit überlegener Gewalt etwas ausrichten könne, attackierten Gruppen bewaffneter Faschisten, sogenannte *squadristi*, Repräsentanten

sozialistischer Gewerkschaften, Büros rivalisierender Parteien, Zeitungs-
redaktionen und alle möglichen anderen Personen und Institutionen, die
sie für Anhänger des Bolschewismus hielten; sie gingen dabei mit einer
Systematik und einer Brutalität vor, die geeignet schienen, das Land in
einen Bürgerkrieg zu stürzen. Mit patriotischen Parolen und nationalisti-
schen Liedern und mit ihren schwarzen Hemden, die ursprünglich die
Arbeiter der Marche und der Emilia zur Tracht der anarchistischen
Bewegung erkoren hatten, eroberten sich die *squadristi* eine große Anhängerschaft, da offenbar Zehntausende von Italienern bereit waren, ihre
gewalttätigen Methoden – beispielsweise ihre gern geübte Praxis, politische Gegner zu überfallen und ihnen Rhizinusöl einzuflößen – gutzuhei-
ßen, in der Überzeugung, daß nur mit solchen Mitteln der Bolschewismus ausgemerzt und die Ordnung wiederhergestellt werden könnte. Im
Laufe des Jahres 1922 ergriffen die Faschisten die Macht in Ravenna,
Ferrara und Bologna; zusammen mit der Erfahrung, daß manche Regie-
rungsstellen insgeheim mit ihnen kooperierten, daß die Polizei ihnen
sogar häufig Unterstützung gewährte, gab dies ihnen den Mut, den
Marsch nach Rom und den Griff nach der Staatsmacht zu wagen, um so
mehr, als sie die begründete Hoffnung hatten, das Haus Savoy, dem
Mussolini zugesichert hatte, es könne weiterhin eine bedeutende Rolle in
der Geschichte der Nation spielen, werde sich neutral verhalten.

In vier Kolonnen aufgeteilt, marschierten 26 000 Faschisten sternför-
mig auf Rom zu und erreichten die Stadt am 28. Oktober. Die Regierung
wollte das Kriegsrecht verhängen, doch der König weigerte sich, die
Verordnung zu unterzeichnen. Als sich herumsprach, daß er bereit war,
Mussolini zu akzeptieren, legten Armee und Polizei die Hände in den
Schoß und ließen die Schwarzhemden, die mit Zügen, Bussen und
teilweise auch zu Fuß in die Stadt strömten, gewähren. Mussolini selbst,
ein Opportunist ersten Ranges, blieb vorerst in Mailand und betätigte
sich aus der Ferne als Agitator. Er war bereits mit der Bildung einer
Regierung beauftragt worden, so daß der Marsch auf Rom eigentlich
unnötig gewesen wäre. Für die faschistische Legendenbildung war der
Marsch aber nützlich, ebenso wie die fiktiven 3000 Märtyrer, die angeblich bei dem Aufstand, der Mussolini an die Macht brachte, ihr Leben
gelassen hatten. Der neue Regierungschef traf am Morgen des 30. Oktober 1922 mit dem Zug in Rom ein.

Nachdem er sein Amt angetreten hatte – als jüngster Premierminister
in der Geschichte Italiens –, entpuppte er sich als höchst geschickter
Politiker. Obwohl er von Anfang an entschlossen war, sich zum Diktator
aufzuschwingen und, sobald er sich des Polizeiapparats sicher wußte, alle
seine ernstzunehmenden politischen Widersacher festsetzen zu lassen,

präsentierte er dem König eine Kabinettsliste, die demonstrieren sollte, daß er sich nicht als Parteimann, sondern als national denkender Führer verstand. Und das war es auch, was die Italiener zu akzeptieren bereit waren, ja sich wünschten: eine nationale Führerfigur. Sie waren der Streiks und Unruhen überdrüssig und fanden Gefallen an dem bombastischen Auftreten und dem mittelalterlichen Dekor der Faschisten. So ist es zu erklären, daß es im Anschluß an den Marsch nach Rom zu spontanen Beifallskundgebungen für den Faschismus kam und daß die immense Popularität Mussolinis sowohl die vereinzelten unschönen Gewalttaten überlebte, zu denen es in der Nacht nach dem triumphalen Einzug der Faschisten in Rom kam, als auch die zweifellos manipulierte Wahl von 1924 und den aufsehenerregenden Mord an dem aufrechten und begabten Sozialistenführer Giacomo Matteotti, zu dessen Drahtziehern nach Überzeugung vieler auch Mussolini gehörte.

Mussolini ging mit großer Begeisterung und Entschlossenheit ans Werk. Er stand früh auf, absolvierte eine Reihe intensiver gymnastischer Übungen, nahm dann ein Frühstück ein, das wegen eines Magengeschwürs ebenso mäßig und frugal sein mußte wie seine übrigen Mahlzeiten auch, ging dann mit erstaunlicher Geschwindigkeit mehrere italienische und ausländische Zeitungen durch und fand sich schließlich um acht Uhr in seinem Amtszimmer ein. Er sagte von sich, er kenne keine Vergnügungen außer seiner Arbeit; zwar sollten noch Zeiten kommen, in denen er wenig bis gar nicht arbeitete, aber in diesen ersten Jahren nach seiner Machtübernahme entsprach seine Selbstdarstellung wohl weitgehend der Wahrheit. Er focht und boxte, schwamm, spielte Tennis und ritt; er tat all dies nicht in erster Linie, weil es ihm Spaß bereitete oder Entspannung brachte, sondern weil er verhindern wollte, daß sein Körper und insbesondere seine markante, aber schon leicht herabhängende Mund- und Kinnpartie Fett ansetzte; straff und kräftig wollte er sein und bleiben, um zu beweisen, daß seine Gegner unrecht hatten, wenn sie behaupteten, die hartnäckige Geschlechtskrankheit, deretwegen er sich jahrelang hatte behandeln lassen müssen, habe ihn körperlich ausgezehrt. Er hatte ein aktives Sexualleben, war aber ein eiliger und ungeduldiger Liebhaber. Wenn eine Frau ihn in seinem Amtszimmer oder im Hotel oder, in späteren Jahren, in seiner Wohnung im Obergeschoß eines Palazzo in der Via Rasella, besuchte, pflegte er ohne weiteres über sie herzufallen und kehrte *post festum* gleich wieder an seinen Schreibtisch zurück. Er kleidete sich schlampig und verzichtete häufig aufs Waschen und Rasieren – anstatt wertvolle Zeit im Badezimmer zu vergeuden, zog er es vor, sich nach dem Aufstehen mit Kölnisch Wasser zu besprenkeln. Da es ihm auch zu mühselig war, sich die Schnürsenkel zuzubinden, ließ er sich Schuhe mit Gummiriemchen und Schnallen anfertigen. Er mochte nicht einsehen, weshalb er nicht Gamaschen zum Smoking tragen sollte, da sie doch seine Füße warmhielten, oder weshalb er nicht einen schwarzen Schlips anziehen konnte, wenn gerade keine weiße Krawatte zur Hand war. In seinem Amtszimmer erschien er gewöhnlich im Cutaway – oft in Verbindung mit gelben Schuhen, für die er ein Faible hatte –, da ihm die gestreiften Hosen und der Schnitt des Sakkos zusagten; doch stand er auf Kriegsfuß mit dem Stehkragen, an dem er beständig herumnestelte, und mit den Manschetten seines gestärkten Hemdes, die er am liebsten zurückstülpte.

In der ersten Zeit richtete Mussolini sich zwei amtliche Residenzen ein, eine im neuen Palazzo del Viminale, der das Innenministerium beherbergte,[1] und eine im alten Palazzo Chigi, in dem das Außenministerium untergebracht war.[2] Als ihm diese Lösung nicht mehr behagte, zog er 1929 in den Palazzo Venezia um, wo er sich den größten der geräumigen Säle im ersten Obergeschoß als Amtszimmer wählte. Fast 20 Meter lang und 12 Meter breit, erstreckt sich dieses Zimmer in der Höhe über zwei Stockwerke des Gebäudes; es hat zur Frontseite hin zwei Fensterreihen, von denen die obere ursprünglich zu den Räumlichkeiten des zweiten Stocks gehörte. Das hohe und breite mittlere Fenster der unteren Reihe läßt sich öffnen und führt auf einen Balkon, von dem aus Mussolini viele seiner bejubelten Reden hielt: die Hände in die Hüften gestemmt, die Beine gespreizt, die Kinnlade vorgeschoben, legte er von Zeit zu Zeit eine rhetorische Pause ein, um den Blick über die zu ihm aufschauende Masse schweifen zu lassen und sich ihre begeisterten Hochrufe – *„Duce! Duce! Duce!"* – anzuhören; seine Miene blieb dabei so starr und unbewegt wie die neben ihm in die Steinwand gemeißelten Symbole seiner Herrschaft, die Axt und die Rutenbündel der Liktoren.

Der Raum, aus dem er mit majestätischer Gestik auf den Balkon hinaustrat, wurde Sala del Mappamondo genannt, nach der altertümlichen Weltkarte, die sich an einer seiner Wände befand. Der riesige Saal war fast unmöbliert. Er enthielt lediglich einen ausladenden Schreibtisch in der der Tür gegenüberliegenden Ecke, mit einem Teppich als Unterlage, dazu ein Lesepult und drei Stühle, die meist vor dem riesigen gemauerten Kamin standen, dessen Aufsatz, wie die Fassade des Gebäudes, mit dem faschistischen Parteiemblem geschmückt war. Manche Besucher, die der Duce befangen zu machen wünschte, mußten, nachdem sie vorgelassen worden waren, die 18 Meter zwischen Tür und Schreibtisch zurücklegen, ohne daß der Gastgeber irgendeine Notiz von ihnen nahm. Während das Geräusch ihrer Schritte von den nackten, glatten Marmormosaiken der Wände laut zurückgeworfen wurde, blieb die dunkle sitzende Gestalt hinter dem überdimensionalen Kerzenständer, der auf dem Schreibtisch stand, über die Papiere gebeugt. Anderen Besuchern kam Mussolini freudestrahlend und mit ausgestreckter Hand entgegen. Auch wenn er auf manche seiner Gäste, wie etwa auf Lord Vansittart, den Eindruck eines Mannes machte, der „so offenkundigen Gefallen an seiner eigenen Gesellschaft" fand, daß man sich „an einen Boxer im glitzernden Bademantel [erinnert fühlte], der sich selber die Hände schüttelt", verstand er es, seinen Besuchern wie auch sich selbst Kurzweil zu bereiten, und dies obwohl er ein ziemlich humorloser Mensch und im Grunde ein Misanthrop war. Er sprach mit leiser Stimme und sehr flüssig, wobei er ein glänzendes Talent für ungewöhnliche, aber schlagende Wortassoziationen und treffende Neologismen an den Tag legte. „Wenn der Duce zu sprechen beginnt", schwärmte sein Außenminister einmal, „ist er wunderbar. Ich kenne niemanden, der sich einer so reichen und originellen Bildersprache bedient." Ein guter Zuhörer war er freilich nicht. Es fiel ihm schwer, auf seinem Stuhl stillzusitzen; manchmal stand er abrupt auf und ging, das begonnene Gespräch weiterführend, kreuz und quer durch den Raum. Im Lauf der Jahre wurde es ihm zunehmend lästiger, längere Gespräche und die Routinevorgänge der täglichen Regierungsarbeit geduldig zu absolvieren. Er erweckte den Eindruck, stets mit wichtigen Dingen beschäftigt zu sein, und ließ die Nacht über das Licht in der Sala del Mappamondo brennen, um den Anschein unermüdlichen Arbeitsfleißes zu geben. In Wirklichkeit war er ein äußerst unökonomischer Arbeiter: für geregelte Organisationsabläufe hatte er nichts übrig, zu konzentrierter Arbeit an komplizierten Problemen war er unfähig, und schwierigen Entscheidungen wich er am liebsten aus; es konnte vorkommen, daß er zwei miteinander unvereinbare Vorlagen aus zwei verschiedenen Ministerien mit „genehmigt" abzeichnete und dann zur Tür hinausstürmte und sich in seine privaten Gemächer zurückzog, wo eine Geliebte auf ihn wartete, oder nach Hause fuhr, zu Frau und Kindern, mit denen er die Villa Torlonia bewohnte,[3] ein schönes großes Haus in der Via Nomentana, das Fürst Giovanni Torlonia ihm für eine Jahresmiete von 1 Lira für unbegrenzte Zeit zur Verfügung gestellt hatte.

Als Vollblutjournalist und -agitator war er immer dann in seinem Element, wenn es galt, die Massen mit Hilfe des geschriebenen oder gesprochenen Worts zu manipulieren und zu begeistern. Er regierte mit zündenden Parolen und Schlagworten: *La Battaglia del Grano*", „die demographische Kampagne", „die Schlacht um die Trockenlegung der Sümpfe". Er liebte es, sich als ‚Macher' zu zeigen und fotografieren zu lassen: beim ersten Spatenstich für dieses oder jenes Projekt, bei der

Abnahme von Truppenparaden, beim Abschreiten dekorativer Ehrenformationen seiner Parteigänger, bei einer Ansprache vor Feldarbeitern zur Erntezeit – womöglich mit nacktem Oberkörper, seine behaarte, ausladende Brust in die Sonne reckend – oder beim Empfang einer der zahlreichen Delegationen, die ständig nach Rom eingeladen wurden, wie einmal etwa die 93 fruchtbarsten Frauen des Landes. Diese mit schwarzen Schals ausstaffierten Gebärerinnen, die zusammen über 1300 Kinder in die Welt gesetzt hatten, durften am Heiligabend des Jahres 1933 eine Stadtrundfahrt machen, deren Höhepunkt die Besichtigung des Museums der faschistischen Revolution war. Im dortigen Schrein der faschistischen Märtyrer küßten sie kniend die Glasvitrine, die das blutbefleckte Taschentuch enthielt, mit dem der Duce eine Wunde an der Nase betupft hatte, die er bei einem Attentatsversuch davongetragen hatte. Am Altar der Kapelle der faschistischen Märtyrer legten sie einen Kranz nieder, bevor man sie dann zum Gebäude der Nationalen Organisation für den Schutz von Mutter und Kind brachte, wo sie Medaillen und Urkunden erhielten. Vor der Schlußzeremonie, die im Augusteum stattfand, wurden sie im Palazzo Venezia dem Duce vorgestellt.

Das Rom, das diese Frauen zu sehen bekamen, wurde allmählich umgestaltet, unter der persönlichen Leitung des Duce, der hin und wieder den Fortgang der Arbeiten vom Balkon der Sala del Mappamondo aus begutachtete und den Bauarbeitern gelegentlich ermunternde Botschaften zukommen ließ.

„In fünf Jahren", teilte er dem Stadtrat mit, „muß Rom so aussehen, daß die ganze Welt es als Wunderwerk preist – kolossal, ordentlich und mächtig, wie es unter dem ersten Kaiserreich des Augustus war. Die Durchblicke zum Theater des Marcellus, zum Campidoglio und zum Pantheon müssen von allem, was in den Jahrhunderten des Niedergangs dort hochgewachsen ist, freigeräumt werden. In fünf Jahren muß eine von der Piazza Colonna herkommende Prachtstraße einen ungehinderten Durchblick auf den Pantheonhügel gewähren.. Das dritte Rom wird sich über weitere Hügel ausbreiten, die Ufer des heiligen Flusses entlang, bis zu den Küsten des Tyrrhenischen Meers."

Ihm schwebte eine Megalopolis vor, eine sowohl flächenmäßig als auch der Einwohnerzahl nach wesentlich größere Stadt, gekrönt von jenen Hochbauten und Wolkenkratzern, die ihn so faszinierten. Über dem Forum sollte ein riesiger Palast des Faschismus aufragen; es sollte eines der größten und eindrucksvollsten Bauwerke auf der Welt werden. Diesem neuen Rom, das vor allem Platz brauchte, sollte alles „Schmutzige und Pittoreske" weichen müssen, alles, was nach Mittelalter roch und nicht groß und erhaben war.

Zu dem drohenden völligen Verschwinden des mittelalterlichen Rom

kam es zwar nicht, aber ein guter Teil der Abrißpläne wurde verwirklicht. So wurden beispielsweise fünfzehn antike Kirchen beseitigt; an
ihrer Stelle wuchsen Bauten der faschistischen Monumentalarchitektur
empor, der es in vielen, wenn auch keineswegs in allen Fällen mehr um
die Zurschaustellung bloßer Größe und Wucht zu gehen schien als um
hohe künstlerische und geschmackliche Ansprüche. Zu den verwirklich-
ten Vorhaben gehörten eine breite Verbindungsstraße zwischen dem
Kolosseum und der Piazza Venezia, die Via dei Fori Imperiali,[4] ein
breiter, vom Tiber zum Petersplatz führender Boulevard, die Via della
Conciliazione,[5] benannt zu Ehren einer wirklich historischen Leistung
des faschistischen Regimes, der 1929 mit dem Vatikan geschlossenen
sogenannten Lateranverträge, die dem achtzigjährigen Dauerkonflikt
zwischen Kirche und Staat ein Ende gesetzt hatten, sowie in den südlichen Außenbezirken Roms der riesige, unter der Bezeichnung E.U.R.
bekannte Hallenkomplex, der als Heimstätte einer für den 20. Jahrestag
des Marsches auf Rom geplanten großen Weltausstellung errichtet wurde;
dieser Komplex ist uns als Mahnmal für eine die Monumentalität als
Selbstzweck verehrende Architektur erhalten geblieben.[6]

Allein, zum Glück für Italien setzten die Faschisten sowohl in Rom als
auch anderswo im Lande nur einen Teil dessen in die Tat um, was sie in
ihren bombastischen Proklamationen ankündigten. Daß diverse Trok-
kenlegungs- und Kultivierungsprojekte von Erfolg gekrönt waren, läßt
sich nicht leugnen; die Entwässerung großer Teile der Pontinischen
Sümpfe, die teilweise erreichte Ausrottung der Malaria in diesen Gebieten, der Bau von Kanälen, neuen Straßen, Städten und Wasserkraftwer-
ken waren positive Leistungen, die Tausenden von Menschen aus ganz
Italien zu Grund und Boden, einer neuen Heimat, zu Arbeitsplätzen und
Aufstiegschancen verhalfen. Zugleich verbesserten sich unter dem faschistischen Regime die Arbeitsbedingungen und die rechtliche Lage der
Arbeiter. Die Statistiker Mussolinis verkündeten stolz, daß zwischen
1922 und 1942 zu keiner Zeit weniger als 100000 Arbeitskräfte bei
staatlichen Großprojekten im Einsatz gewesen seien und daß die Regierung in diesem Zeitraum nicht weniger als 33 634 Millionen Lire für diese
Projekte ausgegeben habe. Die tatsächlichen Leistungen, die sich hinter
diesen Zahlen verbargen, blieben indes sowohl hinter den ursprünglichen
Absichten als auch hinter den hochtönenden Erfolgsmeldungen weit
zurück. An archäologischen Vorhaben waren allein in Rom geplant: die
Ausgrabung und Rekonstruktion der Foren Caesars und Trajans, Ausgrabungen an der Piazza Venezia und auf dem Kapitol, der Wiederaufbau
der Curia, die Freilegung bis in die Zeiten der Römischen Republik
zurückreichender Tempelruinen im Largo di Torre Argentina und der

Wiederaufbau sowohl der Ara Pacis als auch des Augusteums, das Mussolini, so erzählte man sich, als Grabstätte für sich selbst erkoren hatte. Es wurde gewiß eine Menge getan und erreicht, aber doch nur ein Bruchteil dessen, was geplant und angekündigt war. Begonnene Projekte kamen häufig zum Erliegen, und riesige Geldsummen versickerten in irgendwelchen grandiosen Projekten, die sich am Ende als undurchführbar erwiesen, oder flossen in die Taschen korrupter Beamter und hochrangiger Faschisten, die ihr Schäfchen ins Trockene bringen wollten, solange noch Zeit war. Auf den Reißbrettern entstand beispielsweise ein riesiges Forum des Mussolini, das eine ausgedehnte Fläche zwischen dem Tiber und dem Monte Mario bedecken sollte. Es sollte sowohl das Ensemble aus Petersplatz und Petersdom als auch das Kolosseum in den Schatten stellen und in seinem Zentrum von einem 36 Meter hohen und fast 800 Tonnen schweren Obelisken überragt werden, dem „größten Monolithen der Welt". Dann setzte sich jedoch die Auffassung durch, daß diese Lösung nicht imposant genug sei. Statt dessen wurde eine 80 Meter hohe Statue des Herkules in Erwägung gezogen, die ihren Arm zum faschistischen Gruß heben und deren Gesichtszüge denen Mussolinis gleichen sollten. Als bereits 100 Tonnen Metall verarbeitet und ein Teil des gigantischen Kopfes sowie ein Fuß in Elefantengröße gegossen waren, wurde die Arbeit an dem Projekt eingestellt.

Der Duce wurde für die Pannen und Fehlleistungen seines Regimes fast nie persönlich verantwortlich gemacht. Es gab in Rom viele Antifaschisten, aber nur wenige Mussolini-Gegner. Er war nicht nur ein Diktator, er war auch ein Idol. In zahllosen italienischen Wohnzimmern hing sein Bild, und auf den Straßen erblickte man auf Schritt und Tritt, mit weißer Farbe auf Mauern und Wände gepinselt, Lobsprüche auf ihn – *„Duce! Duce! Il Duce ha sempre ragione."* Gegenstände, die er berührt hatte, wurden quasi als Reliquien gehütet. Die Vorstellung, er sei der von der Vorsehung erkorene Führer des italienischen Volkes, nistete sich, von Mussolini selbst und von seinen Managern geschickt und beharrlich propagiert, allmählich in den Köpfen der meisten Italiener ein. Millionen erlagen der Faszination seines stolz vorgeschobenen Unterkiefers, seiner schwarzen, weitgeöffneten Augen, seiner ausdrucksstarken Gestik und seiner die Menschen auf eine seltsame Weise anrührenden Stimme. Als er am Abend des 9. Mai 1936 vom Balkon des Palazzo Venezia aus verkündete, daß die italienischen Streitkräfte in Abessinien siegreich geblieben waren und damit endlich auch Italien „sein Reich" hatte, gingen die letzten Worte seiner Rede in einer Orgie des Jubels unter, in der sich die Schreie hysterischer Frauen mit Hochrufen, Segenswünschen und Beteuerungen der Treue bis in den Tod mischten.

Allein, der Duce befand sich zu diesem Zeitpunkt bereits auf dem
abschüssigen Weg, der ihn in den Untergang führen sollte. Opfer seiner
eigenen Propaganda, überzeugt von seiner eigenen Unfehlbarkeit und
blind gegenüber Tatsachen, die sich nicht mit seinen Wunschvorstellun-
gen vertrugen, gab er sich dem Glauben hin, das Bündnis mit Hitler, die
sogenannte Achse Rom–Berlin, werde Italien zu jener „wahren Größe
[verhelfen], zu der der Faschismus es prädestiniert hat", und ließ sich in
einen Krieg hineinziehen, für den das italienische Heer absolut nicht
gerüstet war.

Als Hitler im Mai 1938 nach Rom kam – in der erklärten Absicht, so
hieß es in einem Bericht der italienischen Botschaft in Berlin, dem
Selbstgefühl der Italiener zu schmeicheln und zu demonstrieren, daß die
Achse eine lebendige Realität war –, nahm Mussolini sich vor, alle
Register zu ziehen, um seinen Besucher gehörig zu beeindrucken.

Die Vorbereitungen begannen schon ein halbes Jahr vor dem Besuchs-
termin; entlang der gesamten Eisenbahnstrecke nach Rom wurden unan-
sehnliche Häuser und Bahnhöfe auf Hochglanz gebracht. In der Hauptstadt selbst wurden die Straßen, durch die die Wagenkolonne des Führers
fahren sollte, verschönert und mit großem Aufwand geschmückt; wenngleich viele Geschäftsinhaber sich weigerten, Hitlerbilder in ihre Schaufenster zu stellen, erklärten sie sich doch bereit, faschistische Banner und
Hakenkreuzfahnen aus den Fenstern zu hängen. Für die militärischen
Ehrenformationen, die zur Begrüßung des Führers aufmarschieren sol-
ten, waren ausschließlich besonders große und gutaussehende Soldaten
ausgesucht worden; sie wurden für ihre Aufgabe gründlich gedrillt, mit
neuen Uniformen ausstaffiert und mit Waffen ausgestattet, mit denen sie
im Ernstfall gar nicht hätten umgehen können, da sie in ihren Gebrauch
nicht eingewiesen worden waren. Immerhin, auch so kam ein pracht-
und eindrucksvolles militärisches Spektakel zustande, wie Mussolinis
Schwiegersohn, Graf Ciano, bestätigte: „Die Deutschen, die in diesem
Punkt vielleicht ein bißchen skeptisch waren, sollten einen ganz anderen
Eindruck mit nach Hause nehmen."

Sicher schien auf jeden Fall, daß Hitler beeindruckt war. Und auch für
ihn selbst wurde die Reise zu einem „großen persönlichen Erfolg", so der
Eindruck Cianos. „Es ist ihm gelungen, das Eis um ihn zum Schmelzen
zu bringen... Seine persönlichen Begegnungen haben ihm Sympathien
eingebracht, besonders auf weiblicher Seite." Einem allerdings war Hitler
vom ersten Augenblick an unsympathisch: seinem widerwilligen Gastgeber im Quirinalspalast, dem unscheinbaren König Viktor Emanuel III.
Wie dieser Mussolini erzählte, hatte Hitler gleich am ersten Abend seines
Aufenthalts im Palast nach einer Frau verlangt. Diese Bitte hatte für

höchste Aufregung und Verwirrung im königlichen Haushalt gesorgt, bis die Sache näher erläutert worden war: der Führer könne nicht einschlafen, ohne zuvor mit eigenen Augen eine Frau sein Bett machen zu sehen. Ciano fragte sich, ob dies eine wahre Geschichte oder vielleicht nur eine boshafte Erfindung des Königs war, der ja auch andeutete, Hitler spritze sich aufputschende und narkotisierende Drogen. Die ganze Atmosphäre in dem Palast war, so entschied Ciano, „gestelzt".

Ebenso ausgeprägt wie die Antipathie zwischen dem König und dem Führer war der herzliche Umgang, den die beiden Diktatoren miteinander pflogen. Nach seiner ersten Begegnung mit Hitler hatte Mussolini noch geringschätzig gemeint, der „läppische kleine Komiker" sei „ziemlich verrückt". Inzwischen hatte er seine Ansicht geändert. Als die beiden am Bahnhof Abschied voneinander nahmen, konnte keiner seine Rührung verbergen, und es heißt, Hitler habe Mussolini angeschaut wie ein treuergebener Hund sein Herrchen. „Von jetzt an", erklärte der Duce, „wird keine Kraft auf Erden uns entzweien können", worauf sich die Augen des Führers mit Tränen füllten.

Auch die Augen Neville Chamberlains füllten sich mit Tränen, als er im Jahr darauf aus Rom abreiste, von einer Gruppe in Rom lebender Engländer mit dem – nicht sehr wohlklingend intonierten – Liedchen *For He's a Jolly Good Fellow* verabschiedet. Der Besuch des britischen Premierministers war kein Erfolg gewesen, und Mussolini hatte dies auch weder erwartet noch beabsichtigt. „Diese Männer sind nicht aus demselben Holz geschnitzt wie Francis Drake und die anderen wunderbaren Abenteurer, die das britische Weltreich begründet haben", resümierte der Duce, nachdem Chamberlain wieder fort war. „Sie sind die matten Söhne einer langen Reihe reicher Vorväter." Aber was könne man auch, so fragte er in einer späteren Rede, die eine in ihrer Absurdität schon wieder amüsante Unkenntnis englischer Denk- und Lebensgewohnheiten verriet, von einem Volk erwarten, das eigens den Smoking anzog, nur um den Nachmittagstee einzunehmen?

Am 10. Juni 1940 erklärte Mussolini nach langem Zögern und vielem Nachdenken diesem degenerierten Volk den Krieg; die Kapitulation Belgiens hatte ihn zu der Überzeugung gebracht, daß er nicht länger zuwarten konnte. Am Abend dieses Tages herrschte in Rom eine unheimliche, beklemmende Stille. Der Korrespondent der ‚Times' sah, als er bedrückt zu seiner Wohnung ging, um zu packen, auf seinem ganzen Weg durch den Corso Umberto und über die Piazza di Spagna nicht eine einzige aus dem Fenster gehängte Fahne. In der Nähe seines Hauseingangs stand ein Polizist Wache, auf den Fluren flüsterten die Menschen beklommen miteinander. Italienische Freunde kamen zu ihm, um sich von ihm zu verabschieden; sie schüttelten ihm die Hand, als ob sie sich stumm entschuldigen wollten. „Ich fühle mich elend", schrieb Graf Ciano in sein Tagebuch. „Das Abenteuer beginnt. Möge Gott Italien beistehen!"

Die bösen Vorahnungen des Grafen waren nur zu berechtigt. Der Krieg nahm einen katastrophalen Verlauf – katastrophal für Italien im allgemeinen und für Mussolini im besonderen. Im Sommer 1943 war es so weit, daß man in Rom sogar bis weit in die Reihen der Faschisten hinein darüber diskutierte, wie man sich am besten des Duce entledigen könnte. Der König, der sich fast täglich mit Vertretern verschiedener oppositioneller Gruppen beriet, hatte mit tiefer Betroffenheit reagiert, als am 19. Juli bei einem verheerenden Luftangriff der Alliierten auf Rom Hunderte von Menschen ums Leben gekommen und zahlreiche Gebäude, darunter die Basilica S. Lorenzo fuori le mura, schwer beschädigt worden waren. Nach Wochen des Zögerns hatte er sich überreden lassen, die Verhaftung Mussolinis anzuordnen, wenn dieser ihn das nächste Mal zu einer Audienz im Quirinalspalast oder in der Villa Savoia aufsuchte.[7] Parallel dazu heckte eine Gruppe namhafter Faschisten ein Komplott zum Sturz ihres Führers aus; sie wollten ihren Putsch bei einer Sitzung des Großen Faschistischen Rats, des höchsten Staatsorgans, im Palazzo Venezia ausführen. Der König, der von diesem Plan Kenntnis erhielt, fühlte sich dadurch in seiner Entschlossenheit bestärkt, gegen Mussolini vorzugehen, da ein Mißtrauensvotum gegen den Duce im Rat ihm, dem König, die verfassungsmäßige Legitimation liefern würde, deren er zu bedürfen glaubte, um Mussolini entlassen zu können. Obwohl Mussolini im vorhinein die Warnung erhielt, Graf Dino Grandi, Ex-Botschafter in London und eines der einflußreichsten Mitglieder des Rats, werde einen Antrag auf Abberufung des Duce einbringen, betrat dieser in gewohnter selbstsicherer Pose und ohne einen der mutmaßlichen Frondeure eines Blickes zu würdigen, die Sala del Pappagallo, in der die Sitzung stattfand. Er trug die graugrüne Uniform des Oberkommandierenden der faschistischen Miliz, als wolle er sich bewußt von den anderen absetzen, die auf seine Anordnung hin alle in dem ‚Sahariana' genannten schwarzen Buschhemd erschienen waren. „Grüßt den Duce!" rief der Parteisekretär laut. Gehorsam sprangen alle Anwesenden auf und entboten die traditionelle Antwort: „Wir grüßen ihn!" Mit finsterem Blick setzte Mussolini sich an seinen Tisch; dieser stand auf einem Podium, war also ein gutes Stück höher als der große Tisch, an dem die anderen saßen. Auf ihrem Weg zum Sitzungssaal hatten sie bemerkt, daß es im Hof des Palazzo von Soldaten der faschistischen Miliz wimmelte. Auch in den Korridoren,

Treppenhäusern und Räumlichkeiten des Palazzo patrouillierten Milizionäre. Eines der ältesten Mitglieder des Großen Faschistischen Rats raunte Grandi ahnungsvoll zu: „Das ist das Ende für uns."

Dann begann der Duce zu sprechen. Seine Rede dauerte zwei Stunden – zwei Stunden, in denen er unschlüssig, unpräzis und unbeholfen von einem Punkt zum anderen stolperte und alle Welt, außer sich selbst, für die prekäre Lage Italiens verantwortlich machte. In einer seiner Abschweifungen – sie war so an den Haaren herbeigezogen und so unsinnig, daß seine Zuhörer sich fragten, ob darin nicht irgendein geheimnisvoller Witz verborgen war – bemerkte er, er habe den Angriff der Engländer am 23. Oktober 1942 bei El Alamein vorausgesehen, da ihm klar gewesen sei, daß sie ihm den 20. Jahrestag des Marsches auf Rom eine Woche später vermiesen wollten.

Nach dem Ende dieser außerordentlichen Eröffnungen herrschte für eine längere Zeit Schweigen. Alle in der betretenen Runde empfanden, so der Eindruck des mit anwesenden italienischen Botschafters in Berlin, eine Art Katerstimmung. Nie hatten sie von Mussolini eine so verunglückte Rede gehört. Nach zwanzig Jahren der Macht schien für ihn nun das Ende gekommen. Es kam dann eine Debatte in Gang, in deren Verlauf die einzelnen Beiträger die Deutschen, die Alliierten und ihre eigenen Vor- und Nachredner beschimpften und in der sich auch Graf Ciano mit einer Attacke auf den Duce so scharf wie nie zuvor zu Wort meldete; dieser saß währenddessen in starrer, wie schmerzverzerrter Haltung über seinen Tisch gebeugt, preßte von Zeit zu Zeit die Hände auf den Magen oder hielt sie sich vor das Gesicht, um seine Augen vor dem gleißenden Licht der Kronleuchter zu schützen. Auf seinem blassen Gesicht standen Schweißperlen. Nach sechseinhalb Stunden unterbrach Mussolini die Sitzung. Als er zurückkehrte und die Debatte weiterging, schien er sich gefangen zu haben. Er ergriff das Wort, sprach sicher und gefaßt, und es schien, als habe er, wie Grandi es rückblickend beschrieb, „mit einem Schlage alles, was er verloren hatte, wieder zurückgewonnen". Doch es war zu spät. Um Viertel nach zwei Uhr nachts wurde der Abberufungsantrag zur Abstimmung gestellt; 19 der 28 Ratsmitglieder stimmten dafür. Mussolini schob seine Papiere zusammen und stand abrupt auf. „Grüßt den Duce!" rief der Parteisekretär wie gewohnt. Doch der Duce kam der Antwort, die ohnehin dürftig ausgefallen wäre, zuvor, indem er abwinkend versetzte: „Ich erlasse euch das." An der Tür drehte er sich noch einmal um und verkündete in vorwurfsvollem Ton: „Ihr habt eine Regierungskrise ausgelöst."

Am nächsten Morgen ging er jedoch wie gewöhnlich ins Amt und arbeitete, als ob nichts Ungewöhnliches geschehen wäre. Den Rat seiner

Mitarbeiter und Angehörigen, diejenigen Mitglieder des Großen Faschistischen Rats, die gegen ihn gestimmt hatten, verhaften zu lassen, wischte er vom Tisch. Als der Parteisekretär ihm telefonisch mitteilte, von den 19 hätten einige inzwischen kalte Füße bekommen, reagierte er darauf so, als habe er es nicht anders erwartet und als habe er längst beschlossen, wie mit den Abtrünnigen verfahren werden sollte. „Zu spät", antwortete er, und es klang wie eine jener sibyllinischen Drohungen, die früher einmal Angst und Schrecken verbreitet hatten, nun aber von niemandem mehr ernst genommen wurden. Vereinbarungsgemäß sollte er am Nachmittag den König aufsuchen. Vorher fuhr er nach Hause in die Villa Torlonia, um sich umzukleiden, da das königliche Sekretariat ihn gebeten hatte, im Straßenanzug zu erscheinen. Seiner Frau schwante Schlimmes, hatte er doch bis dahin bei offiziellen Audienzen stets einen Frack getragen. „Geh nicht hin", warnte sie ihn, „man kann ihm nicht trauen." Doch Mussolini glaubte sich nicht in Gefahr. Wie er im Gespräch mit dem Stabschef der faschistischen Miliz einräumte, konnte er sich vorstellen, daß der König ihn als Oberbefehlshaber der Streitkräfte ablösen wollte; mehr war jedoch, so glaubte er fest, nicht zu befürchten. Über zwanzig Jahre lang habe er den König Woche für Woche ein- oder zweimal aufgesucht und bei ihm stets vollen Rückhalt gefunden.

Von seinem Sekretär begleitet, stieg er in seinen Wagen; die Fahrt ging zur Villa Savoia in der Via Salaria. Es war ein ruhiger, stickig heißer Sonntag; die Straßen waren fast menschenleer. Die Zeitungen hatten an diesem Morgen gemeldet, daß Palermo an den Feind gefallen war.

Als der Wagen vor der Säulenhalle anhielt, erblickte der Chauffeur zu seiner Überraschung den König, der in der Uniform des Generalfeldmarschalls im Eingang der Villa stand. Nie zuvor hatte er es erlebt, daß der König den Duce so empfing; nie zuvor auch hatte er an diesem Ort so viele *carabinieri* gesehen wie in diesem Moment. Mussolini ließ sich hierdurch zunächst nicht verunsichern, wußte er doch, daß das Votum des Großen Faschistischen Rats laut Verfassung nicht bindend war. Selbst als der nervöse König ihm eröffnete, daß er entlassen sei, schien er zunächst nicht zu begreifen, was los war. Dann sackte er plötzlich so ruckartig und schwer auf einen Stuhl, als habe ihn ein Schlag getroffen. Als der König weitersprach, murmelte Mussolini, ihm ins Wort fallend: „Dann ist alles vorbei."

Die ganze Audienz hatte nur zwanzig Minuten gedauert. Der Duce machte einen etwas benommenen Eindruck, als er die Villa wieder verließ, die Stufen hinabstieg und auf seinen Wagen zuging, der gewendet hatte und auf der gegenüberliegenden Seite der Auffahrt stand. Kurz bevor er den Wagen erreichte, vertrat ihm ein Hauptmann der *carabinieri*

den Weg und sagte: „Seine Majestät hat mich mit Ihrem Schutz beauftragt." Mussolini reagierte abwehrend, doch der Hauptmann ließ sich
nicht umstimmen. „Nein, Exzellenz, Sie müssen mit mir kommen." Er
faßte ihn am Ellbogen und führte ihn zu einem Ambulanzwagen, dessen
Hintertüren offenstanden. Mussolini stieg mit seinem Sekretär ein und
zog sich seinen ziemlich zerknautschten braunen Filzhut über die Augen.
Der Hauptmann, ein weiterer Offizier und drei *carabinieri* kletterten
ebenfalls in den Wagen, außerdem drei Polizeioffiziere in Zivil, die mit
Maschinenpistolen bewaffnet waren. Dann wurden mit lautem Krach die
Türen zugeschlagen. Auch jetzt hatte Mussolini noch nicht begriffen, daß
er verhaftet war.

Im Innern des Ambulanzwagens sprach während der ganzen Fahrt zur
Podgora-Kaserne in der Via Quintinio Sella niemand ein Wort. Als die
Türen aufflogen, stieg Mussolini aus und schaute sich stirnrunzelnd um,
die Kinnlade vorgeschoben, den Oberkörper leicht vorgebeugt, die Beine
gespreizt und die Arme in die Hüften gestemmt, ganz so, als sei er zu
einem Inspektionsbesuch hergekommen. Man geleitete ihn ins Offiziers-
kasino, wo er eine volle Stunde lang allein blieb; dann mußte er wieder in
den Ambulanzwagen steigen und wurde zur Kaserne der *carabinieri*-
Kadetten in der Via Legnana auf der anderen Flußseite gebracht. Den
Rest des Tages und den ganzen folgenden Tag über wurde er dort
festgehalten; die meiste Zeit lag er auf einem Feldbett im Zimmer des
Kasernenkommandanten und stierte durch das Fenster auf die ankom-
menden und wegfahrenden Autos und auf die exerzierenden Kadetten,
die vor einer Mauer auf- und abmarschierten, auf der in großen weißen
Buchstaben eine der Propagandaparolen des Duce-Regimes prangte:
„*Credere! Obbedire! Combattere!*" Am Abend des 27. Juli wurde er aus
der Kaserne abgeholt und an seinen Verbannungsort gebracht, auf die
Insel Ponza.

Am Abend nach seiner Verhaftung waren in Rom die Menschen auf
den Straßen zusammengelaufen und hatten miteinander darüber gerätselt
und diskutiert, was wohl vor sich gehe. Auf allen Plätzen waren mit
Maschinengewehren bewaffnete Truppeneinheiten aufmarschiert, ohne
daß irgend jemand wußte, aus welchem Grund dies geschehen war und
welchen Auftrag die Soldaten hatten. Gerüchte wollten von einer Landung alliierter Fallschirmjäger im Süden wissen, andere besagten, der
Duce sei zurückgetreten und habe sich in die Romagna, seine Heimat,
zurückgezogen oder sei nach Deutschland geflohen oder gar umgebracht
worden. Daß der Große Faschistische Rat getagt und daß die Sitzung
sehr lange gedauert hatte, war bekannt, doch über die gefaßten Beschlüsse verlautete nichts. Wer das Radio andrehte, bekam lediglich summende

und knisternde Störgeräusche zu hören. Nicht einmal die Überbrük-
kungsmusik, die sonst ausgestrahlt wurde, wenn vorgesehene Sendungen
entfielen, kam diesmal über den Äther. Doch dann endlich meldete sich
ein Nachrichtensprecher und gab bekannt, daß Cavaliere Benito Mussolini zurückgetreten und Marschall Pietro Badoglio zum neuen Regierungschef ernannt worden war.

Die Neuigkeit versetzte ganz Italien in höchste Aufregung, und selbst
die gleich anschließende Erklärung, daß der Krieg weitergeführt werde,
vermochte die Gemüter nicht abzukühlen, zumal die meisten hierin ein
bloßes Lippenbekenntnis sahen, mit dem die neue Regierung Zeit und
Spielraum für Friedensverhandlungen mit den Alliierten hinter dem
Rücken der Deutschen gewinnen wollte. Durch die Straßen Roms zogen
die Menschen haufenweise und verkündeten in Sprechchören das Ende
des Krieges. Sie drangen in die Redaktionsräume der faschistischen
Zeitung ‚Il Messaggero‘ ein und warfen Möbel, Akten, Telefone und
riesige Porträtbilder des gestürzten Duce aus den Fenstern. Eine Bronze-
büste des Diktators flog aus dem Fenster eines Amtsgebäudes am Corso
und wurde von einer jubelnden Menge an Stricken durch die Straßen
geschleift. Faschistische Symbole wurden von Gebäudefassaden herun-
tergeschlagen und -gerissen, faschistische Parteiabzeichen jedem, der so
mutig oder töricht war, noch eines zu tragen, vom Revers gerissen.
Freilich trug fast niemand mehr ein Parteiabzeichen. Über Nacht waren,
so schien es, die Römer allesamt zu Antifaschisten geworden. Schläger-
trupps, die nach Opfern suchten, taten sich schwer, welche zu finden.
Die Häuser einiger bekannter Faschisten wurden gestürmt, doch die
Bewohner hatten sich aus dem Staub gemacht. Eine Rotte von Demonstranten drang in den Palazzo Venezia ein und forderte lautstark die
Auslieferung des Mannes, der sie so lange tyrannisiert hatte; sie machten
indes nicht den Versuch, die abgeschlossene Tür der Sala del Mappamondo aufzubrechen, und begnügten sich damit, eine rote Fahne zu schwen-
ken.

Sonst kam es kaum zu gewaltsamen Ausschreitungen. Die Menschen
waren eher von Fröhlichkeit beseelt als von Rachedurst. Vor dem Quirinalspalast versammelte sich eine Menge, um dem König, in der Via XX
Settembre eine andere, um Badoglio zuzujubeln. In der Via del Tritone,
in der Via Nazionale, auf der Piazza Colonna und auf der Piazza del
Popolo wurde gesungen und getanzt wie bei einer *festa*. „Der Faschismus
ist tot“, riefen die Menschen einander freudetrunken zu. So war es
tatsächlich, und nicht ein einziges Menschenleben wurde in dieser Nacht
für seine Verteidigung geopfert, sieht man einmal davon ab, daß der
Direktor der Nachrichtenagentur Stefani Selbstmord beging. Kampflos

war der Faschismus in Rom zusammengebrochen. Selbst Mussolinis eigene Zeitung ‚*Popolo d'Italia*‘ nahm dessen Absetzung stillschweigend hin und setzte für das Foto des Duce, das bislang ihre Titelseite geziert hatte, ein Bild von Badoglio ein.

Wenngleich viele Römer auf den Beinen waren, zog die Mehrheit es doch vor, zu Hause zu bleiben. Man hatte den Nachrichtensprecher im Radio sagen hören: „Der Krieg geht weiter", und fürchtete mit Recht, er werde vielleicht noch lange dauern. Die Westalliierten hatten Sizilien in ihren Besitz gebracht und standen zur Invasion des italienischen Festlands bereit. Die Deutschen andererseits waren durchaus noch nicht besiegt und würden sicherlich das Nötige tun, um sich gegen die Folgen eines von den Italienern auf eigene Faust ausgehandelten Waffenstillstands abzusichern.

Nach einmonatigen Geheimverhandlungen wurde am 3. September in einem militärischen Biwakzelt bei Syrakus auf Sizilien die Urkunde über die Kapitulation Italiens unterzeichnet. Am selben Tag versicherte Badoglio dem deutschen Botschafter in Rom, Italien werde „an der Seite seines Bündnispartners Deutschland bis zum Ende kämpfen". Am Abend des 5. September sickerte, nachdem die Alliierten bereits bei Salerno gelandet waren, die Nachricht von der italienischen Kapitulation durch. Daraufhin wies das Oberkommando der Deutschen Wehrmacht alle seine in der Umgebung Roms stationierten Truppen an, sich der Hauptstadt unverzüglich zu bemächtigen. Nach kurzem, tapfer geführtem, aber schlecht geleitetem Widerstandskampf brachen die Stellungen der Verteidiger Roms zusammen. Der König und der Generalstab der Streitkräfte setzten sich ins südliche Italien ab, für Rom begann die Zeit der NS-Besatzung.

Rom wurde zur ‚offenen Stadt‘ erklärt, was bedeutete, daß es im Angriffsfall nicht verteidigt werden sollte; es erhielt einen italienischen Stadtkommandanten, der dem deutschen Oberbefehlshaber in Italien, Feldmarschall Kesselring, unterstellt war. *De facto* lief dies darauf hinaus, daß die Deutschen die römische Stadtverwaltung ebenso voll unter Kontrolle hatten wie die in der Hauptstadt ansässigen Ministerien und Staatsbehörden und die neue, über Norditalien eingesetzte faschistische Regierung, die sich, mit dem von den Deutschen aus den Händen seiner italienischen Bewacher befreiten Mussolini als Präsidenten, in dem Städtchen Salò am Gardasee installiert hatte. Sorgsam im Auge behielten die Deutschen auch die Aktivitäten der faschistischen Partei, der sie erlaubt hatten, ihr Hauptquartier im Palazzo Wedekind wiederzueröffnen,[8] und die des römischen Ortsverbands der Partei, des Fascio Romano, der im Palazzo Braschi residierte. Die in Rom stationierten deutschen Truppen wurden dem Kommando von General Stahel unterstellt, der mit seinen

dünnen Lippen und glitzernden Augengläsern weitaus einschüchternder
wirkte als General Kurt Maeltzer, der ihn bald darauf ablöste. Hinter
Maeltzers gefälligem Lächeln, seinem großsprecherischen Auftreten und
seiner Possenreißerei verbarg sich freilich eine barsche und grobschlächti-
ge Persönlichkeit.

In der Tat ließen die Deutschen von Anfang an keinen Zweifel daran,
daß sie Rom mit starker und nötigenfalls strafender Hand zu regieren
gedachten. Über Radio Rom, dessen sich die Besatzer natürlich bemächtigt hatten, wurde eine Proklamation verlesen, derzufolge alle Italiener
ihre Waffen abzuliefern hatten; auf Nichtbefolgung stand die Todesstrafe.
Eine Sperrstunde wurde verfügt, deren Bestimmungen in der Folge
zunehmend verschärft wurden; schließlich erging die Anordnung, jedermann, der sich nach fünf Uhr nachmittags auf der Straße zeige, werde
ohne Anruf erschossen. Eine nicht abreißende Kette von Razzien führte
zur Verhaftung zahlreicher Personen, die als potentiell gefährliche Gegner des neuen Regimes angesehen wurden. Zu der Angst vor einer
Verhaftung gesellte sich die Befürchtung, eines Tages zu denen zu gehören, deren Straße urplötzlich von uniformierten Kräften abgeriegelt und
systematisch nach arbeitsfähigen Personen durchsucht wurde, die dann
umstandslos auf Lastwagen verladen und zur Arbeit in eine Fabrik, auf
ein Landgut oder in eine Kohle- oder Erzgrube der Deutschen verfrach-
tet oder sogar zum Einsatz an die Front geschickt wurden, an einer jener
Verteidigungsstellungen, die sich im Aufbau befanden und sich als
schwer überwindliche Hindernisse für den alliierten Vormarsch erweisen
sollten. Männern im wehrfähigen Alter drohte zugleich auch die Einbe-
rufung durch die faschistischen Behörden. Daher zogen es tagtäglich
Hunderte junger Römer vor, von zu Hause zu verschwinden. Von den
1,5 Millionen Einwohnern, die Rom zu dieser Zeit hatte, hielten sich
nach Schätzungen rund 200000 verborgen, viele von ihnen in Kirchen
und anderen Einrichtungen und Gebäuden der Kirche, etliche im Vatikan
und manche in so labyrinthischen Gebäuden wie dem Palazzo Orsini, in
dem die Herzogin von Sermoneta, die aus ihrer Sympathie für die
Alliierten keinen Hehl machte, spurlos untertauchte, als die Deutschen
kamen, um sie zu verhaften.

Juden waren natürlich besonders gefährdet. Sie, die seit 1870 den
nichtjüdischen Römern rechtlich vollkommen gleichgestellt waren, hatten bislang keine auch nur annähernd so grausamen Verfolgungsmaßnah-
men zu erdulden gehabt, wie die Nazis sie in ihrem Machtbereich
praktizierten. Zwar hatte Mussolini in seinen Reden und in Gesprächen
oft gegen sie gehetzt und auf Drängen der Deutschen auch ein Paket
antijüdischer Gesetze verabschieden lassen, doch waren die darin veran-

kerten Bestimmungen niemals rigoros durchgeführt worden. Gleichwohl hatten etliche Juden es vorgezogen, ins Ausland zu gehen; andere waren ausgewiesen worden. Die meisten Juden hatten jedoch in Ruhe und ohne von den Behörden übermäßig schikaniert zu werden, ihr bisheriges Leben weitergelebt. Am 26. September 1943 jedoch verlangte Oberst Kappler, Gestapo-Chef von Rom, von der jüdischen Gemeinde der Stadt plötzlich 50 Kilogramm Gold. Kurze Zeit später inszenierte Kappler durch Gestapoagenten einen Überfall auf die Synagoge und verkündete wiederholt die Drohung, er werde jüdische Geschäfte und von Juden bewohnte Häuser verwüsten lassen. Von den darüber in Panik geratenen Juden fanden rund 8000 Zuflucht in katholischen Klöstern und anderen kirchlichen Einrichtungen mit exterritorialem Status; über 2000 jedoch wurden bei Razzien verhaftet und unter unsagbar degradierenden Bedingungen nach Deutschland deportiert. Viele andere wurden rechtzeitig gewarnt und konnten sich aus Rom absetzen, wie der Schriftsteller Alberto Moravia, ein Halbjude; er floh und fand Unterschlupf in einer Bauernkate in Fondi.

Jagd machten Gestapo und faschistische Polizei auch auf geflüchtete alliierte Kriegsgefangene, von denen sich viele in der Hoffnung nach Rom durchgeschlagen hatten, auf dem Boden des neutralen Vatikan sicheres Asyl zu finden. Tausenden von ihnen gelang es, von Rom aus zu ihrer Einheit zurückzukehren, wobei in vielen Fällen eine Organisation mithalf, die ein Major S. I. Derry, selbst ein geflohener Kriegsgefangener, gegründet hatte und in der ein findiger und unerschrockener irischer Priester, Monsignore Hugh O'Flaherty, maßgeblich mitwirkte. Zahlreiche Römer verstießen, ihr Leben riskierend, gegen die Sperrstundenordnung, um Lebensmittel und Geld, Zivilkleider und Medikamente in die vielen über die ganze Stadt verstreuten Unterkünfte zu bringen, in denen Flüchtlinge versteckt gehalten wurden und darauf warteten, ausgeschleust zu werden. Nicht wenige der selbstlosen italienischen Helfer wurden von einer der deutschen Kontrollpatrouillen aufgegriffen und erschossen; gleichwohl kam es kaum einmal vor, daß ein um Hilfe bittender Flüchtling abgewiesen oder gar den Behörden verraten wurde, und dies obwohl der bloße Verdacht, feindlichen Ausländern Hilfe geleistet zu haben, für einen Römer den Abtransport in eines der Verhörzentren der Gestapo bedeuten konnte: in die Via Tasso oder in die Pensione Jaccarino in der Via Romagna, wo Pietro Koch, ein ehemaliger Weinhändler und Offizier im Regiment der *Granatieri*, als freier Mitarbeiter von Oberst Kappler Spezialverhöre durchführte, assistiert von seinen beiden Geliebten. In diesen berüchtigten Gefängnissen wurden festgenommene Widerstandskämpfer so grausamen Martern unterworfen, daß sie entweder daran starben oder zusammenbrachen und ihren Peinigern alles erzählten, was sie wußten.

Begonnen hatte der organisierte Untergrundkampf in Rom eine Woche nach der italienischen Kapitulation. Am 9. September versammelten sich Vertreter der Sozialisten, der Christdemokraten, der Kommunisten und der Partei der Tat und gründeten unter Vorsitz des früheren Premierministers Ivanoe Bonomi das erste Nationale Befreiungskomitee Italiens. Nach seinem Vorbild entstanden in der Folge zahlreiche weitere Komitees und Gruppen, Zellen einer gesamtitalienischen Widerstandsbewegung, die bis zum Kriegsende größere Opfer an Menschenleben erlitt als die Fünfte Armee der Alliierten im Zuge aller ihrer Kampfhandlungen auf italienischem Boden. In Rom entstanden, dirigiert von Oberst Giuseppe Montezemolo, militärische Kommandogruppen, rekrutiert aus Angehörigen der italienischen Streitkräfte; sie zogen mit Hilfe zahlreicher uniformierter Verbindungsleute in ganz Italien ein ausgezeichnet funktionierendes Kommunikationsnetz auf, das sich für die alliierten Nachrichtendienste als ungemein nützlich erwies. Daneben gab es weitere, von Anhängern der einen oder anderen politischen Partei getragene Gruppen, die ebenfalls mit dem Hauptquartier der Alliierten Streitkräfte in Verbindung standen und von geheimen Funkzentralen aus, die alliierte Agenten in Rom eingerichtet hatten, von Fall zu Fall Nachrichten an die alliierte Militärführung übermittelten. Manche dieser Widerstandsgruppen, namentlich die der sozialistischen und kommunistischen Partei nahestehenden, organisierten Sabotageakte, Überfälle auf deutsche Truppenteile und Anschläge gegen die SS und die faschistische Polizei.

Die berühmteste dieser Aktionen war ein Anschlag einer kommunistischen Gruppe auf eine Kompanie Soldaten eines deutschen Polizeiregiments, die sich auf dem Weg zur Wachablösung im Innenministerium befand. Als die Soldaten durch die Via Rasella marschierten, explodierte eine in einem Straßenkehrerkarren deponierte Bombe; 32 Deutsche wurden auf der Stelle getötet, viele andere, ebenso wie mehrere zufällig in der Nähe weilende Zivilisten, darunter ein Kind, verwundet. Die an dem Anschlag beteiligten Partisanen konnten allesamt entkommen, aber die Deutschen nahmen schreckliche Rache. Als Hitler von der Sache erfuhr, befahl er, daß für jeden getöteten Deutschen 30 oder gar 50 Italiener erschossen werden sollten. Nachdem es Feldmarschall Kesselring gelungen war, die Quote auf zehn zu eins zu drücken, ging die Gestapo daran, das Zentralgefängnis Regina Coeli[9] und ihre anderen Internierungslager nach geeigneten Opfern zu durchkämmen. Es kamen schließlich fünf zuviel zusammen, Folge eines Rechenfehlers, nachdem ein weiterer Deutscher seinen Verletzungen erlegen war und Kappler die Opferliste um zehn aufgestockt hatte. Unter den zur Hinrichtung Ausgewählten waren antifaschistische Offiziere der italienischen Streitkräfte und der *carabinieri*, Aktivisten der politischen Parteien, ein paar alliierte Kriegsgefangene, 75 Juden, 1 Priester und 1 Diplomat. Sie alle wurden in den Sandgruben an der antiken Via Ardeatina erschossen.

Eine Woge der Hoffnung war durch Rom geschwappt, als die Nachricht eintraf, daß die Alliierten am 20. Januar 1944 nun auch nördlich der Hauptstadt, bei Anzio, gelandet waren. Auf die erste Euphorie folgte jedoch bald tiefe Enttäuschung, als deutlich wurde, daß dieser Landungsoperation kein Erfolg beschieden war und daß die Alliierten, in ihrem Brückenkopf festsitzend, in Gefahr schwebten, wieder auf ihre Schiffe zurückgetrieben zu werden. In Rom wurden die Lebensbedingungen zusehends schlechter. Wasser, Gas und Strom wurden häufig abgestellt; Wasserverkäufer tauchten in den Straßen auf, wie einst im Mittelalter, eine Flasche wurde zu einem kostbaren Besitztum. Mit zunehmender Lebensmittelknappheit stiegen die Preise, der Schwarzmarkt florierte. Die Menschen boten auf offener Straße ihre Habseligkeiten zum Verkauf an – Bücher, Schallplatten, Kleider –, um Geld für den Kauf von etwas Fleisch, einem Päckchen Salz oder einer Extraration Brot zusammenzubekommen. Die Ärmeren waren bald am Rande des Verhungerns, trotz der Großzügigkeit des Vatikan, der nach Angaben von Sir D'Arcy Osborne, des britischen Botschafters beim Heiligen Stuhl, in der schlimmsten Zeit bis zu 100000 Mahlzeiten pro Tag für eine Lira pro Kopf ausgab. Um Brennholz zu ergattern, fällten die Menschen Parkbäume und zerhackten hölzerne Sitzbänke. Es herrschte ein Klima der Furcht: niemand konnte sicher sein, nicht im nächsten Augenblick verhaftet oder deportiert zu werden; eine schwangere Frau, Mutter von fünf Kindern, wurde durch einen Kopfschuß getötet, als sie schreiend auf ihren Mann zulief, als dieser von den Deutschen bei einer Razzia zur Zwangsarbeit rekrutiert wurde. Andererseits wurde etlichen Frauen der Schädel kahlgeschoren, weil sie mit Deutschen geschlafen hatten.

Doch die Parolen an den Häuserwänden richteten sich nicht nur gegen die Deutschen. Der Vatikan unterließ es – hauptsächlich in dem Bemühen, nicht eine weitere Verschärfung der Repressalien und insbesondere gegen die Juden zu provozieren –, die Übergriffe der Besatzungsmacht offen zu verurteilen, und wurde dafür hart kritisiert. Auch die Alliierten, die es mit der Rücksicht auf den Status Roms als ‚offener Stadt‘ ebensowenig genau nahmen wie die Deutschen, wurden wegen ihrer Bombenangriffe auf die Stadt geschmäht, die sich zwar auf strategische Ziele wie Bahnhöfe richteten, bei denen aber häufig auch in angrenzenden Wohn-

gebieten Gebäude beschädigt und Menschen getötet wurden. Im Stadt-
viertel Testaccio gab es bei einem Luftangriff zahlreiche Tote, und als die
US-Luftwaffe die Castro-Pretorio-Kaserne angriff, fanden an die 100
Zivilisten und mehrere Patienten der angrenzenden Poliklinik den Tod.

Gegen Ende Mai 1944, als aus der Ferne bereits der Donner schwerer
Geschütze nach Rom drang, machten in der Stadt Gerüchte die Runde,
die Deutschen träfen Vorkehrungen zum Rückzug aus Rom. In der Tat
stapelte sich vor den großen Hotels an der Via Veneto das Gepäck der
dort einquartierten deutschen Offiziere. Viele Römer fürchteten trotzdem, die Deutschen würden, wie Mussolini es von ihnen verlangte, die
Stadt verteidigen. Er hatte nicht vergessen, wie die Römer im Jahr zuvor
seinen Sturz bejubelt hatten, und beharrte darauf, daß es eine Schlacht
um Rom, einen Kampf um jede Straße geben müsse. Doch dann ließ, am
2. Juni, der Papst eine Warnung hinausgehen: „Wer immer seine Hand
gegen Rom erhebt, wird sich in den Augen der gesamten zivilisierten
Welt und im ewigen Urteil Gottes des Muttermordes schuldig machen.“
Am gleichen Tag ersuchte Kesselring Hitler um die Erlaubnis, die Stadt
räumen zu dürfen. Hitler meinte, Rom als „Stätte der Kultur“ dürfe
„nicht zum Schauplatz von Kampfhandlungen“ werden, und erteilte, die
Proteste Mussolinis ignorierend, die Erlaubnis zum Abzug.

Die Deutschen begannen sogleich mit der Räumung der Stadt; sie taten
es allerdings so unauffällig wie möglich, fürchteten sie doch, angesichts
ihres Abzugs könnten die Römer den Aufstand proben. Kesselring wies
General Maeltzer an, am Abend des 3. Juni noch eine Vorstellung der
Verdi-Oper ‚Ein Maskenball‘ zu besuchen. Aber kaum war der Vorhang
gefallen, da setzte der allgemeine Abmarsch ein; und als der Morgen
graute, sahen die Römer die deutschen Besatzer kolonnenweise aus der
Stadt strömen, zu Fuß, in Autos und Lastwagen oder auf Fahrrädern.
Ihre schweren Geschütze führten sie auf von Pferden gezogenen Lafet-
ten, ihr Gepäck auf requirierten römischen Pferdekarren mit sich. Die
Römer registrierten den Abzug der Deutschen mit Erleichterung, trugen
ihnen aber nichts nach; manchen der mitgenommen aussehenden Soldaten wurden unterwegs Getränke und Zigaretten zugesteckt. „Deutsche
Soldaten in nicht abreißenden Kolonnen, müde, verschwitzt, aber bis zu
den Zähnen bewaffnet, zogen durch den Lungotevere“, hindurch zwischen den eine Gasse bildenden Römern, die „hemdsärmelig, verdreckt
und schweigend“ dastanden. „Sie lachen nicht, sie jubeln nicht, sie zeigen
kein Mitleid“, beobachtete Mario Praz. „Das alte römische Volk wird, im
Schatten der antiken Monumente, ein weiteres Mal Zeuge des Rückzugs
einer Armee, versteht und hüllt sich in Schweigen.“

In den Außenbezirken der Stadt versuchten deutsche Nachhutkommandos, von amerikanischen Granaten und Tieffliegern gehetzt, den feindlichen Vormarsch zu hemmen; doch schon am Nachmittag erreichten die ersten alliierten Truppenteile die Kirche S. Paolo fuori le mura und näherten sich der Porta S. Paolo, und bald darauf ratterten durch die Porta S. Giovanni die ersten amerikanischen Panzer. Überall, wo alliierte Soldaten erschienen, traten die Römer auf ihre Balkone oder liefen auf die Straße, jubelten und klatschten Beifall, winkten mit Blumen und vollgeschenkten Weinkrügen. Und als die Dunkelheit über die Straßen hereinbrach, durch die weiterhin Panzer und Lastwagen rollten, stellten sie brennende Kerzen ins Fenster, Symbol der Freude über das Ende einer düsteren Periode und der Hoffnung auf bessere Zeiten.

# Epilog
## Die Ewige Stadt

Am Morgen des 15. Juni 1944 stieg der Befehlshaber der siegreichen Fünften Armee des US-Heers, Mark Clark, unter dem Läuten der *campanili*-Glocken die Stufen der *cordonata* Michelangelos zur Piazza Campidoglio auf dem Kapitolshügel hinauf. Hier, wo Brutus, „vom Blut Caesars verschmiert", zum römischen Volk gesprochen, wo Augustus im schönen Tempel des Jupiter Opfer dargebracht, wo Petrarca den Lorbeerkranz des Dichterfürsten empfangen, wo Cola di Rienzo verkleidet zu entfliehen versucht und wo Gibbon die Inspiration für sein großes Geschichtswerk empfangen hatte, verharrte der Kommandeur der Truppen, die Rom aus den Händen seiner bis auf weiteres letzten fremden Beherrscher befreit hatten, um seinen Blick über die Stadt schweifen zu lassen, deren Verwaltung die Alliierten jetzt in die Hand nehmen mußten.

Es war eine furchteinflößende Aufgabe, vor der sie standen. Sie mußten eine Bevölkerung ernähren, die infolge eines massiven Flüchtlingszustroms auf fast 2,5 Millionen angewachsen war; sie mußten die Strom- und Wasserversorgung wieder in Gang bringen, und sie mußten vor allem versuchen, einerseits die Ordnung aufrechtzuerhalten und andererseits einem Volk den Umgang mit demokratischen Freiheiten nahezubringen, das noch kaum demokratische Erfahrungen hatte sammeln können. Gemessen an der Größe der Probleme, lösten die Alliierten ihre Aufgabe gut. Elektrischer Strom floß bereits am 6. Juli wieder durch die Leitungen, wenngleich der Stromverbrauch, außer für die Krankenhäuser und das Militär, rationiert blieb. Einen Tag später ging das Telefonnetz wieder in Betrieb. Noch vor Ende des Monats hatte sich die tägliche Brotration auf 200 Gramm verdoppelt, und Banken, Schulen, die Universität, einige Bibliotheken und selbst ein paar Theater waren wieder geöffnet. Die Post nahm ihren Normalbetrieb am 11. Juli wieder auf. Drei Monate später war die durch deutsche Sabotageakte auf die wichtigsten Aquädukte weitgehend ausgefallene Wasserversorgung wiederhergestellt. Gesetz und Ordnung wurden mit Hilfe der *carabinieri* und der Finanzgarde aufrechterhalten, die beide im Kielwasser der alliierten Truppen in Rom eingezogen waren. Die Amtsräume der Stadtverwaltung auf dem Kapitol wurden dem neuen Bürgermeister übergeben, dem populären und konsequent antifaschistischen Fürsten Filippo Doria Pamphilj.

Allen Anstrengungen der Alliierten zum Trotz, gab es in Rom der Klagen mehr als genug: über nicht schnell genug durchgeführte Reparaturen und Reformen, nicht eingehaltene Zusagen, oder ganz einfach darüber, daß die Alliierten nicht, wie erwartet, alle Probleme und Nöte mit einem Schlag beseitigten, nachdem sie die Deutschen vertrieben hatten. Einer der populären Gassenhauer jener Monate nahm den Chef der alliierten Stadtregierung, Oberst Poletti, aufs Korn, einen Amerikaner italienischer Abstammung, der über den Rundfunk regelmäßig zu akuten Problemen Stellung nahm:

> *„Charlie Poletti, Charlie Poletti,*
> *Meno ciarla e più spaghetti."*

[„Weniger Gerede und mehr Spaghetti".]

Sicherlich hatten viele Menschen, insbesondere die Alten und die Rentner, Grund zur Klage. Der Schwarzmarkt, der schon unter den Deutschen floriert hatte, blühte munter weiter; die unzähligen Bestimmungen, Verbote und Beschränkungen im Bereich der Lebensmittelversorgung, unter denen gerade die Ärmsten am meisten litten, vermehrten sich ständig; Gebäude und Fahrzeuge wurden beschlagnahmt, ohne daß eine erkennbare Notwendigkeit dafür bestand; wenn römische Bürger mit einem Anliegen zu alliierten Stellen gingen, wurden sie oft unhöflich abgefertigt und nach sturer Bürokratenart behandelt; nicht zuletzt schnitten die alliierten Soldaten im Vergleich mit den deutschen Besatzungstruppen, die sich im allgemeinen zivilisierter aufgeführt hatten, nicht sehr gut ab. Vorurteilsfreie Römer mußten allerdings einräumen, daß die alliierte Besatzungsmacht weit mehr Meinungs- und Bewegungsfreiheit zuließ, als die Deutschen es getan hatten, daß das Klima der Angst und Bedrückung, das bis vor kurzem über der Stadt gelegen hatte, verflogen war und daß die neue Besatzungsmacht ehrlich bemüht schien, die Verwaltungshoheit über Rom und über Italien als Ganzes sobald wie möglich den Einheimischen zurückzugeben. Unmittelbar nach der Befreiung Roms war die Regierung Badoglio durch ein politisch breiter fundiertes Regime ersetzt worden, das seine formelle Legitimation, nachdem König Viktor Emanuel zurückgetreten war, vom Kronprinzen Umberto erhielt; am 15. August wurden die unmittelbaren Verwaltungsaufgaben sowohl für Rom als auch für die umliegenden Bezirke dieser Regierung überantwortet, die ihre Tätigkeit in der Folge unter der Oberaufsicht der alliierten Kontrollkommission verrichtete.

So wurde aus Rom ganz allmählich wieder die Stadt der Römer. Vergangenes Unrecht geriet nach und nach in Vergessenheit, die Menschen gewannen ihre angestammte humorvolle und lebensbejahende Haltung zurück. Gewiß wurden etliche Faschisten durch Spruchkammern ihres Postens enthoben, andere, die sich schwere Verbrechen hatten zuschulden kommen lassen, gejagt und eingesperrt; einige wenige berüchtigte Figuren des besiegten Regimes, wie der stellvertretende Direktor des Regina-Coeli-Gefängnisses, waren gleich bei erster Gelegenheit von der wütenden Volksmenge gelyncht, die Schaufenster einiger Geschäfte, die im Besitz bekannter Faschisten waren, eingeworfen worden. Doch es war sehr deutlich zu spüren, daß der Blick der Römer im großen und ganzen nach vorn gerichtet war und nicht im Zorn zurück. Bei einer Volksabstimmung im Juni 1946 sprach das Land sich für die Abschaffung der diskreditierten Monarchie zugunsten einer Republik aus. Nach einer Wahl, bei der die Christdemokraten die absolute Mehrheit errangen, trat im Mai 1948 das Parlament zu seiner ersten Sitzung zusammen. Unter der Zuversicht einflößenden Führung von Alcide de Gasperi und mit alliierter Wirtschaftshilfe konnte Italien seinen geachteten Rang unter den Nationen des Westens bald wiedergewinnen, und mit dem Namen Roms verbanden sich bald darauf jene historischen Verträge, die den Beginn eines vereinten Europa markierten.

Sechseinhalb Jahrhunderte nachdem Papst Bonifaz VIII. das Jahr 1300 zum ersten Heiligen Jahr der Kirche erklärt hatte, wurde in Rom unter der Schirmherrschaft von Papst Pius XII. ein weiteres Heiliges Jahr begangen. Der Papst spendete den versammelten Pilgermassen seinen Segen, ebenso wie Innozenz seinerzeit die Menge gesegnet hatte, unter der Dante gewesen war. Die ehrwürdigen Traditionen der Kirche hatten die Jahrhunderte überdauert, und doch hatte die Kirche sich beständig verändert und veränderte sich noch immer. 1962 berief Papst Johannes XXIII. das Zweite Vatikanische Konzil ein. Über 2000 Bischöfe versammelten sich im riesigen Mittelschiff des Petersdoms, um sich an den Debatten zu beteiligen, die die Erneuerung der Kirche auf ein solides moralisches Fundament stellen sollten.

Von Veränderung und Erneuerung war auch die Entwicklung der Stadt Rom selbst bestimmt, sowohl was ihr äußeres Erscheinungsbild als auch was die Lebensweise ihrer Bewohner betraf. Der Wirtschaftsaufschwung der fünfziger und sechziger Jahre, in dessen Folge die Zahl der in Italien gebauten Motorfahrzeuge im Jahr 1967 auf eineinhalb Millionen anstieg, ließ den Verkehr in den Straßen der Hauptstadt so anschwellen, daß es häufig zu chaotischen Stauungen kam. Außerhalb der Stadtmauern breiteten sich neue Vorstädte aus, im Süden entlang dem linken Tiberufer, im Norden entlang der alten Straße nach Florenz, im Osten und Südosten in

Richtung auf die Sabiner- und die Albaner Berge und im Westen zu beiden Seiten der Via Aurelia. Die Bevölkerungszahl Roms überschritt am Anfang der sechziger Jahre die Zwei-Millionen-Marke und kletterte bis 1983 auf 2 830 569.

Rom wurde in dieser Zeit wieder zu einer zunehmend kosmopolitischen Stadt. Dem Beispiel der FAO, der UN-Organisation für Ernährung und Landwirtschaft, die sich 1950 in Rom niederließ, folgten mehrere weitere internationale Organisationen; darüber hinaus mußte Rom zwei diplomatische Korps aufnehmen, eins für die Republik, eins für den Vatikan; viele europäische Staaten unterhielten, wie auch die USA, in Rom eine Akademie und schickten Studenten dorthin; in Erwartung wachsender Touristenströme wurden große neue Hotels erbaut; mit der Cinecittà[1] entstand ein expandierendes Zentrum der italienischen und internationalen Filmindustrie, das zahlreiche Techniker, Autoren und Schauspieler und in deren Gefolge wiederum Dienstleistungsbetriebe und Luxusindustrien nach Rom lockte, eine neue Subkultur, die sich neben der künstlerischen und musikalischen Bohème etablierte, die in Rom seit jeher heimisch gewesen war.

Auf der politischen Bühne büßten die Christdemokraten ihre einst unangefochtene Autorität, die sich aus ihrer inneren Einigkeit gespeist hatte, allmählich ein. Der wirtschaftliche Rückschlag nach der Hochkonjunktur der sechziger Jahre einerseits, begründete Korruptionsvorwürfe gegen Minister andererseits, lösten im Zusammenwirken eine öffentliche Vertrauenskrise aus, die der kommunistischen Partei zugute kam, die unter der Führung von Palmiro Togliatti langsam, aber stetig an Boden gewonnen hatte. 1976 bekam Rom erstmals in seiner Geschichte einen kommunistischen Bürgermeister. Viele Kommunisten waren freilich gläubige Katholiken geblieben. Nach dem Tode Togliattis konnte man beobachten, daß Tausende der Trauernden, die den Weg zwischen der Piazza Venezia und der Kirche S. Giovanni in Laterano säumten, das Kreuzzeichen machten, als der Trauerzug vorbeikam, darunter auch etliche, die den Sarg zunächst mit erhobener Faust gegrüßt hatten. Doch auf der extremen Linken und Rechten bildeten sich Organisationen wie die Roten Brigaden und die Bewaffneten Revolutionären Zellen. Sie zeichneten in den späten sechziger und in den siebziger Jahren für eine Reihe von Gewalttaten verantwortlich; am meisten Aufsehen erregte die Ermordung des christdemokratischen Parteiführers und Ex-Premierministers Aldo Moro, dessen Leiche am 9. Mai 1978 im Kofferraum eines nicht weit von der Zentrale seiner Partei abgestellten Wagens gefunden wurde.

Allein, das Zeitalter des Terrors, dessen Heraufkunft einige Zeitungen lauthals verkündeten, stellte sich nicht ein. Ein weiteres Mal stellte Rom seine Fähigkeit unter Beweis, sich, um den Ausspruch Bellocs noch einmal zu zitieren, „auf eine erstaunliche Weise gleich" zu bleiben. Der Glanz und die Faszination, die so viele Jahrhunderte lang Männer und Frauen in ihren Bann geschlagen hatten, wohnten der Stadt nach wie vor inne. Im Laufe aller dieser Jahrhunderte waren Dichter und Patrioten, Künstler und Historiker, Philosophen und Politiker der Faszination dieser Stadt erlegen, hatten sie als „Mutter der Königreiche, Hauptstadt der Welt, Spiegel der Städte" gerühmt. Für Vergil hatte sie die Schönheit der Welt verkörpert, war sie die natürliche Regentin der Völker gewesen. Für den englischen Magister Gregor, den ersten britischen Rom-Besucher, der eine ausführliche Beschreibung Roms hinterließ, war es die „wundervollste" aller Städte. Nichts vermochte in seinen Augen mit der Schönheit Roms zu konkurrieren, mit der des „Rom der Ruinen". Auch Hildebert von Blois fand Rom unvergleichlich: „Keine andere Stadt kann neben dir bestehen, o Rom, obgleich du fast ganz in Trümmern liegst; noch in deinem Verfall lehrst du uns, wie groß du gewesen sein mußt, als du noch ganz warst." Dante bezeichnete Rom als lebenspendend und die Römer als das Volk Gottes. Für Milton war die Stadt die Königin der Erde. Für die Kaiser war Rom stets der Ort, an dem die Autorität ihrer Krone wurzelte. Die russischen Zaren (Cäsaren) nannten ihre Hauptstadt das dritte Rom, so wie die Kaiser der Spätantike Konstantinopel zum zweiten Rom ernannt hatten. Lord Byron bekräftigte lediglich eine alte Überzeugung, als er schrieb:

„Solange das Kolosseum steht, wird Rom stehen;
Wenn das Kolosseum fällt, wird Rom vergehen;
Und wenn Rom fällt – die Welt."

Für Napoleon war Rom ein mythischer Ort, den zur Hauptstadt seines Reiches zu machen einer seiner Wunschträume war; seinen kleinen Sohn salbte er zum König von Rom. Mazzinis Blick war wie gebannt nach Rom gerichtet. Garibaldis Schlachtruf *Roma o morte!"* wurde zum Inbegriff und Leitmotiv der italienischen Einigungsbewegung. Cavour konnte sich ein Königreich Italien, dessen Hauptstadt nicht Rom geheißen hätte, schlechterdings nicht vorstellen. Mussolini träumte von einer Wiederbelebung des Imperium Romanum. Und sein Gegenspieler Churchill begründete sein Drängen auf eine rasche Besetzung Roms durch die alliierten Truppen mit dem Satz: „Wer Rom in der Hand hat, der hat die Besitzurkunde für Italien in der Hand."

In grauer Vorzeit verfaßte Rutilius Namatianus einen bewegenden Lobgesang auf Rom, das „alle Völker zu einer Nation vereinigt und die ganze Welt zu einer Stadt gemacht" habe. Es ist dieses „weltvereinende"

Motiv in der Geschichte dieser Stadt, das das Geheimnis ihrer fortwährenden Vitalität bildet, das sie für Shakespeare zum „hohen und blühenden Wesen" machte und das ihr bis heute den Nimbus der Ewigen Stadt verleiht.

# Anmerkungen zur Topographie Roms, zu seinen Bauten und Kunstwerken

Auf den Versuch, die Öffnungszeiten der zahlreichen römischen Museen, Galerien, Palazzi, Baudenkmäler und Kirchen anzuführen, ist wegen der hoffnungslosen Willkür, die in Rom in dieser Beziehung waltet, von vornherein verzichtet worden. Für den Rom-Besucher ist ein guter, möglichst aktueller Reiseführer unerläßlich. Bei der Zusammenstellung der nachfolgenden Anmerkungen leisteten die folgenden Werke wertvolle Dienste: Ernest Nash, ,*Pictorial History of Ancient Rome*‘, 2 Bde., London 1961; deutsche Ausgabe: Bildlexikon zur Topographie des antiken Rom, Tübingen 1961 und 1962. Anthony Blunt, ,*Guide to Baroque Rome*‘, Granada 1982; Richard Krautheimer, ,*Rome: Profile of a City 312–1308*‘, Princeton University Press 1980; und der unverzichtbare ,*Guida d'Italia: Roma e Dintorni*‘, Mailand 1965.

In Kapitälchen gedruckt sind im Text der folgenden Anmerkungen diejenigen Namen von Bauwerken usw., für die eine eigene Anmerkung existiert; die Seite, auf der diese Anmerkung steht, ist im Register als kursiv gedruckte Ziffer hervorgehoben.

## I. Mythen, Monarchen und Republikaner

1. Als die SIEBEN HÜGEL ROMS gelten gewöhnlich der Palatin, der Esquilin, der Viminal, der Quirinal, der Kapitolshügel, der Caelius und der Aventin. Der Pincio und der Janiculus werden nicht dazu gezählt, weil sie außerhalb der Mauern der antiken Stadt lagen. Der Kapitolshügel und der Aventin sind mit 47 Metern Höhe am niedrigsten; Palatin und Caelius sind 50, der Janiculus ist 85 Meter hoch. Esquilin, Viminal und Quirinal laufen in ein Plateau aus, das an seinem östlichen Ende, nahe der PORTA PIA, eine Höhe von 63 Metern erreicht, aber keinerlei steile Flanke aufweist. Die dem Tiber näher liegenden Hügel fielen in antiker Zeit zum Flußufer hin steiler ab als heute.

2. Ursprünglich ein flaches, unbebautes Gelände am Tiberknie gegenüber dem Vatikanhügel, diente das MARSFELD (CAMPUS MARTIUS) hauptsächlich als militärisches Exerzierfeld. Agrippa ließ es zwischen 27 und 25 v. Chr. durch die Anlage von Tempeln, Bädern und öffentlichen Gärten umgestalten. Unter Hadrian, der das Gelände zum städtebaulichen Vorzeigeobjekt machte, wurden die Bauten und Anlagen restauriert. Der griechische Geograph Strabo schrieb im Jahr 7 v. Chr.: »Alles andere in den Schatten stellt das Marsfeld. Schon die Weitläufigkeit der Fläche an sich ist wunderbar, erlaubt sie doch gleichermaßen Pferde- und Wagenrennen wie auch Ballspiele und gymnastische Wettkämpfe mit Massenbeteiligung. Der Boden ist mit Gras bedeckt, das das ganze Jahr über grün ist, und ringsum erheben sich Gebäude und Hügel, die bis ans Flußufer reichen. Es bietet sich hier eine Ansicht, von der sich loszureißen schwerfällt.« Am Ende des 6. Jahrhunderts hatte das Gelände seinen idyllischen Charakter vollkommen eingebüßt. Auf dem Areal der Piazza di Campo Marzio, die nach der im 8. Jahrhundert an dieser Stelle errichteten Kirche benannt ist, wurden 1822 in drei Meter Tiefe Teile

eines Pflasterbelags vom antiken Campus Martius entdeckt.

3. Wo genau der JANUSTEMPEL des Ancus stand, weiß man nicht. Er könnte an der Stelle gestanden haben, wo das ARGILETUM, die Einkaufsstraße des antiken Rom, auf das FORUM mündete (siehe II, Anm. 33). Ein demselben Gott geweihter Tempel wurde in der Zeit des Ersten Punischen Krieges (264–241 v. Chr.) gegenüber dem THEATER DES MARCELLUS auf dem FORUM HOLITORIUM errichtet und unter Tiberius im Jahr 17 n. Chr. renoviert. Ganz in der Nähe entstanden im 3. Jahrhundert v. Chr. ein TEMPEL DER SPES und ein der JUNO HOSPITA geweihter Tempel. Teile dieser beiden Tempel wurden in den Baukörper der Kirche S. NICOLA IN CARCERE integriert. Diese Kirche, deren Name auf ein im 8. Jahrhundert erbautes Gefängnis zurückgeht, war mindestens seit 1128 in Gebrauch. Sie wurde 1599 restauriert. Ihre heutige Fassade stammt vermutlich von Giacomo della Porta.

4. Siehe III, Anm. 4.

5. Siehe II, Anm. 1.

6. Der imposante TEMPEL VON JUPITER OPTIMUS MAXIMUS, MINERVA UND JUNO, kurz TEMPEL DES JUPITER CAPITOLINUS genannt, war das wichtigste Heiligtum des antiken Rom. Er bedeckte einen großen Teil des südwestlichen Rückens des Kapitolshügels und reichte bis nahe an den TARPEJISCHEN FELSEN heran. Er wurde im Jahr 509 v. Chr. geweiht. Der Senat hielt darin jedes Jahr seine Eröffnungssitzung ab; jeder römische Feldherr, der einen Triumph feierte, pflegte nach dem Triumphzug hierherzukommen und Jupiter ein Opfer darzubringen. Der Tempel wurde mehrere Male um- und ausgebaut, am nachhaltigsten im Jahr 69 v. Chr. durch Quintus Lutatius Catulus, der weiße korinthische Säulen aus Athen verwendete. Martial sprach anschließend von dem „häßlichen Tempel, den Catulus noch häß-

licher gemacht hat". Unter Augustus und dann noch einmal unter Domitian restauriert, gehörte er im Jahr 357, als Kaiser Constans II. Rom besuchte, zu den Sehenswürdigkeiten der Stadt. Die Vandalen plünderten 455 den Tempel, der in der Folge abgetragen wurde und unter den Häusern, Gärten, dem Marktplatz und den Festungsbauten des Kapitolshügels verschwand. An der Stelle, wo er sich befand, steht heute der PALAZZO DEI CONSERVATORI.

7. Mit der Anlage der CLOACA MAXIMA, des größten römischen Abwasserkanals, wurde zwar unter Tarquin begonnen, doch dauerte es bis zum Jahr 33 v. Chr., ehe der Kanal als durchgehend unterirdisch verlaufender, überwölbter Abwassersammler fertiggestellt war. Zu Tarquins Zeiten existierte vermutlich nicht mehr als ein offener Graben, der vom ARGILETUM – dem Talboden, in dem die vom Quirinal, vom Viminal und vom Esquilin herabkommenden Bäche zusammenflossen – quer durch das FORUM verlief (und dieses dabei entwässerte), um sich dann in der Nähe des Viehmarkts, des FORUM BOARIUM, in den Tiber zu ergießen. Bis mindestens zum Ende des 3. Jahrhunderts v. Chr. blieb die Cloaca Maxima ein offener Kanal; mit seiner Abdeckung durch ein gemauertes Gewölbe aus porösem Tuffstein kann frühestens im 2. Jahrhundert v. Chr. begonnen worden sein. An der Stelle, wo der Kanal in den Tiber mündet – unmittelbar unter dem Ponte Rotto (PONS AEMILIUS, siehe IV, Anm. 15) –, ist der halbkreisförmige, fast unversehrt erhaltene Tunnelmund mit seinen imposanten fünf Metern Durchmesser noch heute zu bewundern.

8. Der TARPEJISCHE FELSEN an der Flanke des Kapitolshügels wurde benannt nach Spurius Tarpejus, dem Befehlshaber der römischen Garnison im Krieg gegen die Sabiner; seine Tochter Tarpeja war es, die die Feinde in die Stadt einließ. Verräter wur-

den traditionell an dieser Stelle hingerichtet. Heute erinnert an den Felsen die Via del Monte Tarpejo.

9. Die Überreste des TEMPELS DER VESTA, die man heute auf dem Forum besichtigen kann, stammen von dem Neubau, den Septimius Severus nach dem Brand des Jahres 191 v. Chr. errichten ließ. Der ursprüngliche Rundtempel hatte vermutlich aus Schilfrohr bestanden und ein Strohdach besessen und war mehr als einmal nach Bränden neu aufgebaut worden. Obwohl später völlig andere Baustoffe verwendet wurden, behielt der Tempel die charakteristische Grundform der primitiven Hütten, in denen die Gründer Roms gelebt hatten.

10. Das HAUS DER VESTALISCHEN JUNGFRAUEN wurde nach dem Großbrand des Jahres 64 n. Chr. von Nero wieder aufgebaut und in späterer Zeit restauriert und vergrößert. Die heute noch vorhandenen Ruinen stammen aus dem 2. Jahrhundert. Das Gebäude umschloß einen großen, von einem zweistöckigen Portikus eingerahmten Innenhof, der parkähnlich gestaltet war, mit Teichen und vielleicht auch einer Baumgruppe. Im Ostflügel befand sich ein großer Saal mit Nebenräumen, die der Aufbewahrung geheiligter Gegenstände dienten. Die Wohnräume befanden sich im Nord- und Südflügel. In Anbetracht der Tatsache, daß es nur vier beziehungsweise in späterer Zeit sechs Vestalische Jungfrauen gab, war ihr Domizil, das sich möglicherweise über bis zu vier Stockwerke erstreckte, außerordentlich großzügig bemessen. Der Brauch, Vestalinnen zu bestallen, blieb bis zum Jahr 394 bestehen. Unter den erhalten gebliebenen Statuen der Vestalinnen befindet sich eine, bei der die Namensinschrift unkenntlich gemacht wurde. Man nimmt an, daß es sich dabei um das Standbild der Claudia handelt, die 364 zum Christentum bekehrt wurde.

11. Die archäologische Forschung hat mittlerweile eindeutig ergeben, daß die sogenannte SERVIANISCHE MAUER, benannt nach König Servius Tullius, in Wirklichkeit nicht während der Amtszeit dieses Herrschers im 6. Jahrhundert v. Chr. erbaut wurde, sondern nach der Brandschatzung Roms durch die Gallier im Jahr 387 v. Chr. Die ältere Mauer wurde, wahrscheinlich als Ersatz oder Verstärkung für primitive, aus Erdwällen und Palisaden bestehende Befestigungsanlagen, aus *cappellaccio*-Blöken zusammengefügt; *cappellaccio* ist das weiche graue Gestein, das sich im Untergrund Roms und seiner Umgebung findet, unmittelbar über einer Lehmschicht aus dem Pliozän. Für die Mauer, die nach dem gallischen Feuer an ihrer Stelle errichtet wurde, verwendete man ein härteres, gelblich-graues Tuffgestein *(grotta oscura)* aus den Steinbrüchen bei Veji nördlich von Rom. Es wurden in diese Mauer aber auch, wie die freigelegten Reste auf dem Kapitolshügel zeigen, Steine aus der Mauer des Servius Tullius eingebaut.

12. Neben *cappellaccio* und *grotta oscura* wurde in Rom vom 3. vorchristlichen Jahrhundert an noch ein weiteres Tuffgestein als Baumaterial verwendet, der dunkelgraue sogenannte *peperino* aus den Albaner Bergen. Er war so fest, daß man aus ihm Stürze für Architrav-Konstruktionen fertigen konnte. Das erste Gefängnis Roms, das TULLIANUM – dem die Via del Tulliano ihren Namen verdankt –, wurde nach dem Einfall der Gallier vom Jahr 387 v. Chr. aus *peperino* erbaut. Ein anderer sehr stabiler, etwas gröberer Baustein, der im 3. Jahrhundert v. Chr. in Gebrauch kam, war der *sperone*, der in einem Steinbruch im Vulkankrater des Lago Gabino gewonnen wurde. Im Verlauf des 2. vorchristlichen Jahrhunderts experimentierte man mit braunen Tuffsteinen aus verschiedenen Steinbrüchen in der Umgebung

Roms (bei Monte Verde an der Südflanke des Janiculus und beim Flüßchen Anio). Mehr als die Hälfte der Ruinen, die man heute auf dem Forum besichtigen kann, besteht aus Anio-Tuff. Ebenfalls im Verlauf des 2. Jahrhunderts wurde die Entdeckung gemacht, daß *pozzolana*, eine vulkanische Asche, mit Kalk vermischt einen hochwertigen Zement ergab; mit Wasser und Tuffsplitt vermengt, wurde daraus Beton. Aus diesem Beton wurden beim Wiederaufbau des CONCORDIA-TEMPELS (120 v. Chr.) und des TEMPELS VON CASTOR UND POLLUX (117 v. Chr.) die Fundamente gegossen. Betonwände mit Marmorverkleidungen setzten sich rund hundert Jahre später durch. Zu einem beliebten Baustein wurde, ebenfalls noch in der republikanischen Periode, der Travertin, ein Kalkgestein, das sich in großen Mengen in der Nähe von Bagni, an der Straße nach Tivoli fand. Zum Zeitpunkt der Freilegung im Steinbruch noch weich und leicht zu spalten, härtet Travertin an der Luft rasch aus und zeigt eine schöne weiße oder hellgelbe Farbe. Die Kolonnaden von ST. PETER sind aus Travertin. Ziegelsteine wurden für den Bau von Mauern und Wänden erst in der Zeit des Kaiserreichs verwendet; dagegen wurden Dächer schon seit dem 6. vorchristlichen Jahrhundert mit Tonziegeln gedeckt.

13. Siehe II, Anm. 2.
14. Siehe II, Anm. 1.

## II. Rom als Kaiserreich

1. Das FORUM, ein Areal von weniger als zwei Hektar Grundfläche, war für all die Versammlungen und öffentlichen Veranstaltungen, die die Römer dort abhielten, zu klein geworden. Sulla hatte Pläne für seine grundlegende Umgestaltung geschmiedet; im Jahr 78 v. Chr. war das TABULARIUM, das Gebäude des römischen Staatsarchivs, erbaut worden, das das Forum an seiner nordwestlichen Flanke zum Fuß des Kapitolshügels hin abschloß. Auf das kolossale Gebäude aus grauem vulkanischem *peperino* mit seinen dorischen Säulen wurde später der PALAZZO DEL SENATORE aufgesetzt. Die ehrgeizigsten Pläne zur Vergrößerung der Anlage verfolgte jedoch Julius Caesar. Sein neues Forum umfaßte, an der nördlichen Seite, jenseits der BASILICA AEMILIA, die VIA SACRA und wurde an der Südseite von der BASILICA JULIA abgeschlossen.

2. Das alte Domizil des römischen Senats, die CURIA, wurde der Überlieferung zufolge von Tullius Hostilius, dem dritten König von Rom, erbaut. Dieser erste Senatspalast, genannt Curia Hostilia, wurde 80 v. Chr. und wenige Jahrzehnte später erneut restauriert, diesmal von Caesar; dabei erhielt er seine endgültige Lage und äußere Gestalt. Nach einem Brand im Jahr 283 ließ Diokletian (284–305) die Curia wieder aufbauen. Im 7. Jahrhundert wurde sie von Papst Honorius I. zur Kirche umgebaut. Diese Umwandlung wurde in den

dreißiger Jahren des 20. Jahrhunderts rückgängig gemacht und die Curia so rekonstruiert, wie sie unter Diokletian ausgesehen hatte – ein Backsteingebäude von strenger Schlichtheit. Da in die Curia nur 300 Senatoren hineinpaßten, die auf den breiten, flachen, vom Podium des Senatspräsidenten aus ringsum ansteigenden Stufen saßen, mußten Vollversammlungen häufig anderswo abgehalten werden, wuchs doch die Zahl der Senatoren mit der Größe des Reichs (900 waren es zur Zeit Caesars). Neben dem Podium stand ein Piedestal mit einer goldenen Statue der Siegesgöttin. Auf kaiserliche Weisung hin wurde die Figur im Jahr 357 entfernt, nach Protesten heidnischer Senatoren aber 392 wieder aufgestellt. Zwei Jahre später verschwand sie endgültig.

3. Die ROSTRA verdankte ihren Namen den Schiffsschnäbeln, die in der Schlacht von Antium im Jahr 338 v. Chr. erbeutet worden waren und die man als Schmuck für die Rednertribüne verwendet hatte. Ursprünglich stand die Rostra unterhalb des COMITIUMS, der Freifläche vor der CURIA, auf der in frühester Zeit die Volksversammlungen stattfanden und auf der die Botschafter fremder Mächte Platz zu nehmen pflegten, wenn der Senat Sitzungen abhielt. Caesar verlegte die Rostra weiter zur Mitte des Forums, in Richtung zum Kapitolhügel, wo ihre Überreste noch heute zu sehen sind. Die Leute, die sich um die Rostra und auf dem sie umgebenden Platz drängten, boten wohl ein im wesentlichen ähnliches Bild, wie Plautus es eineinhalb Jahrhunderte zuvor beschrieben hatte. Das ganze Areal war, um aus der Plautus-Wiedergabe von Professor De Ruggiero zu zitieren, ein dichtes Gewimmel von Anwälten und Anklägern, Bankiers und Maklern, Verkäufern und Dirnen, Wahrsagern und Tänzerinnen, Klatschtanten und Intriganten, „nichtsnutzigen Schma-

rotzern, die auf ein Trinkgeld aus der Hand der Reichen lauerten, gesetzten Herrschaften im untersten Teil des Forums, Kranken, die neben dem Juturna-Brunnen Wasser tranken"; und „nebenan, auf dem Fischmarkt, die Lebenskünstler. Und überall eine Menge müßiger Vagabunden, Straßenstreuner, der Typ, der entweder gebannt dem Glücksspiel frönt oder unwahre Gerüchte verbreitet und bombastische politische Urteile und Meinungen zum besten gibt. Und dazu jene leichtgläubigen und schlichten Gemüter, die stets in Krisenzeiten das Forum bevölkern, wenn von irgendwelchen die Phantasie beflügelnden Vorzeichen berichtet wird, um ganz genau zu erfahren, wo es Blut und Milch geregnet hat."

4. Die BASILICA JULIA wurde zum wesentlichen Teil zwischen 55 und 44 v. Chr. von Julius Caesar erbaut und unter Augustus fertiggestellt. Im Jahr 283 teilweise durch Feuer zerstört, wurde sie von Diokletian wieder aufgebaut. Sie war von zwei Straßen umgeben, die, vom Fluß herkommend, ins Forum einmündeten, vom Vicus Jugarius auf der nordwestlichen und vom Vicus Tusculus, auf dem die etruskischen Händler ihre Geschäfte hatten, auf der südöstlichen Seite. Nur die Fundamente sind erhalten geblieben.

5. Die VIA SACRA verlief, rund 500 Meter lang, von einer Velia genannten Anhöhe – wo später quer zur Via Sacra der TITUSBOGEN gebaut wurde – in gerader Linie nach Westen, bis zum Fuß des Kapitolshügels, wo sie eine Biegung machte und dann mitten durch das FORUM verlief, vorbei an der BASILICA JULIA, an den Tempeln von CASTOR UND POLLUX, VESTA und SATURN. Siegreiche römische Feldherren schritten bei ihren Triumphzügen die Via Sacra entlang durch das Forum bis zum TEMPEL DES JUPITER CAPITOLINUS.

6. Erbaut als Dankesgabe für den Sieg

Caesars bei Pharsalus, wurde der TEMPEL DER VENUS GENETRIX im Jahr 46 v. Chr. geweiht. Trajan ließ ihn restaurieren. Ein Teil der im 4. Jahrhundert wiederaufgebauten Säulenvorhalle ist erhalten geblieben. Venus, ursprünglich eine italienische Schutzgöttin der Gartenbauer, wurde später von den Römern mit Aphrodite, der griechischen Göttin der Liebe, gleichgesetzt. In der Zeit Caesars, der Venus als seine Vorfahrin reklamierte, und unter den folgenden Kaisern fand der Venuskult zunehmende Verbreitung.

7. Das THEATER DES POMPEJUS, der erste steinerne Theaterbau Roms, wurde 55 v. Chr. nach dem Vorbild des griechischen Theaters auf der Insel Lesbos errichtet, wo Pompejus Huldigungen für seinen Sieg über König Mithridates entgegengebracht worden waren. In das Theater hineingebaut wurde ein der Venus Victrix geweihter Tempel; zu dessen Einweihung wurde eine Tierhetze veranstaltet, bei der 18 Elefanten und 500 Löwen hingemetzelt wurden. Das Bauwerk, in dem nach Angaben verschiedener Autoren 12 000 bis 27 000 Menschen Platz fanden, schmiegte sich in die Biegung der Via di Grottapinta. Nero ließ es im Jahr 66 für den Besuch von König Tiridates von Armenien vergolden; später wurde es, unter dem Gotenkönig Theoderich, noch einmal restauriert. Der bronzene Hercules, der heute in den VATIKANISCHEN MUSEEN zu sehen ist, wurde 1864 auf dem Gelände des Theaters gefunden. Den Platz mit den Resten des Theaters hatte im frühen Mittelalter die Familie Orsini erworben. Später wurde auf seinen Ruinen von der Familie von Papst Eugen IV. (1431–1447) der heutige PALAZZO RIGHETTI errichtet. Er ging in den Besitz zunächst der Orsini, dann der Pio über – von denen er seine imposante Fassade erhielt –, ehe ihn schließlich die Righetti erwarben.

8. Die ARA PACIS AUGUSTAE wurde im 16. Jahrhundert unter dem PALAZZO FIANO gefunden. Teile davon erwarb der Großherzog der Toskana; andere Teile landeten nach mancherlei Umwegen schließlich in römischen Museen und im Louvre. Der komplette, teils aus gefundenen Originalstücken, teils aus Repliken rekonstruierte Altar ist heute, durch Glas geschützt, zwischen dem AUGUSTEUM und dem Tiber zu sehen.

9. Der TEMPEL DES MARS ULTOR wurde im Jahr 2 v. Chr. geweiht. Mitten in das von Kolonnaden eingerahmte FORUM DES AUGUSTUS hineingesetzt, wies er eine ausladende Fassade mit acht tragenden Säulen auf; seine Vorterrasse, zu der eine breite Treppe hinaufführte, war mit weißem Carrara-Marmor belegt. Reste der Treppe und einige Säulen sind noch vorhanden. Eine hohe Mauer schloß Tempel und Forum an der Nordostseite gegen das dichtbevölkerte Stadtviertel Subura – zwischen Viminal und Esquilin – ab.

10. Den TEMPEL DES CAESAR ließ Augustus im Jahr 29 n. Chr. zum Gedenken an Caesar an der Stelle des FORUM errichten, wo Caesars Leichnam eingeäschert worden war und wo Antonius seine berühmte Rede gehalten hatte. Von der aus sechs ionischen Säulen bestehenden Fassade des Caesar-Tempels wurde, dem Kapitolshügel zugewandt, die neue ROSTRA erbaut.

11. Die BASILICA AEMILIA, 179 v. Chr. von den Zensoren M. Fulvius Nobilior und M. Aemilius Lepidus (nach dem sie benannt wurde) erbaut, war eine der ältesten und schönsten Basiliken in Rom. Plinius der Ältere, der sie nach ihrer Restaurierung durch Angehörige der Familie Paullus um die Mitte des 1. vorchristlichen Jahrhunderts und nach ihrer vollständigen Wiederherrichtung durch Augustus im Anschluß an eine Feuersbrunst sah, hielt sie für eines der

schönsten Bauwerke der Welt. Ihre Fassade bestand aus zwei übereinander versetzten, das Forum beherrschenden Säulenvorhallen. Ihr großer Innenraum, in dem Geschäfte getätigt und Prozesse geführt wurden, maß 94 auf 24 Meter; das gesamte Gebäude bedeckte eine Grundfläche von 10000 Quadratmetern. Der Innenraum war durch Säulen aus afrikanischem und italienischem *cipollino*-Marmor in drei Längsschiffe geteilt. Das Areal, auf dem die Basilika stand, hatte in früherer Zeit zunächst Metzgereien, dann die Buden und Stände von Geldverleihern beherbergt. Die Geldverleiher blieben auch nach Fertigstellung der Basilika dort. Sie schlugen ihre Zelte an der dem Forum zugewandten Außenwand auf. Die erhalten gebliebenen Reste stammen von dem unter Augustus aufgeführten Neubau.

12. Der TEMPEL DES SATURN gehörte zu den ersten Tempeln Roms und zu den bedeutendsten Monumenten der Republik. Er wurde im Jahr 497 v. Chr. geweiht, während der römischen Republik und zu der Zeit, als das Saturnalien-Fest zum offiziellen Feiertag bestimmt wurde. Wiederaufgebaut 30 v. Chr. von einem der Generale Caesars, der bei einem Feldzug in Syrien reiche Beute gemacht hatte, sowie noch einmal im 4. Jahrhundert nach einem Brand, diente der Tempel viele Jahre lang als Aufbewahrungsort für den Staatsschatz. Er erhob sich am Fuß des Kapitolshügels über einem majestätischen Podium. Acht der imposanten Säulen seines Vestibüls sind erhalten geblieben.

13. Der Überlieferung zufolge wurde der CONCORDIA-TEMPEL ursprünglich im Jahr 367 v. Chr. zum Gedenken an die Beilegung des Konflikts zwischen Patriziern und Plebejern erbaut. Er wurde 121 v. Chr. restauriert und in den Jahren 7 bis 10 n. Chr. von Tiberius von Grund auf erneuert. Er diente dem Senat häufig

als Versammlungsstätte. Er stand am Fuß des Kapitolshügels unmittelbar unterhalb des TABULARIUMS. Ein teilweise mit Steinplatten belegtes, teilweise grobschotteriges Bodenstück ist alles, was von dem Bauwerk übriggeblieben ist.

14. Der TEMPEL VON CASTOR UND POLLUX wurde um 430 v. Chr. nach einer von dem römischen Diktator Aulus Postumius gewonnenen Schlacht erbaut; er hatte den Dioskuren, den Söhnen des Zeus, gelobt, sie im Falle seines Sieges zu ehren. Eine Legende besagte, die Zeus-Söhne hätten in die Schlacht eingegriffen und später die Siegesnachricht nach Rom gebracht; ihre Schimmel waren, derselben Legende zufolge, beim Saufen aus dem JUTURNA-BRUNNEN beobachtet worden, dem zentralen Brunnen im Rom jener Jahre, um den die Bürger sich zu versammeln pflegten, um die letzten Neuigkeiten zu erfahren und das angeblich heilkräftige Wasser zu trinken. Der Sohn von Aulus Postumius ließ nach dessen Tod den Tempel in der Nachbarschaft dieses Brunnens errichten. 117 v. Chr. wurde er restauriert, desgleichen 6 v. Chr. durch Augustus. Er wies an der Giebelfront acht und an den Seiten jeweils elf Säulen auf, von denen auf der östlichen Seite drei stehengeblieben sind. Sie bestehen aus weißem parischem Marmor und stammen von dem unter Augustus durchgeführten Neubau.

15. Das HAUS DES PONTIFEX MAXIMUS, auch Regia genannt, war der Überlieferung gemäß die Residenz von Numa Pompilius und der späteren römischen Könige. Es stand östlich des CAESAR-TEMPELS. Mit Beginn der Römischen Republik wurde es zur Residenz der höchsten religiösen Instanz des römischen Staates, des Pontifex Maximus, dessen Archiv es zugleich beherbergte. Nach einem Brand wurde es um 36 v. Chr. in Marmor wieder aufgebaut. Kaiser Septimius Severus ließ es gegen Ende

des 2. Jahrhunderts noch einmal restaurieren. Das Haus diente Julius Caesar in seinen letzten Lebensmonaten als Domizil. Von hier aus brach er zu seinem todbringenden Gang zur Curia Pompeja auf.

16. Der TEMPEL DES JUPITER TONANS wurde 22 v. Chr. geweiht. Er wies, wie eine Münze zeigt, an der Giebelseite sechs tragende Säulen auf und war vermutlich, wie viele andere Tempel, zu beiden Seiten von je einer Säulenreihe flankiert.

17. Den APOLLO-TEMPEL auf dem Palatin ließ Augustus nach der Seeschlacht von Aktium im Jahr 31 v. Chr. erbauen, in der er die Flotte von Marc Anton und Kleopatra besiegt hatte. Der Tempel war berühmt für seine schönen Kolonnaden aus gelbem Marmor und seine von griechischen Meistern stammenden Skulpturen und Malereien. Die beiden Kolonnaden vor dem Tempel bieten der lateinischen und der griechischen Bibliothek Raum. Man findet die Überreste des Tempels an der südwestlichen Flanke des Palatin, nahe der Senke, die in der Antike das Velabrum hieß.

18. Das LUPERCAL (Wolfshöhle) war eine Höhle am nordwestlichen Fuß des Palatin; hier nahmen die Lupercalia ihren Ausgang, rituelle Festlichkeiten, die zu Ehren des Gottes Faunus (Pan) veranstaltet wurden: Das Fell einer frisch geopferten Ziege wurde in dünne Streifen geschnitten; mit diesen bewaffnet, liefen nackte Jünglinge durch die Stadt und teilten Hiebe an Frauen aus, die sich ihnen in dem Glauben näherten, sich durch den Empfang solcher Hiebe vor Unfruchtbarkeit schützen zu können. Die Höhle selbst wurde von den Römern seit ältester Zeit mit der Legende von Romulus und Remus und der Wölfin in Zusammenhang gebracht. Die Kirche S. ANASTASIA wurde in unmittelbarer Nähe der Höhle erbaut, im Einklang mit der altbewährten Praxis der Kirche, heidnische

Bräuche für das Christentum zu usurpieren. Die Fundamente dieser Kirche – sie befinden sich am südlichen Ende der Via di S. Teodoro, zwischen dem CIRCUS MAXIMUS und dem Palatin – sind jedenfalls sehr alt; vermutlich stand sie schon im frühen 4. Jahrhundert. In den Jahren nach 1606 wurde sie von Grund auf erneuert. Nachdem ein Wirbelsturm im Jahr 1634 ihren Portikus zerstört hatte, wurde ihre Fassade, die mit dem Wappen Urbans VIII. verziert ist, 1636 wieder aufgebaut, vermutlich nach Plänen von Domenico Castello. 1722 wurde ihr Inneres noch einmal restauriert.

19. Der TEMPEL DES QUIRINUS wurde 293 v. Chr. auf dem Quirinalshügel erbaut. Quirinus war ein seit urdenklichen Zeiten verehrter Gott, dessen Flamines nach denen des Jupiter und des Mars an dritter Stelle rangierten. Es scheint, daß die Funktion dieser Gottheit später in Vergessenheit geriet und daß die Römer der klassischen Periode Quirinus mit Mars gleichsetzten; noch später wurde er mit Romulus identifiziert.

20. Der Ursprung des DIANA-TEMPELS auf dem Aventin wird von der Überlieferung in die Regierungszeit des Königs Servius Tullius gelegt. Wieder aufgebaut wurde der Tempel auf Anregung von Augustus durch den Gatten seiner Tochter Julia, den General Agrippa. Diana war wahrscheinlich ursprünglich eine Gottheit der Wälder und wurde später zur Fruchtbarkeitsgöttin umfunktioniert. Sie wurde dann mit Artemis identifiziert, der jungfräulichen Jägerin und Schutzgöttin der Gebärenden.

21. Der TEMPEL DER JUNO REGINA auf dem Aventin wurde der Überlieferung zufolge in Erfüllung eines Gelübdes errichtet, das Marcus Furius Camillus, der Retter Roms nach dem Einfall der Gallier, um 396 v. Chr. in einem Krieg gegen die Etrusker getan hatte. Juno, Schwester und Gattin Jupiters, war eine der wichtigsten rö-

mischen Göttinnen. Sie war die Schutzgöttin des Lichts und der Weiblichkeit. Ihr Monat, der Juni, galt daher als die günstigste Zeit zum Heiraten. Juno war auch die Schutzherrin der Staatskasse; unter ihrem Beinamen Moneta wurde sie in einem Tempel auf dem Kapitolshügel, dem TEMPEL DER JUNO MONETA, verehrt. Dieser wurde 344 v. Chr. von Lucius Furius Camillus gestiftet und wurde später zur ersten Münzstätte Roms. Daher erlangte das Wort *moneta* die Bedeutung ‚Geld‘. Der Tempel befand sich auf dem als Arx, die Zitadelle Roms, bekannten nordöstlichen Gipfel des Kapitolshügels, an der Stelle, wo heute die Kirche S. MARIA IN ARACOELI steht.

22. Wie das Mausoleum des Hadrian, die ENGELSBURG, war auch das MAUSOLEUM DES AUGUSTUS ein Rundbau im Stil etruskischer Grabstätten. Das ‚Dach‘ des 44 Meter hohen Bauwerks bildete ein kegelförmiger, mit Zypressen bepflanzter Erdhügel. In dem noch zu Lebzeiten des Augustus errichteten Grab wurden der Kaiser selbst, seine Frau Livia, seine Schwester Octavia, sein Schwiegersohn Agrippa und mehrere weitere Mitglieder der julisch-claudischen Familie beigesetzt. Nach dem Ende des römischen Kaiserreichs verfiel das Mausoleum immer mehr; im 12. Jahrhundert wurde es zu einer Festung der Familie Colonna. Später

wurde es seines wertvollen Travertins wegen als Steinbruch ausgeschlachtet. Im 19. Jahrhundert zum Konzertsaal umgebaut, wurde es 1936 im Zuge der Neugestaltung der Piazza Mausoleo di Augusto wieder in seinen Ruinenzustand versetzt.

23. Augustus benannte das bereits unter Julius Caesar begonnene, im Jahr 13 n. Chr. fertiggestellte THEATER DES MARCELLUS – dem mehrere alte Tempel weichen hatten müssen – nach dem Sohn seiner Schwester Octavia, der in jungen Jahren starb. Es war auf ein Fassungsvermögen von 20000 Personen angelegt. Wegen seiner massiven Travertinfassade und seiner dominierenden Lage oberhalb der Tiberinsel wurde es um die Mitte des 12. Jahrhunderts von der Familie Fabi zur Festung umgebaut. Das ganze Mittelalter hindurch blieb es eine der uneinnehmbarsten Bastionen Roms: von hier aus ließen sich sowohl die zur Tiberinsel führenden Brücken als auch das dichtbevölkerte Viertel Trastevere auf der anderen Flußseite kontrollieren. Das 13. Jahrhundert hindurch war das Bauwerk im Besitz der Familie Savelli, die die Gewölbe an Metzger und Handwerker vermietete und im 16. Jahrhundert auf dem Areal des Theaters nach Entwürfen von Baldassare Peruzzi einen Palazzo erbauen ließ. Der ganze Komplex wurde 1712 an die Orsini verkauft; der Palast heißt heute PALAZZO ORSINI. Ein Bär *(orso)*, das Wappentier der Familie, ziert den Zugang zum Palast von der Via di Monte Savello aus. Die kleinen Ladengeschäfte, die früher in den Bogengewölben des Theaters Platz hatten, sind aufgelassen worden, so daß die doppelstöckige Arkade mit ihren Halbsäulen wieder zu Geltung kommt.

24. Das MUSEO DELLE TERME, eine der schönsten Sammlungen klassischer Skulpturen und Gemälde, ist in den weitläufigen Gebäuden untergebracht, die von den einstigen THER-

men des Diokletian übriggeblieben sind.

25. An der Westflanke des Palatin, oberhalb eines steil zum Tiber abfallenden Hangs, stehen die Überreste der als Haus der Livia bekannten Prunkvilla. Man nimmt heute an, daß das Haus Augustus selbst gehörte, der Livia im Jahr 38 v. Chr., nach ihrer Scheidung von Tiberius Claudius Nero, heiratete. Livia wohnte nach dem Tod des Kaisers im Jahr 14 n. Chr. wahrscheinlich bis zu ihrem eigenen Tod fünfzehn Jahre später weiter in dem Haus. Es weist den üblichen Vorhof (*atrium*) auf, an den sich ein Eßzimmer (*triclinium*) und ein offener Aufenthaltsraum (*tablinum*) anschließen. Die zauberhaften Wandbemalungen etlicher Zimmer sind erhalten geblieben.

26. Die Domus Tiberiana wurde an der Nordwestflanke des Palatin, nahe dem Palast des Augustus, erbaut. Westlich davon verlief in antiker Zeit eine Straße, die Clivus Victoriae hieß. Das Gebäude wurde unter Domitian und später noch einmal unter Hadrian wieder hergerichtet. Eine große, auf heute noch sichtbaren Steinbögen ruhende Vorterrasse ragte auf das Forum hinaus.

27. Die Orti Farnesiani wurden von Giacomo da Vignola für Kardinal Alessandro Farnese, den späteren Papst Paul III., angelegt. Große Teile von ihnen sind heute verschwunden; sie wurden zum Zweck archäologischer Grabungen abgetragen. Was übriggeblieben ist, genügt jedoch, daß man sich ausmalen kann, wie schön die Anlagen in ihrer Blütezeit gewesen sein müssen, als sie zu den ersten botanischen Gärten Europas gehörten. Die Terrasse gewährt einen der reizvollsten Ausblicke auf Rom.

28. Der Mamertinische Kerker, dessen Name aus dem Mittelalter stammt, diente in antiker Zeit als römisches Staatsgefängnis. Er enthielt eine tiefergelegene, in eine Zisterne hineingebaute Zelle, das sogenannte Tullianum. Ihr einziger Zugang war ein Loch im Deckengewölbe, ihr einziger Ausgang ein an die Cloaca Maxima angeschlossener wasserführender Kanalstollen, in den die Leichen gestorbener Häftlinge geworfen wurden. Vercingetorix, der besiegte Gallierfürst, und der Afrikaner Jugurtha fanden hier den Tod. Als sich im Mittelalter die Legende verbreitete, der heilige Petrus sei hier gefangengehalten worden, wurde das Bauwerk zur Kapelle S. Pietro in Carcere umgewandelt und über ihm die Kirche S. Giuseppe dei Falegnami errichtet. Als Charles Dickens 1845 die Stätte besuchte, registrierte er mit seiner gewohnten Vorliebe für das Makabre, daß an den Wänden „rostige Dolche, Messer, Pistolen, Knüppel und andere Mordwerkzeuge [angebracht waren], die gleich nach Gebrauch hierhergebracht und aufgehängt worden sind zur Versöhnung des beleidigten Himmels".

29. Die Thermae Neroniae auf dem Marsfeld wurden zu Beginn des 3. Jahrhunderts von Kaiser Alexander Severus wieder aufgebaut. Man kann annehmen, daß sie in etwa den Bädern Caracallas und Diokletians glichen.

30. Die Laokoon-Gruppe, deren Wiederauffindung in Kapitel IX geschildert ist, wurde später im Palast des Kaisers Titus ausgestellt. Heute befindet sie sich im Cortile del Belvedere im Vatikan.

31. Was sich von den Überresten der Domus Aurea, des Goldenen Hauses, noch verwerten ließ, verwendete Hadrian für seinen 121 n. Chr. fertiggestellten Tempel der Venus und der Roma.

32. Der Tempel des Claudius stand in der Nähe des Kolosseums auf dem Caelius. Er wurde von Agrippina, der Witwe Claudius' und Mutter Neros, begonnen, von Nero weitgehend wieder abgetragen und von Vespasian prachtvoll wiederaufge-

baut. Er wies acht Frontsäulen auf und befand sich im Zentrum eines großen eingefriedeten Areals, dessen Umfang 800 Meter betrug.

33. Das FORUM DES VESPASIAN lag quer zur heutigen Via dei Fori Imperiali. Sein großer, von Kolonnaden gesäumter Freiplatz lag nordwestlich der heutigen Kirche SS. COSMA E DAMIANO, die aus der Bibliothek des Forums hervorging. Angrenzend an das Forum Vespasians entstand etwas später das FORUM DES NERVA oder FORUM TRANSITORIUM, das 97 n. Chr. eingeweiht wurde. Ihm mußte ein Stück des ARGILETUMS weichen, der Straße der Buchhändler und Schreiber, die vom Forum Romanum zum dichtbevölkerten Stadtviertel Subura führte. Auf dem Forum Nervas stand der Minerva-Tempel, der auf römischen Stadtansichten aus dem 16. Jahrhundert so häufig abgebildet ist. Papst Paul V. ließ ihn 1606 für den Bau der FONTANA DELL' ACQUA PAOLA ausschlachten; heute ist von dem Tempel nur noch das stark verfallene Podium zu sehen.

34. Der FRIEDENSTEMPEL wurde, wie das FORUM VESPASIANS, zum Teil aus der bei der Plünderung des Tempels von Jerusalem angefallenen Beute finanziert. Er war ein rechteckiges Gebäude, 130 Meter lang und ringsum von einer Kolonnade gesäumt. Für Plinius gehörte der im Jahr 75 n. Chr. geweihte Tempel zu den bemerkenswertesten Sehenswürdigkeiten nicht nur des FORUMS, sondern ganz Roms.

## III. Brot und Spiele

1. Jahrhundertelang war das KOLOSSEUM das berühmteste antike Baudenkmal Roms, wie auch ein beliebter Steinbruch. Der PONTE SISTO und der PALAZZO VENEZIA waren nur zwei von vielen Gebäuden, für die das Kolosseum Baumaterial liefern mußte. Es war übrigens auch eine

Fundgrube für Botaniker. Antonio Sebastiani, der Autor des Buches ‚Flora Colisea' (erschienen 1813), zählte 261 Pflanzenarten auf, die dort wuchsen; Richard Deakin erweiterte diesen Katalog 1855 nochmals um über 150 Arten. Zu Restaurierungsarbeiten am Kolosseum kam es zu Beginn des 19. Jahrhunderts unter Pius VII. und später unter den Päpsten Leo XII., Gregor XVI. und Pius IX.

2. Der CIRCUS FLAMINIUS, von dem nichts übriggeblieben ist, wurde 221 v. Chr. von dem Zensor C. Flaminius erbaut. Er befand sich im Bereich der heutigen Via Catalana, zwischen dem THEATER DES MARCELLUS und dem großen und finsteren PALAZZO CENCI.

3. Der CIRCUS GAIUS, unter Caligula begonnen und unter Nero fertiggestellt, befand sich an einem nicht mehr genau lokalisierbaren Platz in dem Bereich, den heute der PETERSDOM und der Petersplatz einnehmen. Offenbar ist von ihm nichts übriggeblieben außer dem Obelisken, der vielleicht einst im Zentrum der mittleren Trennmauer, mit Sicherheit aber später südlich der Basilika stand, bevor er in die Mitte des Pe-

tersplatzes aufgestellt wurde (siehe XI).

4. Der CIRCUS MAXIMUS, in der Talsenke zwischen Palatin und Aventin gelegen, war fast einen halben Kilometer lang. Der Überlieferung zufolge wurde er von einem frühen römischen König, entweder von Tarquinius Priscus oder von Tarquinius Superbus, an der Stelle errichtet, wo der Raub der Sabinerinnen stattgefunden hatte. Tatsächlich scheinen zwar einige der *carceres*, der ‚Boxen‘ für die Rennwagen, aus dem 4. Jahrhundert v. Chr. zu stammen, nicht aber der eigentliche Circus, der wahrscheinlich erst im 2. vorchristlichen Jahrhundert fertiggestellt wurde. Die Kaisertribüne ließ Augustus auf der Palatin-Seite errichten; er ließ im Circus auch den Obelisken aufstellen, der sich heute auf der PIAZZA DEL POPOLO erhebt. Der Circus Maximus wurde in der Regierungszeit Neros und noch einmal in der Amtszeit Domitians durch Feuer weitgehend zerstört. Trajan ließ ihn neu aufbauen, Caracalla ließ ihn vergrößern; nach einem Teileinsturz in der Regierungszeit Diokletians wurde er unter Konstantin nochmals wiederaufgebaut. Die letzten Spiele im Circus Maximus veranstaltete 549 der Ostgotenherrscher Totila. Im Mittelalter erbaute die Familie Frangipani auf dem Areal des Circus eine Festung, von der der Turm erhalten geblieben ist. Vom Circus selbst sind lediglich noch einige Mauerreste aus dem Bereich der Südostkurve der Tribüne übriggeblieben.

5. Das von Cornelius Balbus, einem Freund des Augustus, erbaute THEATER DES BALBUS füllte den Bereich zwischen der heutigen Piazza Margana, der Via dei Funari und der Via Delle Botteghe Oscure aus. Ein Teil davon muß sich auf das Gelände des heutigen PALAZZO CAETANI erstreckt haben.

6. Der TITUSBOGEN steht auf dem Kamm des Velia-Hügelchens zwischen dem Palatin und dem Esquilin. Durch ihn hindurch führt die VIA SACRA zum Südende des FORUMS. Errichtet wurde er entweder unter Titus’ Nachfolger Domitian oder unter Trajan, der 98 n. Chr. die Nachfolge Nervas antrat. Gewidmet war der Bogen den Siegen von Vespasian und Titus über die Juden. Die Frangipani integrierten den Bogen im Mittelalter in ihre Familienfestung. In der Folge wurde er zweimal restauriert, zunächst unter Papst Sixtus IV. und später, 1821, von dem römischen Architekten Giuseppe Valadier. Zahlreiche im 18. und 19. Jahrhundert entstandene Rom-Ansichten wurden von der Plattform des Titusbogens aus gemalt.

7. Der PALAZZO DEI FLAVI und die DOMUS AUGUSTANA gehörten zu einem weitläufigen Komplex aus Palästen, Portiken und Gärten, den Domitian auf dem Palatin für sich anlegen ließ und dem sowohl zahlreiche Privathäuser als auch die ursprünglichen Zwillingsgipfel des Palatin, Germalus und Palatium, weichen mußten. Domitian hatte sich vorgenommen, ein bauliches Monument zu hinterlassen, das alle anderen in den Schatten stellen sollte; es entstanden prächtige Gebäude, die sich, wie der Dichter Statius schrieb, „im vollen Glanz des Sonnenlichts über die Wolken erheben, die Eifersucht von Jupiter selbst herausfordernd“. Der Palast stand an der höchsten Stelle des Palatin, von wo man auf der einen Seite das FORUM, auf der anderen den CIRCUS MAXIMUS überblicken konnte. Man betrat ihn durch ein von herrlichen Arkaden gesäumtes Vestibül, das sich über die gesamte Breite der Fassade erstreckte. Der erste große Saal war das kaiserliche Audienzzimmer, auch Thronsaal genannt. Seine Wände waren mit Platten aus wertvollem Marmor belegt, davor standen schöne Statuen. Linker Hand befand sich eine Kapelle;

sie war der Minerva geweiht, die Domitian als seine besondere Schutzpatronin betrachtete. Rechts schloß sich die Basilika an, ein atriumartiger Hof, in dem der Kaiser Recht sprach. Dahinter lag, eingerahmt von Portiken, das *peristylium*, der große zentrale Innenhof. An ihn schloß sich das *triclinium* an, der prachtvolle, mit kostbarstem Marmor verkleidete Speisesaal, der zu beiden Seiten von einem *nymphaeum* flankiert war, einem der Erholung dienenden Trakt mit Ruheräumen, Brunnen und Nymphenstatuen. Von der ganzen Anlage ist kaum mehr erhalten geblieben als einige Mauer- und Säulenreste.

8. Die THERMEN TRAJANS waren würdige Vorläufer der später erbauten kolossalen BÄDER VON CARACALLA und DIOKLETIAN. Sie wurden, wahrscheinlich nach Entwürfen des Apollodorus von Damaskus, auf einem großen rechteckigen Areal angelegt und enthielten Schwimmbecken, Ruheräume, Turnhallen, Sportplätze, Gärten und Bibliotheken. Einige Mauerreste und Säulenstümpfe sind im Parco di Traiano erhalten geblieben, der auf den Ruinen der Thermen entstand. Zwei einzeln stehende gemauerte Gewölbe markieren in etwa die äußeren Begrenzungslinien der Anlage.

9. Das FORUM TRAJANS, letztes und größtes der Kaiserforen, bedeckt eine Grundfläche von 118 auf 89 Meter. Der Platz war umgeben von erhöht stehenden Portiken, von denen der die nordwestliche Seite säumende den Übergang zu der monumentalen BASILICA ULPIA bildete, von der nur zahlreiche abgebrochene Säulen erhalten geblieben sind. Jenseits der Basilika standen zwei große Bibliotheken, zwischen denen sich die TRAJANSSÄULE erhob. Ein Stückchen weiter westlich folgte der TEMPEL DES TRAJAN, der 112 n. Chr. dem Kaiser und seiner Frau Plotina gewidmet wurde. Auch der Tempel wurde nach Plänen des Apollodorus von Damaskus erbaut.

10. Der TRAJANS-MARKT, das gut erhalten gebliebene ‚Kaufhaus' des antiken Rom, hatte außer seiner wirtschaftlichen noch eine statische Funktion: er diente dem Quirinalshügel als Stütze, dessen Fuß abgetragen worden war, weil man Platz für das TRAJANSFORUM brauchte. Die Via Biberatica, deren Name auf das lateinische Wort für Pfeffer, *pipera*, zurückgeht, war die Straße der Gewürzhändler. Die beiden untersten Etagen des Marktgebäudes bieten, von der Via Biberatica aus gesehen, weitgehend das gleiche Bild schon zur Zeit Trajans, sieht man von den erneuerten Eingängen und Türen einiger der Ladengeschäfte ab. Der hohe, aus dem Mittelalter stammende Turm, der sich über dem Trajansmarkt erhebt, ist die TORRE DELLE MILIZIE. Errichtet unter Papst Gregor IX. (1227–1241) als Teil der Befestigungswerke dieses Stadtviertels, ging sie später in den Besitz der Annibaldi, dann der Caetani, der Familie von Papst Bonifaz VIII. (1294–1303), und noch später der Conti über. Der Marchese Cosmo del Grillo erwarb den Turm gegen

Ende des 17. Jahrhunderts und ließ
das an ihn angrenzende Barockpalais
erbauen.

11. Die Reliefbilder auf der Trajanssäule waren ursprünglich farbig und
konnten von den Terrassen des Tra-
janstempels und von der Basilica
Ulpia her in Augenschein genommen werden.

12. Die Isola di Felicula in der Nähe
des Pantheons gehörte in der Zeit
des Septimius Severus zu den auffäl-
ligsten und berühmtesten Wahrzeichen Roms. Mehrere Stockwerke
hoch, überragte das Bauwerk die
umliegenden Gebäude.

13. Die Saepta Julia, noch von Julius
Caesar geplant, wurde 26 v. Chr. auf
Anregung von Augustus von Agrippa erbaut. Es war ein großer Ver-
sammlungsraum, rund 95 Meter lang
und 30 Meter breit. Diese seine ursprüngliche Funktion verlor das Gebäude jedoch bald und wurde in der
Folge als Markthalle genutzt. Es
stand zwischen dem Pantheon und
dem Isis-Tempel, nahe der Stelle, wo
sich heute die Kirche S. Maria sopra Minerva befindet.

14. Errichtet über den Fundamenten des
Vestibüls der Domus Aurea, war
der im Jahr 135 n. Chr. von Kaiser
Hadrian geweihte Tempel der Ve-
nus und der Roma mit einer
Grundfläche von 110 auf 53 Metern
zu seiner Zeit der größte Tempel in
Rom. Seine beiden Sanktuarien waren sozusagen Rücken an Rücken an-
einandergebaut, eine Novität für
Rom. Die von immergrünen Pflanzen überwucherten Überreste des
Tempels finden sich am Rande der
Via Sacra zwischen der Piazza di
Colosseo und dem der Kirche S.
Francesca Romana benachbarten
Kloster. Die genannte Kirche, die
aus einem erstmals im 8. Jahrhundert
bezeugten Betsaal hervorging, wurde
zu Beginn des 17. Jahrhunderts im
Barockstil neuerrichtet. Der Campanile aus dem 12. Jahrhundert blieb
jedoch unverändert. In der Kirche
findet sich eine Brandmalerei der
Jungfrau Maria mit dem Jesuskind
aus dem 5. Jahrhundert.

15. Die größte und teuerste der römischen Kaiservillen, die Villa Hadrians in Tivoli, entstand zwischen
125 und 134 n. Chr. am Fuße des
Südabhangs des Tivoli-Bergs. Es ist
ein weitläufiger Komplex aus Palästen, Höfen, Bibliotheken, Bilder-
galerien, Lustgärten, Sportplätzen,
Theatern, Bädern, *nymphaea* und
Lagerhäusern; ansehnliche Reste davon sind erhalten. Zur Erinnerung an
die Stätten, die er auf seinen Reisen
kennengelernt und die ihn besonders

beeindruckt hatten, hatte der Kaiser sich Miniatur-Nachbauten – wenn auch nicht ganz originalgetreue – der ägyptischen Stadt Canopo bei Alexandria und des Tals, in dem sie gestanden hatte, des Tempels des Serapis und der Stoa Poikile anfertigen lassen, des arkadengesäumten Platzes in Athen, auf dem Zeno, der Begründer der stoischen Denkschule, gelehrt hatte. Die Paläste und Galerien waren mit Kunstwerken angefüllt, von denen viele im Lauf der späteren Jahrhunderte ausgegraben wurden und nacheinander ihren Weg in diverse Museen in Rom, im VATIKAN und in England fanden. Im Jahr 1870 erwarb die italienische Regierung das Gelände der Villa.

16. Das PANTHEON wurde um das Jahr 125 auf den Fundamenten des Tempels erbaut, den Agrippa, der Schwiegersohn des Augustus, an gleicher Stelle hatte errichten lassen. Das bronzene Dach eignete sich 663 der oströmische Kaiser Constans II. an, während die bronzenen Paneele in der Decke des Portikus von Papst Urban VIII. für den PETERSDOM ausgeschlachtet wurden. Die Rotunde wurde häufig durch Feuer oder Hochwasser beschädigt, aber ebensooft von Kaisern und Päpsten wieder instandgesetzt: von Domitian, Septimius Serverus, Caracalla, Gregor III., Alexander VII., Clemens IX. und Pius IX. Das Pantheon ist daher trotz aller Plünderungen in seiner Bausubstanz weitgehend erhalten geblieben. Zu Beginn des 7. Jahrhunderts schenkte Kaiser Phokas – zu dessen Ehren 608 n. Chr. auf dem FORUM die PHOKAS-SÄULE errichtet wurde, das letzte Baudenkmal, das auf dem Forum entstand – Papst Bonifaz IV. das Pantheon. Bonifaz weihte es im Jahr 609 der heiligen Maria und allen Heiligen und Märtyrern. Der Durchmesser der Kuppel ist mit 43,30 Metern knapp 1 Meter länger als der der Kuppel des Petersdoms. Eine Anzahl von Künstlern ist hier begraben, darunter Raffael. Auch die Grabmäler der beiden ersten italienischen Könige befinden sich hier. Der achtlose Umgang, den die Römer mit den Schätzen ihrer Stadt pflogen, zeigt sich an den in die Säulen des Portikus gebohrten Löchern. Sie dienten der Verankerung von Holzstangen, an denen die Dächer der Buden eines Geflügelmarkts befestigt waren. Dieser Markt wurde von Papst Eugen IV. im Jahr 1431 an einen anderen Ort verlegt. Der Fischmarkt auf der Piazza della Rotonda vor dem Pantheon hatte dagegen bis 1847 Bestand. Der Obelisk, der sich über dem Renaissance-Brunnen auf der Piazza erhebt, geht auf Ramses II. zurück.

17. Das MAUSOLEUM HADRIANS, aus dem später die ENGELSBURG hervorging, entstand in den Jahren 135 bis 139 und wurde unter Antoninus Pius fertiggestellt. Sein Rundbau erhob sich über einem quadratischen, marmorgedeckten Sockel; seine Außenwände waren aus Travertin und *peperino;* obenauf saß ein Kegel aus gestampfter Erde, der im etruskischen Stil mit Bäumen bepflanzt war. Den oberen Abschluß bildete eine Skulptur, die Hadrian zeigte, wie er, möglicherweise in Kostüm und Pose eines Sonnengottes, seine Quadriga steuerte. Der Rundbau war ringsum mit Statuen verziert. Das Mausoleum wurde sechzig Jahre lang als Grabstätte benutzt und nahm bis zum Beginn der Regierungszeit des Septimius Severus die sterblichen Überreste der Kaiser und ihrer Familien auf. Im Jahr 271 wurde es als Festungsbauwerk in die AURELIANISCHE MAUER integriert; in der Folge leistete es oftmals gute Dienste für die Verteidigung Roms, angefangen vom Ansturm der Goten im Jahr 410 bis zum *Sacco di Roma* im Jahr 1527. Infolge des Funktionswandels vom Grabmal zur Festungsbastion veränderte sich, insbesondere durch die

von Papst Benedikt IX. (1033–1044) und später von Papst Alexander VI. (1492–1503) vorgenommenen Eingriffe, auch seine äußere Gestalt.

18. Die MARC-AUREL-SÄULE auf der Piazza Colonna wurde zwischen 176 und 193 n. Chr. aufgestellt. Sie ist 29,60 Meter hoch und hat einen Durchmesser von 3,70 Metern. Die Triumphe des Kaisers über die Quaden und Markomannen in Böhmen sind auf den unteren, seine Siege über die Sarmaten auf dem Gebiet der heutigen Ukraine auf der oberen Hälfte der Säule bildlich dargestellt. Eine Wendeltreppe im Inneren führt zu dem enormen dorischen Kapitell hinauf, das ein Standbild des Kaisers trug. 1589 ersetzte Papst Pius V. dieses durch eine Statue des heiligen Paulus.

19. Das REITERSTANDBILD MARC AURELS, das sich heute auf dem Kapitol befindet, stand ursprünglich auf dem Platz vor dem LATERANPALAST. Das ganze Mittelalter hindurch hielt man es für ein Denkmal des Kaisers Konstantin. Diesem Umstand verdanken wir möglicherweise seine Erhaltung. Im Jahr 1538 wurde das Denkmal, mittlerweile die letzte in Rom erhalten gebliebene kolossale Bronzestatue aus antiker Zeit, auf den schmucklosen Platz vor dem PALAZ-

ZO DEL SENATORE auf dem Kapitolshügel versetzt. Es erhielt eine neue, von Michelangelo entworfene Plinthe. 1981 wurde die Statue wegen einiger überfälliger Reparaturen abmontiert und in das römische Institut für Restaurierungen gebracht.

20. Es war im alten Rom allgemein üblich, einen Tempel mit Portiken zu umgeben. Als Q. Metellus Macedonicus um 146 v. Chr. neben dem TEMPEL DER JUNO REGINA den TEMPEL DES JUPITER STATOR erbaute, ließ er beide mit Portiken einfassen. Augustus ließ diese 23 v. Chr. erneuern und weihte sie seiner Schwester Octavia. Der PORTIKUS DER OCTAVIA gehörte mit Ausmaßen von 135 auf 115 Meter zu den größten. Er barg zwischen seinen beiden Säulenreihen zahlreiche griechische Skulpturen und Malereien. Innerhalb des umfriedeten Tempelgeländes befanden sich außer den Tempeln noch Bibliotheken, ein Versammlungssaal und eine Schule. Die Überreste des Portikus kann man noch heute in der Via del Portico d'Ottavia, nahe dem THEATER DES MARCELLUS, besichtigen.

21. Die BELVEDERE-TERRASSE liegt, hoch auf riesigen Stützgewölben, am südöstlichen Ausläufer des Palatin, nicht weit von den Ruinen der THERMEN DES SEPTIMIUS SEVERUS und vom Standort des SEPTIZONIUMS. Die Mutter Napoleons, die ihre letzten Lebensjahre in Rom verbrachte, liebte den herrlichen Ausblick von dieser Terrasse.

22. Den ARCO DEGLI ARGENTARI ließen römische Geldverleiher im Jahr 204 n. Chr. errichten. Seine zahlreichen Steinreliefs zeigten unter anderem die beiden Söhne des Septimius Severus, Geta und Caracalla, beim Darbringen eines Opfers. Caracalla ließ, nachdem er seinen Bruder hatte umbringen lassen, dessen Namen und Bild aus dem Relief tilgen. Der Bogen steht an der Nordwestseite des Palatin, in der Nähe des Portikus

der Kirche S. GIORGIO IN VELABRO.

23. Einer der mächtigsten Triumphbögen im Römischen Reich war der BOGEN DES SEPTIMIUS SEVERUS, der im Jahr 203 zum zehnten Jahrestag der Krönung des Kaisers erbaut wurde. Seine ursprüngliche Inschrift besagte, daß der Bogen zu Ehren des Septimius Severus und seiner beiden Söhne errichtet worden war. Caracalla ließ jedoch, ebenso wie beim ARCO DEGLI ARGENTARI, nach dem Mord an seinem Bruder Geta dessen Namen tilgen. Der Triumphbogen ist 28 Meter hoch und 25 Meter breit. Die Reliefs erinnern an einige der wichtigsten Schlachten des Kaisers.

24. Die Ruinen der THERMEN DES CARACALLA, imposanter als die aller anderen römischen Bäder, befinden sich auf der Südseite der Viale delle Terme di Caracalla. Die gesamte Anlage war von einer hohen Mauer umgeben. Die Bäder, deren Bau 206 begann, wurden von Heliogabal und Alexan-

der Severus erweitert und von Aurelian renoviert. Sie waren vermutlich von allen römischen Bädern die am kostbarsten ausgestatteten und enthielten viele Meisterwerke der Bildhauerkunst. Sie blieben bis zum Einfall der Goten in Betrieb. Im 20. Jahrhundert wurden hier, auf einer Freilichtbühne zwischen den Säulen eines der Badegewölbe, Opernaufführungen veranstaltet.

25. Die THERMEN DES DIOKLETIAN bedeckten ein Gelände von 350 auf 310 Meter Seitenlänge; allein das *frigidarium* war 92 Meter lang, 27 Meter breit und 22 Meter hoch, das darin enthaltene Schwimmbecken 3000 Quadratmeter groß. Der Bau dieses Bades begann 298 unter Maximian. Diokletian stellte es um das Jahr 305 fertig. Aus der luftigen Höhe der großen Bögen überblickte Petrarca das weitläufige ruinenübersäte Gelände und sinnierte über die glorreiche Vergangenheit Roms, wie Gibbon es einige Jahrhunderte später beim Anblick des FORUMS tat. Der Grund, auf dem die Bäder des Diokletian standen, wird heute eingenommen vom MUSEO DELLE TERME, von der Piazza Esedra und von der Kirche S. MARIA DEGLI ANGELI, zu der Michelangelo den Mittelbau des *frigidariums* umbaute. Obwohl die Kirche um die Mitte des 18. Jahrhunderts von Vanvitelli stark umgebaut wurde, vermittelt sie noch einen guten Eindruck davon, wie das Innere eines römischen Bades ausgesehen hat. Der Halbkreisbogen des an die Thermen angeschlossenen Stadions läßt sich noch aus der Form der beiden zwischen 1896 und 1902 entstandenen Gebäude erahnen, die die Piazza della Repubblica im Südwesten begrenzen.

26. Getrieben von der Angst vor einem plötzlichen Barbareneinfall, umgab Aurelian die Stadt mit der schönsten Schutzmauer des Reiches. Errichtet zwischen 271 und 275 n. Chr., hatte diese AURELIANISCHE MAUER eine Länge von rund 20 Kilometern. Sie war mit 381 in kurzen Abständen aufeinanderfolgenden rechteckigen Türmen ausgestattet und wies darüber hinaus zu beiden Seiten ihrer 16 Tore je einen runden Turm auf. Die Mauer umschloß einerseits weit mehr als nur die bewohnten Teile der Stadt, andererseits aber nur einen kleinen Teil des dichtbesiedelten Stadtviertels Trastevere.

# IV. Christen und Katakomben

1. Die Grabsteine der Päpste, die zwischen 230 und 283 amtiert hatten, wurden 1854 in den CALIXTUS-KATAKOMBEN entdeckt. Bei dieser Gelegenheit fand man auch Fresken, aus denen eindeutig hervorgeht, daß von Anhängern des christlichen Glaubens bereits sehr früh die Sakramente der Taufe und der Heiligen Eucharistie ausgeteilt wurden. Die Katakomben lagen, wie das römische Gesetz es für alle Friedhöfe vorschrieb, außerhalb der Stadtmauern und wurden daher im Zuge der aufeinanderfolgenden Belagerungs- und Plünderungszüge von Barbarenheeren gegen Rom wiederholt heimgesucht. Die Gräber der Heiligen und Märtyrer wurden verwüstet, Inschriften und Bildnisse zerstört, wertvolle Beigaben, die Rückschlüsse auf die Identität der Begrabenen zugelassen hätten – Medaillons, Kameen, Gemmen – geraubt, Gebeine und andere Reliquien geschändet. Aus Sorge um die von Grabräubern bedrohten Reliquien ließen die zwischen dem 7. und dem 9. Jahrhundert amtierenden Päpste die sterblichen Überreste zahlreicher Heiligen und Märtyrer in Kirchen innerhalb der Stadtmauern umbetten. Auf einer erhalten gebliebenen Liste der auf Anweisung von Papst Paschalis am 20. Juli 817 in die Stadt gebrachten sterblichen Überreste sind 2300 Leichname verzeichnet, die überführt wurden. Es war dieser Papst, der in den Calixtus-Katakomben die sterblichen Überreste der heiligen Cäcilia fand. Er ließ sie in eine Kirche in Trastevere verlegen, die er der heiligen Cäcilia weihte. Um die Mitte des 9. Jahrhunderts erlosch das Interesse an den Katakomben, und bald gerieten sie vollständig in Vergessenheit. Erst 1578 wurde man wieder auf ihre Existenz aufmerksam, als ein Arbeiter beim Umgraben eines Weingartens auf eine dieser unterirdischen Grabstätten

stieß. Die in der Folge einsetzende, mehr oder weniger systematische Erforschung der Katakomben bewirkte einerseits, daß viele wertvolle Erkenntnisse über die Frühzeit des Christentums zusammengetragen wurden, löste andererseits aber auch eine neue Welle von Plünderungen und Grabräubereien aus, die in ihren Auswirkungen vielleicht schlimmer waren als die von den Barbaren angerichteten Zerstörungen. Pietro Santi Bartoli, einer der Chronisten der in der zweiten Hälfte des 17. Jahrhunderts in den Katakomben gemachten Funde, schrieb dazu: „In einem jenseits der Porta Portese entdeckten christlichen Friedhof... sind viele Reliquien der Märtyrer gefunden worden, eine schöne Sammlung der seltensten Medaillons, Metallarbeiten und Kristalle, gravierte Steine, Juwelen und andere Raritäten und interessante Objekte, von denen viele von den Arbeitern zu Schleuderpreisen verkauft wurden." Waren die Katakomben während der Epoche der Gegenreformation noch Gegenstand reger Aufmerksamkeit und Verehrung, so ließ das Interesse an ihnen im Verlauf des 18. Jahrhunderts nach. Wiederbelebt wurde es hauptsächlich durch die Arbeiten des Archäologen G. B. De Rossi während des Pontifikats von Papst Pius IX. (1846–1878).

2. Die herrliche PORTA MAGGIORE, die zuvor Porta Praenestina hieß, wurde im Jahr 52 n. Chr. von Kaiser Claudius an der Stelle erbaut, wo sich die nach Palestrina und Cassino führenden Straßen kreuzten. Die Aqua Claudia und der Anio Novus wurden in Rohrleitungen unmittelbar über das Tor geführt. Nachdem es unter Vespasian und Titus instandgesetzt worden war, wurde es später in die AURELIANISCHE MAUER integriert. Unmittelbar vor dem Tor (stadtauswärts) befindet sich das sogenannte Bäckersgrab, das gegen Ende der republikanischen Epoche zum

Gedenken an einen gewissen Marcus Vergilius Eurysaces von dessen Witwe gestiftet wurde. Der Fries zeigt die verschiedenen Arbeitsgänge beim Brotbacken.

Es folgt eine Liste der übrigen größeren römischen Stadttore; die Namen derer, von denen sich keine Spur mehr findet, sind kursiv gedruckt.

*Angelica* – in der Leoninischen Mauer, zwischen der Porta Pertusa und der Porta Castello nahe der Engelsburg. 1563 erbaut, wurde es später nach Giovanni Angelo de'Medici benannt, der 1559 als Pius IV. zum Papst gewählt wurde.

Appia – die heutige Porta S. Sebastiano (siehe unten).

Ardeatina – im Südteil der Aurelianischen Mauer, beim Ende der Viale delle Terme di Caracalla. Das Tor markierte ursprünglich den Beginn der antiken Via Ardeatina; heute führt es auf die Via Cristoforo Colombo.

Asinaria – rund 200 Meter westlich der Porta S. Giovanni. Es wurde erst kürzlich wieder geöffnet, nachdem es seit 1409 geschlossen gewesen war. Im Altertum führte es auf eine Straße namens Via Asinaria, die schon vor dem Bau der Stadtmauer existierte.

Aurelia – auch unter den Namen Porta S. Pancrazio und Porta del Gianicolo bekannt. Ursprünglich Teil der Aurelianischen Mauer, wurde dieses Tor von Papst Urban VIII. in die Mauer integriert, die er 1642 um den Janiculus herum anlegen ließ. Beim Verteidigungskampf der Römischen Republik im Jahr 1849 schwer beschädigt, wurde das Tor 1854 von Virginio Vespignani wieder aufgebaut.

Belisaria – die heutige Porta Pinciana. Zwei zylindrische Türme flankieren dieses Tor, die Belisarius im Zuge seiner Vorkehrungen gegen die Angriffe der Goten errichten ließ. Nur der mittlere Bogen stammt noch vom ursprünglichen Tor, die anderen sind neueren Datums. Das Tor steht am Ende der Via Vittorio Veneto und führt in den Pincio-Park.

Caelimontana – Teil der alten Servianischen Mauer. Das Tor ist vermutlich aus dem Bogen des Dolabella hervorgegangen, der auf der antiken Via Caelimontana stand, der heutigen Via S. Paolo della Croce, die nördlich vom Park der Villa Celimontana verläuft. Der Bogen des Dolabella wurde im Jahr 10 v. Chr. von den Konsuln Cornelius Dolabella und Junius Silanus erbaut.

Capena – in der Servianischen Mauer markierte dieses Tor den Anfang der Via Appia. Es stand am östlichen Ende des CIRCUS MAXIMUS in der Nähe des Obelisken von Aksum auf dem Areal des heutigen Parco di Porta Capena. In ihrem innerstädtischen Teil verlief die Via Appia von der Porta Capena entlang der Viale delle Terme di Caracalla zur Porta Appia. Von dem Tor sind einige wenige Reste erhalten geblieben.

*Carmentalis* – Teil der Servianischen Mauer, zwischen Aventin und Kapitol gelegen.

Cavalleggeri – der von Papst Leo IV. (847–855) erbauten Mauer zugehörig, befand sich das Tor im heutigen Largo di Porta Cavalleggeri an der Südseite des PETERSDOMS, nahe dem Palazzo del S. Uffizio. Der auf dieser Seite der Basilika gelegene Teil der Mauer zerfiel bis zum 13. Jahrhundert weitgehend und wurde während der Amtszeit von Papst Nikolaus III.

(1277–1280) wiederaufgebaut. Von dem Tor ist heute nur noch ein Bogen erhalten, der aus der Amtszeit Alexanders VI. stammt. Das Tor hieß früher Porta del Torrione.

*Collina* – ein Tor in der Servianischen Mauer; jenseits davon schlug 216 v. Chr. Hannibal sein Feldlager auf.

*Esquilina* – im östlichen Teil der Servianischen Mauer. Es wurde unter Augustus durch ein dreibogiges Tor ersetzt, das später nach Kaiser Gallienus benannt wurde.

Flaminia – gegenüber der Kirche S. Maria del Popolo, von der sich der heutige Name des Tors ableitet: Porta del Popolo. Als Bestandteil der Aurelianischen Mauer führte es auf die Via Flaminia, die in nordöstlicher Richtung aus Rom hinausführte und 220 v. Chr. von dem Zensor Caius Flaminius angelegt wurde.

*Flumentana* – in der Servianischen Mauer nahe dem Foro Boario zwischen Palatin und Kapitol.

*Fontinalis* – in der Servianischen Mauer, auf einem kleinen Hügelkamm zwischen Kapitolshügel und Quirinalshügel. Sowohl der Kamm als auch das Tor wurden abgetragen, als Trajan an dieser Stelle sein Forum anlegen ließ.

*Honoriana* – erbaut 405 unter Kaiser Honorius, befand sich dieses Tor an der Stelle des heutigen Piazzale Labicano, nicht weit von der Piazza di Porta Maggiore. Papst Gregor XVI. ließ es 1838 abtragen. Es führte auf die Via Casilina, die nach Capua (Casilinum) verlaufende Landstraße.

*Latina* – in der Aurelianischen Mauer, jenseits der Thermen des Caracalla und nahe dem heutigen Parco degli Scipioni. Das einbogige Tor, von Belisarius erbaut, führt auf die Via Latina.

*Lavernalis* – Teil der Servianischen Mauer; es wurde unter Papst Paul III. (1534–1549) durch eine Festungsbastion ersetzt. Diese Bastion befindet sich in der heutigen Via S. Maria del Priorato, die sich am Abhang des Aventin, entlang dem Gelände der Priorei der Malteser Ritter, zum Fluß hinunterzieht.

Metronia – in der Aurelianischen Mauer auf der heutigen Piazza Metronia. Die Bögen stehen noch, doch verläuft der Verkehr nicht durch sie hindurch.

*Mugonia* – der Sage nach von Romulus auf dem Palatin, in der Nähe des späteren Titusbogens, erbaut.

*Naevia* – in der Servianischen Mauer auf dem Aventin.

Nomentana – in der Aurelianischen Mauer, unmittelbar östlich der Porta Pia. Das Tor führte auf die Straße nach Nomentum (Mentana) östlich von Rom. Papst Pius IV. ließ es 1564 vermauern.

Ostiensis – in der Aurelianischen Mauer, auf der alten Via Ostiensis. Das Tor heißt heute Porta S. Paolo, weil durch es der nächste Weg zur Basilica S. Paolo fuori le mura („außerhalb der Mauer") führte. Man findet das Tor am Ende der Viale del Piramide di Cestio in unmittelbarer Nähe der Pyramide, die ihrerseits in die Aurelianische Mauer integriert war. Die Außenfassade des Tors wurde zu Beginn des 5. Jahrhunderts von Kaiser Honorius gestiftet.

*Pertusa* – in der Leoninischen Mauer. Das Tor wurde um die Mitte des 19. Jahrhunderts zugemauert.

*Pia* – der Bauplan für dieses Tor war die letzte architektonische Arbeit Michelangelos. Das Tor entstand zwischen 1561 und 1564 in der Nähe der Porta Nomentana als oberer Abschluß der Via XX Settembre. Zu seiner Rechten schließen sich die Gärten der britischen Botschaft (heute nur noch Kanzlei) an, zur Linken das Grundstück der Villa Paolina an, die einmal der Schwester Napoleons, Pauline Borghese, gehörte und heute die französische Botschaft beim Heiligen Stuhl beherbergt. In der Nähe dieses Tors erstürmte das italienische Heer von Victor Emanuel II. unter General Cadorna am 20. September 1870 die Aurelianische Mauer und begann mit der Einnahme Roms. Heute ist darin das Bersaglieri-Museum untergebracht.

Pinciana – siehe Belisaria.

Del Popolo – siehe Flaminia.

Portese – erbaut unter Papst Urban VIII. (1623–1644). Das Tor befindet sich am rechten Tiberufer, am Südende des Borgo nahe des Ponte Sublicio.

*Portuensis* – erbaut zu Beginn des 5. Jahrhunderts unter den Kaisern Arcadius und Honorius in der Nähe der Porta Portese. Das Tor markierte den Anfang der Via Portuense, die nach Porto führte, dem 42 n. Chr. von Claudius an der Tibermündung angelegten Seehafen Roms. Unter Urban VIII. wurde das Tor abgerissen.

Praenestina – siehe Maggiore.

Praetoria – der Hauptzugang zu dem weitläufigen Areal des Castro Pretorio, das 23 n. Chr. von Sejanus, dem leitenden Minister des Tiberius, als Kaserne für die Prätorianergarde erbaut wurde und noch heute als Kaserne dient.

*Querquetulana* – in der Servianischen Mauer auf dem Caelius.

*Quirinalis* – in der Servianischen Mauer, am nordwestlichen Abhang des Quirinalshügels.

*Ratumena* – in der Servianischen Mauer, am Fuß des Kapitolshügels. Möglicherweise identisch mit der Porta Fontinalis, wurde dieses Tor anscheinend auch als Porta Pandana bezeichnet.

*Raudusculana* – in der Servianischen Mauer, an einer Stelle des Aventin, an der heute die Viale Aventino in die Piazza Albania mündet.

*Romana* – der Sage nach von Romulus auf dem Palatin, in der Nähe des Velabro, erbaut.

*Salaria* – im nördlichen Teil der Aurelianischen Mauer; an diesem Tor nahm die berühmte Salzstraße (Via Salaria) ihren Anfang, die nach der Hafenstadt Ascoli Piceno (Truentum) führ-

te. Durch dieses Tor drangen 410 n. Chr. Alarich und seine Goten in Rom ein. Wie Gregorovius in seinen ‚Römischen Tagebüchern‘ vermerkt, wurde das Tor 1874 abgerissen.

*Salutaris* und *Sanqualis* – zwei Tore in der Servianischen Mauer, am nordwestlichen Abhang des Quirinalshügels.

S. Giovanni – 1574 von Jacopo del Duca im Auftrag von Papst Gregor XIII. nahe der Kirche S. Giovanni in Laterano in die Aurelianische Mauer eingefügt. Das Tor führt auf den Piazzale Appio, an dem die Via Appia Nuova beginnt.

S. Pancrazio – am höchsten Punkt des Janiculus, am Standort der antiken Porta Aurelia. Das Tor wurde zeitweilig auch Porta del Gianicolo genannt. Während des Abwehrkampfs der Römischen Republik unter Garibaldi stand das Tor im Mittelpunkt schwerer Kämpfe; es wurde 1854 wieder aufgebaut.

S. Paolo – siehe Ostiense.

S. Sebastiano – in der Aurelianischen Mauer, auf der Via Porta di S. Sebastiano. Das Tor hieß zunächst Porta Appia und führte auf die alte Via Appia. Es wurde am Anfang des 5. Jahrhunderts von Kaiser Honorius erneuert und im 6. Jahrhundert von Belisarius und Narses, den Generälen Justinians, nochmals wiederaufgebaut.

S. Spirito – am rechten Tiberufer, am Südausgang des Borgo nahe dem Ospedale del S. Spirito. Das Tor wurde 1540 von Antonio da Sangallo dem Jüngeren aus Florenz im Auftrag von Papst Paul III. erbaut.

Settimiana – wurde unter Alexander VI. (1492–1503) an einer Stelle in die Aurelianische Mauer eingefügt, an der sich zuvor ein Behelfsdurchgang befunden hatte. Man findet das Tor am südlichen Ende der Via della Lungara, neben dem Museo Torlonia.

Tiburtina – ursprünglich unter Augustus auf der nach Tivoli (Tibur) führenden Via Tiburtina errichtet. Beim

Bau der Aurelianischen Mauer in den Jahren 271–275 wurde das Tor in dieselbe integriert. Honorius ließ es 403 instandsetzen.

Torrione – siehe Cavalleggeri.

*Trigermina* – in der Servianischen Mauer, nahe dem Pons Probi, zwischen dem CIRCUS MAXIMUS und dem Aventin.

*Viminalis* – in der Servianischen Mauer, halbwegs zwischen der Porta Collina und der Porta Esquilina.

3. Von der Familie Laterani weiß man, daß ihr ein Palast auf dem Caelius gehörte, den Nero konfiszierte, nachdem die Familie sich an einem Komplott gegen ihn beteiligt hatte. Der heilige Optatus erwähnt den Palast als Eigentum der Fausta, der zweiten Frau Konstantins. Es existiert keine Urkunde über eine Übertragung oder Stiftung des Baus an die Kirche, doch ist in sehr frühen Überlieferungen die Rede von einem Geschenk des Kaisers an Papst Sylvester I. (314–335). Es ist wahrscheinlich, daß die Päpste, als sie erstmals im LATERAN-PALAST Quartier nahmen, eines der schon zu Zeiten Konstantins dort befindlichen Gebäude bezogen. In der Folge erstanden auf dem Areal zusätzliche Gebäude, und bereits in der Zeit des Papstes Damasus (366–384) galt es als verbrieftes Anrecht und als Ausweis der Legitimität der Päpste, im Lateran zu residieren.
Der erste Palast auf dem Lateran, den ein Papst selbst sich als päpstliche Residenz errichten ließ, war das unter Leo III. (795–816) entstandene *Patriarchio*, ein imposanter Gebäudekomplex, zu dem ein riesiger, üppig ausgeschmückter Bankettsaal gehörte. Er wurde 1308 durch ein Feuer vernichtet. Als die Päpste 1377 aus Avignon nach Rom zurückkehrten, machten sie den VATIKAN zu ihrer Residenz. Erst 1586, im Zuge einer Sanierung des gesamten Lateran-Komplexes, beauftragte Papst Sixtus V. (1585–1590) Domenico Fontana

mit der Errichtung eines neuen päpstlichen Palastes. Die TAUFKAPELLE ist ebenfalls ein Neubau. Wie es scheint, gab es vor der von Konstantin errichteten Taufkapelle an gleicher Stelle zwei solche Gebäude. Die Taufkapelle Konstantins wurde durch einen von Papst Sixtus III. (432–440) in Auftrag gegebenen Neubau ersetzt, der zwar später noch etliche bauliche Veränderungen erfuhr – insbesondere 1637 unter Urban VIII. –, aber im Prinzip mit der Taufkapelle, wie wir sie heute vor uns haben, identisch ist. In ihr befindet sich das mächtige grüne Basaltbecken, das Cola di Rienzo für seine Taufzeremonie am 1. August 1347 benutzte (siehe VI.).

4. Die dem heiligen Laurentius geweihte SANCTA SANCTORUM war die erste päpstliche Privatkapelle im LATERAN-PALAST. Sie wurde von Papst Nikolaus III. (1277–1280) renoviert. Das Gebäude, das heute die Kapelle und die zu ihr hinaufführende Treppe, die SCALA SANTA, umschließt, wurde von Domenico Fontana für Papst Sixtus V. (1585–1590) erbaut.

5. Die SCALA SANTA war in alter Zeit die wichtigste Zeremonialtreppe im LATERAN-PALAST. Unter Papst Sixtus V. wurde sie verlegt und führt jetzt zur SANCTA SANCTORUM. Aus Rücksicht auf die ursprüngliche Bestimmung der Treppe ersteigen die Gläubigen sie stets auf den Knien.

6. Die Kirche S. CROCE IN GERUSALEMME wurde unter Papst Lucius II. renoviert und mit einem zusätzlichen romanischen Turm versehen, der 1144 geweiht wurde. 1743 wurde die Kirche von Papst Benedikt XIV. (1740–1758) praktisch von Grund auf erneuert und erhielt ihr gegenwärtiges Aussehen.

7. In ihrer jetzigen Gestalt ist S. LORENZO FUORI LE MURA ein Konglomerat zweier ursprünglich separater Kirchen. Eine davon wurde 330 n. Chr. unter Konstantin am Stand-

ort eines dem heiligen Laurentius geweihten Heiligtums errichtet und im 6. Jahrhundert von Papst Pelagius II. umgebaut und erneuert. Die andere, der Muttergottes geweiht, entstand wahrscheinlich unter Papst Hadrian I. (772–795). Nach dem Abriß der Apsen wurden die beiden Kirchen miteinander verbunden. Der Campanile stammt aus dem 12. Jahrhundert, der Portikus aus dem Jahr 1220. Die Kirche wurde im 15. und 17. und dann nochmals im 19. Jahrhundert renoviert; bei letzterer Gelegenheit wurden die barocken Zusätze wieder entfernt. 1943 wurde die Kirche bei einem Bombenangriff der Alliierten auf den Güterbahnhof von Rom schwer beschädigt, danach jedoch vollständig wieder aufgebaut.

8. Konstantin ließ die ursprüngliche Basilika S. GIOVANNI IN LATERANO am Standort der Kaserne der kaiserlichen berittenen Leibgarde *(equites singulares)* errichten; diese Kaserne wurde in der Amtszeit von Papst Sylvester I. (314–335) geschleift, weil die *equites singulares* für Maxentius gekämpft hatten. Nach seiner Verwüstung durch die Vandalen wurde das Gotteshaus von Papst Leo I.

(440–461), Papst Hadrian I. (772–795) und einigen anderen Päpsten restauriert. 1304 erlitt es bei einem Brand schwere Beschädigungen, wurde jedoch von Urban V. 1368 voll wiederhergestellt. Ihre größte bauliche Veränderung erfuhr die Basilika in der Amtszeit Sixtus' V.

(1585–1590), der nach den Entwürfen von Domenico Fontana das gesamte Lateran-Gelände neu gestalten ließ. Die Kirche, wie wir sie heute sehen, ist, abgesehen von der imposanten Fassade, die Alessandro Galilei für Clemens XII. (1730–1740) hinzufügte, im wesentlichen das Werk Fontanas. Der herrliche Kreuzgang wurde 1230 vollendet. Die dort befindlichen Mosaiken, die sich mit denen im Kreuzgang von S. PAOLO FUORI LE MURA messen können, stammen von Vater und Sohn Vassalletto; sie waren Meister in der Kunst des Mosaiklegens, bedeutende Vertreter der sogenannten Cosmaten-Schule, die ihre Blütezeit in Rom etwa zwischen 1100 und 1300 hatte. Ihr Name geht auf zwei mit Vornamen Cosmas genannte Steinkünstler zurück, deren Namen in der SANCTA-SANCTORUM-KAPELLE eingraviert sind.

9. Um das Jahr 200 schrieb der Priester Gaius in einer Streitschrift gegen den Ketzer Proclus, er könne diesem das Grab des heiligen Petrus im Vatikan zeigen. Zur Zeit Konstantins verdichtete sich die Legende, Petrus sei in der Zeit der Neronischen Christenverfolgung des Jahres 64 auf dem Vatikanhügel begraben worden, zur feststehenden Überlieferung. Durch die jüngeren Ausgrabungen unter dem heutigen Petersdom wurde diese Legende zumindest nicht widerlegt. Etwas Verwirrung stiftete jedoch die Existenz von Anhaltspunkten, die darauf hindeuten, daß sowohl Petrus als auch Paulus „ad catacumbas" bestattet worden seien, das heißt, in den Katakomben des heiligen Sebastian an der Via Appia. Man hat den Widerspruch dahingehend aufgelöst, daß die Gebeine der Apostel während der scharfen Christenverfolgung unter Valerian im Jahr 258 durch Überführung in geheime Grabkammern vor dem Verlust bewahrt und später, nachdem Konstantin die christliche Kirche anerkannt

hatte, wieder an ihre ursprünglichen Ruhestätten zurückgebracht worden seien. Der heilige Hieronymus nennt als Datum dieser Rückführung der Überreste des heiligen Petrus das Jahr 336.

Der Bau der ersten Basilika von ST. PETER begann um 320; fertiggestellt wurde das Gotteshaus 329. Es war zunächst nichts weiter als ein Überbau für einen Friedhof, auf dem Christen sich begraben ließen, um in der Nähe der Apostel zu ruhen. An gleicher Stelle hatte sich zuvor eine heidnische Nekropolis befunden, aus der sich mit der Zeit eine christliche Kultstätte entwickelt hatte; in deren Mittelpunkt entstand die Nische *(aedicula)*, die das Grab des Petrus markierte. Im Zuge der Barbareneinfälle des 5. und 6. Jahrhunderts wurde die Kirche geplündert, ebenso noch einmal im Jahr 846 durch die Sarazenen. Sie wurde immer wieder restauriert, umgebaut und verschönert. Papst Nikolaus V. faßte schließlich 1452 den Entschluß, das ganze Bauwerk, dessen Mauern brüchig geworden waren, abreißen und neu aufbauen zu lassen. Ausgeführt wurde das Vorhaben unter Papst Julius II. (1503–1513) und seinen Nachfolgern.

10. Die ursprüngliche Basilika, erbaut in der ersten Hälfte des 4. Jahrhunderts, war den Aposteln Petrus und Paulus geweiht, deren sterbliche Überreste eine Zeitlang in den benachbarten Katakomben geruht hatten. Der Ort war bereits eine Kultstätte, als Konstantin (oder seine Familie) die Kirche erbauen ließ. Später, nachdem der heilige Sebastian dort bestattet worden und womöglich die Beziehung des Ortes zu den Aposteln in Vergessenheit geraten war, bürgerte sich für die Kirche der Name BASILICA DI S. SEBASTIANO ein. In ihrer ursprünglichen Gestalt wies sie ein Hauptschiff und zwei Seitenschiffe auf. Nach Restaurierungen im 8. und 9. Jahrhundert ging sie in der zweiten Hälfte des 12. Jahrhunderts in die Hände der Benediktiner über. Ab 1609 wurde sie im Auftrag von Kardinal Scipione Borghese von zwei aufeinanderfolgenden Architekten, Ponzio und Vasanzio, grundlegend umgebaut. Das Ergebnis dieser Maßnahme ist die einschiffige Kirche, die wir heute kennen.

11. Das letzte große Bauwerk der klassischen Epoche des römischen Kaiserreichs, die BASILIKA VON MAXENTIUS UND KONSTANTIN, auch BASILICA NOVA genannt, wurde 306 unter Maxentius begonnen und 312 unter Konstantin vollendet. Ihre rechteckige Grundfläche maß 80 auf 60 Meter, ihre Bögen erreichten eine Höhe von 35 Metern. Ihre Vorderseite wies nach Osten, dem KOLOSSEUM zu. Das Dach war mit Ziegeln aus vergoldeter Bronze gedeckt, die Papst Honorius I. 626 abmontieren und für das Dach der Basilika von ST. PETER verwenden ließ. Die imposanten Überreste der Basilika befinden sich am Nordostende des FORUMS, neben der Kirche SS. COSMA E DAMIANO.

12. Der BOGEN DES JANUS QUADRIFONS befindet sich in unmittelbarer Flußnähe nordöstlich der Piazza Bocca della Verità (zu dieser siehe unten, Anm. 32). Das Wort Janus kann sowohl für einen römischen Gott, der stets mit zwei Gesichtern, das eine nach vorn, das andere rückwärts ge-

richtet, dargestellt wird, als auch für einen überdachten Durchgang stehen. Solche Bögen wurden gelegentlich an Stellen errichtet, wo wichtige Handelsstraßen zusammenliefen, in diesem Fall am Kreuzungspunkt der Straßen, die vom FORUM zum Vieh- und zum Ölmarkt führten. Die Steinplastiken fallen gegenüber den besten Skulpturen der klassischen Periode merklich ab. Im Mittelalter wurde der Bogen eine Zeitlang von der aggressiven Familie Frangipani als befestigte Bastion genutzt.

13. Der Viehmarkt des antiken Rom, das FORUM BOARIUM, nahm ziemlich genau das Areal der heutigen Piazza Bocca della Verità ein. Zu seinen Sehenswürdigkeiten gehörten mehrere Tempel, unter anderem der der Fortuna aus der Spätzeit der Republik und der – fälschlich so genannte – Tempel der Vesta, der in der Zeit des Augustus oder vielleicht noch früher entstand und dessen Erscheinungsbild von zwanzig kannelierten korinthischen Säulen geprägt ist, die einen kreisförmigen Innenraum umgeben. Beide Tempel stehen noch. Das Markttreiben fand im Freien statt; es gab, wie es scheint, keinerlei Stände oder dergleichen; die Viehverkäufer stellten sich einfach mit ihren Tieren auf, die Heuhändler standen neben ihren Ballen. Nicht weit weg, zwischen dem PONS AEMILIUS und dem PONS FABRICIUS, befand sich am Flußufer ein weiterer Markt, das FORUM HOLITORIUM, der Öl- und Gemüsemarkt. Hier gab es einige große Lagerhäuser und in der Nähe auch einige bemerkenswerte Monumente, wie etwa das THEATER DES MARCELLUS, den JANUS-TEMPEL und den PORTIKUS DER OCTAVIA.

14. Der KONSTANTINSBOGEN ist von allen Triumphbögen aus klassisch-römischer Zeit am besten erhalten. Im Mittelalter baute die Familie Frangipani ihn zu einem ihrer Bollwerke aus. Im 18. Jahrhundert wurde er restauriert und bis zum Jahr 1804

von allen Anbauten befreit. Die Skulpturen, mit denen der Bogen geschmückt ist, wurden teilweise von anderen Bauwerken abmontiert, die acht Statuen von Barbaren und der große Schlachtenfries über dem Mittelbogen beispielsweise von einem der Monumentalbauwerke Trajans. Die Medaillons, auf denen Jagd- und Opferszenen dargestellt sind, stammen von einem Bauwerk Hadrians, während ein von Marc Aurel errichteter Triumphbogen vermutlich einen Teil der Reliefs auf dem Architrav lieferte, da darauf Szenen aus den Kriegen Marc Aurels dargestellt sind.

15. Die im folgenden aufgeführten Brücken über den Tiber und den Aniene wurden in republikanischer und kaiserlicher Zeit erbaut. Die mit einem Sternchen versehenen existierten zur Zeit Konstantins nicht mehr.

*Pons Sublicius – Die älteste aller römischen Brücken. Sie befand sich in der Nähe des FORO BOARIO und war eine reine Holzkonstruktion. Dies war die Brücke, von der in der Horatier-Sage die Rede ist (altrömische Königszeit).

Pons Salarius – Hier überquerte die Via Salaria das Flüßchen Aniene, das knapp nördlich von Rom in den Tiber mündet. Die Brücke wurde von den Goten Totilas zerstört, später von Narses wiedererrichtet. 1867 machten die Franzosen die Brücke unbrauchbar, um die Truppen Garibaldis aufzuhalten. 1874 wurde sie wieder hergerichtet, 1930 ausgebaut. Sie heißt heute Ponte Salario (vor 361 v. Chr.).

Pons Aemilius – Erbaut von den Zensoren M. Aemilius Lepidus und M. Fulvius Nobilior, vollendet von den Zensoren P. Cornelius Scipio Aemilianus und L. Mummius. Die Brückenkonstruktion ruhte auf Steinpfeilern. Um 1575 ließ Gregor XIII. sie, nachdem sie zweimal eingestürzt war, erneuern, doch schon 1598 brach sie wieder zusammen; sie wurde dann dem Verfall überlassen und erhielt den Namen PONTE ROTTO. Ein Ruinenstück von ihr ist unmittelbar oberhalb des heutigen Ponte Palatino zu sehen (179–142 v. Chr.).

Pons Milvius – Diese von dem Zensor Marcus Aemilius Scaurus erbaute – oder erneuerte – Brücke wurde unter Papst Nikolaus V. (1447–1455) und nochmals im Jahr 1805 von Valdier für Papst Pius VII. restauriert. 1849, beim Rückzug der Truppen Garibaldis vor den Franzosen, wurde sie teilweise zerstört, woraufhin Pius IX. sie wieder aufbauen ließ. Heute heißt sie PONTE MILVIO (Ende des 2. Jahrhunderts v. Chr.).

Pons Fabricius – Erbaut vom Konsul F. Fabricius, ist dies die älteste noch intakte Brücke in Rom. Sie verbindet die Tiberinsel mit dem linken Flußufer. Sie heißt heute PONTE FABRICIO (62 v. Chr.).

Pons Cestius – Verbindet die Tiberinsel mit dem rechten Flußufer. Sie heißt heute PONTE CESTO (46 v. Chr.).

*Pons Agrippa – Unweit des heutigen PONTE SISTO (siehe unten, Pons Aurelianus) (Regierungszeit des Augustus).

Pons Neronianus – Errichtet unter Nero unweit des heutigen Ponte Vittorio Emanuele. Die Brücke trug später die Namen Pons Triumphalis und Pons Vaticanus. Sie verfiel vor dem Jahr 403 (54–68 n. Chr.).

Pons Aelius – Erbaut von Hadrian zur Anbindung seines Mausoleums an die Stadt, trägt die Brücke heute den Namen Ponte S. Angelo. Ihr Architekt war Demetrianus. Abgesehen von den beiden äußeren Bögen, die 1688 hinzukamen, ist die Brücke in ihrer ursprünglichen Gestalt erhalten geblieben. Bernini schmückte sie im Auftrag von Papst Clemens IX. (1667–1669) mit Engelsstatuen (136 n. Chr.).

Pons Aurelianus – Erbaut von Marc Aurel, wurde diese Brücke 792 zerstört und 1474 unter Papst Sixtus IV. durch einen Neubau ersetzt. Diese erste von einem Papst erbaute römische Brücke erhielt den Namen PONTE SISTO (161–180 n. Chr.).

16. Die wichtigsten römischen Aquädukte zur Zeit Konstantins waren:

Die Aqua Appia, fertiggestellt 312 v. Chr. von Konsul Appius Claudius; sie erschloß die Quellen östlich von Rom.

Die Aqua Anius Vetus (272 v. Chr.); sie führte Quellwasser aus dem oberen Anio-Tal heran.

Die Aqua Marcia (144 v. Chr.), erbaut vom Prätor Marcius, um Kapitol, Caelius und Aventin mit Wasser zu versorgen; auf die Bögen dieses Aquädukts wurden später die Aqua Tepula (137 v. Chr.) und die Aqua Julia (33 v. Chr.) aufgesetzt.

Die Aqua Virgo (19 v. Chr.), erbaut von Agrippa für seine Thermen, verlief über weite Strecken unterirdisch und führte Quellwasser von den Ländereien des Lukullus heran. Papst Nikolaus V. ließ den Aquädukt nach achthundert Jahren der Funktionsunfähigkeit wieder instandsetzen und 1453 ein Sammelbecken dafür anlegen. Im 15. Jahrhundert war die Aqua Virgo der einzige Aquädukt, der tatsächlich Wasser in die Stadt brachte. Weitere Instandsetzungen veranlaßte Urban VIII. Die Aqua Virgo ist der Aquädukt, der die FONTANA DI TREVI speist. Er verdankt seinen Namen, so heißt es, einem jungen Mädchen, das durstige römische Soldaten zu den Quellen führte.

Die Aqua Claudia und die Aqua

Anius Novus wurden 38 n. Chr. von Caligula begonnen und 52 n. Chr. von Claudius fertiggestellt. Die Aqua Claudia, deren schöne Bögen zu den Wahrzeichen der römischen Campagna gehören, führte Wasser aus dem über 50 Kilometer enfernten Subiaco heran.

Die beiden Aquädukte trafen 5 Kilometer vor Rom aufeinander.

Die Aqua Neroniana wurde von Nero angelegt; sie diente dazu, einen Teil des Wassers aus der Aqua Claudia direkt in seinen Palast auf dem Palatin zu leiten.

Die Aqua Trajana wurde 109 n. Chr. von Trajan angelegt; weitgehend unterirdisch verlaufend, versorgte sie den Janiculus.

Die Aqua Alexandriana wurde um 226 n. Chr. fertiggestellt; sie war der letzte in der Zeit des römischen Kaiserreichs entstandene Aquädukt.

Neben diesen gab es zur Zeit Konstantins in Rom nicht weniger als zehn weitere Aquädukte; alle zusammen führten der Stadt nach Schätzungen rund 1,6 Millionen Kubikmeter Wasser pro Tag zu. Die Aquädukte erlitten bei den Barbareneinfällen Schäden, aber viel zerstörerischer wirkte sich die Tatsache aus, daß man sie das ganze Mittelalter hindurch verfallen ließ.

17. Die Basilika S. Paolo fuori le mura (,St. Paul außerhalb der Mauer'), erbaut von Konstantin und geweiht 324 n. Chr. von Papst Sylvester, wurde an der Stelle errichtet, wo der Überlieferung nach Paulus bald nach seiner Hinrichtung von seinem Schüler Timotheus begraben wurde. Die Kirche wurde 386 n. Chr. in der Regierungszeit des Kaisers Theodosius zerstört; an ihrer Stelle entstand eine erheblich größere Basilika mit vier durch achtzig Säulen voneinander und vom Hauptschiff abgeteilten Seitenschiffen (zwei auf jeder Seite); sie wurde 390 von Papst Siricius geweiht, aber erst 395 endgültig fertiggestellt. Zu Beginn des 7. Jahrhunderts entstanden in direkter Nachbarschaft zur Basilika zwei Klöster, die später zusammengeschlossen und den Benediktinern übergeben wurden. Um Kirche und Kloster vor Räubern zu schützen, ließ Papst Johannes VIII. gegen Ende des 9. Jahrhunderts um den ganzen Gebäudekomplex eine Schutzmauer errichten. Im Lauf der folgenden Jahrhunderte wurde die Basilika mit Kunstwerken von Pietro Cavallini, Arnolfo di Cambio, den Gebrüdern Vassalletto, Benozzo Gozzoli und Antoniazzo Romano ausgeschmückt. 1348 erhielt sie einen Campanile. 1823 wurde sie durch einen Brand weitgehend zerstört, doch begann man sofort mit einem Neubau nach dem Vorbild der abgebrannten Basilika. 1850 weihte Pius IX. die neue Kirche ein. Das schöne Kloster aus dem frühen 13. Jahrhundert mit seinen herrlichen mosaikverkleideten Säulen unterschiedlichster Form und Gestaltung, das möglicherweise von Pietro Vassalletto erbaut wurde, blieb vom Feuer verschont.

18. Die antike Titularkirche S. Lorenzo in Damaso wurde von Papst Damasus (366–384) gestiftet; er ließ sie an der Stelle erbauen, an der sein Haus gestanden hatte. Die heutige Kirche datiert freilich erst aus der Bauzeit des Palazzo della Cancelleria, in die Bramante sie im Auftrag des Kardinals Riario integrierte. Nachdem sie während der Besetzung Roms durch napoleonische Truppen

von diesen als Pferdestall benutzt worden war, wurde sie wiederhergerichtet und erneuert, zunächst von Valadier, der die Fassade ausstattete, und dann, 1880, in größerem Umfang von Vespignani. Ein Brand im Jahr 1944 verursachte wieder Schäden und machte Instandsetzungsarbeiten notwendig, die unter Pius XII. durchgeführt wurden. Zwei energische Sachwalter des Papsttums sind in dieser Kirche begraben: Kardinal Scarampo, der als Befehlshaber der päpstlichen Flotte 1457 bei Mytilene die Türken besiegte, und Pellegrino Rossi, der letzte Ministerpräsident des Kirchenstaats unter Pius IX. (siehe XV.).

19. Der Überlieferung zufolge wurde die Kirche S. PUDENZIANA ursprünglich an der Stelle eines Hauses erbaut, in dem der heilige Petrus angeblich – glaubhafte Zeugnisse dafür gibt es allerdings nicht – mehrere Jahre lang lebte; er soll dessen Besitzer, den Senator Q. Cornelius Pudens, und seine beiden Töchter Pudenziana und Prassede zum Christentum bekehrt haben; die beiden Frauen sollen sich durch fleißiges Sammeln und Begraben von Märtyrerknochen hervorgetan haben. Fest steht, daß in der Amtszeit von Papst Pius I. (um 140–um 155) an der betreffenden Stelle ein Bethaus errichtet wurde. Somit kann S. Pudenziana sicherlich als eines der ältesten christlichen Gotteshäuser in Rom gelten. Als die Kirche 384 n. Chr. unter Papst Siricius restauriert oder neu aufgebaut wurde, tauchte für sie erstmals der Name *Ecclesia Pudentiana* auf. Weitere Renovierungs- und Ausbauarbeiten erfolgten unter den Päpsten Hadrian I. (gestorben 795) und Gregor VII. (gestorben 1085). Der endgültige Wiederaufbau, aus dem die Kirche in ihrer heutigen Gestalt hervorging, wurde 1589 von Alessandro Volterra im Auftrag von Kardinal Caetani vollendet. Die spätere Restaurierung der Fassade ging auf das Konto desjenigen Angehörigen der Familie Bonaparte, der sich als einziger an den Rat Napoleons gehalten und in der Kirche Karriere gemacht hatte, des Kardinals Luciano (Lucien) Bonaparte, der dem Kaiser verblüffend ähnlich sah, im Unterschied zu ihm aber charmant und schüchtern war und eine wohltätige Ader hatte. Das aus dem 4. Jahrhundert stammende Mosaik in der Apsis, das die um Christus versammelten Apostel zeigt – die wie römische Senatoren aussehen –, erinnert unter bewußter Vermeidung östlicher Einflüsse an die klassisch-römische Kunst. Nach Ansicht von Professor Richard Krautheimer handelt es sich bei diesem Mosaik um die „früheste figürliche Darstellung..., die in einer römischen Kirche erhalten geblieben und sicher eine der ersten ist, die für einen Kirchenbau in Rom entworfen wurde".

20. Der Name S. PIETRO IN VINCOLI tauchte erstmals in der Amtszeit von Papst Symmachus (gestorben 514) auf, kam jedoch erst um das Jahr 1000 allgemein in Gebrauch. Die Ketten sollen angeblich diejenigen sein, an die der heilige Petrus als Gefangener des Königs Agrippa I. in Jerusalem gefesselt war und von denen er auf so wundersame Weise befreit wurde (Apostelgeschichte XII, 1–13). Der Überlieferung zufolge vermachte Kaiserin Eudoxia, die Frau des oströmischen Kaisers Theodosius II., die Ketten ihrer Tochter, die ebenfalls Eudoxia hieß und mit dem Westkaiser Valentinian III. verheiratet war. Über dem Baukörper einer früheren Kirche ließ Papst Sixtus III. (432–440), von der jüngeren Eudoxia unterstützt, eine neue Kirche errichten, die den Aposteln geweiht wurde. Sixtus IV. (1471–1484) ließ die Kirche wieder herrichten, Julius II. (1503–1513) ließ sie von Grund auf restaurieren. Später war es Pius IX., der aus Anlaß seines Krönungsjubiläums die Kirche noch-

mals restaurieren und verschönern ließ. Ihre bedeutendste Sehenswürdigkeit ist der in ihr aufgestellte ‚Moses‘ von Michelangelo. Die Ketten werden in einem Schrein unter dem Hochaltar aufbewahrt. In der *confessio* hinter dem Altar befindet sich ein schöner Sarkophag aus dem 4. Jahrhundert.

21. Die erste Basilika SS. GIOVANNI E PAOLO auf dem Caelius wurde von einem gewissen Senator Pammachius, einem Freund des heiligen Hieronymus, errichtet, wahrscheinlich in der Amtszeit von Papst Damasus (366–384). Beim Einfall der Goten unter Alarich im Jahr 410 erlitt das Gotteshaus vermutlich Schäden, wurde aber bald wieder instandgesetzt. Weitere Restaurierungsarbeiten und Verschönerungen sind aus dem 11. und 12. Jahrhundert bezeugt. Die jüngste, umfangreiche Renovierung fand in den Jahren 1948 bis 1952 statt.

22. Gaius Sallustius Crispus (86–um 34 v. Chr.) war ein römischer Politiker und Historiker, der es als Prokonsul und Statthalter von Numidien in Afrika zu großem Reichtum brachte und nahe der Porta Pinciana, zwischen den Hügeln Quirinal und Pincius, ein Areal erwarb. Darauf erbaute er den SALLUST-PALAST und ließ Gärten anlegen, die als *Horti Sallustiani* Berühmtheit erlangten. Überreste des Palastes kann man in der Mitte der Piazza Sallustio besichtigen (sie liegen unterhalb des Straßenniveaus). Sallust verbrachte den Rest seines Lebens zurückgezogen in diesem Palast und schrieb Geschichtswerke.

23. Die Kirche S. SABINA auf dem Aventin wurde von einem Priester namens Peter von Illyrien gestiftet und in den Jahren 422 bis 432 auf dem Grundstück einer Römerin namens Sabina errichtet, die später mit der gleichnamigen Heiligen aus Umbrien gleichgesetzt wurde. Die Kirche steht an einem dominierenden Platz oberhalb

des Tibers. 824 kamen unter Papst Eugen II. die *schola cantorum*, die *ambones* (Kanzeln) und das Ciborium hinzu. 1222 übermachte Papst Honorius III. die Kirche dem heiligen Dominicus; seither ist sie im Besitz der Dominikaner geblieben. Im Zuge einer gründlichen und gelungenen Restaurierung in den Jahren 1936–1938 wurden die ursprünglichen Fenster mit ihrem Gitterwerk aus Selenit, die lange Zeit vermauert gewesen waren, wieder eröffnet. In der Kirche finden sich einige schöne Fresken von den Gebrüdern Federico und Taddeo Zuccaro. Das angrenzende Kloster wurde 1220 vom heiligen Dominicus gegründet.

24. Als vierte Patriarchal-Basilika nach S. GIOVANNI IN LATERANO, ST. PETER und S. PAOLO FUORI LE MURA wurde S. MARIA MAGGIORE an einer Stelle des Esquilin errichtet, wo sich zuvor ein Zentrum für die Anbetung der heidnischen Göttin Juno Lucina befunden hatte. Als Papst Sixtus III. (432–440) nach dem Konzil von Ephesos, auf dem die Anbetung der Jungfrau Maria als Mutter Gottes propagiert worden war, eine ihr geweihte Basilika zu errichten beschloß, erschien der Esquilin als der gegebene Standort dafür. Mehr als jede andere römische Kirche verkörpert S. Maria Maggiore mit ihren herrlichen, das Hauptschiff säumenden klassischen Säulen den auffälligen Kontrast zwischen der klassischen Konzeption des Bauwerks und seinen barocken Ausstattungen.

Während jedoch in den meisten ähnlichen Fällen die klassischen Elemente das Äußere bestimmen und das Barocke sich im Inneren findet, ist es hier umgekehrt. Zu den schönsten Schätzen der Kirche gehören die aus dem 5. Jahrhundert stammenden Mosaiken an den Wänden über dem Architrav und rings um den Hochaltar. Es gibt auch ein wunderbares Bodenmosaik aus der Periode der Cosmaten. Zur Vergoldung der Renaissance-Decke wurde, wie es heißt, das erste aus Amerika eingetroffene Gold verwendet. Ein Standbild des knienden Papstes Paul IX. findet sich vor einem Schrein, der Holzstücke und Metallbänder enthält, die der Legende zufolge von der Krippe des Jesuskinds stammen. Nikolaus IV. (1288–1292) ließ die Apsis, Clemens X. (1670–1676) die hintere Fassade, Benedikt XIV. (1740–1758) nach Plänen von Ferdinando Fuga die Hauptfassade erneuern. Der Campanile stammt aus dem Jahr 1377 und ist mit 75 Metern der höchste in Rom.

25. S. STEFANO ROTONDO gehört zu den ältesten Kirchen Italiens mit einem kreisförmigen Grundriß. Eine Zeitlang glaubte man, ihre Rundform

darauf zurückführen zu können, daß ihre Baumeister bei ihrer Errichtung der Biegung des Macellum Magnum folgten, eines seit Neros Zeiten bestehenden römischen Marktes. Sicher scheint in jedem Fall, daß die Kirche auf ein bereits vorhandenes

älteres Fundament aufgesetzt wurde. Eingesegnet und dem heiligen Stefan gewidmet, dessen Kult in Rom damals schon sehr populär war, wurde sie von Papst Simplicius (gestorben 483) geweiht. Man betritt die Kirche durch eine fünfbogige Vorhalle, die unter Papst Innozenz II. (1130–1143) hinzukam. Gegen Ende des 16. Jahrhunderts wurde die Umfassungsmauer mit Fresken versehen, die eine Reihe grausiger Szenen über die Qualen etlicher bekannter Märtyrer zeigen. In einer der Kapellen befindet sich ein marmorner Thron, von dem es heißt, er sei der Bischofsstuhl von Papst Gregor dem Großen gewesen.

26. Die Kirche S. GIORGIO IN VELABRO stammt vermutlich aus dem 6. Jahrhundert. Papst Leo II. (682–683) ließ sie renovieren. 1926 wurde sie im Zuge einer grundlegenden Restaurierung von ihren barocken Ausschmückungen befreit. Der romanische Turm und der Portikus stammen aus dem 12. Jahrhundert. Das Velabro (velabrum) ist das flache Gelände zwischen Kapitol, Palatin und Tiber. Es war ursprünglich ein Sumpfgebiet, das von der CLOACA MAXIMA entwässert und nach seiner Trockenlegung zu einem der belebtesten Bezirke der Stadt wurde. Wie Plautus in seinem Stück ‚Curculio‘ mitteilt, war es Marktplatz und Treffpunkt für Bäcker, Metzger, Wahrsager und Tänzer. Vom FORUM aus führten der Vicus Jugarius und der Vicus Tuscus über das Velabro zum Fluß.

27. Die Via Lata war im Mittelalter die wichtigste Durchgangsstraße durch Rom in nord-südlicher Richtung. Sie war ein Stück weit identisch mit dem innerstädtischen Abschnitt der Via Flaminia und führte durch die Porta Flaminia. Ihr weiterer Verlauf deckte sich in etwa mit dem des später angelegten Corso. Eine erste, dem heiligen Siricius (Papst 384–399) geweihte Kirche wurde unter Papst Sergius III. (904–911) auf dem Grundstück

der SAEPTA JULIA errichtet, wo sich zuvor eine der ersten *diaconiae* befunden hatte. An die Stelle jener ersten Kirche trat dann die von Papst Leo IX. (1048–1054) erbaute Basilika S. MARIA IN VIA LATA. Diese wiederum mußte gegen Ende des 15. Jahrhunderts unter Papst Innozenz III. (1484–1492) einem fast völligen Neubau weichen, für den Pietro da Cortona (1658–1662) später eine neue Fassade kreierte.

28. Die Kirche SS. COSMA E DAMIANO, die 527 auf den Ruinen von Vespasians Friedensforum errichtet wurde, war zwei in Syrien ums Leben gekommenen Märtyrern gewidmet, deren Kult im 5. Jahrhundert populär geworden war. Das aus dem 6. Jahrhundert stammende Mosaik in der Apsis gehört zu den frühesten und kunstvollsten seiner Art in Rom. Einen Teil davon ließ der Barberini-Papst Urban VIII. im 17. Jahrhundert erneuern – die Bienen aus seinem Familienwappen sind in der linken Ecke zu sehen.

29. S. MARIA ANTIQUA, die älteste Kirche auf dem FORUM, wurde unter Papst Johannes VII. (705–707) restauriert und unter den Päpsten Zacharias (741–752) und Paul I. (757–767) verschönert. Nach einem Erdbeben gab man sie auf; im 13. Jahrhundert entstand auf ihren Ruinen eine neue, der heiligen Maria Liberatrice geweihte Kirche. 1902 wurde sie abgerissen und an ihrer Stelle S. Maria Antiqua in ihrer ursprünglichen Form wieder aufgebaut. Die kostbaren Fresken aus dem 8. Jahrhundert sind sehr wahrscheinlich das Werk von Künstlern, die im Zuge der Bilderstürmerei im oströmischen Reich verfolgt wurden und nach Rom flohen.

30. Die Kirche S. MARIA AD MARTYRES, für die sich später der Name S. MARIA ROTONDA durchsetzte, wurde 609 im PANTHEON als Kirche der Jungfrau Maria und aller Heiligen und Märtyrer geweiht (zum Panthe-

on siehe III, Anm. 16). Unter Papst Bonifaz IV. wurden 28 Wagenladungen voller Märtyrergebeine aus den Katakomben hierher überführt.

31. Die Kirche S. ADRIANO wurde 1937 ihrer religiösen Bestimmung entzogen; das Gebäude wurde in den Originalzustand versetzt, das heißt, wieder so gestaltet, wie Diokletian es nach einem Brand im Jahr 289 hatte wiederaufbauen lassen.

32. Die ursprüngliche Kirche S. MARIA IN COSMEDIN wurde im 6. Jahrhundert auf dem Gelände der *Statio Annonae* erbaut, der Zentrale der altrömischen Lebensmittelversorgung; von deren Säulen wurden etliche in das Kirchengebäude integriert, wo sie heute noch zu sehen sind. Im 8. Jahrhundert wurde die Kirche vergrößert. Sie erhielt eine *diaconia* und

ein *matroneum*, eine erhöhte Galerie nur für Frauen. Der Mosaikfußboden nach Cosmatenart, der Chor, der Portikus und der reizvolle Campanile stammen allesamt aus dem 12. Jahrhundert. Der Name Cosmedin ist wahrscheinlich vom Kosmidion in

Konstantinopel abgeleitet. 1899 wurde die Kirche unter der Leitung von G. B. Giovenale so wiederhergestellt, wie sie im 12. Jahrhundert ausgesehen hatte; dabei wurden eine von Giuseppe Sardi stammende Fassade aus dem 18. Jahrhundert und andere Zusätze aus neuerer Zeit entfernt. S. Maria in Cosmedin gehört heute zu den schönsten frühchristlichen Bauwerken in Rom. Ihr Portikus birgt die berühmte Bocca della Verità, nach der der anliegende Platz benannt ist. Dieser ‚Mund der Wahrheit‘, eine antike Kanalisations-Abdeckung, wurde im Mittelalter zur Erzwingung von Geständnissen benutzt. Beschuldigte wurden gezwungen, ihre Hände in den offenen Mund zu legen. Man sagte ihnen, wenn sie lögen, würde der Mund sich schließen und ihnen die Finger abquetschen.

33. Die Kirche SS. VINCENZO E ANASTASIO befindet sich bei dem Trappistenkloster ABBAZIA DELLE TRE FONTANE südlich von Rom, unmittelbar östlich des E. U. R.-Komplexes. Sie wurde an der Stelle erbaut, an der sich laut Überlieferung das Martyrium des Paulus zutrug. In den Jahren 561 bis 568, in der Amtszeit von Papst Johannes III., wurden an dieser Stelle ein Kloster und eine Kirche errichtet und griechischen Mönchen anvertraut. Diese beiden Stiftungen waren ursprünglich dem heiligen Paulus gewidmet, wurden aber zu Beginn des 7. Jahrhunderts, als die Reliquien des heiligen Anastasius hierher verlegt wurden, diesem persischen Märtyrer geweiht. Sowohl Kirche als auch Kloster standen das ganze Mittelalter hindurch in hohem Ansehen und erhielten Landschenkungen von Karl dem Großen und von Papst Leo III. (795–816). 1081 setzte Papst Gregor VII. an die Stelle der griechischen Mönche Benediktiner; ihnen folgten 1138 Zisterziensermönche nach. Im selben Jahr ließ Innozenz II. das Kloster umbauen

und die Kirche – die zu diesem Zeitpunkt schon den Namen SS. Vincenzo e Anastasio trug – restaurieren und mit einem Portikus versehen. Noch einmal umgebaut wurde die Kirche 1221 von Honorius III.; eine grundlegende Restaurierung erfolgte gegen Ende des 19. Jahrhunderts. In der Nähe finden sich die Kirchen S. PAOLO ALLE TRE FONTANE, die aus dem 5. Jahrhundert stammt und 1559 von Giacomo della Porta erneuert wurde, und S. MARIA SCALA COELI, die ebenfalls von della Porta restauriert wurde und deren Name sich von dem Traum des heiligen Bernhard ableitet, in dem ein Engel eine menschliche Seele auf einer Treppe in den Himmel führt. Es gibt in Rom noch eine zweite Kirche namens SS. VINCENZO E ANASTASIO; sie steht in der Nähe der FONTANA DI TREVI und wurde 1650 von Martino Longhi dem Jüngeren im Auftrag des Kardinals Mazarin erneuert. Sie ist die Pfarrkirche des QUIRINALSPALASTS.

34. Die Basilika S. PANCRAZIO stammt aus dem 5. oder womöglich sogar aus dem 4. Jahrhundert. Sie wurde nahe der PORTA S. PANCRAZIO auf dem Janiculus errichtet, beim Grab des heiligen Pancratius, der der Legende zufolge unter Diokletian zum Märtyrer wurde. Nach zweimaliger Wiederherrichtung unter Honorius I. und Hadrian I. erhielt die Kirche durch den Anbau einer neuen Fassade (1609) und einer neuen Apsis (1675) ein völlig verändertes Gesicht. Bei der Eroberung Roms durch die Franzosen im Jahr 1798 wurde sie beschädigt, ebenso bei den Kämpfen zwischen den Truppen Garibaldis und den Franzosen im Jahr 1849. 1934 wurde sie instandgesetzt.

35. Die Basilika S. AGNESE FUORI LE MURA wurde einige Zeit vor dem Jahr 349 über dem Grab der heiligen Agnes erbaut; Auftraggeberin war die Fürstin Constanze, deren Grab sich auf dem Gelände der nahe gelegenen Kirche S. CONSTANZA befin-

det, die 1254 geweiht wurde und einige der schönsten Mosaiken der Stadt enthält. Die Basilika wurde unter Papst Honorius I. grundlegend erneuert und unter verschiedenen späteren Päpsten, darunter Hadrian I. (772–795) und Pius IX. (1846–1878), restauriert. Gleichwohl ist sie, wie Georgina Masson schrieb, „eine der wenigen römischen Kirchen [geblieben], die das Aussehen – und die Atmosphäre – eines alten christlichen Gotteshauses bewahrt haben". Der Überlieferung zufolge wurde die heilige Agnes, als herauskam, daß sie sich zum Christentum bekannte, zum Eintritt in ein Bordell gezwungen; dank eines wundersamen Haarwachstums wurde jedoch ihre Nacktheit verhüllt, und die von ihrem Verhalten beeindruckten Männer ließen sie in Ruhe. Einer jedoch versuchte sie zu vergewaltigen; dabei wurde er mit Blindheit geschlagen und von ihr durch Gebete wieder geheilt. Im Zuge der von Diokletian durchgeführten Christenverfolgung wurde sie im Jahr 314 enthauptet. An der Stelle, wo sie hingerichtet worden sein soll, wurde die Kirche S. AGNESE IN AGONE erbaut, die heute direkt an den PALAZZO PAMPHILJ anstößt. Diese Kirche wurde 1652 im Auftrag von Papst Innozenz X. von Girolamo und Carlo Rainaldi teilrestauriert; Borromini führte die Restaurierung, einschließlich einiger Umbauten, von 1653 bis 1657 weiter.

## V. Niedergang und Anarchie

1. Die AURELIANISCHE MAUER, erbaut 271 bis 275, schloß das Gebiet des Vatikanischen Hügels jenseits des Tiber nicht mit ein. Als die Sarazenen 846, aus Afrika über das Mittelmeer kommend, den Tiber heraufsegelten, gingen sie außerhalb der Aurelianischen Mauer an Land und plünderten die Kirchen, die sie dort vorfanden, namentlich ST. PETER und S.

PAOLO. Der Schock, den dieser Überfall auslöste, und die drohende Gefahr, daß sich 849 Ähnliches wiederholen könnte, bewogen Papst Leo IV. (847–855) dazu, den Bau einer Schutzmauer um die Peterskirche und den dazugehörigen Gebäudekomplex voranzutreiben. Alle Städte und Klöster des Kirchenstaates trugen einen Teil der Kosten, und auch Kaiser Lothar leistete einen erheblichen Beitrag. Die Arbeiten begannen 847, 853 war das Bauwerk fertiggestellt. Die Arbeitskräfte rekrutierte man aus dem ‚Personal' der _domus cultae,_ der großen Kirchengüter und der Kirchengemeinden und Klöster der Campagna. Die LEONINISCHE MAUER verlief von der ENGELSBURG bis zum Fuße des Hügels hinter der Peterskirche und dann zurück zum Fluß, auf den sie an der Südseite des OSPEDALE S. SPIRITO stieß. Sie umfaßte 46 befestigte Türme; für den Stadtbezirk, den sie umschloß, bürgerte sich im Mittelalter der Name Borgo ein – Leo hatte dafür den Namen _Civitas Leonina_ geprägt. Die Leoninische Mauer hatte vier Tore: die PORTA SANT'ANGELO bei der Engelsburg (später PORTA CASTELLI genannt), die PORTA PELLEGRINI bei der dem heiligen Pellegrino geweihten Kirche an der Nordseite des VATIKAN – durch dieses Tor pflegten die Kaiser Einzug zu halten; an der Südseite des Vatikan befand sich das SÄCHSISCHE TOR _(Posterula Saxonum),_ das in den Bezirk TRASTEVERE führte – heute steht an derselben Stelle die PORTA S. SPIRITO. Über das vierte Tor weiß man nichts Genaueres.

2. Die erste Kunde von einer Kirche an der Stelle der heutigen Kirche S. PRASSEDE – zwischen S. MARIA MAGGIORE und dem LATERAN, abseits der Via Merulana – findet sich in einer Inschrift aus dem Jahr 491. Diese Kirche wurde von Papst Hadrian I. (772–795) restauriert und 822 von Papst Paschalis I. vollständig er-

neuert und zur Ruhestätte für die aus den Katakomben geborgenen Reliquien verschiedener Heiligen bestimmt. Abgesehen von ein paar baulichen Veränderungen aus dem 15., 17. und 19. Jahrhundert ist die Kirche, die wir heute sehen, noch so wie von Papst Paschalis erbaut. Sie ist als Basilika mit einem Haupt- und zwei Seitenschiffen gestaltet und wirkt mit ihrer ringförmigen Krypta fast wie eine verkleinerte Ausgabe von ST. PETER. Sie ist ziemlich typisch für den römischen Kirchenbau in der Zeit der karolingischen Renaissance. Der schöne Mosaikfußboden ist neuzeitlich (1914), im Stil aber den Cosmaten nachempfunden. Herrliche Mosaiken finden sich über dem Bogen des Hochaltars und in der Apsis; sie stammen aus der Zeit von Paschalis I. Es heißt, die Kirche stehe auf dem Areal des Hauses, in dem die heilige Praxedis verfolgte Christen verbarg, von denen 23 entdeckt und in ihrer Gegenwart umgebracht wurden. In dieser Kirche findet sich eines der frühesten Werke Berninis, eine kleine Büste des Bischofs G. B. Santoni (gestorben 1593). Bernini schuf sie im Alter von etwa neunzehn Jahren.

3. Die CAPPELLA DI S. ZENONE in S. PRASSEDE ist das bedeutendste byzantinische Kunstwerk in Rom. Erbaut wurde die Kapelle von Papst Paschalis I. (817–824) für seine Mutter Theodora, die mit einem quadratischen Heiligenschein dargestellt ist, was besagt, daß sie zu der Zeit, als die Kapelle gebaut wurde, noch am Leben war. Die Mosaiken, die die Kapelle schmücken, sind so bestechend schön, daß das Bauwerk im mittelalterlichen Rom ‚der Paradiesgarten‘ genannt wurde. Rechts von der Kapelle befindet sich ein Säulenfragment aus orientalischem Jaspis, das angeblich von der Säule stammt, an die Christus vor seiner Geißelung gefesselt war.

4. Die im 4. Jahrhundert erbaute Kirche SS. QUATTRO CORONATI wurde von Papst Honorius I. (625–638) vergrößert. Papst Hadrian I. (772–795) ließ ihr Dach reparieren; Papst Leo IV. (847–855) ließ den gesamten Bau restaurieren und die sterblichen Überreste der vier Märtyrer darin bestatten, denen die Kirche dann auch geweiht wurde. Dem Märtyrerbuch des Hieronymus zufolge handelte es sich dabei um die Heiligen Severus, Severianus, Carpoforus und Vittorinus. Ihr Feiertag war der 8. November; er wurde traditionell auf dem Caelius begangen. Die vier waren römische Soldaten gewesen und hingerichtet worden, weil sie sich geweigert hatten, einem Standbild des Aeskulap Opfer darzubringen. Im Lauf der Zeit bildete sich jedoch die Legende, sie seien Bildhauer gewesen und unter Diokletian den Märtyrertod gestorben, weil sie es abgelehnt hätten, eine Statue des Aeskulap anzufertigen. Die Kirche wurde im Jahr 1084 von den Normannen unter Robert Guiscard niedergebrannt und unter Papst Paschalis II. zwischen 1111 und 1116 wiederaufgebaut. Pius IV. (1559–1565) ließ die Basilika neu ausschmücken und überantwortete das ihr angeschlossene, baulich erneuerte Kloster den Augustinerinnen. Der Kreuzgang dieses Klosters gehört zu den schönsten in Rom.

5. S. MARTINO AI MONTI am Monte Oppio in der Nähe der THERMEN TRAJANS gehört zu den ältesten Kirchen Roms. Ursprünglich eine von einem gewissen Equitius gestiftete Titularkirche, wurde sie unter Papst Symmachus (498–514) in eine Basilika umgewandelt und dem heiligen Martin von Tours gewidmet, dem bedeutenden Missionar der Gallier. 772 wurde die Kirche von Papst Hadrian I. restauriert, von 844 bis 847 unter Papst Sergius II. durch einen vollständigen Neubau ersetzt. Zwischen 1635 und 1664 wurde sie unter Urban VIII. und seinen Nachfolgern nach Plänen von Pietro da Cortona

modernisiert. Die Fassade stammt aus dieser Periode. Um dieselbe Zeit wurde auch im Bereich der Fundamente der Thermen Trajans der antike *titulus Equitii* entdeckt und sogleich wieder seiner früheren Nutzung als Kapelle zugeführt. Die vergoldete Decke wurde von Carlo Borromeo gestiftet. Die Wandfresken schuf Poussins Schwager Dughet zwischen 1645 und 1650.

6. Die Kirche S. MARIA NOVA, die sich auf dem FORUM neben der BASILIKA VON MAXENTIUS UND KONSTANTIN befindet, wurde in der zweiten Hälfte des 10. Jahrhunderts als Ersatz für die aus dem 5. Jahrhundert stammende Kirche S. MARIA ANTIQUA erbaut, nachdem diese im Jahr 1896 einem Erdbeben zum Opfer gefallen war. S. Maria Antiqua hatte auf der anderen Seite des Forums gestanden, am Abhang des Palatin. S. Maria Nova wurde über einer den Heiligen Petrus und Paulus geweihten Kapelle errichtet, die Papst Paul I. (757–767) im Portikus des TEMPELS DER VENUS UND DER ROMA hatte aufführen lassen. Als die heilige Francesca Romana (Franziska von Rom) ihre Gemeinschaft der Oblates Regulares von St. Benedikt begründete – anscheinend die erste Stiftung einer religiösen Gemeinschaft durch eine Römerin seit den Zeiten Gregors des Großen –, wurde die Kirche nach ihr benannt. Ihr barockes Antlitz erhielt sie von 1600 bis 1615. Die Fassade stammt von Carlo Lombardi (1615). Die Krypta enthält ein aus dem 5. Jahrhundert stammendes, in der Technik der Brandmalerei hergestelltes Bild der Maria mit Kind, ein bemerkenswertes Beispiel frühchristlicher Kunst. Der schöne Campanile stammt aus der Zeit um 1160.

7. Die Kirche S. MARIA IN DOMNICA geht auf die erste in Rom eingerichtete *diaconia* zurück. Das Wort *dominicum* stand in frühchristlicher Zeit für „Kirche". Papst Paschalis I. (817–824) ließ die Kirche erneuern,

Kardinal Giovanni de'Medici, der spätere Papst Leo X., ließ sie um 1512 restaurieren; der Entwurf für die bei dieser Gelegenheit hinzugefügte herrliche Säulenvorhalle stammt wahrscheinlich von Andrea Sansovino, ist aber auch schon Peruzzi und Raffael zugeschrieben worden. 1820 wurde die Kirche erneut restauriert. Die schönen Mosaiken in der Apsis stammen aus der Zeit Paschalis' I. Auf der Piazza della Navicella befindet sich ein reizender, in der Form eines kleinen Boots *(navicella)* gehaltener Brunnen. Er wurde auf Wunsch Leos X. einem klassischen Vorbild nachgebaut. Auch für die Kirche ist der Name La Navicella gebräuchlich.

8. Die ursprüngliche Kirche S. CECILIA IN TRASTEVERE wurde offenbar im Auftrag einer vornehmen Römerin erbaut, die auf den Namen der als Märtyrerin gestorbenen Heiligen getauft worden war. Gregor der Große ließ die Kirche gegen Ende des 6. Jahrhunderts zur Basilika ausbauen, Paschalis I. (817–824) ließ sie erneuern und mit einem Klosteranbau versehen. Der Portikus und der Campanile kamen im 12. Jahrhundert dazu. Das Innere der Kirche veränderte sich durch 1725, 1823 und 1955

durchgeführte Restaurierungs- und Umbauarbeiten. Doch ist von Cavallinis im Jahr 1293 geschaffenem, ‚Jüngsten Gericht' – es befindet sich auf der Galerie über dem Eingang – noch genug erhalten, daß man dieses Wandgemälde als eines der bedeutendsten Meisterwerke der mittelalterlichen Kunst in Rom bewerten kann. Das Standbild der heiligen Cäcilia stammt von Stefano Maderno, der dabei war, als 1599 ihr Sarkophag geöffnet wurde, und eine Skizze von ihr anfertigte, wie er sie vorfand: auf der Seite liegend, in einen goldenen Mantel gehüllt und mit sichtbaren Wundmalen am Hals – genauso modellierte er sie auch. Das Tabernakel über dem Hochaltar stammt von Arnolfo di Cambio. In der Apsis dahinter befindet sich ein herrliches Mosaik aus dem 9. Jahrhundert; es wurde für Paschalis I. angefertigt und zeigt ihn, wie er von der heiligen Cäcilia im Himmel eingeführt und Christus vorgestellt wird. Das monumentale Tor, das in den Vorhof führt, wurde 1725 von Ferdinando Fuga geschaffen, von dem auch die Fassade der Kirche stammt. Zwischen S. Cecilia in Trastevere und dem Lungotevere Ripa findet sich das entzückende romanische Kirchlein S. Maria in Cappella. Es stammt vom Ende des 11. Jahrhunderts und hat einen der ältesten Campanile von Rom. Den benachbarten Garten gestaltete Donna Olimpia Pamphilj, die Schwägerin von Innozenz X.; dessen Nachkommen stifteten im 19. Jahrhundert das um den Garten herumgebaute Heim für mittellose alte Menschen. Gegenüber der westlichen Ecke von S. Cecilia befindet sich S. Giovanni dei Genovesi, die Kirche der genuesischen Kolonie in Rom. Sie wurde in der Amtszeit von Sixtus IV. (1471–1484) erbaut, der aus Savona in der Nähe von Genua stammte. Die Kirche wurde 1864 vollständig erneuert. Zu ihrer Linken befindet sich das Ospizio dei Genovesi, dessen schöner, aus dem 15. Jahrhundert stammender Kreuzgang Baccio Pontelli zugeschrieben wird.

9. In den Tagen der Römischen Republik gab es vier Stadtbezirke oder *regiones*. Im Jahr 7 v. Chr. war ihre Zahl auf 14 angewachsen, und unter Alexander Severus (222–235 n. Chr.) wurden im Zuge einer Verwaltungsreform 14 Stadtbezirke (*curatores*) ausgewiesen und einem *Praefectus Urbis* unterstellt. Sie sind im folgenden aufgelistet (in Klammern ihre ungefähre Lage):

Porta Capena (die Umgebung des Parks der Porta Capena)

Caelimontium (der Caelius)

Isis et Serapis (der Quirinalshügel)

Templum Pacis (Subura, Via Cavour, Viminal)

Esquiliae (der Esquilin)

Alta Semita (die Gärten des Sallust)

Via Lata (der Corso)

Forum Romanum (das Forum)

Circus Flaminius (das Marsfeld)

Palatium (der Palatin)

Circus Maximus (die Umgebung desselben)

Piscina Publica (die Thermen des Caracalla)

Aventina (der Aventin)

Trans Tiberum (Trastevere)

Aus diesen *regiones* entwickelten sich nach und nach die *rioni* des Mittelalters, wobei es natürlich hin und wieder als Folge von Verschmelzungen oder Teilungen zu Veränderungen in bezug auf Zahl und Größe kam. Im 15. Jahrhundert gab es dreizehn *rioni;* ein vierzehnter kam 1586 in Gestalt des Borgo hinzu. Im folgenden ihre Namen und ihre ungefähre Lage:

Monti (das Plateau am Ostrand der Stadt)

Trevi (große Teile des Quirinalshügels)

Colonna (nördlich der Via del Tritone, zwischen Corso und Via Sistina)

Campo Marzo (Marsfeld; die Umgebung der PIAZZA DEL POPOLO, der nördlichste *rione*)

Ponte (das von der ersten großen Flußwindung eingeschlossene Gebiet)

Parione (die Umgebung der PIAZZA NAVONA)

Regola (das von der zweiten Flußwindung eingeschlossene Gebiet zu beiden Seiten der Via Giulia)

S. Eustachio (die Umgebung der gleichnamigen Kirche westlich des PANTHEONS)

Pigna (die Umgebung des PANTHEONS bis Corso Umberto und Corso V. Emanuele)

Campitelli (das Gebiet mit Capitol, Forum und Palatin)

S. Angelo (die Umgebung von S. Angelo in Pescheria nahe der Tiberinsel)

Ripa (Tiberinsel und Aventin)

Trastevere (das gesamte bebaute Gebiet auf der rechten Flußseite mit Ausnahme des Borgo)

Borgo (Vatikan, St. Peter)

Durch Beschluß des römischen Stadtrats vom 9. Dezember 1921 wurden acht weitere *rioni* geschaffen:

Esquilino (zwischen Quattro Fontane und LATERAN)

Ludovisi (der Bereich südlich von Porta Pinciana und Porta Salaria)

Sallustiano (das Gebiet südwestlich der Porta Salaria bis zur Porta Pia)

Castro Pretorio (zwischen Porta Pia und Porto L. Lorenzo)

Celio (zwischen Porta Metronia und Porta S. Sebastiano)

S. Saba (zwischen Porta S. Sebastiano und Porta S. Paolo)

Testaccio (zwischen Porta S. Paolo und Tiber)

Prati (das Gebiet nördlich von Borgo und ENGELSBURG)

Das schnell expandierende Stadtgebiet außerhalb dieser *rioni* ist in 25 *quartieri* eingeteilt worden.

10. Ein erstaunliches und mächtiges Bauwerk aus großen Steinquadern war das SEPTIZONIUM oder SEPTIZO-DIUM. Mit seiner Fassade, die drei übereinanderstehende, durch breite Architrave voneinander getrennte korinthische Säulenreihen gliederten, erinnerte es an die *scenae frons* eines römischen Theaters. Von Kaiser Septimius Severus 203 n. Chr. gestiftet, wurde es so auf den Südosthang des Palatin gesetzt, daß Reisende, die sich der Stadt von Süden her auf der Via Appia näherten, es schon von weitem sehen konnten. Es erhob sich aus der Talsenke bis zur Höhe der Kaiserpaläste auf dem Palatin. Wesentliche Teile davon standen noch, als Papst Sixtus V. (1585–1590) es vollständig abtragen ließ.

11. Der heilige Clemens gilt als dritter Nachfolger des heiligen Petrus. Er wurde als Märtyrer verehrt und war als Verfasser eines berühmten Briefs an die Korinther bekannt. Die nach ihm benannte Kirche in der Via S. Giovanni in Laterano, S. CLEMENTE, entstand vor dem Jahr 385 und ist damit eine der ältesten Basiliken Roms. Sie besteht eigentlich aus zwei übereinandergesetzten Kirchen, die auf mehreren Ruinenschichten früherer römischer Gebäude stehen, unter anderem auf einem Mithräum und auf einem Haus aus dem 1. nachchristlichen Jahrhundert, in dem Christen sich heimlich versammelten, um Gottesdienste abzuhalten. Die ausgegrabenen Überreste dieses Hauses und des Heiligtums sind, tief unterhalb des Straßenpflasters der heutigen Stadt, noch heute zu sehen. Die untere Kirche, vom heiligen Hieronymus im Jahr 392 erwähnt, wurde im 8. und 9. Jahrhundert erneuert, im Jahr 1084 aber von den Normannen vollkommen zerstört. Papst Paschalis II. ließ 1108 die obere Kirche errichten; sie wurde in der Amtszeit von Clemens XI. (1700 bis 1721) von Carlo Fontana erneuert. Sie enthält in der Apsis schöne Mosaiken, eine äußerst lebendige bildliche Darstellung der Verkündigung von dem florentinischen Künstler

Masolino und ein schönes Fußbodenmosaik. Seit 1667 befindet sich die Kirche in der Obhut irischer Dominikaner.

12. S. MARIA IN TRASTEVERE, vermutlich von Papst Calixtus I. (218–222) gestiftet und unter Papst Julius I. (337–352) fertiggestellt, befindet sich im Herzen von Trastevere und ist eine der ältesten Kirchen Roms. Papst Innozenz II. (1130–1143), der der führenden Familie von Trastevere, den Papareschi, entstammte, ließ sie wiederaufbauen; unter Papst Clemens XI. (1700–1721) wurde sie erneut restauriert und mit einem von Carlo Fontana entworfenen Portikus versehen; 1870, unter Pius IX., wurde sie nochmals renoviert. Sie enthält in der Apsis bemerkenswerte Mosaiken aus dem 12. Jahrhundert, die von byzantinischen Handwerkern stammen, und darunter weitere prächtige Mosaiken aus dem 13. Jahrhundert von Pietro Cavallini. Die reizvollen Mosaiken auf der Fassade stammen vermutlich ebenfalls aus dem 13. Jahrhundert.

13. S. BARTOLOMEO IN ISOLA, die Kirche auf der Tiberinsel, wurde von dem deutschen Kaiser Otto III. (980–1002) über den Ruinen eines Aeskulap-Tempels errichtet und einem Freund des Kaisers, dem heiligen Adalbert, geweiht. Sie wurde 1113 von Papst Paschalis II. und noch einmal 1180 restauriert; zu diesem Zeitpunkt war sie bereits auf den heiligen Bartholomäus umgewidmet. 1557 wurde sie bei einer Überschwemmung beschädigt, 1624 von dem römischen Architekten Orazio Torriani wiederhergestellt. Der Campanile stammt aus dem 12. Jahrhundert.

14. Die aus dem 5. Jahrhundert stammende Kirche S. CRISOGNO wurde 1130 von dem Papareschi-Papst Innozenz II. erneuert. 1626 wurde sie von G. B. Soria grundlegend umgebaut und dabei dem Geschmack des Barock angepaßt; lediglich ihren prächtigen romanischen Campanile ließ man unverändert. Bei Ausgrabungen unter der Kirche ist ein Saal zum Vorschein gekommen, der zu einem Gebäude aus dem 4. Jahrhundert gehörte, das als *titulus* benutzt wurde (siehe VIII, Anm. 1).

15. Die aus dem 5. Jahrhundert stammende Kirche S. GIOVANNI A PORTA LATINA wurde vom heiligen Gelasius I. (Papst 492–496) gegründet, 722 von Papst Hadrian I. erneuert und 1191 von Papst Cölestin III. neu geweiht. Durch Umbauten in jüngerer Zeit ist ihre antike Schlichtheit wiederhergestellt worden. Der reizvolle Campanile stammt aus dem 12. Jahrhundert.

16. Die Kirche SS. BONIFACIO E ALESSIO auf dem Aventin, die vor dem 10. Jahrhundert entstand, wurde 1750 weitgehend durch einen Neubau ersetzt.

17. Als päpstliche Residenz auf dem Vatikanhügel diente ursprünglich ein an die PETERSKIRCHE angeschlossenes, relativ bescheidenes Haus, das Papst Symmachus (498–514) erbauen ließ, nachdem Kaiser Theoderich der Große ihn aus seinem Palast auf dem LATERAN verjagt hatte. Da jedoch sowohl Karl der Große als auch Kaiser Otto II. bei ihren Aufenthalten in Rom – Karl in den Jahren 781 und 800, Otto im Jahr 980 – im Vatikan untergebracht waren, ist anzunehmen, daß die dortige Residenz zu dieser Zeit bereits kaiserlichen Ansprüchen genügte. Nach Restaurierungen unter den Päpsten Eugen III. (1150) und Cölestin III. (um 1191) wurde der Vatikanische Palast von Innozenz III. (1198–1216) und Nikolaus III. (1277–1280) vergrößert. Nachdem der Lateran-Palast während der Abwesenheit der Päpste in Avignon unbewohnbar geworden war, schlug Gregor XI. bei seiner Rückkehr nach Rom im Jahr 1377 sein Quartier im Vatikan auf. Unter seinen Nachfolgern entstanden dort zahlreiche Erweiterungsbauten, na-

mentlich unter Nikolaus V. (1447–1455), der den Papagallo-Hof anlegen ließ, Sixtus IV. (1471–1484), der 1473 die Sixtinische Kapelle in Auftrag gab, und Innozenz VIII. (1484–1492), unter dessen Ägide der Belvedere-Palast entstand, Alexander VI. (1492–1503), der den Borgia-Turm errichten ließ, sowie unter Julius II., Paul III., Gregor XIII. und Sixtus V. Der Vatikanische Bahnhof kam im 20. Jahrhundert auf Anregung von Pius XI. hinzu.

18. Die Tor de'Conti, errichtet von der Familie des Papstes Innozenz III. (1198–1216), galt im Mittelalter als ein Wunderwerk der Baukunst. Petrarca schrieb, der Turm habe „in der ganzen Stadt nicht seinesgleichen". Bei einem starken Erdbeben im Jahr 1348 stürzte der Turm um; lediglich ein Stumpf blieb stehen.

19. Das Spital wurde 1198 im Auftrag von Innozenz III. erbaut; mit seiner Leitung wurde Guy de Montpellier betraut, der in Frankreich den auf Krankenpflege spezialisierten Heilig-Geist-Orden gegründet hatte. Das Spital befindet sich auf dem rechten Tiberufer, nahe der Porta S. Spirito im Borgo. Begründer des *Burgus Saxonum*, aus dessen Namen sich die Bezeichnung Borgo entwickelte, war aller Wahrscheinlichkeit nach König Ine von Wessex, der 726 auf seine Krone verzichtete, um den Rest seines Lebens in Rom zu verbringen. Er ließ an der Stelle, wo heute die Renaissance-Kirche S. Spirito in Sassia steht, eine der Muttergottes geweihte Kirche für die Pilger aus sächsischen Landen errichten. Ihre heutige Gestalt erhielt S. Spirito in Sassia im wesentlichen bei ihrem Wiederaufbau durch Antonio da Sangallo den Jüngeren nach dem *Sacco di Roma* im Jahr 1527. Um die von König Ine errichtete Kirche herum entstanden weitere Gebäude, darunter ein Hospiz; dieses wurde jedoch aufgegeben und verfiel, bis Innozenz III. es 1198 zum Eigentum

der Kirche erklärte und es zu einem Spital umbauen ließ. Das heute noch bestehende Arciospedale di S. Spirito in Sassia wurde im Auftrag von Papst Sixtus IV. zwischen 1473 und 1478 erbaut, nachdem das alte 1471 einem Brand zum Opfer gefallen war.

20. Auf der Terrasse des Portikus der Octavia etablierte sich ein Fischmarkt, der sich bis in die jüngere Vergangenheit hinein erhalten hat. Ein Teil der Ruinen des Portikus wurde beim Bau der Kirche S. Angelo in Pescheria, die wahrscheinlich von Papst Stefan III. (768–772) gestiftet wurde, in deren Atrium integriert. Von dieser Kirche aus brach Cola di Rienzo am Abend des Pfingstsonntags 1347 auf, um die Römische Republik auszurufen.

21. Die Kirche SS. Sergio e Bacco, ursprünglich eine *diaconia*, stand beim Triumphbogen des Septimius Severus. Unter Papst Innozenz III. wurde sie restauriert, dann aber, als für die Triumphprozession Karls V. im Jahr 1536 eine Schneise durch Rom geschlagen wurde, abgerissen.

22. Der Kopf und eine Hand der Konstantinstatue befinden sich heute im Hof des Palazzo dei Conservatori.

23. Die Bronzetafel, auf der der Machtwechsel von Augustus zu Vespasian beurkundet ist, wird heute im Salone del Fauno des Kapitolinischen Museums aufbewahrt.

24. Die Skulptur des Knaben, der sich einen Dorn aus dem Fuß zieht, ein aus dem 1. vorchristlichen Jahrhundert stammendes Werk der griechischen Spätantike, ist in der Sala dei Trionfi di Mario im Palazzo dei Conservatori ausgestellt.

25. Die Statue der Wölfin befindet sich in der Sala della Lupa im Palazzo dei Conservatori. Sie ist etruskischer Herkunft und wird Vulca von Veji oder einem seiner Schüler zugeschrieben; sie stammt aus dem 6.

oder frühen 5. Jahrhundert v. Chr. Die Zwillinge Romulus und Remus wurden 1498 von Antonio Pollaiuolo hinzugefügt.

26. S. SILVESTRO IN CAPITE steht an der heutigen Piazza S. Silvestro; die Kirche wurde von Papst Stefan II. (752–757) auf den Ruinen eines von Kaiser Aurelian errichteten Sonnentempels erbaut. Die kostbarste Reliquie dieser Kirche ist das abgeschlagene Haupt Johannes' des Täufers – daher auch ihr Name. Im Mittelalter nahmen die Mönche von S. Silvestro viel Geld dadurch ein, daß sie die Pilger gegen Gebühr die MARK-AUREL-SÄULE besichtigen ließen, die sich damals in ihrer Obhut befand.

27. Die VILLA MATTEI, erbaut 1582, wurde zu Beginn des 19. Jahrhunderts von einem Engländer pseudogotisch umgebaut, Teile der Ruinen der DOMUS AUGUSTANA wurden dabei in seine Bausubstanz eingefügt. Das Gelände des Bauwerks, das heute VILLA CAELIMONTANA heißt, ist ein öffentlich zugänglicher Park. Der ägyptische Obelisk, der Ramses II. gewidmet ist, befindet sich am Ende des kurzen Fahrwegs vor dem Eingang. Er stand, bevor er dorthin gebracht wurde, am Fuß der Aracoeli-Treppe auf dem Kapitol. Ciriaco Mattei erhielt ihn als Geschenk vom römischen Senat. Der PALAZZO MATTEI DI GIOVE bei der Via dei Funari wurde in den Jahren 1598 bis etwa 1611 von Carlo Maderno für den reichen Asdrubale Mattei erbaut; aus dessen Sammlung stammen die im Hof aufgestellten antiken Skulpturen. Ein Erweiterungsbau des Palastes entstand von 1613 bis 1617. Unter den Fenstern des Palasts, auf der Piazza Mattei, findet sich der reizende Brunnen FONTANA DELLE TARTARUGHE (Schildkröten). Er wurde 1585 von Taddeo Landini erbaut, wahrscheinlich nach Plänen von Giacomo della Porta.

28. Unter den verschiedenen Bauten, die im frühen Mittelalter auf den Ruinen des TABULARIUMS entstanden, war ein Palast für die Senatoren. Er wurde nach dem Aufstand von 1143 für die seinerzeit gewählten 56 Senatoren gebaut. Wenig später wurde jedoch die Zahl der Senatoren drastisch verringert, und nach 1358 gab es nur noch einen. Der heutige PALAZZO DEL SENATORE, entworfen von Giacomo della Porta und Girolamo Rainaldi, wurde von 1582 bis 1605 anstelle des früheren Palastes errichtet. Die Doppeltreppe, die zu der Terrasse oberhalb der Piazza del Campidoglio hinaufführt, stammt von Michelangelo (siehe XI, Anm. 5). Den Uhrenturm, der die Piazza beherrscht, erbaute Martino Longhi der Ältere (um 1580).

29. Der als CASA DI CRESCENZIO bekannte mittelalterliche Festungsbau, dessen Überreste sich an der Ecke der Via del Teatro di Marcello und der Piazza della Bocca della Verità finden, gehörte den Crescenzi, die gegen Ende des 10. Jahrhunderts zu einer der mächtigsten Familien in Rom aufstiegen. Das Gebäude stammt aus dem 12. Jahrhundert und enthält in seinem Mauerwerk Bruchstücke klassischer römischer Bauten.

# VI. Heilige, Tyrannen und Gegenpäpste

1. Im 9. Jahrhundert übernahmen die Benediktiner ein auf dem höchsten Punkt des Kapitolshügels gelegenes, zuvor von griechischen Mönchen geführtes Kloster. 1250 erbauten sie an dieser Stelle die ursprüngliche Kirche S. MARIA D'ARACOELI; Teile von ihr sind im Baukörper der heutigen Kirche noch enthalten. Im Mittelalter wurde die Kirche mit ihrem Vorplatz zu einem beliebten Versammlungsort, wie das FORUM in früheren Zeiten. Cola di Rienzo hielt viele seiner beschwörenden Reden auf den Stufen von S. Maria d'Aracoeli. Später ging die Kirche von den Benedikti-

nern in die Hände der Franziskaner über, die sie zu ihrem Hauptstützpunkt in Rom machten. Die schöne Marmortreppe, die 122 Stufen zählt und von der Piazza d'Aracoeli zur Kirche hinaufführt, wurde 1348 erbaut. Die von Girolamo Masini im Jahr 1887 geschaffene Statue zwischen der Treppe und der CORDONATA stellt Cola di Rienzo dar, von dem man irrtümlich annahm, er sei der erste gewesen, der die Treppe nach ihrer Weihe bestieg. In Wirklichkeit war die Treppe zum Zeitpunkt seiner Flucht aus Rom noch nicht ganz fertiggestellt. Die Kirche hat im Innern die Form einer Basilika mit einem Haupt- und zwei durch jeweils elf antike Säulen abgetrennten Seitenschiffen. Die Deckenfresken erinnern an den Sieg christlicher Seefahrer über die Türken in der großen Seeschlacht von Lepanto im Jahr 1571. In der Kirche fand ein Triumphzug, den die Römer in jenem Jahr dem Befehlshaber der päpstlichen Miliz, Marcantonio Colonna, bereiteten – er hatte in der Schlacht eine maßgebliche Rolle gespielt –, seinen krönenden Abschluß. Der Name der Kirche leitet sich ab von einem Altar – *ara coeli* –, dem es heißt, Kaiser Augustus habe ihn errichten lassen, nachdem ihm in einer Vision Maria mit dem Kind im geöffneten Himmelsgewölbe erschienen sei. Lange Zeit glaubte man, es handle sich um einen Altar aus dem 13. Jahrhundert, und die Urne, die auf ihm stand, enthalte die Asche der heiligen Helena, der Mutter von Kaiser Konstantin. Die herrlichen Fresken mit Darstellungen aus dem Leben des heiligen Bernhard von Siena in der Bufalini-Kapelle stammen von Pinturicchio.

2. Die Basilika SS. APOSTOLI neben dem PALAZZO COLONNA wurde in der Amtszeit von Pelagius I. (556–561) von Narses, dem bedeutenden Feldherrn Justinians, zur Feier seines Sieges über den Gotenkönig

Totila im Jahre 552 errichtet. Erneuert wurde sie unter den Päpsten Martin V. (1417–1431), Sixtus IV. (1471 bis 1484) und Pius IV. (1559 bis 1565). In der Amtszeit von Clemens XI. (1700–1721) wurde sie von Francesco Fontana und seinem Vater Carlo, der die Arbeiten 1714 vollendete, durch einen völligen Neubau ersetzt. 1827 erhielt sie eine schlichte neoklassizistische Fassade nach Entwürfen von Giuseppe Valadier. Der große Portikus aus dem späten 15. Jahrhundert stammt von Baccio Pontelli.

3. Die Kirche S. MARCELLO befindet sich an einem kleinen Platz unweit des Corso, gleich nördlich des Palazzo CHIGI-ODESCALCHI. Sie geht auf das 4. Jahrhundert zurück. Die ursprüngliche Kirche fiel 1519 einem Brand zum Opfer und wurde durch einen Neubau nach Plänen von Jacopo Sansovino ersetzt. Die barocke Fassade (1682–1683) stammt von Carlo Fontana. Es heißt, daß die Kirche an der Stelle steht, wo sich in der Antike die Pferdeställe des Hauptpostamts des Römischen Reichs befanden, in denen Papst Marcellus I. (304–309) auf Befehl von Kaiser Maxentius Fronarbeit verrichten mußte.

4. Die Kirche S. LORENZO IN PANISPERNA, die dem heiligen Laurentius dem Märtyrer geweiht ist, wurde vor dem 6. Jahrhundert an der Stelle des Viminalhügels erbaut, an der sich der Überlieferung zufolge das Martyrium des Heiligen zutrug. Im 8. Jahrhundert wurde sie restauriert, im Vorfeld des Heiligen Jahres 1300 von Papst Bonifaz VIII. vollständig erneuert. Nach einer weiteren grundlegenden Instandsetzung im Jahr 1575 war vom ursprünglichen antiken Baukörper nichts mehr übrig. Die Kirche steht zurückgesetzt an der Via Panisperna, jenseits eines Hofs, der einst der Innenhof des Stifts der Armen Clarissinnen war, in dem die heilige Birgitta aus Schweden um Al-

mosen bettelte. Die Via Panisperna, die sich wie eine Berg-und-Tal-Bahn über Quirinal, Viminal und Esquilin zieht, verdankt ihren Namen möglicherweise dem Brot *(pane)* und Schinken *(perna)*, Gaben, die die Mönche der Kirche S. Lorenzo an die Armen verteilten, oder aber, mit größerer Wahrscheinlichkeit, den beiden Familien Panis und Perna, die dort wohnten.

5. Die Kirche S. Maria Sopra Minerva steht an der Piazza della Minerva in der Nähe des Pantheons. Sie wurde um 1280 auf dem Gelände eines Isistempels von den Dominikanern erbaut, nach Plänen zweier Mönche. Das angeschlossene Kloster war lange Zeit das Hauptquartier des Ordens und wird noch heute von ihm geführt. S. Maria sopra Minerva ist die einzige der alten Kirchen Roms, die im gotischen Stil erbaut wurde. Als Grabstätte mehrerer Päpste und anderer Mitglieder der führenden römischen Familien enthält die Kirche einige schöne Kapellen im klassischen und im Stil der frühen Renaissance. Die Carafa-Kapelle wurde von dem neapolitanischen Kardinal Olivero Carafa gestiftet. In ihr finden sich Filippino Lippis herrliches Fresko aus dem Jahr 1489, das die Himmelfahrt Marias darstellt, und das Grab des ungeliebten Carafa-Papstes Paul IV. Michelangelos Skulptur des kreuztragenden Christus befindet sich auf der linken Seite des Hochaltars. Michelangelo schuf das Werk 1519 bis 1520 in Florenz und schickte es 1521 nach Rom, wo sein Gehilfe Pietro Urbano ihm den letzten Schliff gab, dies aber mit wenig Geschmack und Kunstfertigkeit tat. Der vergoldete Umhang und die Sandalen wurden der ursprünglich nackten Figur erst später verpaßt. Unterhalb des Altars werden die Reliquien der heiligen Katharina von Siena verwahrt. Zur Linken der Carafa-Kapelle findet man das mit schönen Mosaiken nach Cosmaten-

art verzierte Grab des Bischofs Durand von Mende (gestorben 1296), daneben ein bezauberndes, aus dem späten 13. Jahrhundert stammendes Mosaikbild der Maria mit Kind.

## VII. Die Zuflucht aller Völker

1. Die beeindruckend schöne Fontana di Trevi beherrscht einen kleinen, gleichnamigen Platz, der vom Corso her durch die Via dei Sabini zu erreichen ist. Sie ist das Meisterwerk von Nicola Salvi, der mit ihrem Bau 1732 im Auftrag von Papst Clemens XII. begann. Salvi starb, bevor er sein Werk zu Ende bringen konnte; es war schließlich Gianpaolo Pannini, der den Brunnen 1762 vollendete. Das von der Fontana di Trevi abfließende Wasser speist die Brunnen der Piazza Navona und der Piazza Farnese sowie das *nymphaeum* in der Villa Giulia. Der Name des Brunnens leitet sich wahrscheinlich von dem Ausdruck *tre vie* ab, der sich auf die drei in die Piazza mündenden Straßen bezieht. Im 19. Jahrhundert pflegte man zu sagen, Rom-Besucher, die das Wasser des Brunnens tranken, würden nach Rom zurückkehren. Heutzutage werfen die Touristen Münzen in den Brunnen, um ihre Rückkehrwilligkeit anzuzeigen.

2. Beim Bau der Kirche S. Agostino, die der reiche französische Kardinal

Guillaume d'Estouteville 1479–1483
nach Plänen von Jacopo di Pietrasanta errichten ließ, wurden Travertinblöcke vom Kolosseum verwendet.
Man findet die Kirche in der Nähe
des Ponte Umberto. Ihre schöne,
von einer Balustrade flankierte Treppe und ihre schlichte Fassade gehören zu den frühesten Beispielen der
Renaissance-Baukunst in Rom. Ihr
heutiges Inneres gestaltete Vanvitelli
im 18. Jahrhundert. Zahlreiche Intellektuelle und Humanisten der römischen Renaissance wählten diese Kirche zu ihrem bevorzugten Gotteshaus, desgleichen ihre Kurtisanen in
ihren bußfertigen Momenten. Die
Mätresse Cesare Borgias, Fiametta,
besaß hier ihre eigene Kapelle; mehrere weitere hochkarätige Dirnen
fanden hier ihre letzte Ruhestätte,
obwohl es eine gesetzliche Vorschrift
gab, die besagte, daß Prostituierte an
der Muro Torto begraben werden
müßten. Die zweite Kapelle zur Linken enthält eine schöne Skulptur von
Andrea Sansovino, die die heilige
Anna zusammen mit Maria und dem
Jesuskind darstellt. Das von Raffael
stammende Fresko des Propheten Jesaja auf dem dritten Pilaster links
vom Hauptschiff wurde von Goritz
in Auftrag gegeben. Die berühmte
Statue Marias mit dem Kind, deren
Fuß im Laufe der Jahrhunderte von
Tausenden von Müttern, Bräuten
und schwangeren Frauen berührt
und dadurch mit der Zeit glattge-
schliffen wurde, stammt von Jacopo
Sansovino (1521). In der ersten Kapelle zur Linken befindet sich ein
bemerkenswertes Gemälde der Madonna der Pilger von Caravaggio aus
dem Jahr 1604.

3. Die BRONZETORE VON ST. PETER
wurden von Papst Eugen IV.
(1431–1447) bestellt und von Filarete
1445 nach zwölfjähriger Arbeit fertiggestellt. Die Reliefbilder auf der
Vorderseite, über und unter den Figuren von Petrus und Paulus, zeigen
Szenen aus dem Leben von Papst
Eugen, unter anderem vom Konzil
von Florenz, das er 1439 leitete. Auf
der Rückseite der Tore befindet sich
ein Relief, das Filarete und seine Assistenten zeigt, wie sie fröhlich mit
ihren Werkzeugen herumtanzen,
darüber eine Inschrift in fürchterli-
chem Küchenlatein, die offenbar besagen will, daß, während andere den
Lohn für die Arbeit kassierten, Filarete und seine Männer das Vergnügen
hatten, sie ausführen zu dürfen. Die
moderneren Tore links von denen Filaretes stammen von Giacomo Man-
zù, der sie auf der Rückseite mit
einem Relief des Zweiten Vatikanischen Konzils geschmückt hat, das
unter anderem Papst Johannes
XXIII. im Gespräch mit einem afri-
kanischen Kardinal zeigt, eine Anspielung auf Filaretes Darstellung der
äthiopischen Mönche, die dem Konzil von Florenz beiwohnten und danach Rom besuchten. Die Tür ganz
rechts außen ist die Heilige Tür, die
nur in Heiligen Jahren geöffnet wird;
das Zeichen dazu gibt der Papst, indem er mit einem silbernen Hammer
dagegenpocht.

4. Am Fuß der nordwestlichen Flanke
des Palatins, in der Via S. Teodoro,
die vom CIRCUS MAXIMUS zum FO-
RUM führt, steht die antike Kirche S.
TEODORO, ein Rundbau, der gegen
Ende des 6. Jahrhunderts als *diaconia*
entstand. Die Kirche wurde mehrere
Male erneuert, am gründlichsten
1705 unter Papst Clemens XI. Sie ist
Schauplatz einer einzigartigen Kar-
freitagszeremonie, die von der Brü-
derschaft der Sacconi Rossi veranstaltet wird und bei der die Teilnehmer in einer sackartigen Tracht und
mit Spitzhauben auf dem Kopf auftreten.

5. Die Kirche SS. CELSO E GIULIANO
wurde von Papst Coelestin I. 432
geweiht und von 1733 bis 1735 von
dem römischen Architekten Carlo de
Dominicis von Grund auf erneuert.

6. Theodosius war der Feldherr, der in

der Schlacht von Adrianopel im Jahr 379 den Eroberungszügen der Goten im Oströmischen Reich ein Ende machte. Er wurde noch im selben Jahr zum Kaiser des Ostreichs gekrönt und setzte sich zum Vormund der beiden Halbbrüder ein, die das Westreich geerbt hatten, des siebzehnjährigen Gratian und des vierjährigen Valentinian II. Magnus Maximus, der das Westreich an sich zu reißen versuchte, eroberte 383 dessen nördliche Provinzen und schickte sich 387 an, in Italien einzufallen. Er wurde jedoch von Theodosius besiegt, der 388 Valentinian II. wieder auf den Thron setzte. Der TRIUMPHBOGEN VON GRATIAN, VALENTINIAN UND THEODOSIUS wurde zum Gedenken an diesen Sieg errichtet.

7. Eine päpstliche Schriftensammlung gab es im LATERAN-PALAST schon seit längerem, aber der eigentliche Begründer der mittlerweile ins Gigantische angewachsenen VATIKANISCHEN BIBLIOTHEK war Papst Nikolaus V.; als er im Jahr 1447 Papst wurde, betrug der Bücherbestand 340 Stück, als er 1455 starb, waren daraus 1200 geworden. Unter Sixtus IV. (1471–1484) schwoll der Bestand auf 3650 Bände an, von denen während des *Sacco di Roma* 400 verlorengingen. Im weiteren Verlauf des 16. und im 17. Jahrhundert kamen dank bedeutender Schenkungen und Hinterlassenschaften zahlreiche Bücher dazu. Gegen Ende des 16. Jahrhunderts waren die räumlichen Kapazitäten für die Aufnahme weiterer Bücher restlos erschöpft; daraufhin beauftragte Papst Sixtus V. Domenico Fontana mit dem Bau des imposanten Bibliotheksgebäudes, das bis heute in dieser Funktion erhalten geblieben ist. Es ist in verschiedene Säle und Galerien gegliedert, die unter mehreren aufeinanderfolgenden Päpsten von verschiedenen Künstlern gestaltet und ausgeschmückt wurden. Der Salone Sistina (1587–1589) wurde für Sixtus V., die Sala Paolina

(1611) für Paul V., die Galleria Urbana zwischen 1623 und 1644 für Urban VIII., die Sala Alessandrina (1690) für Alexander VIII. und die Galleria Clementina (1730) für Clemens XII. ausgebaut. Die Bibliothek und die Archive des Vatikans wurden 1881 der Öffentlichkeit zugänglich gemacht. Modernisiert und mit Arbeitsmöglichkeiten für wissenschaftliche Forschung versehen wurde die Bibliothek in der Amtszeit Pius' XI. (1922–1939). Zu den interessantesten Stücken in der Handschriftenabteilung der Bibliothek gehören eine Bibel aus dem 4. Jahrhundert (,*Codex Vaticanus*'), drei Exemplare der Werke Vergils aus dem 4. und 5. Jahrhundert, das Ersuchen Heinrichs VIII. von England um Auflösung seiner Ehe mit Katharina von Aragon, Gedichte Petrarcas von des Dichters eigener Hand und Briefe von Thomas von Aquin, Martin Luther, Michelangelo und Raffael.

## VIII. Renaissance und Dekadenz

1. Die Basilika S. MARCO gehört zu den ältesten Titularkirchen Roms (insgesamt gibt es in Rom 25 Titularkirchen, das heißt von Priestern verwaltete Kirchen, deren Ursprünge bis in die frühchristliche Epoche zurückreichen. Etwa um 4. Jahrhundert waren diese Kirchen fest mit Kardinalsämtern verbunden, die nach ihnen benannt wurden). Die Basilika S. Marco wurde 336 von Papst Markus gestiftet und dem gleichnamigen Evangelisten geweiht. Unter Papst Hadrian I. wurde die Kirche 792 restauriert, unter Papst Gregor IV. 833 fast vollständig neu gestaltet. Das schöne Mosaik in der Apsis stammt aus dieser Periode. Es zeigt Gregor IV., wie er vom heiligen Markus dem Heiland vorgestellt wird. Im 16. Jahrhundert ließ der venezianische Kardinal Pietro Barbo, der spätere Papst Paul II. (1464–1471), als amtierender Kardinal von S. Marco die

Kirche noch einmal erneuern, wobei sie im wesentlichen ihr jetziges Antlitz erhielt. Sie wurde zur Kirche der Venezianer in Rom. Die herrliche vergoldete Decke (1466–1468) von Giovannino und Mario de'Dolci und die von Giuliano da Mariano und Leon Battista Alberti gestaltete Fassade mit dem imposanten Portikus gehören zu den schönsten Zeugnissen der frühen Renaissance. Auftraggeber für beide war Kardinal Barbo. Ein großer Teil der Innenausstattung datiert von einer Restaurierung im Barockstil, die Filippo Barigioni zwischen 1740 und 1750 für Kardinal Angelo Querini ausführte.

2. Der PALAZZETTO VENEZIA wurde im Auftrag von Kardinal Pietro Barbo in den Jahren 1455 bis 1468 an der Westseite der Piazza di San Marco errichtet und war ursprünglich als repräsentatives Empfangsgebäude für Botschafter und andere wichtige Gäste der Stadt vorgesehen. Er wurde kurz vor 1911 abgerissen, weil er den freien Blick auf das NATIONALDENKMAL VIKTOR EMANUELS II. verstellte, und an seinem heutigen

Standort wiederaufgebaut. Der mächtige PALAZZO VENEZIA, dessen Architekt vermutlich Leon Battista Alberti war, wurde 1455 ebenfalls im Auftrag von Kardinal Pietro Barbo begonnen und 1467 von dessen Neffen Marco Barbo fertiggestellt, der in der Nachfolge seines Onkels Titularkardinal von S. Marco wurde. Der Palazzo Venezia war das erste große nichtkirchliche Renaissance-Bau-

werk, das in Rom errichtet wurde. Es diente bis 1564 als päpstliche Residenz und wurde dann der Republik Venedig zur Benutzung als Botschaftsgebäude und als Amtsgebäude der Titularkardinäle von S. Marco überlassen, die stets Venezianer waren. Aufgrund des Friedensvertrags von Campo Formio ging der Palast 1797 in den Besitz der österreichischen Krone über, die von Napoleon im Austausch für andere Territorien die Republik Venedig mit allen ihren Besitzungen erhalten hatte. Nach der Niederlage Österreichs im Ersten Weltkrieg fiel der Palazzo an den italienischen Staat zurück. Mussolini machte ihn zu seiner offiziellen Residenz. Heute birgt der Palast ein Museum und dient als Veranstaltungsort für Ausstellungen.

3. Der PALAZZO DELLA CANCELLERIA, der vielleicht schönste aller römischen Palazzi, wurde, mit mehreren Unterbrechungen, zwischen 1483 und 1517 erbaut. Die Pläne dazu werden oft Bramante zugeschrieben; dieser kam aber erst 1499 nach Rom, als die Bauarbeiten schon weit fortgeschritten waren. Es ist denkbar, daß Bramante Teile des Baus gestaltete, aber die ursprünglichen Pläne stammen nach heutiger Expertenmeinung von Andrea Bregno. Der Medici-Papst Leo X. (1513–1521) konfiszierte den zunächst der Familie Riario gehörenden Palast für die Kirche und ließ darin die Amtsräume der päpstlichen Kanzlei unterbringen

– daher der Name *Cancelleria*. Von 1798 bis 1799 diente der Palast als Hauptquartier des Tribunen der kurzlebigen Römischen Republik, 1810 als Residenz Napoleons. 1848 tagte hier das erste römische Parlament. Pellegrino Rossi, der Premierminister Pius' IX., wurde am 16. November 1848 beim Betreten des Palazzo della Cancelleria ermordet.

4. Die Kirche SS. NEREO E ACHILLEO in der Via delle Terme di Caracalla gehört zu den Titularkirchen Roms. In ihrer Anfangszeit war sie auch eine der *diaconiae* der Stadt. Im Jahr 337 erstmals urkundlich erwähnt, wurde sie von Papst Leo III. (795–816) restauriert und im 15. Jahrhundert von Papst Sixtus IV. fast vollständig erneuert. Wiederum völlig umgestaltet wurde sie, als sie 1597 dem berühmten Theologen und Historiker Kardinal Baronius als Titularkirche übereignet wurde. Das Mosaik auf dem Bogen über dem Sanktuarium, das die Verklärung darstellt, stammt aus der Zeit von Papst Leo III. Nereus und Achilleus waren nach dem Zeugnis von Papst Damasus Söldner des römischen Heeres, die sich nach ihrer Bekehrung zum Christentum weigerten, weiterhin Waffendienst zu leisten, und die daraufhin, vermutlich im Zuge der Christenverfolgung unter Domitian, den Märtyrertod starben.

5. Die der PORTA DEL POPOLO unmittelbar benachbarte Kirche S. MARIA DEL POPOLO wurde im Jahr 1099 von Papst Paschalis II. als Kapelle gestiftet. In der Folge wurde sie aus Mitteln, die die Bevölkerung Roms aufbrachte – daher ihr Name –, zur Pfarrkirche ausgebaut. Sixtus IV. ließ sie 1474 nach Plänen von Baccio Pontelli und Andrea Bregno erneuern. Während man der der Piazza zugewandten Seite der Kirche ein neoklassizistisches Antlitz gab, bewahrte die Fassade die schlichte Eleganz ihrer Frührenaissance-Ursprünge. Die Kirche birgt zahlreiche schöne Kunstwerke, darunter mehrere Auftragsarbeiten von Sixtus IV. und anderen Mitgliedern der Familie della Rovere. Am bekanntesten sind die Gemälde von Pinturicchio in der Familienkapelle der della Rovere und von Caravaggio in der kleinen Kapelle zur Linken des Hauptaltars. Auch Raffael, Sebastiano del Piombo, Sansovino, Bernini und Carlo Maratta sind in dieser Kirche mit Werken vertreten. Die berühmte Ikone der Madonna aus dem 13. Jahrhundert auf dem Hochaltar wird der Legende nach dem heiligen Lukas zugeschrieben. Das Glasfenster aus dem Jahr 1509 in der Hauptkapelle – die Bramante für Papst Julius II. vergrößerte – stammt von Guillaume de Marcillat. Die von Sansovino prachtvoll gestalteten Grabmäler der Kardinäle Girolamo della Rovere und Ascanio Sforza hinter dem Altar wurden von Julius II. gestiftet. Über den wundervollen, klassischen Vorbildern nachempfundenen Reliefs modellierte Sansovino die Kardinäle als entspannt liegende Figuren, wie Schlafende, ganz im Gegensatz zu den bis dahin üblich gewesenen Totendarstellungen.

6. Die Kirche S. MARIA DELLA PACE, als deren Architekt manchmal, ohne daß dafür schlüssige Belege vorlägen, Baccio Pontelli genannt wird, wurde um 1480 im Auftrag von Sixtus IV. erbaut, der auf diese Weise seinen Dank für die Beilegung des Krieges gegen Florenz abstatten wollte, der sich im Gefolge der Pazzi-Verschwörung entzündet hatte. Der halbrunde Portikus und die konvex gewölbte Barockfassade wurden 1656 von Pietro da Cortona für Papst Alexander VII. hinzugefügt. Der Kirche angeschlossen ist ein fast vollkommen im klassischen Stil gestaltetes Kloster, Bramantes erste Arbeit in Rom. Im Innern finden sich Raffaels berühmte Fresken der Sibyllen von Cumae, Persien, Phrygien und Tivoli aus dem Jahr 1714.

7. Der PONTE SISTO überspannt den Tiber ein Stück weit oberhalb der Flußinsel, am Ende eines ziemlich geraden Flußabschnitts, in dem die Uferstraßen Lungotevere della Farnesina (rechts) und Lungotevere dei Tebaldi (links) den Fluß begleiten. Von Baccio Pontelli entworfen, wurde er anstelle einer aus der Amtszeit Marc Aurels stammenden Brücke (siehe IV, Anm. 15) errichtet, die seit dem Jahr 792 in Trümmern gelegen hatte. Die Einweihung des Ponte Sisto im Jahre 1474 markierte den ersten Brückenschlag über den Tiber in Rom nach mehr als tausend Jahren. Auf dem Geländer der Brücke, von der sich ein wunderbarer Ausblick auf Rom bietet, findet sich die Inschrift: „Ihr, die ihr hier vorbeikommt, betet zu Gott darum, daß Sixtus IV., unser erhabener Pontifex Maximus, gesund und uns lange erhalten bleiben möge. Und auch ihr, an die diese Bitte ergeht, wer immer ihr seid, mögt gesund bleiben."

8. Die SIXTINISCHE KAPELLE, die ursprünglich als päpstliche Kapelle für geistliche Zeremonien halböffentlichen Charakters gedacht war, wurde am 15. August 1483 von Sixtus IV. geweiht. Ihr Grundriß hat die Form einer Raute mit Seitenlängen von etwa 40 auf 14 Meter. Die Wände sind erst im oberen Drittel von Fenstern durchbrochen, so daß das Tageslicht von weit oben hereinfällt. Die Seitenwände sind mit Fresken geschmückt, auf denen Szenen aus dem Leben des Moses (linke Seite) und aus dem Leben Christi (rechte Seite) dargestellt sind. Diese Fresken entstanden zwischen 1481 und 1483. Im Jahr 1506 beauftragte Papst Julius II. Michelangelo, auch die Decke auszumalen, deren einziger Schmuck bis dahin eine himmelblaue Tünche mit daraufgesetzten goldenen Sternen gewesen war. Vom 10. Mai 1508 bis zum 31. Oktober 1512 arbeitete der zum Maler gewordene Bildhauer ununterbrochen an diesem Auftrag.

1534 überredete Papst Clemens VII. Michelangelo dazu, die Ausmalung der Kapelle durch ein gigantisches, die gesamte Fläche der langen durchgehenden Wand hinter dem Hochaltar bedeckendes Fresko zu vollenden. Als Motiv wurde das Jüngste Gericht gewählt.

9. Die SAPIENZA wurde von Papst Eugen IV. (1431–1447) wiedergegründet und erhielt ihren Platz auf dem Gelände des heutigen Palazzo della Sapienza, hinter dessen Fassade sich Borrominis Kirche S. Ivo verbirgt. Der Palast blieb das Hauptgebäude der Universität bis zum Neubau eines Universitätsviertels nahe der Kirche S. Lorenzo fuori le mura in den Jahren 1932 bis 1935. In den Palazzo della Sapienza zog anschließend das

Staatsarchiv ein. Das Gebäude, wie wir es heute vorfinden, ist das Werk von Giacomo della Porta. Hinter dem Vorderbau mit seiner schlichten, ziemlich strengen Fassade liegt ein herrlicher, zu beiden Seiten von Loggien gesäumter Innenhof, dessen hinteren Abschluß eine der Glanzleistungen Borrominis bildet: die Kirche S. Ivo. Sie entstand zwischen 1642 und 1660 im Auftrag des Barberini-Papstes Urban VIII.; ihr Grundriß ist abgeleitet von der Form der Biene im Familienwappen der Barberini. Das Altarbild, von Cortona 1661 begonnen, wurde 1674 von G. V. Borghesi beendet. Die Juristen des päpstlichen Konsistoriums – der mit der Abwicklung der Geschäfte des Heiligen Stuhls befaßten Abteilung – weihten die Kirche ihrem Schutzpatron, dem heiligen Ivo von Chartres.

Die GREGORIANISCHE UNIVERSITÄT, die päpstliche Universität in Rom an der Piazza della Pilotta, und die ihr angeschlossenen Institute für Bibel- und Orientkunde sind aus dem Römischen Kolleg entstanden, das Ignatius von Loyola 1551 als Ausbildungszentrum für Laien, Priester und Missionare gründete. Dieses Institut zog so viele Schüler an, daß es in ein größeres, der Familie Frangipani gehörendes Haus nahe der Kirche S. Stefano del Cacco und später in ein noch größeres, den Salviati gehörendes Gebäude bei der Kirche S. MARIA IN VIA LATA umquartiert wurde. Das gegenwärtige Universitätsgebäude entstand 1927 bis 1930 nach Plänen von Giulio Barluzzi.

10. Der PALAZZO RIARIO, erbaut von Domenico Riario und dann bewohnt von Girolamo Riario und seiner Gattin Caterina geborene Sforza, war für seinen herrlichen Garten bekannt. Zu Beginn des 18. Jahrhunderts erwarb die Familie Corsini das Anwesen und beauftragte Ferdinando Fuga mit der Sanierung und dem Umbau des Palastes zum PALAZZO CORSINI (1732–1736). 1797 zog Joseph Bonaparte als Botschafter des französischen Direktoriums in den Palazzo ein. 1884 erwarb der italienische Staat das Gebäude und brachte darin die Kunstsammlung der Corsini unter, die später in den Palazzo Barberini verlegt wurde. Ein weiterer Palazzo Riario, der dem Architekten

Baldassare Peruzzi zugeschrieben wird, entstand in den Jahren nach 1536 bei der Kirche S. Apollinare, die 780 von Papst Hadrian gestiftet und in der Amtszeit Benedikts XIV. (1740–1758) von Ferdinando Fuga umgebaut wurde. Der Palast wurde um 1580 von Martino Longhi dem Älteren für den Mailänder Kardinal Marco Sittico Altemps aus dem italienischen Zweig der Familie von Hohenems renoviert und umgestaltet. Er heißt heute PALAZZO ALTEMPS und beherbergt ein spanisches Seminar.

11. Der PALAZZO SFORZA-CESARINI wurde um 1462 im Auftrag des Kardinals Rodrigo Borgia, des späteren Papstes Alexander VI., auf dem Areal der alten päpstlichen *cancelleria* errichtet. In ihm fanden einige der aufwendigsten Feste und Bankette des Kardinals statt. Ein Gerücht besagt, Borgia habe den Palazzo dem Kardinal Ascanio Sforza als Gegenleistung für seine Stimme bei der Papstwahl überlassen. Später ging das Gebäude in den Besitz der Familie Cesarini über. 1888 wurde der Palast durch einen Neubau nach Plänen von Pio Piacentini ersetzt; dabei blieb eine Seite des Innenhofs aus dem 15. Jahrhundert mit seinem Portikus und seiner Loggia erhalten.

12. Die TOR DI NONA war einst Teil eines von der Familie Orsini errichteten Festungswerks, von dem aus der Fährverkehr über den Tiber flußaufwärts des heutigen Ponte Umberto kontrolliert werden konnte. Lange Zeit war der Turm ein berüchtigtes Gefängnis, in dem unter anderem Benvenuto Cellini und Giordano Bruno schmachteten.

13. Der PALAZZO GIRAUD-TORLONIA in der Via della Conciliazione wurde von 1496 bis 1504 von Andrea Bregno im Auftrag des Kardinals Adriano Castellesi da Corneto erbaut, der als päpstlicher Nuntius in England wirkte und mit Heinrich VII. befreundet war. Der Palazzo wurde zur

Residenz der Botschafter Heinrichs VIII. beim Heiligen Stuhl, ging dann aber zur Reformationszeit in den Besitz der Familie Giraud und später in die Hände der Torlonia, der Bankiers des Heiligen Stuhls, über.

14. Am linken Tiberufer auf der Höhe des heutigen Ponte Cavour, der 1901 errichtet wurde, befand sich der zweite wichtige römische Flußhafen, an den heute die Piazza Porto di Ripetta erinnert. Wahrscheinlich schon seit klassisch-römischer Zeit bestehend, diente die RIPETTA vor allem dem flußabwärts gehenden Bootsverkehr und blieb in dieser Funktion bis gegen Ende des 19. Jahrhunderts erhalten. Die Uferbefestigungen des Hafens wurden in der Frührenaissance mit Hilfe großer Travertinblöcke ausgebaut, die bei dem schweren Erdbeben von 1349 aus der Fassade des KOLOSSEUMS gefallen waren.

15. Die Wohngemächer im VATIKAN, die Papst Alexander VI. für sich herrichten ließ, befinden sich teilweise in dem von Papst Nikolaus V. (1447–1455) errichteten Flügel des Vatikanischen Palasts unterhalb der STANZEN DES RAFFAEL und teilweise in dem höheren, von Alexander selbst errichteten Gebäudeteil. Diese Gebäude bilden heute den südlichen Abschluß des CORTILE DEL BELVEDERE, der zur Zeit von Papst Alexander noch nicht existierte, und trennen diesen Hof von dem wesentlich kleineren Cortile dei Pappagalli ab. Das APARTAMENTO BORGIA besteht aus sechs Zimmern unterschiedlicher Größe im ersten Stock, die von verschiedenen Künstlern ausgestaltet wurden. Die bestechenden Fresken von Pinturicchio entstanden zwischen 1492 und 1495. Im vierten Raum, der Sala dei Santi, die einige der schönsten Arbeiten Pinturicchios birgt, finden sich Darstellungen aus dem Leben des heiligen Paul des Einsiedlers und der heiligen Katharina von Alexandria; für letztere stand

wahrscheinlich Lucrezia Borgia Modell. Am 29. Juni 1500 entging Alexander VI. nur knapp dem Tod, als die Decke des sechsten und größten Raums, der Sala dei Pontefici, einstürzte. Papst Leo X. ließ den Raum wiederherrichten und von Giovanni da Udine und Pierin del Vaga mit Stuckarbeiten und Fresken ausschmücken. Eine Zeitlang war in diesen Räumlichkeiten die Gemäldesammlung des Vatikans, später ein Teil des Bücherbestands der VATIKANISCHEN BIBLIOTHEK untergebracht.

## IX. Mäzene und Schmarotzer

1. PASQUINO, der kopflose, marmorne griechische Torso aus dem 3. vorchristlichen Jahrhundert – angeblich eine Statue des Menelaos –, wurde bei der Verlegung eines neuen Pflasters in der Via dei Leutari ausgegraben und im Auftrag von Kardinal Carafa 1501 auf einem nahe gelegenen kleinen dreieckigen Platz neben dem PALAZZO BRASCHI aufgestellt, für den in der Folge der Name Piazza di Pasquino aufkam. Der volkstümliche Brauch, kritische und satirische Kommentare zu den Aktivitäten und Lebensgewohnheiten der Mächtigen auf Zettel zu schreiben und diese anonym an einer öffentlich zugänglichen Stelle zu hinterlegen, geht offenbar auf einen Schneider namens Pasquino zurück, der im 15. Jahrhundert lebte und seine Werkstatt in der Nähe des Palazzo Braschi hatte. Er arbeitete regelmäßig für den päpstlichen Hof und schilderte und kommentierte das, was er dort mitbekam, mit außergewöhnlicher Offenheit und Prägnanz. Der Brauch, diese Zettel am Fuß des Menelaos-Torsos niederzulegen, kam, ebenso wie der Kosename Pasquino für den Torso, erst im Laufe der Amtszeit Alexanders VI. auf. Pasquino war nur eine von mehreren ‚sprechenden‘ antiken Statuen, die von den Römern

zu Sprachrohren ihrer Kritik an der Obrigkeit umfunktioniert wurden. Andere Beispiele waren Marforio, eine Statue des liegenden Oceanus im Hof des KAPITOLINISCHEN MUSEUMS, Madama Lucrezia, die Büste einer üppigen Frau, möglicherweise der Faustina, die die Außenwand des PALAZETTO VENEZIA zierte – ihr Kosename geht vermutlich zurück auf ihre Ähnlichkeit mit einer Römerin, die im 16. Jahrhundert lebte und der einige der benachbarten Häuser gehörten –, Abate Luigi, eine spätklassische Figur mit Toga, die auf der Piazza Vidoni nahe dem Corso V. Emanuele steht, und die Fontanella del Facchino, ein Brunnen seitlich der Kirche S. MARIA IN VIA LATA, geschmückt mit der Figur eines Wasserträgers aus dem 16. Jahrhundert.

Die spezifische Funktion Pasquinos, als ,Schaukasten' für Spottverse zu dienen, bereicherte viele Sprachen um einen neuen Ausdruck: die Pasquinade oder Pasquille. Eine besonders gelungene Pasquinade war dem Umstand gewidmet, daß in den Jahren, in denen Rom unter napoleonischer Verwaltung stand, zahlreiche einheimische Kollaborateure mit dem Kreuz der Ehrenlegion ausgezeichnet wurden:

„In alten Zeiten war's so üblich
Wenn auch in manchem Fall betrüblich,
Daß Diebe, Räuber und Halunken
Ans Kreuz gehänget wurden, bis sie stunken.
Doch unsrer aufgeklärten Zeit und Welt zuliebe
Hängt man ein Kreuz heut um den Hals der Diebe."

2. Die ursprüngliche Kirche S. PIETRO IN MONTORIO wurde vor dem 9. Jahrhundert auf dem Janiculus an der Stelle erbaut, die man irrtümlich für den Ort hielt, an dem Petrus sein Martyrium erlitten hatte. Wenige Jahre nach 1481 wurde sie im Auftrag von Ferdinand und Isabella von Spanien erneuert, vielleicht nach Plänen von Baccio Pontelli. 1849 erlitt sie im Zuge der Kämpfe zwischen den Truppen Garibaldis und den Franzosen schwere Beschädigungen, wurde aber kurze Zeit später wieder instandgesetzt. Das TEMPIETTO wurde auf einem kleinen Hof rechts von der Kirche errichtet; es sollte genau die Stelle markieren, an der nach damals noch verbreiteter Auffassung Petrus ans Kreuz geschlagen worden war.

3. Eine Inschrift auf dem ARCO DEI BANCHI gibt Auskunft über den höchsten Wasserstand bei der Überschwemmung des Tiber im Jahr 1276. Jedesmal, wenn im Mittelalter der Tiber in der Nähe des Ponte Sant'Angelo über die Ufer trat, flutete das Wasser durch die Via del Banco di S. Spirito und ihre Fortsetzung, die Via dei Banchi Novi, die demgemäß im Volksmund auch Canale di Ponte hieß.

4. Neben dem ARCO DEI BANCHI sind in der VIA DEL BANCO DI S. SPIRITO noch der PALAZZO NICCOLINI-AMICI, den Jacopo Sansovino in den Jahren nach 1530 für Roberto Strozzi erbaute, und der PALAZZO CICCIAPORCI, früher PALAZZO ALBERINI genannt, bemerkenswert (siehe X, Anm. 3).

5. Die VATIKANISCHEN GÄRTEN JULIUS' II., die nach Plänen Bramantes angelegt wurden, beschrieb ein englischer Rom-Besucher des Jahres 1549 als „die reizvollste Sache der Welt". Sie erstreckten sich von den an den PETERSDOM angrenzenden Gebäuden des VATIKANISCHEN PALASTES 300 Meter weit die Flanke des Vatikanhügels hinauf bis zum BELVEDERE, wo Papst Innozenz VIII. (1484–1492) sich einen Palazzetto hatte erbauen lassen, der es ihm erlaubte, sich der geschäftigen Atmosphäre des päpstlichen Palastes mit seinen Büros und Amtsräumen zu entziehen. Jacopo da Pietrasanta erstellte den Palazzet-

to, möglicherweise nach Plänen von Pollaiuolo. Bramante hatte ursprünglich vor, zwischen dem PA-LAZZETTO DEL BELVEDERE und den Vatikanischen Amtsgebäuden parallel zueinander zwei längliche Gebäude zu errichten, die ein großes Areal umschließen sollten, das teilweise als Garten gestaltet, teilweise zur Veranstaltung von Turnieren genutzt werden konnte. Der Plan kam nur teilweise zur Ausführung; der östliche der beiden vorgesehenen Flügel wurde noch zu Lebzeiten Julius' II. gebaut und der Garten, genannt GIAR-DINO DELLA PIGNA, angelegt. Sixtus V. (1585–1590) ließ den Garten durch die als Querbau konzipierte VATIKANISCHE BIBLIOTHEK zweiteilen; auf diese Weise entstanden der CORTILE DEL BELVEDERE und der CORTILE DELLA PIGNA. Später wurde durch die Errichtung eines weiteren Querbaus, des von Raffaello Stern entworfenen, 1822 fertiggestellten Braccio Nuovo, vom Cortile della Pigna ein weiterer Hof, der Cortile della Biblioteca, abgetrennt.

Der Palazzetto del Belvedere ist im wesentlich unverändert erhalten geblieben, wenn auch nur als Teil des MUSEO PIO-CLEMENTINO, der unter den Päpsten Clemens XIV. (1769–1774) und Pius V. (1775–1799) errichtet wurde und den Cortile della Pigna gegen Norden hin abschließt.

6. Der APOLLO DEL BELVEDERE befindet sich heute im Gabinetto dell'Apollo des MUSEO PIO-CLE-MENTINO im VATIKAN. Er ist eine Kopie einer von dem Griechen Leochares im 4. Jahrhundert v. Chr. geschaffenen Statue, die wahrscheinlich aus Bronze war. Er wurde gegen Ende des 15. Jahrhunderts in Grottaferrata gefunden und in die Sammlung eingegliedert, die der spätere Papst Julius II. noch als Kardinal zusammentrug. Er stellte den Apollo zunächst im Garten seines Palazzo auf und ließ ihn, nachdem er Papst

geworden war, in den Belvedere-Garten überführen.

7. Siehe II, Anm. 30.

8. Siehe VIII, Anm. 5.

9. Die STANZEN RAFFAELS befinden sich größtenteils in dem unter Papst Nikolaus V. (1447–1455) errichteten beziehungsweise restaurierten Teil des VATIKANISCHEN PALASTS, zum kleineren Teil im Borgia-Turm. 1492 beauftragte Alexander VI. Pinturicchio mit der Ausmalung der sechs Zimmer im ersten Stock des Gebäudes, die das sogenannte APARTAMEN-TO BORGIA bildeten. Wahrscheinlich wohnte Julius II. nach seiner Wahl zum Papst vier Jahre in diesen Gemächern, bis er sich 1507 entschloß, in die Räume des darüberliegenden Stockwerks umzuziehen, die ihn nicht so sehr an seinen verhaßten Vorgänger erinnerten. Diese Zimmer waren bereits teilweise von Künstlern wie Piero della Francesca und Andrea del Castagno ausgemalt. Ihre Arbeit setzte eine andere Gruppe von Malern fort, zu der Perugino, Luca Signorelli, Lorenzo Lotto und Raffael gehörten, die Bramante für Julius II. rekrutiert hatte. Gegen Ende 1508 wurden alle diese Künstler aus ihrem Vertrag entlassen, nur Raffael nicht, dessen Arbeit in der Camera della Segnatura den Papst so beeindruckt hatte, daß er sich entschloß, Raffael die Ausmalung der gesamten Zimmerflucht zu übertragen. So wurden die Voraussetzungen dafür geschaffen, daß einige der bedeutendsten Gemäldezyklen der Welt entstehen konnten – eine bildliche Zusammenschau der geistigen und religiösen Anschauungen der Renaissance. Die zwei großen Fresken in der Sala della Segnatura stellen zum einen, in dem gewöhnlich als ›Disputà del Sacramento‹ bezeichneten Fresko, den Triumph der Kirche oder des religiösen Glaubens über die Wahrheit, zum andern, in der ›Schule von Athen‹, den Triumph der wissenschaftlichen Wahrheit dar. Sie

finden sich an den Wänden des Raums, den der Papst als Arbeitszimmer benutzte. Die Stanza di Eliodoro verdankt ihren Namen dem Fresko, in dem Raffael die Vertreibung Heliodors aus dem Tempel von Jerusalem darstellte, wie sie im zweiten Buch der Makkabäer geschildert ist. Mit vielleicht noch größerer Berechtigung ist auch die Darstellung der Befreiung des heiligen Petrus aus seiner Gefangenschaft in Jerusalem berühmt geworden. Auf der anderen Seite der Sala della Segnatura liegt die Stanza dell'Incendio, die Raffael in der Amtszeit Papst Leos X. zwischen 1514 und 1517 ausmalte und die diesem Papst als Speisezimmer diente. Leo selbst wählte die Motive für die Bilder aus. Im vierten Raum, der Sala di Constantino, fertigte Raffael nur Entwürfe für die Darstellung der Schlacht an der Milvischen Brücke an; alles übrige besorgten seine Gehilfen, hauptsächlich Giulio Romano.

10. Michelangelos Moses wurde 1544 in die Kirche S. Pietro in Vincoli gebracht, um in das dortige Denkmal für Julius II. integriert zu werden. Das ganze, von Michelangelos Schülern vollendete Monument wurde 1547 enthüllt. Die Künstler des Mittelalters hatten das Haupt des Propheten in der Regel mit Hörnern geschmückt, Folge der Mißdeutung eines hebräischen Wortes. Michelangelo behielt, obwohl er sich der Fehldeutung bewußt war, die Hörner bei, die in der antiken Welt häufig als Symbol der Macht und Göttlichkeit gedient hatten.

11. Die Kirche S. Giovanni dei Fiorentini, von Jacopo Sansovino entworfen, wurde 1614 von Carlo Maderno vollendet, nachdem zuvor sowohl Antonio da Sangallo der Jüngere als auch Giacomo della Porta an ihrem Bau mitgewirkt hatten. Alessandro Galilei fügte 1734 die Fassade hinzu. Der Hochaltar stammt von Borromini, dessen Grab sich in der Kirche befindet.

12. Die Piazza del Popolo in ihrer heutigen Form ist das Werk von Giuseppe Valadier, der sie zwischen 1816 und 1820 nach Entwürfen, an denen er mit Unterbrechungen schon seit 1784 gearbeitet hatte, anlegen ließ. Auf der Südseite, gegenüber von S. Maria del Popolo, befinden sich, zu beiden Seiten des hier beginnenden Corso, die Zwillingskirchen S. Maria di Monte Santo und S. Maria dei Miracoli, die Carlo Rainaldi im Auftrag von Papst Alexander VII. erbaute und 1660 fertigstellte.

13. Die Piazza Navona deckt sich mit dem Gelände von Domitians Circus Agonalis, einem antiken Sportstadion. Dessen Name entwickelte sich mit der Zeit zu n'Agona und schließlich zu Navona. Genutzt wurde der Platz auch weiterhin für Spiel und Sport, bis Sixtus IV. (1471–1484) einen Markt dorthin verlegen ließ, der zuvor auf dem Kapitolshügel angesiedelt gewesen war. 1485 wurde die Piazza Navona gepflastert, und in dem Maße, wie sie in der Folgezeit den Charakter eines öffentlichen

städtischen Platzes annahm, verschwanden die aus dessen Vergangenheit als Stadion übriggebliebenen Zuschauerränge. Sie behielt jedoch die noch heute sichtbare länglichovale Form des römischen Circus. Ihr gegenwärtiges Antlitz erhielt sie im wesentlichen unter dem Pamphilj-Papst Innozenz X. Er ließ hier in den

Jahren 1644 bis 1650 den PALAZZO PAMPHILJ errichten. Die Kirche S. AGNESE IN AGONE wurde 1652 von Rainaldi begonnen und 1657 von Borromini vollendet. Die FONTANA DEI FIUMI stammt von Bernini (siehe XII, Anm. 23).

14. Die VILLA MADAMA, eines der Meisterwerke des römischen Cinquecento, wurde von Raffael begonnen und von den Sangallo vollendet, die häufig mit ihm zusammenarbeiteten. Die Arbeit begann 1519 unter der Leitung von Giulio Romano, der zusammen mit Giovanni da Udine für die Gestaltung der Innenräume verantwortlich war. Beim *Sacco di Roma* (1527) wurde die Villa in Mitleidenschaft gezogen; sie ist aber wohl nicht, wie man eine Zeitlang annahm, niedergebrannt, sondern lediglich geplündert worden. Die Anekdote, Papst Clemens VII. habe, als er in der Engelsburg belagert wurde, Rauch aus seiner Villa aufsteigen se-

hen, ist unglaubwürdig, da die Villa von der Engelsburg aus nicht zu sehen ist. Gewiß verschwanden während des *Sacco di Roma* viele der im Garten der Villa aufgestellten Statuen, doch die Bilder, Fresken und die anderen Wand- und Deckenverzierungen der Innenräume blieben weitgehend unbeschädigt. Ihren Namen verdankt die Villa ihrer Hausherrin in der Mitte des 16. Jahrhunderts, der ‚Madama' Margarete von Österreich, der Tochter Kaiser Karls V. Von ihrem Sohn und Erben, Alexander Farnese, ging das Anwesen in den Besitz der Bourbonen über, de-

ren Nachkommen es 1913 einem französischen Ingenieur und Industriellen namens Maurice Bergès verkauften. Bergès ließ die Villa, die sich damals in einem beklagenswert heruntergekommenen Zustand befand, mit Hilfe des Architekten Pio Piacentini restaurieren und verkaufte sie 1925 an den Grafen Dentice Frasso, der unter Rückgriff auf das große Vermögen seiner Frau, einer gebürtigen Amerikanerin, die Restaurierungsarbeiten fortsetzte. 1937 mietete sich das italienische Außenministerium in der Villa ein, und 1940 wurde sie vom italienischen Staat erworben, um für repräsentative Empfänge und dergleichen zu dienen. Südlich der Villa Madama, auf dem Monte Mario, befindet sich die VILLA MELLINI, die um die Mitte des 15. Jahrhunderts von Mario Mellini erbaut wurde. Kardinal Giovanni Battista Mellini verstarb hier im Jahr 1478. Der Herzog von Bourbon schlug in der Villa 1527, als seine Söldner zum Sturm auf Rom ansetzten, sein Hauptquartier auf. 1849 quartierte sich auch General Udino hier ein. Goethe unternahm mehrmals Spaziergänge zur Villa Mellini. Heute dient sie als Observatorium; angeschlossen ist ihr das 1860 gegründete Astronomische und Kopernikanische Museum.

## X. Der Sacco di Roma

1. Der PALAZZO DEI PENITENZIERI in der Via della Conciliazione wurde in den achtziger Jahren des 15. Jahrhunderts im Auftrag von Kardinal Domenico della Rovere erbaut, wahrscheinlich nach Plänen von Baccio Pontelli. Er wird heute als Hotel genutzt.

2. Den PALAZZO LANTE AI CAPRETTARI an der Piazza dei Caprettari ließ Papst Leo X. von Jacopo Sansovino für seinen Bruder Giuliano de'Medici erbauen. ‚Caprettari' waren Ver-

käufer von Ziegenfleisch. 1533 erwarb Ludovico Lante den Palast.

3. Den PALAZZO CICCIAPORCI in der
   Via Banco di S. Spirito ließ der römi-
   sche Adlige Giovanni Alberini nach
   Plänen von Giulio Romano erbauen.
   Der 1515 begonnene Bau wurde 1521
   vollendet, nachdem die Pläne von
   dem toskanischen Architekten Pietro
   Roselli modifiziert worden waren.
   Vorübergehend im Besitz der Familie
   Cicciaporci, ging der Palazzo
   schließlich in die Hände der Familie
   Senni über.

4. Die Cenci gehörten zu den reichsten
   Familien Roms; ihnen gehörte ein
   großer Teil des Geländes, das heute
   den Park der VILLA BORGHESE bildet, bis Papst Paul V. (1605–1621)
   das Areal für seine Familie erwarb;
   zuvor war es konfisziert worden,
   nachdem der tyrannische Francesco
   Cenci von seinen eigenen Kindern
   ermordet worden war. Der Palazzo
   CENCI-MACCARANI-DI-BRAZZÀ an
   der Piazza S. Eustachio, erbaut nach
   Plänen von Giulio Romano und 1535
   fertiggestellt, wurde nach dem Niedergang der Cenci Ende des 16. Jahrhunderts von den Maccarani erworben, die ihn später an die Familie di
   Brazzà verkauften.

5. Die Stammpaläste der Familie Massimi fielen beim *Sacco di Roma* in
   Schutt und Asche. Die Brüder Pietro, Luca und Angelo Massimo ließen sich in den Jahren 1523 bis 1536
   nach vollendet gelungenen Plänen
   von Baldassare Peruzzi einen neuen
   Palast errichten. Dieser, der PALAZ-
   ZO MASSIMO ALLE COLONNE, verdankte seinen Namen den Säulen seines Portikus, die Peruzzi allem Anschein nach in Anlehnung an die antiken Säulen einiger Vorgängerbauten
   entwarf, die beim *Sacco di Roma* zerstört worden waren.

6. Die 1511 für Agostino Chigi fertiggestellte Villa wurde 1580 an den
   Kardinal Alessandro Farnese verkauft, einen Enkel von Papst Paul
   III.; sie trägt heute den Namen VIL-

LA FARNESINA und beherbergt das
Gabinetto Nazionale delle Stampe,
eine umfangreiche Sammlung von
Drucken. Außerdem gibt sie einen
würdigen Rahmen für die Empfänge
der Accademia dei Lincei ab. Der
außerordentlich reiche Bankier Chigi
ließ die Villa mit herrlichen Kunstwerken von Francesco Penni, Peruzzi, Sodoma, Sebastiano del Piombo,
Giulio Romano, Giovanni da Udine
und Raffael ausstatten, dessen liebreizende Galatea in einer der Loggien
zu sehen ist. Raffael konnte nur einen kleinen Teil der Werke vollenden, die er für Chigi entwarf. Der
Grund dafür war, wenn man Vasari
Glauben schenkt, Raffaels leidenschaftliche Liebesaffäre mit der *Fornarina*, der ,Bäckerstochter', die ihn
offenbar von der Arbeit ablenkte.
Wie es scheint, erlaubte Chigi
schließlich, daß das Mädchen zu
Raffael in die Villa zog.

7. Das COLLEGIO CAPRANICENSE und
   der benachbarte PALAZZO CAPRANI-
   CA an der Piazza Capranica wurden
   1457 fertiggestellt. Errichtet wurden
   sie für Kardinal Domenico Capranica, einen der einflußreichsten von
   Papst Martin V. ernannten Kardinäle. Der Palazzo beherbergt heute ein
   Kino.

8. Die Kirche S. GIACOMO DEGLI SPA-
   GNUOLI an der PIAZZA NAVONA war
   die erste Kirche, die nach der Rückkehr der Päpste aus Avignon in Rom
   erbaut wurde. Gestiftet wurde sie
   zum Heiligen Jahr 1450 von Bischof
   Alfonso Paradinas von Sevilla für seine Landsleute.

9. Die Kirche S. MARIA DELL'ANIMA in
   der Via S. Maria dell'Anima nahe der
   PIAZZA NAVONA wurde 1523 fertiggestellt und war ursprünglich als Kirche der holländischen, flämischen
   und deutschen Gemeinden Roms gedacht. Die Fassade wird Giuliano da
   Sangallo zugeschrieben.

10. Der an die Kirche SS. APOSTOLI an-
    stoßende PALAZZO DEI SS. APOSTOLI
    wurde wahrscheinlich 1478 von Giu-

liano da Sangallo im Auftrag von Kardinal Giuliano della Rovere, dem späteren Papst Julius II., erbaut.

11. Die Kirche S. Cosimato und das dazugehörige Stift, beide aus dem 10. Jahrhundert, wurden 1475 restauriert.

## XI. Neubelebung und Neugestaltung

1. Die Baupläne für den Palazzo Farnese, mit dessen Bau 1514 begonnen wurde, stammten von Antonio da Sangallo dem Jüngeren. Nach dessen Tod im Jahr 1546 führte Michelangelo das Projekt weiter; das Obergeschoß des Bauwerks trägt seine Handschrift. Der dem Fluß zugewandte Flügel und die Gärten wurden nach dem Tod Michelangelos von Giacomo della Porta gestaltet und 1574 fertiggestellt. 1734 fiel der Palast durch Erbschaft an den Sohn König Philipps V. von Spanien, den Infanten Carlos und seine Frau Elisabeth, geborene Farnese. Später wurde er zur römischen Residenz der neapolitanischen Bourbonen, und nachdem Joachim Murat, Napoleons Marschall, 1806 König von Neapel geworden war, etablierte sich dessen Vertreter in Rom im Palazzo Farnese. 1871 vermietete der italienische Staat den Palast den Franzosen als Botschaftsgebäude, im Tausch gegen das Hotel Galiffet in Paris und für eine symbolische Miete von einer Lira pro 99 Jahre. Das Vestibül und der Vorhof sind ebenso beeindruckend schön wie die Fassade. In der Galerie des ersten Obergeschosses findet sich eine Reihe von Fresken mit mythologischen Motiven aus Ovids ,Metamorphosen' von den Gebrüdern Annibale und Agostino Carracci (unter Mithilfe von Domenichino und Lanfranco). Das unweit davon gelegene kleine Renaissance-Palais Piccola Farnesina, das an der Stelle steht, an der der Corso sich zur Piazza S. Pantaleo weitet, hat nichts mit der Fami-

lie Farnese zu tun. Bei den Lilien, die als Dekorationsmotiv im Innern des Palais auftauchen, handelt es sich um die Lilien Frankreichs, nicht um die der Familie Farnese, mit deren Lilien die Brunnen auf der Piazza Farnese geschmückt sind. Die Piccola Farnesina wurde nach den Plänen von Antonio da Sangallo dem Jüngeren für die Familie des französischen Kirchenmanns Thomas Le Roy gebaut, der in Anerkennung seiner Verdienste um das Zustandekommen des Konkordats zwischen Franz I. und Papst Leo X. das Recht erhielt, die Lilien in sein Familienwappen aufzunehmen. Das Palais wurde 1887 von der Stadt Rom erworben und beherbergt heute das Museo Barracco, dessen Hauptbestandteil eine von dem Baron Giovanni Barracco zusammengetragene Sammlung antiker Skulpturen ist.

2. Mit dem Bau der Sala Regia, die Antonio da Sangallo der Jüngere im Auftrag von Papst Paul III. entwarf, wurde 1540 begonnen; doch erst 1573 fand die Einweihung statt. Der für die Veranstaltung repräsentativer Empfänge für Fürsten und deren diplomatische Vertreter gedachte Saal wurde in dem Flügel des päpstlichen Palastes eingerichtet, in dem sich auch das Appartamento Borgia und die Stanzen Raffaels befinden. Die Fresken, die geschichtliche Motive behandeln, stammen von Vasari, Lorenzo Sabattini, Francesco Salviati und den Gebrüdern Zuccaro.

3. Die Cappella Paolina entstand zwischen 1540 und 1542 nach Ent-

würfen von Antonio da Sangallo dem Jüngeren. 1542 begann Michelangelo mit der von Paul III. in Auftrag gegebenen Ausmalung der Seitenwände. Die Fresken stellen die Bekehrung des Paulus (entstanden 1542–1545) und die Kreuzigung des Petrus (vollendet nach 1549) dar. Es waren die letzten Arbeiten Michelangelos als Maler.

4. Es gab zahlreiche Stimmen, die meinten, ein Werk wie Michelangelos JÜNGSTES GERICHT habe in einem Gotteshaus nichts zu suchen. Paul IV. (1555–1559) nannte es ein ‚Babel der Nackten‘. 1564, unter Papst Pius IV., erhielt Daniele da Volterra – der deswegen bald *il braghettone*, der Hosenmacher, genannt wurde – den Auftrag, die Blößen der Figuren zu übermalen. Auch unter Gregor XIII. (1572–1585) und Clemens VIII. (1592–1605) wurden Übermalungen angeordnet. Biagio da Cesena, der Zeremonienmeister Pauls III., der als einer der ersten Kritik an der Nacktheit der Figuren geübt hatte, ist in dem Fresko porträtiert: als Minos mit Eselsohren und einer Schlange um die Hüfte. Michelangelo porträtierte ferner Pietro Aretino (als den heiligen Bartholomäus), Dante, Savonarola, Julius II. und seine Freundin Vittoria Colonna.

5. Michelangelo war mindestens schon dreiundsechzig Jahre alt, als er mit der Arbeit an der Neugestaltung des Platzes auf dem Kapitol begann. Ihm schwebte eine neuangelegte PIAZZA DEL CAMPIDOGLIO vor, zu der von der tieferliegenden Piazza d'Aracoeli eine Art Rampe hinaufführen sollte, die CORDONATA, benannt nach den

Querhölzern, mit denen solche steilen Wegstücke traditionell befestigt wurden, damit Tiere beim Aufstieg einen guten Halt hatten. Die Architekten, die die Entwürfe nach dem Tod Michelangelos in die Tat umsetzten, waren Giacomo della Porta, der 1568 den PALAZZO DEI CONSERVATORI beendete, und Girolamo Rainaldi, der 1565 den PALAZZO NUOVO – auch KAPITOLINISCHES MUSEUM genannt – fertigstellte, ein Ebenbild des Palazzo dei Conservatori. Beide Architekten wirkten bei der Restaurierung des PALAZZO DEL SENATORE zusammen, der die Piazza del Campidoglio beherrscht und noch heute als Hauptsitz der römischen Stadtverwaltung dient. Bei der Gestaltung der Fassade wichen sie leicht von den Entwürfen Michelangelos ab, ließen jedoch die von ihm 1550 kreierte, zum Eingang hinaufführende Doppeltreppe unverändert. Martino Longhi der Ältere hatte schon 1578 bis 1582 den Uhrturm errichtet. Das Monumentalstandbild von Castor und Pollux, das am oberen Ende der Cordonata steht, wurde in der Amtszeit Pius' IV. bei Grabungsarbeiten im THEATER DES POMPEJUS gefunden und 1583 auf dem Kapitol aufgestellt.

6. Michelangelo schuf die PIETÀ, die einzige unter seinen zahlreichen Skulpturen, die er signierte, 1498, als Dreiundzwanzigjähriger, im Auftrag des französischen Botschafters Kardinal Jean de Bilhères.

7. Mit dem Bau des CASINO DI PIO IV. begannen Pirro Ligorio und sein Assistent Salustio Peruzzi, der Sohn Baldassare Peruzzis, 1558 im Auftrag von Paul IV., dem Nachfolger Pius' IV. Es besteht aus zwei Gebäuden, dem Grande und dem Piccolo Casino, die einander an einem elliptischen Platz gegenüberstehen, auf den man über eine durch eine Arkade führende Doppeltreppe gelangt.

8. Die Kirche SS. APOSTOLI an der Piazza dei SS. Apostoli in der Nähe

des Palazzo Colonna entstand wahrscheinlich in der Amtszeit von Papst Pelagius I. (556–561) und wurde später unter den Päpsten Martin V. (1417–1431), Sixtus IV. und Pius IV. restauriert. Clemens XI. (1700 bis 1721) ließ sie von Francesco Fontana und dessen Vater weitgehend erneuern. Die neoklassizistische Fassade stammt von Giuseppe Valadier, der Portikus von Baccio Pontelli. Der Palazzo Colonna wurde um 1427 von Papst Martin V. auf dem Gelände einer seiner Familie gehörenden Festungsburg erbaut. Kaum fertiggestellt, wurde der Palast von dem Borgia-Papst Alexander VI. konfisziert. Papst Julius II. gab ihn der Familie Colonna zurück. Im Jahr 1620 beschloß Filippo Colonna, den Palazzo, der zu diesem Zeitpunkt noch immer wie ein mittelalterlicher Festungsturm aussah, gründlich umzubauen, ihn mit einer Loggia zu versehen und diese mit Marmorstatuen auszuschmücken, die in einer benachbarten Villa gefunden worden waren. Im Jahr 1730 wurden die den Hof einrahmenden Flügelbauten und die Loggia nochmals umgebaut. Die Räume im Innern sind üppig ausgemalt und enthalten Fresken von Pinturicchio, Poussin, Tempesta, Il Pomarancio, Cavaliere d'Arpino und Cosmè Tura. In dem Palast befindet sich die berühmte, von Kardinal Girolamo Colonna begründete Colonna-Galerie. Sie umfaßt zahlreiche Porträts von Mitgliedern der Familie, darunter eins von Michelangelos Freundin Vittoria Colonna, und schöne Arbeiten von Poussin, Veronese und Annibale Carracci.

9. Die Villa Giulia – auch Villa di Papa Giulio genannt –, heute ein Museum für etruskische Kunst, wurde in den Jahren 1551 bis 1553 von Vignola für Papst Julius III. errichtet. Sie steht in einem eigenen Park am Südende des Valle Giulia, nicht weit von der Galleria Nazionale d'Arte Moderna. Die Loggia, die den Hof nach hinten abschließt, stammt von Bartolommeo Ammanati. Die Villa war, wie auch der Garten und das benachbarte *nymphaeum*, ursprünglich mit Statuen, Urnen und Orangen- und Zitronenbäumen in großen Vasen ausgestattet.

10. Die Statue des Pompejus befindet sich heute im Salone del Trono im Palazzo Spada. Sie stammt aus der frühen Zeit des Kaiserreichs und stellt einen ‚nackten und edlen‘ Hauptmann dar, der gerade eine Rede hält. Sie wurde später mit der Statue in der Vorhalle des Theaters des Pompejus identifiziert, an deren Fuß Caesar sein Leben ausgehaucht haben soll. Sie wurde in den fünfziger Jahren des 16. Jahrhunderts bei Ausgrabungen an der Via Leutari entdeckt und von Papst Julius III. erworben.

11. Mit dem Bau des Palazzo Spada an der Piazza della Quercia wurde um das Jahr 1549 begonnen. Auftraggeber war Kardinal Capodiferro, Architekt wahrscheinlich Giulio Merisi da Caravaggio. 1559 wurde die Ausstattung der Innenräume vollendet. Im selben Jahr ging der Palast in den Besitz der Familie Mignanelli über; 1632 erwarb ihn Kardinal Spada. In den darauffolgenden Jahren wurde der Palast von Borromini restauriert und dabei mit seiner bemerkenswertesten Sehenswürdigkeit ausgestattet, einer mit perspektivischen Mitteln vorgetäuschten Gartengalerie. 1927 verkaufte die Familie Spada den Palast an den italienischen Staat, der darin die Amtsräume des Staatsrats unterbrachte. In der Galeria Spada sind Kunstwerke ausgestellt, die Kardinal Bernardino Spada zusammengetragen hat; es ist die einzige erhaltengebliebene kleine private Kunstsammlung in Rom.

12. Die Kirche S. Lucia del Gonfalone in der Via dei Banchi Vecchi wurde zu Beginn des 14. Jahrhunderts für die Compagnia del Gonfalone errichtet und 1764 von dem römischen

Architekten Marco David im barokken Stil restauriert. 1866 wurde sie unter Leitung von Franco Azzurri erneuert.

13. Das COLLEGIO ROMANO, von Papst Gregor XIII. gegründet, wurde von 1583 bis 1585 von Bartolommeo Ammanati als zentrales Ausbildungsinstitut des Jesuitenordens erbaut; es blieb bis 1870 im Besitz der Jesuiten und wurde dann vom italienischen Staat übernommen, der darin eine Schule einrichtete, die heute Liceo-Ginnasio Visconti heißt. Vorübergehend war in dem mächtigen Gebäude auch die Biblioteca Nazionale Centrale Vittorio Emanuele II untergebracht, die aus der Zusammenlegung einer Anzahl vorher selbständiger Bibliotheken entstand, darunter derjenigen der Jesuiten im Collegio Romano und derjenigen des Museums L. Pigorini (Museum für Vorgeschichte und Völkerkunde), das mittlerweile im NATURGESCHICHTLICHEN MUSEUM (untergebracht im E. U. R.) aufgegangen ist. Dem Collegio Romano unmittelbar benachbart ist die Jesuitenkirche S. IGNAZIO. Sie wurde erbaut im Auftrag von Kardinal Lodovico Ludovisi, dessen Onkel Gregor XV. im Collegio studiert hatte. Unter denen, die zur Einreichung eines Entwurfs aufgefordert wurden, war Domenichino, doch gelangten schließlich die Pläne des Jesuiten Orazio Grassi zur Ausführung. Die wunderbare, in *Trompe-l'oeil*-Manier ausgeführte Decke stammt, ebenso wie das übrige herrliche Barock-Interieur, von dem Jesuiten Andrea Pozzo.

14. Die Kirche IL GESÙ, die mit ihrem manchmal als ‚jesuitisch‘ bezeichneten Baustil zahlreichen Kirchen aus der Zeit der Gegenreformation zum Vorbild diente, wurde von Vignola für den mächtigen Kardinal Alessandro Farnese gebaut, von dem es hieß, ihm gehörten die drei schönsten Dinge in Rom: der Palazzo seiner Familie, seine Tochter und eben die Kirche Il Gesù. Die Fassade gestaltete nach heute vorherrschender Meinung, orientiert am Entwurf Vignolas, Giacomo della Porta; möglicherweise stammt sie aber auch von dem Jesuiten Giuseppe Valeriani. Mit dem Bau der Kirche wurde 1568 begonnen; geweiht wurde sie 1584. Sie war und ist die Hauptkirche der Jesuiten in Rom. Die Üppigkeit und Farbenpracht der hauptsächlich aus dem 18. und 19. Jahrhundert stammenden Innenausstattung stehen im Einklang mit der jesuitischen Auffassung, daß die Gläubigen durch eine die Sinne beeindruckende Prachtentfaltung in den Bann der Kirche gezogen werden müssen. Den Hauptteil der Ausmalung besorgte der Genuese Giovanni Battista Gaulli in den Jahren 1672 bis 1685. Das atemberaubend prachtvolle Grabmal des heiligen Ignatius von Loyola strotzt vor Lapislazuli. Die Kugel, die seinen oberen Abschluß bildet, ist der größte Lapislazuli-Monolith der Welt.

15. Gestiftet wurden das Oratorium und die Kirche S. MARIA IN VALLICELLA – auch CHIESA NUOVA genannt – von dem heiligen Filippo Neri, dem wohltätigsten aller Mystiker, der sie unter tätiger Mithilfe von Mitgliedern seiner Oratorianer-Gemeinde und mit finanzieller Unterstützung von Papst Gregor XIII. errichten ließ. Sie entstand an der Stelle einer älteren, aus dem 12. Jahrhundert stammenden Kirche, weitgehend nach Plänen von Martino Longhi dem Älteren, der Matteo da Città di

Castello als Architekten ablöste.
1599 geweiht, wurde die Kirche erst
1605, mit der Fertigstellung der von
Fausto Rughesi entworfenen Fassade, vollendet. Ungeachtet der Tatsache, daß der heilige Filippo sich für
das Innere der Kirche lediglich einen
weißen Anstrich gewünscht hatte,
erhielt Pietro da Cortona 1647 den
Auftrag, sie mit Fresken auszumalen;
er arbeitete daran zwanzig Jahre
lang. Die drei Gemälde zu beiden
Seiten des Altars beziehungsweise
über ihm sind von Rubens und gehören zu seinen besten Arbeiten. Das
der Kirche angeschlossene Oratorium stammt von Borromini
(1637–1662). Der heilige Filippo Neri fand Federico Baroccis Altarbild in
der Heimsuchungs-Kapelle so be-
wegend, daß er oft „auf einem kleinen Stuhl davorsaß und ganz ohnmächtig in eine süße Ekstase versank". Wenn sich dann Frauen um
ihn sammelten, die ihn verwundert
anstarrten, fuhr er ungehalten auf
und schickte sie fort, als sei es ihm
peinlich, in solch entrücktem Zustand beobachtet zu werden. Vor der
Fertigstellung von S. Maria in Vallicella hatte der heilige Filippo Neri
am Sitz der Arciconfraternita della
Carità gelebt, einer 1519 von Kardinal Giulio de'Medici, dem späteren
Papst Clemens VII., gegründeten
wohltätigen Gesellschaft. Deren Kirche, S. Girolamo della Carità in
der Via di Monserrato, die ursprünglich den Franziskaner-Observanten
gehört hatte, wurde um 1660 von
Domenico Castello restauriert. Der
heilige Filippo scharte hier eine große Gruppe von Jüngern aus allen Be-
völkerungsschichten um sich. So viele Leute kamen zu ihm, daß er um
die Genehmigung nachsuchen mußte, den Dachboden über einem der
Längsschiffe der Kirche als Oratorium, das heißt als Betkapelle ohne
Altar, benutzen zu dürfen. Die Bezeichnung Oratorium übertrug sich
im Lauf der Zeit auf die geistlichen

Exerzitien, die der heilige Filippo
eingeführt hatte und an diesem Ort
zelebrierte; für die Gemeinschaft, die
diese Übungen pflegte, bürgerte sich
der Name Oratoria ein. Von seiner
Kirche aus wanderte der heilige
Filippo durch Rom, tröstete die
Kranken in den Spitälern und pilger-
te regelmäßig zu den sieben großen
Basiliken der Stadt. Begleitet wurde
er bei diesen Gängen von bis zu tausend Anhängern, einem Litaneien
singenden Chor und Fanfarenblä-
sern.

16. Die Brunnen auf der Piazza Nicosia und auf der Piazza Colonna
stammen von Giacomo della Porta.
Der auf der Piazza Nicosia befindliche, der aus dem Jahr 1573 stammt,
stand ursprünglich auf der Piazza
del Popolo.

17. Die Accademia di S. Luca, 1577 als
Akademie der schönen Künste gegründet, war die Nachfolgeeinrich-
tung einer Künstlervereinigung, deren Ursprünge mindestens bis ins 14.
Jahrhundert zurückreichten, und die
sich 1478 neu konstituiert hatte. Als
Sixtus V. der Akademie 1588 die Kirche S. Martina aus dem 6. Jahrhundert zur Verfügung stellte, wurde das
Gotteshaus auf den Namen SS. Luca
e Martina umbenannt und mit Anbauten für die Mitglieder der Akademie versehen. Das ganze Anwesen,
Kirche samt Anbauten, wurde zwischen 1931 und 1933 dem Erdboden
gleichgemacht, weil man Platz für
die Via dei Fori Imperiali schaffen
wollte. Eine neue Unterkunft fand
die Akademie im Palazzo Carpegna
an der Piazza dell'Accademia di S.
Luca, nicht weit von der Fontana di
Trevi.

18. Mit dem Bau des Quirinals-Pa-
lasts wurde 1574 auf dem Gelände
einer von Kardinal Ippolito d'Este
errichteten Villa begonnen. Eine ganze Reihe von Architekten lieferte
Beiträge zu dem Bau, so etwa Flaminio Ponzio, Domenico Fontana,
Carlo Maderno, Bernini und Ferdi-

nando Fuga. Obwohl der Palast erst in der Amtszeit von Clemens XII. (1730–1740) endgültig fertig wurde, wurde er, nachdem Clemens VIII. sich 1592 als erster dort einquartiert hatte, von den ihm nachfolgenden Päpsten ziemlich regelmäßig genutzt. 1870 zog König Viktor Emanuel II. in den Palast ein, der seither Residenz der italienischen Staatsoberhäupter geblieben ist. Die große Kapelle stammt von Carlo Maderno.

19. Der OBELISK auf der PIAZZA DEL POPOLO stammt aus Ägypten; Ramses II. und sein Sohn Merneptah ließen ihn vor dem Sonnentempel in Heliopolis aufstellen. Augustus brachte ihn für den CIRCUS MAXIMUS nach Rom. 1589 wurde er an seinem gegenwärtigen Platz aufgestellt. 1823 wurde sein Sockel nach Entwürfen von Giuseppe Valadier durch vier Marmorlöwen und Bassins verschönert.

20. Der Name CORTILE DELLA PIGNA geht zurück auf den aus der römischen Kaiserzeit stammenden bronzenen Pinienzapfen, der in den THERMEN DES AGRIPPA gefunden wurde. Eine Stufe tiefer folgt der CORTILE DELLA BIBLIOTECA, der dadurch zustande kam, daß in den ursprünglich einteiligen Innenhof des Belvedere nachträglich zwei Querbauten eingezogen wurden, die von Domenico Fontana im Auftrag von Papst Sixtus V. in den Jahren 1585 bis 1590 erbaute BIBLIOTHEK und der Braccio Nuovo, errichtet 1817 bis 1822 von Raffaello Stern im Auftrag von Pius VII. Im Braccio Nuovo ist ein Teil der Sammlung des von Pius VII. gegründeten MUSEO CHIARAMONTI untergebracht.

21. Der HOF VON ST. DAMASUS war ursprünglich ein Obstgarten, den Nikolaus V. mit Apfelbäumen hatte bepflanzen lassen. Mit dem Bau der den Hof umgebenden Gebäude begann Papst Clemens VII. nach dem *Sacco di Roma;* fertiggestellt wurden sie unter Papst Sixtus V.

22. Die Sixtinische Loggia, die über das Dach des LATERAN-PALASTS hinausragt, schuf Domenico Fontana in den Jahren nach 1586 für Papst Sixtus V.

23. Die CAPPELLA SISTINA in der Kirche S. MARIA MAGGIORE schuf Domenico Fontana 1585 für Papst Sixtus V.

24. Die CAPPELLA GREGORIANA wurde 1583 vollendet.

25. Den OBELISKEN, der heute auf dem PETERSPLATZ steht, ließ Caligula 37 n. Chr. aus Heliopolis nach Rom bringen und in dem Circus aufstellen, den er auf dem Vatikanhügel anlegen ließ. Unter Nero wurde der Circus vergrößert und war in der Folge als CIRCUS DES NERO bekannt. Nicht weit davon wurden nach dem großen Brand Roms im Jahr 67 n. Chr. viele Christen auf barbarische Weise umgebracht.

26. Die CAPPELLA DI S. ANDREA ging aus dem runden Mausoleum des Kaisers Theodosius hervor. Papst Symmachus ließ es zu Beginn des 6. Jahrhunderts umbauen. Im Mittelalter wurde daraus die Kirche S. Maria della Febbre. Ihren neuen Namen erhielt sie, als Mitte des 15. Jahrhunderts der Schädel des heiligen Andreas in ihr deponiert wurde. Später mußte die Kapelle der neuen SAKRISTEI (siehe XIV, Anm. 2) weichen.

27. Giacomo della Portas CAPPELLA CLEMENTINA birgt Thorwaldsens Denkmal von Pius VII. Dieses Denkmal, 1823 hier aufgestellt, ist das einzige Werk eines nichtkatholischen Künstlers in ST. PETER.

## XII. Bernini und das Barock

1. Die CAPPELLA PAOLINA – auch BORGHESE-KAPELLE genannt – wurde 1611 von Flaminio Ponzio für Papst Paul V. beendet. An einigen der Skulpturen für das von Ponzio entworfene Grabmal Clemens' VIII. (1592–1605), das sich gegenüber dem Grab Pauls V. befindet, arbeitete Pietro Bernini mit. Einige der Fresken sind von Guido Reni. Das Ma-

donnenbild über dem Altar, das ursprünglich dem heiligen Lukas zugeschrieben wurde, ist das Werk eines nach Rom zugewanderten byzantinischen Künstlers und stammt aus dem 9. Jahrhundert.

2. Der FONTANONE DELL'ACQUA PAOLA, der in der Art eines Triumphbogens weithin sichtbar auf dem Janiculus steht, wurde von Giovanni Fontana und Flaminio Ponzio entworfen, die auch die Wiederherstellung des Aquädukts geleitet hatten.

3. Die bemerkenswertesten unter den in jener Zeit entstandenen Brunnen stehen beziehungsweise standen:

– auf der Piazza Scossa Cavalli. Carlo Maderno schuf diesen Brunnen zwischen 1613 und 1621. Als der Platz 1950 dem Durchbruch der Via della Conciliazione weichen mußte, wurde der Brunnen an seinen heutigen Standort vor der Kirche S. ANDREA DELLA VALLE verlegt.

– auf der Piazza S. Maria Maggiore. Er wurde, ebenfalls nach Entwürfen von Carlo Maderno, 1614 fertiggestellt. Über seinem Bassin erhebt sich eine von Guillaume Berthelot geschaffene Bronzestatue der Madonna mit Kind auf einer hohen kannelierten Säule, der einzigen erhaltenen von ursprünglich acht gleichartigen Säulen, die in die BASILIKA DES MAXENTIUS eingebaut waren.

– auf der Piazza S. Giovanni in Laterano, fertiggestellt 1607. Im Zentrum dieses Brunnens erhebt sich der höchste Obelisk von Rom; er wurde im 15. vorchristlichen Jahrhundert für den Tempel des Ammon in Theben angefertigt und 357 n. Chr. im CIRCUS MAXIMUS aufgestellt. 1587 bei Grabungen auf dem Gelände des Circus entdeckt – er war umgestürzt und in drei Stücke zerbrochen –, wurde der Obelisk unter der Leitung von Domenico Fontana restauriert und an seinen jetzigen Standort gebracht. Er nimmt den Standort des Reiterstandbilds von Marc Aurel ein,

das 1538 zur PIAZZA DEL CAMPIDOGLIO geschafft wurde.

– an der Nordseite des PETERSPLATZES. Carlo Maderno errichtete diesen Brunnen 1613; John Evelyn beschrieb ihn als „den hübschesten, den ich je gesehen habe". Von der ACQUA PAOLA gespeist, schleudert er einen mächtigen Wasserstrahl 20 Meter hoch in die Luft.

– an der Südseite des PETERSPLATZES. Er ist ein ziemlich getreues Ebenbild des vorgenannten Brunnens. Obwohl später entstanden, mutet er älter an, weil er den Stürmen des *tramontana* schutzlos ausgesetzt ist, während sein Gegenstück im Windschatten der Kolonnade liegt. Manche Experten bezweifeln die Urheberschaft Berninis und schreiben den Entwurf Carlo Montana zu.

4. Die im Stil des Hochbarocks erbaute Kirche S. MARIA DELLA VITTORIA, 1608 bis 1620 von Carlo Maderno für Kardinal Scipione Borghese erbaut, war ursprünglich dem heiligen Paulus geweiht. Ihren neuen Namen (‚Maria des Sieges') erhielt sie nach dem Sieg der katholischen Armeen des Habsburger Kaisers Ferdinand II. über die böhmischen Protestanten in der Schlacht am Weißen Berg bei Prag im Jahr 1620. Die Katholiken glaubten ihren Sieg einem kleinen Madonnenbildnis zu verdanken, das ihre Soldaten in den Ruinen der Prager Burg gefunden hatten. Die Fassade der Kirche schuf Soria im Jahr 1626. In der Cornaro-Kapelle findet sich Berninis bemerkenswerte Statue der heiligen Theresa; auf sie herab blicken, postiert in Nischen, die wie Theaterlogen wirken, Statuen verschiedener Mitglieder der venezianischen Familie Cornaro.

5. Der PALAZZO BORGHESE, zu dem mehrere Architekten einen Beitrag leisteten, darunter wahrscheinlich Vignola und später Martino Longhi der Ältere, wurde schließlich von Flaminio Ponzio, Vasanzio (Ivan van Santen) und Maderno vollendet.

Bauherr war Papst Paul V. Erhebliche Umbauten und Ergänzungen nahm in den siebziger Jahren des 17. Jahrhunderts Carlo Rainaldi vor; von ihm stammen die Entwürfe für das elegante Portal und die Gärten. In dem Palast war die berühmte Kunstsammlung der Familie Borghese untergebracht, bis sie 1891 in die VILLA BORGHESE verlegt wurde. Napoleons Schwester Pauline Bonaparte lebte nach ihrer Heirat mit dem radikal-republikanischen Aristokraten Fürst Camillo Borghese im Jahr 1803 in diesem Palast. Heute ist darin der exklusivste Club Roms zu Hause, die Caccia (ein Jagdclub).

6. Der PALAZZO PALLAVICINI-ROSPIGLIOSI, der bald nach 1616 auf dem Gelände der Thermen Konstantins erbaut wurde, ging später in den Besitz des Kardinals Bentivoglio über, der ihn an Kardinal Mazarin verkaufte. Später erwarb ihn G. B. Rospigliosi, ein Verwandter von Papst Clemens IX. (1667–1669). Im Hof befindet sich das Casino Pallavicini mit Guido Renis berühmtem Deckenfresko der *Aurora*.

7. Die Büste von Scipione Borghese, die Bernini 1632 schuf, befindet sich in der VILLA BORGHESE.

8. Im Jahr 575 wandelte Gregor der Große seinen Palast auf dem Caelius in ein Kloster um, dem ein dem heiligen Andreas geweihtes Oratorium angeschlossen wurde. An seiner Stelle entstand, wahrscheinlich in der Amtszeit Papst Paschalis' II. (1099–1118), eine dem heiligen Gregor geweihte Kirche, S. GREGORIO MAGNO. Kardinal Scipione Borghese ließ sie 1633 von Soria äußerlich völlig erneuern; bei dieser Gelegenheit entstanden die eindrucksvolle Treppe und die neue Fassade. Das Interieur wurde 1725 bis 1734 von Francesco Ferrari neugestaltet. In der Kirche steht ein Bischofsstuhl, von dem es heißt, er habe dem heiligen Gregor gehört, der an dieser Stelle dem heiligen Augustinus den Auftrag zur Missionierung der Engländer erteilt habe.

9. Das Casino der VILLA BORGHESE wurde von dem flämischen Architekten Vasanzio (Ivan van Santen) 1613 bis 1616 erbaut. Kardinal Scipione Borghese vergrößerte das Areal durch Zukauf neuen Grunds, so daß es 1650 einen Umfang von etwa vier Kilometern erreichte. Marcantonio Borghese ließ das Gebäude selbst um die Mitte des 18. Jahrhunderts erweitern und von Antonio Asprucci und einer Reihe weiterer Künstler ausschmücken und ausstatten. Bei dieser Gelegenheit wurden die auch heute noch bestehenden Galerien eingerichtet. Ein großer Teil des Bilderbestandes der Borghese-Galerie wurde von Fürst Camillo Borghese an Napoleon verkauft, zweihundert der besten Skulpturen gegen ein Landgut in Piemont eingetauscht. Alle diese Kunstwerke befinden sich heute im Louvre. Ein Teil der Verluste wurde dadurch wettgemacht, daß die Privatsammlung der Familie Borghese 1891 vom PALAZZO BORGHESE hierher verlegt wurde. 1902 erwarb der italienische Staat die gesamte Sammlung.

10. Die Kirche S. BIBIANA, erstmals im 5. Jahrhundert erbaut, wurde 1220 erneuert und nicht lange vor dem Jahr 1624, in dem Bernini den Auftrag erhielt, sie mit einer neuen Fassade zu versehen, nochmals restauriert. Die Statue eines Heiligen im Innern der Kirche stammt von Bernini und war sowohl sein erstes religiöses Werk als auch seine erste bekleidete Figur; zuvor hatte er nur nackte Körper modelliert.

11. Die neue, von Carlo Maderno gestaltete Fassade der Kirche S. SUSANNA, die der Überlieferung zufolge an der Stelle steht, wo die Heilige ihren Märtyrertod erlitt, wurde 1603 vollendet. Die ursprüngliche, als Basilika angelegte Kirche war 1475 erneuert und 1595 auf ihr Mittelschiff reduziert worden; bei dieser Gelegenheit

wurde die Kassettendecke vergoldet und bemalt. Die Statuen der Propheten Jesaja und Jeremia sind von Valsoldo.

12. Dank des Einsatzes einer Truppe von 700 Handwerkern und Taglöhnern, die rund um die Uhr durcharbeiteten, konnte die FASSADE DES PETERSDOMS, mit Ausnahme der Statuen auf der Balustrade, 1612 vollendet werden. Das Hauptschiff wurde 1615 fertig.

13. Der Gedanke, über dem Grab des Apostels am Kreuzungspunkt von Längs- und Querschiff der neuen Basilika einen hohen Baldachin zu errichten, war schon erwogen und in Form konkreter Planskizzen zu Papier gebracht worden, bevor Kardinal Maffeo Barberini 1623 zum Papst gewählt wurde. Durch die Wahl seiner Person wurde sichergestellt, daß der Auftrag an Bernini ergehen würde, der noch im selben Jahr mit der Arbeit begann. Die Idee, den Baldachin auf mächtige Bronzesäulen zu stellen, die nach dem Vorbild des Baldachins der alten Peterskirche gewunden sein sollten, hat Bernini allem Anschein nach bereits vorgefunden; sonst aber ist der BALDACCHINO voll und ganz sein Werk. Geweiht wurde er 1633.

14. Bernini vollendete seine STATUE DES LONGINUS – so hieß der Überlieferung zufolge der Soldat, der Christus mit einem Speer in die Seite stach – im Jahr 1638; die Modelle waren allerdings schon fertig, während der Künstler noch am BALDACCHINO arbeitete.

15. Das GRABMAL VON PAPST URBAN VIII., das Bernini 1647 vollendete, war das ergänzende Gegenstück zu dem älteren Grabmal von Papst Paul III. von Giacomo della Porta, das sich zur Linken der CATTEDRA befindet.

16. Der mächtige PALAZZO DORIA, dessen Haupteingang sich an der Westseite des Corso, knapp nördlich der Piazza Venezia, befindet, war im Besitz von Kardinal Fazio Santorio; als er einmal Papst Julius II. bei sich zu Gast hatte, bedeutete dieser ihm, ein so prächtiger Palast passe eher zu einem Herzog als zu einem Kardinal. Daraufhin fühlte er sich genötigt, den Palast dem Neffen des Papstes, dem Herzog von Urbino, zu überlassen. In der Folge ging das Anwesen in den Besitz der Familie Aldobrandini über, später durch Heirat in den der Pamphilj und schließlich in den der aus Genua stammenden Familie Doria. Die Gemäldegalerie ist öffentlich zugänglich. Berninis Büste von Papst Innozenz X., die hier ausgestellt ist, zeigt den Papst von einer wesentlich einnehmenderen Seite als das berühmte Porträtbild von Velásquez. An der Gestaltung des Palastes wirkten viele Architekten und Künstler mit. Der schöne, aus dem 15. Jahrhundert stammende Innenhof, der von den älteren Teilen des Palastes umgeben ist, wird im allgemeinen Bramante zugeschrieben. Die üppige, fast rokokohaft gestaltete Fassade zum Corso hin ist das Werk des römischen Architekten Gabriele Valvassori und entstand um 1734; die in den vierziger Jahren des 18. Jahrhunderts entstandene Fassade zur Via del Plebiscito hin stammt von Paolo Ameli, die schönen, der Piazza del Collegio Romano zugewandten Flügel von Antonio del Grande (17. Jahrhundert). Die westliche, der Via della Gatta zugekehrte Fassade stammt aus dem 19. Jahrhundert.

17. Der PALAZZO BARBERINI, mit dessen Bau Carlo Maderno, unter Mitwirkung von Borromini, 1625 auf dem Gelände eines alten Palazzo der Familie Sforza begonnen hatte, wurde 1633 von Bernini vollendet; er zeichnete für die gesamte Vorderfassade verantwortlich. Der Palazzo Barberini stand zu jenem Zeitpunkt inmitten eines großen Parks und wirkte eher wie eine Landvilla als wie ein Stadtpalais. In einigen der schönsten Zim-

mer des Palastes ist die Kunstsammlung der Familie untergebracht; sie enthält unter anderem Raffaels berühmtes Porträt ‚*La Fornarina*‘ und Tizians ‚Venus und Adonis‘, ferner ein Porträt Heinrichs VIII. von Holbein und ein Erasmus-Porträt von Quentin Massys. Die Decke des größten Saals ziert ein Fresko, das den Triumph der göttlichen Vorsehung darstellt. Es stammt von Pietro da Cortona und wurde zwischen 1633 und 1639 gemalt. Die Sammlung gehört heute dem italienischen Staat.

18. Den PALAZZO PAMPHILJ, zwischen 1644 und 1650 nach Entwürfen von Girolamo Rainaldi errichtet, vermachte Papst Innozenz X. seiner Schwägerin Olimpia Maidalchini. Nach dem Zweiten Weltkrieg erwarb ihn der brasilianische Staat als Botschaftsgebäude. Das herrliche Deckenfresko in der von Borromini gestalteten Galerie, das die Geschichte des Aeneas darstellt, stammt von Pietro da Cortona.

19. Die Kirche S. AGNESE, 1657 von Borromini und Carlo Rainaldi vollendet, wurde an der Stelle erbaut, an der die Heilige der Überlieferung zufolge ihr Martyrium erlitt. Das Denkmal Innozenz’ X. stammt von G. B. Maini. Der Papst ist, wie auch andere Mitglieder seiner Familie, in der Krypta dieser Kirche begraben. In den Gewölben im Untergrund der Kirche sind Überreste der Fundamente von Domitians Stadion zu sehen.

20. Berninis TRITON-BRUNNEN, von Papst Urban VIII. 1632 bestellt, wurde 1637 vollendet. Triton, in der vorgriechischen Mythologie ein Meeresgott, wurde traditionell als spielender Jüngling auf einer Muschel dargestellt. Indem Bernini mehrere verwandte Bedeutungselemente auf bestechende Weise miteinander verband, schuf er aus dieser eher nebulösen mythologischen Gestalt eine eindrucksvolle, die Piazza del Tritone beherrschende Figur, die zugleich eine Huldigung an seine Förderer verkörperte. In der darstellenden Kunst war Triton gelegentlich als Symbol einer durch das geschriebene Wort erlangten Unsterblichkeit verwendet worden – Urban war ein begabter lateinischer Poet. Delphine symbolisierten fürstliche Freigebigkeit – Urban war ein bedeutender Kunstmäzen. Bienen konnten als Sinnbild für die göttliche Vorsehung stehen und waren zugleich Wappentiere der Familie Barberini. Alle diese Elemente stellen explizite Bezüge zur Person von Papst Urban her. Der nahe gelegene, ebenfalls von Bernini geschaffene BIENENBRUNNEN wurde kurz vor dem 21. Jahrestag der Wahl Urbans VIII. fertig.

21. Der BARCACCIA-BRUNNEN, der lange Zeit als die letzte Arbeit Pietro Berninis galt, wird heute mehrheitlich seinem Sohn Gian Lorenzo zugeschrieben. Er wurde 1629 vollendet, fast hundert Jahre vor der SPANISCHEN TREPPE, die heute seinen imposanten Hintergrund bildet. Der Brunnen wurde mit dem Wasser der Acqua Vergine gespeist, die nur geringen Druck aufwies; er ist ebenso raffiniert wie originell gestaltet: er stellt ein Boot dar, das an Bug und Heck mit einer Kanone bestückt ist und durch ein Leck an beiden Enden Wasser verliert und im Begriff ist, zu versinken – in einem Tümpel, der nicht viel größer ist als es selbst. Die Anregung dazu lieferte angeblich ein Boot, das um die Weihnachtszeit des Jahres 1598 am Abhang des Pincius – wo sich heute die Spanische Treppe befindet – anlandete; damals herrschte eine der schwersten Überschwemmungen des Tiber seit Menschengedenken. Am Weihnachtstag stand dieser Teil Roms 5 bis 7 ½ Meter tief unter Wasser. Das Motiv des „sinkenden Schiffes" hatte freilich zuvor schon Carlo Maderno verwendet, angeregt möglicherweise durch die Entdeckung der untergegangenen Barken Caligulas im Nemi-See südlich von Rom in der Amtszeit von Papst Eugen IV. (1431–1447).

22. Die PIAZZA DI SPAGNA verdankt ihren Namen der spanischen Botschaft, die im 17. Jahrhundert in ein an diesem Platz stehendes Gebäude einzog; noch heute residiert dort der spanische Gesandte beim Heiligen Stuhl. Das von dem römischen Baumeister Antonio del Grande entworfene Gebäude wurde 1647 vollendet. Auf der gegenüberliegenden Seite des Platzes, hinter dem BARCACCIA-BRUNNEN, zieht sich die schöne *Scalinata della Trinità dei Monti*, auch SPANISCHE TREPPE genannt, den Abhang des Pincius zur Kirche SS. Trinità dei Monti an der gleichnamigen Piazza hinauf. Die Treppe erbaute Francesco de Sanctis zwischen 1723 und 1726 nach Plänen von Alessandro Specchi. Sie umfaßt 138 Stufen aus Travertin, aufgeteilt auf drei Treppenabschnitte. Der Gedanke, an diesen Hang eine Prachttreppe zu setzen, stammte von Kardinal Mazarin, dem Nachfolger Richelieus als Leitender Minister Ludwigs XIV. von Frankreich. Er wollte damit dem Anstieg zur Kirche SS. Trinità dei Monti, der Stammkirche der französischen Kolonie in Rom, mehr Würde verleihen. Konkrete Gestalt nahm das Projekt aber erst sechzig Jahre nach dem Tod Mazarins an, als der französische Botschafter in Rom, Étienne Gueffier, testamentarisch 24000 *scudi* für eine Kapelle in der Kirche sowie für eine zur Kirche hinaufführende Treppe hinterließ. Nachdem Papst Innozenz XIII. (1721–1724) seine Zustimmung gegeben hatte, konnte der Bau der Treppe in Angriff genommen werden.

Die Kirche SS. TRINITÀ DEI MONTI wurde von König Karl VIII. von Frankreich gestiftet. Mit ihrem Bau – im Stil der französischen Gotik – wurde 1502 begonnen, doch wurde die Fassade erst etwa um das Jahr 1570 fertig, das Tor und die Türme gar erst im Jahr 1587. Die Kirchentreppe entwarf Domenico Fontana für Sixtus V.

Die Spanische Treppe wurde zu einem beliebten Treffplatz für Künstler und ihre Modelle, letztere zumeist *cociari*, Bauern aus der Campagna südlich von Rom. BABINGTON'S TEA-ROOMS nahe dem Fuß der Treppe, einer der beliebtesten Treffs für Ausländer und Einheimische gleichermaßen, wurde von einer alten englischen Jungfer gegründet, die von Anthony Babington abstammte, der als Rädelsführer einer Verschwörung gegen Königin Elizabeth I. in London gehenkt, gestreckt und geviertteilt worden war. Miss Babington traf 1893 mit einer Barschaft von 100 Pfund und einer Freundin namens

Miss Cargill in Rom ein; Miss Cargill war die Nachfahrin eines Mannes, der als Protestant ebenso unbeugsam gewesen war wie Anthony Babington als Katholik und der unter Karl II. wegen Hochverrats hingerichtet worden war, nachdem er die Herrschaft dieses Königs öffentlich als Tyrannei gebrandmarkt hatte. Die beiden Damen, die, wie viele englische Rom-Besucher, das Verlangen nach einer guten Tasse Tee quälte, beschlossen, in der Via dei Due Macelli eine Teestube zu eröffnen. Ein Jahr später verlegten sie ihren Salon an seinen heutigen Standort. Miss Babington zog sich 1928 vom Geschäft zurück und überließ dessen Weiterführung ihrer Partnerin, die inzwischen Signora da Pozzo hieß; von ihr übernahm ihre Tochter, Contessa Bedini, das Geschäft. Sie floh in die Schweiz, als die Deutschen im Zweiten Weltkrieg Rom besetzten. Ihre Mitarbeiter führten den Teesalon jedoch auch während der deutschen Besatzung weiter.

23. Die FONTANA DEI FIUMI (BRUNNEN DER VIER FLÜSSE), die ihr Wasser von der FONTANA DI TREVI bezieht, wurde nach vierjähriger Arbeit 1651 fertiggestellt. Die vier jeweils durch eine Steinfigur dargestellten Flüsse sind der Nil, die Donau, der Ganges und der Río de la Plata. Die Figuren wurden von Bernini entworfen und von seinen Assistenten ausgeführt. Der Nil hält sein Gesicht bedeckt, eine Anspielung auf die Tatsache, daß seine Quellen seinerzeit noch nicht entdeckt waren; im Volksmund hieß es jedoch, Bernini habe die Maske anbringen lassen, um der Statue den Blick auf die Fassade der Kirche S. AGNESE zu ersparen, die sein Rivale Borromini gestaltet hatte. Finanziert wurde der Brunnen der vier Flüsse durch Sondersteuern auf verschiedene Waren, darunter auf Brot, was natürlich zu allgemeinen Protesten Anlaß gab. Der Obelisk, der sich über die Felsbrocken erhebt, ist

eine Kopie römischer Provenienz und stand einst im Circus des Maxentius.

Der MOHREN-BRUNNEN am Südende der PIAZZA NAVONA geht auf einen Entwurf von Giacomo della Porta aus dem Jahr 1575 zurück. Bernini gestaltete ihn um und schuf eigenhändig die Zentralfigur des Mohren.

24. Die Kirche S. LORENZO IN LUCINA wurde ursprünglich im 4. oder frühen 5. Jahrhundert auf einem Grundstück erbaut, das einer Römerin namens Lucina gehörte, und unter Papst Sixtus III. (432–440) erneuert. In der Amtszeit Paschalis' II. (1099–1118) wurde sie restauriert und mit einem Portikus versehen. Weitere Renovierungs- und Umbauarbeiten führte um 1650 Cosimo Fanzago durch. Die vergoldete Kassettendecke wurde unter Papst Pius IX. restauriert. Den von Carlo Rainaldi gestalteten Hochaltar überragt ein Kruzifix von Guido Reni. Die Büste des Malers Nicholas Poussin schuf Lemoyne im Auftrag von Chateaubriand, die Büste von Gabriele Fonseca in der Fonseca-Kapelle stammt von Bernini. Der angrenzende PALAZZO FIANO, der um die Mitte des 15. Jahrhunderts dem portugiesischen Kardinal Giorgio da Costa gehörte und später den Namen Palazzo di Portogallo erhielt, galt seinerzeit als einer der schönsten Paläste Roms. Nachdem er durch die Hände der Peretti, der Savelli und der Ludovisi gegangen war, erwarben ihn schließlich die Ottoboni. Marco Ottoboni, ein Neffe Alexanders VIII. (1689–1691), heiratete eine Boncompagni, die ihm das Herzogtum Fiano zubrachte. Kurz vor Ende des 19. Jahrhunderts beauftragten die neuen Eigentümer, die Familie Almagià, Francesco Settimi mit der vollständigen Umgestaltung der Fassade und eines großen Teils der Innenräume.

25. In der reizvollen ovalen Kirche S.

Andrea al Quirinale finden sich exquisite Marmor- und Stuckdekorationen. Der Bau der Kirche, 1658 in Angriff genommen, dauerte zwölf Jahre. Die Statue des heiligen Andreas über dem Hauptaltar, die auf einer Wolke zum Himmel zu schweben scheint, stammt von Raggi, einem Gehilfen Berninis. Während S. Andrea al Quirinale im Bau war, wurde am Corso Vittorio Emanuele die herrliche Barockkirche S. Andrea della Valle vollendet. An der Gestaltung ihrer Fassade wirkten Maderno, Rainaldi und Fontana mit.

26. Den Gedanken, den Petersplatz mit einer Kolonnade zu umgeben, scheinen Bernini und Alexander VII. (1655–1667) schon vor dessen Wahl zum Papst erwogen zu haben. Jedenfalls bestellte der Papst kurz nach seinem Amtsantritt Bernini zu sich und begann mit ihm und der *Fabbrica* zu besprechen, wie dieses große Vorhaben verwirklicht werden könne. Es galt, eine Reihe von Faktoren zu berücksichtigen: der alte Eingang zum Vatikanischen Palast, nördlich des Portikus, mußte ebenso erhalten bleiben wie der Platz unmittelbar vor der Fassade, die sogenannte *Piazza retta*. Das Fenster in der Fassade des Vatikanischen Palastes, aus dem der Papst seinen Segen spendete, mußte im Sichtbereich einer möglichst großen Zahl von Menschen liegen. Dasselbe galt für die Loggia über dem Haupteingang der Basilika, von der aus traditionell der päpstliche Segen *urbi et orbi* erteilt wurde. In der Vorstellung Berninis sollte der anzulegende Platz ein Ort sein, an dem die Gläubigen in den Schoß oder die Umarmung des Allmächtigen würden eintauchen können. Die Kolonnaden sollten die schützenden Arme Gottes symbolisieren. Geometrischer Mittelpunkt der ganzen Anlage blieb der große Obelisk in der Mitte der Piazza. Mit großer Kunstfertigkeit gelang es Ber-

nini, Madernos Fassade etwas von ihrer – durch den Unterbau der beiden unvollendeten Türme Berninis auf beiden Seiten noch ausladender wirkenden – Breite zu nehmen; er erreichte dies, indem er die *Piazza retta* links und rechts mit geraden, zur Basilika hin leicht zusammenlaufenden Säulengängen umgab, die sowohl die Piazza als auch die Fassade schmaler erscheinen lassen, als sie in Wirklichkeit sind. Auch die optische Breite des von den Kolonnaden umschlossenen Platzes komprimierte er, indem er ihm eine ovale Form – mit einer Längsachse von 240 Metern Länge – gab. Die Kolonnaden selbst bestehen aus vierreihig angeordneten dorischen Säulen aus Travertin, deren Pilaster zahlreiche monumentale Engelsstatuen tragen.

27. Die Scala Regia führt von einem der Eingänge des Vatikanischen Palastes zu den päpstlichen Wohngemächern. Bevor Bernini diese großartige Treppe 1666 vollendete, mußten die Päpste, wenn sie in den Petersdom wollten, von der Cappella Paolina aus eine dunkle, enge Treppe hinabsteigen, um, vorbei an der Sixtinischen Kapelle, zum Portikus der Basilika zu gelangen. Bernini betrachtete diese Treppe angesichts der bei ihrer Konstruktion zu überwindenden Probleme – der Enge des zur Verfügung stehenden Raums und des Mangels an Licht – als seine größte technische Leistung.

28. Über dem Altar in der Apsis des Petersdoms schuf Bernini ein optisches Monumentalkunstwerk, das, zwischen den gewundenen Säulen des Baldacchino hindurch betrachtet, den Abschluß und Höhepunkt der künstlerischen Ausgestaltung des Hauptschiffs bildet: die Cathedra, der Schrein für die kostbarste Reliquie des Petersdoms, den hölzernen, mit Elfenbein verkleideten Stuhl, auf dem der Überlieferung zufolge der heilige Petrus saß, als er bei seinem

ersten Aufenthalt in Rom im Haus des Pudens zu Gast war. Erstmals 1217 urkundlich erwähnt, stammt der Stuhl vermutlich aus dem 8. oder 9. Jahrhundert. Den bronzenen Thron mit den vergoldeten Reliefs, in den die Reliquie eingebettet ist, tragen vier mächtige Bronzestatuen der vier großen Kirchenväter des frühen Christentums: der Heiligen Augustinus, Ambrosius, Athanasius und Johannes Chrysostomus.

29. Die Vatikanische Kongregation Propaganda Fide wurde 1622 von Papst Gregor XV. (1621–1623) ins Leben gerufen mit dem Ziel, den katholischen Glauben in den heidnischen und abtrünnigen Ländern zu verbreiten. Urban VIII. faßte den Entschluß, dieser wichtigen Missionsorganisation ein standesgemäßes Gebäude errichten zu lassen. Der Hauptteil dieses Gebäudes, dessen Fassade die Südseite der PIAZZA DI SPAGNA beherrscht, wurde 1644 fertig. Zwei Jahre später ging Borromini im Verein mit Bernini an die Errichtung des der Via di Propaganda zugekehrten Flügels, dessen Fassade er 1662 vollendete.

30. Als Innozenz X. 1644 an der Via Giulia ein neues Gefängnis errichten ließ, wurde das Areal der TOR DI NONA eingeebnet, damit Platz für das TORDINONA-THEATER entstand, das später in Apollotheater umbenannt wurde. Nachdem es einem Brand zum Opfer gefallen war, wurde es 1830 von Valadier wiederaufgebaut, mußte aber später endgültig der neuen Tiber-Uferstraße weichen.

31. Der PONTE SANT' ANGELO, ur-

sprünglich von Demetrianus, dem Architekten Kaiser Hadrians, erbaut und Pons Aelius genannt, wurde im Jahr 1668 erneuert. Die Engelsstatuen sind mit Symbolen aus der Passion Christi bestückt.

32. Als Ersatz für die Kapelle des Hospiz von St. Biagio, in dem der heilige Franziskus gewirkt hatte, wurde die Kirche S. FRANCESCO A RIPA 1231 erbaut und von 1682–1689 von Mattia de'Rossi erneuert. Das Denkmal des heiligen Franziskus wurde, wie man annimmt, von Rossis Schüler Jacopo da Settesoli in Auftrag gegeben und ist möglicherweise das Werk von Margaritone d'Arezzo. Berninis Statue der seligen Ludovica Albertoni befindet sich in der Altieri-Kapelle, die ihren Namen dem Umstand verdankt, daß Kardinal Paluzzi degli Albertoni, der sie stiftete, den Namen Altieri annahm, als er infolge einer Heirat Mitglied der Familie von Papst Clemens X. (1670–1676) wurde. Ludovica Albertoni, die in den Dritten Orden des heiligen Franziskus eintrat, starb 1703 in Rom und hinterließ alle ihre weltlichen Besitztümer den Armen.

33. Der PALAZZO DI MONTECITORIO wurde auf dem Areal eines älteren Palasts der Colonna errichtet. Die Bauzeit dauerte von 1651 bis 1694. Carlo Fontana baute den Palast in der Amtszeit von Innozenz XII. so um, daß er als Justizgebäude dienen konnte. Zu Beginn des 20. Jahrhunderts wurde er nach Plänen von Ernesto Basile vergrößert, um das Unterhaus des italienischen Parlaments beherbergen zu können, dem er noch heute als Sitzungsgebäude dient. Östlich davon, an der Nordseite der Piazza Colonna, steht der PALAZZO ALDOBRANDINI-CHIGI. Er wurde wahrscheinlich von Carlo Maderno entworfen, wird aber zuweilen auch Giacomo della Porta zugeschrieben. Er gehörte zunächst Kardinal Pietro Aldobrandini, bis ihn 1659 der Chi-

gi-Papst Alexander VII. erwarb; er ließ ihn von Felice della Greca umbauen und zur Piazza Colonna hin mit einer neuen Fassade versehen. Der Palazzo ist heute Sitz der Abgeordnetenkammer.

34. Der PALAZZO CHIGI-ODESCALCHI an der Piazza SS. Apostoli, der sich nacheinander im Besitz der Colonna, der Ludovisi und der Chigi befand, wurde 1664 von Bernini im Auftrag der Odescalchi, der Familie von Papst Innozenz XI. (1675–1689), restauriert. Den Innenhof gestaltete Carlo Maderno um 1623; die Flügel kamen um die Mitte des 18. Jahrhunderts hinzu; sie wurden von Nicola Salvi und Luigi Vanvitelli entworfen.

35. Der kleine ägyptische OBELISK AUF DER PIAZZA DELLA MINERVA, der aus dem 6. Jahrhundert v. Chr. stammt, wurde in den Ruinen des benachbarten Isistempels gefunden; auf einem Teil des Areals dieses Tempels wurde im Mittelalter der Garten des der Kirche S. MARIA SOPRA MINERVA angeschlossenen Dominikanerstifts angelegt. Der den Obelisken tragende Elefant wurde 1667 nach Entwürfen von Bernini aus Marmor modelliert.

## XIII. Das Settecento

1. Die Bruderschaft, die das Hospiz und die Kirche S. TRINITÀ DEI PELLEGRINI führte, wurde vom heiligen Filippo Neri im Heiligen Jahr 1550 zur Betreuung der Pilger gegründet. Das große Hospizgebäude wurde 1625 vollendet, 33 Jahre nach dem Tode des Stifters. Es wurde im 19. Jahrhundert in ein Heim für Findelkinder umgewandelt.

2. Die Kirche S. STANISLAO DEI POLACCHI, in den Jahren 1580 bis 1582 an der Ecke Via delle Botteghe Oscure/ Via dei Polacchi als Gotteshaus für das dort gelegene Spital für polnische Pilger erbaut, ist dem Bischof Stanislaus von Krakau geweiht, den König Boleslaw II. 1072 ermorden ließ, weil er ihm einen unsittlichen Lebenswandel vorgeworfen hatte.

3. Die Kirche S. MARIA DI MONSERRATO nahe der Piazza Farnese wurde für den Borgia-Papst Alexander VI. errichtet; dessen sterbliche Überreste wurden, zusammen mit denen seines ebenfalls spanischen Vorgängers Kalixt III. (1455–1458), aus der PETERSKIRCHE hierher verlegt. Während man die Kirche früher Antonio da Sangallo zugeschrieben hat, hält man es heute für wahrscheinlicher, daß sie das Werk seines Neffen ist. Fest steht, daß Francesco da Volterra das Portal der Fassade entwarf.

4. Die Kirche S. ANTONIO, deren ornamentale Barockfassade der Via dei Portoghesi zugekehrt ist, entstand um die Mitte des 17. Jahrhunderts auf dem Areal einer älteren Kirche, die in der Amtszeit von Papst Eugen IV. (1431–1447) für die portugiesische Kolonie in Rom errichtet worden war. Die Architekten von S. Antonio waren Gaspare Guerra, Carlo Rainaldi und Cristoforo Shor, der aus einer Innsbrucker Künstlerfamilie stammte; er vollendete die Kirche 1695. Die Fassade stammt von Martino Longhi dem Jüngeren. Das Denkmal Alessandro de Souzas ist ein Werk von Canova, die Madonna mit Kind von Antoniazzo Romano.

5. Die dem PALAZZO MADAMA benachbarte Kirche S. LUIGI DEI FRANCESI wurde von Papst Leo X. gestiftet, dessen Vetter, der Kardinal Giulio de'Medici und spätere Papst Clemens VII., den Grundstein legte. Die im Stil der Spätrenaissance gestaltete Fassade wird gelegentlich Domenico Fontana zugeschrieben; wahrscheinlicher ist jedoch, daß sie von Giacomo della Porta stammt. Zwischen 1524 und 1580 stockten die Bauarbeiten an der Kirche; dann, unter der Regentschaft von Katharina de'Medici, erhielt Domenico Fontana den Auftrag, den Bau zu vollenden; die Weihe fand 1589 statt. Die Fresken,

die Stationen aus dem Leben der heiligen Cäcilia zeigen, stammen von Domenichino, die schönen Gemälde in der Matthäus-Kapelle von Caravaggio.

6. Der religiöse Orden der Fatebenefratelli (Barmherzige Brüder), 1550 von dem Portugiesen Johannes von Gott gegründet, errichtete sein römisches Spital S. GIOVANNI DI DIO auf der Tiberinsel, wahrscheinlich auf dem Grundstück eines mittelalterlichen Hospizes. Die Überlieferung behauptet, Rahere, der fränkischstämmige Augustiner, der am Hof Wilhelms II. von England wirkte, habe sich hierher begeben, um eine Malaria-Infektion auszukurieren, und dabei sei ihm die Anregung gekommen, in London ein ähnliches Spital zu gründen: St. Bartholomew's, das älteste Krankenhaus von London (eröffnet im Jahr 1123). Erneuert und vergrößert wurde das Hospital 1930 nach Plänen von Cesare Bazzani. Die angrenzende Kirche S. GIOVANNI CALABITA, die ebenfalls den Barmherzigen Brüdern gehört, wurde 1640 restauriert. Das üppige Interrieur (1736–1741) gestaltete Romano Carapecchia. Die Kirche S. BARTOLOMEO ALL'ISOLA wurde im 10. Jahrhundert von Kaiser Otto III. gestiftet. 1583 wurde sie durch einen Neubau nach Plänen von Martino Longhi dem Älteren ersetzt. Die Fassade (1624–1625) stammt wahrscheinlich von Orazio Torriani.

7. Das Spital S. GALLICANO IN TRASTEVERE nahe der Via Trastevere wurde 1725 von Filippo Raguzzini vollendet.

8. Das Spital S. MARIA DELLA PIETÀ wurde 1561 von dem Priester Ferrante Ruis gegründet, der auch Bauherr der gleichnamigen Kirche an der Piazza Colonna war. Gabriele Valvassori restaurierte diese Kirche in den Jahren 1731 bis 1735.

9. Das große OSPIZIO DI S. MICHELE wurde im 16. Jahrhundert am Tiberufer, unmittelbar flußaufwärts des Ponte Sublicio erbaut. Seine heutige Gestalt erhielt es im 17. Jahrhundert nach Plänen von Carlo Fontana.

10. Das Spital S. MARIA DELLA CONSOLAZIONE wurde im 15. Jahrhundert an die gleichnamige Kirche an der Piazza della Consolazione angebaut und 1470 geweiht. Martino Longhi der Ältere erneuerte die Kirche in den Jahren 1583 bis 1606.

11. Das Krankenhaus S. ROCCO, ursprünglich ein Männerspital mit fünfzig Betten, konnte durch eine großzügige Stiftung des Kardinals Salviati um eine Abteilung für schwangere Schiffersfrauen erweitert werden. Papst Clemens XIV. sanktionierte 1770 die diskrete Betreuung auch lediger Mütter. Die benachbarte Kirche S. ROCCO in der Via Ripetta war 1499 von der Bruderschaft der Gastwirte und Schiffer als Kapelle gestiftet worden. 1657 wurde die Kapelle nach Plänen von Giovanni Antonio de'Rossi erneuert und ausgebaut. Die neoklassizistische Fassade fügte Valadier 1834 hinzu.

12. Die FRANZÖSISCHE AKADEMIE wurde 1666 von dem französischen Finanzminister Colbert auf Weisung König Ludwigs XIV. gegründet. Anfänglich waren die Studenten in der Nähe der Kirche S. ONOFRIO auf dem Janiculus untergebracht, die 1415 als Einsiedelei für Mönche des Hieronymiten-Ordens gegründet worden war. Später quartierte man sie im Palazzo Salviati am Corso ein. 1803 zog die Akademie in die VILLA MEDICI auf dem Pincius oberhalb der SPANISCHEN TREPPE ein. Die Villa Medici entstand in den Jahren nach 1540 im Auftrag von Kardinal Ricci von Montepulciano nach Plänen von Giovanni und Annibale Lippi aus Florenz. Kardinal Ferdinando de' Medici erwarb sie 1580; sie blieb im Besitz seiner Familie, bis die Französische Akademie sie kaufte. Galilei war hier in den Jahren 1630 bis 1633 untergebracht. Der Brunnen vor der Villa Medici in der Viale Trinità dei

Monti war früher in der Mitte mit einer florentinischen Lilie verziert. Heute prangt an dieser Stelle eine Kanonenkugel, von der es heißt, sie sei in die Fassade der Villa eingeschlagen, als man der unberechenbaren Königin Christina bei einem Besuch auf der Engelsburg unvorsichtigerweise erlaubte, einen Kanonenschuß ins Blaue abzufeuern. Zu den Stipendiaten der Akademie zählten Fragonard, Ingres, Boucher, Berlioz und Debussy.

13. Das Teatro delle Dame befand sich nahe der Piazza del Popolo, am Ende der Via Alibert, am Schnittpunkt der Via Margutta und der Via Babuino. Graf Antonio d'Alibert ließ es nach Plänen von Ferdinando Fuga erbauen. Es wurde 1717, rechtzeitig zum Karnevalsbeginn, eingeweiht und diente in der Folge als Opern- und Schauspielhaus. Es wurde auch Teatro Alibert genannt.

14. Das Teatro Argentina, ursprünglich von Marchese Girolamo Teodoli für den Herzog Sforza Cesarini errichtet, wurde 1837 von Pietro Camporese umgebaut und ist in jüngster Zeit restauriert worden.

15. Das Teatro Capranica befand sich im Palazzo Capranica, der im 16. Jahrhundert von Kardinal Domenico Capranica erbaut wurde. Das Gebäude beherbergt heute ein Kino.

16. Das Schottische Kolleg in der Via delle Quattro Fontane, im Jahr 1600 von Papst Clemens VIII. gestiftet – nicht zuletzt vermutlich, weil der

Papst sich ernsthafte Hoffnungen auf einen Übertritt des protestantischen Königs Jakob I. zum Katholizismus machte –, entstand nach Plänen von Luigi Poletti, der auch für den Wiederaufbau der Kirche S. Paolo fuori le mura verantwortlich war. Das Seminar wurde vor kurzem nach Marino verlegt. Die Studenten tragen traditionell eine purpurne Soutane und eine rote Gürtelschärpe. Das Englische Kolleg in der Via di Monserrato ging aus einem 1362 gegründeten Hospiz für Pilger aus England hervor; als Kolleg besteht es seit 1579. Die Gebäude wurden zwischen 1669 und 1685 restauriert. John Evelyn dinierte bei seinem Rom-Besuch im Jahr 1645 mit etwa fünfzig weiteren Gästen hier; anschließend wurde eine „Komödie [gegeben], aufgeführt von den Herren Studenten vor den Kardinälen".

17. Der Palazzo Muti-Papazzurri an der Piazza SS. Apostoli wurde 1644 vollendet, wahrscheinlich nach Entwürfen von Mattia de'Rossi.

18. Der Palazzo del Drago – ehemals Palazzo Albani genannt – in der Via delle Quattro Fontane wurde im 17. Jahrhundert von Domenico Fontana begonnen und von Alessandro Specchi vollendet; letzterer erstellte das Karnies und baute den Turm. Seit dem Zweiten Weltkrieg ist in dem Gebäude das British Council untergebracht.

19. Die Villa Torlonia – ehemals Villa Albani genannt – unweit der Via Salaria entstand zwischen 1743 und 1763 im Auftrag von Kardinal Alessandro Albani nach Plänen von Carlo Marchionni. Einen Großteil der darin untergebrachten Sammlung klassischer Skulpturen entführte Napoleon nach Paris; nur ein Teil davon wurde 1815 zurückgegeben. 1866 erwarb Fürst Alessandro Torlonia die Villa. 1870 wurde hier die Kapitulation Roms unterzeichnet (zur Villa Torlonia bei der Via Nomentana siehe XVII, Anm. 3).

20. Die Kapuzinerkirche S. Maria della Concezione in der Via Vittorio Veneto wurde um das Jahr 1626 von Antonio Casoni aus Ancona für Kardinal Antonio Barberini erbaut, einen Bruder Urbans VIII., auf dessen Grab vor dem Hauptaltar die lateinische Inschrift *„Hic jacet pulvius cinis et nihil"* („Hier liegen Staub, Asche und nichts") zu lesen ist. Das Gesicht des Satans auf Guido Renis Gemälde ‚Der Erzengel Michael' ist angeblich dem Gesicht von Papst Innozenz X. nachempfunden, den der Künstler verabscheute. In der angeschlossenen Krypta mit ihren fünf Kapellen finden sich zahlreiche Gräber, die mit Erde aus dem Heiligen Land zugeschüttet wurden. Als kein Platz mehr für zusätzliche Gräber war, grub man, um Platz für neue Tote zu schaffen, die Gebeine von 4000 Mönchen aus und verkleidete damit die Wände und Decken. Es finden sich hier auch Skelette von Kindern, früh verstorbenen Söhnen adliger Familien, galt es doch als hohe Ehre und besonderes Privileg, hier begraben zu werden.

21. Der Palazzetto Zuccari in der Via Gregoriana wurde vom jüngeren der beiden Zuccaro-Brüder, Federico, als Malakademie gegründet. Er hatte einen Teil seines Lebens im Ausland verbracht und unter anderem Porträts von Königin Elisabeth I. und Maria Stuart gemalt. Die beiden Brüder waren die Hauptvertreter des römischen Manierismus. Im Jahr 1711 wurde dem Palazzetto für die polnische Königin Maria Casimira, die in der Folge hier wohnte, eine vermutlich von Juvarra gestaltete Loggia angegliedert. Später wurde der Palazzetto zum Domizil der Bibliotheca Hertziana, eines kunsthistorischen Forschungsinstituts.

22. Das 1760 von einem Levantiner gegründete Café Greco wurde bald zum bekanntesten Treffpunkt in Rom. Der amerikanische Bildhauer William Wetmore Story machte hier

1861 Hans Andersen mit Elizabeth Barrett Browning bekannt. Im gegenüberliegenden Gebäude befand sich eine Pension, die sich besonders bei englischen Rom-Besuchern großer Beliebtheit erfreute; in ihr wohnten unter anderen Thackeray und Tennyson; der Maler Joseph Severn, der 1860 zum britischen Konsul in Rom ernannt wurde, starb hier 1879 im Alter von 85 Jahren.

23. Das Haus, in dem sich heute die Gedenkstätte für John Keats und Percy Shelley befindet, war seinerzeit eine billige, von einer Signora Petri geführte Pension. Von dem kleinen Zimmer aus, in dem Keats im Februar 1821 starb, blickt man auf den Barcaccia-Brunnen auf der Piazza di Spagna hinunter. Die Gedenkstätte enthält eine umfangreiche Sammlung von Büchern über Keats und Shelley. Auf der anderen Seite des Platzes befindet sich das Haus Nr. 66, in dem Byron während seines Rom-Aufenthalts lebte.

24. Die Kirche S. Giuliano dei Fiamminghi in der Via de Sudario, auch S. Giuliano Ospitaliero genannt, geht auf einen antiken Bau zurück und wurde gegen Ende des 17. Jahrhunderts im Auftrag eines reichen flämischen Apothekers namens Nicolaes van Haringhen erneuert, der 1705 in Rom starb, der Stadt, in der er den größeren Teil seines Lebens zugebracht hatte. Der Kirche angeschlossen war ein Spital. William Kent vollendete die nicht besonders eindrucksvolle Decke im Dezember 1717.

25. Der Campo dei Fiori, auf dem heutzutage jeden Vormittag und an Sonntagen ganztägig ein Obst- und Gemüsemarkt abgehalten wird, wurde erst nach der Hinrichtung Brunos, die hier im Jahr 1600 stattfand, regelmäßig als Richtstätte genutzt. Im 14. und 15. Jahrhundert war der Platz wegen seiner zahlreichen Gastwirtschaften bekannt gewesen. Eine von ihnen, das La Vacca an der Ecke

Via dei Cappellari/Vicolo del Gallo, gehörte Vanozza Cattanei, der Geliebten des Kardinals Rodrigo Borgia, die ihr Geld in mindestens vier Gasthöfen in Rom angelegt hatte. Ihr Wappen, vereint mit dem ihres dritten Gatten und dem ihres Geliebten, ist auf einem Schild an der Außenmauer des Hauses Vicolo del Gallo Nr. 13 zu sehen. Das Denkmal Giordano Brunos in der Platzmitte stammt von Ettore Ferrari und wurde 1887 enthüllt. Seine Aufstellung war eine politische Demonstration: Bürgermeister von Rom war in den achtziger Jahren des 19. Jahrhunderts der Herzog Leopoldo Torlonia, der sich als Förderer der technischen und baulichen Entwicklung der Stadt hervortat, indem er beispielsweise die Installierung einer Straßenbeleuchtung auf dem CORSO anregte und die Ausgrabungen auf dem FORUM forcierte. Er beging jedoch den politisch fatalen Fehler, dem Kardinalvikar einen offiziellen Besuch abzustatten und ihn um die Übermittlung der Glückwünsche der römischen Einwohnerschaft an Papst Leo XIII. zu dessen fünfzigstem Priesterjubiläum zu bitten. Dies veranlaßte den kirchenkritisch eingestellten Premierminister Crispi dazu, den Bürgermeister fristlos aus seinem Amt zu entlassen. Um jeglichen etwa aufkommenden Verdacht einer sich anbahnenden Verständigung zwischen den weltlichen Gewalten und dem Vatikan auszuräumen, ließ Crispi, nachdem er den Bürgermeister entmachtet hatte, das besagte Denkmal für Giordano Bruno und andere namhafte Ketzer aufstellen, deren Namen und Bildnisse, auf Medaillons geprägt, in den Sockel des Denkmals eingelassen sind. Unter den so Geehrten sind Erasmus, Vanini, Pallario, Servetus, Wycliffe, Huss, Sarpi und Campanella. Wenn man sich sonntags vor das Denkmal stellt, kann es passieren, daß man von fußballspielenden kleinen Jun-

gen gebeten wird, das Tor freizumachen.

## XIV. Napoleonisches Zwischenspiel

1. Der PALAZZO BRASCHI an der Piazza di S. Pantaleo, unweit des Corso Vittorio Emanuele II, wurde im Auftrag des Herzogs Onesti-Braschi erbaut, des unerfreulichen Neffen von Papst Pius VI., der einmal eine antipäpstliche Demonstration vor seinem Palast auseinandertrieb, indem er seinen Dienern befahl, Goldmünzen in die Menge zu werfen und dann die nach den Münzen Haschenden mit zwei Hundepeitschen, in jeder Hand eine, traktierte. Von Cosimo Morelli im Stil der Hochrenaissance gestaltet, wurde die Palazzo, der eine der prunkvollsten Freitreppen in Rom besitzt, gegen Ende des 18. Jahrhunderts fertiggestellt. Lange Zeit war das Gebäude Sitz des Innenministeriums, seit 1952 ist in ihm das MUSEO DI ROMA untergebracht. Unter den hier ausgestellten Kunstwerken befinden sich Fragmente von Fresken und Mosaiken aus der alten PETERSKIRCHE, Büsten und Porträts von Kardinälen sowie römische Stadtansichten aus verschiedenen Zeitepochen (Ölbilder, Aquarelle und Zeichnungen), darunter besonders reizvolle Ansichten aus dem 19. Jahrhundert von Ettore Roesler Franz und Ippolito Caffi.

2. Die SAKRISTEI VON ST. PETER, 1784 geweiht, birgt den Schatz von St. Peter, der sowohl 846 von den Sarazenen als auch 1527 beim *Sacco di Roma* geplündert und schließlich von Napoleon im Vollzug des Vertrags von Tolentino (1797) gründlich geplündert wurde. Dennoch enthält er noch immer Stücke von großem künstlerischem und historischem Wert, darunter den Ring Sixtus' IV. (1471–1484), das vom oströmischen Kaiser Justinian II. gestiftete juwelenbesetzte Kreuz (um 575) und die

sogenannte Dalmatika Karls des Großen, die aber in Wirklichkeit nicht vor dem 10., möglicherweise sogar erst im 15. Jahrhundert gefertigt worden ist. Die beiden wunderschönen großen Kandelaber sind von Antonio Pollaiuolo.

3. Die VATIKANISCHEN MUSEEN, zu deren Eingang von der Viale del Vaticano nördlich des BELVEDERE eine ebenso schöne wie zweckmäßige Doppelrampe hinaufführt, die Giuseppe Momo 1932 schuf, bestehen im einzelnen aus folgenden Sammlungen:

(I) Die PINACOTECA VATICANA. Sie wurde im Auftrag von Papst Pius XI. (1929–1939) von Luca Beltrami gestaltet und 1932 eingeweiht.

(II) Das MUSEO PIO-CLEMENTINO. Die hier verwahrte Sammlung von Werken der klassischen Bildhauerkunst, die die Päpste des 16. und 17. Jahrhunderts im CORTILE DEL BELVEDERE ausgestellt hatten, wurde von Clemens XIV. und Pius VI. erweitert und in den Räumen des unter Innozenz VIII. (1484–1492) errichteten PALAZZETTO DEL BELVEDERE untergebracht. Da der Palazzetto sich mit der Zeit als für diesen Zweck zu klein erwies, erhielt Michelangelo Simonetti den Auftrag, ihn durch Anbauten zu erweitern. Am Vorbild des PANTHEONS orientiert, errichtete er die Sala Rotonda, in deren Fußboden er ein 1780 in Otricoli entdecktes altrömisches Mosaik und ein riesiges Porphyr-Bassin aus der DOMUS AUREA integrierte. Einige der schönsten Skulpturen aus der römischen Antike kann man in den Sälen dieses Museums bewundern – die Jupiterbüste aus Otricoli, die Barberini-Juno, die römische Kopie nach Skopas' Meleager sowie die Venus von Knidos und den Apollo Sauroktonos, beides römische Kopien von Werken des Praxiteles. Die bedeutendsten Stücke dieses Museums finden sich jedoch in dem Portikus, den Simonetti 1773 in den Innenhof setzte: die Laokoon-

gruppe, der Hermes (ehemals unter dem Namen Antinous von Belvedere bekannt) und der Apoll vom Belvedere, ferner der von Canova geschaffene Perseus, der anstelle des Apoll vom Belvedere aufgestellt wurde, nachdem dieser gegen Ende des 18. Jahrhunderts von den Truppen Napoleons nach Paris entführt worden war.

(III) Das MUSEO GREGORIANO EGIZIANO. Die erste Sammlung ägyptischer Antiquitäten ließ Pius VII. (1800–1823) aus Stücken zusammenstellen, die sich im VATIKAN, im KAPITOLINISCHEN MUSEUM und in der VILLA HADRIANS befanden. Gregor XVI. veranlaßte 1839 die Verlegung der Sammlung an ihren jetzigen Ort. Sie ist seither durch Geschenke aus Ägypten bereichert worden.

(IV) Das MUSEO GREGORIANO ETRUSCO. Gregor XVI. gründete dieses Museum 1837.

(V) Das MUSEO CHIARAMONTI. Dieses von Pius VII. (1800–1823) als weiteres Antiquitätenkabinett gegründete Museum umfaßt (a) das eigentliche Museo Chiaramonti, (b) dessen Erweiterungsbau, die Galleria Lapidaria, eine Sammlung von rund 5000 heidnischen und christlichen Inschriften, und (c) den Braccio Nuovo (siehe IX, Anm. 5), in dem sich eine Statue des Augustus befindet, nach verbreiteter Ansicht das künstlerisch gelungenste unter allen erhaltenen Porträts dieses Kaisers.

(VI) Die GALLERIA DEI CANDELABRI E DEGLI ARAZZI. In dieser Galerie sind klassische Skulpturen von zweitrangiger Bedeutung versammelt. Erwähnenswert sind die Deckenfresken, die Ereignisse aus dem Leben von Papst Leo XIII. (1878–1903) zeigen, die beiden prächtigen Zwillingskandelaber unter den Bögen und die von Schülern Raffaels hergestellten flämischen Gobelins – ihnen und den Kandelabern verdankt die Galerie ihren Namen. Ursprünglich war dies eine von Papst

Clemens XIII. über dem Westflügel des Cortile della Pigna errichtete Loggia; Pius VI. ließ sie schließen.

(VII) Die Galleria delle Carte Geografiche. Hier sind die Wände mit Karten aller italienischen Regionen geschmückt, die Antonio Danti, der Bruder des Geographen Egnazio Danti, von 1580 bis 1583 malte. Die Galerie wurde im Auftrag von Papst Gregor XIII. (1572–1585) erbaut, entweder von Martino Longhi dem Älteren oder von Ottaviano Mascarino.

(VIII) Das Museo Profano della Biblioteca. Es ist in einem einzigen Raum untergebracht, den Clemens XIII. 1767 für die Unterbringung der päpstlichen Medaillensammlung einrichten ließ.

(IX) Die Vatikanische Bibliothek (siehe VII, Anm. 7).

(X) Das Museo Sacro della Biblioteca. 1756 von Benedikt XIV. gegründet, wurde dieses Museum in der Amtszeit Pius' XI. umgestaltet und enthält seither eine Ausstellung christlicher Kunstgegenstände. Zu sehen sind hier Reliquien und Einrichtungsgegenstände aus der Sancta Sanctorum. Die angrenzende Sala delle Nozze Aldobrandini verdankt ihren Namen einem antiken Gemälde, das die Heirat Alexanders mit Roxana zeigt. Es wurde 1605 in ausgesprochen gutem Zustand auf dem Esquilin entdeckt und ist nach Ansicht der Experten die Kopie eines von dem griechischen Künstler Aëtion im 4. Jahrhundert v. Chr. gemalten Bildes.

(XI) Das Museo Storico. Es enthält eine Sammlung päpstlicher Karossen sowie alter Waffen und Rüstungen der päpstlichen Leibgarden.

(XII) Die ehemaligen Lateran-Museen, nämlich (a) das Museo Pio Cristiano, gegründet 1854 von Pius IX. und besuchenswert wegen seiner Sammlung frühchristlicher Sarkophage, (b) das Museo Gregoriano

Profano, gegründet von Gregor XVI. (1831–1846), das Inschriften, Mosaiken und Skulpturen enthält – in einem seiner Räume finden sich ausschließlich Frauenstatuen –, sowie (c) das Museo Missionario Ethnologico, gegründet 1926 von Pius XI. und bestückt mit bildlichen Zeugnissen der Missionsarbeit der katholischen Kirche in aller Welt.

Es gibt im Vatikan ferner ein ausgezeichnetes, reichhaltiges und überraschend eklektisches Museum für moderne Kunst, dessen Exponate zu einem beträchtlichen Teil von den betreffenden Künstlern selbst gestiftet wurden.

4. Das Gabinetto delle Maschere gehörte zum Museo Pio-Clementino. Es verdankt seinen Namen dem Mosaikfußboden, der 1780 in der Villa Hadrians entdeckt wurde und dessen beherrschendes Bildmotiv Masken sind.

5. Der Obelisk vor der Kirche SS. Trinità dei Monti ist eine Kopie aus der römischen Kaiserzeit, einem Obelisken aus der Regierungszeit des Pharao Ramses II. nachgebildet. Er wurde in den Gärten des Palasts von Sallust gefunden und 1790 auf Anweisung von Pius VI. an seinem jetzigen Standort aufgestellt.

6. Den Obelisken von Psammetich II., der heute auf der Piazza di Montecitorio steht, ließ Augustus aus Heliopolis nach Rom bringen und auf dem Marsfeld aufstellen. Nach einem Brand umgestürzt, wurde er 1792 unter Pius VI. wiederaufgerichtet. Mit 29 Metern Höhe ist er der viertgrößte unter den dreizehn Obelisken, die von ursprünglich achtundvierzig in der Zeit des Kaiserreichs aufgestellten Obelisken erhalten beziehungsweise wiederaufgefunden worden sind.

7. Den Obelisken auf der Piazza del Quirinale ließ Pius VI. vom Augusteum hierher verlegen, als er das Ensemble der Dioskuren – die Monumentalstatuen der Zwillinge

Kastor und Pollux mit ihren Pferden –, die in der Amtszeit von Sixtus V. in den THERMEN KONSTANTINS gefunden worden waren, neu arrangieren ließ – der Obelisk wurde zwischen den Dioskuren aufgestellt. Seine endgültige Gestalt erhielt das neue Ensemble, als Raffaello Stern, der Architekt Pius' VII., unter Verwendung des großen Granitbassins, das vor dem TEMPEL VON KASTOR UND POLLUX auf dem FORUM gestanden hatte, den Brunnen dazusetzte.

8. Die STATUEN DER PFERDEZUREITER auf der Piazza del Quirinale sind römische Kopien griechischer Originale. Sie befanden sich wahrscheinlich ehemals in den THERMEN KONSTANTINS, die zu Beginn der Amtszeit dieses Kaisers, um das Jahr 315 n. Chr., in derselben Gegend gebaut wurden.

9. Von der BRONZESTATUE DES HEILIGEN PETRUS, die auf der rechten Seite des Langschiffs des Petersdoms, unweit des BALDACCHINO, steht, nahm man lange Zeit an, sie sei in der Zeit Papst Leos I. (440–461) durch Umarbeitung einer antiken Statue des Jupiter Capitolinus entstanden. Heute vertreten jedoch die meisten Fachleute die Auffassung, sie stamme aus dem 13. Jahrhundert und sei das Werk von Arnolfo di Cambio. Fest steht, daß der Marmorthron die Arbeit eines Renaissance-Handwerkers ist und daß der Sockel aus sizilianischem Jaspis mit seinen Paneelen aus grünem Porphyr 1756 und 1757 von Carlo Marchionni geschaffen wurde. Viele Generationen von Gläubigen sind an dem sitzenden Petrus mit seiner zum Segen erhobenen Rechten und seiner einen großen Schlüssel haltenden Linken vorbeidefiliert und haben die Zehen seines ausgestreckten Fußes berührt oder geküßt. An bestimmten Festtagen wird die Statue mit kostbaren Kleidern, Edelsteinen und einer Mitra geschmückt.

10. Der PALAZZO FALCONIERI in der Via Giulia gehörte ursprünglich der Familie Odescalchi. Von ihr erwarb ihn 1606 Pietro Farnese, Herzog von Latera, der ihn 1638 an Orazio Falconieri verkaufte. 1646 beauftragte Falconieri, der mittlerweile auch einen benachbarten Palazzo erworben hatte, Borromini mit dem Entwurf einer neuen Fassade und einer Freitreppe. Heute ist in dem Gebäude die Ungarische Akademie der Künste einquartiert.

1815 kaufte Madame Mère den PALAZZO ASTE-BUONAPARTE – heute PALAZZO MISCIATELLI – in unmittelbarer Nähe des PALAZZO DORIA. Er war 1658 bis 1665 von Giovanni Antonio de'Rossi für die Familie d'Aste erbaut worden. Von dem überdachten Balkon aus pflegte Madame Mère den Verkehr auf dem daruntergelegenen Corso zu betrachten. Das Äußere des Palazzo wurde 1979 restauriert.

## XV. Das Risorgimento und die römische Frage

1. Die VILLA CORSINI, deren berühmter Salon zwölf Türen und zwölf Fenster hatte und als Casino dei Quattro Venti bekannt war, wurde um die Mitte des 18. Jahrhunderts von Simone Salvi für die Familie Corsini erbaut. 1849 erwarb sie Fürst Doria zur Abrundung des benachbarten, bereits in seinem Besitz befindlichen Anwesens, der Villa del Bel Respiro, auch VILLA DORIA PAMPHILJ genannt. Nach ihrer Zerstörung bei den Kämpfen wurde die Villa Corsini nicht wiederaufgebaut; an ihrer Stelle wurde ein Triumphbogen errichtet.

2. Das Casino der VILLA DORIA PAMPHILJ schuf um 1650 Alessandro Algardi für den Fürsten Camillo Pamphilj, einen Neffen von Papst Innozenz X. Nach dem Zweiten Weltkrieg wurde es der belgischen Regierung als Botschafterresidenz überlassen; das weitläufige Grund-

stück wurde zum öffentlichen Park erklärt.

3. Die VILLA MEDICI DEL VASCELLO – so genannt, weil sie in ihrer Form an ein Schiff erinnerte –, wurde in der zweiten Hälfte des 17. Jahrhunderts nach Plänen von Basili Bicci erbaut. Sie gehörte einem im Dienste Ludwigs XIV. von Frankreich tätigen Römer namens Elpidio Benedetti, der sie mit Medaillons und Porträts französischer Könige ausschmücken ließ. Von Benedetti ging die Villa an den Duc de Nevers, von diesem an den Grafen Giraud über, dessen Namen sie während der Ereignisse von 1849 trug. Danach kaufte sie Fürst Doria und verleibte das Grundstück dem Gelände der VILLA DORIA PAMPHILJ ein. Später wurde sie von der Familie Medici erworben.

4. Das CAFÉ NUOVO befand sich im Erdgeschoß des PALAZZO RUSPOLI – 1586 von Ammanati für die Familie Rucellai erbaut – am Corso. Es wurde geschlossen, als sich das Personal weigerte, zwei französische Offiziere zu bedienen, und später unter dem Namen Café Militare Francese als Lokal der französischen Besatzungstruppen wiedereröffnet. Nach dem Fall Roms wurde es, nun unter dem Namen Café Italia, zu einem beliebten Treffpunkt der Offiziere von König Viktor Emanuel II. Es hörte auf zu bestehen, als das Erdgeschoß des Palazzo Ruspoli an den Banco Nazionale vermietet wurde.

5. Canovas DENKMAL DER STUARTS IN ST. PETER wurde 1819 aufgestellt. In Auftrag gegeben hatte es Pius VII. auf Anraten von Kardinal Consalvi, der seine Karriere hauptsächlich dem Kardinal von York, Henry Benedict Stuart, verdankte; die Kosten übernahm der Prinzregent von England. Das Denkmal zeigt die Stuart-Thronprätendenten ‚Jakob III.‘ und ‚Karl III.‘ sowie den Kardinal von York, ‚Heinrich IX.‘, der 1807 in Rom starb.

6. Pauline Bonaparte, Napoleons hübsche und kokette Schwester, heiratete 1803 in zweiter Ehe den Prinzen Camillo Borghese. Canova hat sie in seiner Statue als Venus Victrix dargestellt, mit einem Apfel in der Hand auf eine Couch hingestreckt. Sie in dieser Pose und mit nacktem Busen zu modellieren, war ihre eigene Idee und setzte den Künstler in Verlegenheit, der gar nicht die Absicht gehabt hatte, sein erlauchtes Modell so freizügig zu porträtieren. Als man sie fragte, wie sie es über sich gebracht habe, fast nackt zu posieren, antwortete sie, es habe ihr überhaupt nichts ausgemacht, das Atelier sei gut geheizt gewesen.

7. Das CASINO DER VILLA GIUSTINIANI-MASSIMO befindet sich unmittelbar nördlich der Piazza S. Giovanni in Laterano zwischen der Via Tasso und der Via Boiardo; die ‚Adresse‘ seines Eingangs ist Via Boiardo Nr. 16. Die Nazarener schmückten es zwischen 1821 und 1829 im Auftrag von Fürst Camillo Massimo mit Fresken aus. Die Reliefs, Büsten und Medaillons der Fassade sind im Stil Vasanzios, Pirro Ligorios und Borrominis gehalten.

8. Der Park der VILLA LUDOVISI nahm einen großen Teil der antiken GÄRTEN DES SALLUST in der Gegend der heutigen Via Ludovisi, zwischen der Via Vittorio Veneto und der Via di Porta Pinciana ein. Das Anwesen gehörte Kardinal Lodovico Ludovisi, einem Neffen von Papst Gregor XV. (1621–1623). Das Hauptgebäude, erbaut nach Plänen von Domenichino aus Bologna und Maderno, wurde abgerissen, nachdem Fürst Boncompagni-Ludovisi 1886 einen großen Teil des Areals als Baugelände verkauft hatte. Der anstelle der Villa nach Plänen von Gaetano Koch errichtete Palazzo wurde 1890 fertiggestellt. Er diente Königin Margherita als Residenz und wurde nach dem Zweiten Weltkrieg zum Domizil der AMERIKANISCHEN BOTSCHAFT. Auf dem wesentlich verkleinerten heuti-

gen Areal des Anwesens steht noch das Casino, in dessen großem Salon sich als Deckenfresko das Meisterwerk Guercinos, die ,Aurora' von 1621, findet.

Das Gebäude der BRITISCHEN BOTSCHAFT nahe der Porta Pia in der Via XX Settembre wurde nach Plänen von Sir Basil Spence erbaut, nachdem israelische Terroristen im Oktober 1946 die alte Britische Botschaft in die Luft gejagt hatten. Der britische Botschafter wohnt in der Villa Wolkonsky. In deren Park zwischen der Via Statilia und der Via G. B. Piatti finden sich einige guterhaltene Überreste der Aqua Neroniana, die an der Porta Maggiore von der Aqua Claudia abzweigte und deren Wasser zum Palast des Kaisers auf dem Palatin leitete.

## XVI. Königliches Rom

1. Die VILLA NEGRONI befand sich zwischen der VILLA MONTALTO und den THERMEN DIOKLETIANS, auf dem Gelände des heutigen Sackbahnhofs ROMA TERMINI.

2. Der PROTESTANTISCHE FRIEDHOF, auch CIMITERO DEGLI INGLESI genannt, liegt unweit der PORTA S. PAOLO, bei der CESTIUS-PYRAMIDE. Caius Cestius war ein reicher Prätor, der um das Jahr 12 v. Chr. starb; die Pyramide ist sein Mausoleum. Bis gegen Ende des 18. Jahrhunderts konnten in Rom gestorbene Nichtkatholiken, Juden ausgenommen, nur außerhalb der Stadt begraben werden. Einer von mehreren Begräbnisplätzen für diese Toten war der Streifen Ödland unmittelbar außerhalb jenes Teils der AURELIANISCHEN MAUER, in den die Cestius-Pyramide integriert worden war. Als 1821 Keats starb, waren gerade Verhandlungen zwischen Kardinal Consalvi, dem Staatssekretär Pius' VII., und Vertretern der Stadt Rom über die Anlage eines ummauerten Friedhofs an dieser Stelle im Gang. Keats und

später sein Freund Joseph Severn wurden auf dem sogenannten Alten Friedhof begraben. Auf dem angrenzenden, von Zypressen überschatteten Neuen Friedhof sind unter anderem Shelley und sein Freund Trelawney, Goethes unehelicher Sohn Julius Augustus (er starb 1830), der amerikanische Bildhauer William Wetmore Story, der Historiker John Addington Symonds und der Abenteuerschriftsteller R. M. Ballantyne begraben. Auch die Gräber einiger Italiener finden sich hier, unter anderem das von Antonio Gramsci, dem ersten Führer der Kommunistischen Partei Italiens.

Auf der anderen Seite der Via Sabaglia befindet sich der britische Soldatenfriedhof, auf dem die Leichen von rund 400 britischen Gefallenen aus dem Zweiten Weltkrieg liegen. Der Friedhof liegt im Schatten des MONTE TESTACCIO, eines Hügels, der im wahrsten Sinne des Wortes ein Scherbenhaufen ist: die Scherben von Amphoren – sie dienten als Transportgefäße für Öl, Wein und Getreide –, die beim Entladen von Schiffen im nahe gelegenen Flußhafen, dem Emporium, zu Bruch gingen, wurden jahrhundertelang hier aufgeschüttet.

3. Der PALAZZO CAETANI in der Via delle Botteghe Oscure wurde um das Jahr 1564 nach Plänen von Bartolommeo Ammanati für Alessandro Mattei, Herzog von Paganica, erbaut. Er wurde später von der Familie Negroni erworben, von der er in die Hände der Caetani überging. Die nahe gelegene Kirche S. CATERINA DEI FUNARI wurde im 12. Jahrhundert gestiftet und im 16. Jahrhundert von Guido Guidetti erneuert. Ihren Namen, der sich auch auf das umgebende Viertel übertragen hat, verdankt sie entweder einer dort ansässig gewesenen Familie oder den Seilern, italienisch *funari*, die hier ihrem Handwerk nachgingen. Die Via delle Botteghe Oscure ist nach den finsteren Läden und Buden benannt, die

früher diese Straße säumten; manche von ihnen waren im Mittelalter von Händlern in die Arkaden des THEATERS DES CORNELIUS BALBUS (erbaut 13 v. Chr.) eingebaut worden. Bis vor kurzem meinte man, dieser Straßenzug sei auf dem Gelände des CIRCUS FLAMINIUS entstanden, doch haben jüngste archäologische Grabungen ergeben, daß der Circus sich näher am Tiber befunden haben muß. Die Via delle Botteghe Oscure ist heute eine relativ breite Straße, auf die ihr Name nicht mehr zutrifft.

4. Das KLOSTER S. SILVESTRO IN CAPITE war der gleichnamigen Kirche angeschlossen. Die Kirche wurde unter Papst Stefan II. (752–757) auf den Ruinen eines von Kaiser Aurelian erbauten Sonnentempels errichtet. Sie war eine der frühen *diaconiae* Roms. Im 13. Jahrhundert erhielt die Kirche einen Campanile, im 16. Jahrhundert legte Francesco da Volterra Pläne für ihre Umgestaltung vor. Die Bauarbeiten begannen 1593, kurz vor Volterras Tod. Carlo Maderno, der das Vorhaben weiterführte, modifizierte die Entwürfe Volterras geringfügig. Der Neubau wurde 1602 geweiht. 1690 begann unter Leitung von Carlo Rainaldi beziehungsweise nach seinem Tod von Mattia und Domenico de'Rossi sowie Lodovico Gimignani eine weitere Renovierungsphase. Ursprünglich enthielt die Kirche ein Oratorium, das von griechischen Mönchen betreut wurde, die behaupteten, hier das abgeschlagene Haupt von Johannes dem Täufer in Verwahrung zu haben – daher das Namensattribut *in capite*. 1885 ging die Kirche an eine Gemeinschaft englischer Mönche über und wurde zur Kirche der katholischen Engländer in Rom. Die neugotische anglikanische Allerheiligenkirche in der Via del Babuino 153 stammt von G. E. Street, einem englischen Architekten der viktorianischen Zeit, der auch die amerikanische Kirche St. Paul's in der Via Napoli 58 erbaute. In dieser 1879 geweihten, im romanischen Stil gehaltenen Kirche finden sich Mosaiken von Burne-Jones.

5. Der PALAZZO MADAMA wurde im 16. Jahrhundert im Auftrag der Familie Medici erbaut; er diente den Medici-Päpsten Leo X. und Clemens VII., als sie noch Kardinäle waren, als Residenz. Auch Caterina de'Medici, die spätere französische Königin, wohnte hier. Seinen heutigen Namen erhielt der Palazzo, als ,Madama' Margarete von Österreich (siehe IX, Anm. 14) ihn sich zu ihrer römischen Residenz erwählte. Die pompöse dreistöckige Fassade, die nach vielen Verzögerungen 1649 vollendet wurde, stammt von Lodovico Cardi und Paolo Maruscelli. Seit 1871 dient der Palast dem italienischen Senat als Sitzungsgebäude.

6. Zum baulichen Umfeld des OSPIZIO DI S. MICHELE gehörten eine Wohnanlage, Kunst- und Handwerksschulen, ein Heim für obdachlose Kinder und eine Besserungsanstalt für Dirnen.

7. Der TERMINI-BAHNHOF wurde 1876 eingeweiht. Kurz vor Beginn des Zweiten Weltkriegs wurde mit dem

Bau des imposanten neuen Bahnhofsgebäudes begonnen; Angiolo Mazzoni del Grande gestaltete die Flügelbauten, Eugenio Montuori, Annibale Vitelozzi, Massimo Castellazzi und Vasco Fadigati unter Mitarbeit der Ingenieure Leo Calini und Achille Pintonello die 1950 eingeweihte Bahnhofshalle mit ihrer kühnen Fassade.

8. Aufgrund zahlreicher Bauverzögerungen, die hauptsächlich auf Problemen mit unterirdischen Quellen und Wasserläufen beruhten, vergingen zweiundzwanzig Jahre, bis der immens große, immens häßliche und mit Baukosten von 40 Millionen Lire auch immens teure Palazzo di Giustizia (Justizpalast) von Guglielmo Calderini 1911 eingeweiht werden konnte. Ungeachtet der Tatsache, daß der Architekt in Reaktion auf kritische Stimmen einmal erklärte, er sehe keinen Grund, weshalb sein Bau nicht ebenso lange stehen sollte wie die benachbarte Engelsburg, mußte der Palazzaccio, wie der gigantische Bau im Volksmund genannt wurde, 1970 vorübergehend geräumt werden, weil er als einsturzgefährdet galt. Das dreistöckige Gebäude zwischen der Piazza dei Tribunali und der Piazza Cavour besteht aus großen Travertinblöcken und wird von einer von Ettore Ximenes geschaffenen Quadriga gekrönt. Die Statuen an der Fassade verewigen das Andenken an berühmte römische Rechtsgelehrte.

9. Das Kriegsministerium, heute Verteidigungsministerium genannt, wurde von 1876 bis 1883 erbaut. Das Finanzministerium (Ministeri delle Finanze e del Tesoro), errichtet nach Plänen von Raffaele Canevari, wurde 1877 eingeweiht. In dem Gebäudeteil, der das Schatzamt enthält, befindet sich ein Museum mit einer Sammlung italienischer Münzen.

10. Der Policlinico genannte Krankenhauskomplex entstand von 1887 bis 1890 nach Plänen von Giulio Podesti.

11. Das monströs-monumentale Wahrzeichen des modernen Rom, das an den Nordhang des Kapitolshügels gesetzte, die Piazza Venezia überragende Nationaldenkmal für Viktor Emanuel II., ist 150 Meter lang und 60 Meter hoch. Sein Architekt Giuseppe Sacconi entschied sich bei der Wahl des Baumaterials für Botticino-Marmor aus Brescia, dessen blendendweiße Farbe die lieblichen grauen und braunen, orange- und rostroten Pastelltöne der umliegenden Gebäude erschlägt. Was Silvio Negro als den ‚Zuckerberg‘ charakterisierte, nannten die britischen Soldaten im Zweiten Weltkrieg den ‚Hochzeitskuchen‘. Im Innern des Denkmals sind Büros, Wasserbehälter für Brunnen, eine Polizeiwache und die Archive des Istituto per la Storia del Risorgimento Italiano untergebracht. Auf der Terrasse, die man über die erste Treppe erreicht, befindet sich das Grabmal des Unbekannten Soldaten, rund um die Uhr von einer Ehrenwache bewacht. Von der obersten Terrasse bietet sich einer der schönsten Blicke auf das Stadtzentrum. Links von der zu den Terrassen hinaufführenden Treppe sind einige fragmentarische Überreste des Grabmals von C. Publicius Bibulus zu sehen, eines Aedils aus dem ersten vorchristlichen Jahrhundert; dieses Grabmonument markierte im antiken Rom den Beginn der Via Flaminia.

12. Während die Villa Giustiniani-Massimo verschwunden ist, ist ihr Casino erhalten geblieben (siehe XV, Anm. 7). Eine weitere Villa Massimo befindet sich am Nordende der Viale di Villa Massimo, unweit der Via Nomentana. In ihr ist die Direktion der Deutschen Akademie untergebracht.

13. Die VILLA MONTALTO, die einmal Papst Sixtus V. (1585–1590) gehörte, erstreckte sich über ein größeres Areal zwischen der Piazza dell'Esquilino und den zum BAHNHOF TERMINI führenden Gleisen.

14. Das weitläufige Gelände der 1674 von G. A. de'Rossi für Kardinal Paluzzo Albertoni-Altieri erbauten VILLA ALTIERI erstreckte sich von der Kirche S. MARIA MAGGIORE bis zum CASTRO PRETORIO. Die Kasernen des Castro Pretorio, 23 n. Chr. von Sejanus, dem leitenden Minister des Tiberius, für die Praetorianergarde errichtet, wurden später in die AURELIANISCHE MAUER integriert; Kaiser Konstantin ließ sie abtragen. Die an ihrer Stelle aufgeführten Gebäude waren im Zeichen der Familienfehden und Machtkämpfe des Mittelalters als Bastionen höchst begehrt. Die Jesuiten übernahmen sie im 17. Jahrhundert und benannten sie nach dem Ort ihres größten missionarischen Erfolgs im Fernen Osten, Macao. Anschließend wurden sie als Kasernen für die päpstlichen Truppen beziehungsweise nach 1870 für das italienische Heer genutzt.

15. Bauherr des TEATRO DELL'OPERA in der Via del Viminale war der Hotelier Domenico Costanzi, dessen Namen das Theater denn auch mehrere Jahrzehnte lang trug. 1926, 46 Jahre nach seiner Einweihung, wurde es von der Stadt Rom erworben. Von 1956 bis 1960 wurde es von Marcello Piacentini von Grund auf renoviert und ist heute eines der bedeutendsten Opernhäuser der Welt.

## XVII. Roma Fascista

1. Der ausladende PALAZZO DEL VIMINALE am Südwesthang des Viminalshügels wurde nach Plänen von Manfredo Manfredi erbaut und 1920 fertiggestellt; er bietet dem Innen- und Gesundheitsministerium Raum.

2. Der PALAZZO CHIGI, 1592 für die Aldobrandini, die Familie von Papst Clemens VIII. erbaut, liegt an der Nordseite der Piazza Colonna. Er ist sowohl Carlo Maderno als auch Giacomo della Porta zugeschrieben worden. 1659 verkaufte ihn Donna Olimpia Aldobrandini Pamphilj an den Chigi-Papst Alexander VII., der darin seine Neffen unterbrachte. Felice della Greca gestaltete im Auftrag der neuen Besitzer den pompösen barocken Innenhof und die der Piazza Colonna zugekehrte Fassade. Die andere Fassade wurde 1664 von Bernini begonnen. 1746 ging der Palast in den Besitz des Fürsten Odescalchi über, der das Gebäude von Nicola Salvi beträchtlich verlängern ließ, wodurch die Wirkung der Berninischen Fassade beeinträchtigt wurde. 1923 zog das italienische Außenministerium, später das Präsidium des Staatsrats in das Gebäude ein.

3. Die neoklassizistische VILLA TORLONIA wurde in den Jahren nach 1841 von Antonio Sarti für Alessandro Torlonia auf einem Areal erbaut, das sein Vater, Don Marino Torlonia, 1825 erworben hatte. Von 1925 an stand das Gebäude Mussolini zur Verfügung.

4. Wenn das vor kurzem angekündigte Vorhaben, mitten in Rom einen riesigen archäologischen Park anzulegen, jemals verwirklicht werden sollte, würde die VIA DEI FORI IMPERIALI verschwinden und das ganze Gebiet zwischen der Piazza Venezia und dem KOLOSSEUM zur Grabungszone werden.

5. Bei der Anlage der VIA DELLA CONCILIAZIONE wurde der Abriß zahlreicher alter Gebäude des Borgo in Kauf genommen; 1937 wurde die Straße dem Verkehr übergeben. Ihre Architekten waren Marcello Piacentini und Attilio Spaccarelli. Mit dieser neuen Straße war nicht nur eine leistungsfähige Ader für den Verkehr vom und zum Vatikan geschaffen, sondern auch eine alte, sowohl von Bramante als auch von Bernini erho-

bene Forderung erfüllt: für Prozessionen und dergleichen einen würdigen Zugang zum PETERSDOM zu schaffen. Der englische Reiseschriftsteller Augustus Hare allerdings befand, die atemberaubende optische Wirkung des Petersdoms habe voll und ganz auf dem „unvermittelten Heraustreten aus einer dunklen engen Straße auf den sonnenüberstrahlten Platz" beruht, und dieser Effekt sei durch den Durchbruch der breiten Via della Conciliazione zunichte gemacht worden.

6. Der unter der Bezeichnung E.U.R. (Esposizione Universale di Roma) bekannte Komplex liegt rund fünf Kilometer südlich von Rom. Man gelangt dorthin von der Porta Ardeatina aus über die Via Cristoforo Colombo. Die Idee, in Rom eine Weltausstellung zu veranstalten, kam 1935 von Giuseppe Bottai, dem damaligen Gouverneur – nach Mussolinis Bezeichnung für den Bürgermeister – von Rom. Mussolini beschloß, die Ausstellung solle 1942, zum 20. Jahrestag des Marsches nach Rom, eröffnet werden. Der führende Kopf bei der Planung und Durchführung des Projekts E 42, so das gebräuchliche Verwaltungskürzel für die Weltausstellung, war Virgilio Testa, Leiter des Büros des Gouverneurs von Rom; er behielt seine Stellung bis zum Sturz des faschistischen Regimes bei und wurde nach dem Krieg wiederberufen. Die architektonische Gesamtkonzeption stammte von Marcello Piacentini, einem der führenden Architekten der faschistischen Periode, auf dessen Konto auch einige andere öffentliche Monumentalbauten aus dieser Zeit gingen, so etwa die Banco d'Italia an der Piazza del Parlamento (1918), der Neubau des Opernhauses (1928) und das Wirtschaftsministerium (1932). Das Areal für E.U.R. in Tre Fontane wählte offensichtlich Mussolini persönlich bei einer Besichtigung der Region im Dezember 1936 aus.

Spätere Erweiterungen hinzugerechnet, umfaßt das Gelände eine Fläche von rund 400 Hektar. Die Ausstellung sollte eine ‚Olympiade der Zivilisation' sein. Die Bauarbeiten begannen 1938; einige der größeren Bauten, darunter die Kirche (von A. Foschini), der Palazzo della Civiltà, das sogenannte ‚eckige Kolosseum' (von G. Guerrini, E. La Padula und M. Romano) und der Kongreßpalast (von A. Libera) konnten noch vor Kriegsausbruch fertiggestellt werden. Dann wurden die Arbeiten vorläufig eingestellt. Während des Krieges wurde das Gelände zunächst von den Deutschen, dann von alliierten Truppen besetzt, um schließlich von Flüchtlingen in Beschlag genommen zu werden. Diese verheizten nach und nach sämtliche Holzfußböden und Möbel; Banden von Räubern und Einbrechern taten ein übriges, so daß das E.U.R. 1950 nach dem Zeugnis von Guido Piovene den Anblick eines modernen Pompeji bot. Im Jahr darauf wurde Virgilio Testa zurückberufen und mit der Aufgabe betraut, die beschädigten Gebäude restaurieren und die begonnenen fertigstellen zu lassen, darunter Nervis Palazzotto dello Sport, der 1958 eröffnet wurde. Das kolossale Museum der Römischen Zivilisation (von Aschieri, Bernardini, Pascoletti und Peressuti) war ein Geschenk der Firma Fiat an die Stadt Rom.

7. Die VILLA SAVOIA, heute VILLA ADA genannt, befindet sich im nördlichen Vorstadtgürtel von Rom, eingerahmt von der Via Salaria im Osten und der Via Panama im Süden. Ein Teil des Grundstücks, auf dem sie steht, ist als öffentlicher Park zugänglich. Die Villa ist zur Zeit Sitz der Ägyptischen Botschaft.

8. Der PALAZZO WEDEKIND, der an der Westseite der Piazza Colonna steht – an gleicher Stelle befand sich früher ein für Papst Innozenz XII. (1691–1700) errichteter Palast –, wurde nach Plänen von Giuseppe

Valadier erbaut und 1838 von Pietro Camporese erneuert; von letzterem stammt die von sechzehn ionischen Säulen aus Veji gestützte Terrasse. Im Erdgeschoß befanden sich einst die berühmten Restaurants Colonna und Fagiano. Im 19. Jahrhundert erwarb der Bankier Wedekind das Gebäude und ließ es 1879 von Gargiolli umbauen. Heute enthält der Palazzo die Redaktionsräume der Zeitung „*Tempo*".

9. Das Hauptgefängnis Roms, das Regina Coeli am Westufer des Flusses, auf der Höhe des Ponte Mazzini, verdankt seinen Namen einem Kloster, das sich früher hier befand. Es trat an die Stelle des in den fünfziger Jahren des 17. Jahrhunderts von Papst Innozenz X. an der Via Giulia errichteten Carceri Nuove. Die Zellentrakte sind strahlenförmig an einen zentralen Wärterblock angebaut.

## Epilog: Die Ewige Stadt

1. Fährt man von Rom aus, der Via Appia Nuova folgend, in südöstlicher Richtung, so erreicht man nach etwa 10 Kilometern das Filmbetriebsgelände Cinecittà. Die Errichtung dieser Filmfabrik, 1937 nach Entwürfen von Gino Peressuti in Angriff genommen, war Teil eines Versuchs der faschistischen Regierung, eine eigenständige italienische Filmindustrie zu entwickeln. Das Projekt erwies sich zunächst als höchst erfolgreich: in den Jahren 1938 und 1939 entstanden 85 Filme, während 1930 in ganz Italien nur 12 Filme gedreht worden waren. Nach Ende des Zweiten Weltkriegs arbeitete Cinecittà noch mehrere Jahre lang höchst profitabel; eine Zeitlang verdiente Italien mit dem Export von Filmen mehr als jedes andere Land der Welt außer den Vereinigten Staaten. Dann setzte jedoch ein offenbar unaufhaltsamer Niedergang ein, und in jüngerer Zeit sind Pläne aufgetaucht, Cinecittà in eine Wohnsiedlung umzuwandeln.

# Auswahlliteratur

Ackerman, James S., The Architecture
   of Michelangelo, 1961
Addison, Joseph, Remarks on Several
   Parts of Italy, 1705
Andrieux, Maurice, La vie quotidien
   dans la Rome pontificale au XVIIIᵉ
   siècle, 1962; englische Ausgabe: Daily
   Life in Papal Rome in the Eighteenth
   Century, 1968
Angeli, Diego, Storia romana di trent'
   anni, 1770–1800, 1931
Armellini, Mariano, Le Chiese di Roma
   dal secolo IX al XIX, überarbeitet von
   Carlo Cecchelli, 1942
   Gli antichi cimiteri cristiani di Roma e
   d'Italia, 1893
Ashby, Thomas, The Aqueducts of An-
   cient Rome, 1930
Baddeley, St Clair and Lina Duff-Gor-
   don, Rome and Its Story, 1904
Bailey, Cyril (Hrsg.), The Legacy of
   Rome, 1923
Baker, G. P., Twelve Centuries of
   Rome, 1936
Balsdon, J. P. V. D., Julius Caesar and
   Rome, 1967
   Life and Leisure in Ancient Rome,
   1969
   (Hrsg.), The Romans, 1965
   Roman Women: Their History and
   Habits, 1962; deutsche Ausgabe: Die
   Frau in der römischen Antike, 1979
Bandini, G., Roma nel Settecento, 1930
Barker, Ethel Rose, Rome of the Pil-
   grims and Martyrs, 1913
Barraconi, Giuseppe, I rioni di Roma,
   1974
Barrow, R. H., The Romans, 1949
Belli, Giuseppe Gioachino, Tutti i sonet-
   ti romaneschi, 1972
Benigno, Jo di, Occasioni mencate, 1945
Bertolini, O., Roma di fronte a Bisanzio
   e ai Longobardi, 1941
Bianchi, Gianfranco, Perchè e come cad-
   de il fascismo, 1972

Blakiston, Noel, The Roman Question,
   1962
Bloch, Raymond, Les Origines de
   Rome, 3. Aufl., 1958
Blunt, Anthony, Borromini, 1979
   Guide to Baroque Rome, 1982
Bolton, J. R. Glorney, Roman Century,
   1870–1970, 1970
Bonomi, Ivanoe, Diario di un anno: 2
   giugnio 1943–10 giugnio 1944, 1947
Borsi, Franco and others, Arte a Roma
   dal Neoclassicismo al Romanticismo,
   1979
Boswell, James, Boswell on the Grand
   Tour: Italy, Corsica and France (hrsg.
   von Frank Brady und Frederick A.
   Pottle, 1955)
Bottrall, Ronald, Rome, 1968
Bowen, Elizabeth, A Time in Rome,
   1960
Boyer, Ferdinand, Le Monde des arts en
   Italie et la France de la Révolution et
   de l'Empire, 1969
Brandi, Karl, Kaiser Karl V. Werden
   und Schicksal einer Persönlichkeit und
   eines Weltreiches. 5. Aufl. 1959; eng-
   lische Ausgabe: The Emperor Charles
   V, 1965
Brezzi, Paolo, Roma e l'impero medioe-
   vale, 774–1252, 1947
Brosses, Charles de, Lettres historiques
   et critiques sur l'Italie, 3 Bde., 1799
Bryce, James, The Holy Roman Empire,
   1928
Bull, George, Inside the Vatican, 1982
Burckhardt, Jakob, Die Kultur der Re-
   naissance in Italien, 9. Aufl., 1966
Burke, Peter, Culture and Society in Re-
   naissance Italy, 1420–1540, 1972
Bury, J. B., The Invasion of Europe by
   the Barbarians, 1928
   History of the Later Roman Empire,
   395–565, 1923
Caesar, De bello civili, 1967; deutsche
   Ausgabe: Der Bürgerkrieg, 1984

Càllari, Luigi, I palazzi di Roma, 1932
Le ville di Roma, 1934

Capano, Renato Perrone, La resistenza in Roma, 2 Bde., 1963

Caraman, Philip, University of the Nations: The Story of the Gregorian University of Rome, 1981

Carcopino, Jérôme, La vie quotidienne à Rome à l'apogée de l'empire, 1939; englische Ausgabe: Daily Life in Ancient Rome, 1941; deutsche Ausgabe: Rom. Leben und Kultur in der Kaiserzeit, 1977

Carrington, P., The Early Christian Church, 2 Bde., 1957

Cary, Max, A History of Rome down to the Reign of Constantine, 2. Aufl., 1954

Castagnoli, Ferdinando u. a., Topografia e urbanistica di Roma Antica, 1969

Catullus, Quintus Lutatius, Catulli Veronensis carmina, 1973; deutsche Ausgabe: Gedichte, 1971

Chadwick, Owen, The Popes and the European Revolution, 1981

Chamberlin, E. R., The Sack of Rome, 1979

Chastel, André, The Sack of Rome, 1527, 1983

Cicero, Marcus Tullius, An seine Freunde; Epistularum ad familiares libri XVI, lateinisch und deutsch, 3. Aufl., 1980
Letters to Atticus, 1978

Clark, Eleanor, Rome and a Villa, Neuaufl., 1976

Clementi, F., Il carnevale romano, 1939

Collier, Richard, Duce: The Rise and Fall of Benito Mussolini, 1971

Cowell, F. R., Cicero and the Roman Republic, 1948

Crawford, Michael, The Roman Republic, 1978; deutsche Ausgabe: Die römische Republik = Geschichte der Antike IV

Creighton, Mandell, A History of the Papacy, 6 Bde., 1903

Cretoni, Antonio, Roma Giacobina, 1971

Cronin, Vincent, The Florentine Renaissance, 1967
The Flowering of the Renaissance, 1969

D'Arrigo, Giuseppe, Cento anni di Roma capitale, 1870–1970, 1970

Davis, Melton S., Who Defends Rome?, 1972

Deiss, Joseph Jay, The Roman Years of Margaret Fuller, 1969

Delumeau, Jean, Vie économique et sociale de Rome dans la seconde moitié du XVI siècle, 2 Bde., 1959

Delzell, Charles F., Mussolini's Enemies, 1961

Dickens, Charles, Pictures from Italy, Neuaufl., 1974

Dill, Samuel, Roman Society in the Last Century of the Western Empire, 1910

Dorey, T. A. and Dudley, D. R., Rome against Carthage, 1971

Douglas, J. H., The Principal Noble Families of Rome, 1905

Ducati, Pericle, L'arte in Roma dalle origini al secolo VIII, 1938

Dudley, Donald Reynolds, Urbs Roma, 1967

Dupaty, Jean Baptiste, Lettres sur l'Italie, 1824

Erlanger, Rachel, Lucrezia Borgia, 1979

Falda, G. B., Le fontane di Roma, 1691
Li giardini di Roma, 1683

Felice, Renzo de, Storia degli Ebrei Italiani sotto il Fascismo, 1962

Fermi, Laura, Mussolini, 1961

Ferrero, Guglielmo, Grandezza e decadenza di Roma, 5 Bde., 1902–1907; deutsche Ausgabe: Größe und Niedergang Roms, 2 Bde., 1921/1922; englische Ausgabe: The Greatness and Decline of Rome, 1907

Fischel, Oskar, Raffaele Sanzio, 1924; englische Ausgabe: Raphael, 2 Bde., 1948

Frank, Tenney, A History of Rome, 1924
An Economic History of Rome, 1927
Aspects of Social Behaviour in Ancient Rome, 1932

Frutaz, Amato Pietro (Hrsg.), Le piante di Roma, 3 Bde., 1962

Fugier, André, Napoléon et l'Italie, 1947

Garzetti, A., L'impero da Tiberio agli Antonini, 1960

Geller, H. und A., Jewish Rome, 1970

Gelzer, Matthias, Caesar, der Politiker

und Staatsmann, 6. Aufl. 1960; englische Ausgabe: Caesar Politician and Statesman, 1968

Gianelli, G., Roma nell' età delle guerre puniche, 1938

Gibbon, Edward, The History of the Decline and Fall of the Roman Empire, Ausgabe von 1854/1855

Gill, Joseph, Eugenius IV: Pope of Christian Union, 1961

Giuntella, V. E., Roma nel Settecento, 1971

Goethe, Johann Wolfgang, Italienische Reise, hsrg. von Herbert von Einem, 3. Aufl., 1985

Golzio, Vincenzo, und Giuseppe Zander, L'arte in Roma nel secolo XI, 1958
Le Chiese di Roma dal XI al XVI secolo, 1963

Grandi, Dino, 25 Iuglio: quarant' anni dopo, 1984

Grant, Michael, The Twelve Caesars, 1975; deutsche Ausgabe: Roms Cäsaren, 1978
The Climax of Rome, 1968; deutsche Ausgabe: Das Römische Reich am Wendepunkt, 1972
A History of Rome, 1978
Julius Caesar, 1969
The Roman Forum, 1970

Gregorovius, Ferdinand, Geschichte der Stadt Rom im Mittelalter, 4 Bde., 1978
Lucrezia Borgia, 1982

Grimal, Pierre, La Civilisation romaine, 1968; deutsche Ausgabe: Römische Kulturgeschichte, 1961

Grisar, Hartmann, History of Rome and the Popes in the Middle Ages, 3 Bde., 1911

Guicciardini, Luigi, Il Sacco di Roma, 1564

Hales. E. E. Y., Mazzini and the Secret Societies, 1956
Napoleon and the Pope, 1962
Pio Nono, 1964
Revolution and Papacy, 1769–1846, 1960

Hare, Augustus, Walks in Rome, 1878

Harris, C. R. S., The Allied Military Administration of Italy, 1957

Haskell, Francis, Patrons and Painters: Art and Society in Baroque Italy, bearbeitete Auflage, 1980

Haynes, Renée, Philosopher King: The Humanist Pope, Benedict XIV, 1970

Hayward, Fernand, Pie IX et son temps, 1948

Henig, Martin (Hrsg.), A Handbook of Roman Art, 1983

Hermanin, F., L'arte a Roma dal secolo VIII al secolo XIV, 1945

Heyden, A. A. M. van der und Scullard, H. H., Atlas of the Classical World, 1959

Hibbard, Howard, Bernini, 1965
Carlo Maderno, 1972
Michelangelo, 1975

Highet, Gilbert, Juvenal the Satirist, 1954
Poets in a Landscape, 1957

History of the Church, hrsg. von Hubert Jedin und John Dolan, 10 Bde., 1980

Hodgkin, Thomas, Italy and Her Invaders, 8 Bde., 1880–1890

Hofmann, Paul, Rome, The Sweet Tempestuous Life, 1983

Hook, Judith, The Sack of Rome, 1527, 1972

Horatius Flaccus, Quintus, Oden und Epoden, 1964

Hülsen, Christoph, Le chiese di Roma nel Medio Evo, 1927

Hutton, Edward, Rome, 1950

Insolera, Italo, Roma moderna, 1976

Isbell, Harold, The Last Poets of Imperial Rome, 1971

Jackson, W. G. F., The Battle for Rome, 1969

Johnson, Paul, Pope John XXIII, 1975

Johnstone, R. M., The Napoleonic Empire in Southern Italy and the Rise of the Secret Societies, 1904

Jones, A. H. M., Augustus, 1970

Juvenal, Satiren, 1958

Katz, Robert, Death in Rome, 1967

Kirkpatrick, Ivone, Mussolini, 1964

Krautheimer, Richard, Rome, Profile of a City 312–1308, 1980; deutsche Ausgabe: Rom. Schicksal einer Stadt, 312–1308, 1987

Kristeller, Paul Oskar, Renaissance

Thought: The Classic, Scholastic and Humanist Strains, 1961; deutsche Ausgabe: Humanismus und Renaissance. I: Die antiken und mittelalterlichen Quellen, 1974

Labat, O. P., Voyages en Espagne et en Italie, 8 Bde., 1730

Laffont, Robert (Hrsg.), Histoire de Rome et des Romains; de Romulus à Jean XXIII, 1960; englische Ausgabe: History of Rome and the Romans from Romulus to John XXIII, 1962

Lanciani, Rodolfo, Ancient Rome in the Light of Recent Discoveries, 1888
Pagan and Christian Rome, 1893
The Golden Days of the Renaissance in Rome, 1906

Larner, John, Culture and Society in Italy, 1290–1420, 1971

Lees-Milne, James, Roman Mornings, 1956
St Peter's: The Story of St Peter's Basilica in Rome, 1967

Lenkeith, Nancy, Dante and the Legend of Rome, 1952

Leppmann, Wolfgang, Winckelmann, 1970

Letarouilly, P. M., Édifices de Rome moderne, 1869–1874

Lewis, Naphtali und Meyer, Reinhold (Hrsg.), Roman Civilization: Source Book 1: The Republic, 1951; Source Book 2: The Empire, 1955

Livius, Titus, Ab urbe condita

Llewellyn, Peter, Rome in the Dark Ages, 1971

Low, D. M., Edward Gibbon, 1737–1794, 1937

Luff, S. G. A., The Christian's Guide to Rome, 1967

Mack Smith, Denis, Mussolini, 1982
Victor Emmanuel, Cavour and the Risorgimento, 1971

Madelin, Louis, La Rome de Napoléon, 1906

Mâle, Émile, Rome et ses vieilles églises, 1965; englische Ausgabe: The Early Churches of Rome, 1960

Mallett, Michael, The Borgias: The Rise and Fall of a Renaissance Dynasty, 1969

Mann, Horace Kinder, The Lives of the Popes in the Early Middle Ages, 590–1304, 18 Bde., 1902–1932

Martialis, Marcus Valerius, Epigrammata, 1962; deutsche Ausgabe: Epigramme, 1966

Martin, George, The Red Shirt and the Cross of Savoy, 1970

Masson, Georgina, Companion Guide to Rome, 6. Aufl., 1980
Courtesans of the Italian Renaissance, 1975
Italian Gardens, 1961
Italian Villas and Palaces, 1959
Queen Christina, 1968

Menen, Aubrey, Rome Revealed, 1960

Mitchell, R. J., The Laurels and the Tiara: Pope Pius II, 1458–1464, 1962

Mommsen, Theodor, Römische Geschichte, 4 Bde., 1920–1922

Monelli, Paolo, Rome 1943, 1954

Morton, H. V., A Traveller in Rome, 1957
The Waters of Rome, 1966

Nash, Ernest, Pictorial History of Ancient Rome, 2 Bde., 1961; deutsche Ausgabe: Bildlexikon zur Topographie des antiken Rom, 2 Bde., 1961/1962

Negro, Silvio, Seconda Roma 1850–1870, 1943
Roma non basta una vita, 1962

Nibby, Antonio, Guida di Roma e suoi dintorni, 1894

Nielsen, Frederick, History of the Papacy in the Nineteenth Century, 2 Bde., 1906

Nugent, Sir Thomas, The Grand Tour containing an exact description of most of the Cities, Towns and remarkable Places of Europe, 4 Bde., 1749

Ogilvie, R. M., Early Rome and the Etruscans, 1976

Onofrio, Cesare d', Le fontane di Roma, 1957
Gli obelischi di Roma, 1965
Roma nel Seicento, 1968

Ovid, Die erotischen Dichtungen, 1958

Pais, Ettore, Storia di Roma, 5 Bde., 1926

Pallottino, Massimo, Etruscologia, 1957; englische Ausgabe: Art of the Etruscans, 1955; deutsche Ausgabe: Die Etrusker, 1965

Paoli, Ugo Enrico, Vita Romana, 1940
Vita d'ogni giorno in Roma antica, 1956; englische Ausgabe: Rome: Its People, Life and Customs, 1958; deutsche Ausgabe: Das Leben im alten Rom, 1961

Paribeni, Roberto, Da Diocleziano alla caduta dell' Imperio d'Occidente, 1941
L'età di Cesare e di Augusto, 1950
La Repubblica fino alla conquista del primato in Italia, 1954

Parpagliolo, Luigi, Italia: Volume V: Roma, 1937

Partner, Peter, The Lands of St Peter: The Papal States in the Early Middle Ages and the Renaissance, 1969

Paschini, Pio, Roma nel Rinascimento, 1940

Pastor, Ludwig von, Geschichte der Päpste seit dem Ausgang des Mittelalters, 21 Bde., 1866–1938; englische Ausgabe: History of the Popes from the Close of the Middle Ages, 1305–1800, 40 Bde., 1891–1953

Payne, Robert, The Horizon Book of Ancient Rome, 1966

Pecchiai, Pio, Acquedotti e fontane di Roma nel cinquecento, 1944
Roma nel Cinquecento, 1948

Perondi, Mario, Vatican and Christian Rome, 1975

Pesci, Ugo, I primi anni di Roma Capitale 1870–1878, 1971

Petrocchi, Massimo, Roma nel Seicento, 1970

Petronius Arbiter, Satyrae, 1958; deutsche Ausgabe: Satyricon, 1962

Piscittelli, Enzo, Storia della resistenza romana, 1965

Platner, S. B. und Thomas Ashby, A Topographical Dictionary of Ancient Rome, 1929

Plumb, J. H. (Hrsg.), The Horizon Book of the Renaissance, 1961

Plutarch, The Fall of the Roman Republic, 1958
Große Griechen und Römer, Bd. III und V, 1955 und 1960

Ponnelle, Louis und Louis Bordet, Saint Philippe Néri et la Société romaine de son temps (1515–1595), 1929; englische Ausgabe: Philip Neri and the Roman Society of his Times, 1932

Pottle, Frederick A., James Boswell: The Earlier Years, 1966

Prescott, Orville, Princes of the Renaissance, 1969

Quennell, Peter, The Colosseum, 1971

Randall, Alec, Discovering Rome, 1960

Redig de Campos, Deoclecio, I Palazzi Vaticani, 1967

Richards, Jeffrey, Consul of God: Gregory the Great, 1980
The Popes and the Papacy in the Middle Ages, 1979

Ridley, Jasper, Garibaldi, 1974

Rinaldis, Aldo de, L'arte in Roma dal Seicento al Novescento, 1948

Rodd, Rennell, Rome, 1932

Rodocanache, E., Le Pontificat de Jules II, 1928
Le Pontificat de Leon X, 1931

Romano, Pietro, Roma nelle sue strade e nelle sue piazze, 1936

Rostovtzeff, M., Social and Economic History of the Roman Empire, 2 Bde., 1957; deutsche Ausgabe: Gesellschaft und Wirtschaft im römischen Kaiserreich, 2 Bde., 1985

Rowdon, Maurice, A Roman Street, 1964

Salvatorelli, Luigi und Giovanni Mira, Storia d'Italia nel periodo fascista, 1972

Santillana, Giorgio de, The Crime of Galileo, 1956

Schott, Rolf, Michelangelo, 1963

Scullard, H. H., From the Gracchi to Nero, 1959
Festivals and Ceremonies of the Roman Republic, 1981

Smollett, Tobias, Travels through France and Italy, 1766

Stendhal, Promenades dans Rome, 2 Bde., 1829

Story, William Wetmore, Roba di Roma, 8. Aufl., 2 Bde., 1887

Suetonius Tranquillus, Gaius, Das Leben der Caesaren, 1955

Syme, Ronald, The Roman Revolution,

1939; deutsche Ausgabe: Über die römische Revolution, 1957

Tacitus, Cornelius, Annalen, 1957

Tedesco, Viva, Il contributo di Roma e della provincia nella lotta di liberazione, 1965

Torselli, G., Palazzi di Roma, 1965

Toynbee, Jocelyn, und J. B. Ward-Perkins, The Shrine of St Peter and the Vatican Excavations, 1956

Trevelyan, G. M., Garibaldi's Defence of the Roman Republic, 1907

Trevelyan, Raleigh, Rome '44, 1981

Trevor, Meriol, Apostle of Rome, 1966

Turchi, M., La religione di Roma anticha, 1939

Ullmann, Walter, A Short History of the Papacy in the Middle Ages, 1972

Vasari, Giorgio, Le vite de'più eccellenti pittori, scultori e architettori, 1967; deutsche Ausgabe: Lebensbeschreibungen der ausgezeichnetsten maler, bildhauer und architekten der renaissance, 1931, englische Ausgabe: Lives of the Artists, 1965

Vaughan, Herbert M., The Medici Popes, 1908

Vaussard, Maurice, La vie quotidienne en Italie au XVIII<sup>e</sup> siècle, 1959; englische Ausgabe: Daily Life in Eighteenth-century Italy, 1962

Vespasiano de Bisticci, Vite di nomini del secolo XV, Neuaufl. 1951; deutsche Ausgabe: Lebensbeschreibungen berühmter Männer des Quattrocento, 1914; englische Ausgabe: The Vespasian Memoirs, 1926

Vighi, Roberto, Roma del Belli, 1963

Waley, Daniel, The Papal State in the Thirteenth Century, 1961

Wall, Bernard, A City and a World, 1962

Walsh, John Evangelist, The Bones of St Peter, 1983

Week, William Nassau, Urban VIII, 1905

Wickhoff, Franz, Römische Kunst, 1895; englische Ausgabe: Roman Art, 1900

Wilkinson, L. P., Letters of Cicero: A Selection in Translation, 1949

Wittkower, Rudolf, Art and Architecture in Italy 1600–1750, 1973
    Gian Lorenzo Bernini, 1955

Young, Norwood, The Story of Rome, neubearbeitete Aufl., 1953

# Register

# Rom und Italien

**Verlag C.H.Beck München**

# Theodor Mommsen:
# Römische Geschichte

Vollständige Ausgabe in 8 Bänden

Eine Meisterleistung der
Geschichtsschreibung und noch
immer die umfassendste Darstellung der Geschichte der römischen
Republik in deutscher Sprache.
Ein Werk von souveräner Gelehrsamkeit und zugleich ein Werk der
Weltliteratur, für das der Autor
1902 den Nobelpreis für Literatur
erhielt.
»Dieses Werk begeisterte uns, als
wir es in unserer Jugend kennen-
lernten; es behält, da wir es in
älteren Tagen wieder lesen, seine
Gewalt über uns. So groß ist die
Kraft der historischen Wissenschaft, wenn sie zugleich große
historische Kunst ist.«
(C.D. af Wirséns)

8 Bände in Kassette
dtv 5955 / DM **98,–**

# Die römische Antike
# bei dtv zweisprachig

Petron

Cena
Trimalchionis

Gastmahl
bei Trimalchio

dtv
zweisprachig

Der lateinische Originaltext
und die deutsche Übersetzung
im Paralleldruck

**Exempla Iuris Romani**
**Römische Rechtstexte**

Charakteristisch für die Sprach-
form dieser kulturgeschichtlich
aufschlußreichen und juristisch
interessanten Auswahl römischer
Rechtstexte – und ihr großer Reiz –
ist es, daß mit einem Minimum
an sprachlichem Aufwand ein Maxi-
mum an Aussage erzielt wird.
dtv 9243

**Ovid:**
**Metamorphoses/Verwandlungen**

Eine Auswahl aus dem berühmten,
viele tausend Verse umfassenden
Märchen-Sammelwerk. dtv 9180

**Petron:**
**Cena Trimalchionis**
**Gastmahl bei Trimalchio**

Die satirische Erzählung von der
grandiosen Fress-Orgie bei dem
neureichen Fettwanst Trimalchio.
dtv 9148

**Prima lectio**
**Erste lateinische Lesestücke**

Ein vergnügliches und lehrreiches
Lektüre-Büchlein für alle Kinder
und Erwachsene, die mit ihrem
Latein am Anfang – oder am Ende
sind. dtv 9262

**Seneca:**
**De brevitate vitae**
**Die Kürze des Lebens**

Senecas Antworten auf die Frage
nach dem richtigen Leben versprechen keine kurzschlüssigen
Lösungen oder bequemen Ideolo-
gien, sondern verweisen auf die
anstrengende Arbeit der Reflexion.
dtv 9111

**Tacitus:**
**Germania/Bericht über Germanien**

Der Bericht des Tacitus aus einer
rauhen und unverdorbenen Welt für
die überfütterten und komplizierten Bürger der römischen Kaiserzeit. dtv 9101

# Europa
# im
# Mittelalter

Régine Pernoud:
Königin der
Troubadoure
Eleonore von
Aquitanien
dtv 1461

Régine Pernoud:
Christine de Pizan
Das Leben einer außer-
gewöhnlichen Frau
und Schriftstellerin
im Mittelalter
dtv 11192

R. Allen Brown:
Die Normannen
dtv 11390

Franz Irsigler/
Arnold Lassotta:
Bettler und Gaukler,
Dirnen und Henker
Außenseiter
in einer mittel-
alterlichen Stadt
Köln 1300-1600
dtv 11061

Philippe Reliquet:
Ritter, Tod und Teufel
Gilles de Rais:
Monster, Märtyrer,
Weggefährte
Jeanne d'Arcs
dtv 11174

Reinhard Lebe:
Als Markus nach
Venedig kam
Venezianische
Geschichte im
Zeichen des
Markuslöwen
dtv 11060

Norbert Ohler:
Reisen im
Mittelalter
dtv 11374

Ferdinand
Gregorovius:
Geschichte
der Stadt Rom
im Mittelalter
7 Bände
dtv 5960

Heinrich Schipperges:
Der Garten
der Gesundheit
Medizin im
Mittelalter
dtv 11278

Barbara Tuchmann:
Der ferne Spiegel
Das dramatische
14. Jahrhundert
dtv 10060

## Das Buch

„Rom hat nie seinesgleichen gehabt und wird nie seinesgleichen haben",
schrieb Petrarca 1334. An dieser Einschätzung hat sich bis heute nichts
geändert. Den zahllosen Liebhabern und Besuchern der Stadt bietet
Christopher Hibbert einen handlichen Führer. Der Leser durchstreift in
dieser kurzweiligen und kenntnisreichen Schilderung ein Stück Welt-
geschichte, dessen Schauplatz und Ausgangspunkt Rom war. Wenn die
Schönheit der Stadt auf den sieben Hügeln auch faszinierend ist wie eh
und je, so hat sich ihr Gesicht im Auf und Ab der Geschichte doch
mehrfach gewandelt: Glänzend waren die Zeiten, als dies die Hauptstadt
des römischen Imperiums war; Trümmer zeugen bis in unsere Tage davon. Blutige Familienfehden machten im Mittelalter das Leben unsicher,
es gab Plünderung, Brand und Zerstörung bis hin zu völliger Verarmung.
Und wieder kam Aufschwung: Das prunkvoll päpstliche Rom setzte
seinen Schwerpunkt in das Umfeld des Petersdoms und der Engelsburg
und überließ das alte Forum den Kühen, Schafen und Ziegen als Weide-
platz. Noch die Romantiker brachten Zeichnungen von solcher Idylle
mit nach Hause. Heute ist ein Häusermeer daraus entwachsen, vom
Autoverkehr umtost. Wer über den wechselvollen Lebensweg Roms mit
all seinen sozialen und künstlerischen Spannungen hinaus auch einen
Reiseführer der Kulturstadt Rom sucht, findet im umfangreichen Anhang
alle wissenswerten Angaben über Kunst und Architektur der Stadt, über
Kirchen und Plätze, über Brücken und Palazzi.

## Der Autor

Christopher Hibbert, geboren 1924, ist Historiker und Schriftsteller. Er
ist ein ausgewiesener Kenner Roms und Verfasser zahlreicher und vielbe-
achteter historischer Biographien. Er erhielt mehrere Auszeichnungen,
darunter 1962 den Heinemann Award für Literatur. Auf deutsch ist von
Christopher Hibbert erschienen: ‚Der Duce' (1987).